固定资产投资管理
常用法规文件汇编（2019）

国家发展和改革委员会固定资产投资司　编

中国计划出版社

图书在版编目（CIP）数据

固定资产投资管理常用法规文件汇编. 2019 / 国家发展和改革委员会固定资产投资司编. -- 北京 : 中国计划出版社, 2019.10（2019.12重印）
ISBN 978-7-5182-0928-6

Ⅰ. ①固… Ⅱ. ①国… Ⅲ. ①固定资产投资－法规－汇编－中国②固定资产投资－文件－汇编－中国 Ⅳ. ①D922.280.9②F832.48

中国版本图书馆CIP数据核字(2018)第209907号

固定资产投资管理常用法规文件汇编（2019）
国家发展和改革委员会固定资产投资司　编

中国计划出版社出版
网址：www.jhpress.com
地址：北京市西城区木樨地北里甲11号国宏大厦C座3层
邮政编码：100038　电话：（010）63906433（发行部）
新华书店经销
北京市科星印刷有限责任公司印刷

787mm×1092mm　1/16　37.5印张　1004千字
2019年10月第1版　2019年12月第4次印刷

ISBN 978-7-5182-0928-6
定价：138.00元

前　言

固定资产投资管理作为一项重要的政府职能，是实施宏观调控、落实国家发展战略的重要手段，是推动经济社会发展的重要抓手。改革开放以来，国家对固定资产投资管理体制进行了一系列改革，打破了传统计划经济体制下高度集中的投资管理模式，逐步建立了投资主体多元化、资金来源多渠道、投资方式多样化、项目建设市场化的投融资体制。

党的十八大以来，按照党中央、国务院决策部署，投融资体制改革加快推进，投资项目审批范围大幅度缩减，投资管理工作重心逐步从事前审批转向过程服务和事中事后监管，企业投资自主权进一步落实，调动了社会资本积极性。固定资产投资管理制度建设取得新突破，建立了以《政府投资条例》《企业投资项目核准和备案管理条例》《机关团体建设楼堂馆所管理条例》为相互支撑的固定资产投资管理法规体系。

当前，固定资产投资管理必须深入贯彻落实习近平新时代中国特色社会主义思想和党的十九大精神，坚持新发展理念，深化供给侧结构性改革，发挥投资对优化供给结构的关键性作用，推动经济高质量发展。为便于社会各界准确了解固定资产投资管理方面的法律法规和政策文件，不断提高各有关方面固定资产投资管理的法治化、规范化水平，凝聚合力，共同推进新时代固定资产投资管理工作，我们组织梳理了出版之前出台的、实际工作中反复运用的固定资产投资管理法规文件目录，由中国计划出版社根据公开的渠道收集整理形成了《固定资产投资管理常用法规文件汇编（2019）》。

本书可作为政府有关部门、有关企业、研究机构学习了解企业投资管理、政府投资管理、利用外资和境外投资管理、政府和社会资本合作（PPP）、工程咨询行业管理等方面法规政策和制度体系的参考书。如编入的法规文件有不足之处，敬请批评指正。

编　者

2019 年 9 月

目　　录

第一部分　综　合　类

第二部分　企业投资管理

第三部分　政府投资项目管理

第四部分　政府投资资金管理

第五部分 利用外资和境外投资管理

第六部分 政府和社会资本合作（PPP）

第七部分 工程咨询管理

第八部分 财政财务管理

第九部分　其　　他

第一部分 综 合 类

中共中央 国务院关于深化投融资体制改革的意见

（中发〔2016〕18号，2016年7月5日）

党的十八大以来，党中央、国务院大力推进简政放权、放管结合、优化服务改革，投融资体制改革取得新的突破，投资项目审批范围大幅度缩减，投资管理工作重心逐步从事前审批转向过程服务和事中事后监管，企业投资自主权进一步落实，调动了社会资本积极性。同时也要看到，与政府职能转变和经济社会发展要求相比，投融资管理体制仍然存在一些问题，主要是：简政放权不协同、不到位，企业投资主体地位有待进一步确立；投资项目融资难融资贵问题较为突出，融资渠道需要进一步畅通；政府投资管理亟需创新，引导和带动作用有待进一步发挥；权力下放与配套制度建设不同步，事中事后监管和过程服务仍需加强；投资法制建设滞后，投资监管法治化水平亟待提高。为深化投融资体制改革，充分发挥投资对稳增长、调结构、惠民生的关键作用，现提出以下意见。

一、总体要求

全面贯彻落实党的十八大和十八届三中、四中、五中全会精神，以邓小平理论、“三个代表”重要思想、科学发展观为指导，深入学习贯彻习近平总书记系列重要讲话精神，按照“五位一体”总体布局和“四个全面”战略布局，牢固树立和贯彻落实创新、协调、绿色、开放、共享的新发展理念，着力推进结构性改革尤其是供给侧结构性改革，充分发挥市场在资源配置中的决定性作用和更好发挥政府作用。进一步转变政府职能，深入推进简政放权、放管结合、优化服务改革，建立完善企业自主决策、融资渠道畅通，职能转变到位、政府行为规范，宏观调控有效、法治保障健全的新型投融资体制。

——企业为主，政府引导。科学界定并严格控制政府投资范围，平等对待各类投资主体，确立企业投资主体地位，放宽放活社会投资，激发民间投资潜力和创新活力。充分发挥政府投资的引导作用和放大效应，完善政府和社会资本合作模式。

——放管结合，优化服务。将投资管理工作的立足点放到为企业投资活动做好服务上，在服务中实施管理，在管理中实现服务。更加注重事前政策引导、事中事后监管约束和过程服务，创新服务方式，简化服务流程，提高综合服务能力。

——创新机制，畅通渠道。打通投融资渠道，拓宽投资项目资金来源，充分挖掘社会资金潜力，让更多储蓄转化为有效投资，有效缓解投资项目融资难融资贵问题。

——统筹兼顾，协同推进。投融资体制改革要与供给侧结构性改革以及财税、金融、国有企业等领域改革有机衔接、整体推进，建立上下联动、横向协同工作机制，形成改革合力。

二、改善企业投资管理，充分激发社会投资动力和活力

（一）确立企业投资主体地位。坚持企业投资核准范围最小化，原则上由企业依法依规自主决策投资行为。在一定领域、区域内先行试点企业投资项目承诺制，探

索创新以政策性条件引导、企业信用承诺、监管有效约束为核心的管理模式。对极少数关系国家安全和生态安全、涉及全国重大生产力布局、战略性资源开发和重大公共利益等项目，政府从维护社会公共利益角度确需依法进行审查把关的，应将相关事项以清单方式列明，最大限度缩减核准事项。

（二）建立投资项目“三个清单”管理制度。及时修订并公布政府核准的投资项目目录，实行企业投资项目管理负面清单制度，除目录范围内的项目外，一律实行备案制，由企业按照有关规定向备案机关备案。建立企业投资项目管理权力清单制度，将各级政府部门行使的企业投资项目管理职权以清单形式明确下来，严格遵循职权法定原则，规范职权行使，优化管理流程。建立企业投资项目管理责任清单制度，厘清各级政府部门企业投资项目管理职权所对应的责任事项，明确责任主体，健全问责机制。建立健全“三个清单”动态管理机制，根据情况变化适时调整。清单应及时向社会公布，接受社会监督，做到依法、公开、透明。

（三）优化管理流程。实行备案制的投资项目，备案机关要通过投资项目在线审批监管平台或政务服务大厅，提供快捷备案服务，不得设置任何前置条件。实行核准制的投资项目，政府部门要依托投资项目在线审批监管平台或政务服务大厅实行并联核准。精简投资项目准入阶段的相关手续，只保留选址意见、用地（用海）预审以及重特大项目的环评审批作为前置条件；按照并联办理、联合评审的要求，相关部门要协同下放审批权限，探索建立多评合一、统一评审的新模式。加快推进中介服务市场化进程，打破行业、地区壁垒和部门垄断，切断中介服务机构与政府部门间的利益关联，建立公开透明的中介服务市场。进一步简化、整合投资项目报建手续，取消投资项目报建阶段技术审查类的相关审批手续，探索实行先建后验的管理模式。

（四）规范企业投资行为。各类企业要严格遵守城乡规划、土地管理、环境保护、安全生产等方面的法律法规，认真执行相关政策和标准规定，依法落实项目法人责任制、招标投标制、工程监理制和合同管理制，切实加强信用体系建设，自觉规范投资行为。对于以不正当手段取得核准或备案手续以及未按照核准内容进行建设的项目，核准、备案机关应当根据情节轻重依法给予警告、责令停止建设、责令停产等处罚；对于未依法办理其他相关手续擅自开工建设，以及建设过程中违反城乡规划、土地管理、环境保护、安全生产等方面的法律法规的项目，相关部门应依法予以处罚。相关责任人员涉嫌犯罪的，依法移送司法机关处理。各类投资中介服务机构要坚持诚信原则，加强自我约束，增强服务意识和社会责任意识，塑造诚信高效、社会信赖的行业形象。有关行业协会要加强行业自律，健全行业规范和标准，提高服务质量，不得变相审批。

三、完善政府投资体制，发挥好政府投资的引导和带动作用

（五）进一步明确政府投资范围。政府投资资金只投向市场不能有效配置资源的社会公益服务、公共基础设施、农业农村、生态环境保护和修复、重大科技进步、社会管理、国家安全等公共领域的项目，以非经营性项目为主，原则上不支持经营性项目。建立政府投资范围定期评估调整机制，不断优化投资方向和结构，提高投资效率。

（六）优化政府投资安排方式。政府投资资金按项目安排，以直接投资方式为主。对确需支持的经营性项目，主要采取资本金注入方式投入，也可适当采取投资补助、

贷款贴息等方式进行引导。安排政府投资资金应当在明确各方权益的基础上平等对待各类投资主体，不得设置歧视性条件。根据发展需要，依法发起设立基础设施建设基金、公共服务发展基金、住房保障发展基金、政府出资产业投资基金等各类基金，充分发挥政府资金的引导作用和放大效应。加快地方政府融资平台的市场化转型。

（七）规范政府投资管理。依据国民经济和社会发展规划及国家宏观调控总体要求，编制三年滚动政府投资计划，明确计划期内的重大项目，并与中期财政规划相衔接，统筹安排、规范使用各类政府投资资金。依据三年滚动政府投资计划及国家宏观调控政策，编制政府投资年度计划，合理安排政府投资。建立覆盖各地区各部门的政府投资项目库，未入库项目原则上不予安排政府投资。完善政府投资项目信息统一管理机制，建立贯通各地区各部门的项目信息平台，并尽快拓展至企业投资项目，实现项目信息共享。改进和规范政府投资项目审批制，采用直接投资和资本金注入方式的项目，对经济社会发展、社会公众利益有重大影响或者投资规模较大的，要在咨询机构评估、公众参与、专家评议、风险评估等科学论证基础上，严格审批项目建议书、可行性研究报告、初步设计。经国务院及有关部门批准的专项规划、区域规划中已经明确的项目，部分改扩建项目，以及建设内容单一、投资规模较小、技术方案简单的项目，可以简化相关文件内容和审批程序。

（八）加强政府投资事中事后监管。加强政府投资项目建设管理，严格投资概算、建设标准、建设工期等要求。严格按照项目建设进度下达投资计划，确保政府投资及时发挥效益。严格概算执行和造价控制，健全概算审批、调整等管理制度。进一步完善政府投资项目代理建设制度。在社会事业、基础设施等领域，推广应用建筑信息模型技术。鼓励有条件的政府投资项目通过市场化方式进行运营管理。完善政府投资监管机制，加强投资项目审计监督，强化重大项目稽察制度，完善竣工验收制度，建立后评价制度，健全政府投资责任追究制度。建立社会监督机制，推动政府投资信息公开，鼓励公众和媒体对政府投资进行监督。

（九）鼓励政府和社会资本合作。各地区各部门可以根据需要和财力状况，通过特许经营、政府购买服务等方式，在交通、环保、医疗、养老等领域采取单个项目、组合项目、连片开发等多种形式，扩大公共产品和服务供给。要合理把握价格、土地、金融等方面的政策支持力度，稳定项目预期收益。要发挥工程咨询、金融、财务、法律等方面专业机构作用，提高项目决策的科学性、项目管理的专业性和项目实施的有效性。

四、创新融资机制，畅通投资项目融资渠道

（十）大力发展直接融资。依托多层次资本市场体系，拓宽投资项目融资渠道，支持有真实经济活动支撑的资产证券化，盘活存量资产，优化金融资源配置，更好地服务投资兴业。结合国有企业改革和混合所有制机制创新，优化能源、交通等领域投资项目的直接融资。通过多种方式加大对种子期、初创期企业投资项目的金融支持力度，有针对性地为“双创”项目提供股权、债权以及信用贷款等融资综合服务。加大创新力度，丰富债券品种，进一步发展企业债券、公司债券、非金融企业债务融资工具、项目收益债等，支持重点领域投资项目通过债券市场筹措资金。开展金融机构以适当方式依法持有企业股权的试点。设立政府引导、市场化运作的产业（股权）投资基金，积极吸引社会资本

参加，鼓励金融机构以及全国社会保障基金、保险资金等在依法合规、风险可控的前提下，经批准后通过认购基金份额等方式有效参与。加快建立规范的地方政府举债融资机制，支持省级政府依法依规发行政府债券，用于公共领域重点项目建设。

（十一）充分发挥政策性、开发性金融机构积极作用。在国家批准的业务范围内，政策性、开发性金融机构要加大对城镇棚户区改造、生态环保、城乡基础设施建设、科技创新等重大项目和工程的资金支持力度。根据宏观调控需要，支持政策性、开发性金融机构发行金融债券专项用于支持重点项目建设。发挥专项建设基金作用，通过资本金注入、股权投资等方式，支持看得准、有回报、不新增过剩产能、不形成重复建设、不产生挤出效应的重点领域项目。建立健全政银企社合作对接机制，搭建信息共享、资金对接平台，协调金融机构加大对重大工程的支持力度。

（十二）完善保险资金等机构资金对项目建设的投资机制。在风险可控的前提下，逐步放宽保险资金投资范围，创新资金运用方式。鼓励通过债权、股权、资产支持等多种方式，支持重大基础设施、重大民生工程、新型城镇化等领域的项目建设。加快推进全国社会保障基金、基本养老保险基金、企业年金等投资管理体系建设，建立和完善市场化投资运营机制。

（十三）加快构建更加开放的投融资体制。创新有利于深化对外合作的投融资机制，加强金融机构协调配合，用好各类资金，为国内企业走出去和重点合作项目提供更多投融资支持。在宏观和微观审慎管理框架下，稳步放宽境内企业和金融机构赴境外融资，做好风险规避。完善境外发债备案制，募集低成本外汇资金，更好地支持企业对外投资项目。加强与国际金融机构和各国政府、企业、金融机构之间的多层次投融资合作。

五、切实转变政府职能，提升综合服务管理水平

（十四）创新服务管理方式。探索建立并逐步推行投资项目审批首问负责制，投资主管部门或审批协调机构作为首家受理单位“一站式”受理、“全流程”服务，一家负责到底。充分运用互联网和大数据等技术，加快建设投资项目在线审批监管平台，联通各级政府部门，覆盖全国各类投资项目，实现一口受理、网上办理、规范透明、限时办结。加快建立投资项目统一代码制度，统一汇集审批、建设、监管等项目信息，实现信息共享，推动信息公开，提高透明度。各有关部门要制定项目审批工作规则和办事指南，及时公开受理情况、办理过程、审批结果，发布政策信息、投资信息、中介服务信息等，为企业投资决策提供参考和帮助。鼓励新闻媒体、公民、法人和其他组织依法对政府的服务管理行为进行监督。下移服务管理重心，加强业务指导和基层投资管理队伍建设，给予地方更多自主权，充分调动地方积极性。

（十五）加强规划政策引导。充分发挥发展规划、产业政策、行业标准等对投资活动的引导作用，并为监管提供依据。把发展规划作为引导投资方向，稳定投资运行，规范项目准入，优化项目布局，合理配置资金、土地（海域）、能源资源、人力资源等要素的重要手段。完善产业结构调整指导目录、外商投资产业指导目录等，为各类投资活动提供依据和指导。构建更加科学、更加完善、更具操作性的行业准入标准体系，加快制定修订能耗、水耗、用地、碳排放、污染物排放、安全生产等技术标准，实施能效和排污强度“领跑者”制度，鼓励各地区结合实际依法制定更加严格的地方标准。

（十六）健全监管约束机制。按照谁审批谁监管、谁主管谁监管的原则，明确监

管责任，注重发挥投资主管部门综合监管职能、地方政府就近就便监管作用和行业管理部门专业优势，整合监管力量，共享监管信息，实现协同监管。依托投资项目在线审批监管平台，加强项目建设全过程监管，确保项目合法开工、建设过程合规有序。各有关部门要完善规章制度，制定监管工作指南和操作规程，促进监管工作标准具体化、公开化。要严格执法，依法纠正和查处违法违规投资建设行为。实施投融资领域相关主体信用承诺制度，建立异常信用记录和严重违法失信“黑名单”，纳入全国信用信息共享平台，强化并提升政府和投资者的契约意识和诚信意识，形成守信激励、失信惩戒的约束机制，促使相关主体切实强化责任，履行法定义务，确保投资建设市场安全高效运行。

六、强化保障措施，确保改革任务落实到位

（十七）加强分工协作。各地区各部门要充分认识深化投融资体制改革的重要性和紧迫性，加强组织领导，搞好分工协作，制定具体方案，明确任务分工、时间节点，定期督查、强化问责，确保各项改革措施稳步推进。国务院投资主管部门要切实履行好投资调控管理的综合协调、统筹推进职责。

（十八）加快立法工作。完善与投融资相关的法律法规，制定实施政府投资条例、企业投资项目核准和备案管理条例，加快推进社会信用、股权投资等方面的立法工作，依法保护各方权益，维护竞争公平有序、要素合理流动的投融资市场环境。

（十九）推进配套改革。加快推进铁路、石油、天然气、电力、电信、医疗、教育、城市公用事业等领域改革，规范并完善政府和社会资本合作、特许经营管理，鼓励社会资本参与。加快推进基础设施和公用事业等领域价格改革，完善市场决定价格机制。研究推动土地制度配套改革。加快推进金融体制改革和创新，健全金融市场运行机制。投融资体制改革与其他领域改革要协同推进，形成叠加效应，充分释放改革红利。

国务院关于投资体制改革的决定

（国发〔2004〕20号，2004年7月16日）

各省、自治区、直辖市人民政府、国务院各部委、各直属机构：

改革开放以来，国家对原有的投资体制进行了一系列改革，打破了传统计划经济体制下高度集中的投资管理模式，初步形成了投资主体多元化、资金来源多渠道、投资方式多样化、项目建设市场化的新格局。但是，现行的投资体制还存在不少问题，特别是企业的投资决策权没有完全落实，市场配置资源的基础性作用尚未得到充分发挥，政府投资决策的科学化、民主化水平需要进一步提高，投资宏观调控和监管的有效性需要增强。为此，国务院决定进一步深化投资体制改革。

一、深化投资体制改革的指导思想和目标

（一）深化投资体制改革的指导思想是：按照完善社会主义市场经济体制的要求，在国家宏观调控下充分发挥市场配置资源的基础性作用，确立企业在投资活动中的主体地位，规范政府投资行为，保护投资者的合法权益，营造有利于各类投资主体公平、有序竞争的市场环境，促进生产要素的合理流动和有效配置，优化投资结构，提高投资效益，推动经济协调发展和社会全面进步。

（二）深化投资体制改革的目标是：改革政府对企业投资的管理制度，按照“谁投资、谁决策、谁收益、谁承担风险”的原则，落实企业投资自主权；合理界定政府投资职能，提高投资决策的科学化、民主化水平，建立投资决策责任追究制度；进一步拓宽项目融资渠道，发展多种融资方式；培育规范的投资中介服务组织，加强行业自律，促进公平竞争；健全投资宏观调控体系，改进调控方式，完善调控手段；加快投资领域的立法进程；加强投资监管，维护规范的投资和建设市场秩序。通过深化改革和扩大开放，最终建立起市场引导投资、企业自主决策、银行独立审贷、融资方式多样、中介服务规范、宏观调控有效的新型投资体制。

二、转变政府管理职能，确立企业的投资主体地位

（一）改革项目审批制度，落实企业投资自主权。彻底改革现行不分投资主体、不分资金来源、不分项目性质，一律按投资规模大小分别由各级政府及有关部门审批的企业投资管理办法。对于企业不使用政府投资建设的项目，一律不再实行审批制，区别不同情况实行核准制和备案制。其中，政府仅对重大项目和限制类项目从维护社会公共利益角度进行核准，其他项目无论规模大小，均改为备案制，项目的市场前景、经济效益、资金来源和产品技术方案等均由企业自主决策、自担风险，并依法办理环境保护、土地使用、资源利用、安全生产、城市规划等许可手续和减免税确认手续。对于企业使用政府补助、转贷、贴息投资建设的项目，政府只审批资金申请报告。各地区、各部门要相应改进管理办法，规范管理行为，不得以任何名义截留下放给企业的投资决策权利。

（二）规范政府核准制。要严格限定实

行政府核准制的范围，并根据变化的情况适时调整。《政府核准的投资项目目录》(以下简称《目录》)由国务院投资主管部门会同有关部门研究提出，报国务院批准后实施。未经国务院批准，各地区、各部门不得擅自增减《目录》规定的范围。

企业投资建设实行核准制的项目，仅需向政府提交项目申请报告，不再经过批准项目建议书、可行性研究报告和开工报告的程序。政府对企业提交的项目申请报告，主要从维护经济安全、合理开发利用资源、保护生态环境、优化重大布局、保障公共利益、防止出现垄断等方面进行核准。对于外商投资项目，政府还要从市场准入、资本项目管理等方面进行核准。政府有关部门要制定严格规范的核准制度，明确核准的范围、内容、申报程序和办理时限，并向社会公布，提高办事效率，增强透明度。

（三）健全备案制。对于《目录》以外的企业投资项目，实行备案制，除国家另有规定外，由企业按照属地原则向地方政府投资主管部门备案。备案制的具体实施办法由省级人民政府自行制定。国务院投资主管部门要对备案工作加强指导和监督，防止以备案的名义变相审批。

（四）扩大大型企业集团的投资决策权。基本建立现代企业制度的特大型企业集团，投资建设《目录》内的项目，可以按项目单独申报核准，也可编制中长期发展建设规划，规划经国务院或国务院投资主管部门批准后，规划中属于《目录》内的项目不再另行申报核准，只须办理备案手续。企业集团要及时向国务院有关部门报告规划执行和项目建设情况。

（五）鼓励社会投资。放宽社会资本的投资领域，允许社会资本进入法律法规未禁入的基础设施、公用事业及其他行业和领域。逐步理顺公共产品价格，通过注入资本金、贷款贴息、税收优惠等措施，鼓励和引导社会资本以独资、合资、合作、联营、项目融资等方式，参与经营性的公益事业、基础设施项目建设。对于涉及国家垄断资源开发利用、需要统一规划布局的项目，政府在确定建设规划后，可向社会公开招标选定项目业主。鼓励和支持有条件的各种所有制企业进行境外投资。

（六）进一步拓宽企业投资项目的融资渠道。允许各类企业以股权融资方式筹集投资资金，逐步建立起多种募集方式相互补充的多层次资本市场。经国务院投资主管部门和证券监管机构批准，选择一些收益稳定的基础设施项目进行试点，通过公开发行股票、可转换债券等方式筹集建设资金。在严格防范风险的前提下，改革企业债券发行管理制度，扩大企业债券发行规模，增加企业债券品种。按照市场化原则改进和完善银行的固定资产贷款审批和相应的风险管理制度，运用银团贷款、融资租赁、项目融资、财务顾问等多种业务方式，支持项目建设。允许各种所有制企业按照有关规定申请使用国外贷款。制定相关法规，组织建立中小企业融资和信用担保体系，鼓励银行和各类合格担保机构对项目融资的担保方式进行研究创新，采取多种形式增强担保机构资本实力，推动设立中小企业投资公司，建立和完善创业投资机制。规范发展各类投资基金。鼓励和促进保险资金间接投资基础设施和重点建设工程项目。

（七）规范企业投资行为。各类企业都应严格遵守国土资源、环境保护、安全生产、城市规划等法律法规，严格执行产业政策和行业准入标准，不得投资建设国家禁止发展的项目；应诚信守法，维护公共利益，确保工程质量，提高投资效益。国有和国有控股企业应按照国有资产管理体制改革和现代企业制度的要求，建立和完善国有资产出资人制度、投资风险约束机制、科学民主的投资决策制度和重大投资责任追究制度。严格执行投资项目的法人责任制、资本金制、招标投标制、工程监理制和合同管理制。

三、完善政府投资体制，规范政府投资行为

（一）合理界定政府投资范围。政府投资主要用于关系国家安全和市场不能有效配置资源的经济和社会领域，包括加强公益性和公共基础设施建设，保护和改善生态环境，促进欠发达地区的经济和社会发展，推进科技进步和高新技术产业化。能够由社会投资建设的项目，尽可能利用社会资金建设。合理划分中央政府与地方政府的投资事权。中央政府投资除本级政权等建设外，主要安排跨地区、跨流域以及对经济和社会发展全局有重大影响的项目。

（二）健全政府投资项目决策机制。进一步完善和坚持科学的决策规则和程序，提高政府投资项目决策的科学化、民主化水平；政府投资项目一般都要经过符合资质要求的咨询中介机构的评估论证，咨询评估要引入竞争机制，并制定合理的竞争规则；特别重大的项目还应实行专家评议制度；逐步实行政府投资项目公示制度，广泛听取各方面的意见和建议。

（三）规范政府投资资金管理。编制政府投资的中长期规划和年度计划，统筹安排、合理使用各类政府投资资金，包括预算内投资、各类专项建设基金、统借国外贷款等。政府投资资金按项目安排，根据资金来源、项目性质和调控需要，可分别采取直接投资、资本金注入、投资补助、转贷和贷款贴息等方式。以资本金注入方式投入的，要确定出资人代表。要针对不同的资金类型和资金运用方式，确定相应的管理办法，逐步实现政府投资的决策程序和资金管理的科学化、制度化和规范化。

（四）简化和规范政府投资项目审批程序，合理划分审批权限。按照项目性质、资金来源和事权划分，合理确定中央政府与地方政府之间、国务院投资主管部门与有关部门之间的项目审批权限。对于政府投资项目，采用直接投资和资本金注入方式的，从投资决策角度只审批项目建议书和可行性研究报告，除特殊情况外不再审批开工报告，同时应严格政府投资项目的初步设计、概算审批工作；采用投资补助、转贷和贷款贴息方式的，只审批资金申请报告。具体的权限划分和审批程序由国务院投资主管部门会同有关方面研究制定，报国务院批准后颁布实施。

（五）加强政府投资项目管理，改进建设实施方式。规范政府投资项目的建设标准，并根据情况变化及时修订完善。按项目建设进度下达投资资金计划。加强政府投资项目的中介服务管理，对咨询评估、招标代理等中介机构实行资质管理，提高中介服务质量。对非经营性政府投资项目加快推行“代建制”，即通过招标等方式，选择专业化的项目管理单位负责建设实施，严格控制项目投资、质量和工期，竣工验收后移交给使用单位。增强投资风险意识，建立和完善政府投资项目的风险管理机制。

（六）引入市场机制，充分发挥政府投资的效益。各级政府要创造条件，利用特许经营、投资补助等多种方式，吸引社会资本参与有合理回报和一定投资回收能力的公益事业和公共基础设施项目建设。对于具有垄断性的项目，试行特许经营，通过业主招标制度，开展公平竞争，保护公众利益。已经建成的政府投资项目，具备条件的经过批准可以依法转让产权或经营权，以回收的资金滚动投资于社会公益等各类基础设施建设。

四、加强和改善投资的宏观调控

（一）完善投资宏观调控体系。国家发展和改革委员会要在国务院领导下会同有关部门，按照职责分工，密切配合、相互

协作、有效运转、依法监督，调控全社会的投资活动，保持合理投资规模，优化投资结构，提高投资效益，促进国民经济持续快速协调健康发展和社会全面进步。

（二）改进投资宏观调控方式。综合运用经济的、法律的和必要的行政手段，对全社会投资进行以间接调控方式为主的有效调控。国务院有关部门要依据国民经济和社会发展中长期规划，编制教育、科技、卫生、交通、能源、农业、林业、水利、生态建设、环境保护、战略资源开发等重要领域的发展建设规划，包括必要的专项发展建设规划，明确发展的指导思想、战略目标、总体布局和主要建设项目等。按照规定程序批准的发展建设规划是投资决策的重要依据。各级政府及其有关部门要努力提高政府投资效益，引导社会投资。制定并适时调整国家固定资产投资指导目录、外商投资产业指导目录，明确国家鼓励、限制和禁止投资的项目。建立投资信息发布制度，及时发布政府对投资的调控目标、主要调控政策、重点行业投资状况和发展趋势等信息，引导全社会投资活动。建立科学的行业准入制度，规范重点行业的环保标准、安全标准、能耗水耗标准和产品技术、质量标准，防止低水平重复建设。

（三）协调投资宏观调控手段。根据国民经济和社会发展要求以及宏观调控需要，合理确定政府投资规模，保持国家对全社会投资的积极引导和有效调控。灵活运用投资补助、贴息、价格、利率、税收等多种手段，引导社会投资，优化投资的产业结构和地区结构。适时制定和调整信贷政策，引导中长期贷款的总量和投向。严格和规范土地使用制度，充分发挥土地供应对社会投资的调控和引导作用。

（四）加强和改进投资信息、统计工作。加强投资统计工作，改革和完善投资统计制度，进一步及时、准确、全面地反映全社会固定资产存量和投资的运行态势，并建立各类信息共享机制，为投资宏观调控提供科学依据。建立投资风险预警和防范体系，加强对宏观经济和投资运行的监测分析。

五、加强和改进投资的监督管理

（一）建立和完善政府投资监管体系。建立政府投资责任追究制度，工程咨询、投资项目决策、设计、施工、监理等部门和单位，都应有相应的责任约束，对不遵守法律法规给国家造成重大损失的，要依法追究有关责任人的行政和法律责任。完善政府投资制衡机制，投资主管部门、财政主管部门以及有关部门，要依据职能分工，对政府投资的管理进行相互监督。审计机关要依法全面履行职责，进一步加强对政府投资项目的审计监督，提高政府投资管理水平和投资效益。完善重大项目稽察制度，建立政府投资项目后评价制度，对政府投资项目进行全过程监管。建立政府投资项目的社会监督机制，鼓励公众和新闻媒体对政府投资项目进行监督。

（二）建立健全协同配合的企业投资监管体系。国土资源、环境保护、城市规划、质量监督、银行监管、证券监管、外汇管理、工商管理、安全生产监管等部门，要依法加强对企业投资活动的监管，凡不符合法律法规和国家政策规定的，不得办理相关许可手续。在建设过程中不遵守有关法律法规的，有关部门要责令其及时改正，并依法严肃处理。各级政府投资主管部门要加强对企业投资项目的事中和事后监督检查，对于不符合产业政策和行业准入标准的项目，以及不按规定履行相应核准或许可手续而擅自开工建设的项目，要责令其停止建设，并依法追究有关企业和人员的责任。审计机关依法对国有企业的投资进行审计监督，促进国有资产保值增值。建立企业投资诚信制度，对于在项目申报和建设过程中提供虚假信息、违反法律法规的，要予以惩处，并公开披露，在一定时间内限制其投资建设活动。

（三）加强对投资中介服务机构的监管。各类投资中介服务机构均须与政府部门脱钩，坚持诚信原则，加强自我约束，为投资者提供高质量、多样化的中介服务。鼓励各种投资中介服务机构采取合伙制、股份制等多种形式改组改造。健全和完善投资中介服务机构的行业协会，确立法律规范、政府监督、行业自律的行业管理体制。打破地区封锁和行业垄断，建立公开、公平、公正的投资中介服务市场，强化投资中介服务机构的法律责任。

（四）完善法律法规，依法监督管理。建立健全与投资有关的法律法规，依法保护投资者的合法权益，维护投资主体公平、有序竞争，投资要素合理流动、市场发挥配置资源的基础性作用的市场环境，规范各类投资主体的投资行为和政府的投资管理活动。认真贯彻实施有关法律法规，严格财经纪律，堵塞管理漏洞，降低建设成本，提高投资效益。加强执法检查，培育和维护规范的建设市场秩序。

附件：政府核准的投资项目目录（2004年本）

附件

政府核准的投资项目目录（2004年本）

简要说明：

（一）本目录所列项目，是指企业不使用政府性资金投资建设的重大和限制类固定资产投资项目。

（二）企业不使用政府性资金投资建设本目录以外的项目，除国家法律法规和国务院专门规定禁止投资的项目以外，实行备案管理。

（三）国家法律法规和国务院有专门规定的项目的审批或核准，按有关规定执行。

（四）本目录对政府核准权限作出了规定。其中：

1. 目录规定“由国务院投资主管部门核准”的项目，由国务院投资主管部门会同行业主管部门核准，其中重要项目报国务院核准。

2. 目录规定“由地方政府投资主管部门核准”的项目，由地方政府投资主管部门会同同级行业主管部门核准。省级政府可根据当地情况和项目性质，具体划分各级地方政府投资主管部门的核准权限，但目录明确规定“由省级政府投资主管部门核准”的，其核准权限不得下放。

3. 根据促进经济发展的需要和不同行业的实际情况，可对特大型企业的投资决策权限特别授权。

（五）本目录为2004年本。根据情况变化，将适时调整。

一、农林水利

农业：涉及开荒的项目由省级政府投资主管部门核准。

水库：国际河流和跨省（区、市）河流上的水库项目由国务院投资主管部门核准，其余项目由地方政府投资主管部门核准。

其他水事工程：需中央政府协调的国际河流、涉及跨省（区、市）水资源配置调整的项目由国务院投资主管部门核准，其余项目由地方政府投资主管部门核准。

二、能源

（一）电力

水电站：在主要河流上建设的项目和

总装机容量25万千瓦及以上项目由国务院投资主管部门核准，其余项目由地方政府投资主管部门核准。

抽水蓄能电站：由国务院投资主管部门核准。

火电站：由国务院投资主管部门核准。

热电站：燃煤项目由国务院投资主管部门核准，其余项目由地方政府投资主管部门核准。

风电站：总装机容量5万千瓦及以上项目由国务院投资主管部门核准，其余项目由地方政府投资主管部门核准。

核电站：由国务院核准。

电网工程：330千伏及以上电压等级的电网工程由国务院投资主管部门核准，其余项目由地方政府投资主管部门核准。

（二）煤炭

煤矿：国家规划矿区内的煤炭开发项目由国务院投资主管部门核准，其余一般煤炭开发项目由地方政府投资主管部门核准。

煤炭液化：年产50万吨及以上项目由国务院投资主管部门核准，其他项目由地方政府投资主管部门核准。

（三）石油、天然气

原油：年产100万吨及以上的新油田开发项目由国务院投资主管部门核准，其他项目由具有石油开采权的企业自行决定，报国务院投资主管部门备案。

天然气：年产20亿立方米及以上新气田开发项目由国务院投资主管部门核准，其他项目由具有天然气开采权的企业自行决定，报国务院投资主管部门备案。

液化石油气接收、存储设施（不含油气田、炼油厂的配套项目）：由省级政府投资主管部门核准。

进口液化天然气接收、储运设施：由国务院投资主管部门核准。

国家原油存储设施：由国务院投资主管部门核准。

输油管网（不含油田集输管网）：跨省（区、市）干线管网项目由国务院投资主管部门核准。

输气管网（不含油气田集输管网）：跨省（区、市）或年输气能力5亿立方米及以上项目由国务院投资主管部门核准，其余项目由省级政府投资主管部门核准。

三、交通运输

（一）铁道

新建（含增建）铁路：跨省（区、市）或100公里及以上项目由国务院投资主管部门核准，其余项目按隶属关系分别由国务院行业主管部门或省级政府投资主管部门核准。

（二）公路

公路：国道主干线、西部开发公路干线、国家高速公路网、跨省（区、市）的项目由国务院投资主管部门核准，其余项目由地方政府投资主管部门核准。

独立公路桥梁、隧道：跨境、跨海湾、跨大江大河（通航段）的项目由国务院投资主管部门核准，其余项目由地方政府投资主管部门核准。

（三）水运

煤炭、矿石、油气专用泊位：新建港区和年吞吐能力200万吨及以上项目由国务院投资主管部门核准，其余项目由省级政府投资主管部门核准。

集装箱专用码头：由国务院投资主管部门核准。

内河航运：千吨级以上通航建筑物项目由国务院投资主管部门核准，其余项目由地方政府投资主管部门核准。

（四）民航

新建机场：由国务院核准。

扩建机场：总投资10亿元及以上项目由国务院投资主管部门核准，其余项目按隶属关系由国务院行业主管部门或地方政府投资主管部门核准。

扩建军民合用机场：由国务院投资主管部门会同军队有关部门核准。

四、信息产业

电信：国内干线传输网（含广播电视网）、国际电信传输电路、国际关口站、专用电信网的国际通信设施及其他涉及信息安全的电信基础设施项目由国务院投资主管部门核准。

邮政：国际关口站及其他涉及信息安全的邮政基础设施项目由国务院投资主管部门核准。

电子信息产品制造：卫星电视接收机及关键件、国家特殊规定的移动通信系统及终端等生产项目由国务院投资主管部门核准。

五、原材料

钢铁：已探明工业储量5000万吨及以上规模的铁矿开发项目和新增生产能力的炼铁、炼钢、轧钢项目由国务院投资主管部门核准，其他铁矿开发项目由省级政府投资主管部门核准。

有色：新增生产能力的电解铝项目、新建氧化铝项目和总投资5亿元及以上的矿山开发项目由国务院投资主管部门核准，其他矿山开发项目由省级政府投资主管部门核准。

石化：新建炼油及扩建一次炼油项目、新建乙烯及改扩建新增能力超过年产20万吨乙烯项目，由国务院投资主管部门核准。

化工原料：新建PTA、PX、MDI、TDI项目，以及PTA、PX改造能力超过年产10万吨的项目，由国务院投资主管部门核准。

化肥：年产50万吨及以上钾矿肥项目由国务院投资主管部门核准，其他磷、钾矿肥项目由地方政府投资主管部门核准。

水泥：除禁止类项目外，由省级政府投资主管部门核准。

稀土：矿山开发、冶炼分离和总投资1亿元及以上稀土深加工项目由国务院投资主管部门核准，其余稀土深加工项目由省级政府投资主管部门核准。

黄金：日采选矿石500吨及以上项目由国务院投资主管部门核准，其他采选矿项目由省级政府投资主管部门核准。

六、机械制造

汽车：按照国务院批准的专项规定执行。

船舶：新建10万吨级以上造船设施（船台、船坞）和民用船舶中、低速柴油机生产项目由国务院投资主管部门核准。

城市轨道交通：城市轨道交通车辆、信号系统和牵引传动控制系统制造项目由国务院投资主管部门核准。

七、轻工烟草

纸浆：年产10万吨及以上纸浆项目由国务院投资主管部门核准，年产3.4（含）万吨～10（不含）万吨纸浆项目由省级政府投资主管部门核准，其他纸浆项目禁止建设。

变性燃料乙醇：由国务院投资主管部门核准。

聚酯：日产300吨及以上项目由国务院投资主管部门核准。

制盐：由国务院投资主管部门核准。

糖：日处理糖料1500吨及以上项目由省级政府投资主管部门核准，其他糖料项目禁止建设。

烟草：卷烟、烟用二醋酸纤维素及丝束项目由国务院投资主管部门核准。

八、高新技术

民用航空航天：民用飞机（含直升机）制造、民用卫星制造、民用遥感卫星地面站建设项目由国务院投资主管部门核准。

九、城建

城市快速轨道交通：由国务院核准。

城市供水：跨省（区、市）日调水 50 万吨及以上项目由国务院投资主管部门核准，其他城市供水项目由地方政府投资主管部门核准。

城市道路桥梁：跨越大江大河（通航段）、重要海湾的桥梁、隧道项目由国务院投资主管部门核准。

其他城建项目：由地方政府投资主管部门核准。

十、社会事业

教育、卫生、文化、广播电影电视：大学城、医学城及其他园区性建设项目由国务院投资主管部门核准。

旅游：国家重点风景名胜区、国家自然保护区、国家重点文物保护单位区域内总投资 5000 万元及以上旅游开发和资源保护设施，世界自然、文化遗产保护区内总投资 3000 万元及以上项目由国务院投资主管部门核准。

体育：F1 赛车场由国务院投资主管部门核准。

娱乐：大型主题公园由国务院核准。

其他社会事业项目：按隶属关系由国务院行业主管部门或地方政府投资主管部门核准。

十一、金融

印钞、造币、钞票纸项目由国务院投资主管部门核准。

十二、外商投资

《外商投资产业指导目录》中总投资（包括增资）1 亿美元及以上鼓励类、允许类项目由国家发展和改革委员会核准。

《外商投资产业指导目录》中总投资（包括增资）5000 万美元及以上限制类项目由国家发展和改革委员会核准。

国家规定的限额以上、限制投资和涉及配额、许可证管理的外商投资企业的设立及其变更事项；大型外商投资项目的合同、章程及法律特别规定的重大变更（增资减资、转股、合并）事项，由商务部核准。

上述项目之外的外商投资项目由地方政府按照有关法规办理核准。

十三、境外投资

中方投资 3000 万美元及以上资源开发类境外投资项目由国家发展和改革委员会核准。

中方投资用汇额 1000 万美元及以上的非资源类境外投资项目由国家发展和改革委员会核准。

上述项目之外的境外投资项目，中央管理企业投资的项目报国家发展和改革委员会、商务部备案；其他企业投资的项目由地方政府按照有关法规办理核准。

国内企业对外投资开办企业（金融企业除外）由商务部核准。

政府投资条例

（国令第712号，2019年4月14日）

《政府投资条例》已经2018年12月5日国务院第33次常务会议通过，现予公布，自2019年7月1日起施行。

第一章　总　　则

第一条　为了充分发挥政府投资作用，提高政府投资效益，规范政府投资行为，激发社会投资活力，制定本条例。

第二条　本条例所称政府投资，是指在中国境内使用预算安排的资金进行固定资产投资建设活动，包括新建、扩建、改建、技术改造等。

第三条　政府投资资金应当投向市场不能有效配置资源的社会公益服务、公共基础设施、农业农村、生态环境保护、重大科技进步、社会管理、国家安全等公共领域的项目，以非经营性项目为主。

国家完善有关政策措施，发挥政府投资资金的引导和带动作用，鼓励社会资金投向前款规定的领域。

国家建立政府投资范围定期评估调整机制，不断优化政府投资方向和结构。

第四条　政府投资应当遵循科学决策、规范管理、注重绩效、公开透明的原则。

第五条　政府投资应当与经济社会发展水平和财政收支状况相适应。

国家加强对政府投资资金的预算约束。政府及其有关部门不得违法违规举借债务筹措政府投资资金。

第六条　政府投资资金按项目安排，以直接投资方式为主；对确需支持的经营性项目，主要采取资本金注入方式，也可以适当采取投资补助、贷款贴息等方式。

安排政府投资资金，应当符合推进中央与地方财政事权和支出责任划分改革的有关要求，并平等对待各类投资主体，不得设置歧视性条件。

国家通过建立项目库等方式，加强对使用政府投资资金项目的储备。

第七条　国务院投资主管部门依照本条例和国务院的规定，履行政府投资综合管理职责。国务院其他有关部门依照本条例和国务院规定的职责分工，履行相应的政府投资管理职责。

县级以上地方人民政府投资主管部门和其他有关部门依照本条例和本级人民政府规定的职责分工，履行相应的政府投资管理职责。

第二章　政府投资决策

第八条　县级以上人民政府应当根据国民经济和社会发展规划、中期财政规划和国家宏观调控政策，结合财政收支状况，统筹安排使用政府投资资金的项目，规范使用各类政府投资资金。

第九条　政府采取直接投资方式、资本金注入方式投资的项目（以下统称政府投资项目），项目单位应当编制项目建议书、可行性研究报告、初步设计，按照政府投资管理权限和规定的程序，报投资主管部门或者其他有关部门审批。

项目单位应当加强政府投资项目的前期工作，保证前期工作的深度达到规定的要求，并对项目建议书、可行性研究报告、初步设计以及依法应当附具的其他文件的真实性负责。

第十条 除涉及国家秘密的项目外，投资主管部门和其他有关部门应当通过投资项目在线审批监管平台（以下简称在线平台），使用在线平台生成的项目代码办理政府投资项目审批手续。

投资主管部门和其他有关部门应当通过在线平台列明与政府投资有关的规划、产业政策等，公开政府投资项目审批的办理流程、办理时限等，并为项目单位提供相关咨询服务。

第十一条 投资主管部门或者其他有关部门应当根据国民经济和社会发展规划、相关领域专项规划、产业政策等，从下列方面对政府投资项目进行审查，作出是否批准的决定：

（一）项目建议书提出的项目建设的必要性；

（二）可行性研究报告分析的项目的技术经济可行性、社会效益以及项目资金等主要建设条件的落实情况；

（三）初步设计及其提出的投资概算是否符合可行性研究报告批复以及国家有关标准和规范的要求；

（四）依照法律、行政法规和国家有关规定应当审查的其他事项。

投资主管部门或者其他有关部门对政府投资项目不予批准的，应当书面通知项目单位并说明理由。

对经济社会发展、社会公众利益有重大影响或者投资规模较大的政府投资项目，投资主管部门或者其他有关部门应当在中介服务机构评估、公众参与、专家评议、风险评估的基础上作出是否批准的决定。

第十二条 经投资主管部门或者其他有关部门核定的投资概算是控制政府投资项目总投资的依据。

初步设计提出的投资概算超过经批准的可行性研究报告提出的投资估算10%的，项目单位应当向投资主管部门或者其他有关部门报告，投资主管部门或者其他有关部门可以要求项目单位重新报送可行性研究报告。

第十三条 对下列政府投资项目，可以按照国家有关规定简化需要报批的文件和审批程序：

（一）相关规划中已经明确的项目；

（二）部分扩建、改建项目；

（三）建设内容单一、投资规模较小、技术方案简单的项目；

（四）为应对自然灾害、事故灾难、公共卫生事件、社会安全事件等突发事件需要紧急建设的项目。

前款第三项所列项目的具体范围，由国务院投资主管部门会同国务院其他有关部门规定。

第十四条 采取投资补助、贷款贴息等方式安排政府投资资金的，项目单位应当按照国家有关规定办理手续。

第三章 政府投资年度计划

第十五条 国务院投资主管部门对其负责安排的政府投资编制政府投资年度计划，国务院其他有关部门对其负责安排的本行业、本领域的政府投资编制政府投资年度计划。

县级以上地方人民政府有关部门按照本级人民政府的规定，编制政府投资年度计划。

第十六条 政府投资年度计划应当明确项目名称、建设内容及规模、建设工期、项目总投资、年度投资额及资金来源等事项。

第十七条 列入政府投资年度计划的项目应当符合下列条件：

（一）采取直接投资方式、资本金注入方式的，可行性研究报告已经批准或者投资概算已经核定；

（二）采取投资补助、贷款贴息等方式的，已经按照国家有关规定办理手续；

（三）县级以上人民政府有关部门规定的其他条件。

第十八条 政府投资年度计划应当和本级预算相衔接。

第十九条 财政部门应当根据经批准的预算，按照法律、行政法规和国库管理的有关规定，及时、足额办理政府投资资金拨付。

第四章 政府投资项目实施

第二十条 政府投资项目开工建设，应当符合本条例和有关法律、行政法规规定的建设条件；不符合规定的建设条件的，不得开工建设。

国务院规定应当审批开工报告的重大政府投资项目，按照规定办理开工报告审批手续后方可开工建设。

第二十一条 政府投资项目应当按照投资主管部门或者其他有关部门批准的建设地点、建设规模和建设内容实施；拟变更建设地点或者拟对建设规模、建设内容等作较大变更的，应当按照规定的程序报原审批部门审批。

第二十二条 政府投资项目所需资金应当按照国家有关规定确保落实到位。

政府投资项目不得由施工单位垫资建设。

第二十三条 政府投资项目建设投资原则上不得超过经核定的投资概算。

因国家政策调整、价格上涨、地质条件发生重大变化等原因确需增加投资概算的，项目单位应当提出调整方案及资金来源，按照规定的程序报原初步设计审批部门或者投资概算核定部门核定；涉及预算调整或者调剂的，依照有关预算的法律、行政法规和国家有关规定办理。

第二十四条 政府投资项目应当按照国家有关规定合理确定并严格执行建设工期，任何单位和个人不得非法干预。

第二十五条 政府投资项目建成后，应当按照国家有关规定进行竣工验收，并在竣工验收合格后及时办理竣工财务决算。

政府投资项目结余的财政资金，应当按照国家有关规定缴回国库。

第二十六条 投资主管部门或者其他有关部门应当按照国家有关规定选择有代表性的已建成政府投资项目，委托中介服务机构对所选项目进行后评价。后评价应当根据项目建成后的实际效果，对项目审批和实施进行全面评价并提出明确意见。

第五章 监督管理

第二十七条 投资主管部门和依法对政府投资项目负有监督管理职责的其他部门应当采取在线监测、现场核查等方式，加强对政府投资项目实施情况的监督检查。

项目单位应当通过在线平台如实报送政府投资项目开工建设、建设进度、竣工的基本信息。

第二十八条 投资主管部门和依法对政府投资项目负有监督管理职责的其他部门应当建立政府投资项目信息共享机制，通过在线平台实现信息共享。

第二十九条 项目单位应当按照国家有关规定加强政府投资项目档案管理，将项目审批和实施过程中的有关文件、资料存档备查。

第三十条 政府投资年度计划、政府投资项目审批和实施以及监督检查的信息应当依法公开。

第三十一条 政府投资项目的绩效管理、建设工程质量管理、安全生产管理等事项，依照有关法律、行政法规和国家有关规定执行。

第六章 法律责任

第三十二条 有下列情形之一的，责令改正，对负有责任的领导人员和直接责任人员依法给予处分：

（一）超越审批权限审批政府投资

项目；

（二）对不符合规定的政府投资项目予以批准；

（三）未按照规定核定或者调整政府投资项目的投资概算；

（四）为不符合规定的项目安排投资补助、贷款贴息等政府投资资金；

（五）履行政府投资管理职责中其他玩忽职守、滥用职权、徇私舞弊的情形。

第三十三条 有下列情形之一的，依照有关预算的法律、行政法规和国家有关规定追究法律责任：

（一）政府及其有关部门违法违规举借债务筹措政府投资资金；

（二）未按照规定及时、足额办理政府投资资金拨付；

（三）转移、侵占、挪用政府投资资金。

第三十四条 项目单位有下列情形之一的，责令改正，根据具体情况，暂停、停止拨付资金或者收回已拨付的资金，暂停或者停止建设活动，对负有责任的领导人员和直接责任人员依法给予处分：

（一）未经批准或者不符合规定的建设条件开工建设政府投资项目；

（二）弄虚作假骗取政府投资项目审批或者投资补助、贷款贴息等政府投资资金；

（三）未经批准变更政府投资项目的建设地点或者对建设规模、建设内容等作较大变更；

（四）擅自增加投资概算；

（五）要求施工单位对政府投资项目垫资建设；

（六）无正当理由不实施或者不按照建设工期实施已批准的政府投资项目。

第三十五条 项目单位未按照规定将政府投资项目审批和实施过程中的有关文件、资料存档备查，或者转移、隐匿、篡改、毁弃项目有关文件、资料的，责令改正，对负有责任的领导人员和直接责任人员依法给予处分。

第三十六条 违反本条例规定，构成犯罪的，依法追究刑事责任。

第七章 附 则

第三十七条 国防科技工业领域政府投资的管理办法，由国务院国防科技工业管理部门根据本条例规定的原则另行制定。

第三十八条 中国人民解放军和中国人民武装警察部队的固定资产投资管理，按照中央军事委员会的规定执行。

第三十九条 本条例自 2019 年 7 月 1 日起施行。

企业投资项目核准和备案管理条例

（国令第 673 号，2016 年 11 月 30 日）

《企业投资项目核准和备案管理条例》已经 2016 年 10 月 8 日国务院第 149 次常务会议通过，现予公布，自 2017 年 2 月 1 日起施行。

第一条 为了规范政府对企业投资项目的核准和备案行为，加快转变政府的投资管理职能，落实企业投资自主权，制定本条例。

第二条 本条例所称企业投资项目（以下简称项目），是指企业在中国境内投资建设的固定资产投资项目。

第三条 对关系国家安全、涉及全国重大生产力布局、战略性资源开发和重大公共利益等项目，实行核准管理。具体项目范围以及核准机关、核准权限依照政府核准的投资项目目录执行。政府核准的投资项目目录由国务院投资主管部门会同国务院有关部门提出，报国务院批准后实施，并适时调整。国务院另有规定的，依照其规定。

对前款规定以外的项目，实行备案管理。除国务院另有规定的，实行备案管理的项目按照属地原则备案，备案机关及其权限由省、自治区、直辖市和计划单列市人民政府规定。

第四条 除涉及国家秘密的项目外，项目核准、备案通过国家建立的项目在线监管平台（以下简称在线平台）办理。

核准机关、备案机关以及其他有关部门统一使用在线平台生成的项目代码办理相关手续。

国务院投资主管部门会同有关部门制定在线平台管理办法。

第五条 核准机关、备案机关应当通过在线平台列明与项目有关的产业政策，公开项目核准的办理流程、办理时限等，并为企业提供相关咨询服务。

第六条 企业办理项目核准手续，应当向核准机关提交项目申请书；由国务院核准的项目，向国务院投资主管部门提交项目申请书。项目申请书应当包括下列内容：

（一）企业基本情况；

（二）项目情况，包括项目名称、建设地点、建设规模、建设内容等；

（三）项目利用资源情况分析以及对生态环境的影响分析；

（四）项目对经济和社会的影响分析。

企业应当对项目申请书内容的真实性负责。

法律、行政法规规定办理相关手续作为项目核准前置条件的，企业应当提交已经办理相关手续的证明文件。

第七条 项目申请书由企业自主组织编制，任何单位和个人不得强制企业委托中介服务机构编制项目申请书。

核准机关应当制定并公布项目申请书示范文本，明确项目申请书编制要求。

第八条 由国务院有关部门核准的项目，企业可以通过项目所在地省、自治区、直辖市和计划单列市人民政府有关部门（以下称地方人民政府有关部门）转送项目申请书，地方人民政府有关部门应当自收到项目申请书之日起 5 个工作日内转送核准机关。

由国务院核准的项目，企业通过地方

人民政府有关部门转送项目申请书的，地方人民政府有关部门应当在前款规定的期限内将项目申请书转送国务院投资主管部门，由国务院投资主管部门审核后报国务院核准。

第九条 核准机关应当从下列方面对项目进行审查：

（一）是否危害经济安全、社会安全、生态安全等国家安全；

（二）是否符合相关发展建设规划、技术标准和产业政策；

（三）是否合理开发并有效利用资源；

（四）是否对重大公共利益产生不利影响。

项目涉及有关部门或者项目所在地地方人民政府职责的，核准机关应当书面征求其意见，被征求意见单位应当及时书面回复。

核准机关委托中介服务机构对项目进行评估的，应当明确评估重点；除项目情况复杂的，评估时限不得超过30个工作日。评估费用由核准机关承担。

第十条 核准机关应当自受理申请之日起20个工作日内，作出是否予以核准的决定；项目情况复杂或者需要征求有关单位意见的，经本机关主要负责人批准，可以延长核准期限，但延长的期限不得超过40个工作日。核准机关委托中介服务机构对项目进行评估的，评估时间不计入核准期限。

核准机关对项目予以核准的，应当向企业出具核准文件；不予核准的，应当书面通知企业并说明理由。由国务院核准的项目，由国务院投资主管部门根据国务院的决定向企业出具核准文件或者不予核准的书面通知。

第十一条 企业拟变更已核准项目的建设地点，或者拟对建设规模、建设内容等作较大变更的，应当向核准机关提出变更申请。核准机关应当自受理申请之日起20个工作日内，作出是否同意变更的书面决定。

第十二条 项目自核准机关作出予以核准决定或者同意变更决定之日起2年内未开工建设，需要延期开工建设的，企业应当在2年期限届满的30个工作日前，向核准机关申请延期开工建设。核准机关应当自受理申请之日起20个工作日内，作出是否同意延期开工建设的决定。开工建设只能延期一次，期限最长不得超过1年。国家对项目延期开工建设另有规定的，依照其规定。

第十三条 实行备案管理的项目，企业应当在开工建设前通过在线平台将下列信息告知备案机关：

（一）企业基本情况；

（二）项目名称、建设地点、建设规模、建设内容；

（三）项目总投资额；

（四）项目符合产业政策的声明。

企业应当对备案项目信息的真实性负责。

备案机关收到本条第一款规定的全部信息即为备案；企业告知的信息不齐全的，备案机关应当指导企业补正。

企业需要备案证明的，可以要求备案机关出具或者通过在线平台自行打印。

第十四条 已备案项目信息发生较大变更的，企业应当及时告知备案机关。

第十五条 备案机关发现已备案项目属于产业政策禁止投资建设或者实行核准管理的，应当及时告知企业予以纠正或者依法办理核准手续，并通知有关部门。

第十六条 核准机关、备案机关以及依法对项目负有监督管理职责的其他有关部门应当加强事中事后监管，按照谁审批谁监管、谁主管谁监管的原则，落实监管责任，采取在线监测、现场核查等方式，加强对项目实施的监督检查。

企业应当通过在线平台如实报送项目

开工建设、建设进度、竣工的基本信息。

第十七条 核准机关、备案机关以及依法对项目负有监督管理职责的其他有关部门应当建立项目信息共享机制，通过在线平台实现信息共享。

企业在项目核准、备案以及项目实施中的违法行为及其处理信息，通过国家社会信用信息平台向社会公示。

第十八条 实行核准管理的项目，企业未依照本条例规定办理核准手续开工建设或者未按照核准的建设地点、建设规模、建设内容等进行建设的，由核准机关责令停止建设或者责令停产，对企业处项目总投资额1‰以上5‰以下的罚款；对直接负责的主管人员和其他直接责任人员处2万元以上5万元以下的罚款，属于国家工作人员的，依法给予处分。

以欺骗、贿赂等不正当手段取得项目核准文件，尚未开工建设的，由核准机关撤销核准文件，处项目总投资额1‰以上5‰以下的罚款；已经开工建设的，依照前款规定予以处罚；构成犯罪的，依法追究刑事责任。

第十九条 实行备案管理的项目，企业未依照本条例规定将项目信息或者已备案项目的信息变更情况告知备案机关，或者向备案机关提供虚假信息的，由备案机关责令限期改正；逾期不改正的，处2万元以上5万元以下的罚款。

第二十条 企业投资建设产业政策禁止投资建设项目的，由县级以上人民政府投资主管部门责令停止建设或者责令停产并恢复原状，对企业处项目总投资额5‰以上10‰以下的罚款；对直接负责的主管人员和其他直接责任人员处5万元以上10万元以下的罚款，属于国家工作人员的，依法给予处分。法律、行政法规另有规定的，依照其规定。

第二十一条 核准机关、备案机关及其工作人员在项目核准、备案工作中玩忽职守、滥用职权、徇私舞弊的，对负有责任的领导人员和直接责任人员依法给予处分；构成犯罪的，依法追究刑事责任。

第二十二条 事业单位、社会团体等非企业组织在中国境内投资建设的固定资产投资项目适用本条例，但通过预算安排的固定资产投资项目除外。

第二十三条 国防科技工业企业在中国境内投资建设的固定资产投资项目核准和备案管理办法，由国务院国防科技工业管理部门根据本条例的原则另行制定。

第二十四条 本条例自2017年2月1日起施行。

国务院关于固定资产投资项目试行资本金制度的通知

（国发〔1996〕35号，1996年8月23日）

各省、自治区、直辖市人民政府，国务院各部委、各直属机构：

为了深化投资体制改革，建立投资风险约束机制，有效地控制投资规模，提高投资效益，促进国民经济持续、快速、健康发展，国务院决定对固定资产投资项目（以下简称“投资项目”）试行资本金制度。现就有关事项通知如下：

一、从1996年开始，对各种经营性投资项目，包括国有单位的基本建设、技术改造、房地产开发项目和集体投资项目，试行资本金制度，投资项目必须首先落实资本金才能进行建设。个体和私营企业的经营性投资项目参照本通知的规定执行。

公益性投资项目不实行资本金制度。外商投资项目（包括外商投资、中外合资、中外合作经营项目）按现行有关法规执行。

二、在投资项目的总投资中，除项目法人（依托现有企业的扩建及技术改造项目，现有企业法人即为项目法人）从银行或资金市场筹措的债务性资金外，还必须拥有一定比例的资本金。投资项目资本金，是指在投资项目总投资中，由投资者认缴的出资额，对投资项目来说是非债务性资金，项目法人不承担这部分资金的任何利息和债务；投资者可按其出资的比例依法享有所有者权益，也可转让其出资，但不得以任何方式抽回。

本通知中作为计算资本金基数的总投资，是指投资项目的固定资产投资与铺底流动资金之和，具体核定时以经批准的动态概算为依据。

三、投资项目资本金可以用货币出资，也可以用实物、工业产权、非专利技术、土地使用权作价出资。对作为资本金的实物、工业产权、非专利技术、土地使用权，必须经过有资格的资产评估机构依照法律、法规评估作价，不得高估或低估。以工业产权、非专利技术作价出资的比例不得超过投资项目资本金总额的20%，国家对采用高新技术成果有特别规定的除外。投资者以货币方式认缴的资本金，其资金来源有：

（一）各级人民政府的财政预算内资金、国家批准的各种专项建设基金、“拨改贷”和经营性基本建设基金回收的本息、土地批租收入、国有企业产权转让收入、地方人民政府按国家有关规定收取的各种规费及其他预算外资金；

（二）国家授权的投资机构及企业法人的所有者权益（包括资本金、资本公积金、盈余公积金和未分配利润、股票上市收益资金等）、企业折旧资金以及投资者按照国家规定从资金市场上筹措的资金；

（三）社会个人合法所有的资金；

（四）国家规定的其他可以用作投资项目资本金的资金。

四、投资项目资本金占总投资的比例，根据不同行业和项目的经济效益等因素确定，具体规定如下：

交通运输、煤炭项目，资本金比例为35%及以上；

钢铁、邮电、化肥项目，资本金比例为25%及以上；

电力、机电、建材、化工、石油加工、有色、轻工、纺织、商贸及其他行业的项目，资本金比例为20%及以上。

投资项目资本金的具体比例，由项目审批单位根据投资项目的经济效益以及银行贷款意愿和评估意见等情况，在审批可行性研究报告时核定。经国务院批准，对个别情况特殊的国家重点建设项目，可以适当降低资本金比例。

五、对某些投资回报率稳定、收益可靠的基础设施、基础产业投资项目，以及经济效益好的竞争性投资项目，经国务院批准，可以试行通过发行可转换债券或组建股份制公司发行股票方式筹措资本金。

六、为扶持不发达地区的经济发展，国家主要通过在投资项目资本金中适当增加国家投资的比重，在信贷资金中适当增加政策性贷款比重以及适当延长政策性贷款的还款期等措施增强其投融资能力。

七、投资项目的资本金一次认缴，并根据批准的建设进度按比例逐年到位。

八、试行资本金制度的投资项目，在可行性研究报告中要就资本金筹措情况作出详细说明，包括出资方、出资方式、资本金来源及数额、资本金认缴进度等有关内容。上报可行性研究报告时须附有各出资方承诺出资的文件，以实物、工业产权、非专利技术、土地使用权作价出资的，还须附有资产评估证明等有关材料。

对投资项目概算要实行静态控制、动态管理。凡实际动态概算超过原批准动态概算的，投资项目资本金应按本通知规定的比例，以经批准调整后的概算为基数，相应进行调整，并按照国家有关规定，确定各出资方应增加的资本金。实际动态概算超过原批准动态概算10%的，其概算调整须报原概算审批单位批准。

九、主要使用商业银行贷款的投资项目，投资者应将资本金按分年应到位数量存入其主要贷款银行；主要使用国家开发银行贷款的投资项目，应将资本金存入国家开发银行指定的银行。投资项目资本金只能用于项目建设，不得挪作他用，更不得抽回。有关银行承诺贷款后，要根据投资项目建设进度和资本金到位情况分年发放贷款。

有关部门要按照国家规定对投资项目资本金到位和使用情况进行监督。对资本金未按照规定进度和数额到位的投资项目，投资管理部门不发给投资许可证，金融部门不予贷款。对将已存入银行的资本金挪作他用的，在投资者未按规定予以纠正之前，银行要停止对该项目拨付贷款。

对资本金来源不符合有关规定，弄虚作假，以及抽逃资本金的，要根据情节轻重，对有关责任者处以行政处分或经济处罚，必要时停缓建有关项目。

十、对在本通知印发前已批准项目建议书，尚未批准可行性研究报告的投资项目，要按本通知的要求，编报可行性研究报告或补报有关资本金方面的材料；对已批准可行性研究报告尚未批准开工报告的投资项目，要按本通知的要求落实资本金，并补报有关资本金落实情况的材料，重新编报开工报告；凡资本金不落实的投资项目，一律不得开工建设。

十一、本通知由国家计委负责解释（涉及技术改造项目资本金的有关问题，由国家经贸委负责解释）。国家计委、国家经贸委在资本金制度试行期间要检查监督资本金制度执行情况，认真总结经验，以便在试行一段时间后，进一步修改完善，正式发布施行。

国务院关于调整和完善固定资产投资项目资本金制度的通知

（国发〔2015〕51号，2015年9月9日）

各省、自治区、直辖市人民政府，国务院各部委、各直属机构：

为进一步解决当前重大民生和公共领域投资项目融资难、融资贵问题，增加公共产品和公共服务供给，补短板、增后劲，扩大有效投资需求，促进投资结构调整，保持经济平稳健康发展，国务院决定对固定资产投资项目资本金制度进行调整和完善。现就有关事项通知如下：

一、各行业固定资产投资项目的最低资本金比例按以下规定执行。

城市和交通基础设施项目：城市轨道交通项目由25%调整为20%，港口、沿海及内河航运、机场项目由30%调整为25%，铁路、公路项目由25%调整为20%。

房地产开发项目：保障性住房和普通商品住房项目维持20%不变，其他项目由30%调整为25%。

产能过剩行业项目：钢铁、电解铝项目维持40%不变，水泥项目维持35%不变，煤炭、电石、铁合金、烧碱、焦炭、黄磷、多晶硅项目维持30%不变。

其他工业项目：玉米深加工项目由30%调整为20%，化肥（钾肥除外）项目维持25%不变。

电力等其他项目维持20%不变。

二、城市地下综合管廊、城市停车场项目，以及经国务院批准的核电站等重大建设项目，可以在规定最低资本金比例基础上适当降低。

三、金融机构在提供信贷支持和服务时，要坚持独立审贷，切实防范金融风险。要根据借款主体和项目实际情况，按照国家规定的资本金制度要求，对资本金的真实性、投资收益和贷款风险进行全面审查和评估，坚持风险可控、商业可持续原则，自主决定是否发放贷款以及具体的贷款数量和比例。对于产能严重过剩行业，金融机构要严格执行《国务院关于化解产能严重过剩矛盾的指导意见》（国发〔2013〕41号）有关规定。

四、自本通知印发之日起，凡尚未审批可行性研究报告、核准项目申请报告、办理备案手续的固定资产投资项目，以及金融机构尚未贷款的固定资产投资项目，均按照本通知执行。已经办理相关手续但尚未开工建设的固定资产投资项目，参照本通知执行。已与金融机构签订相关合同的固定资产投资项目，按照原合同执行。

五、国家将根据经济形势发展和宏观调控需要，适时调整固定资产投资项目最低资本金比例。

六、本通知自印发之日起执行。

国务院办公厅关于进一步激发民间有效投资活力促进经济持续健康发展的指导意见

（国办发〔2017〕79号，2017年9月1日）

各省、自治区、直辖市人民政府，国务院各部委、各直属机构：

党中央、国务院高度重视民间投资工作，近年来部署出台了一系列有针对性的政策措施并开展了专项督查，民间投资增速企稳回升。但是，当前民间投资增长仍面临着不少困难和障碍，部分鼓励民间投资的政策尚未落实到位，营商环境有待进一步改善，一些垄断行业市场开放度不够，融资难、融资贵问题仍然存在，民间投资活力不强的局面尚未根本改观。为进一步激发民间有效投资活力，促进经济持续健康发展，经国务院同意，现提出以下意见。

一、深入推进“放管服”改革，不断优化营商环境

各地区、各部门要深入贯彻落实国务院关于深化“放管服”改革的各项要求，确保取消下放国务院部门行政许可事项、取消中央指定地方实施行政审批事项、清理规范国务院部门行政审批中介服务事项等重点任务落实到位。坚决落实清理规范投资项目报建审批事项有关要求，精简合并投资项目报建审批事项，不得擅自增加行政审批事项，不得擅自增加审批环节，切实防范权力复归和边减边增。充分发挥全国投资项目在线审批监管平台作用，实现项目网上申报、并联审批、信息公开、协同监管，不断提高审批效率和服务质量。

二、开展民间投资项目报建审批情况清理核查，提高审批服务水平

各地区、各部门要对民间投资项目报建审批情况开展一次全面细致的清理核查，逐项梳理已报审的民间投资项目，清查各类审批事项办理情况，明确办理时限。能够办理的，要尽快办理；暂不具备办理条件的，要帮助民营企业尽快落实有关条件；依法依规确实不能办理的，要主动做好解释工作。对无正当理由拖延不办的，要加大问责力度，通过约谈、通报、督办等方式督促限期整改，必要时对相关责任人给予处分。要针对清理核查中发现的问题，进一步改进工作，提高效率，优化民间投资项目报建审批服务。

三、推动产业转型升级，支持民间投资创新发展

鼓励民营企业进入轨道交通装备、“互联网＋”、大数据和工业机器人等产业链长、带动效应显著的行业领域，在创建“中国制造2025”国家级示范区时积极吸引民营企业参与。发挥财政性资金带动作用，通过投资补助、资本金注入、设立基金等多种方式，广泛吸纳各类社会资本，支持企业加大技术改造力度，加大对集成电路等关键领域和薄弱环节重点项目的投入。支持双创示范基地、产业园区公共服务平台建设，提高为民营企业投资新兴产业服务的能力和水平。推进创新技术市场交易，缩短科技成果转化周期，提高科技

型企业投资回报水平。鼓励民间资本开展多元化农业投资，支持农村新产业新业态发展，推动民间资本与农户建立股份合作等紧密利益联结机制，对带动农户较多的市场主体加大支持力度。

四、鼓励民间资本参与政府和社会资本合作（PPP）项目，促进基础设施和公用事业建设

加大基础设施和公用事业领域开放力度，禁止排斥、限制或歧视民间资本的行为，为民营企业创造平等竞争机会，支持民间资本股权占比高的社会资本方参与PPP项目，调动民间资本积极性。积极采取多种PPP运作方式，规范有序盘活存量资产，丰富民营企业投资机会，回收的资金主要用于补短板项目建设，形成新的优质资产，实现投资良性循环。合理确定基础设施和公用事业价格和收费标准，完善PPP项目价格和收费适时调整机制，通过适当延长合作期限、积极创新运营模式、充分挖掘项目商业价值等，建立PPP项目合理回报机制，吸引民间资本参与。努力提高民营企业融资能力，有效降低融资成本，推动PPP项目资产证券化，鼓励民间资本采取混合所有制、设立基金、组建联合体等多种方式，参与投资规模较大的PPP项目。

五、降低企业经营成本，增强民间投资动力

落实和完善全面推开营改增试点政策，落实好研发费用税前加计扣除政策，加强涉企经营服务性收费和中介服务收费监管。允许失业保险总费率为1.5%的地方将总费率阶段性降至1%，落实适当降低企业住房公积金缴存比例政策，推动各地出台或完善户口迁移政策和配套措施。深化输配电价格改革，推进电力市场化交易等，实行工业用地弹性出让制度，用好用足标准厂房、科技孵化器用地支持政策，降低企业用能用地成本。科学合理确定车辆通行费标准，规范铁路港口收费，开展物流领域收费专项检查，着力解决“乱收费、乱罚款”等问题。督促银行业金融机构依法合规收费，降低贷款中间环节费用，严禁各种不规范收费和不合理的贷款附加条件。

六、努力破解融资难题，为民间资本提供多样化融资服务

发挥各类金融机构优势，优化授信管理和服务流程，完善特许经营权、收费权等权利的确权、登记、抵押、流转等配套制度，发展和丰富循环贷款等金融产品，加快建设普惠金融体系，实施小微企业应收账款融资专项行动，着力解决对企业抽贷、压贷、断贷等融资难题。完善民营企业信用评级制度，客观评价民营企业实力，引导金融机构加大对民营企业的融资支持力度。充分发挥各级政府网站与全国信用信息共享平台作用，鼓励地方推进“银税互动”、银行业金融机构和全国信用信息共享平台之间的合作等，化解银企信息不对称问题，促进中小企业融资。发展政府支持的融资担保和再担保机构，鼓励各地设立信贷风险补偿基金、过桥转贷资金池等，加大对中小微企业、科技创新企业的支持。

七、加强政务诚信建设，确保政府诚信履约

地方各级政府向民营企业作出政策承诺要严格依法依规，并严格兑现合法合规的政策承诺，不得违法违规承诺优惠条件。要认真履行与民营企业签订的合法合规协议或合同，不得以政府换届、相关责任人更替等理由拒不执行，不得随意改变约定，不得出现“新官不理旧账”等情况。开展政务失信专项治理，对地方政府拒不履行政府所作的合法合规承诺，特别是严重损

害民营企业合法权益、破坏民间投资良好环境等行为，加大查处力度。对造成政府严重失信违约行为的主要负责人和直接责任人要依法依规追究责任，惩戒到人。

八、加强政策统筹协调，稳定市场预期和投资信心

加强部门间协调配合，科学审慎研判拟出台政策的预期效果和市场反应，统筹把握好政策出台时机和力度。有关部门要在加强监管的同时，明确政策导向，提出符合法律法规和政策规定的具体要求，正确引导投资预期。围绕经济运行态势和宏观政策取向，加大政策解读力度，主动解疑释惑，帮助民营企业准确理解政策意图。建立健全政务舆情收集、研判、处置和回应机制，及时准确发布权威信息，切实做好民营企业关切事项的回应工作。完善公平、开放、透明的市场规则，稳定市场预期、增强市场活力，帮助民营企业充分利用好国内大市场，加大对适应国内消费升级和产业转型需要项目的投资力度，支持劳动密集型产业向内陆沿边地区梯度转移。

九、构建“亲”“清”新型政商关系，增强政府服务意识和能力

建立健全政府与民营企业常态化沟通机制，进一步发挥工商联和协会商会在企业与政府沟通中的桥梁纽带作用，倾听民营企业呼声，帮助解决实际困难。因地制宜明确政商交往“正面清单”和“负面清单”，着力破解“亲”而不“清”、“清”而不“亲”等问题。坚决贯彻落实《中共中央 国务院关于完善产权保护制度依法保护产权的意见》，尽快出台相关配套文件和实施方案，加强各种所有制经济产权保护，加大知识产权保护力度，激发和保护企业家精神。组织开展民营企业家专业化、精准化培训，提升民营企业经营管理水平。

十、狠抓各项政策措施落地见效，增强民营企业获得感

各地区、各部门要全面梳理党中央、国务院已出台的鼓励民间投资政策措施，逐项检查各项政策措施在本地区、本领域落实情况，对尚未有效落实的政策措施，要认真分析原因，抓紧研究解决办法，确保政策尽快落地。充分发挥中央和地方两个积极性，鼓励各地以改革的办法、创新的思维进一步实化、细化、深化鼓励民间投资的具体措施，努力解决制约民间投资增长的深层次问题，进一步激发民间有效投资活力。

各省（区、市）人民政府、各有关部门要按照本意见要求，切实抓好贯彻落实，进一步做好民间投资各项工作。国家发展改革委要加强统筹协调，会同有关部门对本意见落实情况进行督促检查和跟踪分析，重大事项及时向国务院报告。

国务院关于创新重点领域投融资机制鼓励社会投资的指导意见

（国发〔2014〕60号，2014年11月16日）

各省、自治区、直辖市人民政府，国务院各部委、各直属机构：

为推进经济结构战略性调整，加强薄弱环节建设，促进经济持续健康发展，迫切需要在公共服务、资源环境、生态建设、基础设施等重点领域进一步创新投融资机制，充分发挥社会资本特别是民间资本的积极作用。为此，特提出以下意见。

一、总体要求

（一）指导思想。全面贯彻落实党的十八大和十八届三中、四中全会精神，按照党中央、国务院决策部署，使市场在资源配置中起决定性作用和更好发挥政府作用，打破行业垄断和市场壁垒，切实降低准入门槛，建立公平开放透明的市场规则，营造权利平等、机会平等、规则平等的投资环境，进一步鼓励社会投资特别是民间投资，盘活存量、用好增量，调结构、补短板，服务国家生产力布局，促进重点领域建设，增加公共产品有效供给。

（二）基本原则。实行统一市场准入，创造平等投资机会；创新投资运营机制，扩大社会资本投资途径；优化政府投资使用方向和方式，发挥引导带动作用；创新融资方式，拓宽融资渠道；完善价格形成机制，发挥价格杠杆作用。

二、创新生态环保投资运营机制

（三）深化林业管理体制改革。推进国有林区和国有林场管理体制改革，完善森林经营和采伐管理制度，开展森林科学经营。深化集体林权制度改革，稳定林权承包关系，放活林地经营权，鼓励林权依法规范流转。鼓励荒山荒地造林和退耕还林林地林权依法流转。减免林权流转税费，有效降低流转成本。

（四）推进生态建设主体多元化。在严格保护森林资源的前提下，鼓励社会资本积极参与生态建设和保护，支持符合条件的农民合作社、家庭农场（林场）、专业大户、林业企业等新型经营主体投资生态建设项目。对社会资本利用荒山荒地进行植树造林的，在保障生态效益、符合土地用途管制要求的前提下，允许发展林下经济、森林旅游等生态产业。

（五）推动环境污染治理市场化。在电力、钢铁等重点行业以及开发区（工业园区）污染治理等领域，大力推行环境污染第三方治理，通过委托治理服务、托管运营服务等方式，由排污企业付费购买专业环境服务公司的治污减排服务，提高污染治理的产业化、专业化程度。稳妥推进政府向社会购买环境监测服务。建立重点行业第三方治污企业推荐制度。

（六）积极开展排污权、碳排放权交易试点。推进排污权有偿使用和交易试点，建立排污权有偿使用制度，规范排污权交易市场，鼓励社会资本参与污染减排和排污权交易。加快调整主要污染物排污费征收标准，实行差别化排污收费政策。加快在国内试行碳排放权交易制度，探索森林碳汇交易，发展碳排放权交易市场，鼓励和支持社会投资者参与碳配额交易，通过金融市场发现价格的功能，调整不同经济主体利益，有效促进环保和节能减排。

三、鼓励社会资本投资运营农业和水利工程

（七）培育农业、水利工程多元化投资主体。支持农民合作社、家庭农场、专业大户、农业企业等新型经营主体投资建设农田水利和水土保持设施。允许财政补助形成的小型农田水利和水土保持工程资产由农业用水合作组织持有和管护。鼓励社会资本以特许经营、参股控股等多种形式参与具有一定收益的节水供水重大水利工程建设运营。社会资本愿意投入的重大水利工程，要积极鼓励社会资本投资建设。

（八）保障农业、水利工程投资合理收益。社会资本投资建设或运营管理农田水利、水土保持设施和节水供水重大水利工程的，与国有、集体投资项目享有同等政策待遇，可以依法获取供水水费等经营收益；承担公益性任务的，政府可对工程建设投资、维修养护和管护经费等给予适当补助，并落实优惠政策。社会资本投资建设或运营管理农田水利设施、重大水利工程等，可依法继承、转让、转租、抵押其相关权益；征收、征用或占用的，要按照国家有关规定给予补偿或者赔偿。

（九）通过水权制度改革吸引社会资本参与水资源开发利用和保护。加快建立水权制度，培育和规范水权交易市场，积极探索多种形式的水权交易流转方式，允许各地通过水权交易满足新增合理用水需求。鼓励社会资本通过参与节水供水重大水利工程投资建设等方式优先获得新增水资源使用权。

（十）完善水利工程水价形成机制。深入开展农业水价综合改革试点，进一步促进农业节水。水利工程供非农业用水价格按照补偿成本、合理收益、优质优价、公平负担的原则合理制定，并根据供水成本变化及社会承受能力等适时调整，推行两部制水利工程水价和丰枯季节水价。价格调整不到位时，地方政府可根据实际情况安排财政性资金，对运营单位进行合理补偿。

四、推进市政基础设施投资运营市场化

（十一）改革市政基础设施建设运营模式。推动市政基础设施建设运营事业单位向独立核算、自主经营的企业化管理转变。鼓励打破以项目为单位的分散运营模式，实行规模化经营，降低建设和运营成本，提高投资效益。推进市县、乡镇和村级污水收集和处理、垃圾处理项目按行业“打包”投资和运营，鼓励实行城乡供水一体化、厂网一体投资和运营。

（十二）积极推动社会资本参与市政基础设施建设运营。通过特许经营、投资补助、政府购买服务等多种方式，鼓励社会资本投资城镇供水、供热、燃气、污水垃圾处理、建筑垃圾资源化利用和处理、城市综合管廊、公园配套服务、公共交通、停车设施等市政基础设施项目，政府依法选择符合要求的经营者。政府可采用委托经营或转让—经营—转让（TOT）等方式，将已经建成的市政基础设施项目转交给社会资本运营管理。

（十三）加强县城基础设施建设。按照新型城镇化发展的要求，把有条件的县城和重点镇发展为中小城市，支持基础设施建设，增强吸纳农业转移人口的能力。选择若干具有产业基础、特色资源和区位优势的县城和重点镇推行试点，加大对市政基础设施建设运营引入市场机制的政策支持力度。

（十四）完善市政基础设施价格机制。加快改进市政基础设施价格形成、调整和补偿机制，使经营者能够获得合理收益。实行上下游价格调整联动机制，价格调整

不到位时，地方政府可根据实际情况安排财政性资金对企业运营进行合理补偿。

五、改革完善交通投融资机制

（十五）加快推进铁路投融资体制改革。用好铁路发展基金平台，吸引社会资本参与，扩大基金规模。充分利用铁路土地综合开发政策，以开发收益支持铁路发展。按照市场化方向，不断完善铁路运价形成机制。向地方政府和社会资本放开城际铁路、市域（郊）铁路、资源开发性铁路和支线铁路的所有权、经营权。按照构建现代企业制度的要求，保障投资者权益，推进蒙西至华中、长春至西巴彦花铁路等引进民间资本的示范项目实施。鼓励按照“多式衔接、立体开发、功能融合、节约集约”的原则，对城市轨道交通站点周边、车辆段上盖进行土地综合开发，吸引社会资本参与城市轨道交通建设。

（十六）完善公路投融资模式。建立完善政府主导、分级负责、多元筹资的公路投融资模式，完善收费公路政策，吸引社会资本投入，多渠道筹措建设和维护资金。逐步建立高速公路与普通公路统筹发展机制，促进普通公路持续健康发展。

（十七）鼓励社会资本参与水运、民航基础设施建设。探索发展“航电结合”等投融资模式，按相关政策给予投资补助，鼓励社会资本投资建设航电枢纽。鼓励社会资本投资建设港口、内河航运设施等。积极吸引社会资本参与盈利状况较好的枢纽机场、干线机场以及机场配套服务设施等投资建设，拓宽机场建设资金来源。

六、鼓励社会资本加强能源设施投资

（十八）鼓励社会资本参与电力建设。在做好生态环境保护、移民安置和确保工程安全的前提下，通过业主招标等方式，鼓励社会资本投资常规水电站和抽水蓄能电站。在确保具备核电控股资质主体承担核安全责任的前提下，引入社会资本参与核电项目投资，鼓励民间资本进入核电设备研制和核电服务领域。鼓励社会资本投资建设风光电、生物质能等清洁能源项目和背压式热电联产机组，进入清洁高效煤电项目建设、燃煤电厂节能减排升级改造领域。

（十九）鼓励社会资本参与电网建设。积极吸引社会资本投资建设跨区输电通道、区域主干电网完善工程和大中城市配电网工程。将海南联网Ⅱ回线路和滇西北送广东特高压直流输电工程等项目作为试点，引入社会资本。鼓励社会资本投资建设分布式电源并网工程、储能装置和电动汽车充换电设施。

（二十）鼓励社会资本参与油气管网、储存设施和煤炭储运建设运营。支持民营企业、地方国有企业等参股建设油气管网主干线、沿海液化天然气（LNG）接收站、地下储气库、城市配气管网和城市储气设施，控股建设油气管网支线、原油和成品油商业储备库。鼓励社会资本参与铁路运煤干线和煤炭储配体系建设。国家规划确定的石化基地炼化一体化项目向社会资本开放。

（二十一）理顺能源价格机制。进一步推进天然气价格改革，2015 年实现存量气和增量气价格并轨，逐步放开非居民用天然气气源价格，落实页岩气、煤层气等非常规天然气价格市场化政策。尽快出台天然气管道运输价格政策。按照合理成本加合理利润的原则，适时调整煤层气发电、余热余压发电上网标杆电价。推进天然气分布式能源冷、热、电价格市场化。完善可再生能源发电价格政策，研究建立流域梯级效益补偿机制，适时调整完善燃煤发电机组环保电价政策。

七、推进信息和民用空间基础设施投资主体多元化

（二十二）鼓励电信业进一步向民间资本开放。进一步完善法律法规，尽快修订电信业务分类目录。研究出台具体试点办法，鼓励和引导民间资本投资宽带接入网络建设和业务运营，大力发展宽带用户。推进民营企业开展移动通信转售业务试点工作，促进业务创新发展。

（二十三）吸引民间资本加大信息基础设施投资力度。支持基础电信企业引入民间战略投资者。推动中国铁塔股份有限公司引入民间资本，实现混合所有制发展。

（二十四）鼓励民间资本参与国家民用空间基础设施建设。完善民用遥感卫星数据政策，加强政府采购服务，鼓励民间资本研制、发射和运营商业遥感卫星，提供市场化、专业化服务。引导民间资本参与卫星导航地面应用系统建设。

八、鼓励社会资本加大社会事业投资力度

（二十五）加快社会事业公立机构分类改革。积极推进养老、文化、旅游、体育等领域符合条件的事业单位，以及公立医院资源丰富地区符合条件的医疗事业单位改制，为社会资本进入创造条件，鼓励社会资本参与公立机构改革。将符合条件的国有单位培训疗养机构转变为养老机构。

（二十六）鼓励社会资本加大社会事业投资力度。通过独资、合资、合作、联营、租赁等途径，采取特许经营、公建民营、民办公助等方式，鼓励社会资本参与教育、医疗、养老、体育健身、文化设施建设。尽快出台鼓励社会力量兴办教育、促进民办教育健康发展的意见。各地在编制城市总体规划、控制性详细规划以及有关专项规划时，要统筹规划、科学布局各类公共服务设施。各级政府逐步扩大教育、医疗、养老、体育健身、文化等政府购买服务范围，各类经营主体平等参与。将符合条件的各类医疗机构纳入医疗保险定点范围。

（二十七）完善落实社会事业建设运营税费优惠政策。进一步完善落实非营利性教育、医疗、养老、体育健身、文化机构税收优惠政策。对非营利性医疗、养老机构建设一律免征有关行政事业性收费，对营利性医疗、养老机构建设一律减半征收有关行政事业性收费。

（二十八）改进社会事业价格管理政策。民办教育、医疗机构用电、用水、用气、用热，执行与公办教育、医疗机构相同的价格政策。养老机构用电、用水、用气、用热，按居民生活类价格执行。除公立医疗、养老机构提供的基本服务按照政府规定的价格政策执行外，其他医疗、养老服务实行经营者自主定价。营利性民办学校收费实行自主定价，非营利性民办学校收费政策由地方政府按照市场化方向根据当地实际情况确定。

九、建立健全政府和社会资本合作（PPP）机制

（二十九）推广政府和社会资本合作（PPP）模式。认真总结经验，加强政策引导，在公共服务、资源环境、生态保护、基础设施等领域，积极推广 PPP 模式，规范选择项目合作伙伴，引入社会资本，增强公共产品供给能力。政府有关部门要严格按照预算管理有关法律法规，完善财政补贴制度，切实控制和防范财政风险。健全 PPP 模式的法规体系，保障项目顺利运行。鼓励通过 PPP 方式盘活存量资源，变现资金要用于重点领域建设。

（三十）规范合作关系保障各方利益。政府有关部门要制定管理办法，尽快发布标准合同范本，对 PPP 项目的业主选择、价格管理、回报方式、服务标准、信息披露、违约处罚、政府接管以及评估论证等

进行详细规定，规范合作关系。平衡好社会公众与投资者利益关系，既要保障社会公众利益不受损害，又要保障经营者合法权益。

（三十一）健全风险防范和监督机制。政府和投资者应对 PPP 项目可能产生的政策风险、商业风险、环境风险、法律风险等进行充分论证，完善合同设计，健全纠纷解决和风险防范机制。建立独立、透明、可问责、专业化的 PPP 项目监管体系，形成由政府监管部门、投资者、社会公众、专家、媒体等共同参与的监督机制。

（三十二）健全退出机制。政府要与投资者明确 PPP 项目的退出路径，保障项目持续稳定运行。项目合作结束后，政府应组织做好接管工作，妥善处理投资回收、资产处理等事宜。

十、充分发挥政府投资的引导带动作用

（三十三）优化政府投资使用方向。政府投资主要投向公益性和基础性建设。对鼓励社会资本参与的生态环保、农林水利、市政基础设施、社会事业等重点领域，政府投资可根据实际情况给予支持，充分发挥政府投资“四两拨千斤”的引导带动作用。

（三十四）改进政府投资使用方式。在同等条件下，政府投资优先支持引入社会资本的项目，根据不同项目情况，通过投资补助、基金注资、担保补贴、贷款贴息等方式，支持社会资本参与重点领域建设。抓紧制定政府投资支持社会投资项目的管理办法，规范政府投资安排行为。

十一、创新融资方式拓宽融资渠道

（三十五）探索创新信贷服务。支持开展排污权、收费权、集体林权、特许经营权、购买服务协议预期收益、集体土地承包经营权质押贷款等担保创新类贷款业务。探索利用工程供水、供热、发电、污水垃圾处理等预期收益质押贷款，允许利用相关收益作为还款来源。鼓励金融机构对民间资本举办的社会事业提供融资支持。

（三十六）推进农业金融改革。探索采取信用担保和贴息、业务奖励、风险补偿、费用补贴、投资基金，以及互助信用、农业保险等方式，增强农民合作社、家庭农场（林场）、专业大户、农林业企业的贷款融资能力和风险抵御能力。

（三十七）充分发挥政策性金融机构的积极作用。在国家批准的业务范围内，加大对公共服务、生态环保、基础设施建设项目的支持力度。努力为生态环保、农林水利、中西部铁路和公路、城市基础设施等重大工程提供长期稳定、低成本的资金支持。

（三十八）鼓励发展支持重点领域建设的投资基金。大力发展股权投资基金和创业投资基金，鼓励民间资本采取私募等方式发起设立主要投资于公共服务、生态环保、基础设施、区域开发、战略性新兴产业、先进制造业等领域的产业投资基金。政府可以使用包括中央预算内投资在内的财政性资金，通过认购基金份额等方式予以支持。

（三十九）支持重点领域建设项目开展股权和债权融资。大力发展债权投资计划、股权投资计划、资产支持计划等融资工具，延长投资期限，引导社保资金、保险资金等用于收益稳定、回收期长的基础设施和基础产业项目。支持重点领域建设项目采用企业债券、项目收益债券、公司债券、中期票据等方式通过债券市场筹措投资资金。推动铁路、公路、机场等交通项目建设企业应收账款证券化。建立规范的地方政府举债融资机制，支持地方政府依法依规发行债券，用于重点领域建设。

创新重点领域投融资机制对稳增长、

促改革、调结构、惠民生具有重要作用。各地区、各有关部门要从大局出发，进一步提高认识，加强组织领导，健全工作机制，协调推动重点领域投融资机制创新。各地政府要结合本地实际，抓紧制定具体实施细则，确保各项措施落到实处。国务院各有关部门要严格按照分工，抓紧制定相关配套措施，加快重点领域建设，同时要加强宣传解读，让社会资本了解参与方式、运营方式、盈利模式、投资回报等相关政策，进一步稳定市场预期，充分调动社会投资积极性，切实发挥好投资对经济增长的关键作用。发展改革委要会同有关部门加强对本指导意见落实情况的督促检查，重大问题及时向国务院报告。

附件：重点政策措施文件分工方案（略）

国务院关于鼓励和引导民间投资健康发展的若干意见

（国发〔2010〕13号，2010年5月7日）

各省、自治区、直辖市人民政府，国务院各部委、各直属机构：

改革开放以来，我国民间投资不断发展壮大，已经成为促进经济发展、调整产业结构、繁荣城乡市场、扩大社会就业的重要力量。在毫不动摇地巩固和发展公有制经济的同时，毫不动摇地鼓励、支持和引导非公有制经济发展，进一步鼓励和引导民间投资，有利于坚持和完善我国社会主义初级阶段基本经济制度，以现代产权制度为基础发展混合所有制经济，推动各种所有制经济平等竞争、共同发展；有利于完善社会主义市场经济体制，充分发挥市场配置资源的基础性作用，建立公平竞争的市场环境；有利于激发经济增长的内生动力，稳固可持续发展的基础，促进经济长期平稳较快发展；有利于扩大社会就业，增加居民收入，拉动国内消费，促进社会和谐稳定。为此，提出以下意见：

一、进一步拓宽民间投资的领域和范围

（一）深入贯彻落实《国务院关于鼓励支持和引导个体私营等非公有制经济发展的若干意见》（国发〔2005〕3号）等一系列政策措施，鼓励和引导民间资本进入法律法规未明确禁止准入的行业和领域。规范设置投资准入门槛，创造公平竞争、平等准入的市场环境。市场准入标准和优惠扶持政策要公开透明，对各类投资主体同等对待，不得单对民间资本设置附加条件。

（二）明确界定政府投资范围。政府投资主要用于关系国家安全、市场不能有效配置资源的经济和社会领域。对于可以实行市场化运作的基础设施、市政工程和其他公共服务领域，应鼓励和支持民间资本进入。

（三）进一步调整国有经济布局和结构。国有资本要把投资重点放在不断加强和巩固关系国民经济命脉的重要行业和关键领域，在一般竞争性领域，要为民间资本营造更广阔的市场空间。

（四）积极推进医疗、教育等社会事业领域改革。将民办社会事业作为社会公共事业发展的重要补充，统筹规划，合理布局，加快培育形成政府投入为主、民间投资为辅的公共服务体系。

二、鼓励和引导民间资本进入基础产业和基础设施领域

（五）鼓励民间资本参与交通运输建设。鼓励民间资本以独资、控股、参股等方式投资建设公路、水运、港口码头、民用机场、通用航空设施等项目。抓紧研究制定铁路体制改革方案，引入市场竞争，推进投资主体多元化，鼓励民间资本参与铁路干线、铁路支线、铁路轮渡以及站场设施的建设，允许民间资本参股建设煤运通道、客运专线、城际轨道交通等项目。探索建立铁路产业投资基金，积极支持铁路企业加快股改上市，拓宽民间资本进入铁路建设领域的渠道和途径。

（六）鼓励民间资本参与水利工程建设。建立收费补偿机制，实行政府补贴，通过业主招标、承包租赁等方式，吸引民间资本投资建设农田水利、跨流域调水、

水资源综合利用、水土保持等水利项目。

（七）鼓励民间资本参与电力建设。鼓励民间资本参与风能、太阳能、地热能、生物质能等新能源产业建设。支持民间资本以独资、控股或参股形式参与水电站、火电站建设，参股建设核电站。进一步放开电力市场，积极推进电价改革，加快推行竞价上网，推行项目业主招标，完善电力监管制度，为民营发电企业平等参与竞争创造良好环境。

（八）鼓励民间资本参与石油天然气建设。支持民间资本进入油气勘探开发领域，与国有石油企业合作开展油气勘探开发。支持民间资本参股建设原油、天然气、成品油的储运和管道输送设施及网络。

（九）鼓励民间资本参与电信建设。鼓励民间资本以参股方式进入基础电信运营市场。支持民间资本开展增值电信业务。加强对电信领域垄断和不正当竞争行为的监管，促进公平竞争，推动资源共享。

（十）鼓励民间资本参与土地整治和矿产资源勘探开发。积极引导民间资本通过招标投标形式参与土地整理、复垦等工程建设，鼓励和引导民间资本投资矿山地质环境恢复治理，坚持矿业权市场全面向民间资本开放。

三、鼓励和引导民间资本进入市政公用事业和政策性住房建设领域

（十一）鼓励民间资本参与市政公用事业建设。支持民间资本进入城市供水、供气、供热、污水和垃圾处理、公共交通、城市园林绿化等领域。鼓励民间资本积极参与市政公用企事业单位的改组改制，具备条件的市政公用事业项目可以采取市场化的经营方式，向民间资本转让产权或经营权。

（十二）进一步深化市政公用事业体制改革。积极引入市场竞争机制，大力推行市政公用事业的投资主体、运营主体招标制度，建立健全市政公用事业特许经营制度。改进和完善政府采购制度，建立规范的政府监管和财政补贴机制，加快推进市政公用产品价格和收费制度改革，为鼓励和引导民间资本进入市政公用事业领域创造良好的制度环境。

（十三）鼓励民间资本参与政策性住房建设。支持和引导民间资本投资建设经济适用住房、公共租赁住房等政策性住房，参与棚户区改造，享受相应的政策性住房建设政策。

四、鼓励和引导民间资本进入社会事业领域

（十四）鼓励民间资本参与发展医疗事业。支持民间资本兴办各类医院、社区卫生服务机构、疗养院、门诊部、诊所、卫生所（室）等医疗机构，参与公立医院转制改组。支持民营医疗机构承担公共卫生服务、基本医疗服务和医疗保险定点服务。切实落实非营利性医疗机构的税收政策。鼓励医疗人才资源向民营医疗机构合理流动，确保民营医疗机构在人才引进、职称评定、科研课题等方面与公立医院享受平等待遇。从医疗质量、医疗行为、收费标准等方面对各类医疗机构加强监管，促进民营医疗机构健康发展。

（十五）鼓励民间资本参与发展教育和社会培训事业。支持民间资本兴办高等学校、中小学校、幼儿园、职业教育等各类教育和社会培训机构。修改完善《中华人民共和国民办教育促进法实施条例》，落实对民办学校的人才鼓励政策和公共财政资助政策，加快制定和完善促进民办教育发展的金融、产权和社保等政策，研究建立民办学校的退出机制。

（十六）鼓励民间资本参与发展社会福利事业。通过用地保障、信贷支持和政府采购等多种形式，鼓励民间资本投资建设专业化的服务设施，兴办养（托）老服务

和残疾人康复、托养服务等各类社会福利机构。

（十七）鼓励民间资本参与发展文化、旅游和体育产业。鼓励民间资本从事广告、印刷、演艺、娱乐、文化创意、文化会展、影视制作、网络文化、动漫游戏、出版物发行、文化产品数字制作与相关服务等活动，建设博物馆、图书馆、文化馆、电影院等文化设施。鼓励民间资本合理开发旅游资源，建设旅游设施，从事各种旅游休闲活动。鼓励民间资本投资生产体育用品，建设各类体育场馆及健身设施，从事体育健身、竞赛表演等活动。

五、鼓励和引导民间资本进入金融服务领域

（十八）允许民间资本兴办金融机构。在加强有效监管、促进规范经营、防范金融风险的前提下，放宽对金融机构的股比限制。支持民间资本以入股方式参与商业银行的增资扩股，参与农村信用社、城市信用社的改制工作。鼓励民间资本发起或参与设立村镇银行、贷款公司、农村资金互助社等金融机构，放宽村镇银行或社区银行中法人银行最低出资比例的限制。落实中小企业贷款税前全额拨备损失准备金政策，简化中小金融机构呆账核销审核程序。适当放宽小额贷款公司单一投资者持股比例限制，对小额贷款公司的涉农业务实行与村镇银行同等的财政补贴政策。支持民间资本发起设立信用担保公司，完善信用担保公司的风险补偿机制和风险分担机制。鼓励民间资本发起设立金融中介服务机构，参与证券、保险等金融机构的改组改制。

六、鼓励和引导民间资本进入商贸流通领域

（十九）鼓励民间资本进入商品批发零售、现代物流领域。支持民营批发、零售企业发展，鼓励民间资本投资连锁经营、电子商务等新型流通业态。引导民间资本投资第三方物流服务领域，为民营物流企业承接传统制造业、商贸业的物流业务外包创造条件，支持中小型民营商贸流通企业协作发展共同配送。加快物流业管理体制改革，鼓励物流基础设施的资源整合和充分利用，促进物流企业网络化经营，搭建便捷高效的融资平台，创造公平、规范的市场竞争环境，推进物流服务的社会化和资源利用的市场化。

七、鼓励和引导民间资本进入国防科技工业领域

（二十）鼓励民间资本进入国防科技工业投资建设领域。引导和支持民营企业有序参与军工企业的改组改制，鼓励民营企业参与军民两用高技术开发和产业化，允许民营企业按有关规定参与承担军工生产和科研任务。

八、鼓励和引导民间资本重组联合和参与国有企业改革

（二十一）引导和鼓励民营企业利用产权市场组合民间资本，促进产权合理流动，开展跨地区、跨行业兼并重组。鼓励和支持民间资本在国内合理流动，实现产业有序梯度转移，参与西部大开发、东北地区等老工业基地振兴、中部地区崛起以及新农村建设和扶贫开发。支持有条件的民营企业通过联合重组等方式做大做强，发展成为特色突出、市场竞争力强的集团化公司。

（二十二）鼓励和引导民营企业通过参股、控股、资产收购等多种形式，参与国有企业的改制重组。合理降低国有控股企业中的国有资本比例。民营企业在参与国有企业改制重组过程中，要认真执行国家有关资产处置、债务处理和社会保障等方面的政策要求，依法妥善安置职工，保证

企业职工的正当权益。

九、推动民营企业加强自主创新和转型升级

（二十三）贯彻落实鼓励企业增加研发投入的税收优惠政策，鼓励民营企业增加研发投入，提高自主创新能力，掌握拥有自主知识产权的核心技术。帮助民营企业建立工程技术研究中心、技术开发中心，增加技术储备，搞好技术人才培训。支持民营企业参与国家重大科技计划项目和技术攻关，不断提高企业技术水平和研发能力。

（二十四）加快实施促进科技成果转化的鼓励政策，积极发展技术市场，完善科技成果登记制度，方便民营企业转让和购买先进技术。加快分析测试、检验检测、创业孵化、科技评估、科技咨询等科技服务机构的建设和机制创新，为民营企业的自主创新提供服务平台。积极推动信息服务外包、知识产权、技术转移和成果转化等高技术服务领域的市场竞争，支持民营企业开展技术服务活动。

（二十五）鼓励民营企业加大新产品开发力度，实现产品更新换代。开发新产品发生的研究开发费用可按规定享受加计扣除优惠政策。鼓励民营企业实施品牌发展战略，争创名牌产品，提高产品质量和服务水平。通过加速固定资产折旧等方式鼓励民营企业进行技术改造，淘汰落后产能，加快技术升级。

（二十六）鼓励和引导民营企业发展战略性新兴产业。广泛应用信息技术等高新技术改造提升传统产业，大力发展循环经济、绿色经济，投资建设节能减排、节水降耗、生物医药、信息网络、新能源、新材料、环境保护、资源综合利用等具有发展潜力的新兴产业。

十、鼓励和引导民营企业积极参与国际竞争

（二十七）鼓励民营企业“走出去”，积极参与国际竞争。支持民营企业在研发、生产、营销等方面开展国际化经营，开发战略资源，建立国际销售网络。支持民营企业利用自有品牌、自主知识产权和自主营销，开拓国际市场，加快培育跨国企业和国际知名品牌。支持民营企业之间、民营企业与国有企业之间组成联合体，发挥各自优势，共同开展多种形式的境外投资。

（二十八）完善境外投资促进和保障体系。与有关国家建立鼓励和促进民间资本国际流动的政策磋商机制，开展多种形式的对话交流，发展长期稳定、互惠互利的合作关系。通过签订双边民间投资合作协定、利用多边协定体系等，为民营企业“走出去”争取有利的投资、贸易环境和更多优惠政策。健全和完善境外投资鼓励政策，在资金支持、金融保险、外汇管理、质检通关等方面，民营企业与其他企业享受同等待遇。

十一、为民间投资创造良好环境

（二十九）清理和修改不利于民间投资发展的法规政策规定，切实保护民间投资的合法权益，培育和维护平等竞争的投资环境。在制定涉及民间投资的法律、法规和政策时，要听取有关商会和民营企业的意见和建议，充分反映民营企业的合理要求。

（三十）各级人民政府有关部门安排的政府性资金，包括财政预算内投资、专项建设资金、创业投资引导资金，以及国际金融组织贷款和外国政府贷款等，要明确规则、统一标准，对包括民间投资在内的各类投资主体同等对待。支持民营企业的产品和服务进入政府采购目录。

（三十一）各类金融机构要在防范风险

的基础上，创新和灵活运用多种金融工具，加大对民间投资的融资支持，加强对民间投资的金融服务。各级人民政府及有关监管部门要不断完善民间投资的融资担保制度，健全创业投资机制，发展股权投资基金，继续支持民营企业通过股票、债券市场进行融资。

（三十二）全面清理整合涉及民间投资管理的行政审批事项，简化环节、缩短时限，进一步推动管理内容、标准和程序的公开化、规范化，提高行政服务效率。进一步清理和规范涉企收费，切实减轻民营企业负担。

十二、加强对民间投资的服务、指导和规范管理

（三十三）统计部门要加强对民间投资的统计工作，准确反映民间投资的进展和分布情况。投资主管部门、行业管理部门及行业协会要切实做好民间投资的监测和分析工作，及时把握民间投资动态，合理引导民间投资。要加强投资信息平台建设，及时向社会公开发布国家产业政策、发展建设规划、市场准入标准、国内外行业动态等信息，引导民间投资者正确判断形势，减少盲目投资。

（三十四）建立健全民间投资服务体系。充分发挥商会、行业协会等自律性组织的作用，积极培育和发展为民间投资提供法律、政策、咨询、财务、金融、技术、管理和市场信息等服务的中介组织。

（三十五）在放宽市场准入的同时，切实加强监管。各级人民政府有关部门要依照有关法律法规要求，切实督促民间投资主体履行投资建设手续，严格遵守国家产业政策和环保、用地、节能以及质量、安全等规定。要建立完善企业信用体系，指导民营企业建立规范的产权、财务、用工等制度，依法经营。民间投资主体要不断提高自身素质和能力，树立诚信意识和责任意识，积极创造条件满足市场准入要求，并主动承担相应的社会责任。

（三十六）营造有利于民间投资健康发展的良好舆论氛围。大力宣传党中央、国务院关于鼓励、支持和引导非公有制经济发展的方针、政策和措施。客观、公正宣传报道民间投资在促进经济发展、调整产业结构、繁荣城乡市场和扩大社会就业等方面的积极作用。积极宣传依法经营、诚实守信、认真履行社会责任、积极参与社会公益事业的民营企业家的先进事迹。

各地区、各部门要把鼓励和引导民间投资健康发展工作摆在更加重要的位置，进一步解放思想，转变观念，深化改革，创新求实，根据本意见要求，抓紧研究制定具体实施办法，尽快将有关政策措施落到实处，努力营造有利于民间投资健康发展的政策环境和舆论氛围，切实促进民间投资持续健康发展，促进投资合理增长、结构优化、效益提高和经济社会又好又快发展。

国务院关于印发清理规范投资项目报建审批事项实施方案的通知

（国发〔2016〕29号，2016年5月19日）

各省、自治区、直辖市人民政府，国务院各部委、各直属机构：

现将《清理规范投资项目报建审批事项实施方案》印发给你们，请认真贯彻执行。

清理规范投资项目报建审批事项实施方案

清理规范投资项目报建审批事项，既是推进简政放权、放管结合、优化服务改革的重要内容，也是打通投资项目开工前“最后一公里”、降低制度性交易成本、激发社会投资活力的重要举措。按照国务院关于进一步简化、整合投资项目报建手续的工作部署，制定本方案。

一、清理规范的范围和原则

（一）范围。

投资项目报建审批事项，是投资项目申请报告核准或者可行性研究报告批复之后、开工建设之前，由相关部门和单位依据法律法规向项目单位作出的行政审批事项。此次纳入清理规范的投资项目报建审批事项共计65项。

（二）原则。

一是凡没有法律法规依据、未列入国务院决定保留的行政审批事项目录的，一律取消审批。

二是虽有法律法规依据，但已没有必要保留的，要通过修法取消审批。

三是审批机关能够通过征求相关部门意见或者能够通过后续监管解决的事项，一律取消审批。

四是对确需保留的审批事项，加大优化整合力度。由同一部门实施的管理内容相近或者属于同一办理阶段的多个审批事项，应整合为一个审批事项。属于同一层级地方政府办理的事项，应通过统一平台优化流程、提高效率。

二、清理规范的内容

65项报建审批事项中，保留34项，整合24项为8项；改为部门间征求意见的2项，涉及安全的强制性评估5项，不列入行政审批事项。清理规范后报建审批事项减少为42项。

（一）保留34项。

住房城乡建设部门5项：建设用地（含临时用地）规划许可证核发、乡村建设规划许可证核发、建筑工程施工许可证核发、超限高层建筑工程抗震设防审批、风景名胜区内建设活动审批。

交通运输部门5项：水运工程设计文件审查、公路建设项目设计审批、公路建设项目施工许可、航道通航条件影响评价审核、港口岸线使用审批。

国土资源部门4项：农用地转用审批、土地征收审批、供地方案审批、建设项目压覆重要矿床审批。

水利部门3项：农业灌排影响意见书、

生产建设项目水土保持方案审批、水利基建项目初步设计文件审批。

海洋部门3项：海域使用权证书核发、无居民海岛开发利用审核、海洋工程建设项目环境影响报告书核准（非重特大项目）。

环境保护部门2项：非重特大项目环评审批、核设施建造许可证核发。

气象部门2项：新建、扩建、改建建设工程避免危害气象探测环境审批，防雷装置设计审核。

能源部门2项：煤矿项目核准后开工前地方煤炭行业管理部门实施的初步设计审批、核电厂工程消防初步设计审批。

发展改革部门1项：节能审查意见。

公安部门1项：建设工程消防设计审核。

安全部门1项：涉及国家安全事项的建设项目审批。

国防科技工业部门1项：军用核设施（含铀尾矿〔渣〕库选址、建造）安全许可。

民航部门1项：民航专业工程及含有中央投资的民航建设项目初步设计审批。

宗教部门1项：宗教活动场所内改建或者新建建筑物审批。

移民管理机构1项：移民安置规划及审核意见。

人民防空部门1项：应建防空地下室的民用建筑项目报建审批。

（二）整合24项为8项。

住房城乡建设部门11项整合为4项：一是将“建设工程（含临时建设）规划许可证核发”、“历史文化街区、名镇、名村核心保护范围内拆除历史建筑以外的建筑物、构筑物或者其他设施审批”、“历史建筑实施原址保护审批”、“历史建筑外部修缮装饰、添加设施以及改变历史建筑的结构或者使用性质审批”4项，合并为“建设工程规划类许可证核发”1项；二是将“临时占用城市绿地审批”、“砍伐城市树木、迁移古树名木审批”2项，合并为“工程建设涉及城市绿地、树木审批”1项；三是将“占用、挖掘城市道路审批”、“依附于城市道路建设各种管线、杆线等设施审批”、“城市桥梁上架设各类市政管线审批”3项，合并为“市政设施建设类审批”1项；四是将“因工程建设确需改装、拆除或者迁移城市公共供水设施审批”、“拆除、移动城镇排水与污水处理设施方案审核”2项，合并为“因工程建设需要拆除、改动、迁移供水、排水与污水处理设施审核”1项。

水利部门6项整合为2项：一是将“非防洪建设项目洪水影响评价报告审批”、“水工程建设规划同意书审核”、“河道管理范围内建设项目工程建设方案审批”、“国家基本水文测站上下游建设影响水文监测工程的审批”4项，合并为“洪水影响评价审批”1项；二是将“建设项目水资源论证报告书审批”、“取水许可”2项，合并为“取水许可”1项。

文物部门4项整合为1项：将“文物保护单位的保护范围内进行其他建设工程或者爆破、钻探、挖掘等作业的许可”、“文物保护单位的建设控制地带内进行建设工程的许可”、“进行大型基本建设工程前在工程范围内有可能埋藏文物的地方进行考古调查、勘探的许可”、“配合建设工程进行考古发掘的许可”4项，合并为“建设工程文物保护和考古许可”1项。

林业部门3项整合为1项：将“勘察、开采矿藏和各项建设工程占用或者征收、征用林地审核”、“在林业部门管理的自然保护区建立机构和修筑设施审批”、“在沙化土地封禁保护区范围内进行修建铁路、公路等建设活动审批”3项，合并为“建设项目使用林地及在林业部门管理的自然保护区、沙化土地封禁保护区建设审批（核）”1项。

（三）改为部门间征求意见的2项。

军队有关部门2项：贯彻国防要求、军事设施保护意见。

（四）涉及安全的强制性评估5项。

安全监管部门2项：职业病危害预评价、建设项目安全预评价。

国土资源部门1项：地质灾害危险性评估。

气象部门1项：重大规划、重点工程项目气候可行性论证。

地震部门1项：地震安全性评价。

三、工作要求

（一）各有关部门和单位要抓紧按程序做好修改法律法规、部门规章和规范性文件，以及调整公布本部门、本单位报建审批事项清单工作。在简政放权的同时，要坚持放管结合、优化服务，建立透明、规范、高效的协同监管机制，规范投资建设行为和市场秩序。要加强对本系统清理规范工作的指导和监督，对保留的报建审批事项，要按照“一个窗口对外”的要求，合理确定管理层级，除安全生产、环境保护等涉及人民群众生命健康安全的事项外，均要精简申报材料，缩短办理时限，便利企业办事。要继续加强调查研究，充分听取市场主体意见，加大改革力度，进一步减少报建审批事项。此外，对涉及安全的强制性评估，应通过细化标准、严格监管等，确保安全措施落实到位。

（二）各地区要将由同一层级地方政府实施的报建审批事项，纳入政务服务大厅或在线平台，实行“一口受理、并行办理、限时办结、统一答复”。严格遵循政务公开原则，强化宣传和舆论引导，做好政策解读工作。同时，要结合本地实际，进一步加大报建审批事项整合力度，优化办理流程，提高办事效率。

附件：投资项目报建审批事项清理规范意见汇总表

附件

投资项目报建审批事项清理规范意见汇总表

序号	主管部门	事项名称	设定依据	审批部门	备注
一、保留事项（34项）					
1	住房城乡建设部	建设用地（含临时用地）规划许可证核发	《中华人民共和国城乡规划法》	城市、县城乡规划主管部门	
2	住房城乡建设部	乡村建设规划许可证核发	《中华人民共和国城乡规划法》	城市、县城乡规划主管部门	
3	住房城乡建设部	建筑工程施工许可证核发	《中华人民共和国建筑法》	省、市、县级建设行政主管部门	
4	住房城乡建设部	超限高层建筑工程抗震设防审批	《国务院对确需保留的行政审批项目设定行政许可的决定》（国务院令第412号）	省级建设行政主管部门	
5	住房城乡建设部	风景名胜区内建设活动审批	《风景名胜区条例》	风景名胜区管理机构	

续表

序号	主管部门	事项名称	设定依据	审批部门	备注
6	交通运输部	水运工程设计文件审查	《中华人民共和国港口法》 《中华人民共和国航道法》 《建设工程勘察设计管理条例》 《港口建设管理规定》（交通部令2007年第5号） 《航道建设管理规定》（交通部令2007年第3号）	县级以上交通运输行政主管部门	
7	交通运输部	公路建设项目设计审批	《建设工程勘察设计管理条例》 《建设工程质量管理条例》 《公路建设市场管理办法》（交通部令2004年第14号，2011年11月30日予以修改）	县级以上交通运输行政主管部门	
8	交通运输部	公路建设项目施工许可	《中华人民共和国公路法》 《建设工程质量管理条例》 《建设工程安全生产管理条例》 《国务院关于取消和调整一批行政审批项目等事项的决定》（国发〔2014〕50号） 《公路建设市场管理办法》（交通部令2004年第14号，2011年11月30日予以修改）	省、市、县级交通运输行政主管部门	
9	交通运输部	航道通航条件影响评价审核	《中华人民共和国航道法》	交通运输行政主管部门或者航道管理机构	
10	交通运输部	港口岸线使用审批	《中华人民共和国港口法》	交通运输部或者港口行政管理部门	
11	国土资源部	农用地转用审批	《中华人民共和国土地管理法》 《中华人民共和国土地管理法实施条例》	国务院、省级人民政府	
12	国土资源部	土地征收审批	《中华人民共和国土地管理法》 《中华人民共和国土地管理法实施条例》	国务院、省级人民政府	
13	国土资源部	供地方案审批	《中华人民共和国土地管理法》 《中华人民共和国土地管理法实施条例》 《中华人民共和国城市房地产管理法》 《中华人民共和国物权法》	市、县或上级人民政府	

续表

序号	主管部门	事项名称	设定依据	审批部门	备注
14	国土资源部	建设项目压覆重要矿床审批	《中华人民共和国矿产资源法》	省级以上地质矿产主管部门	
15	水利部	农业灌排影响意见书	《中华人民共和国水法》 《国务院关于取消和下放一批行政审批项目的决定》（国发〔2014〕5号）	地方水行政主管部门和流域管理机构	
16	水利部	生产建设项目水土保持方案审批	《中华人民共和国水土保持法》 《开发建设项目水土保持方案编报审批管理规定》（水利部令第5号，2005年7月8日予以修改）	水行政主管部门	
17	水利部	水利基建项目初步设计文件审批	《国务院对确需保留的行政审批项目设定行政许可的决定》（国务院令第412号） 《水利基本建设投资计划管理暂行办法》（水规计〔2003〕344号）	县级以上水行政主管部门	
18	国家海洋局	海域使用权证书核发	《中华人民共和国海域使用管理法》 《国务院关于国土资源部〈报国务院批准的项目用海审批办法〉的批复》（国函〔2003〕44号）	县级以上人民政府	
19	国家海洋局	无居民海岛开发利用审核	《中华人民共和国海岛保护法》	省级以上人民政府	
20	国家海洋局	海洋工程建设项目环境影响报告书核准（非重特大项目）	《中华人民共和国海洋环境保护法》 《国务院办公厅关于印发精简审批事项规范中介服务实行企业投资项目网上并联核准制度工作方案的通知》（国办发〔2014〕59号）	海洋行政主管部门	
21	环境保护部	非重特大项目环评审批	《中华人民共和国环境影响评价法》	环境保护行政主管部门	
22	环境保护部	核设施建造许可证核发	《中华人民共和国放射性污染防治法》	环境保护部	
23	中国气象局	新建、扩建、改建建设工程避免危害气象探测环境审批	《中华人民共和国气象法》 《气象设施和气象探测环境保护条例》	省级以上气象主管机构	

续表

序号	主管部门	事项名称	设定依据	审批部门	备注
24	中国气象局	防雷装置设计审核	《气象灾害防御条例》 《国务院对确需保留的行政审批项目设定行政许可的决定》（国务院令第412号）	省、市、县级气象主管机构	
25	国家能源局	煤矿项目核准后开工前地方煤炭行业管理部门实施的初步设计审批	《中华人民共和国矿山安全法》	管理矿山企业的主管部门	
26	国家能源局	核电厂工程消防初步设计审批	《中华人民共和国消防法》 《国务院对确需保留的行政审批项目设定行政许可的决定》（国务院令第412号）	国家能源局	
27	国家发展改革委	节能审查意见	《中华人民共和国节约能源法》 《公共机构节能条例》	县级以上发展改革部门	
28	公安部	建设工程消防设计审核	《中华人民共和国消防法》 《建设工程消防监督管理规定》（公安部令第106号，2012年7月17日予以修改）	直辖市、市、县公安机关消防机构	
29	安全部	涉及国家安全事项的建设项目审批	《中华人民共和国国家安全法》 《国务院对确需保留的行政审批项目设定行政许可的决定》（国务院令第412号）	国家安全机关	
30	国家国防科工局	军用核设施（含铀尾矿〔渣〕库选址、建造）安全许可	《中华人民共和国放射性污染防治法》 《国务院对确需保留的行政审批项目设定行政许可的决定》（国务院令第412号） 《国防科技工业军用核设施安全监督管理规定》（国防科工委令第1号）	国家国防科工局	
31	中国民航局	民航专业工程及含有中央投资的民航建设项目初步设计审批	《民用机场管理条例》 《国务院对确需保留的行政审批项目设定行政许可的决定》（国务院令第412号）	中国民航局、民航地区管理局	
32	国家宗教局	宗教活动场所内改建或者新建建筑物审批	《宗教事务条例》	省、市、县级宗教事务部门	

续表

序号	主管部门	事项名称	设定依据	审批部门	备注
33	移民管理机构	移民安置规划及审核意见	《大中型水利水电工程建设征地补偿和移民安置条例》	省级以上移民管理机构	
34	国家人防办	应建防空地下室的民用建筑项目报建审批	《中华人民共和国人民防空法》 《人民防空工程建设管理规定》(〔2003〕国人防办字第18号)	县级以上人民防空主管部门	
二、整合事项(24项整合为8项)					
1	住房城乡建设部	建设工程(含临时建设)规划许可证核发	《中华人民共和国城乡规划法》	城市、县城乡规划主管部门,省级人民政府确定的镇人民政府	1至4项合并为"建设工程规划类许可证核发"
2	住房城乡建设部	历史文化街区、名镇、名村核心保护范围内拆除历史建筑以外的建筑物、构筑物或者其他设施审批	《历史文化名城名镇名村保护条例》	城市、县城乡规划主管部门会同同级文物主管部门	1至4项合并为"建设工程规划类许可证核发"
3	住房城乡建设部	历史建筑实施原址保护审批	《历史文化名城名镇名村保护条例》	城市、县城乡规划主管部门会同同级文物主管部门	1至4项合并为"建设工程规划类许可证核发"
4	住房城乡建设部	历史建筑外部修缮装饰、添加设施以及改变历史建筑的结构或者使用性质审批	《历史文化名城名镇名村保护条例》	城市、县城乡规划主管部门会同同级文物主管部门	1至4项合并为"建设工程规划类许可证核发"
5	住房城乡建设部	临时占用城市绿地审批	《城市绿化条例》	城市绿化行政主管部门	5至6项合并为"工程建设涉及城市绿地、树木审批"
6	住房城乡建设部	砍伐城市树木、迁移古树名木审批	《城市绿化条例》	城市绿化行政主管部门	5至6项合并为"工程建设涉及城市绿地、树木审批"
7	住房城乡建设部	占用、挖掘城市道路审批	《城市道路管理条例》	城市市政工程行政主管部门和公安交通管理部门、县级以上城市人民政府	7至9项合并为"市政设施建设类审批"

续表

序号	主管部门	事项名称	设定依据	审批部门	备注
8	住房城乡建设部	依附于城市道路建设各种管线、杆线等设施审批	《城市道路管理条例》	城市市政工程行政主管部门	7至9项合并为“市政设施建设类审批”
9	住房城乡建设部	城市桥梁上架设各类市政管线审批	《国务院对确需保留的行政审批项目设定行政许可的决定》（国务院令第412号）	城市市政工程设施行政主管部门	7至9项合并为“市政设施建设类审批”
10	住房城乡建设部	因工程建设确需改装、拆除或者迁移城市公共供水设施审批	《城市供水条例》 《城市道路管理条例》	城市规划行政主管部门和城市供水行政主管部门	10至11项合并为“因工程建设需要拆除、改动、迁移供水、排水与污水处理设施审核”
11	住房城乡建设部	拆除、移动城镇排水与污水处理设施方案审核	《城镇排水与污水处理条例》	县级以上城镇排水与污水处理主管部门	10至11项合并为“因工程建设需要拆除、改动、迁移供水、排水与污水处理设施审核”
12	水利部	非防洪建设项目洪水影响评价报告审批	《中华人民共和国防洪法》	水利部、流域管理机构和地方水行政主管部门	12至15项合并为“洪水影响评价审批”
13	水利部	水工程建设规划同意书审核	《中华人民共和国水法》 《中华人民共和国防洪法》	流域管理机构和县级以上地方水行政主管部门	12至15项合并为“洪水影响评价审批”
14	水利部	河道管理范围内建设项目工程建设方案审批	《中华人民共和国防洪法》 《中华人民共和国河道管理条例》	河道主管机关和地方水行政主管部门	12至15项合并为“洪水影响评价审批”
15	水利部	国家基本水文测站上下游建设影响水文监测工程的审批	《中华人民共和国水文条例》	水行政主管部门	12至15项合并为“洪水影响评价审批”
16	水利部	建设项目水资源论证报告书审批	《取水许可和水资源费征收管理条例》 《建设项目水资源论证管理办法》（水利部、国家计委令第15号）	水行政主管部门或流域管理机构	16至17项合并为“取水许可”

续表

序号	主管部门	事项名称	设定依据	审批部门	备注
17	水利部	取水许可	《取水许可和水资源费征收管理条例》	水行政主管部门	16至17项合并为“取水许可”
18	国家文物局	文物保护单位的保护范围内进行其他建设工程或者爆破、钻探、挖掘等作业的许可	《中华人民共和国文物保护法》	文物主管部门	18至21项合并为“建设工程文物保护和考古许可”
19	国家文物局	文物保护单位的建设控制地带内进行建设工程的许可	《中华人民共和国文物保护法》	文物主管部门	18至21项合并为“建设工程文物保护和考古许可”
20	国家文物局	进行大型基本建设工程前在工程范围内有可能埋藏文物的地方进行考古调查、勘探的许可	《中华人民共和国文物保护法》 《中华人民共和国文物保护法实施条例》	文物主管部门	18至21项合并为“建设工程文物保护和考古许可”
21	国家文物局	配合建设工程进行考古发掘的许可	《中华人民共和国文物保护法》	文物主管部门	18至21项合并为“建设工程文物保护和考古许可”
22	国家林业局	勘察、开采矿藏和各项建设工程占用或者征收、征用林地审核	《中华人民共和国森林法》 《中华人民共和国森林法实施条例》	县级以上林业主管部门	22至24项合并为“建设项目使用林地及在林业部门管理的自然保护区、沙化土地封禁保护区建设审批(核)”
23	国家林业局	在林业部门管理的自然保护区建立机构和修筑设施审批	《中华人民共和国自然保护区条例》 《森林和野生动物类型自然保护区管理办法》(1985年6月21日国务院批准，1985年7月6日林业部发布)	省级以上林业主管部门	22至24项合并为“建设项目使用林地及在林业部门管理的自然保护区、沙化土地封禁保护区建设审批(核)”

续表

序号	主管部门	事项名称	设定依据	审批部门	备注
24	国家林业局	在沙化土地封禁保护区范围内进行修建铁路、公路等建设活动审批	《中华人民共和国防沙治沙法》 《国务院关于进一步加强防沙治沙工作的决定》（国发〔2005〕29号）	林业主管部门	22至24项合并为“建设项目使用林地及在林业部门管理的自然保护区、沙化土地封禁保护区建设审批（核）”
三、改为部门间征求意见（2项）					
1	军队有关部门	贯彻国防要求	《中华人民共和国国防动员法》		
2	军队有关部门	军事设施保护意见	《中华人民共和国军事设施保护法》 《中华人民共和国军事设施保护法实施办法》（国务院、中央军委令第298号）		
四、涉及安全的强制性评估（5项）					
1	安全监管总局	职业病危害预评价	《中华人民共和国职业病防治法》		
2	安全监管总局	建设项目安全预评价	《中华人民共和国安全生产法》 《建设项目安全设施“三同时”监督管理暂行办法》（安全监管总局令第36号） 《危险化学品建设项目安全监督管理办法》（安全监管总局令第45号）		
3	国土资源部	地质灾害危险性评估	《地质灾害防治条例》		
4	中国气象局	重大规划、重点工程项目气候可行性论证	《中华人民共和国气象法》 《气象灾害防御条例》		
5	中国地震局	地震安全性评价	《中华人民共和国防震减灾法》		

全国投资项目在线审批监管平台运行管理暂行办法

（国家发展改革委 工业和信息化部 环境保护部 住房城乡建设部 交通运输部 水利部 国家卫生计生委 安全监管总局 国家统计局 中国地震局 中国气象局 国家国防科工局 国家烟草局 国家海洋局 中国民航局 国家文物局 国家能源局2017年第3号令，2017年5月25日）

为保障全国投资项目在线审批监管平台的应用，规范运行、强化管理，我们制定了《全国投资项目在线审批监管平台运行管理暂行办法》，现予以发布，自2017年6月25日起施行。

第一章　总　　则

第一条　为加强全国投资项目在线审批监管平台（以下简称“在线平台”）建设、应用和管理，确保在线平台逐步完善、稳定运行并发挥作用，根据有关法律法规和改革要求，结合工作实际，制定本办法。

第二条　在线平台是指依托互联网和国家电子政务外网（以下简称“政务外网”）建设的固定资产投资项目（以下简称“项目”）综合管理服务平台。

各级政府及其部门应当通过在线平台实现项目网上申报、并联审批、信息公开、协同监管，不断优化办事流程，提高服务水平，并加强事中事后监管，主动接受社会监督。

第三条　在线平台适用于各类项目建设实施全过程的审批、监管和服务，包括行政许可、政府内部审批、备案、评估评审、技术审查，项目实施情况监测，以及政策法规、规划咨询服务等。涉密项目及信息不得通过在线平台办理和传递。

第四条　各级在线平台由互联网门户网站和政务外网审批监管系统构成。互联网门户网站是项目单位和社会公众网上申报、查询办理情况的统一窗口，提供办事指南、中介服务、政策信息等服务指引；审批监管系统是联接各级政府部门相关信息系统开展并联审批、电子监察、项目监管、数据分析的工作平台。

利用大数据分析加强监测预测、风险预警，按照精细化管理要求，加强事中事后监管。充分利用平台痕迹管理功能，增强透明度，对各个环节做到可检查、可考核。

第二章　体 系 架 构

第五条　在线平台由中央平台和地方平台组成。中央平台负责管理由国务院及其相关部门审批、核准和备案的项目（以下简称“中央项目”）。地方平台负责管理地方各级政府及其相关部门审批、核准和备案的项目（以下简称“地方项目”）。

第六条　在线平台工作体系由综合管理部门、应用管理部门、建设运维部门共同组成。

第七条　综合管理部门是指统筹协调推进在线平台建设、应用、规范运行的部门。负责研究制定相关管理制度、业务规则和标准规范并督促落实，开展绩效管理。

中央平台综合管理部门为国家发展改革委。履行地方平台综合管理职责的相关单位由地方政府指定。

第八条　应用管理部门是指履行各类

项目审批和监管职能，并通过在线平台办理和归集信息的部门。负责制定相关内部工作规则，编制完善、及时公开办事指南，包括审批依据、审批内容、受理条件、办理流程、办理时限、收费标准、监管要求、联系方式等；及时共享相关事项办理信息；为企业提供相关咨询服务；建设完善本部门与审批监管相关的业务系统，指导协调本系统在线平台建设和运行工作；督促项目单位通过在线平台及时报送项目开工建设、建设进度、竣工等基本信息，支撑协同监管。

应用管理部门按照法律法规规定，负责办理本办法第三条所列事项。

第九条 建设运维部门是指在线平台建设、运行维护和数据管理的部门。负责建设与完善在线平台功能，满足业务需要；制定运行维护细则、安全保障方案和安全防护策略，确保在线平台安全稳定运行。

中央平台建设运维部门为国家信息中心。地方平台由地方政府指定相关单位负责。

第三章 项目代码

第十条 各类项目实行统一代码制度。项目代码是项目整个建设周期的唯一身份标识，一项一码。项目代码由在线平台生成，项目办理信息、监管（处罚）信息，以及工程实施过程中的重要信息，统一汇集至项目代码。

第十一条 编码规则由中央平台综合管理部门统一制定。项目应按照本办法第五条规定的隶属关系，分别由中央平台和地方平台赋码。

第十二条 项目已有非在线平台编码的，要按照在线平台统一规则赋予项目代码，并与原编码进行对应。

项目延期或调整的，项目代码保持不变；项目发生重大变化，需要重新审批、核准、备案的，应当重新赋码。

第十三条 应用管理部门要推行项目代码应用，审批文件、项目招标投标、信息公开等涉及使用项目名称时，应当同时标注项目代码。应用管理部门办理项目相关审批事项、下达资金等，要首先核验项目代码。

第四章 运行流程

第十四条 项目单位在线申报，获取项目代码；各应用管理部门依责办理，优化服务。各级在线平台要强化技术手段，支持有关业务实现全程网上办理。项目单位在审批事项办结后，要按要求及时报送项目实施情况。

（一）项目申报。项目单位根据本办法第五条的规定，通过相应的在线平台填报项目信息，获取项目代码。填报项目信息时，项目单位应当根据在线平台所公开的办事指南真实完整准确填报。在线平台应当根据办事指南和项目申报信息等，向项目单位告知应办事项，强化事前服务。项目单位凭项目代码根据平台所示的办事指南提交所需的申报材料。项目变更、中止，项目单位应当通过在线平台申请。

（二）项目受理。应用管理部门应当依据有关法律法规受理审批事项申请，接收申报材料应当核验项目代码，对未通过项目代码核验的，不得受理并告知项目单位。应用管理部门受理后，在线平台开始计时。

（三）项目办理。应用管理部门应当依据有关法律法规办理审批事项，通过在线平台及时交换审批事项的收件、受理、办理、办结等信息，并告知项目单位。

（四）事项办结。项目审批事项办结后，应用管理部门应当及时将办结意见及相关审批文件的文号、标题等相关信息交换至在线平台。

（五）项目实施情况监测。项目审批事项办结后，应用管理部门应定期监测项目实施情况，对于发现的问题要及时督促有关单位整改。

事前告知项目单位的应办事项全部办结后，由在线平台生成办结告知书并通知项目单位。

第十五条 在线平台根据应用管理部门相关事项办理时限要求，进行计时，并根据实际进度进行自动提示。不纳入审批事项办理时限的相关环节，在线平台根据应用管理部门提供的信息调整计时节点。

第十六条 应用管理部门在审批过程中需委托中介服务的，中介服务事项及其委托办理过程要纳入在线平台运行，接受监督。

第十七条 在线平台支持各级各部门纵横协同办理项目审批事项。涉及中央和地方需要交换的项目及审批事项信息，应当及时在中央平台和省级地方平台之间交换。

第十八条 项目审批信息、监管信息、处罚结果等要及时通过在线平台向社会公开。项目单位可凭项目代码查询项目办理过程及审批结果。

第十九条 全国信用信息共享平台、全国公共资源交易平台和招标投标公共服务平台、公共政务信息共享平台以及各级政府有关部门相关信息系统应当依据法律法规并按照权限与在线平台开展数据共享与交换。与统计部门的数据共享和交换，应当符合政府统计法律制度。

第五章 运行保障

第二十条 建设运维部门要建立健全配套的运行维护管理制度，设置专职岗位和人员安排在线平台升级改造及运维所需经费，并列入本级建设运维单位的部门财政预算，保障在线平台安全稳定运行。

第二十一条 各级在线平台要满足国家信息安全等级保护第三级的有关要求。建设运维部门要实时监控在线平台运行情况，严格实行安全防护策略，完善数据备份、恢复和容灾机制。

第二十二条 各级在线平台要按照在线平台统一制定的数据接口规范和数据交换频率进行对接和数据交换，当数据规范调整时，各级在线平台要按要求及时进行适应性调整。建设运维部门会同应用管理部门保证数据质量。

第六章 附 则

第二十三条 本办法由国家发展改革委会同有关部门负责解释。

第二十四条 各部门、各地方应根据本办法制订完善本部门、本地区的具体运行管理办法及配套管理规则，共同加强管理，保证平稳运行。

第二十五条 本办法自2017年6月25日起施行。

关于完善固定资产投资项目代码制度加强项目代码管理和应用工作的通知

（发改投资规〔2018〕817 号，2018 年 5 月 30 日，国家发展改革委 工业和信息化部 自然资源部 生态环境部 住房城乡建设部 交通运输部 水利部 国家卫生健康委 应急管理部 国家统计局 中国地震局 中国气象局 国家国防科工局 国家烟草局 中国民航局 国家文物局 国家能源局发布）

中直管理局，全国人大常委会办公厅、全国政协办公厅，最高人民法院、最高人民检察院，国务院各部门、各直属机构，有关人民团体，各省、自治区、直辖市及计划单列市、新疆生产建设兵团发展改革委（能源局）、工业和信息化主管部门、自然资源主管部门、环境保护厅（局）、住房城乡建设厅（建委）、交通运输厅（局、委）、水利（水务）厅（局）、卫生计生委、安全生产监督管理局、煤矿安全监察局、统计局、地震局、气象局、国防科技工业管理部门、烟草局、文物局、地方平台综合管理部门，民航各地区管理局，国家能源局各派出监管机构：

固定资产投资项目代码制度是《中共中央 国务院关于深化投融资体制改革的意见》（中发〔2016〕18 号）、《企业投资项目核准和备案管理条例》（国务院令第 673 号）明确规定的投资管理基本制度。非涉密项目用好项目代码是项目单位的法定义务和各有关部门的法定职责。全国投资项目在线审批监管平台（以下简称在线平台）生成的项目代码作为项目整个建设周期的唯一身份标识，是各有关部门用以加强协同管理和提高服务水平的基本手段，也是项目单位便捷获取政府管理服务信息、高效推进项目工作的重要工具，有力支持了政府部门的审批、监管和服务工作。

但在实际工作中也发现，有的项目没有依法依规申请领码，有的项目存在重复领码，有的地方和部门执行赋码、验码、用码规定不到位。这些问题妨碍了对项目的调度管理、对审批行为的监督规范、对监管信息的及时掌握，是新形势下提高政府管理服务水平亟待解决的问题。

为贯彻党的十九大关于深化投融资体制改革的部署，深化“放管服”改革，转变政府的投资管理职能，依据中发〔2016〕18 号文件、国务院第 673 号令、《全国投资项目在线审批监管平台运行管理暂行办法》（国家发展改革委等 18 部门 2017 年第 3 号令）等法规文件要求，现就进一步完善固定资产投资项目代码制度加强项目代码管理和应用工作通知如下。

一、严格执行项目代码制度，依法实现“一项一码”

（一）引导项目单位领码用码。各级投资主管部门、负责投资项目各类审批和监管的部门（以下简称在线平台应用管理部门）要加强普法工作，深入宣传项目代码的法定地位和应用项目代码的重要意义，提高项目单位领码用码的自觉性。项目审批、核准、备案机关和在线平台应用管理部门要积极引导和提醒项目单位在办理审批手续前领码和用码，在编制审批、资金申请等各项申报材料中标注项目代码。项目单位领码后，应确保在办理相关审批事项中使用该唯一代码。

（二）明确项目代码赋码职责。中央有

关部门审批、核准和备案的项目应通过中央平台申请领码；地方各级政府及其相关部门审批、核准、备案的项目应通过地方平台申请领码。企业投资项目的赋码机关为该项目的核准、备案机关；政府投资项目的赋码机关为该项目的决策机关，一般为可行性研究报告审批机关。

（三）做好项目赋码服务工作。收到项目单位领码申请后，赋码机关应当为项目单位提供发展规划、产业政策等方面的咨询服务，帮助项目单位筛查、剔除申报中的问题，并避免单个项目重复领码。对明显不符合法定条件或政策要求的项目，应告知项目单位关注法律政策风险，可以在尊重项目单位意愿的前提下，由项目单位撤回领码申请，防止项目单位不必要的工作投入。对备案类项目，可结合备案手续同步开展赋码服务工作。

（四）加强项目代码核验。各有关部门在受理投资项目审批事项时，应当首先查验项目是否具有项目代码，通过在线平台核验项目代码真实性、申报材料与在线平台上的项目信息是否一致。对没有项目代码、未通过项目代码核验的，不得受理并告知项目单位。对于受理的申报材料，受理通知书应当注明项目代码。

二、做好项目代码日常管理，防止多码、错码问题

（一）规范项目变化的代码管理。投资项目批准文件延期，项目代码保持不变。投资项目需要重新审批、核准、备案的，原则上应当重新赋码。

（二）加强已赋项目代码监测检查。赋码机关应密切关注同一项目申报单位及项目法人单位名下的多个项目代码，加强与项目申报单位及项目法人单位的联系沟通，发现一个项目有多个代码的，要及时进行合并、撤销等处理，并告知项目单位。

（三）强化在线平台技术手段。完善在线平台在领码环节和赋码后自动甄别、筛查、提示等功能，引导项目单位合理申报，为赋码机关做好项目代码管理工作提供技术支撑。

三、加强项目代码应用，充分发挥项目代码作用

（一）利用项目代码归集和共享信息。各有关部门在办理项目审批事项、下达资金时，应进一步通过在线平台核验项目代码及项目信息。项目审批文件、招标投标、公共资源交易、监督检查、后评价、行政处理、行政处罚、信息公开等涉及使用项目名称时，应当同时标注项目代码。项目审批、建设、监管相关信息应通过项目代码统一汇集，并利用在线平台在各部门间实现信息共享。推动金融机构运用项目代码。

（二）利用项目代码加强项目调度和事中事后监管。项目审批、核准、备案机关要利用项目代码开展项目调度工作，及时掌握项目审批手续办理进度，加强动态分析，发现并推动解决项目前期工作中遇到的困难和问题。各级在线平台应用管理部门在投资项目事中事后监管中，应当发挥项目代码作用，依托在线平台归集的项目信息，并充分运用大数据、互联网、移动计算等信息技术手段，加强对项目各类信息的分析研判，提高发现问题线索的能力。

（三）加强对项目代码管理和应用情况的监督检查。各级发展改革部门要加强对投资项目各类审批文件、计划或资金下达文件、招标公告等应用项目代码情况的监督检查，各部门要加强本系统应用项目代码情况的监督检查，对未按要求使用项目代码的予以督促整改或通报批评；对拒不改正的市场主体，要纳入严重失信名单，实施联合惩戒。各地、各部门在审计、督查等工作中，要将在线平台的应用和项目代码的管理作为重要内容，发现项目审批、监管等

不纳入在线平台管理、不履行代码核验职责等情况的，要及时督促整改。

各地、各部门要高度重视项目代码管理和应用工作，加强组织领导，将项目代码管理作为项目管理的重要环节，确保“一项一码”，大力推广项目代码应用，提高审批和监管效率。依照本通知规定作为项目代码赋码机关的中央有关部门要加强与在线平台业务对接，切实履行好赋码机关职责。投资项目各类审批和监管部门在机构改革中涉及职能调整的，要做好项目代码管理工作衔接。

关于印发全国投资项目在线审批监管平台投资审批管理事项统一名称和申请材料清单的通知

（发改投资〔2019〕268号，2019年2月12日，国家发展改革委 工业和信息化部 国家安全部 自然资源部 生态环境部 住房城乡建设部 交通运输部 水利部 国家卫生健康委 中国地震局 中国气象局 国家烟草局 国家林草局 中国民航局 国家文物局发布）

各省、自治区、直辖市及计划单列市、新疆生产建设兵团发展改革委、国家安全局、工业和信息化主管部门、自然资源主管部门、环境保护厅（局）、住房城乡建设厅（建委）、交通运输厅（局、委）、水利（水务）厅（局）、卫生健康委、安全生产监督管理局、地震局、气象局、烟草局、林业草原局、文物局，民航各地区管理局：

为严格执行并联审批制度、规范投资审批行为，提高投资审批“一网通办”水平，现将全国投资项目在线审批监管平台（以下简称在线平台）投资审批管理事项统一名称和申请材料清单印发你们，并就有关事项通知如下。

一、各级有关部门应按照《全国投资项目在线审批监管平台投资审批管理事项统一名称清单（2018年版）》（附件1），统一修改相关办事指南中涉及的投资项目审批管理事项名称。审批管理事项有子项的，应在统一名称的基础上作进一步明确细化。

二、各级有关部门应按照《全国投资项目在线审批监管平台投资审批管理事项申请材料清单（2018年版）》（附件2），进一步明确细化相关审批事项办事指南。为防止审批工作中的自由裁量权，各级审批部门不得要求项目单位提供本通知之外的申请材料。地方法规有明确规定、确需项目单位另行提供的，由各省级投资主管部门商有关部门通过在线平台公布，并报国务院有关主管部门备案。

三、为确保互联互通和数据共享，通过在线平台办理审批和归集信息要统一使用本通知规定的事项名称和申请材料名称。各地方平台要按照清单调整系统功能，从2019年3月15日起按照统一名称开展审批事项办理和信息归集共享工作。

四、为切实减轻项目单位负担，项目单位在线提交的申请材料和部门的批准文件，作为后续审批事项申请材料的，应通过在线平台共享获得，不得要求项目单位重复提交。

五、清单内的审批管理事项和申请材料由中央平台按照统一规则进行编码，编码规则另行发布。

六、本通知中的审批管理事项和申请材料清单实行动态管理，投资审批制度改革中，事项有调整的将及时修订和公布。

附件：1. 全国投资项目在线审批监管平台投资审批管理事项统一名称清单（2018年版）

2. 全国投资项目在线审批监管平台投资审批管理事项申请材料清单（2018年版）

附件 1

全国投资项目在线审批监管平台投资审批管理事项统一名称清单（2018 年版）

序号	审批事项名称	适 用 情 形
1	政府投资项目建议书审批	政府直接投资或资本金注入项目
2	政府投资项目可行性研究报告审批	政府直接投资或资本金注入项目
3	政府投资项目初步设计审批	政府直接投资或资本金注入项目
4	企业投资项目核准	企业投资《政府核准的投资项目目录》内的固定资产投资项目（含非企业组织利用自有资金、不申请政府投资建设的固定资产投资项目）
5	企业投资项目备案	企业投资《政府核准的投资项目目录》外的固定资产投资项目（含非企业组织利用自有资金、不申请政府投资建设的固定资产投资项目）
6	建设项目用地预审	不涉及新增建设用地，在土地利用总体规划确定的城镇建设用地范围内使用已批准建设用地的建设项目，可不进行建设项目用地预审
7	选址意见书	按照国家规定需要有关部门批准或者核准的建设项目，以划拨方式提供国有土地使用权的
8	港口岸线使用审批	在港口总体规划区内建设码头等港口设施使用港口岸线的
9	无居民海岛开发利用申请审核	无居民海岛的开发利用。其中，涉及利用特殊用途海岛，或者确需填海连岛以及其他严重改变海岛自然地形、地貌的，由国务院审批
10	建设项目压覆重要矿产资源审批	建设铁路、工厂、水库、输油管道、输电线路和各种大型建筑物或者建筑群压覆重要矿床的
11	海域使用权审核	建设项目需要使用海域的
12	建设项目环境影响评价审批	按照《建设项目环境影响评价分类管理目录》执行
13	节能审查	除年综合能源消费量不满 1000 吨标准煤，且年电力消费量不满 500 万千瓦时的固定资产投资项目，涉及国家秘密的固定资产投资项目，以及《不单独进行节能审查的行业目录》外的固定资产投资项目
14	江河、湖泊新建、改建或者扩大排污口审核	建设单位在江河、湖泊新建、改建或者扩大排污口
15	洪水影响评价审批	（一）在江河湖泊上新建、扩建以及改建并调整原有功能的水工程（原水工程规划同意书审核）； （二）建设跨河、穿河、穿堤、临河的桥梁、码头、道路、渡口、管道、缆线、取水、排水等工程设施（原河道管理范围内建设项目工程建设方案审批）； （三）在洪泛区、蓄滞洪区内建设非防洪建设项目（原非防洪建设项目洪水影响评价报告审批）； （四）在国家基本水文测站上下游建设影响水文监测的工程（原国家基本水文测站上下游建设影响水文监测工程的审批）

续表

序号	审批事项名称	适用情形
16	航道通航条件影响评价审核	建设与航道有关的工程，包括： （一）跨越、穿越航道的桥梁、隧道、管道、渡槽、缆线等建筑物、构筑物； （二）通航河流上的永久性拦河闸坝； （三）航道保护范围内的临河、临湖、临海建筑物、构筑物，包括码头、取（排）水口、栈桥、护岸、船台、滑道、船坞、圈围工程等
17	生产建设项目水土保持方案审批	在山区、丘陵区、风沙区以及水土保持规划确定的容易发生水土流失的其他区域开办可能造成水土流失的生产建设项目
18	取水许可审批	利用取水工程或者设施直接从江河、湖泊或者地下取用水资源的建设项目
19	农业灌排影响意见书（占用农业灌溉水源灌排工程设施补偿项目审批）	工程建设项目占用农业灌溉水源、灌排工程设施，或者对原有灌溉用水、供水水源有不利影响的。其中，工程建设项目占用农业灌溉水源或灌排工程设施需要建设替代工程满足原有功能的，需要进行占用农业灌溉水源灌排工程设施补偿项目审批；不能建设替代工程的需要进行评估，补偿相关费用上交财政用于灌排设施改造建设
20	移民安置规划审核	涉及移民安置的大中型水利水电工程
21	新建、扩建、改建建设工程避免危害气象探测环境审批	在气象台站保护范围内的新建、扩建、改建建设工程
22	雷电防护装置设计审核	油库、气库、弹药库、化学品仓库、烟花爆竹、石化等易燃易爆建设工程和场所，雷电易发区内的矿区、旅游景点或者投入使用的建（构）筑物、设施等需要单独安装雷电防护装置的场所，以及雷电风险高且没有防雷标准规范、需要进行特殊论证的大型项目，由气象部门负责防雷装置设计审核。（房屋建筑工程和市政基础设施工程防雷装置设计审核，整合纳入建筑工程施工图审查；公路、水路、铁路、民航、水利、电力、核电、通信等专业建设工程防雷管理，由各专业部门负责）
23	建设项目使用林地及在森林和野生动物类型国家级自然保护区建设审批（核）	（一）使用防护林林地或者特殊用途林林地面积10公顷以上，用材林、经济林、薪炭林林地及其采伐迹地面积35公顷以上的，其他林地面积70公顷以上的；使用重点国有林区林地的（原建设项目使用林地审核）； （二）在森林和野生动物类型国家级自然保护区修筑设施
24	矿藏开采、工程建设征收、征用或者使用草原审核	矿藏开发、工程建设征收、征用或者使用70公顷以上草原审核
25	风景名胜区内建设活动审批	在风景名胜区内除下列禁止活动以外的建设项目： （一）开山、采石、开矿、开荒、修坟立碑等破坏景观、植被和地形地貌的活动； （二）修建存储爆炸性、易燃性、放射性、毒害性、腐蚀性物品的设施； （三）违反风景名胜区规划，在风景名胜区内设立各类开发区； （四）在核心景区内建设宾馆、招待所、培训中心、疗养院以及与风景名胜资源保护无关的其他建筑物

续表

序号	审批事项名称	适 用 情 形
26	建设工程文物保护和考古许可	（一）在文物保护单位保护范围内建设其他工程，或者涉及爆破、钻探、挖掘等作业的建设项目（原文物保护单位保护范围内其他建设工程或者爆破、钻探、挖掘等作业审批）； （二）文物保护单位建设控制地带内的建设项目（原文物保护单位建设控制地带内建设工程设计方案审批）； （三）大型基本建设工程（原进行大型基本建设工程前在工程范围内有可能埋藏文物的地方进行考古调查、勘探的许可）； （四）经考古调查、勘探，在工程建设范围内有地下文物遗存的（原配合建设工程进行考古发掘的许可）
27	建设用地（含临时用地）规划许可证核发	在城市、镇规划区内以划拨方式提供国有土地使用权的建设项目，经有关部门批准、核准、备案后，应提出建设用地规划许可申请，依据控制性详细规划核定建设用地的位置、面积、允许建设的范围
28	乡村建设规划许可证核发	在乡、村庄规划区内进行农村村民住宅、乡镇企业、乡村公共设施和公益事业建设的
29	建设工程规划类许可证核发	（一）在城市、镇规划区内进行建筑物、构筑物、道路、管线和其他工程建设的，建设单位或者个人应当申请办理建设工程规划许可证，提交使用土地的有关证明文件、建设工程设计方案等材料。需要建设单位编制修建性详细规划的建设项目，还应当提交修建性详细规划； （二）涉及历史文化街区、名镇、名村核心保护范围内拆除历史建筑以外的建筑物、构筑物和其他设施的； （三）涉及历史建筑实施原址保护的措施，以及因公共利益必须迁移异地保护或拆除的； （四）涉及历史建筑外部修缮装饰、添加设施以及改变历史建筑的结构或者使用性质的
30	超限高层建筑工程抗震设防审批	超限高层建筑工程
31	建设工程消防设计审核	（一）具有下列情形的人员密集场所： 1. 建筑总面积大于二万平方米的体育场馆、会堂，公共展览馆、博物馆的展示厅； 2. 建筑总面积大于一万五千平方米的民用机场航站楼、客运车站候车室、客运码头候船厅； 3. 建筑总面积大于一万平方米的宾馆、饭店、商场、市场； 4. 建筑总面积大于二千五百平方米的影剧院，公共图书馆的阅览室，营业性室内健身、休闲场馆，医院的门诊楼，大学的教学楼、图书馆、食堂，劳动密集型企业的生产加工车间，寺庙、教堂； 5. 建筑总面积大于一千平方米的托儿所、幼儿园的儿童用房，儿童游乐厅等室内儿童活动场所，养老院、福利院，医院、疗养院的病房楼，中小学的教学楼、图书馆、食堂，学校的集体宿舍，劳动密集型企业的员工集体宿舍；

续表

序号	审批事项名称	适 用 情 形
31	建设工程消防设计审核	6. 建筑总面积大于五百平方米的歌舞厅、录像厅、放映厅、卡拉OK厅、夜总会、游艺厅、桑拿浴室、网吧、酒吧，具有娱乐功能的餐馆、茶馆、咖啡厅。 （二）具有下列情形之一的特殊建设工程： 1. 设有上条所述的人员密集场所的建设工程； 2. 国家机关办公楼、电力调度楼、电信楼、邮政楼、防灾指挥调度楼、广播电视楼、档案楼； 3. 单体建筑面积大于四万平方米或者建筑高度超过五十米的公共建筑； 4. 国家标准规定的一类高层住宅建筑； 5. 城市轨道交通、隧道工程，大型发电、变配电工程； 6. 生产、储存、装卸易燃易爆危险品的工厂、仓库和专用车站、码头，易燃易爆气体和液体的充装站、供应站、调压站
32	工程建设涉及城市绿地、树木审批	工程建设涉及占用城市绿地、砍伐或迁移树木的
33	市政设施建设类审批	工程建设涉及占用、挖掘城市道路，依附于城市道路建设各种管线、杆线等设施，城市桥梁上架设各类市政管线的
34	因工程建设需要拆除、改动、迁移供水、排水与污水处理设施审核	因工程建设需要改装、拆除或者迁移城市公共供水设施，拆除、移动城镇排水与污水处理设施的
35	建筑工程施工许可证核发	各类房屋建筑及其附属设施的建造、装修装饰和与其配套的线路、管道、设备的安装，以及城镇市政基础设施工程的施工
36	水运工程设计文件审查	水运工程初步设计、施工图设计审查
37	公路建设项目设计审批	公路（包括各行政等级和技术等级公路）建设项目
38	公路建设项目施工许可	公路（包括各行政等级和技术等级公路）建设项目
39	水利基建项目初步设计文件审批	水利基建项目
40	民航专业工程及含有中央投资的民航建设项目初步设计审批	民航专业工程及含有中央投资的民航建设项目
41	涉及国家安全事项的建设项目审批	（一）重要国家机关、军事设施、国防军工单位和其他重要涉密单位周边安全控制区域内的建设项目的新改扩建行为； （二）部分地方法规规章中明确的国际机场、出入境口岸、火车站、重要邮（快）件处理场所、电信枢纽场所，以及境外机构、组织、人员投资、居住、使用的宾馆、旅馆、酒店和写字楼等建设项目新改扩建行为
42	民用核设施建造活动审批	民用核设施项目

附件 2

全国投资项目在线审批监管平台投资审批管理事项申请材料清单（2018 年版）

序号	审批事项名称	材料序号	申请材料清单	提供单位	适用情形
1	政府投资项目建议书审批	01	项目建议书审批申请文件	项目单位或主管部门	
		02	项目建议书文本	项目单位或主管部门	
2	政府投资项目可行性研究报告审批	01	项目建议书批复文件	项目审批部门	已列入相关规划的项目无需提供
		02	可行性研究报告审批申请文件	项目单位或主管部门	
		03	可行性研究报告	项目单位或主管部门	
		04	选址意见书	主管部门	以划拨方式提供国有土地使用权的项目
		05	用地（海）预审意见	自然资源主管部门	自然资源部门明确可以不进行用地（海）预审的情形除外
		06	节能审查意见	节能审查机关	除年综合能源消费量不满 1000 吨标准煤，且年电力消费量不满 500 万千瓦时的固定资产投资项目，涉及国家秘密的固定资产投资项目，以及《不单独进行节能审查的行业目录》外的固定资产投资项目
		07	项目社会稳定风险评估报告及审核意见	项目报送单位，项目所在地人民政府或其有关部门	重大项目
		08	移民安置规划审核	省级人民政府水利水电工程移民管理机构	涉及移民安置的大中型水利水电工程
		09	航道通航条件影响评价审核意见	交通运输主管部门	涉及影响航道通航的项目
		注：需要由国务院审批的重大项目，由国务院投资主管部门依法另行制订公布办事指南			
3	政府投资项目初步设计审批	01	可行性研究报告批复文件	项目审批部门	
		02	项目初步设计报告审批申请文件	项目单位或主管部门	
		03	项目初步设计文本	项目单位或主管部门	

续表

序号	审批事项名称	材料序号	申请材料清单	提供单位	适用情形
4	企业投资项目核准	01	项目申请报告	项目单位	
		02	选址意见书	主管部门	以划拨方式提供国有土地使用权的项目
		03	用地（海）预审意见	自然资源主管部门	自然资源部门明确可以不进行用地（海）预审的情形除外
		04	项目社会稳定风险评估报告及审核意见	项目报送单位，项目所在地人民政府或其有关部门	重大项目
		05	移民安置规划审核	水利水电工程移民管理机构	涉及移民安置的大中型水利水电项目
		06	中外投资各方的企业注册证明材料及经审计的最新企业财务报表（包括资产负债表、利润表和现金流量表）。投资意向书，增资、并购项目的公司董事会决议。以国有资产出资的，需提供有关部门出具的确认文件。并购项目申请报告还应包括并购方情况、并购安排、融资方案和被并购方情况、被并购后经营方式、范围和股权结构、所得收入的使用安排等	项目单位、国有资产主管部门	外商投资项目
		注：需要由国务院核准的特殊行业项目，由国务院投资主管部门依法另行制订公布办事指南			
5	企业投资项目备案	01	项目备案信息登记表	项目单位	
6	建设项目用地预审	01	建设项目用地预审申请表	项目单位	
		02	建设项目用地预审申请报告	项目单位	
		03	地方自然资源主管部门初审意见	地方自然资源主管部门	
		04	项目建设依据（项目建议书批复文件、项目列入相关规划文件或相关产业政策文件）	项目单位或主管部门	其中，占用永久基本农田的需提供项目列入相关规划文件和符合相关政策要求的文件
		05	标注项目用地范围的土地利用总体规划图、土地利用现状图、占用永久基本农田示意图（包含城市周边范围线）及其他相关图件	地方自然资源主管部门	
		06	土地利用总体规划修改方案（暨永久基本农田补划方案）	地方自然资源主管部门	
		07	项目用地边界拐点坐标表、占用永久基本农田拐点坐标表、补划永久基本农田拐点坐标表（2000 年国家大地坐标系）	项目单位	

续表

序号	审批事项名称	材料序号	申请材料清单	提供单位	适用情形
7	选址意见书	01	建设项目选址意见书申请书（表）	项目单位	
		02	项目建设依据（项目建议书批复文件、项目列入相关规划文件或相关产业政策文件）	项目单位或主管部门	
		03	选址意向方案［包括项目选址方案图件和文字说明。方案文本应分析说明项目拟选用地范围和四至，与有关城市、镇（乡）、村和风景名胜规划区、文物保护单位建设控制地带范围的关系，项目建设控制要求］	项目单位	
		04	项目所在地市、县有关主管部门出具的规划选址初审意见。其中，跨市、县的建设项目，应有沿线各市、县有关主管部门分别出具的初审意见	主管部门	由省级有关主管部门审批的选址意见书
		05	《建设项目规划选址论证报告》及专家审查意见	项目单位	（一）未纳入依法批准的城镇体系规划、城市总体规划（或城乡总体规划）、相关专项规划的交通、水利、电力、通讯等区域性重大基础设施建设项目； （二）因建设安全、环境保护、卫生、资源分布以及涉密等原因需要独立选址建设的国家或省重点建设项目、棚户区改造项目
8	港口岸线使用审批	01	港口岸线使用申请表	项目单位	
		02	海事、航道部门关于建设项目的意见	海事、航道主管部门	
		03	项目单位身份材料（包括项目单位统一信用代码证、营业执照或组织机构代码证，申请人身份证复印件）	项目单位	
		04	建设项目工程可行性研究报告或项目申请报告	项目单位	
9	无居民海岛开发利用申请审核	01	无居民海岛开发利用申请书	项目单位	
		02	无居民海岛开发利用具体方案	项目单位	
		03	无居民海岛开发利用项目论证报告	项目单位	

续表

序号	审批事项名称	材料序号	申请材料清单	提供单位	适用情形
10	建设项目压覆重要矿产资源审批	01	建设项目压覆重要矿产资源审批申请函	项目单位	
		02	地方自然资源主管部门初审意见	地方自然资源主管部门	
		03	建设项目压覆重要矿产资源评估报告（含建设项目选址位置图、建设项目压覆矿产资源范围与拟压覆矿区关系叠合图、建设项目压覆矿产资源储量估算结果表、建设项目压覆矿产资源不可避免性论证材料等内容）	项目单位	
		04	建设项目压覆重要矿产资源评估报告的评审备案证明	项目单位	
		05	建设单位与矿业权人签订的协议原件、矿业权许可证复印件（加盖矿业权人公章）	项目单位	建设项目压覆已设置矿业权矿产资源的
11	海域使用权审核	01	项目用海申请报告（包括海域使用申请书内容）	项目单位	
		02	申请海域的坐标图	项目单位	
		03	海域使用论证报告	项目单位	
		04	资信证明材料	项目单位	
		05	项目可研审批、核准或备案文件	项目审批部门	
		06	与利益相关者的协议或解决方案	项目单位	
		07	抵押权人同意变更的证明	项目单位	涉及已设立抵押权的建设项目
12	建设项目环境影响评价审批	01	建设项目环境影响评价文件报批申请书	项目单位	
		02	建设项目环境影响报告书（表）	项目单位	
		03	关于建设项目环境影响评价文件中删除不宜公开信息的说明	项目单位	
		04	公众参与说明（环境影响报告书项目）	项目单位	
13	节能审查	01	项目节能审查申请书	项目单位	
		02	固定资产投资项目节能报告	项目单位	

续表

序号	审批事项名称	材料序号	申请材料清单	提供单位	适用情形
14	江河、湖泊新建、改建或者扩大排污口审核	01	排污口设置申请书	项目单位	
		02	项目可研审批、核准或备案文件	项目审批部门	
		03	排污口设置论证报告（包括排污口选址方案、建设方案、排污口设置环境影响预测分析、水环境保护及风险防范措施）	项目单位	
		04	与排污口设置有利害关系第三方的承诺书或达成的协议	项目单位	
15	洪水影响评价审批	01	水工程建设规划同意书申请表	项目单位	在江河湖泊上新建、扩建以及改建并调整原有功能的水工程（原水工程规划同意书审核）
		02	拟报批水工程的（预）可行性研究报告（项目申请报告、备案材料）	项目单位	
		03	与第三者利害关系的相关说明	项目单位	
		04	水工程建设规划同意书论证报告	项目单位	
		05	河道管理范围内建设项目工程建设方案审批申请书	项目单位	建设跨河、穿河、穿堤、临河的桥梁、码头、道路、渡口、管道、缆线、取水、排水等工程设施（原河道管理范围内建设项目工程建设方案审批）。其中，重要的建设项目还需提交第10项防洪评价报告
		06	项目建设依据（项目建议书等批复文件、项目列入相关规划文件或相关产业政策文件）	项目单位或主管部门	
		07	建设项目所涉及河道与防洪部分的初步方案	项目单位	
		08	占用河道管理范围内土地情况及该建设项目防御洪涝的设防标准与措施	项目单位	
		09	说明建设项目对河势变化、堤防安全、河道行洪、河水水质的影响以及拟采取的补救措施	项目单位	
		10	防洪评价报告	项目单位	
		11	非防洪建设项目洪水影响评价报告审批申请表	项目单位	在洪泛区、蓄滞洪区内建设非防洪建设项目（原非防洪建设项目洪水影响评价报告审批）
		12	洪水影响评价报告	项目单位	
		13	建设项目可行性研究报告或初步设计报告（项目申请报告、备案材料）	项目单位	
		14	与第三者达成的协议或有关文件	项目单位	

续表

序号	审批事项名称	材料序号	申请材料清单	提供单位	适用情形
15	洪水影响评价审批	15	国家基本水文测站上下游建设影响水文监测工程的审批申请书	项目单位	在国家基本水文测站上下游建设影响水文监测的工程（原国家基本水文测站上下游建设影响水文监测工程的审批）
		16	建设工程对水文监测影响程度的分析评价报告	项目单位	
		17	项目实施进度计划	项目单位	
16	航道通航条件影响评价审核	01	航道通航条件影响评价审核申请书	项目单位	
		02	项目单位身份材料（包括项目单位统一信用代码证、营业执照或组织机构代码证，申请人身份证复印件）	项目单位	
		03	航道通航条件影响评价报告	项目单位	
		04	项目建设依据（项目建议书批复文件、项目列入相关规划文件或相关产业政策文件）	项目单位或主管部门	
		05	规划调整或拆迁已取得同意或已达成一致的承诺函、协议等材料	项目单位	
17	生产建设项目水土保持方案审批	01	生产建设项目水土保持方案审批申请	项目单位	
		02	生产建设项目水土保持方案	项目单位	
18	取水许可审批	01	取水许可申请书	项目单位	
		02	与第三者利害关系的相关说明	项目单位	
		03	项目备案证明	备案机关	属备案类项目的
		04	项目单位身份材料（包括项目单位统一信用代码证、营业执照或组织机构代码证，申请人身份证复印件）	项目单位	
		05	有利害关系第三者的承诺书或其他文件	项目单位	
		06	建设项目水资源论证报告书（表）	项目单位	
		07	初审文件	具有管辖权的县级以上地方人民政府水行政主管部门或流域管理机构	

续表

序号	审批事项名称	材料序号	申请材料清单	提供单位	适用情形
19	农业灌排影响意见书（占用农业灌溉水源灌排工程设施补偿项目审批）	01	项目可研审批、核准或备案文件	项目审批部门	
		02	占用灌排设施补偿项目申报文件	项目单位	占用灌溉水源或灌排设施的
		03	占用灌排设施补偿项目设计文件	项目单位	
		04	占用灌排设施申请表	项目单位	
		05	与被占用灌排设施的工程管理单位以及利益相关方达成的具有法律效力的协议	项目单位	
20	移民安置规划审核	01	移民安置规划审核申请函	项目单位	涉及移民安置的大中型水利水电工程
		02	移民安置规划报告及附件	项目单位	
		03	移民安置规划大纲批复文件	水利水电工程移民管理机构	
21	新建、扩建、改建建设工程避免危害气象探测环境审批	01	新建、扩建、改建建设工程避免危害气象探测环境行政许可申请表	项目单位	
		02	项目单位身份材料（包括项目单位统一信用代码证、营业执照或组织机构代码证，申请人身份证复印件）	项目单位	
		03	新建、扩建、改建建设工程概况和规划总平面图	项目单位	
		04	新建、扩建、改建建设工程与气象探测设施或观测场的相对位置示意图	项目单位	
		05	委托协议书	项目单位	委托代理的项目
22	雷电防护装置设计审核	01	雷电防护装置设计审核申请表	项目单位	
		02	设计单位和人员的资质证明和资格证书的复印件	项目单位	
		03	雷电防护装置设计说明书、设计图纸及相关资料	项目单位	
		04	设计中所采用的防雷产品相关资料	项目单位	

续表

序号	审批事项名称	材料序号	申请材料清单	提供单位	适用情形
23	建设项目使用林地及在森林和野生动物类型国家级自然保护区建设审批（核）	01	使用林地申请表	项目单位	使用防护林林地或者特殊用途林林地面积10公顷以上，用材林、经济林、薪炭林林地及其采伐迹地面积35公顷以上的，其他林地面积70公顷以上的；使用重点国有林区林地的（原建设项目使用林地审核）
		02	项目单位身份材料（包括项目单位统一信用代码证、营业执照或组织机构代码证，申请人身份证复印件）	项目单位	
		03	建设项目有关批准文件（包括：可行性研究报告批复、核准批复、备案确认文件、勘查许可证、采矿许可证、项目初步设计等批准文件；属于批次用地项目，提供经有关人民政府同意的批次用地说明书并附规划图。符合城乡规划的项目，还需提供规划许可证或选址意见书）	项目审批部门或有关人民政府	
		04	建设项目使用林地可行性报告或林地现状调查表	项目单位	
		05	初步审查意见	地方林草行政主管部门	
		06	现场查验表	县级林草行政主管部门	
		07	拟修筑设施的规划或工程设计文件（机场、铁路、公路、水利水电、围堰、围填海等建设项目，还应当提供修筑设施在选址选线上无法避让国家级自然保护区的比选方案）	项目单位	在森林和野生动物类型国家级自然保护区修筑设施
		08	保护、管理、补偿等协议	项目单位	
		09	县级以上人民政府及有关部门批准修筑设施的文件	相关审批部门或有关人民政府	
		10	拟修筑设施对国家级自然保护区主要保护对象和自然生态系统影响的评价报告或者评价登记表，以及减轻影响和恢复生态的补救性措施（湿地恢复或者重建方案，修建野生动物通道、过鱼设施等消除或者减少对野生动物不利影响的方案）	项目单位	
		11	公示材料	项目单位	
		12	省级林草行政主管部门意见	省级林草行政主管部门	
		13	建设项目在林草行政主管部门管理的自然保护区建设申请表	项目单位	

续表

序号	审批事项名称	材料序号	申请材料清单	提供单位	适用情形
24	矿藏开采、工程建设征收、征用或者使用草原审核	01	草原征占用申请表	项目单位	
		02	申请单位法人证明材料	项目单位	
		03	项目批准文件	项目单位	
		04	草原权属证明材料	项目单位	
		05	与草原所有权者、使用者或者承包经营者签订的约定草原补偿费等内容的补偿协议	项目单位	
		06	拟征收使用草原的区域坐标图	项目单位	
		07	拟征收使用各类自然保护地内草原的，需要提供相关行政主管部门同意征收使用草原的批复文件	相关保护地行政主管部门	
		08	省级林草行政主管部门出具在对拟占用草原现场核实的基础上形成的包括拟征占用草原范围、面积以及环境影响等内容的审查意见	省级林草行政主管部门	
25	风景名胜区内建设活动审批	01	拟建项目选址方案（主要包括：1. 项目的必要性、合理性、可行性分析；2. 项目的选址比选方案；3. 项目对风景名胜区的资源生态和景观环境影响评价分析；4. 项目的初步设计及其他基础资料；5. 项目用地红线图）	项目单位	
		02	在风景名胜区内实施重大建设工程项目的申请文件	项目单位	
		03	拟建项目所在风景名胜区管理机构出具的审查报告（报告中附专家审查意见）	风景名胜区管理机构	
		04	拟建项目所在风景名胜区的规划文件及批复（经批准的风景名胜区《总体规划》《详细规划》文本及批复文件）	相关审批部门	

续表

序号	审批事项名称	材料序号	申请材料清单	提供单位	适用情形
26	建设工程文物保护和考古许可	01	征求意见文件（内容包括：建设单位名称、建设项目、建设地点、建设规模、必须进行该工程的理由说明）	县级以上地方人民政府	在文物保护单位保护范围内建设其他工程，或涉及爆破、钻探、挖掘等作业的建设项目（原文物保护单位保护范围内其他建设工程或爆破、钻探、挖掘等作业审批）
		02	建设单位申请函	项目单位	
		03	建设工程的规划、设计方案［内容包括：1/500 或 1/2000 现状地形图（标出涉及的文物保护单位），建设工程设计方案还需上报相关建筑的总平面图、平面、立面、剖面图］	项目单位	
		04	工程对文物可能产生破坏或影响的评估报告及为保护文物安全及历史、自然环境所采用的相关措施设计	项目单位	
		05	文物保护单位的具体保护措施	文物保护单位	（一）在文物保护单位保护范围内建设其他工程，或涉及爆破、钻探、挖掘等作业的建设项目（原文物保护单位保护范围内其他建设工程或爆破、钻探、挖掘等作业审批）；（二）经评估影响文物保护单位本体及环境安全的建设工程
		06	考古勘探发掘资料	项目单位	（一）在文物保护单位保护范围内建设其他工程，或涉及爆破、钻探、挖掘等作业的建设项目（原文物保护单位保护范围内其他建设工程或爆破、钻探、挖掘等作业审批）；（二）涉及地下埋藏文物的建设工程
		07	申请书（包括：建设单位名称及法人登记证明；文物名称；工程名称、地点、规模）	项目单位	文物保护单位建设控制地带内的建设项目（原文物保护单位建设控制地带内建设工程设计方案审批）
		08	建设工程的规划、设计方案（内容包括：1/500 或 1/2000 现状地形图，并标出涉及的文物保护单位，建设工程设计方案还需上报相关建筑的总平面图、平面、立面、剖面图）	项目单位	
		09	工程对文物可能产生破坏或影响的评估报告及为保护文物安全及历史、自然环境所采用的相关措施设计	项目单位	
		10	文物保护单位的具体保护措施	文物保护单位	（一）文物保护单位建设控制地带内的建设项目（原文物保护单位建设控制地带内建设工程设计方案审批）；（二）经评估影响文物保护单位本体及环境安全的建设工程

续表

序号	审批事项名称	材料序号	申请材料清单	提供单位	适用情形
26	建设工程文物保护和考古许可	11	考古勘探发掘资料	项目单位	(一) 文物保护单位建设控制地带内的建设项目（原文物保护单位建设控制地带内建设工程设计方案审批）； (二) 涉及地下埋藏文物的建设工程
		12	文物行政主管部门意见	相应级别的文物行政主管部门	(一) 文物保护单位建设控制地带内的建设项目（原文物保护单位建设控制地带内建设工程设计方案审批）； (二) 涉及全国重点文物保护单位或省级文物保护单位建设控制地带的建设工程
		13	项目建设单位申请函	项目单位	大型基本建设工程（原进行大型基本建设工程前在工程范围内有可能埋藏文物的地方进行考古调查、勘探的许可）
		14	建设工程工程范围相关材料	项目单位	
		15	考古发掘申请书	项目单位	经考古调查、勘探，在工程建设范围内有地下文物遗存的应提供（原配合建设工程进行考古发掘的许可）
		16	文物行政主管部门意见	文物行政主管部门	
27	建设用地（含临时用地）规划许可证核发	01	项目可研审批、核准或备案文件	项目审批部门	
		02	建设用地规划许可申请表	项目单位	
		03	国有土地使用权出让合同	项目单位	涉及出让用地的建设项目
		04	国有土地使用批准文件或书面意见	地方自然资源主管部门	涉及划拨用地的建设项目
28	乡村建设规划许可证核发	01	乡村建设规划许可证申请表	项目单位或个人	
		02	建设工程设计方案或简要设计说明	项目单位或个人	乡镇企业、乡村公共设施和公益事业建设、农民住宅，其中简要设计说明仅适用于农民自建低层住宅
		03	村民委员会讨论同意、村民委员会签署的意见	村民委员会	
		04	乡镇（街办）的初审意见	乡镇（街办）	
		05	拟建项目用地的土地权属证明材料	项目单位或个人	
		06	房屋用地四至图（含四邻关系）	项目单位或个人	
		07	农用地转用批复文件	自然资源主管部门	涉及占用农用地的建设项目

续表

序号	审批事项名称	材料序号	申请材料清单	提供单位	适用情形
29	建设工程规划类许可证核发	01	建设工程规划许可申请报告和申请表	项目单位	
		02	土地权属证明文件（国有土地使用权证、用地批准书或不动产权证书）	自然资源主管部门	
		03	项目可研审批、核准或备案文件	项目审批部门	
		04	建设工程设计方案	项目单位	
		05	历史文化街区、名镇、名村核心保护范围内拆除历史建筑以外的建筑物、构筑物或其他设施的申请	项目单位	涉及历史文化街区、名镇、名村核心保护范围内拆除历史建筑以外的建筑物、构筑物或其他设施的
		06	历史建筑实施原址保护申请	项目单位	涉及历史建筑实施原址保护的
		07	历史建筑外部修缮装饰、添加设施以及改变历史建筑的结构或使用性质的申请	项目单位	涉及历史建筑外部修缮装饰、添加设施以及改变历史建筑的结构或使用性质的
30	超限高层建筑工程抗震设防审批	01	超限高层建筑工程抗震设防专项审查申请表	项目单位	
		02	建筑结构工程超限设计的可行性论证报告	项目单位	
		03	建设项目的岩土工程勘察报告	项目单位	
		04	结构工程初步设计计算书	项目单位	
		05	初步设计文件（建筑和结构专业部分，含勘察设计企业资质证书副本、出图专用章和执业专用章）	主管部门	
		06	相应的说明文件	项目单位	涉及参考使用国外有关抗震设计标准、工程实例和震害资料及计算机程序的项目
		07	抗震试验研究报告	项目单位	涉及需进行模型抗震性能试验研究的结构工程
		08	项目可研审批、核准或备案文件	项目审批部门	
		09	规划（建筑）方案批准意见书或建设工程规划许可证	主管部门	
		10	风洞试验报告	项目单位	涉及进行风洞试验研究的结构工程
		11	地震安全性评价报告	项目单位	对国家标准《建筑工程抗震设防分类标准》（GB 50223）规定的特殊防范类（甲类）建筑工程

续表

序号	审批事项名称	材料序号	申请材料清单	提供单位	适用情形
31	建设工程消防设计审核	01	建设工程消防设计审核申报表	项目单位	
		02	项目单位身份证明文件（包括项目单位统一信用代码证、营业执照或组织机构代码证，申请人身份证复印件）	项目单位	
		03	设计单位资质证明文件	项目单位	
		04	消防设计文件	项目单位	
		05	建设工程规划许可证明文件	主管部门	依法需要办理建设工程规划许可的，应当提供
		06	主管部门批准的证明文件	主管部门	依法需要主管部门批准的临时性建筑，属于人员密集场所的，应当提供
		07	提供特殊消防设计文件，或者设计采用的国际标准、境外消防技术标准的中文文本，以及其他有关消防设计的应用实例、产品说明等技术资料	项目单位	（一）国家工程建设消防技术标准没有规定的； （二）消防设计文件拟采用的新技术、新工艺、新材料可能影响工程消防安全，不符合国家标准规定的； （三）拟采用国际标准或者境外消防技术标准的
32	工程建设涉及城市绿地、树木审批	01	工程建设涉及城市绿地、树木审批申请文件	项目单位	
		02	拟建项目施工平面图、涉及影响改变城市绿化规划、绿化用地性质，临时占用城市绿地或修剪、移植、砍伐树木平面图，树木移植、大修剪方案（含现状树木位置图）	项目单位	
		03	建设工程规划许可证	主管部门	
		04	古树名木移植专家论证意见	项目单位	仅涉及古树名木移植时提供
		05	城市绿化工程设计方案及工程建设项目附属绿化设计变更方案和图纸	项目单位	
		06	项目完工后恢复协议（包括恢复承诺书、恢复具体时间和方案）	项目单位	

续表

序号	审批事项名称	材料序号	申请材料清单	提供单位	适用情形
33	市政设施建设类审批	01	市政设施建设类审批申请文件	项目单位	
		02	拟建建筑工程施工许可证和建设工程规划类许可证	主管部门	
		03	市政设施建设的设计文书	项目单位	
		04	施工单位的资质证明（含施工组织设计方案、安全评估报告及事故预警和应急处置方案）	项目单位	
		05	占用城市道路的平面图	项目单位	涉及占用城市道路的建设项目
		06	挖掘影响范围内的地下管线放样资料；挖掘破路设计图和挖掘道路的施工组织设计	项目单位	涉及挖掘城市道路的建设项目
		07	城市排水指导意见	城市排水主管部门	对与城镇排水与污水处理设施相连接的建设项目
		08	对桥梁、隧道的沉降和位移的监测方案，以及对桥梁、隧道影响的分析评估报告，或原设计单位的荷载验算书及安全技术意见	项目单位	涉及挖掘城市道路，并需在城市桥梁、隧道的安全保护区域内申请的挖掘项目
		09	安全评估报告（桥梁、隧道的原设计单位的荷载验算书及技术安全意见、施工组织、事故预警和应急抢险方案、城市桥梁上架设各类市政管线的定期自行检修方案和配合桥梁管理部门做好日常检测、养护作业的承诺书）	项目单位	涉及城市桥梁上架设各类市政管线的建设项目
34	因工程建设需要拆除、改动、迁移供水、排水与污水处理设施审核	01	因工程建设需要拆除、改动、迁移供水、排水与污水处理设施的申请文件	项目单位	
		02	同意改装、拆除或迁移城市公共供水、排水、污水设施的书面意见	相关产权单位或企业	
		03	具有市政设计资质单位出具的供水、排水、污水处理设施迁移、改建设计方案、设计图纸、位置平面图及详细数据资料	项目单位	
35	建筑工程施工许可证核发	01	建筑工程施工许可证申请表	项目单位	
		02	建筑工程用地批准手续（国有土地使用证、国有土地使用权出让批准书、建设用地批准书或建设用地规划许可证等）	自然资源主管部门	

续表

序号	审批事项名称	材料序号	申请材料清单	提供单位	适用情形
35	建筑工程施工许可证核发	03	建设工程规划许可证	主管部门	
		04	中标通知书（按照规定可直接发包的工程应直接发包备案表）	项目单位	
		05	施工合同	项目单位	
		06	施工图设计文件审查合格书	施工图审查机构	
		07	建筑工程质量监督登记表	项目单位	
		08	建筑工程安全监督登记表	项目单位	
		09	建设资金已经落实承诺书	项目单位或相关部门	
36	水运工程设计文件审查	01	申请文件或行政许可申请书原件	项目单位	
		02	初步设计文件及其电子版本	项目单位	申请初步设计审查的项目
		03	经批准的可行性研究报告，或核准的项目申请书，或备案证明	项目单位	
		04	施工图设计文件及其电子版本	项目单位	涉及申请施工图设计审查的建设项目
		05	经批准的初步设计文件	项目单位	
37	公路建设项目设计审批	01	勘察设计文件（包括附件）	项目单位	
		02	下一级地方交通运输主管部门报批的文件（如有）	地方交通运输主管部门	
		03	项目可研审批、核准或备案文件	项目审批部门	
		04	建设单位管理机构设置及主要管理人员情况	项目单位	1. 项目单位报批初步设计时应提供建设单位管理机构设置及主要管理人员情况； 2. PPP 项目在初步设计批准后进行投资人招标、组建建设管理机构的，报批初步设计可不提供，但报批施工图设计应提供
		05	保证工程质量、安全所需的专题论证材料	项目单位	对涉及特殊复杂工程的建设项目，包括但不限于跨海或特大水体的水下隧道、跨径 1000 米以上的特大桥梁、长度 10 公里以上的特长隧道应提供

续表

序号	审批事项名称	材料序号	申请材料清单	提供单位	适用情形
38	公路建设项目施工许可	01	施工图设计文件批复	交通运输主管部门	
		02	建设资金落实情况的审计意见	交通运输主管部门	
		03	征地的批复或控制性用地的批复	自然资源主管部门	
		04	建设项目各合同段的施工单位和监理单位名单、合同价情况	项目单位	
		05	应当报备的资格预审报告、招标文件和评标情况	项目单位	
		06	已办理的质量监督手续材料	项目单位	
		07	保证工程质量和安全措施的材料	项目单位	
39	水利基建项目初步设计文件审批	01	初步设计审批申请函	项目单位	
		02	初步设计报告及附件	项目单位	
		03	环境影响评价报告及批复文件	生态环境主管部门	
		04	水土保持方案报告及批复文件	水利主管部门	
		05	移民安置规划报告及审核意见	水利水电工程移民管理机构	
		06	资金筹措文件	项目单位	
		07	项目建设及管理机构批复文件	项目单位	
		08	管理维护经费承诺文件	项目单位	
		09	用地（海）预审意见	自然资源主管部门	
		10	取水许可	水利主管部门	
		11	压矿审批文件	自然资源主管部门	
		12	地质灾害评估	项目单位	
		13	地震安全性评价报告	项目单位	

续表

序号	审批事项名称	材料序号	申请材料清单	提供单位	适用情形
40	民航专业工程及含有中央投资的民航建设项目初步设计审批	01	请示公文及申请书	项目单位	
		02	初步设计文件	项目单位	
		03	经批准的预可行性研究报告、可行性研究报告（或项目申请报告）、机场总体规划，以及通信、导航、监视、气象等台（站）址的批准（或核准）的文件	相关审批部门	
		04	环境影响评价文件	生态环境主管部门	
		05	相应的工程勘察、地震评估以及工程试验等报告书	项目单位	
41	涉及国家安全事项的建设项目审批	01	涉及国家安全事项的建设项目建设申请书	项目单位	
		02	项目单位身份材料（包括项目单位统一信用代码证、营业执照或组织机构代码证，申请人身份证复印件）	项目单位	
		03	建设项目投资性质、使用功能、地理位置及周边环境说明文件	项目单位	
		04	建设项目规划红线范围内的1∶2000地形图或1∶500总平面图	项目单位	
		05	建设项目整体规划设计方案或内部智能化集成系统、办公自动化系统、信息网络系统等设计方案	项目单位	
42	民用核设施建造活动审批	01	核设施建造申请书	项目单位	
		02	初步安全分析报告	项目单位	
		03	质量保证文件	项目单位	
		04	环境影响评价文件	生态环境主管部门	

关于印发国家发展改革委核报国务院核准或审批的固定资产投资项目目录（试行）的通知

（发改投资〔2004〕1927号，2004年9月6日）

各省、自治区、直辖市、计划单列市及新疆生产建设兵团发改委（计委）、经贸委（经委），国务院各部门、直属机构、各计划单列企业集团：

为贯彻落实《国务院关于投资体制改革的决定》，现将经国务院批准的《国家发展改革委核报国务院核准或审批的固定资产投资项目目录（试行）》（以下简称《目录》）印发你们，请按此办理，并就有关事项通知如下：

一、对列入国务院批准的发展建设规划的企业投资项目，由国家发展改革委核准后报国务院备案。

二、《目录》中规定需报国务院审批的政府投资项目，原则上由国务院审批可行性研究报告。

特此通知。

附件：《国家发展改革委核报国务院核准或审批的固定资产投资项目目录（试行）》

附件

国家发展改革委核报国务院核准或审批的固定资产投资项目目录（试行）

按照《国务院关于投资体制改革的决定》（国发〔2004〕20号）精神，以下固定资产投资项目，由国家发展改革委核报国务院核准或审批。

一、企业投资项目

（一）核电站项目；

（二）新建机场项目；

（三）城市快速轨道交通项目；

（四）大型主题公园项目；

（五）库容10亿立方米及以上的国际及跨省（区、市）河流上的水库项目和总投资10亿元及以上的需中央政府协调的水资源配置调整项目；

（六）总装机容量100万千瓦及以上的水电站、抽水蓄能电站项目；

（七）总装机容量120万千瓦及以上的火电站项目；

（八）国家规划矿区内年产500万吨及以上的煤炭开发项目；

（九）年产100万吨及以上的煤炭液化项目；

（十）年产200万吨及以上的新油田开发项目；

（十一）年产30亿立方米及以上新气田开发项目；

（十二）进口液化天然气接收、储运设施项目；

（十三）国家原油存储设施项目；

（十四）总投资50亿元及以上的跨省（区、市）输油（气）管道干线项目；

（十五）跨境、跨海湾公路桥梁、隧道项目；

（十六）300公里及以上的新建铁路项目；

（十七）新建集装箱、煤炭、矿石、油气港区项目；

（十八）总投资50亿元及以上的钢铁、有色、稀土矿山开发项目；

（十九）年加工原油500万吨及以上的炼油项目、年产量60万吨及以上的乙烯项目；

（二十）总投资50亿元及以上的造船基础设施项目；

（二十一）总投资50亿元及以上的《政府核准的投资项目目录》（2004年本）中的社会事业项目；

（二十二）中方投资2亿美元及以上资源开发类境外投资项目，中方投资用汇额5000万美元及以上的非资源类境外投资项目；

（二十三）《外商投资产业指导目录》中总投资5亿美元及以上的鼓励类、允许类项目和总投资1亿美元及以上的限制类项目。

二、政府投资项目

（一）使用中央预算内投资、中央专项建设基金、中央统还国外贷款5亿元及以上项目；

（二）使用中央预算内投资、中央专项建设基金、统借自还国外贷款的总投资50亿元及以上项目。

三、有国务院专项规定或经国务院批准的专项规定的，按专项规定执行。

关于印发《国家发展改革委关于改进和完善报请国务院审批或核准的投资项目管理办法》的通知

（发改投资〔2005〕76号，2005年7月14日）

各省、自治区、直辖市、计划单列市及新疆生产建设兵团发展改革委（计委）、经贸委（经委），国务院各部门、直属机构，各计划单列企业集团：

为进一步贯彻落实《国务院关于投资体制改革的决定》，经报请国务院同意，现将《国家发展改革委关于改进和完善报请国务院审批或核准投资项目的管理办法》印发你们，请按照执行。

特此通知。

附件：《国家发展改革委关于改进和完善报请国务院审批或核准投资项目的管理办法》

附件

国家发展改革委关于改进和完善报请国务院审批或核准投资项目的管理办法

一、对于《国家发展改革委核报国务院核准或审批的固定资产投资项目目录（试行）》（发改投资〔2004〕1927号文附件，以下简称《目录》）内符合按照国家有关规定批准的行业和专项发展建设规划以及产业政策要求，有关方面意见一致的项目，由国家发展改革委会同有关部门审批或核准，报国务院备案。报国务院备案时应附上国土资源部、环保总局、行业主管部门、其他有关部门、省级人民政府或其投资主管部门、银行等相关单位的意见和咨询机构的评估论证意见，以及国家发展改革委关于该项目符合发展建设规划和产业政策等情况的说明。

二、对于《目录》内属于下列情况之一的项目，由国家发展改革委会同有关部门提出审批或核准的初步意见，报请国务院审批或核准：

（一）发展建设规划以外的项目；

（二）产业政策限制发展的项目；

（三）符合第一条规定的条件，但性质特殊、影响重大的项目；

（四）有关方面意见不尽一致，但从经济和社会发展全局考虑仍有必要建设的项目；

（五）国务院明确要求报送国务院审批或核准的项目。

三、关于城市快速轨道交通规划及项目的审批或核准，分两类情况进行处理：一是对北京、上海、广州、深圳等财力较强、有城市快速轨道交通项目建设和运营管理经验的城市，其城市快速轨道交通规划及项目由国家发展改革委审批或核准，报国务院备案；二是对其他城市，其城市快速轨道交通规划由国家发展改革委核报国务院审批，具体项目由国家发展改革委审批或核准，报国务院备案。

四、对于《国务院关于投资体制改革的决定》发布之前已经国务院常务会议审议通过项目建议书的项目，原则上按上述规定办理，即对于《目录》内可行性研究报告或项目申请报告符合发展建设规划和产业政策的要求、有关方面意见一致的项目，以及《目录》外的项目，由国家发展改革委审批或核准后报国务院备案；对于《目录》内不符合上述条件或在可行性研究阶段对原方案的投资规模、土地使用、环境影响、资金来源等有较大调整的项目，由国家发展改革委核报国务院审批或核准。

五、要逐步建立和完善政府投资责任追究制度，建立健全协同配合的企业投资监管体系。与项目审批、核准、实施有关的单位要各司其职、各负其责：

（一）发展改革部门：对项目的审批（核准）以及向国务院提出审批（核准）的审查意见承担责任，着重对项目是否符合国家宏观调控政策、发展建设规划和产业政策，是否维护了经济安全和公众利益，资源开发利用和重大布局是否合理，是否有效防止出现垄断等负责。

（二）环境保护主管部门：对项目是否符合环境影响评价的法律法规要求，是否符合环境功能区划，拟采取的环保措施能否有效治理环境污染和防止生态破坏等负责。

（三）国土资源主管部门：对项目是否符合土地利用总体规划和国家供地政策，项目拟用地规模是否符合有关规定和控制要求，补充耕地方案是否可行等负责，对土地、矿产资源开发利用是否合理负责。

（四）城市规划主管部门：对项目是否符合城市规划要求、选址是否合理等负责。

（五）有关行业主管部门：对项目是否符合国家法律法规、行业发展建设规划以及行业管理的有关规定负责。

（六）其他有关主管部门：对项目是否符合国家法律法规和国务院的有关规定负责。

（七）金融机构：按照国家有关规定对申请贷款的项目独立审贷，对贷款风险负责。

（八）咨询机构：对咨询评估结论负责。

（九）项目（法人）单位：对项目的申报程序是否符合有关规定、申报材料是否真实、是否按照经审批或核准的建设内容进行建设负责，并承担投资项目的资金来源、技术方案、市场前景、经济效益等方面的风险。

生态环境部 国家发展改革委
关于生态环境执法中建设项目“总投资额”认定问题的指导意见（试行）

（环政法〔2018〕85号，2018年8月27日）

各省、自治区、直辖市环境保护厅（局）、发展和改革委员会，新疆生产建设兵团环境保护局、发展和改革委员会：

为落实《中华人民共和国环境影响评价法》第三十一条、《中华人民共和国海洋环境保护法》第八十二条，以及《企业投资项目核准和备案管理条例》等有关规定，现就生态环境执法中作为处罚基准的建设项目总投资额认定问题，提出以下意见：

一、对实行审批制管理的政府投资项目，已经取得建设项目审批文件的，可以根据与该建设项目所处进度对应的有关审批文件中的投资匡算、投资估算或者投资概算认定总投资额。

二、对实行核准制管理的企业投资项目，已经取得建设项目核准文件的，可以根据该建设项目核准文件确定的投资规模认定总投资额。

三、对实行备案制管理的企业投资项目，可以根据备案的项目总投资额认定。

四、有下列情形之一的建设项目，有关行使行政处罚权的主管部门可以委托工程咨询单位、资产评估机构、会计师事务所等专业机构进行评估确定其总投资额：

（一）备案的项目总投资额与实际情况存在明显差异的；

（二）未经审批、核准、备案的；

（三）产业政策禁止投资建设的。

地方有关行使行政处罚权的主管部门可以根据实际情况，探索采取要求建设单位有关责任人出具证明文件、第三方询价等方式对建设项目总投资额进行认定。

五、对正在建设过程中的建设项目，不能根据建设项目在建设过程中实际发生的投资额认定该建设项目总投资额。

六、对已经全部建成并投入生产或者使用的建设项目，项目单位能够证明项目实际投资额与审批、核准文件或者备案信息不一致的，根据该建设项目实际全部投资额认定总投资额。

地方在执行本意见过程中，如遇到问题或者有相关意见建议，请及时向生态环境部和国家发展和改革委员会反映。

第二部分　企业投资管理

国务院关于发布政府核准的投资项目目录（2016年本）的通知

（国发〔2016〕72号，2016年12月12日）

各省、自治区、直辖市人民政府，国务院各部委、各直属机构：

为贯彻落实《中共中央 国务院关于深化投融资体制改革的意见》，进一步加大简政放权、放管结合、优化服务改革力度，使市场在资源配置中起决定性作用，更好发挥政府作用，切实转变政府投资管理职能，加强和改进宏观调控，确立企业投资主体地位，激发市场主体扩大合理有效投资和创新创业的活力，现发布《政府核准的投资项目目录（2016年本）》，并就有关事项通知如下：

一、企业投资建设本目录内的固定资产投资项目，须按照规定报送有关项目核准机关核准。企业投资建设本目录外的项目，实行备案管理。事业单位、社会团体等投资建设的项目，按照本目录执行。

原油、天然气（含煤层气）开发项目由具有开采权的企业自行决定，并报国务院行业管理部门备案。具有开采权的相关企业应依据相关法律法规，坚持统筹规划，合理开发利用资源，避免资源无序开采。

二、法律、行政法规和国家制定的发展规划、产业政策、总量控制目标、技术政策、准入标准、用地政策、环保政策、用海用岛政策、信贷政策等是企业开展项目前期工作的重要依据，是项目核准机关和国土资源、环境保护、城乡规划、海洋管理、行业管理等部门以及金融机构对项目进行审查的依据。

发展改革部门要会同有关部门抓紧编制完善相关领域专项规划，为各地区做好项目核准工作提供依据。

环境保护部门应根据项目对环境的影响程度实行分级分类管理，对环境影响大、环境风险高的项目严格环评审批，并强化事中事后监管。

三、要充分发挥发展规划、产业政策和准入标准对投资活动的规范引导作用。把发展规划作为引导投资方向，稳定投资运行，规范项目准入，优化项目布局，合理配置资金、土地、能源、人力等资源的重要手段。完善产业结构调整指导目录、外商投资产业指导目录等，为企业投资活动提供依据和指导。构建更加科学、更加完善、更具可操作性的行业准入标准体系，强化节地节能节水、环境、技术、安全等市场准入标准。完善行业宏观调控政策措施和部门间协调机制，形成工作合力，促进相关行业有序发展。

四、对于钢铁、电解铝、水泥、平板玻璃、船舶等产能严重过剩行业的项目，要严格执行《国务院关于化解产能严重过剩矛盾的指导意见》（国发〔2013〕41号），各地方、各部门不得以其他任何名义、任何方式备案新增产能项目，各相关部门和机构不得办理土地（海域、无居民海岛）供应、能评、环评审批和新增授信支持等相关业务，并合力推进化解产能严重过剩矛盾各项工作。

对于煤矿项目，要严格执行《国务院关于煤炭行业化解过剩产能实现脱困发展的意见》（国发〔2016〕7号）要求，从2016年起3年内原则上停止审批新建煤矿项目、新增产能的技术改造项目和产能核增项目；确需新建煤矿的，一律实行减量置换。

严格控制新增传统燃油汽车产能，原则上不再核准新建传统燃油汽车生产企业。积极引导新能源汽车健康有序发展，新建新能源汽车生产企业须具有动力系统等关键技术和整车研发能力，符合《新建纯电动乘用车企业管理规定》等相关要求。

五、项目核准机关要改进完善管理办法，切实提高行政效能，认真履行核准职责，严格按照规定权限、程序和时限等要求进行审查。有关部门要密切配合，按照职责分工，相应改进管理办法，依法加强对投资活动的管理。

六、按照谁审批谁监管、谁主管谁监管的原则，落实监管责任，注重发挥地方政府就近就便监管作用，行业管理部门和环境保护、质量监督、安全监管等部门专业优势，以及投资主管部门综合监管职能，实现协同监管。投资项目核准、备案权限下放后，监管责任要同步下移。地方各级政府及其有关部门要积极探索创新监管方式方法，强化事中事后监管，切实承担起监管职责。

七、按照规定由国务院核准的项目，由国家发展改革委审核后报国务院核准。核报国务院及国务院投资主管部门核准的项目，事前须征求国务院行业管理部门的意见。

八、由地方政府核准的项目，各省级政府可以根据本地实际情况，按照下放层级与承接能力相匹配的原则，具体划分地方各级政府管理权限，制定本行政区域内统一的政府核准投资项目目录。基层政府承接能力要作为政府管理权限划分的重要因素，不宜简单地“一放到底”。对于涉及本地区重大规划布局、重要资源开发配置的项目，应充分发挥省级部门在政策把握、技术力量等方面的优势，由省级政府核准，原则上不下放到地市级政府、一律不得下放到县级及以下政府。

九、对取消核准改为备案管理的项目，项目备案机关要加强发展规划、产业政策和准入标准把关，行业管理部门与城乡规划、土地管理、环境保护、安全监管等部门要按职责分工加强对项目的指导和约束。

十、法律、行政法规和国家有专门规定的，按照有关规定执行。商务主管部门按国家有关规定对外商投资企业的设立和变更、国内企业在境外投资开办企业（金融企业除外）进行审核或备案管理。

十一、本目录自发布之日起执行，《政府核准的投资项目目录（2014 年本）》即行废止。

政府核准的投资项目目录（2016 年本）

一、农业水利

农业：涉及开荒的项目由省级政府核准。

水利工程：涉及跨界河流、跨省（区、市）水资源配置调整的重大水利项目由国务院投资主管部门核准，其中库容 10 亿立方米及以上或者涉及移民 1 万人及以上的水库项目由国务院核准。其余项目由地方政府核准。

二、能源

水电站：在跨界河流、跨省（区、市）河流上建设的单站总装机容量 50 万千瓦及以上项目由国务院投资主管部门核准，其中单站总装机容量 300 万千瓦及以上或者涉及移民 1 万人及以上的项目由国务院核准。其余项目由地方政府核准。

抽水蓄能电站：由省级政府按照国家制定的相关规划核准。

火电站（含自备电站）：由省级政府核准，其中燃煤燃气火电项目应在国家依据总量控制制定的建设规划内核准。

热电站（含自备电站）：由地方政府核准，其中抽凝式燃煤热电项目由省级政府在国家依据总量控制制定的建设规划内核准。

风电站：由地方政府在国家依据总量控制制定的建设规划及年度开发指导规模内核准。

核电站：由国务院核准。

电网工程：涉及跨境、跨省（区、市）输电的±500 千伏及以上直流项目，涉及跨境、跨省（区、市）输电的 500 千伏、750 千伏、1000 千伏交流项目，由国务院投资主管部门核准，其中±800 千伏及以上直流项目和 1000 千伏交流项目报国务院备案；不涉及跨境、跨省（区、市）输电的±500 千伏及以上直流项目和 500 千伏、750 千伏、1000 千伏交流项目由省级政府按照国家制定的相关规划核准，其余项目由地方政府按照国家制定的相关规划核准。

煤矿：国家规划矿区内新增年生产能力 120 万吨及以上煤炭开发项目由国务院行业管理部门核准，其中新增年生产能力 500 万吨及以上的项目由国务院投资主管部门核准并报国务院备案；国家规划矿区内的其余煤炭开发项目和一般煤炭开发项目由省级政府核准。国家规定禁止建设或列入淘汰退出范围的项目，不得核准。

煤制燃料：年产超过 20 亿立方米的煤制天然气项目、年产超过 100 万吨的煤制油项目，由国务院投资主管部门核准。

液化石油气接收、存储设施（不含油气田、炼油厂的配套项目）：由地方政府核准。

进口液化天然气接收、储运设施：新建（含异地扩建）项目由国务院行业管理部门核准，其中新建接收储运能力 300 万吨及以上的项目由国务院投资主管部门核准并报国务院备案。其余项目由省级政府核准。

输油管网（不含油田集输管网）：跨境、跨省（区、市）干线管网项目由国务院投资主管部门核准，其中跨境项目报国务院备案。其余项目由地方政府核准。

输气管网（不含油气田集输管网）：跨境、跨省（区、市）干线管网项目由国务院投资主管部门核准，其中跨境项目报国务院备案。其余项目由地方政府核准。

炼油：新建炼油及扩建一次炼油项目由省级政府按照国家批准的相关规划核准。未列入国家批准的相关规划的新建炼油及扩建一次炼油项目，禁止建设。

变性燃料乙醇：由省级政府核准。

三、交通运输

新建（含增建）铁路：列入国家批准的相关规划中的项目，中国铁路总公司为主出资的由其自行决定并报国务院投资主管部门备案，其他企业投资的由省级政府核准；地方城际铁路项目由省级政府按照国家批准的相关规划核准，并报国务院投资主管部门备案；其余项目由省级政府核准。

公路：国家高速公路网和普通国道网项目由省级政府按照国家批准的相关规划核准，地方高速公路项目由省级政府核准，其余项目由地方政府核准。

独立公（铁）路桥梁、隧道：跨境项目由国务院投资主管部门核准并报国务院备案。国家批准的相关规划中的项目，中国铁路总公司为主出资的由其自行决定并报国务院投资主管部门备案，其他企业投资的由省级政府核准；其余独立铁路桥梁、隧道及跨 10 万吨级及以上航道海域、跨大江大河（现状或规划为一级及以上通航段）的独立公路桥梁、隧道项目，由省级政府核准，其中跨长江干线航道的项目应符合国家批准的相关规划。其余项目由地方政府核准。

煤炭、矿石、油气专用泊位：由省级政府按国家批准的相关规划核准。

集装箱专用码头：由省级政府按国家批准的相关规划核准。

内河航运：跨省（区、市）高等级航道的千吨级及以上航电枢纽项目由省级政府按国家批准的相关规划核准，其余项目由地方政府核准。

民航：新建运输机场项目由国务院、中央军委核准，新建通用机场项目、扩建军民合用机场（增建跑道除外）项目由省级政府核准。

四、信息产业

电信：国际通信基础设施项目由国务院投资主管部门核准；国内干线传输网（含广播电视网）以及其他涉及信息安全的电信基础设施项目，由国务院行业管理部门核准。

五、原材料

稀土、铁矿、有色矿山开发：由省级政府核准。

石化：新建乙烯、对二甲苯（PX）、二苯基甲烷二异氰酸酯（MDI）项目由省级政府按照国家批准的石化产业规划布局方案核准。未列入国家批准的相关规划的新建乙烯、对二甲苯（PX）、二苯基甲烷二异氰酸酯（MDI）项目，禁止建设。

煤化工：新建煤制烯烃、新建煤制对二甲苯（PX）项目，由省级政府按照国家批准的相关规划核准。新建年产超过100万吨的煤制甲醇项目，由省级政府核准。其余项目禁止建设。

稀土：稀土冶炼分离项目、稀土深加工项目由省级政府核准。

黄金：采选矿项目由省级政府核准。

六、机械制造

汽车：按照国务院批准的《汽车产业发展政策》执行。其中，新建中外合资轿车生产企业项目，由国务院核准；新建纯电动乘用车生产企业（含现有汽车企业跨类生产纯电动乘用车）项目，由国务院投资主管部门核准；其余项目由省级政府核准。

七、轻工

烟草：卷烟、烟用二醋酸纤维素及丝束项目由国务院行业管理部门核准。

八、高新技术

民用航空航天：干线支线飞机、6吨/9座及以上通用飞机和3吨及以上直升机制造、民用卫星制造、民用遥感卫星地面站建设项目，由国务院投资主管部门核准；6吨/9座以下通用飞机和3吨以下直升机制造项目由省级政府核准。

九、城建

城市快速轨道交通项目：由省级政府按照国家批准的相关规划核准。

城市道路桥梁、隧道：跨10万吨级及以上航道海域、跨大江大河（现状或规划为一级及以上通航段）的项目由省级政府核准。

其他城建项目：由地方政府自行确定实行核准或者备案。

十、社会事业

主题公园：特大型项目由国务院核准，其余项目由省级政府核准。

旅游：国家级风景名胜区、国家自然保护区、全国重点文物保护单位区域内总投资5000万元及以上旅游开发和资源保护项目，世界自然和文化遗产保护区内总投资3000万元及以上项目，由省级政府核准。

其他社会事业项目：按照隶属关系由国务院行业管理部门、地方政府自行确定实行核准或者备案。

十一、外商投资

《外商投资产业指导目录》中总投资（含增资）3亿美元及以上限制类项目，由国务院投资主管部门核准，其中总投资（含增资）20亿美元及以上项目报国务院备案。《外商投资产业指导目录》中总投资（含增资）3亿美元以下限制类项目，由省级政府核准。

前款规定之外的属于本目录第一至十条所列项目，按照本目录第一至十条的规定执行。

十二、境外投资

涉及敏感国家和地区、敏感行业的项目，由国务院投资主管部门核准。

前款规定之外的中央管理企业投资项目和地方企业投资3亿美元及以上项目报国务院投资主管部门备案。

企业投资项目核准和备案管理办法

（国家发展改革委2017年第2号令，2017年3月8日）

《企业投资项目核准和备案管理办法》已经国家发展和改革委员会主任办公会讨论通过，现予以发布，自2017年4月8日起施行。

第一章　总　　则

第一条　为落实企业投资自主权，规范政府对企业投资项目的核准和备案行为，实现便利、高效服务和有效管理，依法保护企业合法权益，依据《行政许可法》、《企业投资项目核准和备案管理条例》等有关法律法规，制定本办法。

第二条　本办法所称企业投资项目（以下简称项目），是指企业在中国境内投资建设的固定资产投资项目，包括企业使用自己筹措资金的项目，以及使用自己筹措的资金并申请使用政府投资补助或贷款贴息等的项目。

项目申请使用政府投资补助、贷款贴息的，应在履行核准或备案手续后，提出资金申请报告。

第三条　县级以上人民政府投资主管部门对投资项目履行综合管理职责。

县级以上人民政府其他部门依照法律、法规规定，按照本级政府规定职责分工，对投资项目履行相应管理职责。

第四条　根据项目不同情况，分别实行核准管理或备案管理。

对关系国家安全、涉及全国重大生产力布局、战略性资源开发和重大公共利益等项目，实行核准管理。其他项目实行备案管理。

第五条　实行核准管理的具体项目范围以及核准机关、核准权限，由国务院颁布的《政府核准的投资项目目录》（以下简称《核准目录》）确定。法律、行政法规和国务院对项目核准的范围、权限有专门规定的，从其规定。

《核准目录》由国务院投资主管部门会同有关部门研究提出，报国务院批准后实施，并根据情况适时调整。

未经国务院批准，各部门、各地区不得擅自调整《核准目录》确定的核准范围和权限。

第六条　除国务院另有规定外，实行备案管理的项目按照属地原则备案。

各省级政府负责制定本行政区域内的项目备案管理办法，明确备案机关及其权限。

第七条　依据本办法第五条第一款规定具有项目核准权限的行政机关统称项目核准机关。《核准目录》所称国务院投资主管部门是指国家发展和改革委员会；《核准目录》规定由省级政府、地方政府核准的项目，其具体项目核准机关由省级政府确定。

项目核准机关对项目进行的核准是行政许可事项，实施行政许可所需经费应当由本级财政予以保障。

依据国务院专门规定和省级政府规定具有项目备案权限的行政机关统称项目备案机关。

第八条　项目的市场前景、经济效益、资金来源和产品技术方案等，应当依法由企业自主决策、自担风险，项目核准、备案机关及其他行政机关不得非法干预企业的投资自主权。

第九条 项目核准、备案机关及其工作人员应当依法对项目进行核准或者备案，不得擅自增减审查条件，不得超出办理时限。

第十条 项目核准、备案机关应当遵循便民、高效原则，提高办事效率，提供优质服务。

项目核准、备案机关应当制定并公开服务指南，列明项目核准的申报材料及所需附件、受理方式、审查条件、办理流程、办理时限等；列明项目备案所需信息内容、办理流程等，提高工作透明度，为企业提供指导和服务。

第十一条 县级以上地方人民政府有关部门应当依照相关法律法规和本级政府有关规定，建立健全对项目核准、备案机关的监督制度，加强对项目核准、备案行为的监督检查。

各级政府及其有关部门应当依照相关法律法规及规定对企业从事固定资产投资活动实施监督管理。

任何单位和个人都有权对项目核准、备案、建设实施过程中的违法违规行为向有关部门检举。有关部门应当及时核实、处理。

第十二条 除涉及国家秘密的项目外，项目核准、备案通过全国投资项目在线审批监管平台（以下简称在线平台）实行网上受理、办理、监管和服务，实现核准、备案过程和结果的可查询、可监督。

第十三条 项目核准、备案机关以及其他有关部门统一使用在线平台生成的项目代码办理相关手续。

项目通过在线平台申报时，生成作为该项目整个建设周期身份标识的唯一项目代码。项目的审批信息、监管（处罚）信息，以及工程实施过程中的重要信息，统一汇集至项目代码，并与社会信用体系对接，作为后续监管的基础条件。

第十四条 项目核准、备案机关及有关部门应当通过在线平台公开与项目有关的发展规划、产业政策和准入标准，公开项目核准、备案等事项的办理条件、办理流程、办理时限等。

项目核准、备案机关应根据《政府信息公开条例》有关规定将核准、备案结果予以公开，不得违法违规公开重大工程的关键信息。

第十五条 企业投资建设固定资产投资项目，应当遵守国家法律法规，符合国民经济和社会发展总体规划、专项规划、区域规划、产业政策、市场准入标准、资源开发、能耗与环境管理等要求，依法履行项目核准或者备案及其他相关手续，并依法办理城乡规划、土地（海域）使用、环境保护、能源资源利用、安全生产等相关手续，如实提供相关材料，报告相关信息。

第十六条 对项目核准、备案机关实施的项目核准、备案行为，相关利害关系人有权依法申请行政复议或者提起行政诉讼。

第二章 项目核准的申请文件

第十七条 企业办理项目核准手续，应当按照国家有关要求编制项目申请报告，取得第二十二条规定依法应当附具的有关文件后，按照本办法第二十三条规定报送。

第十八条 组织编制和报送项目申请报告的项目单位，应当对项目申请报告以及依法应当附具文件的真实性、合法性和完整性负责。

第十九条 项目申请报告应当主要包括以下内容：

（一）项目单位情况；

（二）拟建项目情况，包括项目名称、建设地点、建设规模、建设内容等；

（三）项目资源利用情况分析以及对生态环境的影响分析；

（四）项目对经济和社会的影响分析。

第二十条 项目申请报告通用文本由国务院投资主管部门会同有关部门制定，主要行业的项目申请报告示范文本由相应的项目核准机关参照项目申请报告通用文本制定，明确编制内容、深度要求等。

第二十一条 项目申请报告可以由项目单位自行编写，也可以由项目单位自主委托具有相关经验和能力的工程咨询单位编写。任何单位和个人不得强制项目单位委托中介服务机构编制项目申请报告。

项目单位或者其委托的工程咨询单位应当按照项目申请报告通用文本和行业示范文本的要求编写项目申请报告。

工程咨询单位接受委托编制有关文件，应当做到依法、独立、客观、公正，对其编制的文件负责。

第二十二条 项目单位在报送项目申请报告时，应当根据国家法律法规的规定附具以下文件：

（一）城乡规划行政主管部门出具的选址意见书（仅指以划拨方式提供国有土地使用权的项目）；

（二）国土资源（海洋）行政主管部门出具的用地（用海）预审意见（国土资源主管部门明确可以不进行用地预审的情形除外）；

（三）法律、行政法规规定需要办理的其他相关手续。

第三章 项目核准的基本程序

第二十三条 地方企业投资建设应当分别由国务院投资主管部门、国务院行业管理部门核准的项目，可以分别通过项目所在地省级政府投资主管部门、行业管理部门向国务院投资主管部门、国务院行业管理部门转送项目申请报告。属于国务院投资主管部门核准权限的项目，项目所在地省级政府规定由省级政府行业管理部门转送的，可以由省级政府投资主管部门与其联合报送。

国务院有关部门所属单位、计划单列企业集团、中央管理企业投资建设应当由国务院有关部门核准的项目，直接向相应的项目核准机关报送项目申请报告，并附行业管理部门的意见。

企业投资建设应当由国务院核准的项目，按照本条第一、二款规定向国务院投资主管部门报送项目申请报告，由国务院投资主管部门审核后报国务院核准。新建运输机场项目由相关省级政府直接向国务院、中央军委报送项目申请报告。

第二十四条 企业投资建设应当由地方政府核准的项目，应当按照地方政府的有关规定，向相应的项目核准机关报送项目申请报告。

第二十五条 项目申报材料齐全、符合法定形式的，项目核准机关应当予以受理。

申报材料不齐全或者不符合法定形式的，项目核准机关应当在收到项目申报材料之日起5个工作日内一次告知项目单位补充相关文件，或对相关内容进行调整。逾期不告知的，自收到项目申报材料之日起即为受理。

项目核准机关受理或者不予受理申报材料，都应当出具加盖本机关专用印章并注明日期的书面凭证。对于受理的申报材料，书面凭证应注明项目代码，项目单位可以根据项目代码在线查询、监督核准过程和结果。

第二十六条 项目核准机关在正式受理项目申请报告后，需要评估的，应在4个工作日内按照有关规定委托具有相应资质的工程咨询机构进行评估。项目核准机关在委托评估时，应当根据项目具体情况，提出评估重点，明确评估时限。

工程咨询机构与编制项目申请报告的工程咨询机构为同一单位、存在控股、管理关系或者负责人为同一人的，该工程咨询机构不得承担该项目的评估工作。工程咨询机构与项目单位存在控股、管理关系或者负责人为同一人的，该工程咨询机构不得承担该项目单位的项目评估工作。

除项目情况复杂的，评估时限不得超过 30 个工作日。接受委托的工程咨询机构应当在项目核准机关规定的时间内提出评估报告，并对评估结论承担责任。项目情况复杂的，履行批准程序后，可以延长评估时限，但延长的期限不得超过 60 个工作日。

项目核准机关应当将项目评估报告与核准文件一并存档备查。

评估费用由委托评估的项目核准机关承担，评估机构及其工作人员不得收取项目单位的任何费用。

第二十七条　项目涉及有关行业管理部门或者项目所在地地方政府职责的，项目核准机关应当商请有关行业管理部门或地方人民政府在 7 个工作日内出具书面审查意见。有关行业管理部门或地方人民政府逾期没有反馈书面审查意见的，视为同意。

第二十八条　项目建设可能对公众利益构成重大影响的，项目核准机关在作出核准决定前，应当采取适当方式征求公众意见。

相关部门对直接涉及群众切身利益的用地（用海）、环境影响、移民安置、社会稳定风险等事项已经进行实质性审查并出具了相关审批文件的，项目核准机关可不再就相关内容重复征求公众意见。

对于特别重大的项目，可以实行专家评议制度。除项目情况特别复杂外，专家评议时限原则上不得超过 30 个工作日。

第二十九条　项目核准机关可以根据评估意见、部门意见和公众意见等，要求项目单位对相关内容进行调整，或者对有关情况和文件做进一步澄清、补充。

第三十条　项目违反相关法律法规，或者不符合发展规划、产业政策和市场准入标准要求的，项目核准机关可以不经过委托评估、征求意见等程序，直接作出不予核准的决定。

第三十一条　项目核准机关应当在正式受理申报材料后 20 个工作日内作出是否予以核准的决定，或向上级项目核准机关提出审核意见。项目情况复杂或者需要征求有关单位意见的，经本行政机关主要负责人批准，可以延长核准时限，但延长的时限不得超过 40 个工作日，并应当将延长期限的理由告知项目单位。

项目核准机关需要委托评估或进行专家评议的，所需时间不计算在前款规定的期限内。项目核准机关应当将咨询评估或专家评议所需时间书面告知项目单位。

第三十二条　项目符合核准条件的，项目核准机关应当对项目予以核准并向项目单位出具项目核准文件。项目不符合核准条件的，项目核准机关应当出具不予核准的书面通知，并说明不予核准的理由。

属于国务院核准权限的项目，由国务院投资主管部门根据国务院的决定向项目单位出具项目核准文件或者不予核准的书面通知。

项目核准机关出具项目核准文件或者不予核准的书面通知应当抄送同级行业管理、城乡规划、国土资源、水行政管理、环境保护、节能审查等相关部门和下级机关。

第三十三条　项目核准文件和不予核准书面通知的格式文本，由国务院投资主管部门制定。

第三十四条　项目核准机关应制定内部工作规则，不断优化工作流程，提高核准工作效率。

第四章　项目核准的审查及效力

第三十五条　项目核准机关应当从以下方面对项目进行审查：

（一）是否危害经济安全、社会安全、生态安全等国家安全；

（二）是否符合相关发展建设规划、产业政策和技术标准；

（三）是否合理开发并有效利用资源；

（四）是否对重大公共利益产生不利影响。

项目核准机关应当制定审查工作细则，明确审查具体内容、审查标准、审查要点、注意事项及不当行为需要承担的后果等。

第三十六条 除本办法第二十二条要求提供的项目申请报告附送文件之外，项目单位还应在开工前依法办理其他相关手续。

第三十七条 取得项目核准文件的项目，有下列情形之一的，项目单位应当及时以书面形式向原项目核准机关提出变更申请。原项目核准机关应当自受理申请之日起 20 个工作日内作出是否同意变更的书面决定：

（一）建设地点发生变更的；

（二）投资规模、建设规模、建设内容发生较大变化的；

（三）项目变更可能对经济、社会、环境等产生重大不利影响的；

（四）需要对项目核准文件所规定的内容进行调整的其他重大情形。

第三十八条 项目自核准机关出具项目核准文件或同意项目变更决定 2 年内未开工建设，需要延期开工建设的，项目单位应当在 2 年期限届满的 30 个工作日前，向项目核准机关申请延期开工建设。项目核准机关应当自受理申请之日起 20 个工作日内，作出是否同意延期开工建设的决定，并出具相应文件。开工建设只能延期一次，期限最长不得超过 1 年。国家对项目延期开工建设另有规定的，依照其规定。

在 2 年期限内未开工建设也未按照规定向项目核准机关申请延期的，项目核准文件或同意项目变更决定自动失效。

第五章 项目备案

第三十九条 实行备案管理的项目，项目单位应当在开工建设前通过在线平台将相关信息告知项目备案机关，依法履行投资项目信息告知义务，并遵循诚信和规范原则。

第四十条 项目备案机关应当制定项目备案基本信息格式文本，具体包括以下内容：

（一）项目单位基本情况；

（二）项目名称、建设地点、建设规模、建设内容；

（三）项目总投资额；

（四）项目符合产业政策声明。

项目单位应当对备案项目信息的真实性、合法性和完整性负责。

第四十一条 项目备案机关收到本办法第四十条规定的全部信息即为备案。项目备案信息不完整的，备案机关应当及时以适当方式提醒和指导项目单位补正。

项目备案机关发现项目属产业政策禁止投资建设或者依法应实行核准管理，以及不属于固定资产投资项目、依法应实施审批管理、不属于本备案机关权限等情形的，应当通过在线平台及时告知企业予以纠正或者依法申请办理相关手续。

第四十二条 项目备案相关信息通过在线平台在相关部门之间实现互通共享。

项目单位需要备案证明的，可以通过在线平台自行打印或者要求备案机关出具。

第四十三条 项目备案后，项目法人发生变化，项目建设地点、规模、内容发生重大变更，或者放弃项目建设的，项目单位应当通过在线平台及时告知项目备案机关，并修改相关信息。

第四十四条 实行备案管理的项目，项目单位在开工建设前还应当根据相关法律法规规定办理其他相关手续。

第六章 监督管理

第四十五条 上级项目核准、备案机关应当加强对下级项目核准、备案机关的指导和监督，及时纠正项目管理中存在的违法违规行为。

第四十六条 项目核准和备案机关、行业管理、城乡规划（建设）、国家安全、国土（海洋）资源、环境保护、节能审查、金融监管、安全生产监管、审计等部门，应当按照谁审批谁监管、谁主管谁监管的原则，采取在线监测、现场核查等方式，依法加强对项目的事中事后监管。

项目核准、备案机关应当根据法律法规和发展规划、产业政策、总量控制目标、技术政策、准入标准及相关环保要求等，对项目进行监管。

城乡规划、国土（海洋）资源、环境保护、节能审查、安全监管、建设、行业管理等部门，应当履行法律法规赋予的监管职责，在各自职责范围内对项目进行监管。

金融监管部门应当加强指导和监督，引导金融机构按照商业原则，依法独立审贷。

审计部门应当依法加强对国有企业投资项目、申请使用政府投资资金的项目以及其他公共工程项目的审计监督。

第四十七条 各级地方政府有关部门应按照相关法律法规及职责分工，加强对本行政区域内项目的监督检查，发现违法违规行为的，应当依法予以处理，并通过在线平台登记相关违法违规信息。

第四十八条 对不符合法定条件的项目予以核准，或者超越法定职权予以核准的，应依法予以撤销。

第四十九条 各级项目核准、备案机关的项目核准或备案信息，以及国土（海洋）资源、城乡规划、水行政管理、环境保护、节能审查、安全监管、建设、工商等部门的相关手续办理信息、审批结果信息、监管（处罚）信息，应当通过在线平台实现互通共享。

第五十条 项目单位应当通过在线平台如实报送项目开工建设、建设进度、竣工的基本信息。

项目开工前，项目单位应当登录在线平台报备项目开工基本信息。项目开工后，项目单位应当按年度在线报备项目建设动态进度基本信息。项目竣工验收后，项目单位应当在线报备项目竣工基本信息。

第五十一条 项目单位有下列行为之一的，相关信息列入项目异常信用记录，并纳入全国信用信息共享平台：

（一）应申请办理项目核准但未依法取得核准文件的；

（二）提供虚假项目核准或备案信息，或者未依法将项目信息告知备案机关，或者已备案项目信息变更未告知备案机关的；

（三）违反法律法规擅自开工建设的；

（四）不按照批准内容组织实施的；

（五）项目单位未按本办法第五十条规定报送项目开工建设、建设进度、竣工等基本信息，或者报送虚假信息的；

（六）其他违法违规行为。

第七章 法律责任

第五十二条 项目核准、备案机关有下列情形之一的，由其上级行政机关责令改正，对负有责任的领导人员和直接责任人员由有关单位和部门依纪依法给予处分：

（一）超越法定职权予以核准或备案的；

（二）对不符合法定条件的项目予以核准的；

（三）对符合法定条件的项目不予核准的；

（四）擅自增减核准审查条件的，或者以备案名义变相审批、核准的；

（五）不在法定期限内作出核准决

定的；

（六）不依法履行监管职责或者监督不力，造成严重后果的。

第五十三条 项目核准、备案机关及其工作人员，以及其他相关部门及其工作人员，在项目核准、备案以及相关审批手续办理过程中玩忽职守、滥用职权、徇私舞弊、索贿受贿的，对负有责任的领导人员和直接责任人员依法给予处分；构成犯罪的，依法追究刑事责任。

第五十四条 项目核准、备案机关，以及国土（海洋）资源、城乡规划、水行政管理、环境保护、节能审查、安全监管、建设等部门违反相关法律法规规定，未依法履行监管职责的，对直接负责的主管人员和其他直接责任人员，依法给予处分；构成犯罪的，依法追究刑事责任。

项目所在地的地方政府有关部门不履行企业投资监管职责的，对直接负责的主管人员和其他直接责任人员，依法给予处分。

第五十五条 企业以分拆项目、隐瞒有关情况或者提供虚假申报材料等不正当手段申请核准、备案的，项目核准机关不予受理或者不予核准、备案，并给予警告。

第五十六条 实行核准管理的项目，企业未依法办理核准手续开工建设或者未按照核准的建设地点、建设规模、建设内容等进行建设的，由核准机关责令停止建设或者责令停产，对企业处项目总投资额1‰以上5‰以下的罚款；对直接负责的主管人员和其他直接责任人员处2万元以上5万元以下的罚款，属于国家工作人员的，依法给予处分。项目应视情况予以拆除或者补办相关手续。

以欺骗、贿赂等不正当手段取得项目核准文件，尚未开工建设的，由核准机关撤销核准文件，处项目总投资额1‰以上5‰以下的罚款；已经开工建设的，依照前款规定予以处罚；构成犯罪的，依法追究刑事责任。

第五十七条 实行备案管理的项目，企业未依法将项目信息或者已备案项目信息变更情况告知备案机关，或者向备案机关提供虚假信息的，由备案机关责令限期改正；逾期不改正的，处2万元以上5万元以下的罚款。

第五十八条 企业投资建设产业政策禁止投资建设项目的，由县级以上人民政府投资主管部门责令停止建设或者责令停产并恢复原状，对企业处项目总投资额5‰以上10‰以下的罚款；对直接负责的主管人员和其他直接责任人员处5万元以上10万元以下的罚款，属于国家工作人员的，依法给予处分。法律、行政法规另有规定的，依照其规定。

第五十九条 项目单位在项目建设过程中不遵守国土（海洋）资源、城乡规划、环境保护、节能、安全监管、建设等方面法律法规和有关审批文件要求的，相关部门应依法予以处理。

第六十条 承担项目申请报告编写、评估任务的工程咨询评估机构及其人员、参与专家评议的专家，在编制项目申请报告、受项目核准机关委托开展评估或者参与专家评议过程中，违反从业规定，造成重大损失和恶劣影响的，依法降低或撤销工程咨询单位资格，取消主要责任人员的相关职业资格。

第八章 附 则

第六十一条 本办法所称省级政府包括各省、自治区、直辖市及计划单列市人民政府和新疆生产建设兵团。

第六十二条 外商投资项目和境外投资项目的核准和备案管理办法另行制定。

第六十三条 省级政府和国务院行业管理部门，可以按照《企业投资项目核准和备案管理条例》和本办法的规定，制订具体实施办法。

第六十四条 事业单位、社会团体等非企业组织在中国境内利用自有资金、不申请政府投资建设的固定资产投资项目，按照企业投资项目进行管理。

个人投资建设项目参照本办法的相关规定执行。

第六十五条 本办法由国家发展和改革委员会负责解释。

第六十六条 本办法自 2017 年 4 月 8 日起施行。《政府核准投资项目管理办法》（国家发展改革委令第 11 号）同时废止。

企业投资项目事中事后监管办法

（国家发展改革委2018年第14号令，2018年1月14日）

《企业投资项目事中事后监管办法》已经国家发展和改革委员会主任办公会讨论通过，现予以发布，自2018年2月4日起施行。

第一章　总　　则

第一条　为加强对企业投资项目的事中事后监管，规范企业投资行为，维护公共利益和企业合法权益，依据《行政许可法》《行政处罚法》《企业投资项目核准和备案管理条例》等法律法规，制定本办法。

第二条　各级发展改革部门根据核准和备案职责，对企业在境内投资建设的固定资产项目（以下简称项目）核准和备案的事中事后监督管理，适用本办法。

第三条　项目事中事后监管是指各级发展改革部门对项目开工前是否依法取得核准批复文件或者办理备案手续，并在开工后是否按照核准批复文件或者备案内容进行建设的监督管理。

各级发展改革部门开展项目事中事后监管，应当与规划、环保、国土、建设、安全生产等主管部门的事中事后监管工作各司其职、各负其责，并加强协调配合。

第四条　各级发展改革部门对项目实施分级分类监督管理。

对已经取得核准批复文件的项目，由核准机关实施监督管理；对已经备案的项目，由备案机关实施监督管理。对项目是否依法取得核准批复文件或者办理备案手续，由项目所在地县级以上地方发展改革部门实施监督管理。

第五条　各级发展改革部门应当建立健全行政监督和监管执法程序，加强监管执法队伍建设，保障监管执法经费，依法行使监督管理职权。

对政府投资项目以及企业投资项目使用政府投资的稽察工作，按照有关规定执行。

第二章　对核准项目的监管

第六条　核准机关对本机关已核准的项目，应当对以下方面进行监督管理：

（一）是否通过全国投资项目在线审批监管平台（以下简称在线平台），如实、及时报送项目开工建设、建设进度、竣工等建设实施基本信息；

（二）需要变更已核准建设地点或者对已核准建设规模、建设内容等作较大变更的，是否按规定办理变更手续；

（三）需要延期开工建设的，是否按规定办理延期开工建设手续；

（四）是否按照核准的建设地点、建设规模、建设内容等进行建设。

第七条　核准机关应当根据行业特点、监管需要和简易、可操作的原则，制定、上线核准项目报送建设实施基本信息的格式文本，并对报送的建设实施基本信息进行在线监测。

第八条　核准机关对其核准的项目，应当在项目开工后至少开展一次现场核查。

第九条　已开工核准项目未如实、及时报送建设实施基本信息的，核准机关应当责令项目单位予以纠正；拒不纠正的，给予警告。

第十条　项目未按规定办理核准批复

文件、项目变更批复文件或者批复文件失效后开工建设的，核准机关应当依法责令停止建设或者责令停产，并依法处以罚款。

第十一条 项目未按照核准的建设地点、建设规模、建设内容等进行建设的，核准机关应当依法责令停止建设或者责令停产，并依法处以罚款。

对于有关部门依法认定项目建设内容属于产业政策禁止投资建设的，核准机关应当依法责令停止建设或者责令停产并恢复原状，并依法处以罚款。

第十二条 县级以上地方发展改革部门发现本行政区域内的项目列入《政府核准的投资项目目录》，但未依法办理核准批复文件、项目变更批复文件或者批复文件失效后开工建设的，应当报告对该项目有核准权限的机关，由核准机关依法责令停止建设或者责令停产，并依法处以罚款。

第三章 对备案项目的监管

第十三条 备案机关对本机关已备案的项目，应当对以下方面进行监督管理：

（一）是否通过在线平台如实、及时报送项目开工建设、建设进度、竣工等建设实施基本信息；

（二）是否属于实行核准管理的项目；

（三）是否按照备案的建设地点、建设规模、建设内容进行建设；

（四）是否属于产业政策禁止投资建设的项目。

第十四条 备案机关应当根据行业特点、监管需要和简易、可操作的原则，制定、上线备案项目报送建设实施基本信息的格式文本，并对报送的建设实施基本信息进行在线监测。

第十五条 项目自备案后2年内未开工建设或者未办理任何其他手续的，项目单位如果决定继续实施该项目，应当通过在线平台作出说明；如果不再继续实施，应当撤回已备案信息。

前款项目既未作出说明，也未撤回备案信息的，备案机关应当予以提醒。经提醒后仍未作出相应处理的，备案机关应当移除已向社会公示的备案信息，项目单位获取的备案证明文件自动失效。对其中属于故意报备不真实项目、影响投资信息准确性的，备案机关可以将项目列入异常名录，并向社会公开。

第十六条 备案机关对其备案的项目，应当根据“双随机一公开”的原则，结合投资调控实际需要，定期制定现场核查计划。对列入现场核查计划的项目，应当在项目开工后至少开展一次现场核查。列入现场核查计划的项目数量比例，由备案机关根据实际确定。

第十七条 已开工备案项目未如实、及时报送建设实施基本信息的，备案机关应当责令项目单位予以纠正；拒不纠正的，给予警告。

第十八条 项目建设与备案信息不符的，备案机关应当责令限期改正；逾期不改正的，依法处以罚款并列入失信企业名单，向社会公开。

对于有关部门依法认定项目建设内容属于产业政策禁止投资建设的，备案机关应当依法责令停止建设或者责令停产并恢复原状，并依法处以罚款。

第十九条 县级以上地方发展改革部门发现本行政区域内的已开工项目应备案但未依法备案的，应当报告对该项目有备案权限的机关，由备案机关责令其限期改正；逾期不改正的，依法处以罚款并列入失信企业名单，向社会公开。

第二十条 对本行政区域内的已开工项目，经有关部门依法认定属于产业政策禁止投资建设的，县级以上发展改革部门应当依法责令停止建设或者责令停产并恢复原状，并依法处以罚款。

第四章　监管程序和方式

第二十一条　各级发展改革部门对项目的现场核查，可以自行开展，也可以发挥工程咨询单位等机构的专业优势，以委托第三方机构的方式开展。

委托第三方机构开展现场核查的，应当建立核查机构名录，制订核查工作规范，加强对核查工作的指导和监督。委托第三方机构开展现场核查的经费由委托方承担。

第二十二条　各级发展改革部门应当依托在线平台，运用大数据、互联网、移动计算等信息技术手段，加强对各类信息的分析研判，提高发现问题线索的能力。

第二十三条　各级发展改革部门应当畅通投诉举报渠道，对投诉举报反映的问题线索及时予以处理。

第二十四条　各级发展改革部门对发现的涉嫌违法问题，应当按照法定权限和程序立案查处，并作出处理决定。

对发现的涉及其他部门职权的违法违纪线索，应当及时移送。涉嫌犯罪的，应当移送司法机关追究刑事责任。

第二十五条　各级发展改革部门对项目的行政处罚信息，应当通过在线平台进行归集，并通过在线平台和“信用中国”网站向社会公开。

对在项目事中事后监管中形成的项目异常名录和失信企业名单，应当通过在线平台与全国信用信息平台共享，通过“信用中国”网站向社会公开，并实施联合惩戒。

第二十六条　各级发展改革部门应当与规划、环保、国土、建设、安全生产等主管部门建立健全协同监管和联合执法机制，参加本级人民政府开展的综合执法工作，提高监管执法效率。

第二十七条　各级发展改革部门应当建立健全项目事中事后监管责任制和责任追究制，通过约谈、挂牌督办、上收核准权限等措施，督促下级发展改革部门落实工作责任。

第五章　法 律 责 任

第二十八条　本办法第九条、第十七条所称的警告，均指《行政处罚法》规定的行政处罚罚种，各级发展改革部门应当依照法定程序和要求实施。

第二十九条　核准机关对未按规定办理核准手续的项目，未按照核准的建设地点、建设规模、建设内容等进行建设的项目，处以罚款的情形和幅度依照《企业投资项目核准和备案管理条例》第十八条执行。

第三十条　备案机关对未依法备案的项目，建设与备案信息不符的项目，处以罚款的情形和幅度依照《企业投资项目核准和备案管理条例》第十九条执行。

第三十一条　对属于产业政策禁止投资建设的项目，处以罚款的情形和幅度依照《企业投资项目核准和备案管理条例》第二十条执行。

第三十二条　违反本办法规定，但能够积极配合调查、认真整改纠正、主动消除或者减轻危害后果的，可以在法定幅度内减轻处罚。

第六章　附　　则

第三十三条　外商投资项目事中事后监督管理另有规定的，从其规定。

第三十四条　事业单位、社会团体等非企业组织在境内投资建设的项目事中事后监督管理适用本办法，但通过预算安排的项目除外。

第三十五条　本办法由国家发展和改革委员会负责解释。

第三十六条　本办法自 2018 年 2 月 4 日起实施。

国家发展改革委关于发布项目申请报告通用文本的通知

（发改投资〔2017〕684号，2017年4月13日）

国务院各部门、直属机构，各省、自治区、直辖市及计划单列市、新疆生产建设兵团发展改革委，各计划单列企业集团、中央管理企业：

为指导企业做好项目申请报告的编写工作，规范项目核准机关核准行为，根据《企业投资项目核准和备案管理办法》（国家发展改革委第2号令）和《外商投资项目核准和备案管理办法》（国家发展改革委第12号令）有关规定，特编制项目申请报告通用文本及其说明，现予以发布，供有关方面借鉴和参考。现就有关事项通知如下。

一、项目申请报告通用文本是对项目申请报告编写内容及深度的一般要求。关于《项目申请报告通用文本》的说明，是对通用文本的解释和阐述。在编写、审核项目申请报告时，应同时借鉴和参考通用文本及说明的有关内容。

二、企业在组织编写具体项目的申请报告时，可根据拟建项目的实际情况，对通用文本中所要求的内容进行适当调整。如果拟建项目不涉及其中有关内容，可以在说明情况后，不进行相关分析。

三、项目核准机关在核准企业投资项目时，应严格按照《企业投资项目核准和备案管理办法》和《外商投资项目核准和备案管理办法》要求，在落实企业投资自主权的基础上，从维护社会公共利益的角度，对企业投资项目的“外部性”条件进行审查和把关，从是否危害经济安全、社会安全、生态安全等国家安全，是否符合相关发展建设规划、技术标准和产业政策，是否合理开发并有效利用资源，是否对重大公共利益产生不利影响这些方面进行审查。项目的市场前景、经济效益、资金来源、产品技术方案等内部性条件，均应当由企业自主决策，项目核准机关不得干预企业的投资自主权。

四、按照国家有关法律、行政法规的规定，企业向项目核准机关报送项目申请报告时，已经有关部门根据职能分工依法审查规划选址、土地利用等方面内容的，应以有关部门出具的前置审批文件为准，不再作为项目核准机关的实质性审查内容，项目申请报告也不再对相关内容进行实质性分析。列入《不单独进行节能审查的行业目录》范围内的项目，应在项目申请报告中对项目能源利用情况、节能措施情况和能效水平进行分析。

五、为适应各行业的具体情况，相应的项目核准机关应参照本通用文本制定主要行业的项目申请报告示范文本。主要行业的示范文本既要遵循通用本的一般要求，又要充分反映行业特殊情况，可根据实际需要对通用本的内容进行合理调整。

六、此次所发布的项目申请报告通用文本，适用于各类企业在我国境内建设的企业投资项目（包括外商投资项目）。境外投资项目申请报告的文本另行编制。

七、按照《招标投标法实施条例》、《工程建设项目申报材料增加招标内容和核准招标事项暂行规定》（国家计委第9号令，根据2013年国家发展改革委第23号令修改）的要求，凡需报我委核准招标内容的企业投资项目，应在提交项目申请报告时附具有关招标内容。

八、本通知自发布之日起施行。《国家发展改革委关于发布项目申请报告通用文本的通知》（发改投资〔2007〕1169号）即行废止。

附件：1. 项目申请报告通用文本

2. 关于《项目申请报告通用文本》的说明

附件 1

项目申请报告通用文本

第一章　项目单位及拟建项目情况

一、项目单位情况。包括项目单位的主营业务、营业期限、资产负债、企业投资人（或者股东）构成、主要投资项目、现有生产能力、项目单位近几年信用情况等内容。

二、拟建项目情况。包括拟建项目的建设背景、建设地点、主要建设内容、建设（开发）规模与产品方案、工程技术方案、主要设备选型、配套公用辅助工程、投资规模和资金筹措方案等。拟建项目与国民经济和社会发展总体规划、主体功能区规划、专项规划、区域规划等相关规划衔接和协调情况，拟建项目的产业政策、技术标准和行业准入分析。拟建项目取得规划选址、土地利用等前置性要件的情况。

第二章　资源开发及综合利用分析

一、资源开发方案。资源开发类项目，包括对金属矿、煤矿、石油天然气矿、建材矿以及水（力）、森林等资源的开发，应分析拟开发资源的可开发量、自然品质、赋存条件、开发价值等，评价是否符合资源综合利用的要求。

二、资源利用方案。包括项目需要占用的重要资源品种、数量及来源情况；多金属、多用途化学元素共生矿、伴生矿、尾矿以及油气混合矿等的资源综合利用方案；通过对单位生产能力主要资源消耗量指标的对比分析，评价资源利用效率的先进程度；分析评价项目建设是否会对地表（下）水等其他资源造成不利影响。

三、资源节约措施。阐述项目方案中作为原材料的各类金属矿、非金属矿及能源和水资源节约以及项目废弃物综合利用等的主要措施方案。对拟建项目的资源能源消耗指标进行分析，阐述在提高资源能源利用效率、降低资源能源消耗、实现资源能源再利用与再循环等方面的主要措施，论证是否符合能耗准入标准及资源节约和有效利用的相关要求。

第三章　生态环境影响分析

一、生态和环境现状。包括项目场址的自然生态系统状况、资源承载力、环境条件、现有污染物情况和环境容量状况等，明确项目建设是否涉及生态保护红线以及与相关规划环评结论的相符性。

二、生态环境影响分析。包括生态破坏、特种威胁、排放污染物类型、排放量情况分析，水土流失预测，对生态环境的影响因素和影响程度，对流域和区域生态系统及环境的综合影响。

三、生态环境保护措施。按照有关生态环境保护修复、水土保持的政策法规要求，对可能造成的生态环境损害提出治理措施，对治理方案的可行性、治理效果进行分析论证。根据项目情况，提出污染防治措施方案并进行可行性分析论证。

四、特殊环境影响。分析拟建项目对历史文化遗产、自然遗产、自然保护区、森林公园、重要湿地、风景名胜和自然景观等可能造成的不利影响，并提出保护措施。

第四章 经济影响分析

一、社会经济费用效益或费用效果分析。从资源综合利用和生态环境影响等角度，评价拟建项目的经济合理性。

二、行业影响分析。阐述行业现状的基本情况以及企业在行业中所处地位，分析拟建项目对所在行业及关联产业发展的影响，尤其对产能过剩行业注重宏观总量分析影响，避免资源浪费和加剧生态环境恶化，并对是否可能导致垄断，是否符合重大生产力布局等进行论证。

三、区域经济影响分析。对于区域经济可能产生重大影响的项目，应从区域经济发展、产业空间布局、当地财政收支、社会收入分配、市场竞争结构、对当地产业支撑作用和贡献等角度进行分析论证。

四、宏观经济影响分析。投资规模巨大、对国民经济有重大影响的项目，应进行宏观经济影响分析。涉及国家经济安全的项目，应分析拟建项目对经济安全的影响，提出维护经济安全的措施。

第五章 社会影响分析

一、社会影响效果分析。阐述拟建项目的建设及运营活动对项目所在地可能产生的社会影响和社会效益。其中要对就业效果进行重点分析。

二、社会适应性分析。分析拟建项目能否为当地的社会环境、人文条件所接纳，评价该项目与当地社会环境的相互适应性，提出改进性方案。

三、社会稳定风险分析。重点针对拟建项目直接关系人民群众切实利益且涉及面广、容易引发的社会稳定问题，在风险调查、风险识别、风险估计、提出风险防范和化解措施、判断风险等级基础上，从合法性、合理性、可行性和可控性等方面进行分析。

四、其他社会风险及对策分析。针对项目建设所涉及的其他社会因素进行社会风险分析，提出协调项目与当地社会关系、规避社会风险、促进项目顺利实施的措施方案。

附件 2

关于《项目申请报告通用文本》的说明

一、编写项目申请报告通用文本的主要目的

为贯彻落实投资体制改革精神，帮助和指导企业开展项目申请报告的编写工作，规范项目核准机关的核准行为，根据《行政许可法》、《企业投资项目核准和备案管理条例》、《企业投资项目核准和备案管理办法》和《外商投资项目核准和备案管理办法》等，特编写项目申请报告通用文本，供有关方面借鉴和参考。

项目申请报告通用文本是对项目申请报告编写内容及深度的一般要求。企业在编写具体项目的申请报告时，可结合项目自身的实际情况，对通用文本中所要求的内容进行适当调整；如果拟建项目不涉及其中有关内容，可以在说明情况后不再进行详细论证。为更好地适应不同行业的具体情况和要求，相应的项目核准机关应参照本通用文本制定主要行业的项目申请报

告示范文本。主要行业示范文本将充分反映行业的特殊情况，并根据需要对通用文本的内容进行合理调整。

二、项目申请报告的性质

项目申请报告是企业投资建设应报政府核准的项目时，为获得项目核准机关对拟建项目的行政许可，按核准要求报送的项目论证报告。项目申请报告应重点阐述项目的外部性、公共性等事项，包括维护经济安全、合理开发利用资源、保护生态环境、优化重大布局、保障公众利益、防止出现垄断等内容。

编写项目申请报告时，应根据政府公共管理的要求，对拟建项目从规划布局、资源利用、生态环境、经济和社会影响等方面进行综合论证，为有关部门对企业投资项目进行核准审查提供依据。项目的市场前景、经济效益、资金来源、产品技术方案等内容，只是供项目核准机关在核准审查过程中了解情况，不必在项目申请报告中进行详细分析和论证。同时，对规划选址、土地利用等方面，应以有关部门出具的审查意见为准，项目核准机关不再对相关内容做实质性审查。同时，列入《不单独进行节能审查的行业目录》范围内的项目，应在项目申请报告中对项目能源利用情况、节能措施情况和能效水平进行分析。

三、“项目单位及拟建项目情况”的编写说明

全面了解和掌握项目申报单位及拟建项目的基本情况，是项目核准机关对拟建项目进行分析评价以决定是否予以核准的前提和基础。因此，对项目申报单位及拟建项目基本情况的介绍，在项目申请报告的编写中占有非常重要的地位。

通过对项目申报单位的主营业务、营业期限、资产负债、企业投资人构成、主要投资项目情况、现有生产能力、近几年信用情况等内容的阐述，为项目核准机关分析判断项目申报单位是否具备承担拟建项目的资格、是否符合有关的市场准入条件等提供依据。

通过对拟建项目的建设背景、建设地点、主要建设内容和规模、产品和工程技术方案、主要设备选型和配套工程、投资规模和资金筹措方案等内容的阐述，为项目核准机关对拟建项目的相关核准事项进行分析、评价奠定基础和前提。

在规划方面，应阐述国民经济和社会发展总体规划、主体功能区规划、区域规划、城镇体系规划、城市或镇总体规划、行业发展规划等各类规划与拟建项目密切相关的内容。

在产业政策方面，对照有关法律法规、产业政策规定和要求，阐述与拟建项目相关的产业结构调整、产业发展方向、产业空间布局、行业规范条件、产业技术政策等内容。在技术标准和行业准入方面，阐述与拟建项目相关的技术标准、行业准入政策、准入标准等内容。取得相关前置性要件情况方面，阐述拟建项目取得规划选址、土地利用等前置性要件的情况。

四、“资源开发及综合利用分析”的编写说明

合理开发并有效利用资源，是贯彻落实科学发展观的重要内容。对于开发和利用重要资源的企业投资项目，要从建设节约型社会、发展循环经济等角度，对资源开发、利用的合理性和有效性进行分析论证。

对于资源开发类项目，要阐述资源储量和品质勘探情况，论述拟开发资源的可开发量、自然品质、赋存条件、开发价值等，分析评价项目建设方案是否符合有关资源开发利用的可持续发展战略要求，是否符合保护资源环境的政策规定，是否符

合资源开发总体规划及综合利用的相关要求。在资源开发方案的分析评价中，应重视对资源开发的规模效益和使用效率分析，限制盲目开发，避免资源开采中的浪费现象；分析拟采用的开采设备和技术方案是否符合提高资源开发利用效率的要求；评价资源开发方案是否符合改善资源环境及促进相关产业发展的政策要求。

对于需要占用重要资源或消耗大量资源的建设项目，应阐述项目需要占用的资源品种和数量，提出资源供应方案；涉及多金属、多用途化学元素共生矿、伴生矿以及油气混合矿等情况的，应根据资源特征提出合理的综合利用方案，做到物尽其用；通过单位生产能力主要资源消耗量、资源循环再生利用率等指标的国内外先进水平对比分析，评价拟建项目资源利用效率的先进性和合理性；分析评价资源综合利用方案是否符合发展循环经济、建设节约型社会的要求；分析资源利用是否会对地表（下）水等其他资源造成不利影响，以提高资源利用综合效率。

在资源利用分析中，应对资源节约措施进行分析评价。本章主要阐述项目方案中作为原材料的各类金属矿、非金属矿及水资源节约的主要措施方案，并对其进行分析评价。对于耗水量大或严重依赖水资源的建设项目，以及涉及主要金属矿、非金属矿开发利用的建设项目，应对节水措施及相应的金属矿、非金属矿等原材料节约方案进行专题论证，分析拟建项目的资源消耗指标，阐述工程建设方案是否符合资源节约综合利用政策及相关专项规划的要求，就如何提高资源利用效率、降低资源消耗、实现资源能源再利用与再循环提出对策措施。

五、“生态环境影响分析”的编写说明

为保护生态环境和自然文化遗产，维护公共利益，对于可能对环境产生重要影响的企业投资项目，应从防治污染、保护生态环境等角度进行环境和生态影响的分析评价，确保生态环境和自然文化遗产在项目建设和运营过程中得到有效保护，并避免出现由于项目建设实施而引发的地质灾害等问题。

生态和环境现状。应通过阐述项目场址的自然生态系统状况、资源承载力、环境条件、现有污染物情况、特殊环境条件及环境容量状况等基本情况，为拟建项目的环境和生态影响分析提供依据。

拟建项目对生态环境的影响。应分析拟建项目在工程建设和投入运营过程中对环境可能产生的破坏因素以及对环境的影响程度，包括废气、废水、固体废弃物、噪声、粉尘和其他废弃物的排放数量，水土流失情况，对地形、地貌、植被及整个流域和区域环境及生态系统的综合影响等。

生态环境保护措施的分析。应从减少污染排放、防止水土流失、强化污染治理、促进清洁生产、保持生态环境可持续能力的角度，按照国家有关生态环境保护修复、水土保持的政策法规要求，对项目实施可能造成的生态环境损害提出保护措施，对环境影响治理和水土保持方案的工程可行性和治理效果进行分析评价。治理措施方案的制定，应反映不同污染源和污染排放物及其他环境影响因素的性质特点，所采用的技术和设备应满足先进性、适用性、可靠性等要求；环境治理方案应符合发展循环经济的要求，对项目产生的废气、废水、固体废弃物等，提出回收处理和再利用方案；污染治理效果应能满足达标排放的有关要求。涉及水土保持的建设项目，还应包括水土保持方案的内容。

对于历史文化遗产、自然遗产、自然保护区、森林公园、重要湿地、风景名胜和自然景观等特殊环境，应分析项目建设可能产生的影响，研究论证影响因素、影

响程度，提出保护措施，并论证保护措施的可行性。

六、“经济影响分析”的编写说明

企业投资项目的财务评价，主要是进行财务盈利能力和债务清偿能力分析。而经济影响分析，则是对投资项目所耗费的社会资源及其产生的经济效果进行论证，分析项目对行业发展、区域和宏观经济的影响，从而判断拟建项目的经济合理性。

对于产出物不具备实物形态且明显涉及公众利益的无形产品项目，如水利水电、交通运输、市政建设、医疗卫生等公共基础设施项目，以及具有明显外部性影响的有形产品项目，如污染严重的工业产品项目，应进行经济费用效益或费用效果分析，对社会为项目的建设实施和运营所付出的各类费用以及项目所产生的各种效益，进行全面地识别和评价。如果项目的经济费用和效益能够进行货币量化，应编制经济费用效益流量表，计算经济净现值 ENPV、经济内部效益率 EIRR 等经济评价指标，评价项目投资的经济合理性。对于产出效果难以进行货币量化的项目，应尽可能地采用非货币的量纲进行量化，采用费用效果分析的方法分析评价项目建设的经济合理性。难以进行量化分析的，应进行定性分析描述。

对于在行业内具有重要地位、影响行业未来发展的重大投资项目，应进行行业影响分析，评价拟建项目对所在行业及关联产业发展的影响，包括产业结构调整、行业技术进步、行业竞争格局等主要内容，特别要对是否可能形成行业垄断进行分析评价。

对区域经济可能产生重大影响的项目，应进行区域经济影响分析，重点分析项目对区域经济发展、产业空间布局、当地财政收支、社会收入分配、市场竞争结构等方面的影响，为分析投资项目与区域经济发展的关联性及融合程度提供依据。对于投资规模巨大、可能对国民经济产生重大影响的基础设施、科技创新、战略性资源开发等项目，应从国民经济整体发展角度，进行宏观经济影响分析，如对国家产业结构调整和升级、重大产业布局、重要产业的国际竞争力以及区域之间协调发展的影响分析等。

对于涉及国家经济安全的重大项目，应从维护国家利益、保证国家产业发展及经济运行免受侵害的角度，结合资源、技术、资金、市场等方面的分析，进行投资项目的经济安全分析。内容包括：（1）产业技术安全，分析项目采用的关键技术是否受制于人，是否拥有自主知识产权，在技术壁垒方面的风险等；（2）资源供应安全，阐述项目所需要的重要资源来源，分析该资源受国际市场供求格局和价格变化的影响情况，以及现有垄断格局、运输线路安全保障等问题；（3）资本控制安全，分析项目的股权控制结构，中方资本对关键产业的资本控制能力，是否存在外资的不适当进入可能造成的垄断、不正当竞争等风险；（4）产业成长安全，结合我国相关产业发展现状，分析拟建项目是否有利于推动国家相关产业成长、提升国际竞争力、规避产业成长风险；（5）市场环境安全，分析国外为了保护本地市场，采用反倾销等贸易救济措施和知识产权保护、技术性贸易壁垒等手段，对拟建项目相关产业发展设置障碍的情况；分析国际市场对相关产业生存环境的影响。

七、“社会影响分析”的编写说明

对于因征地拆迁等可能产生重要社会影响的项目，以及扶贫、区域综合开发、文化教育、公共卫生等具有明显社会发展目标的项目，应从维护公共利益、构建和谐社会、落实以人为本的科学发展观等角度，进行社会影响分析评价。

社会影响效果分析，应阐述与项目建设实施相关的社会经济调查内容及主要结论，分析项目所产生的社会影响效果的种类、范围、涉及的主要社会组织和群体等。重点阐述：（1）社会影响区域范围的界定。社会评价的区域范围应能涵盖所有潜在影响的社会因素，不应受行政区划等因素的限制；（2）区域内受项目影响的机构和人群的识别，包括各类直接或间接受益群体，也包括可能受到潜在负面影响的群体；（3）分析项目可能导致的各种社会影响效果，包括直接影响效果和间接影响效果，如增加就业、社会保障、劳动力培训、卫生保健、社区服务等，并分析哪些是主要影响效果，哪些是次要影响效果。就业效果分析要具体分析就业岗位、人数、来源、社保福利和素质提升等内容。

社会适应性分析，应确定项目的主要利益相关者，分析利益相关者的需求，研究目标人群对项目建设内容的认可和接受程度，评价各利益相关者的重要性和影响力，阐述各利益相关者参与项目方案确定、实施管理和监测评价的措施方案，以提高当地居民等利益相关者对项目的支持程度，确保拟建项目能够为当地社会环境、人文条件所接纳，提高拟建项目与当地社会环境的相互适应性。

社会风险及对策分析，应在确认项目有负面社会影响的情况下，提出协调项目与当地的社会关系，避免项目投资建设或运营管理过程中可能存在的冲突和各种潜在社会风险，解决相关社会问题，减轻负面社会影响的措施方案。社会稳定风险分析篇章的编写请参照《国家发展改革委办公厅关于引发重大固定资产投资项目社会稳定风险分析篇章和评估报告编制大纲（试行）的通知》（发改办投资〔2013〕428号）。

八、关于境外投资者并购境内企业项目申请报告

境外投资者并购境内企业项目申请报告应重点包括以下内容：

并购方情况，包括近年投资人或企业基本情况、在中国大陆投资情况及拥有实际控制权的同行业企业产品或服务的市场占有率、公司业绩等。

被并购方情况，包括近年企业基本情况、生产经营现状、业务和产品结构、债权债务关系和资产评估情况等。

并购方案，包括并购理由、并购方式、股权结构及实际控制权变化、债权债务关系变化、融资安排、职工安排、资产处置等。

并购后企业的治理结构、经营方式、业务范围、产品结构，被并购方及其股东所得收入的使用安排。

有关法律法规和规章要求的其他内容。

国家发展改革委发布《关于企业投资项目咨询评估报告的若干要求》和《企业投资项目咨询评估报告编写大纲》的公告

（国家发展改革委2008年第37号公告，2008年6月2日）

为进一步贯彻投资体制改革精神，做好企业投资项目的核准工作，提高委托咨询评估的质量和水平，根据《国务院关于投资体制改革的决定》（国发〔2004〕20号）精神，以及《企业投资项目核准暂行办法》（国家发展改革委第19号令）、《国家发展改革委关于发布项目申请报告通用文本的通知》（发改投资〔2007〕1169号）和《国家发展改革委委托投资咨询评估管理办法》（发改投资〔2004〕1973号）的有关规定，我委编制了《关于企业投资项目咨询评估报告的若干要求》和《企业投资项目咨询评估报告编写大纲》。现予以公告。

附件：一、关于企业投资项目咨询评估报告的若干要求

二、企业投资项目咨询评估报告编写大纲

附件一

关于企业投资项目咨询评估报告的若干要求

一、企业投资项目咨询评估报告，是指符合资质要求的工程咨询评估机构，根据项目核准机关的委托要求，对企业报送的项目申请报告进行评估论证后编写的作为项目核准时重要参考依据的咨询评估报告。

二、根据《国务院关于投资体制改革的决定》，企业投资建设《政府核准的投资项目目录》内的项目时，应按照有关要求编写项目申请报告，并报送项目核准机关申请核准。项目核准机关根据项目具体情况，决定是否需要委托工程咨询机构进行评估，并可根据需要，在委托评估时提出评估重点。

三、工程咨询机构承担项目申请报告的核准评估工作后，要按照委托方的要求，重点从维护经济安全、合理开发利用资源、保护生态环境、优化重大布局、保障公共利益、防止出现垄断和不正当竞争等角度进行评估论证，编写企业投资项目咨询评估报告，报送委托机关，作为核准项目时的重要参考依据。

四、在企业投资项目咨询评估报告的开头部分，应编写内容提要，扼要介绍报告正文的核心内容，主要包括评估的基本背景、主要评估内容及重要评估结论和建议。

五、在企业投资项目咨询评估报告的正文部分，应根据项目自身情况、行业特点和委托方的具体要求，有选择地确定咨询评估报告的内容和论述重点。咨询评估报告正文通常包括以下内容：

（一）申报单位及项目概况；

（二）发展规划、产业政策和行业准入

评估；

（三）资源开发及综合利用评估；

（四）节能方案评估；

（五）建设用地、征地拆迁及移民安置评估；

（六）环境和生态影响评估；

（七）经济影响评估；

（八）社会影响评估；

（九）主要风险及应对措施评估；

（十）主要结论和建议。

六、企业投资项目咨询评估报告原则上应对项目是否具备各项核准条件进行全面、系统分析。若项目核准机关认为相关专项审查内容不需要进行详细评估，应在委托要求中予以注明。

七、为了全面、清晰地表达咨询评估报告的相关内容，应重视有关附件、附图及附表的编写，作为咨询评估报告的重要组成部分。

八、企业投资项目咨询评估报告的具体章节安排，应结合项目自身情况及行业特点进行设置。如果拟建项目不涉及其中有关内容，可以在说明情况后不再进行详细评估。对于行业需要特别关注的核准内容，可不受本编写大纲的章节限制，根据需要设专门章节进行评估论证，以反映行业特殊性要求。

附件二

企业投资项目咨询评估报告编写大纲

一、申报单位及项目概况

（一）项目申报单位概况。通过对项目申报单位的主要经营范围、基本财务指标、股东构成、股权结构比例、以往投资相关项目情况、已有生产能力等的核查分析，提出申报单位的申报资格以及是否具备承担拟建项目投资建设的基本条件等评估意见。

（二）项目概况。通过对项目建设背景、建设地点、建设年限、建设内容、建设规模、产品及工程技术方案、主要设备选型、上下游配套工程情况、投资规模、资金筹措方案等方面的阐述，为拟建项目的核准咨询评估相关章节编写提供项目背景基础。

二、发展规划、产业政策和行业准入评估

（一）发展规划评估。通过分析与拟建项目有关的国民经济和社会发展总体规划、区域规划和专项规划，以及城乡规划等各类规划的相关内容，评估拟建项目是否符合各类规划要求，提出拟建项目与有关规划内容的衔接性及目标的一致性等评估结论。

（二）产业政策评估。分析有关产业结构调整、产业空间布局、产品发展方向、产业技术创新等政策对项目方案的要求，评估拟建项目的工程技术方案、产品方案等是否符合有关产业政策、法律法规等的要求。

（三）行业准入评估。分析有关行业准入的法律、法规、规章和国家有关规定对拟建项目的要求，评估拟建项目和项目建设单位是否符合有关行业准入标准的规定。

（四）自主创新和采用先进技术评估。对于采用先进技术和科技创新的企业投资项目，分析拟建项目产品技术方案的技术创新水平、先进技术的采用情况、技术路线的先进性、技术装备国产化或本土化程度，评估是否符合增强自主创新能力、建

设创新型国家的发展战略要求，是否符合国家科技发展规划要求。

（五）项目建设必要性评估。在发展规划、产业政策、行业准入等分析评估的基础上，评估拟建项目目标及功能定位是否合理，是否符合与项目相关的各类规划要求，是否符合相关法律法规、宏观调控政策、产业政策等规定，是否满足行业准入标准、重大布局优化、自主创新和采用先进技术等要求，对项目建设的必要性提出评估结论。

三、资源开发及综合利用评估

（一）资源开发方案评估。对于资源开发类项目，通过拟开发利用资源的可开发量、自然品质、赋存条件、开发价值等的分析评估，对开发方案是否符合资源开发利用的可持续发展战略要求、是否符合保护资源环境的政策规定、是否符合资源开发总体规划及综合利用的相关要求等提出评估意见。

（二）资源利用方案评估。对于需要占用重要资源的拟建项目，从发展循环经济，建设资源节约型社会等角度，对主要资源占用品种、数量、来源情况、综合利用方案的合理性进行分析评估；通过对单位生产能力主要资源消耗量指标与国内外水平的对比分析，对资源利用效率的先进程度提出评估论证意见；评估拟建项目是否会对地下水等其他资源造成不利影响。

（三）资源节约措施评估。对项目申请报告中提出的作为原材料的各类金属矿、非金属矿及水资源节约措施方案的合理性提出评估意见；对拟建项目采取资源节约措施后的资源消耗指标进行对比分析，评估项目方案是否符合国家有关资源节约及有效利用的相关政策要求；对于在提高资源利用效率、降低水资源消耗及主要金属矿、非金属矿等资源消耗方面所采取的措施是否可行提出咨询评估意见。

四、节能方案评估

（一）用能标准和节能规范评估。评估项目建设方案所遵循的国家和地方有关合理用能标准、节能设计规范的选择是否恰当，是否充分考虑到行业及项目所在地的特殊要求，内容是否全面、标准选择是否适宜。

（二）能耗状况和能耗指标分析。根据项目所在地的能源供应状况，通过能耗指标与国际国内先进水平的对比分析，评估项目建设方案所提出的能源消耗种类和数量是否可靠，分析项目方案所采用的能耗指标选择是否恰当。

（三）节能措施和节能效果分析。对优化用能结构、满足相关技术政策、设计标准及节能减排政策要求等方面所采用的主要节能降耗措施是否可行提出评估论证意见。对项目方案的节能效果提出评估意见。

五、建设用地、征地拆迁及移民安置评估

（一）项目选址及用地方案评估。通过对项目建设地点、场址土地权属类别及占地面积、土地利用状况、占用耕地情况、取得土地方式等方面的分析，对项目选址和用地方案是否符合有关法律法规要求提出评估意见；对项目选址是否压覆矿床和文物、是否影响防洪、通航及军事设施安全等其他不利影响及其处理方案的合理性提出评估意见。

（二）土地利用合理性评估。对项目用地是否符合有关土地管理的政策法规的要求，是否符合土地利用规划要求，占地规模是否合理，是否符合保护耕地要求，耕地占用补充方案是否可行、是否符合因地制宜、节约用地、少占耕地、减少拆迁移民等原则要求，提出评估论证意见。

（三）征地拆迁和移民安置规划方案评估。对于涉及征地拆迁的项目，应结合项

目选址和土地利用方案的评估情况，分析论证征地拆迁范围的确定是否合理；通过对生产生活安置方案、征地补偿原则、范围和方式的分析论证，评估安置补偿方案是否符合国家有关政策法规规定及当地的实际情况；从受影响人群原有收入水平，征地拆迁后对受影响人群收入的影响程度，采取的收入恢复措施是否切实可行，实施后的效果等方面进行分析，评估移民生产安置、生活安置、收入恢复和就业重建等措施方案的可行性；评估方案制定过程中的公众参与、申诉机制、实施组织机构及监督机制等规划方案是否完善，以及地方政府对移民安置规划、补偿标准的接受程度；对移民安置补偿费用估算结果、资金来源的可靠性及资金平衡状况提出评估意见。

六、环境和生态影响评估

（一）环境和生态影响程度评估。通过对项目场址的自然环境条件、现有污染情况、生态环境条件、特殊环境条件和环境容量状况以及拟建项目的排放污染物类型及排放情况分析，水土流失预测分析，评估项目对其所在地生态环境的影响程度，以及对整个流域及区域生态系统的综合影响后果。

（二）生态环境保护措施评估。通过对生态环境保护及污染治理措施的可行性分析，评估拟建项目能否满足达标排放、保护环境和生态、水土保持等政策法规的要求，对生态环境保护措施是否合理和可行提出评估意见。

（三）地质灾害影响评估。在地质灾害易发区建设的项目和易诱发地质灾害的建设项目，要结合有关部门提出的地质灾害、地震安全等方面的专题论证结论，评估项目是否可能诱发地质灾害、存在地震安全隐患，对所提出的防御措施和对策是否可行提出评估意见。

（四）特殊环境影响评估。对于涉及历史文化遗产、自然遗产、风景名胜、自然景观和自然保护区等特殊环境保护的建设项目，评估拟建项目的环保措施是否符合相关政策法规规定，对所提出保护措施是否可行提出评估意见。

七、经济影响评估

（一）经济费用效益或费用效果分析的评估。对于产出物不具备实物形态，且明显涉及公众利益的无形产品项目，如水利水电、交通运输、市政建设、医疗卫生等公共基础设施项目，以及具有明显外部性影响的有形产品项目，如污染严重的工业产品项目，应从社会资源优化配置的角度，进行经济费用效益、费用效果分析或定性经济分析；要评估经济费用、效益的识别计算是否恰当，所采用的分析方法是否恰当；对拟建项目的经济合理性提出评估意见。

（二）行业影响评估。对于在行业内具有重要地位、对行业未来发展方向具有重要影响的建设项目，应对拟建项目对行业发展可能产生的影响进行分析评估，论证拟建项目对所在行业及关联产业发展的影响，并对是否可能形成行业垄断进行分析，对如何发挥拟建项目对行业发展的正面影响效果提出评估意见。

（三）区域经济影响评估。对区域经济可能产生重大影响的项目，应从拟建项目对区域经济发展、产业空间布局、当地财政收支、社会收入分配、市场竞争结构等方面影响的角度，评估拟建项目对区域经济所产生的影响，对如何协调项目与区域经济发展之间的关系，如何发挥项目对区域经济发展的正面影响效果，以及是否可能导致当地市场垄断等提出评估意见。

（四）宏观经济影响评估。对于投资规模巨大的特大型项目，以及可能对国民经济产生重大影响的基础设施、科技创新、战略性资源开发等项目，应从国民经济整体发展角度，分析拟建项目对国家产业结构调整升级、重大产业优化布局、重要产业国际竞争力培育以及区域之间协调发展等方面的影响。对于涉及国家经济安全的重大项目，应结合资源、技术、资金、市场等方面的分析，评估项目建设和运营对国家产业技术安全、资源供应安全、资本控制安全、产业成长安全、市场环境安全等方面的影响，提出评估意见和建议。

八、社会影响评估

（一）社会影响效果评估。通过对有关社会经济调查及统计资料的分析，评估拟建项目对就业、减轻贫困、社区发展等方面的影响，包括正面和负面影响效果。

（二）社会适应性评估。通过调查分析拟建项目利益相关者的需求，目标人群对项目建设内容的认可和接受程度，分析预测拟建项目能否为当地的社会环境、人文条件所接纳，当地居民支持拟建项目的程度，对拟建项目与当地社会环境的相互适应性提出评估意见。

（三）社会风险及对策措施评估。在确认项目可能存在负面社会影响的情况下，提出协调项目与当地的社会关系，避免项目投资建设或运营管理过程中可能存在的冲突和各种潜在社会风险因素，对解决相关社会问题，减轻负面社会影响的措施方案提出评估意见。

九、主要风险及应对措施评估

（一）主要风险综述。在前述评估论证的基础上，总结论述项目在维护经济安全、合理开发利用资源、保护生态环境、优化重大布局、保护公共利益、防止出现垄断等方面可能存在的主要风险。

（二）风险影响程度评估。对拟建项目可能存在的重要风险因素，对其性质特征、未来变化趋势及可能造成的影响后果进行分析评估。对于需要进行经济费用效益分析的项目，还应通过敏感性分析或风险概率分析，对拟建项目的风险因素进行定量分析评估。

（三）风险应对措施评估。对于可能严重影响项目投资建设及运营效果的风险因素，提出风险应对措施，并对相关措施方案的合理性及可行性提出咨询评估意见。

十、主要结论和建议

（一）主要评估结论。在前述评估论证的基础上，提出核准咨询评估的主要结论，并对拟建项目是否符合核准条件提出明确的咨询评估意见。

（二）主要措施建议。对评估中发现的拟建项目可能存在的各种问题，提出解决的对策措施建议。

十一、利用外资项目核准评估的特殊要求

（一）对于外商投资项目，按照《外商投资项目核准暂行管理办法》的规定，除论述以上内容外，还应在市场准入、资本项目管理等方面提出咨询评估意见，为核准机关对项目审核提供参考依据。

（二）对于外商并购境内企业的投资建设项目，原则上应遵循企业投资项目核准评估的一般要求进行评估论证。对于不涉及扩大生产及投资规模，不新占用土地、能源和资源消耗，不形成对生态和环境新的影响，其核准评估内容可以适当简化，应重点对境内企业情况及是否符合外商准入政策规定，并购企业职工及债权债务安排情况，并购后企业的经营方式、范围和股权结构、融资方案，中方通过并购所得收入的使用方式及其合理性进行评估论证。在经济影响分析中，应强调分析论证外商并购对国家经济安全、行业及区域市场垄断等方面的影响，对所采取的对策措施及其可行性提出咨询评估意见。

（三）借用国际金融组织和外国政府贷款项目的核准咨询评估，按照《国际金融组织和外国政府贷款投资项目管理暂行办法》的规定，除应遵循企业投资项目核准评估的一般要求外，还应阐述国外借款类别或国别、贷款规模、贷款用途、还款方案、申报情况等内容，对使用外债的必要性、可能面临的风险及规避措施提出咨询评估意见，为项目核准机关对外债管理等事项进行审核提供依据。

国家发展改革委办公厅关于印发核准文件格式文本的通知

（发改办投资〔2017〕596号，2017年4月5日）

国务院有关部门、直属机构办公厅（室），各省、自治区、直辖市及计划单列市、新疆生产建设兵团发展改革委，各计划单列企业集团、中央管理企业：

为贯彻落实《中共中央国务院关于深化投融资体制改革的意见》（中发〔2016〕18号）、《企业投资项目核准和备案管理条例》（国务院第673号令），进一步完善企业投资项目核准制，规范项目核准机关对企业投资项目的核准行为，根据《行政许可法》、《企业投资项目核准和备案管理办法》（国家发展改革委第2号令）及《外商投资项目核准和备案管理办法》（国家发展改革委第12号令）等有关法律规章规定，制订核准文件格式文本。现印发你们，并就有关事项通知如下。

一、本次印发的核准文件格式文本，适用于国家发展改革委核准的各类企业在我国境内投资建设的项目（包括外商投资项目）。境外投资项目的核准文件格式文本另行制订。

二、国家发展改革委在核准企业投资项目时，应从是否危害经济安全、社会安全、生态安全等国家安全，是否符合相关发展建设规划、技术标准和产业政策，是否合理开发并有效利用资源，是否对重大公共利益产生不利影响这些方面进行审查。对于外商投资项目，还要从市场准入、资本项目管理等方面进行审查。

三、企业投资项目的资金来源、市场前景、经济效益和产品技术方案等，由企业自主决策、自担风险。

四、项目资本金占项目总投资的比例要符合国家有关规定。

五、招标内容核准，应按照《招标投标法实施条例》、《工程建设项目申报材料增加招标内容和核准招标事项暂行规定》（国家计委第9号令，根据2013年国家发展改革委第23号令修改）等有关规定办理。

六、自本通知印发之日起，国家发展改革委核准企业投资项目时，均按照本格式文本的要求办理核准文件。

七、其他项目核准机关核准企业投资项目时，可以参照本格式文本。

附件：核准文件格式文本

附件

国家发展改革委关于________项目核准的批复

________：（项目单位）

报来（文件名及文号）及有关材料收悉。经研究，现就该项目核准事项批复如下：

一、为了________（阐述目的、意义），依据《行政许可法》、《企业投资项目核准和备案管理条例》，同意建设________项目（标注项目代码）。

项目单位为________。

二、项目建设地点（起止路线等）为____________。

三、项目的主要建设内容，建设规模，主要设备选型和技术标准（根据项目具体情况而定）。

四、项目总投资为________，其中项目资本金为________，项目资本金占项目总投资的比例为________%。

项目的股东构成及出资比例情况为________。

中方投资者____以____方式出资____，占项目资本金的比例为____%；外方投资者____以____方式出资____，占项目资本金的比例为____%。经营期限为____年。总投资与项目资本金的差额____，通过____方式解决（只针对外商投资新建项目，外资增资、并购等项目可根据具体情况对该部分内容作适当调整，外商投资鼓励类项目还应写明进口设备用汇数据）。

五、建设项目环保和资源利用等方面的要求（根据项目具体情况而定）。

六、招标内容。

七、按照相关法律、行政法规的规定，核准项目应附前置条件的相关文件分别是________、________（包括城乡规划、用地预审等相关文件的名称和文号）。

八、如需对本项目核准文件所规定的建设地点、建设规模、主要建设内容等进行调整，请按照《企业投资项目核准和备案管理办法》和《外商投资项目核准和备案管理办法》的有关规定，及时提出变更申请，我委将根据项目具体情况，作出是否同意变更的书面决定。

九、请________（项目单位）在项目开工建设前，依据相关法律、行政法规规定办理规划许可、土地使用、资源利用、安全生产、环评等相关报建手续。

十、项目予以核准决定或者同意变更决定之日起2年未开工建设，需要延期开工建设的，请________（项目单位）在2年期限届满的30个工作日前，向我委申请延期开工建设。开工建设只能延期一次，期限最长不得超过1年。国家对项目延期开工建设另有规定的，依照其规定。

年　　月　　日

汽车产业投资管理规定

（国家发展改革委2018年第22号令，2018年12月10日）

《汽车产业投资管理规定》已经国家发展和改革委员会主任办公会议审议通过，现予以发布，自2019年1月10日起施行。经国务院同意，《政府核准的投资项目目录（2016年本）》中新建中外合资轿车生产企业项目、新建纯电动乘用车生产企业（含现有汽车企业跨类生产纯电动乘用车）项目及其余由省级政府核准的汽车投资项目均不再实行核准管理，调整为备案管理。

第一章　总　　则

第一条　为深入学习贯彻习近平新时代中国特色社会主义思想和党的十九大精神，适应汽车产业改革开放新形势，完善汽车产业投资管理，推动汽车产业高质量发展，依据《行政许可法》《企业投资项目核准和备案管理条例》等相关法律法规，制定本规定。

第二条　完善汽车产业投资项目准入标准，加强事中事后监管，规范市场主体投资行为，引导社会资本合理投向。严格控制新增传统燃油汽车产能，积极推动新能源汽车健康有序发展，着力构建智能汽车创新发展体系。

第三条　坚持使市场在汽车产业资源配置中起决定性作用，更好发挥政府作用；坚持简政放权、放管结合、优化服务；坚持开放合作、公平竞争；坚持谁投资谁负责、谁审批谁监管、谁主管谁监管。

第四条　本规定适用于各类市场主体在中国境内的汽车投资项目。

第五条　汽车投资项目分为以下类型：

（一）汽车整车投资项目按照驱动动力系统分为燃油汽车和纯电动汽车投资项目，包括乘用车和商用车两个产品类别。燃油汽车投资项目是指以发动机提供驱动动力的汽车投资项目（含替代燃料汽车），包括传统燃油汽车、普通混合动力汽车，以及插电式混合动力汽车等投资项目。纯电动汽车投资项目是指以电动机提供驱动动力的汽车投资项目，包括纯电动汽车（含增程式电动汽车）、燃料电池汽车等投资项目。智能汽车投资项目根据驱动动力系统分别按照燃油汽车或纯电动汽车投资项目管理；

（二）其他投资项目包括汽车发动机、动力电池、燃料电池和车身总成等汽车零部件，专用汽车、挂车，以及动力电池回收利用、汽车零部件再制造投资项目。

第六条　汽车整车和其他投资项目均由地方发展改革部门实施备案管理。其中，汽车整车投资项目由省级发展改革部门备案。

第二章　投 资 方 向

第七条　优化燃油汽车产能布局，推动产业向产能利用充分、产业基础扎实、配套体系完善、竞争优势明显的省份聚集。汽车产能利用率低的省份和企业应加大资金投入和兼并重组力度，加快技术进步，淘汰落后产能，增强市场竞争力。

第八条　科学规划新能源汽车产业布局，现有燃油汽车企业应加大研发投入、调整产品结构，发展纯电动汽车、插电式混合动力汽车、燃料电池汽车等新能源汽车。严格新建纯电动汽车企业投资项目管理，防范盲目布点和低水平重复建设。新建纯电动汽车企业及现有企业纯电动汽车扩能项目，应建设在产业基础好、创新要素全、配套能力强、发展空间大的省份及大气污染防治重点区域。推动新增产能向新能源汽车消费需求旺盛和燃油汽车替代潜力较大省份集中。

第九条 聚焦汽车产业发展重点，加快推进新能源汽车、智能汽车、节能汽车及关键零部件，先进制造装备，动力电池回收利用技术、汽车零部件再制造技术及装备研发和产业化。主要包括：

（一）新能源汽车领域重点发展非金属复合材料、高强度轻质合金、高强度钢等轻量化材料的车身、零部件和整车，全功能、高性能的整车控制系统，高效驱动系统、先进车用动力电池和燃料电池产品，车用动力电池等制造、检测技术和专用装备；

（二）智能汽车领域重点发展复杂环境感知、新型智能终端、车载智能计算平台等关键共性技术，车载传感器、中央处理器、专用芯片、操作系统、无线通讯设备等关键零部件和系统，推动技术研发能力、测试评价能力、军民融合能力、安全保障能力建设；

（三）节能汽车领域重点发展高效发动机、先进自动变速器和混合动力系统等节能技术和产品；

（四）动力电池回收利用领域重点发展动力电池高效回收利用技术和专用装备，推动梯级利用、再生利用与处置等能力建设；

（五）汽车零部件再制造领域重点发展高附加值零部件再制造技术和工艺，推动零部件旧件回收和再制造产品质量控制等能力建设。

第十条 调整产业组织结构，增强企业竞争能力。通过股权投资、产能合作等方式，推动企业兼并重组和战略合作，联合研发产品，共同组织生产，提升产业集中度。开展混合所有制改革，推动国有汽车企业与其他各类企业强强联合，组建具有世界一流水平的汽车企业集团。整合产、学、研、用等领域优势资源，推动汽车产业骨干企业组建产业联盟和产业联合体。推动汽车企业开放零部件供应体系，发挥各自优势，共同打造具有国际竞争力的平台化、专业化零部件企业集团。

第三章 燃油汽车整车投资项目

第十一条 禁止建设以下燃油汽车投资项目（不在中国境内销售产品的投资项目除外）：

（一）新建独立燃油汽车企业；

（二）现有汽车企业跨乘用车、商用车类别建设燃油汽车生产能力；

（三）现有燃油汽车企业整体搬迁至外省份（列入国家级区域发展规划或不改变企业股权结构的项目除外）；

（四）对行业管理部门特别公示的燃油汽车企业进行投资（企业原有股东投资或将该企业转为非独立法人的投资项目除外）。

第十二条 现有汽车企业扩大燃油汽车生产能力投资项目，应符合以下条件：

（一）上两个年度汽车产能利用率均高于同产品类别（乘用车和商用车）行业平均水平；

（二）上两个年度新能源汽车产量占比均高于行业平均水平；

（三）上两个年度研发费用支出占主营业务收入的比例均高于3%；

（四）产品具有国际竞争力；

（五）项目所在省份上两个年度汽车产能利用率均高于同产品类别行业平均水平，且不存在行业管理部门特别公示的同产品类别燃油汽车企业。

第十三条 燃油乘用车扩能投资项目，

除符合本规定第十二条外，企业平均燃料消耗量应满足国家标准和有关规定的要求，异地新建扩能投资项目，建设规模应不低于 15 万辆且企业上年度总产量不低于 30 万辆。

第十四条 现有汽车企业建设插电式混合动力汽车生产能力投资项目，可不受本规定第十二条第（二）、（五）项约束。

第十五条 现有汽车企业兼并其他同产品类别独立汽车企业，并将其转为非独立汽车企业且不增加其原有产能的，可不受本规定第十二条、第十三条约束。

第十六条 以下情况扩大燃油汽车生产能力，可不受本规定第十二条第（五）项约束：

（一）在不新增汽车企业集团总产能的前提下，集团所属独立汽车企业通过调配内部产能，建设燃油汽车扩能项目；

（二）在不新增所在省份总产能的前提下，独立汽车企业通过兼并重组建设燃油汽车扩能项目。

第四章 纯电动汽车整车投资项目

第十七条 新建独立纯电动汽车企业投资项目（含现有汽车企业跨乘用车、商用车类别建设纯电动汽车生产能力）所在省份，应符合以下条件：

（一）上两个年度汽车产能利用率均高于同产品类别行业平均水平；

（二）现有新建独立同产品类别纯电动汽车企业投资项目均已建成且年产量达到建设规模。

第十八条 新建独立纯电动汽车企业投资项目的企业法人，应符合以下条件：

（一）已建立产品研发机构，拥有专业研发团队，具有纯电动汽车概念设计、系统和结构设计经历和能力；整车控制系统、车用动力电池系统、整车集成和轻量化等方面的研发以及相应的试验验证能力；车身及底盘制造、车用动力电池系统集成、整车装配等方面的研发以及相应的试制能力；研制的产品主要技术指标达到行业领先水平；

（二）拥有纯电动汽车核心技术发明专利和知识产权，并得到授权或确认；

（三）产品售后服务保障有力，承诺对项目建成投产后 5 年内销售的产品质量投保或由相关企业提供担保。保险公司或担保企业近 3 年年均净资产与担保期内新建企业销售的产品金额相适应。

第十九条 新建独立纯电动汽车企业投资项目企业法人的股东，应符合以下条件：

（一）股东在项目建成且年产量达到建设规模前，不撤出股本；

（二）股东对关键零部件具有较强掌控能力，拥有整车控制系统、驱动电机、车用动力电池等关键零部件的知识产权和生产能力；

（三）主要法人股东应符合以下条件：1. 股权占比高于三分之一；2. 控股的现有新建独立纯电动汽车企业投资项目均已建成，年产量达到建设规模，且不存在违规建设项目；3. 自有资金和融资能力能够满足项目建设及运营需要；

（四）主要法人股东还应符合以下条件之一：1. 汽车整车企业为主要法人股东的，其中燃油汽车企业上两个年度汽车产能利用率和新能源汽车产量占比均高于行业平均水平，纯电动汽车企业上年度产量达到建设规模；2. 汽车零部件企业为主要法人股东的，上两个年度整车控制系统、驱动电机或车用动力电池的配套装车量累计大于 10 万套；3. 设计研发企业、境外企业等其他市场主体为主要法人股东的，研发且拥有知识产权的纯电动汽车产品，上两个年度累计境内外市场销售并登记注册的数量大于 3 万辆纯电动乘用车或 3000 辆纯电动商用车，或上两个年度纯电动汽车产品累计销售额大于 30 亿元。

第二十条 新建独立纯电动汽车企业投资项目，应符合以下条件：

（一）建设内容包括：1. 纯电动汽车持续研发能力，在已有研发机构基础上，建立产品信息数据库，提升产品概念设计、试制试装、试验检测和整车运行状态监控等能力，研制的产品主要技术指标达到行业领先水平；2. 建设规模，纯电动乘用车不低于 10 万辆，纯电动商用车不低于 5000 辆；3. 车身成型、涂装、总装等整车生产工艺和装备，以及车用动力电池系统等关键部件的生产能力和一致性保证能力；4. 纯电动汽车产品质量保障、市场销售、售后服务及车用动力电池回收利用管理体系；

（二）项目建成投产后，只生产自有注册商标和品牌的纯电动汽车产品。

第二十一条 现有汽车企业扩大同产品类别纯电动汽车生产能力，燃油汽车企业上两个年度汽车产能利用率均高于行业平均水平，纯电动汽车企业上年度纯电动汽车产量达到建设规模；拟生产产品的能耗、续驶里程等主要技术指标达到行业领先水平。

第二十二条 现有汽车企业异地新建同产品类别纯电动汽车生产能力，除符合本规定第二十一条外，项目的建设规模：乘用车不 9 低于 10 万辆，商用车不低于 5000 辆。

第五章 其他投资项目

第二十三条 新建汽车发动机企业投资项目企业法人应具备较强研发能力，研制的产品主要技术指标达到行业领先水平。新建汽车发动机企业和现有企业新增发动机产品投资项目，发动机产品应满足国家最新汽车排放标准相应要求。

第二十四条 新建车用动力电池单体/系统企业投资项目，应符合以下条件：

（一）企业法人已建立车用动力电池产品研发机构，拥有专业研发团队，具有相关研发经历。单体企业应掌握材料等方面核心技术研发和试验验证能力，系统企业应掌握电池管理及热管理系统等方面核心技术研发和试验验证能力；

（二）拟建设的设施具有较高智能化水平，在厂房布置、生产线设计、智能装备投入、数字化信息管理及生产环境控制、过程控制等方面能够满足智能制造的要求。单体项目生产工序应覆盖电极制备、化成、单体装配等工艺过程，系统项目应具备模组生产、系统装配及测试等能力；

（三）产品主要技术指标应达到行业领先水平；

（四）企业法人承担车用动力电池回收利用生产者责任，项目配套建设车用动力电池回收利用管理体系。

第二十五条 现有车用动力电池企业扩能项目，除符合本规定第二十四条外，企业上两个年度车用动力电池产能利用率均不低于 80%。

第二十六条 新建车用燃料电池电堆/系统投资项目，应符合以下条件：

（一）企业法人已建立车用燃料电池产品研发机构，拥有专业研发团队，具有相关研发经历。燃料电池电堆企业应具备双极板、膜电极等关键部件核心技术研发和试验验证能力。燃料电池系统企业应具备电堆控制系统等关键部件核心技术研发和试验验证能力；

（二）燃料电池电堆项目应建设双极板、膜电极等关键部件和电堆组装的生产能力。燃料电池系统项目应建设电堆控制系统等关键部件和电堆系统组装的生产能力；

（三）产品主要技术指标应达到行业领先水平。

第二十七条 车身总成投资项目有关要求：

（一）新建独立车身总成企业投资项

目，企业法人应建立产品研发机构，拥有专业研发团队，具有相关研发经历，具备新材料、新工艺等车身轻量化核心技术研发和试验验证能力；项目应采用先进技术工艺，建设应用碳纤维等非金属复合材料、铝等轻质合金或其他轻量化新材料的车身成型和组装等生产能力；

（二）禁止新建应用普通钢板等传统材料、采用冲压焊接等传统工艺制造车身的独立车身总成企业投资项目。

第二十八条 专用汽车和挂车投资项目有关要求：

（一）新建专用汽车和挂车企业投资项目，企业法人应建立产品研发机构，拥有专业研发团队，具有相关研发经历，具备专用装置的技术研发和试验验证能力；

（二）禁止新建仓栅车、栏板车、自卸车和普通厢式车等普通运输类专用汽车和普通运输类挂车企业投资项目；

（三）专用汽车企业不得建设各类汽车底盘和整车生产能力，特种作业车底盘自制自用除外。

第二十九条 车用动力电池回收、梯级利用、再生利用与处置等投资项目，应符合国家有关法律法规和标准要求，采用先进适用的工艺技术及装备，实现不可利用残余物无害化处理。

第三十条 汽车零部件再制造投资项目，应符合国家有关法律法规和标准要求，企业具备相应的旧件回收能力，具有必要的拆解、清洗、制造、装配、质量检测等技术装备，采用先进技术工艺，建立完善的再制造质量控制标准和生产规范，保证再制造产品与原型新品具有同样性能质量。

第六章 项目备案管理

第三十一条 省级发展改革部门应按照《企业投资项目核准和备案管理条例》《企业投资项目核准和备案管理办法》制定并公开汽车投资项目备案服务指南，明确项目备案所需的信息内容以及办理的条件、流程等。

第三十二条 企业提交的汽车投资项目信息应包括以下内容：

（一）企业法人、股东构成等基本情况；

（二）拟建项目情况，包括项目名称、总投资额、建设地点、建设规模、建设内容等；

（三）项目符合本规定的说明；

（四）项目符合相关法律法规的声明；

（五）有关规定需要提交的其他信息。

第三十三条 地方发展改革部门发现企业以分拆项目、隐瞒有关情况或者提供虚假申报信息等不正当手段备案的，应责令其限期整改。已备案项目信息发生较大变更的，企业应及时告知备案机关。

第三十四条 项目法人应通过全国投资项目在线审批监管平台进行项目申报，申请获得唯一项目代码，如实报送项目开工建设、建设进度、竣工等建设实施基本信息，并对项目信息的真实性、合法性和完整性负责。

第三十五条 地方发展改革部门要严格执行《企业投资项目核准和备案管理条例》等规定，并通过全国投资项目在线审批监管平台及时将项目信息报送国家发展改革委。

第三十六条 省级发展改革部门每季度应进行汽车投资项目的统计和分析。对信息不完整的，应要求企业及时补充相关信息；对建设内容与项目信息不符的，应责令企业限期改正；对逾期不改正的，应依法予以处罚，并将其列入失信企业名单，纳入全国信用信息共享平台及相关公示系统，向社会公开。

第三十七条 国家发展改革委建立不定期抽查制度，对不符合规定的汽车投资项目进行公示，列入项目异常信用记录，纳入全国信用信息共享平台；并责令地方发展改革部门和企业进行整改。

第七章　协 同 监 管

第三十八条　各级地方政府不得妨碍市场公平竞争，违规为汽车投资项目提供税收、资金、土地等优惠条件。

第三十九条　对涉及产业安全的新建、兼并重组和股权变更等重大汽车投资项目，有关部门应按规定及时进行反垄断审查。涉及外商投资的，还应按规定进行安全审查。

第四十条　各级发展改革部门应与规划、国土、环境保护、安全生产、金融及行业管理等部门建立健全协同监管和联合执法机制，提高监管执法效率。

第四十一条　对各级发展改革部门在监督管理中查实违规的汽车投资项目，由备案机关撤销其备案并抄送相关部门，由规划、国土、环境保护、安全生产、金融及行业管理等部门进一步处理。对经认定的严重失信主体，实施联合惩戒。违反法律规定的，依法进行处罚。

第四十二条　按照谁审批谁监管、谁主管谁监管的原则，各级发展改革部门要建立健全监督责任制和责任追究制，加强汽车投资项目事中事后监管。对不依法履行监管职责或者监督不力的单位，给予约谈、通报，责令限期整改；逾期不改正的，在整改到位前暂停备案。对负有责任的领导人员和直接责任人员，依法依规给予问责、处理。

第八章　产能监测预警

第四十三条　汽车产能监测和统计：

（一）汽车整车和关键零部件企业应将上年度相关产品产量、建成产能、在建产能和规划产能情况，于每年 1 月底前上报省级发展改革部门并抄报国家发展改革委；

（二）省级发展改革部门应及时掌握本地区相关汽车产品生产情况和产能变化情况，于每年 3 月底前将本地区上年度产量和产能汇总情况上报国家发展改革委。

第四十四条　汽车产能发布和预警：

（一）国家发展改革委应建立汽车产能核查和信息发布工作机制，及时发布汽车产能变动信息，加强产能预警，引导企业合理投资，为地方汽车投资项目管理提供服务；

（二）省级发展改革部门应健全本地区汽车产能核查体系，研判产能利用率变动情况，加强对企业的指导和监督，有效应对和及时化解产能过剩风险，不断提高产能利用水平。

第九章　其 他 事 项

第四十五条　已审批或核准的汽车投资项目变更建设内容、主要股东等事宜，需报原项目审批或核准机关办理。

第四十六条　本规定由国家发展改革委根据实际情况适时予以修订。

第四十七条　本规定由国家发展改革委负责解释。

第四十八条　本规定自 2019 年 1 月 10 日起施行。外商投资准入特别管理措施有专门规定的，从其规定。新能源汽车企业清理规范专项行动前正式受理的新建独立纯电动汽车企业投资项目，由省级发展改革部门在本规定实施前参照原规定研究办理。其他有关文件与本规定不一致的，按照本规定执行。

国家发展改革委办公厅关于加强城市轨道交通车辆投资项目监管有关事项的通知

（发改办产业〔2018〕323号，2018年3月9日）

各省、自治区、直辖市及计划单列市、新疆生产建设兵团发展改革委，有关中央企业，中国城市轨道交通协会：

为深入学习贯彻习近平新时代中国特色社会主义思想和党的十九大精神，深入推进供给侧结构性改革，加强城市轨道交通（以下简称城轨）车辆投资项目监管，有效预防和化解产能过剩，推动城轨装备产业高质量发展，现就有关事项通知如下。

一、加强产能监测预警

（一）建立产能信息报送制度

省级发展改革委、有关中央企业要建立产能监测体系，对本地区、本企业的城轨车辆制造、组装和牵引、制动、信号系统产能等情况进行调查，包括已建成、在建、规划建设的产能规模以及工程建设进度、产品产销、产能利用率等情况，于每年3月底前将上年度情况报送国家发展改革委产业协调司。

（二）加强产能发布和预警

国家发展改革委产业协调司组织中国城市轨道交通协会和相关单位，建立城轨车辆产能预警机制，深入开展产能核查和分析评估，通过全国投资项目在线审批监管平台及时发布产能变动和预警信息，制定完善政策措施，加强对有关地区和企业的指导。

（三）引导企业合理投资

省级发展改革委、有关中央企业要根据城轨车辆市场供需、产能预警情况，及时采取切实有效措施，加强对本地区和所属企业的指导、监督，引导企业投资和市场预期，避免盲目投资，使本地区、本企业产能利用率保持在合理水平。中国城市轨道交通协会要围绕防范和化解产能过剩，积极开展政策解读、新闻宣传、调查研究等工作，进一步加强行业自律，引导会员企业合理投资。

二、完善投资项目监管

（一）明确项目管理监督责任

省级发展改革委要健全投资项目备案规则和程序，严格执行项目代码制度，制定城轨车辆及牵引、制动、信号系统投资项目管理办法，依法依规办理投资项目备案。按照谁审批谁监管、谁主管谁监管的原则，及时掌握投资项目建设进展情况，加强对城轨车辆及牵引、制动、信号系统投资项目的事中事后监管。

（二）严控城轨车辆新增产能

省级发展改革委要采取有效措施，严格控制本地区城轨车辆新增产能。城轨车辆产能利用率低于80%的地区，不得新增城轨车辆产能。企业申请建设扩大城轨车辆产能项目，上两个年度产能利用率应均高于80%。

（三）提高投资项目技术要求

省级发展改革委要加强城轨车辆及牵引、制动、信号系统投资项目管理。城轨车辆投资项目应包含车体、转向架的研发、试验、检测、制造以及列车网络控制系统开发等建设内容。牵引系统投资项目应包含牵引变流器、辅助变流器、电机等关键总成制造、集成以及研发、试验、检测等建设内容。制动系统投资项目应包含制动控制单元、基础制动等子系统制造、集成以及研发、试验、检测等建设内容。信号系统投资项目应包含列车自动监控系统（ATS）、自动防护（ATP）、自动驾驶（ATO）和联锁（CI）等子系统研制、集成以及测试验证等建设内容。

三、加快产业结构调整

（一）优化产业布局结构

省级发展改革委、有关中央企业等要加强城轨车辆产业发展与国家现代综合交通运输体系发展规划、城轨建设规划的衔接，以城轨建设实际需求为导向，在严控新增产能的前提下，积极调整优化产业布局，推动产能向产业基础扎实、配套体系完善、竞争优势明显的地区聚集，着力构建分工合理、优势互补、各具特色的产业发展格局。

（二）推动企业业务转型

省级发展改革委、有关中央企业等要采取有效措施，按照“转型、整合、转移、退出”的思路，积极调整现有城轨车辆制造、组装企业业务结构，推动一批企业逐步转向城轨车辆的架修、大修和维保业务，推动一批企业进行区域优化整合、压缩产能规模，推动一批企业开展国际产能合作、积极探索产能转移途径，推动一批企业发展绿色智能交通等新兴业务。

（三）提升企业竞争实力

城轨装备制造企业要加强自主创新能力建设，加快掌握核心技术，研发先进适用的城轨车辆，形成自主知识产权，提高自主化、智能化、绿色化、服务化水平。要加强资本、技术等合作，积极开展兼并重组和战略协作，不断增强市场竞争力。

四、促进产业规范发展

（一）构建中国标准城轨装备体系

中国城市轨道交通协会、城轨装备制造企业要积极开展城轨车辆等标准制修订，发展团体标准、企业标准，完善城轨装备标准规范。加快构建中国标准城轨装备体系，制定城轨车辆等装备选型技术指引，推动装备统型，为预防和化解产能过剩提供支撑。

（二）加快实施城轨装备认证

省级发展改革委要大力推动城轨车辆等装备认证，积极引导城轨装备制造企业开展认证。在市场准入、推广应用等环节，加大城轨车辆等装备认证采信力度，鼓励优先使用认证产品，提高市场准入门槛，倒逼落后产能退出。

（三）加强城轨项目招投标监管

省级发展改革委要加强对城轨项目招投标活动的监督管理，对违法将项目招标投标与生产企业投资设厂相捆绑等行为，严格予以查处，坚决遏制地方保护主义，维护市场秩序。要创新招投标方式方法，大力推广电子招投标，实行全流程在线交易、信息公开和动态监督，营造良好的市场环境。

第三部分　政府投资项目管理

中央预算内直接投资项目管理办法

（国家发展改革委2014年第7号令，2014年1月29日）

《中央预算内直接投资项目管理办法》业经国家发展和改革委员会主任办公会讨论通过，现予以发布，自2014年3月1日起施行。

第一章 总　　则

第一条 为切实加强和进一步规范中央预算内直接投资项目管理，健全科学、民主的投资决策机制，提高投资效益，依据《国务院关于投资体制改革的决定》和有关法律法规，制定本办法。

第二条 本办法所称中央预算内直接投资项目（以下简称直接投资项目或者项目），是指国家发展改革委安排中央预算内投资建设的中央本级（包括中央部门及其派出机构、垂直管理单位、所属事业单位）非经营性固定资产投资项目。

党政机关办公楼建设项目按照党中央、国务院规定严格管理。

第三条 直接投资项目实行审批制，包括审批项目建议书、可行性研究报告、初步设计。情况特殊、影响重大的项目，需要审批开工报告。

国务院、国家发展改革委批准的专项规划中已经明确、前期工作深度达到项目建议书要求、建设内容简单、投资规模较小的项目，可以直接编报可行性研究报告，或者合并编报项目建议书。

第四条 申请安排中央预算内投资3000万元及以上的项目，以及需要跨地区、跨部门、跨领域统筹的项目，由国家发展改革委审批或者由国家发展改革委委托中央有关部门审批，其中特别重大项目由国家发展改革委核报国务院批准；其余项目按照隶属关系，由中央有关部门审批后抄送国家发展改革委。

按照规定权限和程序批准的项目，国家发展改革委在编制年度计划时统筹安排中央预算内投资。

第五条 审批直接投资项目时，一般应当委托具备相应资质的工程咨询机构对项目建议书、可行性研究报告进行评估。特别重大的项目实行专家评议制度。

第六条 直接投资项目在可行性研究报告、初步设计及投资概算的编制、审批以及建设过程中，应当符合国家有关建设标准和规范。

第七条 发展改革委与财政、城乡规划、国土资源、环境保护、金融监管、行业管理等部门建立联动机制，实现信息共享。

凡不涉及国家安全和国家秘密、法律法规未禁止公开的直接投资项目，审批部门应当按照政府信息公开的有关规定，将项目审批情况向社会公开。

第二章 项目决策

第八条 适宜编制规划的领域，国家发展改革委和中央有关部门应当编制专项规划。按照规定权限和程序批准的专项规划，是项目决策的重要依据。

第九条 国家发展改革委会同有关部门建立项目储备库，作为项目决策和年度计划安排的重要依据。

第十条 项目建议书要对项目建设的必要性、主要建设内容、拟建地点、拟建规模、投资匡算、资金筹措以及社会效益和经济效益等进行初步分析，并附相关文件资料。项目建议书的编制格式、内容和深度应当达到规定要求。

由国家发展改革委负责审批的项目，其项目建议书应当由具备相应资质的甲级工程咨询机构编制。

第十一条 项目建议书编制完成后，由项目单位按照规定程序报送项目审批部门审批。项目审批部门对符合有关规定、确有必要建设的项目，批准项目建议书，并将批复文件抄送城乡规划、国土资源、环境保护等部门。

项目审批部门可以在项目建议书批复文件中规定批复文件的有效期。

第十二条 项目单位依据项目建议书批复文件，组织开展可行性研究，并按照规定向城乡规划、国土资源、环境保护等部门申请办理规划选址、用地预审、环境影响评价等审批手续。

第十三条 项目审批部门在批准项目建议书之后，应当按照有关规定进行公示。公示期间征集到的主要意见和建议，作为编制和审批项目可行性研究报告的重要参考。

第十四条 项目建议书批准后，项目单位应当委托工程咨询机构编制可行性研究报告，对项目在技术和经济上的可行性以及社会效益、节能、资源综合利用、生态环境影响、社会稳定风险等进行全面分析论证，落实各项建设和运行保障条件，并按照有关规定取得相关许可、审查意见。可行性研究报告的编制格式、内容和深度应当达到规定要求。

由国家发展改革委负责审批的项目，其可行性研究报告应当由具备相应资质的甲级工程咨询机构编制。

第十五条 项目可行性研究报告应当包含以下招标内容：

（一）项目的勘察、设计、施工、监理以及重要设备、材料等采购活动的具体招标范围（全部或者部分招标）；

（二）项目的勘察、设计、施工、监理以及重要设备、材料等采购活动拟采用的招标组织形式（委托招标或者自行招标）。按照有关规定拟自行招标的，应当按照国家有关规定提交书面材料；

（三）项目的勘察、设计、施工、监理以及重要设备、材料等采购活动拟采用的招标方式（公开招标或者邀请招标）。按照有关规定拟邀请招标的，应当按照国家有关规定提交书面材料。

第十六条 可行性研究报告编制完成后，由项目单位按照规定程序报送项目审批部门审批，并应当附以下文件：

（一）城乡规划行政主管部门出具的选址意见书；

（二）国土资源行政主管部门出具的用地预审意见；

（三）环境保护行政主管部门出具的环境影响评价审批文件；

（四）项目的节能评估报告书、节能评估报告表或者节能登记表（由中央有关部门审批的项目，需附国家发展改革委出具的节能审查意见）；

（五）根据有关规定应当提交的其他文件。

第十七条 项目审批部门对符合有关规定、具备建设条件的项目，批准可行性研究报告，并将批复文件抄送城乡规划、国土资源、环境保护等部门。

项目审批部门可以在可行性研究报告批复文件中规定批复文件的有效期。

对于情况特殊、影响重大的项目，需要审批开工报告的，应当在可行性研究报告批复文件中予以明确。

第十八条 经批准的可行性研究报告是确定建设项目的依据。项目单位可以依据可行性研究报告批复文件，按照规定向城乡规划、国土资源等部门申请办理规划许可、正式用地手续等，并委托具有相应资质的设计单位进行初步设计。

第十九条 初步设计应当符合国家有关规定和可行性研究报告批复文件的有关要求，明确各单项工程或者单位工程的建设内容、建设规模、建设标准、用地规模、主要材料、设备规格和技术参数等设计方案，并据此编制投资概算。投资概算应当包括国家规定的项目建设所需的全部费用。

由国家发展改革委负责审批的项目，其初步设计应当由具备相应资质的甲级设计单位编制。

第二十条 投资概算超过可行性研究报告批准的投资估算百分之十的，或者项目单位、建设性质、建设地点、建设规模、技术方案等发生重大变更的，项目单位应当报告项目审批部门。项目审批部门可以要求项目单位重新组织编制和报批可行性研究报告。

第二十一条 初步设计编制完成后，由项目单位按照规定程序报送项目审批部门审批。法律法规对直接投资项目的初步设计审批权限另有规定的，从其规定。

对于由国家发展改革委审批项目建议书、可行性研究报告的项目，其初步设计经中央有关部门审核后，由国家发展改革委审批或者经国家发展改革委核定投资概算后由中央有关部门审批。

经批准的初步设计及投资概算应当作为项目建设实施和控制投资的依据。

第二十二条 直接投资项目应当符合规划、产业政策、环境保护、土地使用、节约能源、资源利用等方面的有关规定。

第三章 建设管理

第二十三条 对于项目单位缺乏相关专业技术人员和建设管理经验的直接投资项目，项目审批部门应当在批复可行性研究报告时要求实行代理建设制度（“代建制”），通过招标等方式选择具备工程项目管理资质的工程咨询机构，作为项目管理单位负责组织项目的建设实施。项目管理单位按照与项目单位签订的合同，承担项目建设实施的相关权利义务，严格执行项目的投资概算、质量标准和建设工期等要求，在项目竣工验收后将项目交付项目单位。

第二十四条 直接投资项目应当依法办理相关手续，在具备国家规定的各项开工条件后，方可开工建设。

对于按照可行性研究报告批复文件的规定需要审批开工报告的项目，应当在开工报告批准后方可开工建设。

第二十五条 直接投资项目的招标采购，按照《招标投标法》等有关法律法规规定办理。从事直接投资项目招标代理业务的招标代理机构，应当具备中央投资项目招标代理资格。

第二十六条 建立项目建设情况报告制度。项目单位应当按照规定向项目审批部门定期报告项目建设进展情况。

第二十七条 项目由于政策调整、价格上涨、地质条件发生重大变化等原因确需调整投资概算的，由项目单位提出调整方案，按照规定程序报原概算核定部门核定。概算调增幅度超过原批复概算百分之十的，概算核定部门原则上先商请审计机关进行审计，并依据审计结论进行概算调整。

第二十八条 建立健全直接投资项目的工程保险和工程担保制度，加强直接投资项目的风险管理。

第二十九条 直接投资项目应当遵守国家档案管理的有关规定，做好项目档案管理工作。项目档案验收不合格的，应当限期整改，经复查合格后，方可进行竣工验收。

第三十条 直接投资项目竣工后，应当按照规定编制竣工决算。项目竣工决算具体审查和审批办法，按照国家有关规定执行。

第三十一条 直接投资项目建成后，

项目单位应当按照国家有关规定报请项目可行性研究报告审批部门组织竣工验收。

第三十二条 直接投资项目建成运行后，项目审批部门可以依据有关规定，组织具备相应资质的工程咨询机构，对照项目可行性研究报告批复文件及批准的可行性研究报告的主要内容开展项目后评价，必要时应当参照初步设计文件的相关内容进行对比分析，进一步加强和改进项目管理，不断提高决策水平和投资效益。

第四章 监督检查和法律责任

第三十三条 发展改革、财政、审计、监察和其他有关部门，依据职能分工，对直接投资项目进行监督检查。

第三十四条 国家发展改革委和有关部门应当依法接受单位、个人对直接投资项目在审批、建设过程中违法违规行为的投诉和举报，并按照有关规定进行查处。

第三十五条 项目审批部门和其他有关部门有下列行为之一的，责令限期改正，并对直接负责的主管人员和其他直接责任人员依法给予处分。

（一）违反本办法规定批准项目建议书、可行性研究报告、初步设计及核定投资概算的；

（二）强令或者授意项目单位违反本办法规定的；

（三）因故意或者重大过失造成重大损失或者严重损害公民、法人和其他组织合法权益的；

（四）其他违反本办法规定的行为。

第三十六条 国家机关及有关单位的工作人员在项目建设过程中滥用职权、玩忽职守、徇私舞弊、索贿受贿的，依法追究行政或者法律责任。

第三十七条 项目单位和项目管理单位有下列行为之一的，国家发展改革委和有关部门将其纳入不良信用记录，责令其限期整改、暂停项目建设或者暂停投资安排；对直接负责的主管人员和其他直接责任人员，依法追究行政或者法律责任。

（一）提供虚假情况骗取项目审批和中央预算内投资的；

（二）违反国家有关规定擅自开工建设的；

（三）未经批准擅自调整建设标准或者投资规模、改变建设地点或者建设内容的；

（四）转移、侵占或者挪用建设资金的；

（五）未及时办理竣工验收手续、未经竣工验收或者验收不合格即交付使用的；

（六）已经批准的项目，无正当理由未及时实施或者完成的；

（七）不按国家规定履行招标程序的；

（八）其他违反本办法规定的行为。

第三十八条 有关工程咨询机构或者设计单位在编制项目建议书、可行性研究报告、初步设计及投资概算以及开展咨询评估或者项目后评价时，弄虚作假或者咨询评估意见严重失实的，国家发展改革委和有关部门将其纳入不良信用记录，根据其情节轻重，依法给予警告、停业整顿、降低资质等级或者撤销资质等处罚；造成损失的，依法承担赔偿责任。相关责任人员涉嫌犯罪的，依法移送司法机关处理。

第三十九条 直接投资项目发生重大质量安全事故的，按照国家有关规定，由有关部门依法追究项目单位、项目管理单位和勘察设计、施工、监理、招标代理等单位以及相关人员的法律责任。

第五章 附 则

第四十条 中央有关部门可以根据本办法的规定及职能分工，制订本部门的具体管理办法。省级发展改革部门可以参照本办法制订本地区的管理办法。

第四十一条 本办法由国家发展改革委负责解释。

第四十二条 本办法自 2014 年 3 月 1 日起施行。

国家发展改革委关于印发《中央预算内直接投资项目概算管理暂行办法》的通知

（发改投资〔2015〕482 号，2015 年 3 月 15 日）

国务院各部委、直属机构，中直管理局：

为进一步加强中央预算内直接投资项目概算管理，提高中央预算内投资效益和项目管理水平，依据《国务院关于投资体制改革的决定》、《中央预算内直接投资项目管理办法》和有关法律法规，我委制定了《中央预算内直接投资项目概算管理暂行办法》，现印发你们，请按照执行。

特此通知。

附件：中央预算内直接投资项目概算管理暂行办法

附件

中央预算内直接投资项目概算管理暂行办法

第一章 总 则

第一条 为进一步加强中央预算内直接投资项目概算管理，提高中央预算内投资效益和项目管理水平，依据《国务院关于投资体制改革的决定》、《中央预算内直接投资项目管理办法》和有关法律法规，制定本办法。

第二条 中央预算内直接投资项目，是指国家发展改革委安排中央预算内投资建设的中央本级（包括中央部门及其派出机构、垂直管理单位、所属事业单位）非经营性固定资产投资项目。

国家发展改革委核定概算且安排全部投资的中央预算内直接投资项目（以下简称项目）概算管理适用本办法。国家发展改革委核定概算且安排部分投资的，原则上超支不补，如超概算，由项目主管部门自行核定调整并处理。

第二章 概 算 核 定

第三条 概算由国家发展改革委在项目初步设计阶段委托评审后核定。概算包括国家规定的项目建设所需的全部费用，包括工程费用、工程建设其他费用、基本预备费、价差预备费等。编制和核定概算时，价差预备费按年度投资价格指数分行业合理确定。

对于项目单位缺乏相关专业技术人员或者建设管理经验的，实行代建制，所需费用从建设单位管理费中列支。

除项目建设期价格大幅上涨、政策调整、地质条件发生重大变化和自然灾害等不可抗力因素外，经核定的概算不得突破。

第四条 凡不涉及国家安全和国家秘密、法律法规未禁止公开的项目概算，国家发展改革委按照政府信息公开的有关规定向社会公开。

第三章 概算控制

第五条 经核定的概算应作为项目建设实施和控制投资的依据。项目主管部门、项目单位和设计单位、监理单位等参建单位应当加强项目投资全过程管理，确保项目总投资控制在概算以内。

国家建立项目信息化系统，项目单位将投资概算全过程控制情况纳入信息化系统，国家发展改革委和项目主管部门通过信息化系统加强投资概算全过程监管。

第六条 国家发展改革委履行概算核定和监督责任，开展以概算控制为重点的稽察，制止和纠正违规超概算行为，按照本办法规定受理调整概算。

第七条 项目主管部门履行概算管理和监督责任，按照核定概算严格控制，在施工图设计（含装修设计）、招标、结构封顶、装修、设备安装等重要节点应当开展概算控制检查，制止和纠正违规超概算行为。

第八条 项目单位在其主管部门领导和监督下对概算管理负主要责任，按照核定概算严格执行。概算核定后，项目单位应当按季度向项目主管部门报告项目进度和概算执行情况，包括施工图设计（含装修设计）及预算是否符合初步设计及概算，招标结果及合同是否控制在概算以内，项目建设是否按批准的内容、规模和标准进行以及是否超概算等。项目单位宜明确由一个设计单位对项目设计负总责，统筹各专业各专项设计。

第九条 实行代建制的项目，代建方按照与项目单位签订的合同，承担项目建设实施的相关权利义务，严格执行项目概算，加强概算管理和控制。

第十条 设计单位应当依照法律法规、设计规范和概算文件，履行概算控制责任。初步设计及概算应当符合可行性研究报告批复文件要求，并达到相应的深度和质量要求。初步设计及概算批复核定后，项目实行限额设计，施工图设计（含装修设计）及预算应当符合初步设计及概算。

第十一条 监理单位应当依照法律法规、有关技术标准、经批准的设计文件和建设内容、建设规模、建设标准，履行概算监督责任。

第十二条 工程咨询单位对编制的项目建议书、可行性研究报告内容的全面性和准确性负责；评估单位、招标代理单位、勘察单位、施工单位、设备材料供应商等参建单位依据法律法规和合同约定，履行相应的概算控制责任。

第四章 概算调整

第十三条 项目初步设计及概算批复核定后，应当严格执行，不得擅自增加建设内容、扩大建设规模、提高建设标准或改变设计方案。确需调整且将会突破投资概算的，必须事前向国家发展改革委正式申报；未经批准的，不得擅自调整实施。

第十四条 因项目建设期价格大幅上涨、政策调整、地质条件发生重大变化和自然灾害等不可抗力因素等原因导致原核定概算不能满足工程实际需要的，可以向国家发展改革委申请调整概算。

第十五条 申请调整概算的，提交以下申报材料：

（一）原初步设计及概算文件和批复核定文件；

（二）由具备相应资质单位编制的调整概算书，调整概算与原核定概算对比表，并分类定量说明调整概算的原因、依据和计算方法；

（三）与调整概算有关的招标及合同文件，包括变更洽商部分；

（四）施工图设计（含装修设计）及预算文件等调整概算所需的其他材料。

第十六条 申请调整概算的项目，对于使用预备费可以解决的，不予调整概算；对于确需调整概算的，国家发展改革委委托评审后核定调整，由于价格上涨增加的投资不作为计算其他费用的取费基数。

第十七条 申请调整概算的项目，如有未经国家发展改革委批准擅自增加建设内容、扩大建设规模、提高建设标准、改变设计方案等原因造成超概算的，除按照第十五条提交调整概算的申报材料外，必须同时界定违规超概算的责任主体，并提出自行筹措违规超概算投资的意见，以及对相关责任单位及责任人的处理意见。国家发展改革委委托评审，待相关责任单位和责任人处理意见落实后核定调整概算，违规超概算投资原则上不安排中央预算内投资解决。

第十八条 对于项目单位或主管部门可以自筹解决超概算投资的，由主管部门按有关规定和标准自行核定调整概算。

第十九条 向国家发展改革委申请概算调增幅度超过原核定概算百分之十及以上的，国家发展改革委原则上先商请审计机关进行审计。

第五章 法律责任

第二十条 国家发展改革委未按程序核定或调整概算的，应当及时改正。对直接负责的主管人员和其他责任人员应当进行诫勉谈话、通报批评或者给予党纪政纪处分。

第二十一条 因主管部门未履行概算管理和监督责任，授意或同意增加建设内容、扩大建设规模、提高建设标准、改变设计方案导致超概算的，主管部门应当对本部门直接负责的主管人员和其他责任人员进行诫勉谈话、通报批评或者给予党纪政纪处分。国家发展改革委相应调减安排该部门的投资额度。

第二十二条 因项目单位擅自增加建设内容、扩大建设规模、提高建设标准、改变设计方案，管理不善、故意漏项、报小建大等造成超概算的，主管部门应当依照职责权限对项目单位主要负责人和直接负责的主管人员以及其他责任人员进行诫勉谈话、通报批评或者给予党纪政纪处分；两年内暂停申报该单位其他项目。国家发展改革委将其不良信用记录纳入国家统一的信用信息共享交换平台；情节严重的，给予通报批评，并视情况公开曝光。

第二十三条 因设计单位未按照经批复核定的初步设计及概算编制施工图设计（含装修设计）及预算，设计质量低劣存在错误、失误、漏项等造成超概算的，项目单位可以根据法律法规和合同约定向设计单位追偿；国家发展改革委商请资质管理部门建立不良信用记录，纳入国家统一的信用信息共享交换平台，作为相关部门降低资质等级、撤销资质的重要参考。情节严重的，国家发展改革委作为限制其在一定期限内参与中央预算内直接投资项目设计的重要参考，并视情况公开曝光。

第二十四条 因代建方、工程咨询单位、评估单位、招标代理单位、勘察单位、施工单位、监理单位、设备材料供应商等参建单位过错造成超概算的，项目单位可以根据法律法规和合同约定向有关参建单位追偿；国家发展改革委商请资质管理部门建立不良信用记录，纳入国家统一的信用信息共享交换平台，作为相关部门资质评级、延续的重要参考。

第六章 附 则

第二十五条 由主管部门核定概算的中央预算内直接投资项目，参照本办法加强概算管理，严格控制概算。省级发展改革部门可以参照本办法制订本地区的概算管理办法。

第二十六条 本办法由国家发展改革委负责解释。

第二十七条 本办法自发布之日起施行。此前有关概算管理的规定，凡与本办法有抵触的，均按本办法执行。

国家发展改革委关于审批地方政府投资项目的有关规定（暂行）

（发改投资〔2005〕1392号，2005年7月27日）

国务院有关部门、直属机构，各省、自治区、直辖市及计划单列市、副省级省会城市、新疆生产建设兵团发展改革委（计委）、经委（经贸委）：

根据《国务院关于投资体制改革的决定》精神，我委研究制定了《国家发展和改革委员会关于审批地方政府投资项目的有关规定（暂行）》。现印发你们，请按照执行。

附件：国家发展改革委关于审批地方政府投资项目的有关规定（暂行）

附件

国家发展改革委关于审批地方政府投资项目的有关规定（暂行）

根据《国务院关于投资体制改革的决定》（以下简称《决定》）精神，现对国家发展改革委审批地方政府投资项目的有关要求作出如下规定：

一、各级地方政府采用直接投资（含通过各类投资机构）或以资本金注入方式安排地方各类财政性资金，建设《政府核准的投资项目目录》（《决定》附件）范围内应由国务院或国务院投资主管部门管理的固定资产投资项目，需由省级投资主管部门报国家发展改革委会同有关部门审批或核报国务院审批。

省级投资主管部门，是指省级发展改革委和具有投资管理职能的经委（经贸委）。具有投资管理职能的省级经委（经贸委）应与发展改革委联合报送有关文件。

二、需上报审批的地方政府投资项目，只需报批项目建议书。国家发展改革委主要从发展建设规划、产业政策以及经济安全等方面进行审查。

项目建议书经国家发展改革委批准后，项目单位应当按照国家法律法规和地方政府的有关规定履行其他报批程序。

三、地方政府投资项目申请中央政府投资补助、贴息和转贷的，按照国家发展改革委发布的有关规定报批资金申请报告，也可在向国家发展改革委报批项目建议书时，一并提出申请。

四、本规定范围以外的地方政府投资项目，按照地方政府的有关规定审批。

国家发展改革委关于下放政府出资水利项目审批事项的通知

（发改农经〔2017〕2296号，2017年12月29日）

各省、自治区、直辖市及计划单列市、新疆生产建设兵团发展改革委、水利（水务）厅（局），水利部各流域机构：

为深入推进“放管服”改革，经报国务院同意，对政府出资的地方水利项目，在2015年精简项目审批程序的基础上，再下放部分项目审批权限，同时加强规划管理和事中事后监管，放管结合，优化服务。经商水利部，现将有关事项通知如下。

一、下放审批权限的项目范围

（一）列入国务院或我委批准的水利发展建设规划，库容小于10亿立方米、坝高低于70米，不涉及跨国界河流、跨省（区、市）水资源配置调整的大型水库项目，由目前的我委审批下放至省级发展改革部门审批，并在审批后及时报我委备案。

（二）投资限额以上，即使用中央预算内投资等中央资金5亿元及以上，或使用中央预算内投资等中央资金的总投资50亿元及以上项目中符合经批准的行业和专项发展建设规划以及产业政策要求、有关方面意见一致的项目，由目前的我委审批后报国务院备案改为下放省级发展改革部门审批，并在审批后及时报我委备案。

本次下放后，除新建库容10亿立方米及以上或坝高大于70米的大型水库、大型引调水、大江大河（大湖）干流重点河段治理、重要蓄滞洪区建设，以及其他涉及跨国界河流、跨省（区、市）水资源配置调整和按规定需报国务院审批的重大项目外，其余项目一律由地方审批。

二、同步加强监管与服务

（一）在下放项目审批权限的同时，我委将会同水利部等部门进一步加强相关发展建设规划、专项建设方案、年度工作指导意见等的编制工作，加快健全完善规划体系，充分发挥规划的战略导向作用，提高规划的可行性和约束力，为项目审查审批提供依据，促进项目科学有序建设。

（二）按照谁审批谁监管、谁主管谁监管的原则，进一步充分发挥有关地方、行业管理部门的监管优势和作用，以及投资主管部门的综合监管职能，整合监管力量，共享监管信息，创新监管手段和方法，通过加强社会信用体系建设、随机抽查、现场核查、事后惩戒、责任追究等方式，强化项目审批和实施事中事后协同监管。

（三）对下放省级发展改革部门审批的事项，我委将会同有关部门按职责加强业务指导和过程服务，引导各地严格项目建设标准和资金落实真实性审核，合理把握项目审批建设规模、节奏和时序，严控新增地方政府债务。相关职能部门将统筹推进改革，加强横向衔接，合理确定项目审查审批管理层级。

三、落实项目审批和资金落实主体责任

（一）各省级发展改革部门要落实工作主体责任，按照谁审批谁负责、谁审批谁落实投资的要求，完善制度办法，加强能力建设，规范审批行为，加强行业技术审查，从严审核把关，切实接住管好，不得

再层层下放。要坚持安全第一，从保护和修复生态系统的高度，科学规划、统筹安排，严守质量和安全标准，确保水利基础设施造福人民，确保相关工作平稳过渡和水利建设项目有序推进。

（二）对工程规划依据不足，建设条件、移民占地、用水指标、生态环境影响、省际协调等方面存在突出问题，建设需求不充分、建设代价高、资金不落实、大幅新增地方政府债务、存在重大制约因素和较大风险隐患的项目，省级发展改革部门不得审批建设。

（三）对下放后由地方审批、符合中央投资补助政策的部分项目，我委将根据《中央预算内投资补助和贴息项目管理办法》（国家发展改革委令第 45 号）等要求，区分轻重缓急，按照现有投资补助标准安排中央预算内投资予以支持，必要时将委托相关单位进行评审。

本通知自发布之日起实施。各地执行中的重大情况和问题，请及时报告。

国家发展改革委关于精简重大水利建设项目审批程序的通知

（发改农经〔2015〕1860号，2015年8月17日）

各省、自治区、直辖市及计划单列市、新疆生产建设兵团发展改革委、水利（水务）厅（局），水利部各流域机构：

根据国务院关于推进简政放权放管结合职能转变工作有关要求，以及国务院发布的《关于取消非行政许可审批事项的决定》（国发〔2015〕27号），为进一步规范审批、优化服务、提高效率，加快推进重大水利工程建设，经研究并商水利部，现将有关事项通知如下：

一、减少中央审批事项。除新建大型水库、大型引调水、大江大河（大湖）干流重点河段治理、重要蓄滞洪区建设，跨省（区、市）、需要全国统筹安排或者总量控制，以及按照投资管理有关规定应由我委审批或我委核报国务院审批的重大水利项目外，其他重大水利项目由地方审批并报我委核备。

二、简化项目审批环节。对按规定由我委审批或我委核报国务院审批的重大水利项目，凡在国务院或我委批准的水利发展建设规划中明确工程建设必要性和开发任务的，原则上不再审批项目建议书，直接审批可行性研究报告（代项目建议书）。

三、下放初步设计审批权限。对按规定由我委审批或我委核报国务院审批的地方重大水利项目，除库容大于2亿立方米或坝高大于70米的大型水库、大型引调水工程和涉及跨省（区、市）水事协调的工程由水利部审批初步设计外，其他项目初步设计原则上由地方负责审批，具体审批方式在可行性研究报告审批时确定。已出具技术审查意见且符合要求的项目，水利部或地方原则上要在20个工作日内完成初步设计审批工作。

四、进一步优化审批服务。按规定需我委审批的重大水利项目统一纳入我委政务服务大厅受理，发布办事指南，明确受理条件，在线运行，提高效率，限时办结。在前置文件齐全并且符合要求、我委正式受理后，项目审批办理时限原则上不超过20个工作日。同时，充分发挥我委牵头的重大水利项目审批部际协调机制的作用，坚持问题导向，强化指导服务，加强部门、地方纵横联动和会商沟通，及时帮助解决项目推进中的困难和问题，协同加快项目审核审批进度。

五、提高前期工作质量。按本通知要求我委不再审批项目建议书的项目，有关地方、部门和项目单位要认真按照有关技术规范和规划确定的项目开发任务、规模等深入做好项目论证，逐步加深前期工作，提高工作质量和效率，为项目科学决策创造条件。我委将会同有关部门，进一步统筹做好水利发展“十三五”规划等编制工作，适当加深相关专项规划深度，增强规划的科学性和可操作性，强化规划的指导和约束作用。

六、强化项目监管。建立地方、部门协调沟通机制，形成纵横联动的监管体系，通过加快建设投资项目在线审批监管平台、落实项目统一代码制度、项目前期工作情况告知、建立项目库、督查、抽查、第三方评估等措施，加强项目审批和建设全过程监管，提高监管效率和水平。对按规定由地方审批的项目，地方发展改革部门和有关行业主管部门要履行主体责任，按照“权力与责任同步下放”、“谁承接、谁监管”的要求，明确监管主体和措施，提升业务能力和管理水平，确保接得住、管得好，保障项目科学决策实施。

七、本通知自发布之日起实施。各地执行中的重大情况和问题，请及时反馈。

国家发展改革委办公厅关于进一步精简程序取消中央预算内投资补助地方项目初步设计概算审核事项的通知

（发改办投资〔2015〕1015号，2015年4月26日）

水利部办公厅，各省、自治区、直辖市及计划单列市、新疆生产建设兵团发展改革委：

根据国务院关于进一步简政放权、减少审批事项的要求，为进一步精简审批程序、下放审批权限、加快审批进度、提高审批效率，促进重大工程项目加快开工建设，我委决定，取消中央预算内投资补助地方项目初步设计概算审核事项。现将有关事项通知如下。

一、自即日起，对所有安排中央预算内投资补助的地方项目，我委一律不再复核项目初步设计概算。

二、根据有关规定应由国家审批可行性研究报告的中央补助地方项目，在审批可行性研究报告时严格执行相关政策，合理确定中央投资补助额度，由地方包干使用，超支不补。

三、为加强中央预算内投资管理，我委将按照《中央预算内投资监督管理暂行办法》等有关规定加大监督检查力度，对中央补助地方项目加快实现在线监督，发现问题及时按规定作出处理。

四、地方各级发展改革部门和行业主管部门应当履行主体责任，对中央投资补助地方项目加强监管，防止转移、侵占、套取或挪用中央预算内投资，保证中央投资的合理使用和项目顺利建设。

特此通知。

国务院办公厅关于进一步加强城市轨道交通规划建设管理的意见

（国办发〔2018〕52号，2018年6月28日）

各省、自治区、直辖市人民政府，国务院各部委、各直属机构：

城市轨道交通是现代城市交通系统的重要组成部分，是城市公共交通系统的骨干。《国务院办公厅关于加强城市快速轨道交通建设管理的通知》（国办发〔2003〕81号）印发以来，我国城市轨道交通总体保持有序发展，对提升城市公共交通供给质量和效率、缓解城市交通拥堵、引导优化城市空间结构布局、改善城市环境起到了重要作用。但同时，由于城市轨道交通投资巨大、公益性特征明显，部分城市对城市轨道交通发展的客观规律认识不足，对实际需求和自身实力把握不到位，存在规划过度超前、建设规模过于集中、资金落实不到位等问题，一定程度上加重了地方债务负担。为贯彻落实党中央、国务院决策部署，坚决打好防范化解重大风险攻坚战，促进城市轨道交通规范有序发展，经国务院同意，现提出以下意见。

一、总体要求

（一）指导思想。以习近平新时代中国特色社会主义思想为指导，全面贯彻党的十九大和十九届二中、三中全会精神，统筹推进“五位一体”总体布局和协调推进“四个全面”战略布局，牢固树立和贯彻落实新发展理念，按照高质量发展的要求，以服务人民群众出行为根本目标，持续深化城市交通供给侧结构性改革，坚持补短板、调结构、控节奏、保安全，科学编制城市轨道交通规划，严格落实建设条件，有序推进项目建设，着力加强全过程监管，严控地方政府债务风险，确保城市轨道交通发展规模与实际需求相匹配、建设节奏与支撑能力相适应，实现规范有序、持续健康发展。

（二）基本原则。

量力而行，有序推进。坚持实事求是，从实际出发科学开展前瞻性规划研究工作，以城市财力和建设运营管理能力为实施条件，合理把握建设规模和节奏，切实提高城市轨道交通发展质量，确保与城市发展水平相适应。

因地制宜，经济适用。坚持近远期结合，统筹考虑交通、环境、工程等各方面因素，选择适宜的轨道交通系统制式和敷设方式，宜地面则地面、宜地下则地下，合理确定建设标准，着力提高综合效益。

衔接协调，集约高效。坚持多规衔接，加强城市轨道交通规划与城市规划、综合交通体系规划等的相互协调，集约节约做好沿线土地、空间等统筹利用，发挥轨道交通对城市交通运输发展的支撑引导作用。

严控风险，持续发展。坚持底线思维，牢固树立安全发展理念，强化城市政府主体责任，加强安全生产和运营管理，加大防范化解地方政府债务风险工作力度，进一步推动城市轨道交通建设、运营模式创新，增强可持续发展能力。

二、完善规划管理规定

（三）严格建设申报条件。城市轨道交通系统，除有轨电车外均应纳入城市轨道交通建设规划并履行报批程序。地铁主要服务于城市中心城区和城市总体规划确定的重点地区，申报建设地铁的城市一般公共财政预算收入应在300亿元以上，地区生产总值在3000亿元以上，市区常住人口在300万人以上。引导轻轨有序发展，申报建设轻轨的城市一般公共财政预算收入应在150亿元以上，地区生产总值在1500亿元以上，市区常住人口在150万人以上。拟建地铁、轻轨线路初期客运强度分别不低于每日每公里0.7万人次、0.4万人次，远期客流规模分别达到单向高峰小时3万人次以上、1万人次以上。以上申报条件将根据经济社会发展情况按程序适时调整。

（四）强化规划衔接提高建设规划质量。城市政府根据城市总体规划、土地利用总体规划、城市综合交通体系规划，合理制定城市轨道交通线网规划，确定城市轨道交通近期建设线路，加强对居民区、商业区、交通枢纽等客流密集区域的覆盖，做好城市轨道交通规划线路沿线土地预留和控制，防止其他建设对城市轨道交通走廊空间的侵占。在此基础上，根据相关规划和城市发展需要、财力等情况制定城市轨道交通分期建设规划，规划期限一般为5～6年。建设规划要合理选择轨道交通系统制式、敷设方式，科学确定建设规模、项目时序、资金筹措方案，确保建设期和运营期的政府支出规模与财力相匹配，着力提升投资效益。强化城市轨道交通与其他交通方式的衔接融合，城市轨道交通规划要与国家铁路、城际铁路、枢纽机场等规划相衔接，通过交通枢纽实现方便、高效换乘。要加强节地技术和节地模式创新应用，鼓励探索城市轨道交通地上地下空间综合开发利用，推进建设用地多功能立体开发和复合利用，提高空间利用效率和节约集约用地水平。编制城市轨道交通建设规划时，应同步组织开展规划环境影响评价，由生态环境主管部门按程序审查环境影响报告书。要统筹城市轨道交通建设与人才培养，将人才培养和保障措施纳入建设规划。

（五）严格建设规划报批和审核程序。省级发展改革部门会同城乡规划主管部门、住房城乡建设部门进行城市轨道交通建设规划初审，按程序向国家发展改革委报送建设规划。城市轨道交通首轮建设规划由国家发展改革委会同住房城乡建设部组织审核后报国务院审批，后续建设规划由国家发展改革委会同住房城乡建设部审批、报国务院备案。国家发展改革委、住房城乡建设部要会同有关部门按照职责分工严格审核把关，未达到城市轨道交通建设申报条件的建设规划一律不得受理；对符合申报条件的建设规划，要认真审核规划建设规模及项目资金筹措方案，确保建设规模同地方财力相匹配。省级政府有关部门要进一步强化初审责任，确保城市财力、负债水平、建设规模、建设方案、项目时序等符合相关规定和规划要求。

（六）强化建设规划的导向和约束作用。已经国家批准的城市轨道交通建设规划应严格执行，原则上不得变更，规划实施期限不得随意压缩。在规划实施过程中，因城市规划、工程条件、交通枢纽布局变化等因素影响，城市轨道交通线路功能定位、基本走向、系统制式等发生重大变化的，或线路里程、地下线路长度、直接工程投资（扣除物价上涨因素）等较建设规划增幅超过20%的，应按相关规定履行建设规划调整程序。建设规划调整应在完成规划实施中期评估后予以统筹考虑，原则上不得新增项目。原则上本轮建设规划实施最后一年或规划项目总投资完成70%以上的，方可开展新一轮建设规划报批工作。

三、有序推进项目实施

（七）规范项目审批。城市轨道交通项目（不含有轨电车）由省级发展改革部门根据国家批准的城市轨道交通建设规划，按照相关程序审批（核准），未列入建设规划的项目不得审批（核准），严禁以市政配套工程、有轨电车、工程试验线、旅游线等名义违规变相建设地铁、轻轨项目。已审批（核准）建设城市轨道交通项目的城市要合理把握建设节奏，着力优化项目设计，合理控制工程造价，有效降低工程总投资。城市政府和相关企业不得不顾条件提前实施项目、随意压缩工期，对前期工作未完成、建设条件不具备、遇有特殊工程地质灾害且不能保证施工安全的项目，应根据实际情况暂缓实施，建设工期可相应顺延。有轨电车项目由省级发展改革部门负责审批（核准），并做好与相关规划的统筹衔接。

（八）强化项目建设和运营资金保障。城市政府应建立透明规范的资本金及运营维护资金投入长效机制，确保城市轨道交通项目建设资金及时足额到位。除城市轨道交通建设规划中明确采用特许经营模式的项目外，项目总投资中财政资金投入不得低于40%，严禁以各类债务资金作为项目资本金。强化城市政府对城市轨道交通项目全寿命周期的支出责任，保障必要的运营维护资金。支持各地区依法依规深化投融资体制改革，积极吸引民间投资参与城市轨道交通项目，鼓励开展多元化经营，加大站场综合开发力度。规范开展城市轨道交通领域政府和社会资本合作（PPP），通过多种方式盘活存量资产。研究利用可计入权益的可续期债券、项目收益债券等创新形式推进城市轨道交通项目市场化融资，开展符合条件的运营期项目资产证券化可行性研究。

四、强化项目风险管控

（九）严控地方政府债务风险。进一步加大财政约束力度，按照严控债务增量、有序化解债务存量的要求，严格防范城市政府因城市轨道交通建设新增地方政府债务风险，严禁通过融资平台公司或以PPP等名义违规变相举债。对举债融资不符合法律法规或未落实偿债资金来源的城市轨道交通项目，发展改革部门不得审批（核准）；对列入地方政府债务风险预警范围的城市，应暂缓审批（核准）其新项目。城市政府要合理控制城市轨道交通企业负债率，对企业负债率过高的应采取有效措施降低债务，并暂停开工建设新项目。

（十）坚守安全发展底线。把安全作为发展城市轨道交通的生命线，落实城市政府和企业安全责任，严格安全准入，强化勘察设计，强化源头管控。建立健全施工企业和业主企业安全生产管理制度，加强安全生产标准化建设。落实企业的人才培养主体责任，深化产教融合、校企合作，提升从业人员素质。强化城市政府安全监管执法，逐步形成覆盖城市轨道交通项目建设运营全过程的风险管理机制，坚决防范重特大生产安全事故发生。

五、完善规划和项目监管体系

（十一）加强监管能力建设。健全部门间协同联动监管机制，国家发展改革委、住房城乡建设部等有关部门要建立城市轨道交通监管数据库，加强信息共享，运用大数据等技术手段提升监管水平，发挥行业协会作用，及时动态掌握城市轨道交通建设规划实施情况。省级政府有关部门要强化属地监管责任，城市政府有关部门要按权责明确责任分工、加强监管。地方政府要建立常态化安全检查制度和重点工程检查、抽查制度，加强项目稽察，强化工程质量终身责任制，完善城市政府负责的项目竣工验收制度。国家和省级发展改革部门要完善建设规划实施的中期评估机制，建立建设规划执行情况和建成投运线路经济社会效益分析的后评价机制。

（十二）建立健全责任机制。坚持国家统筹、省负总责、城市主体的原则，明确有关部门和地方政府责任。国务院有关部门要加强对城市轨道交通规划建设工作的统筹和指导，省级政府有关部门对建设规划实施履行全过程监管责任，城市政府对项目建设和本级政府债务风险管控负主体责任。建立健全责任主体信用记录，将违规信息纳入全国信用信息共享平台，建立“黑名单”制度，对规划编制、评估、审查、项目设计等单位未履行相关职责并造成重大影响的，实行警示、禁入等联合惩戒措施；对违法违规审批、建设城市轨道交通项目的部门、企业及其责任人，要依法依规追责问责。

本意见自印发之日起施行。《国务院办公厅关于加强城市快速轨道交通建设管理的通知》（国办发〔2003〕81号）同时废止。

国家发展改革委关于加强城市轨道交通规划建设管理的通知

（发改基础〔2015〕49号，2015年1月12日）

各省、自治区、直辖市及计划单列市发展改革委，中国城市轨道交通协会：

按照行政审批制度改革要求，为做好城市轨道交通项目审批权限下放后的落实和衔接工作，切实加强后续监管，促进城市轨道交通持续健康发展，现就有关事项通知如下：

一、总体要求

坚持“量力而行、有序发展”的方针，按照统筹衔接、经济适用、便捷高效和安全可靠的原则，科学编制规划，有序发展地铁，鼓励发展轻轨、有轨电车等高架或地面敷设的轨道交通制式。把握好建设节奏，确保建设规模和速度与城市交通需求、政府财力和建设管理能力相适应。

二、加强规划管理

（一）超前编制线网规划。《城市轨道交通线网规划》（以下简称“线网规划”）是指导城市轨道交通长远可持续发展的总体性方案。根据城市总体发展要求，确需发展城市轨道交通的城市要编制线网规划，确定长远发展目标。按照前瞻性和系统性要求，线网规划应统筹人口分布、交通需求等情况，确定城市轨道交通的发展目标、发展模式、功能定位等；确定城市轨道交通线路走向、主要换乘节点、资源共享和用地控制要求，实现与城市人口分布、空间布局、土地利用相协调；做好城市轨道交通与主要铁路客站和机场等综合交通枢纽的衔接。

（二）科学编制建设规划。《城市轨道交通建设规划》（以下简称“建设规划”）是近期建设项目安排的实施性方案。城市要结合自身经济、人口、客流需求等情况，根据线网规划编制5～6年期的建设规划。拟建地铁初期负荷强度不低于每日每公里0.7万人次，拟建轻轨初期负荷强度不低于每日每公里0.4万人次。项目资本金比例不低于40%，政府资本金占当年城市公共财政预算收入的比例一般不超过5%。发展地铁和轻轨的城市将有轨电车纳入建设规划做好衔接，其余城市有轨电车建设规划由省级发展改革部门做好衔接。

（三）明确规划审核要点。省级发展改革部门对城市政府申报的建设规划进行初审。我委根据城市经济社会发展条件、规划实施情况受理建设规划，从线网规划、建设方案、建设规模、资金筹措、财力保障、综合衔接、环境影响、建设条件等方面进行审查。为增强规划科学性，明确规划审核要求，我委制订了《城市轨道交通规划编制和评审要点》，将按此开展规划评估和审核工作。建设规划审批程序按《国务院办公厅关于加强城市快速轨道交通建设管理的通知》（国办发〔2003〕81号）有关规定执行。

（四）规范规划调整程序。国家批准的建设规划原则上不得变更，纳入建设规划的项目直接开展可行性研究工作。对于因城市规划、工程条件等因素影响，基本走向、敷设方式发生重大变化，线路长度、车站数量、直接工程投资（扣除物价上涨因素）超过建设规划批准规模的15%，或提前开工规划项目，以及投资模式发生重大变化，需将规划调整方案报我委审批。

（五）加强规划实施监管。主动公开规划信息，发挥社会对规划实施的监督作用。建立全国轨道交通投资项目库，及时汇总项目审批、建设内容、投资安排、形象进度和存在问题等信息，实现在线监测和动态跟踪。适时开展中期评估，做好规划实施检查和稽察，及时依法查处违规行为，对涉及其他部门的，移交有关部门依法做出相应处理。对于存在严重违规行为的城市实行警示、禁入等惩戒，暂停受理其建设规划。

三、加强建设管理

（一）完善项目监管制度。省级发展改革部门抓紧制定项目审批和监管办法。开展项目审批前，应委托有资质的第三方机构开展评估，实行审批信息公开制度。按要求定期向我委报送项目信息。落实国家装备制造产业规划和政策，避免重复建设和产能过剩。按照国家对关键设备招标的要求，规范招投标行为。形成项目监管的部门联动机制，发现违规行为及时处置和报告，开展项目后评价。为指导各地做好可行性研究报告编制和评估工作，我委制订了《城市轨道交通工程项目可行性研究报告编制和评估大纲》，供各地参照执行。

（二）科学组织项目实施。各城市要建立透明规范的政府资本金投入长效机制，均衡年度财政债务负担，确保资金到位。创新投融资体制，实施轨道交通导向型土地综合开发，吸引社会资本通过特许经营等多种形式参与建设和运营。对城市轨道交通运营企业实施电价优惠。支持企业发行债券。优化工程方案，合理安排工期，有效控制造价，保证质量安全，做好社会稳定风险防范、运营筹备等工作。严禁擅自开工建设规划外项目、随意压缩工期和试运行时间等行为。

（三）发挥监督服务作用。中国城市轨道交通协会要在国务院有关部门的指导下，充分开展调查研究，提出行业发展与改革的政策措施建议，供有关部门和企业参考。密切跟踪行业发展，建立行业发展统计监测机制，定期发布分析报告和风险警示；监测跟踪招投标活动，发现违反法律法规和国家相关政策的情况和问题，及时通报国家有关部门；培育关键技术装备认证机构，推动第三方认证工作；加强跨地区人才培训和交流。

四、加强安全管理

（一）落实主体责任。企业要健全安全生产管理机构和管理制度，构建安全预警机制，加强安全生产标准化建设。严格落实安全设施“三同时”管理制度，逐步形成规划、建设、运营全过程全系统的安全评价制度。实现与运营环节的紧密衔接，确保线路和车站条件、车辆和设备配置等方面能够满足安全运营需要。深化勘察设计，开展安全源头管理，建立隐患自查自报自纠系统，做好建设风险管控，坚决杜绝重特大生产安全事故发生。

（二）强化监管责任。城市政府有关部门要落实属地监管责任，明确安全监管政策和机构，落实人员和经费，量化企业安全考核指标，建立常态化安全检查制度和重点工程检查、抽查制度，强化工程质量终身责任制，严格安全准入。逐步完善项目竣工验收制度。

（三）完善应急体系。健全城市政府各部门、城市轨道交通相关企业之间的协调机制，形成应急救援联动制度，制定快速有效的安全事故和突发事件处置预案，有效整合资源，建立救援队伍，合作开展演练，加强装备建设，提升一体化应急能力。

附件：1. 城市轨道交通规划编制和评审要点

2. 城市轨道交通工程项目可行性研究报告编制和评估大纲

附件 1

城市轨道交通规划编制和评审要点

第一章 总 则

第一条 为进一步增强城市轨道交通规划的科学性，提高规划评估水平，明确规划审核要求，加强规划实施监管，特制定本要点。

第二条 城市轨道交通包括钢轮钢轨（含直线电机和有轨电车）、单轨和磁悬浮等方式。城市轨道交通规划的编制和评审，适用本要点。

第三条 城市轨道交通建设应贯彻“量力而行、有序发展”的方针，坚持统筹衔接、便捷高效、经济适用和安全可靠的原则。超前编制线网规划，支撑城市远景发展；科学编制建设规划，合理确定建设规模和发展速度，与城市经济社会发展相适应。评估工作要把握重点内容和深度要求，为规划审核提供依据。

第二章 线网规划编制

第四条 线网规划是城市轨道交通长远发展的总体设计，是建设规划的重要依据，应具备科学性、稳定性和前瞻性。

（一）研究范围和年限。研究全市域范围内轨道交通的网络布局、功能定位和总体安排。在城镇密集地区，考虑与相邻城市轨道交通系统的衔接和协调。规划年限应包含远期和远景，远景线网应基本达到远期线网研究深度，并与之相协调。

（二）功能定位和发展模式。统筹市域范围不同区域，以交通调查数据为基础，分析客流特征、建设条件等，区分不同类型轨道交通的功能分工和服务水平，合理选择发展模式。

（三）网络布局。基于定量测试的多方案比选，构建与城市用地形态、空间结构和客流分布等相适应的网络布局，提出各规划期出行结构、线网规模和密度等指标。确保线网规模合理，功能层次分明，满足不同年限的发展要求；线路基本走向方案可行，保证规划稳定性。

（四）环线与市域快线。对于中心城区面积较大、各方向发展较均衡的城市，在规划放射型线路的同时，研究设置环线的必要性。对城市外围组团，研究规划市域快线。

（五）综合衔接。做好城市轨道交通与干线铁路、机场等综合交通枢纽的衔接。大型铁路客站和机场要规划城市轨道交通引入，规划年发送量 2500 万人次以上的铁路客站应研究引入多条线路的必要性；衔接普通机场优先考虑复合功能线路，衔接规划年吞吐量超过 5000 万人次的机场，研究设置专用线路的必要性。

（六）深化研究重点。梳理可能对线网规划实施产生重大制约因素，落实车辆基地、换乘节点、联络线等关键方案。对影响线网布局的地质水文、文物古迹和工程重难点等开展专题研究。

（七）规划用地控制。编制与线网规划相对应建设用地专项控制性规划，做好用地预留和控制，并与城市控制性详细规划紧密结合、相互协调。确定线路、场站、资源共享、大型交通接驳等设施用地范围，纳入城市规划管理体系。

第三章 建设规划编制

第五条 建设规划以线网规划为基础，提出近期建设方案，作为项目实施的依据。

（一）项目选择。优先建设客流需求大、缓解交通拥堵明显的线路。拟建地铁初期负荷强度不低于每日每公里 0.7 万人次，拟建轻轨初期负荷强度不低于每日每公里0.4万人次。

（二）建设规模。建设规划期限为5～6年，建设规模应与交通需求、政府财力和建设管理能力相适应。项目资本金比例不低于40%，政府资本金占当年城市公共财政预算收入的比例一般不超过5%，轨道交通出资额占城市维护建设财政性资金的比例一般不超过30%。

（三）总体要求。在对建设规划实施情况及时总结的基础上，根据线网规划、交通需求、建设管理能力、政府财力、新技术发展和国家政策导向等，结合城市发展重点提出建设规划。包括背景分析、线网规划、建设必要性、规划方案、工程方案、投资估算、建设保障和风险分析等。完成用地控制规划，开展社会稳定风险分析、环境影响评价、客流预测、交通一体化等方面的专题研究；结合城市特点，开展资源共享、网络化运营、地质灾害等专题研究。

（四）客流预测。以五年内交通调查数据为基础，利用交通预测模型开展客流预测专题研究，满足规划方案比选、线路系统规模确定和经济分析等要求。预测内容包括城市交通需求、轨道交通线网客流、建设线路初、近、远期客流等，分析客流总量和结构特征，对客流预测结果进行敏感性分析和风险分析。

（五）规划方案。从规划层面提出近期建设重点，明确近期建设方案构建原则，匡算近期建设规模，从方案与城市规划和交通需求的适应性、与财力的匹配性以及投资和客流效益等方面进行多方案比选分析，提出推荐方案，明确建设任务和时序安排，确定线路服务水平和技术标准。

（六）工程方案。近期建设项目应达到预可行性研究深度，重点落实线路起讫点、基本路由、敷设方式、车站分布、系统规模、设备初步选型和资源共享等内容。对于涉及特殊不良地质、文物古迹、穿山岭跨江海长大隧道、重要枢纽、集中拆迁片区（旧城改造、车辆基地等）和环境敏感点的控制性工程方案，在专题研究基础上提出具体措施。

（七）投资能力。深化工程投资和前期费用的估算，确保工程投资合理可控、征地拆迁等前期费用符合实际，提高建设规划投资估算准确性。合理确定资本金比例，明确资金筹措方案，落实资本金和债务资金来源。统筹运营、在建和规划项目的分年投资计划安排，编制财政收支预算平衡表，全面考量政府的资金保障能力。编制财务计划现金流量表，确保政府财力可支撑和企业财务可持续。

（八）建设保障。建立健全规划编制的公众参与制度，开展公示工作，广泛听取社会各方面意见，采纳合理化建议，提高规划实施的民意基础。做好规划环境影响评价工作，确保规划方案在建设、运营阶段满足相关规范要求。开展规划社会稳定风险分析和评估，积极预防和化解风险。首次申报城市应明确组织机构及人才保障措施。

（九）发展地铁和轻轨的城市将有轨电车纳入建设规划做好衔接，其余城市有轨电车建设规划由省级发展改革部门做好衔接。以地面线路、钢轮钢轨和低地板为主要技术路线，采用适宜的技术标准，合理控制工程造价。

第四章　规划评估

第六条　咨询机构遵循独立、公正、客观、科学的原则开展规划评估工作。评估重点包括：

（一）必要性和建设时机。根据上位规划的要求，从城市发展战略层面审视线网规划的科学性和近期建设的必要性。客流预测基础数据的时效性和真实性，预测结果精度。根据城市经济社会发展和近期建设重点，分析轨道交通建设的迫切性和建设时机。

（二）合规性。建设规划是否满足相关法律法规和规范性文件要求，在项目选择、建设规模等方面是否与城市经济社会发展规划相适应，与其他交通方式相衔接。方案选择、线路走向和用地范围是否符合土地利用总体规划，与用地控制规划是否一致。

（三）合理性。建设规划方案构建原则的科学性，建设规划对交通需求的符合性和支撑近期建设重点的匹配程度，建设规模是否满足基本客流效果和城市财政支撑能力，建设规划的投资效益和客流效益，建设项目技术标准、工期安排的合理性。

（四）可行性。各建设项目环境条件与技术标准的适应性，总体方案的系统性和协调性。工程方案研究是否达到深度要求，土建工程、设备系统的配置和规模是否满足功能、运营要求。建设运营组织机构的筹备情况。投资估算的合理性。

（五）外部保障。近期方案建设用地的保障程度，周边用地开发与轨道交通特性的匹配程度，外部环境影响程度，征地拆迁政策及方案落实程度，建设期交通疏解方案的落实程度。社会稳定风险分析和评估是否符合国家规定的程序和内容要求。

（六）可控性。政府是否具备建设运营投入的保障能力，企业财务可持续能力。规划决策、施工建设、运营管理、资金筹措、财务平衡等方面的风险分析及应对措施是否可行，风险是否总体可控。

第五章　规划审核与监管

第七条　申报程序。省级发展改革部门对各城市报送的建设规划组织初审，重点对线网规划、建设条件、规划方案和用地落实情况进行审核后，报国家发展改革委。

第八条　受理条件。对于申报的建设规划，在初步核实线网规划和建设规划基本符合编制要求，以往建设规划已完成中期评估，项目实施中无重大违规行为，客流预测、社会稳定风险评估等相关专题报告齐备后，国家发展改革委予以受理。

第九条　审核程序。国家发展改革委受理申报的建设规划后，委托有城市轨道交通专业评估咨询甲级资质的第三方咨询机构开展评估。在咨询评估报告认为规划基本可行、环境影响评价报告获得批复后办理审批文件。具体审批程序按有关规定执行。纳入建设规划的项目直接开展可行性研究工作。

第十条　规划要求。国家批复的建设规划明确基本建设方案，确定线路起讫点、基本走向、敷设方式、车站数量、工程投资、建设年限等约束性内容。规划实施中可根据实际情况优化完善建设方案，但约束性内容不得随意变更，基本走向、敷设方式不得发生重大变化，线路长度、车站数量、直接工程投资（扣除物价上涨因素）的变动不得超过规划方案的15%。投资模式不得发生重大变化。项目不得提前开工和压缩工期。

第十一条　项目审核。省级发展改革部门按照国家批准的建设规划做好项目审核工作，不得进一步转移和下放审批权限，制定和完善审批制度，实行项目公示和信息公开。委托有城市轨道交通专业评估咨询甲级资质的第三方咨询机构开展评估，严格审批要求，明确约束性内容，指导项目实施。项目批复文件抄报国家发展改革委，定期报送项目审批、投资安排、形象进度、存在问题等信息。

第十二条　实施监管。建立全国轨道交通投资项目库，及时汇总项目审批、建设内容、投资安排、形象进度和存在问题等信息，实现在线监测和动态跟踪。适时开展建设规划中期评估和项目稽察工作，评估和稽察结果作为规划审批的重要参考依据。省级发展改革部门会同有关部门加强项目建设的监督检查，发现违规行为及时处置，并按规定做好项目后评价和竣工验收等工作。

附件 2

城市轨道交通工程项目可行性研究报告编制和评估大纲

为提高城市轨道交通项目可行性研究报告编制和评估水平，明确研究深度和重点，规范评估内容和要点，特制定本大纲。

一、编制大纲

（一）项目建设背景

项目建设背景是项目实施的边界条件，包括项目概述、上位规划研究、建设必要性、工程建设条件等。

1. 项目概述。包括项目名称、承办单位概况、研究依据、研究范围与年限、研究工作概述等。

2. 上位规划研究。梳理城市总体规划、综合交通规划、经济社会发展规划、城市近期建设规划以及轨道交通线网规划、用地控制规划、建设规划、规划环境影响评价、规划社会稳定风险评价等与本项目相关的内容。重点明确上位规划对本项目的具体要求和约束性内容，以及上位规划变化对本项目产生的影响。

3. 建设必要性。从城市总体发展、经济社会发展、综合交通发展、环境资源等方面论证项目建设必要性。重点研究项目建设时机和紧迫性，对支撑城市近期建设重点、解决交通问题等方面的作用。

4. 工程建设条件。简要描述自然地理、地质水文、城市建设现状、经济实力和已实施项目总结等，为可行性研究奠定基础。重点明确不良地质、大江大河、文物古迹、环境敏感区域等影响项目实施的关键控制因素，必要时开展专题研究。

（二）项目技术条件

项目技术条件是项目实施的总体原则，包括客流量预测、总体技术标准等。

1. 客流量预测。在开展项目沿线现状交通和土地利用调查的基础上，进行客流预测、客流特征分析、客流敏感性分析等工作。重点强化高峰小时客流、平均运距、客流均衡性、换乘系数、跨区 OD 等特征指标分析和风险性分析。

2. 总体技术标准。重点明确项目在综合交通体系、轨道交通线网中的功能定位，确定运输能力、旅行速度、发车间隔、舒适度、换乘便捷性等服务水平，提出安全、环境、自动化、投资控制等方面的系统标准。对市域快线、机场线等特殊功能线路开展针对性研究。

（三）项目建设方案

项目建设方案是项目实施的关键环节，在总体方案基础上，详细研究土建工程方案、设备系统方案和组织实施方案。

1. 总体方案。包括车辆、限界、线路、车站分布、运营组织、车辆基地、配线设置、控制系统构成、资源共享等。在满足总体技术标准要求的基础上，重点把握系统目标和各专业之间的协调性。

2. 土建工程方案。包括地质条件评价、车站建筑方案、结构工程方案和轨道工程方案等。重点针对工程重难点、大型交通枢纽及重要换乘站等开展深入研究，对影响安全的因素强化工程技术措施研究。

3. 设备系统方案。包括供电、通风空调、给排水及消防、通信、信号、站台门、电梯与自动扶梯、自动售检票、乘客信息、设备监控、运营控制中心等系统，以及设备国产化方案。提出供电系统、通风空调系统、信号系统的功能配置方案，结合项目特点研究分期实施等方案；提出其他各系统配置原则；关注各设备系统之间的效能均衡性。

4. 组织实施方案。包括工程筹划、征地拆迁安置、组织机构与人力资源配置、劳动安全与卫生等。重点研究工期安排、建设期交通疏解、征地拆迁安置、人才培养、建设及运营安全等，提出合理可行的实施方案和保障措施。

（四）项目适应性分析

项目适应性分析是项目实施的重要保障，包括交通衔接、社会稳定、节约能源、环境保护、文物保护、安全评估、防灾与人防等，并根据外部条件对项目建设方案进行反馈。

1. 交通衔接。除建设方案中已涵盖的综合交通枢纽外，研究与其他交通方式的衔接换乘。重点是交通衔接设施设置原则、大型衔接设施的分布和规模、实施管理主体和保障措施等，确保同步设计、同步建设、同步投入使用。

2. 社会稳定。按照重大项目社会稳定风险评估办法的要求，主要研究内容包括风险调查、风险因素识别、风险估计和判断，提出风险防范和化解措施，以及措施落实后的预期风险等级。

3. 节约能源。按照固定资产投资项目节能评估和审查的要求，主要研究内容包括节约能源措施以及能耗指标分析等。

4. 环境保护、文物保护、安全评估、防灾与人防等。按照相关法律、法规和规范性文件要求，结合项目特点开展针对性研究。

（五）项目综合分析

项目综合分析是对项目投资、效益、风险等方面开展全面研究，明确结论与建议。

1. 投资估算与资金筹措。与已批复建设规划进行详细对比分析，结合分年投资计划，落实资金筹措方案。重点结合建设规划实施情况，考量本项目的政府资金保障能力。

2. 效益分析。包括财务分析和经济分析。财务分析重点研究财务费用、财务效益分析、不确定性分析等；经济分析重点研究经济费用估算、经济效益估算、国民经济评价、敏感性分析等。

3. 社会分析。重点研究项目在城市经济社会发展、交通环境、自然环境等方面的影响，分析项目的社会效益以及可能出现的社会风险，提出对策措施。

4. 风险分析。重点研究项目的规划风险、市场风险、工程风险、技术风险、资金风险、管理风险等，识别风险因素，确定风险等级，提出对策措施，并对项目建设方案进行反馈。

5. 结论与建议。通过对项目研究的全面总结，明确项目是否可行，提出下一步工作建议。

二、评估大纲

（一）评估原则

咨询机构遵循独立、公正、客观、科学的原则开展项目评估工作。

（二）评估依据

已批复的《城市轨道交通建设规划》，相关法律、法规和规范性文件，相关技术规范及标准等。

（三）评估内容

工程项目可行性研究报告以及相关专题报告等。

（四）评估重点

1. 必要性。通过对交通需求分析和预测、经济社会发展需求分析、建设时机分析、功能定位分析和建设规模分析等方面的评估，判断项目建设的紧迫性、建设时机的合理性、功能定位的科学性。

2. 合规性。建设项目与建设规划、线网规划和用地控制规划的一致性，与城市总体规划、综合交通规划、相关专项规划、法律法规和规范性文件的符合性。

3. 合理性。分析工程建设条件、交通需求特点以及服务标准等，评估总体技术标准是否适用，总体方案是否科学、协调，各专业技术方案是否完整、可行。

4. 安全可靠性。分析总体技术标准、总体方案、土建工程方案、设备系统方案、组织实施方案等，判断项目建设及运营是否安全可靠。

5. 经济性。分析项目总体技术标准、建设方案、资金筹措方案等，判断工程造价是否合理、投资是否可控、融资方案是否可行。存在多个投资主体时，评估判断投资方案的合规性、可行性，收益分配方案的合理性。

6. 创新性。使用或开发新技术的项目，要评估新技术的可靠性、安全性、经济性，分析新技术研发成本、收益和风险分担等问题，判断新技术的开发和应用是否合理可行。

（五）评估体系

咨询机构按照“经济适用、安全可靠”的要求，从建设必要性、技术标准合理性、总体技术方案系统性、建设方案可行性和投资经济性等五个方面完善评估体系。以下评估指标体系供参考。

项目评估指标体系表

项目可行	经济适用	必要性	城市发展需要	现状沿线就业岗位及居住人口
				规划沿线就业岗位和居住人口
				沿线居民意愿
			交通需要	现状沿线交通量
				现状沿线方式比
				规划交通量
				规划方式比
				预期轨道交通客运量
		技术条件及技术标准适用性	技术条件明确	安全条件
				环境及敷设条件
				地质条件
				社会条件
				能源条件
				用地条件
				交通需求条件
				城市建设条件
				管理条件
			技术标准适用	安全标准
				环境标准
				耗能标准
				车辆标准
				服务标准
				土建工程标准
				机电建设标准
				验收标准

续表

项目可行	经济适用	总体技术标准	系统完善	用地范围及敷设方式
				安全措施
				节能措施
				环境保护措施
				车辆选型
				服务水平
				运输能力配置
				运营组织
				车辆段及停车场配置
				土建设施配置
				机电设备配置
			功能协调	接驳换乘保障
				安全保障
				运营组织保障
				环境保障
				节能措施保障
				服务水平保障
		项目建设方案	合理	采用标准
				设施、设备规模
				功能设置
				施工、安装方法
				工期安排
				空载试运行
			可行	功能要求
				技术条件要求
				总体技术方案要求
				技术标准要求
				工期要求
				安全要求
				维护要求
				造价要求
		造价与效益	造价合理	造价指标
				建设规划造价指标
				各系统造价
			效益良好	财务
				社会经济效益
				交通
				节能减排

续表

项目可行	安全可靠	总体技术标准	安全保障措施系统、可靠	安全条件
				运营组织安全措施
				土建工程安全措施
				设备系统安全措施
				施工安装安全措施
				安全措施验证
		项目建设方案	技术成熟、性能可靠	技术标准采用
				安全指标采用
				可靠性指标采用
				安全风险评价
				安全保障措施

国家发展改革委 住房城乡建设部 关于优化完善城市轨道交通建设规划审批程序的通知

（发改基础〔2015〕2506号，2015年11月2日）

各省、自治区、直辖市及计划单列市、新疆生产建设兵团发展改革委，住房城乡建设厅（住房城乡建设委、建委、建设局）、规划委（局）：

为优化完善城市轨道交通建设规划的审批程序，经研究，现将有关事项通知如下：

一、经报请国务院批准，对已实施首轮建设规划的城市，其后续建设规划由国家发展改革委会同住房城乡建设部审批，报国务院备案；初次申报的城市首轮建设规划仍由国家发展改革委会同住房城乡建设部审核后报国务审批。

二、为进一步提高工作效率，城市轨道交通建设规划及规划调整由省级发展改革委会同省级住房城乡建设（规划）等部门进行初审，形成一致意见。在规划环境影响审查意见、社会稳定风险评估完成后，省级发展改革委会签省级住房城乡建设（规划）部门向国家发展改革委报送城市轨道交通建设规划，同时抄报住房城乡建设部。

国家发展改革委关于进一步下放政府投资交通项目审批权的通知

（发改基础〔2017〕189号，2017年1月25日）

交通运输部、铁路局、民航局、中国铁路总公司，各省、自治区、直辖市及计划单列市、新疆生产建设兵团发展改革委：

经报国务院批准同意，我委以交通领域作为深化投资项目审批改革的重点，除涉及国务院、中央军委事权外，对能用规划实行有效管理的项目最大程度下放审批，仅保留少部分重大项目和中央投资为主项目的审批权限，同时加强规划管理和事中事后监管。现将有关事项通知如下：

一、下放政府投资交通项目审批事项

（一）列入国家批准的相关规划中非跨省的新建（含增建双线）普通铁路项目，铁路总公司投资为主的由铁路总公司自行决定，地方和社会投资为主的由省级政府审批可行性研究报告，均通过投资项目在线审批监管平台报国务院投资主管部门备案。

（二）列入国家批准的相关规划中的新建高速公路项目，由省级政府审批可行性研究报告，通过投资项目在线审批监管平台报国务院投资主管部门备案。

（三）列入国家批准的相关规划中的跨10万吨级及以上航道海域、跨大江大河（现状或规划为一级及以上通航段）的独立公（铁）路桥梁（隧道）项目，由省级政府审批可行性研究报告，通过投资项目在线审批监管平台报国务院投资主管部门备案。

（四）列入国家批准的相关规划中的交通行业直属院校、科研机构等中央本级非经营项目（使用中央预算内投资5000万元及以上项目除外），由行业部门审批可行性研究报告，通过投资项目在线审批监管平台报国务院投资主管部门备案。

二、强化规划引领和约束作用

在下放项目审批权限的同时，我委将强化规划引领和约束作用，提高“管”的有效性；提升行政服务质量和水平，增强“服”的主动性。加快实现从微观转向宏观、从审批转向监管、从项目安排转向制度供给，更好适应把握引领经济发展新常态。

（一）完善规划体系

借鉴城市轨道等交通项目审批权下放后以审批建设规划作为管理手段的经验，我委将强化交通规划编制、审批和组织实施，重要规划报国务院审批，实现简政放权后的有效管控。编制和完善铁路、公路、内河高等级航道、沿海港口、民用机场、油气管道等中长期布局规划，编制综合交通五年发展建设规划，编制或审批国防交通、城际铁路、城市轨道交通、高速公路、内河高等级航道、沿海港口、空管系统等专项建设规划，建立健全“中长期布局规划＋五年发展建设规划＋年度实施方案”相结合的规划管理体系，更好指导交通行业重大基础设施布局和项目建设实施。

（二）强化规划实施监管

我委将联合有关部门形成多方联动、共同监管工作格局，加强组织协调，层层分解、细化落实规划任务，明确各级责任主体，全程跟踪了解规划实施进展。充分利用信息化手段，依托投资项目在线审批监管平台等政府监管服务平台，运用市场、信用、法治等手段协同监管，切实保障规划有序实施。

（三）提升服务保障能力

对于下放的审批事项，我委将加强对承接单位的业务指导，开展规划、管理、技术等方面人才培训和交流，提高依法行政、依法管理的能力水平。完善交通项目有关报告编制和评估等规范，积极研究支持规划实施、项目建设的相关配套政策，协调解决跨部门、跨领域等重点难点问题。

三、有关要求

本次下放到省级政府的审批事项不得再行下放，由有关部门和单位自行审批或决定的事项不得再行转移。请各地方、有关部门和单位落实责任，完善制度办法，规范审批行为，加强能力建设，切实接住管好，提高行政效率和决策水平。

国家发展改革委关于下放部分交通项目审批权和简化审批程序的通知

（发改基础〔2015〕2933号，2015年12月11日）

交通运输部、铁路局、民航局、中国铁路总公司，各省、自治区、直辖市及计划单列市、新疆生产建设兵团发展改革委：

经报国务院同意，对我委承担的部分中央政府投资交通项目审批权予以下放和简化程序，现将有关事项通知如下：

一、下放审批权和简化程序事项

（一）将国家高速公路网改扩建项目、普通国省道建设项目、内河航道建设项目（长江干线航道和国际国境河流航道建设项目除外）、内河航电枢纽建设项目、机场改扩建项目（增建跑道除外），下放省级政府审批。

（二）将纳入国家批准规划的铁路增建单线项目由中国铁路总公司自行决定，民航空管项目按隶属关系由民航局审批。

（三）对纳入国家批准规划的长江干线航道项目，跨境、跨10万吨级及以上航道海域、跨大江大河（现状或规划为一级及以上通航段）的独立公（铁）路桥梁、隧道项目，以及交通行业直属院校、科研机构等中央本级非经营性项目，我委不再审批项目建议书，直接审批可行性研究报告。

二、切实做好承接工作

（一）本次下放到省级政府的审批事项不得再行下放，由有关部门和单位自行审批或决定的事项不得再行转移。请各地方、有关部门和单位落实责任，加强能力建设，切实接住管好，提高行政效率和决策水平。

（二）请各地方、有关部门和单位加快制定相关项目审批和监管办法，规范审批行为，强化建设项目研究论证和协调推进工作，按照国家批准规划完成项目审批后，及时将批复文件抄送我委。

三、加强规划指导和监管

（一）我委将加强宏观规划管理等工作，对铁路增建单线、内河航道建设等项目纳入相关交通专项规划。由我委审批可行性研究报告的项目，请各地方、有关部门和单位严格按照国家规划扎实做好前期工作，我委将按程序加快审批。

（二）我委将会同有关部门和单位，完善事中事后监管和工作机制，加强对省级政府承接工作的指导，协调解决项目推进过程中的重大问题。请有关方面同步完善配套政策，加强安全生产监督管理等工作，确保交接工作平稳过渡和交通基础设施项目有序推进。

国家发展改革委关于印发中央政府投资项目后评价管理办法和中央政府投资项目后评价报告编制大纲（试行）的通知

（发改投资〔2014〕2129号，2014年9月21日）

各省、自治区、直辖市及计划单列市、副省级省会城市、新疆生产建设兵团发展改革委，国务院各部门、直属机构，各中央管理企业：

为健全政府投资项目后评价制度，规范项目后评价工作，提高政府投资决策水平和投资效益，加强中央政府投资项目全过程管理，根据《国务院关于投资体制改革的决定》要求，我委制定了《中央政府投资项目后评价管理办法》和《中央政府投资项目后评价报告编制大纲（试行）》，现印发你们，请按照执行。

附件：1. 中央政府投资项目后评价管理办法

2. 中央政府投资项目后评价报告编制大纲（试行）

附件1

中央政府投资项目后评价管理办法

第一章 总 则

第一条 为健全政府投资项目后评价制度，规范项目后评价工作，提高政府投资决策水平和投资效益，加强中央政府投资项目全过程管理，根据《国务院关于投资体制改革的决定》要求，制定本办法。

第二条 本办法所称项目后评价，是指在项目竣工验收并投入使用或运营一定时间后，运用规范、科学、系统的评价方法与指标，将项目建成后所达到的实际效果与项目的可行性研究报告、初步设计（含概算）文件及其审批文件的主要内容进行对比分析，找出差距及原因，总结经验教训、提出相应对策建议，并反馈到项目参与各方，形成良性项目决策机制。

根据需要，可以针对项目建设（或运行）的某一问题进行专题评价，可以对同类的多个项目进行综合性、政策性、规划性评价。

第三条 国家发展改革委审批可行性研究报告的中央政府投资项目的后评价工作，适用本办法。

国际金融组织和外国政府贷款项目后评价管理办法另行制定。

第四条 项目后评价应当遵循独立、客观、科学、公正的原则，保持顺畅的信息沟通和反馈，为建立和完善政府投资监管体系服务。

第五条 国家发展改革委负责项目后评价的组织和管理工作。具体包括：确定后评价项目，督促项目单位按时提交项目自我总结评价报告并进行审查，委托承担后评价任务的工程咨询机构，指导和督促有关方面保障后评价工作顺利开展和解决后评价中发现的问题，建立后评价信息管理系统和后评价成果反馈机制，推广通过后评价总结的成功经验和做法等。

项目行业主管部门负责加强对项目单位的指导、协调、监督，支持承担项目后评价任务的工程咨询机构做好相关工作。

项目所在地的省级发展改革部门负责组织协调本地区有关单位配合承担项目后评价任务的工程咨询机构做好相关工作。

项目单位负责做好自我总结评价并配合承担项目后评价任务的工程咨询机构开展相关工作。

承担项目后评价任务的工程咨询机构负责按照要求开展项目后评价并提交后评价报告。

第二章 工 作 程 序

第六条 本办法第三条第一款规定范围内的项目，项目单位应在项目竣工验收并投入使用或运营一年后两年内，将自我总结评价报告报送国家发展改革委。其中，中央本级项目通过项目行业主管部门报送同时抄送项目所在地省级发展改革部门，其他项目通过省级发展改革部门报送同时抄送项目行业主管部门。

第七条 项目单位可委托具有相应资质的工程咨询机构编写自我总结评价报告。项目单位对自我总结评价报告及相关附件的真实性负责。

第八条 项目自我总结评价报告应主要包括以下内容：

（一）项目概况：项目目标、建设内容、投资估算、前期审批情况、资金来源及到位情况、实施进度、批准概算及执行情况等；

（二）项目实施过程总结：前期准备、建设实施、项目运行等；

（三）项目效果评价：技术水平、财务及经济效益、社会效益、资源利用效率、环境影响、可持续能力等；

（四）项目目标评价：目标实现程度、差距及原因等；

（五）项目总结：评价结论、主要经验教训和相关建议。

项目自我总结评价报告可参照项目后评价报告编制大纲进行编制。

第九条 项目单位在提交自我总结评价报告时，应同时提供开展项目后评价所需要的以下文件及相关资料清单：

（一）项目审批文件。主要包括项目建议书、可行性研究报告、初步设计和概算、特殊情况下的开工报告、规划选址和土地预审报告、环境影响评价报告、安全预评价报告、节能评估报告、重大项目社会稳定风险评估报告、洪水影响评价报告、水资源论证报告、水土保持报告、金融机构出具的融资承诺文件等相关的资料，以及相关批复文件。

（二）项目实施文件。主要包括项目招投标文件、主要合同文本、年度投资计划、概算调整报告、施工图设计会审及变更资料、监理报告、竣工验收报告等相关资料，以及相关的批复文件。

（三）其他资料。主要包括项目结算和竣工财务决算报告及资料，项目运行和生产经营情况，财务报表以及其他相关资料，与项目有关的审计报告、稽察报告和统计资料等。

第十条 项目自我总结评价报告内容不完整或深度达不到相应要求的，项目行业主管部门或者省级发展改革部门应当要求项目单位限期补充完善。

第十一条 国家发展改革委根据本办法第十二条规定，结合项目单位自我总结评价情况，确定需要开展后评价工作的项目，制定项目后评价年度计划，印送有关项目行业主管部门、省级发展改革部门和项目单位。

第十二条 列入后评价年度计划的项目主要从以下项目中选择：

（一）对行业和地区发展、产业结构调

整有重大指导和示范意义的项目；

（二）对节约资源、保护生态环境、促进社会发展、维护国家安全有重大影响的项目；

（三）对优化资源配置、调整投资方向、优化重大布局有重要借鉴作用的项目；

（四）采用新技术、新工艺、新设备、新材料、新型投融资和运营模式，以及其他具有特殊示范意义的项目；

（五）跨地区、跨流域、工期长、投资大、建设条件复杂，以及项目建设过程中发生重大方案调整的项目；

（六）征地拆迁、移民安置规模较大，可能对贫困地区、贫困人口及其他弱势群体影响较大的项目，特别是在项目实施过程中发生过社会稳定事件的；

（七）使用中央预算内投资数额较大且比例较高的项目；

（八）重大社会民生项目；

（九）社会舆论普遍关注的项目。

第十三条 国家发展改革委根据项目后评价年度计划，委托具备相应资质的工程咨询机构承担项目后评价任务。

国家发展改革委不得委托参加过同一项目前期、建设实施工作或编写自我总结评价报告的工程咨询机构承担该项目的后评价任务。

第十四条 承担项目后评价任务的工程咨询机构，在接受委托后，应组建满足专业评价要求的工作组，在现场调查、资料收集和社会访谈的基础上，结合项目自我总结评价报告，对照项目的可行性研究报告、初步设计（概算）文件及其审批文件的相关内容，对项目进行全面系统的分析评价。

第十五条 承担项目后评价任务的工程咨询机构，应当按照国家发展改革委的委托要求和投资管理相关规定，根据业内应遵循的评价方法、工作流程、质量保证要求和执业行为规范，独立开展项目后评价工作，在规定时限内完成项目后评价任务，提出合格的项目后评价报告。

第十六条 国家发展改革委制定项目后评价编制大纲，指导和规范项目后评价报告的编制工作。

第十七条 项目后评价应采用定性和定量相结合的方法，主要包括：逻辑框架法、调查法、对比法、专家打分法、综合指标体系评价法、项目成功度评价法。

具体项目的后评价方法应根据项目特点和后评价的要求，选择一种或多种方法对项目进行综合评价。

第十八条 项目后评价应按照适用性、可操作性、定性和定量相结合原则，制定规范、科学、系统的评价指标。

承担项目后评价任务的工程咨询机构，应根据项目特点和后评价的要求，在充分调查研究的基础上，确定具体项目后评价指标及方案。

第十九条 工程咨询机构在开展项目后评价的过程中，应当采取适当方式听取社会公众和行业专家的意见，并在后评价报告中设立独立篇章予以客观反映。

第三章 成果应用

第二十条 国家发展改革委通过项目后评价工作，认真总结同类项目的经验教训，后评价成果应作为规划制定、项目审批、资金安排、项目管理的重要参考依据。

第二十一条 国家发展改革委应及时将后评价成果提供给相关部门、省级发展改革部门和有关机构参考，加强信息沟通。

第二十二条 对于通过项目后评价发现的问题，有关部门、地方和项目单位应认真分析原因，提出改进意见，并报送国家发展改革委。

第二十三条 国家发展改革委会同有关部门，定期以适当方式汇编后评价成果，大力推广通过项目后评价总结出来的成功经验和做法，不断提高投资决策水平和政府投资效益。

第四章　监督管理

第二十四条　列入后评价年度计划的项目，项目单位应当根据后评价工作需要，积极配合承担项目后评价任务的工程咨询机构开展相关工作，及时、准确、完整地提供开展后评价工作所需要的相关文件和资料。

第二十五条　工程咨询机构应对项目后评价报告质量及相关结论负责，并承担对国家秘密、商业秘密等的保密责任。

第二十六条　国家发展改革委委托中国工程咨询协会，定期对有关工程咨询机构和人员承担项目后评价任务的情况进行执业检查，并将检查结果作为工程咨询资质管理及工程咨询成果质量评定的重要依据。

第二十七条　国家发展改革委委托的项目后评价所需经费由国家发展改革委支付，取费标准按照《建设项目前期工作咨询收费暂行规定》（计价格〔1999〕1283号）关于编制可行性研究报告的有关规定执行。承担项目后评价任务的工程咨询机构及其人员，不得收取项目单位的任何费用。

项目单位编制自我总结评价报告的费用在投资项目不可预见费中列支。

第二十八条　项目单位存在不按时限提交自我总结评价报告，隐匿、虚报瞒报有关情况和数据资料，或者拒不提交资料、阻挠后评价等行为的，根据情节轻重给予通报批评，在一定期限内暂停安排该单位其他项目的中央投资。

第五章　附　　则

第二十九条　各地方、各项目行业主管部门可参照本办法，制定本地区、本部门的政府投资项目后评价办法和实施细则。

第三十条　本办法由国家发展改革委负责解释。

第三十一条　本办法自发布之日起施行，《中央政府投资项目后评价管理办法（试行）》（发改投资〔2008〕2959号）同时废止。

附件 2

中央政府投资项目后评价报告编制大纲（试行）

第一部分　项目概况

一、项目基本情况。对项目建设地点、项日业主、项日性质、特点（或功能定位）、项目开工和竣工、投入运营（行）时间进行概要描述。

二、项目决策理由与目标。概述项目决策的依据、背景、理由和预期目标（宏观目标和实施目标）。

三、项目建设内容及规模。项目经批准的建设内容、建设规模（或生产能力），实际建成的建设规模（或生产能力）；项目主要实施过程，并简要说明变化内容及原因；项目经批准的建设周期和实际建设周期。

四、项目投资情况。项目经批准的投资估算、初步设计概算及调整概算、竣工决算。

五、项目资金到位情况。项目经批准的资金来源，资金到位情况，竣工决算资金来源及不同来源资金所占比重。

六、项目运营（行）及效益现状。项目运营（行）现状，生产能力（或系统功能）实现现状，项目财务及经济效益现状，社会效益现状。

七、项目自我总结评价报告情况及主要结论。

八、项目后评价依据、主要内容和基础资料。

第二部分　项目全过程总结与评价

第一章　项目前期决策总结与评价

一、项目建议书主要内容及批复意见。

二、可行性研究报告主要内容及批复意见。

（一）可行性研究报告主要内容。主要包括项目建设必要性、建设条件、建设规模、主要技术标准和技术方案、建设工期、总投资及资金筹措，以及环境影响评价、经济评价、社会稳定风险评估等专项评价主要结论等内容。

（二）可行性研究报告批复意见。包括项目建设必要性、建设规模及主要建设内容、建设工期、总投资及资金筹措等内容。

（三）可行性研究报告和项目建议书主要变化。对可行性研究报告和项目建议书主要内容进行对比，并对主要变化原因进行简要分析。

三、项目初步设计（含概算）主要内容及批复意见（大型项目应在初步设计前增加总体设计阶段）。主要包括：工程特点、工程规模、主要技术标准、主要技术方案、初步设计批复意见。

四、项目前期决策评价。主要包括项目审批依据是否充分，是否依法履行了审批程序，是否依法附具了土地、环评、规划等相关手续。

第二章　项目建设准备、实施总结与评价

一、项目实施准备。

（一）项目实施准备组织管理及其评价。组织形式及机构设置，管理制度的建立，勘察设计、咨询、强审等建设参与方的引入方式及程序，各参与方资质及工作职责情况。

（二）项目施工图设计情况。施工图设计的主要内容，以及施工图设计审查意见执行情况。

（三）各阶段与可行性研究报告相比主要变化及原因分析。根据项目设计完成情况，可以选取包括初步设计（大型项目应在初步设计前增加总体设计阶段）、施工图设计等各设计阶段与可行性研究报告相比的主要变化，并进行主要原因分析。

对比的内容主要包括：工程规模、主要技术标准、主要技术方案及运营管理方案、工程投资、建设工期。

（四）项目勘察设计工作评价。主要包括：勘察设计单位及工作内容，勘察设计单位的资质等级是否符合国家有关规定的评价，勘察设计工作成果内容、深度全面性及合理性评价，以及相关审批程序符合国家及地方有关规定的评价。

（五）征地拆迁工作情况及评价。

（六）项目招投标工作情况及评价。

（七）项目资金落实情况及其评价。

（八）项目开工程序执行情况。主要包括开工手续落实情况，实际开工时间，存在问题及其评价。

二、项目实施组织与管理。

（一）项目管理组织机构（项目法人、指挥部）。

（二）项目的管理模式（法人直管、总承包、代建、BOT 等）。

（三）参与单位的名称及组织机构（设计、施工、监理、其他）。

（四）管理制度的制定及运行情况（管理制度的细目、重要的管理活动、管理活动的绩效）。

（五）对项目组织与管理的评价（针对项目的特点分别对管理主体及组织机构的适宜性、管理有效性、管理模式合理性、管理制度的完备性以及管理效率进行评价）。

三、合同执行与管理。

（一）项目合同清单（包括正式合同及其附件并进行合同的分类、分级）。

（二）主要合同的执行情况。

（三）合同重大变更、违约情况及原因。

（四）合同管理的评价。

四、信息管理。

（一）信息管理的机制。

（二）信息管理的制度。

（三）信息管理系统的运行情况。

（四）信息管理的评价。

五、控制管理。

（一）进度控制管理。

（二）质量控制管理。

（三）投资控制管理。

（四）安全、卫生、环保管理。

六、重大变更设计情况。

七、资金使用管理。

八、工程监理情况。

九、新技术、新工艺、新材料、新设备的运用情况。

十、竣工验收情况。

十一、项目试运营（行）情况。

（一）生产准备情况。

（二）试运营（行）情况。

十二、工程档案管理情况。

第三章　项目运营（行）总结与评价

一、项目运营（行）概况。

（一）运营（行）期限。项目运营（行）考核期的时间跨度和起始时刻的界定。

（二）运营（行）效果。项目投产（或运营）后，产品的产量、种类和质量（或服务的规模和服务水平）情况及其增长规律。

（三）运营（行）水平。项目投产（或运营）后，各分项目、子系统的运转是否达到预期的设计标准；各子系统、分项目、生产（或服务）各环节间的合作、配合是否和谐、正常。

（四）技术及管理水平。项目在运营（行）期间的表现，反映出项目主体处于什么技术水平和管理水平（世界、国内、行业内）。

（五）产品营销及占有市场情况。描述产品投产后，销售现状、市场认可度及占有市场份额情况。

（六）运营（行）中存在的问题。

1. 生产项目的总平面布置、工艺流程及主要生产设施（服务类项目的总体规模、主要子系统的选择、设计和建设）是否存在问题，属什么性质的问题。

2. 项目的配套工程及辅助设施的建设是否必要和适宜。配套工程及辅助设施的建设有无延误，原因是什么，产生什么负作用。

二、项目运营（行）状况评价。

（一）项目能力评价。项目是否具备预期功能，达到预定的产量、质量（服务规模、服务水平）。如未达到，差距多大。

（二）运营（行）现状评价。项目投产（或运营）后，产品的产量、种类和质量（或服务的规模和服务水平）与预期存在的差异，产生上述差异的原因分析。

（三）达到预期目标可能性分析。项目投产（或运营）后，产品的产量、种类和质量（或服务的规模和服务水平）增长规律总结，项目可达到预期目标的可能性分析。

第三部分　项目效果和效益评价

第一章　项目技术水平评价

一、项目技术效果评价。主要内容包括：

（一）技术水平。项目的技术前瞻性，是否达到了国内（国际）先进水平。

（二）产业政策。是否符合国家产业政策。

（三）节能环保。节能环保措施是否落

实，相关指标是否达标，是否达到国内（国际）先进水平。

（四）设计能力。是否达到了设计能力，运营（行）后是否达到了预期效果。

（五）设备、工艺、功能及辅助配套水平。是否满足运营（行）、生产需要。

（六）设计方案、设备选择是否符合我国国情（包括技术发展方向、技术水平和管理水平）。

二、项目技术标准评价。主要内容包括：

（一）采用的技术标准是否满足国家或行业标准的要求。

（二）采用的技术标准是否与可研批复的标准吻合。

（三）工艺技术、设备参数是否先进、合理、适用，符合国情。

（四）对采用的新技术、新工艺、新材料的先进性、经济性、安全性和可靠性进行评价。

（五）工艺流程、运营（行）管理模式等是否满足实际要求。

（六）项目采取的技术措施在本工程的适应性。

三、项目技术方案评价。主要内容包括：

（一）设计指导思想是否先进，是否进行多方案比选后选择了最优方案。

（二）是否符合各阶段批复意见。

（三）技术方案是否经济合理、可操作性强。

（四）设备配备、工艺、功能布局等是否满足运营、生产需求。

（五）辅助配套设施是否齐全。

（六）运营（行）主要技术指标对比。

四、技术创新评价。主要内容包括：

（一）项目的科研、获奖情况。

（二）本项目的技术创新产生的社会经济效益评价。

（三）技术创新在国内、国际的领先水平评价。

（四）分析技术创新的适应性及对工程质量、投资、进度等产生的影响等。

（五）对新技术是否在同行业等相关领域具有可推广性进行评价。

（六）新技术、新工艺、新材料、新设备的使用效果，以及对技术进步的影响。

（七）项目取得的知识产权情况。

（八）项目团队建设及人才培养情况。

五、设备国产化评价（主要适用于轨道交通等国家特定要求项目）。主要内容包括：

（一）所选用的设备国产化率评价，进口设备是否可采用国产设备。

（二）设备采购对工程带来的利弊评价。

（三）国产化设备与国外同类产品的技术经济对比分析。

（四）国产设备对运营、维修保养的影响评价。

第二章　项目财务及经济效益评价

一、竣工决算与可研报告的投资对比分析评价。主要包括：分年度工程建设投资，建设期贷款利息等其他投资。

二、资金筹措与可研报告对比分析评价。主要包括：资本金比例，资本金筹措，贷款资金筹措等。

三、运营（行）收入与可研报告对比分析评价。主要包括：分年度实际收入，以后年度预测收入。

四、项目成本与可研报告对比分析评价。主要包括：分年度运营（行）支出，以后年度预测成本。

五、财务评价与可研报告对比分析评价。主要包括：财务评价参数，评价指标。

六、国民经济评价与可研报告对比分析评价。主要包括：国民经济评价参数，评价指标。

七、其他财务、效益相关分析评价。比如，项目单位财务状况分析与评价。

第三章　项目经营管理评价

一、经营管理机构设置与可研报告对比分析评价。

二、人员配备与可研报告对比分析评价。

三、经营管理目标。

四、运营（行）管理评价。

第四章　项目资源环境效益评价

一、项目环境保护合规性。

二、环保设施设置情况。项目环境保护设施落实环境影响报告书及前期设计情况、差异原因。

三、项目环境保护效果、影响及评价。

四、公众参与调查与评价。

五、项目环境保护措施建议。

六、环境影响评价结论。

七、节能效果评价。项目落实节能评估报告及能评批复意见情况，差异原因，以及项目实际能源利用效率。

第五章　项目社会效益评价

一、利益相关者分析。

（一）识别利益相关者。可以分为直接利益相关者和间接利益相关者。

（二）分析利益相关者利益构成。

（三）分析利益相关者的影响力。

（四）项目实际利益相关者与可行性研究对比的差异。

二、社会影响分析。

（一）项目对所在地居民收入的影响。

（二）项目对所在地区居民生活水平的生活质量的影响。

（三）项目对所在地区居民就业的影响。

（四）项目对所在地区不同利益相关者的影响。

（五）项目对所在地区弱势群体利益的影响。

（六）项目对所在地区文化、教育、卫生的影响。

（七）项目对当地基础设施、社会服务容量和城市化进程的影响。

（八）项目对所在地区少数民族风俗习惯和宗教的影响。

（九）社会影响后评价结论。

对上述第（一）至（八）部分，分别分析影响范围、影响程度、已经出现的后果与可行性研究对比的差异等。

三、互适应性分析。

（一）不同利益相关者的态度。

（二）当地社会组织的态度。

（三）当地社会环境条件。

（四）互适应性后评价结论。

对上述第（一）至（三）部分，分别分析其与项目的适应程度、出现的问题、可行性研究中提出的措施是否发挥作用等。

四、社会稳定风险分析。

（一）移民安置问题。

（二）民族矛盾、宗教问题。

（三）弱势群体支持问题。

（四）受损补偿问题。

（五）社会风险后评价结论。

对上述第（一）至（四）部分，分别分析风险的持续时间、已经出现的后果、可行性研究中提出的措施是否发挥作用等。

第四部分　项目目标和可持续性评价

第一章　项目目标评价

一、项目的工程建设目标。

二、总体及分系统技术目标。

三、总体功能及分系统功能目标。

四、投资控制目标。

五、经济目标。对经济分析及财务分析主要指标、运营成本、投资效益等是否达到决策目标的评价。

六、项目影响目标。项目实现的社会经济影响、项目对自然资源综合利用和生态环境的影响以及对相关利益群体的影响等是否达到决策目标。

第二章　项目可持续性评价

一、项目的经济效益。主要包括：项

目全生命周期的经济效益，项目的间接经济效益。

二、项目资源利用情况。

（一）项目建设期资源利用情况。

（二）项目运营（行）期资源利用情况。主要包括：项目运营（行）所需资源，项目运营（行）产生的废弃物处理和利用情况，项目报废后资源的再利用情况。

三、项目的可改造性。主要包括：改造的经济可能性和技术可能性。

四、项目环境影响。主要包括：对自然环境的影响，对社会环境的影响，对生态环境的影响。

五、项目科技进步性。主要包括：项目设计的先进性，技术的先进性。

六、项目的可维护性。

第五部分　项目后评价结论和主要经验教训

一、后评价主要内容和结论。

（一）过程总结与评价。根据对项目决策、实施、运营阶段的回顾分析，归纳总结评价结论。

（二）效果、目标总结与评价。根据对项目经济效益、外部影响、持续性的回顾分析，归纳总结评价结论。

（三）综合评价。

二、主要经验和教训。

按照决策和管理部门所关心问题的重要程度，主要从决策和前期工作评价、建设目标评价、建设实施评价、征地拆迁评价、经济评价、环境影响评价、社会评价、可持续性评价等方面进行评述。

（一）主要经验。

（二）主要教训。

第六部分　对策建议

一、宏观建议。对国家、行业及地方政府的建议。

二、微观建议。对企业及项目的建议。

附表：逻辑框架表和项目成功度评价表

附表

逻辑框架表和项目成功度评价表

一、后评价项目逻辑框架表

项目描述	实施效果（可客观验证的指标）			原因分析		项目可持续能力
	原定指标	实现指标	变化情况	内部原因	外部条件	
项目宏观目标						
项目直接目标						
产出/建设内容						
投入/活动						

二、后评价项目成功度评价表

评定项目指标	项目相关重要性	评定等级
宏观目标和产业政策		
决策及其程序		

续表

评定项目指标	项目相关重要性	评定等级
布局与规模		
项目目标及市场		
设计与技术装备水平		
资源和建设条件		
资金来源和融资		
项目进度及其控制		
项目质量及其控制		
项目投资及其控制		
项目运营		
机构和管理		
项目财务效益		
项目经济效益和影响		
社会和环境影响		
项目可持续性		
项目总评		

注：1. 项目相关重要性：分为重要、次重要、不重要；
2. 评定等级分为：A—成功、B—基本成功、C—部分成功、D—不成功、E—失败。

国家发展改革委关于加强政府投资项目储备编制三年滚动投资计划的通知

（发改投资〔2015〕2463号，2015年10月27日）

中直管理局，国务院有关部门、直属机构、直属事业单位，全国人大常委会办公厅、全国政协办公厅，最高人民法院、最高人民检察院，有关人民团体，有关中央管理企业，各省、自治区、直辖市及计划单列市、新疆生产建设兵团、黑龙江省农垦总局发展改革委：

根据国务院部署，为发挥有效合理投资对稳定经济增长的重要作用，请各地方、各部门和有关中央企业按照我委报请国务院批准的《加强政府投资项目储备　编制三年滚动投资计划工作方案》（以下简称《工作方案》，见附件1），立即依托国家重大建设项目库开展加强中央和地方政府投资项目储备、制定有效投资三年滚动投资计划相关工作。现将有关具体事项通知如下。

一、依托项目库开展工作

国家重大建设项目库主要部署在国家电子政务外网（网址：https://kpp.cegn.cn），以及互联网（网址：http://kpp.ndrc.gov.cn）。请各级发展改革部门抓紧与本级电子政务外网管理中心衔接，做好实现国、省、市、县级政务外网接入工作（具体要求由国家电子政务外网管理中心另文下发）。涉密项目下载“重大建设项目储备库”（单机版）软件通过保密介质报送（下载地址：http://www.ndrc.gov.cn—政务服务中心—下载专区）。

二、储备范围

在《工作方案》确定的基本原则和范围基础上，各地方、各部门和有关中央企业可进一步细化明确本地区、本部门、本企业项目储备的具体原则和范围，将符合要求的建设项目纳入政府投资项目储备库。

三、项目入库

各部门、各单位和有关中央企业录入自身储备项目，报同级发展改革部门汇总审核。入库项目以审批核准备案文件中确定的单个具体项目为单位。项目单位初次填报应包含项目名称、所属行业、建设地点、建设规模与内容，预计开工/完工时间、总投资、资金来源、已下达投资、未来三年分渠道投资需求、项目进展情况等关键信息（参见附件2）。

四、动态更新

入库项目应根据项目前期工作推进情况和实施进展，及时更新填报、逐步补充完善项目信息。同时，要及时调出不再符合储备范围、无法继续实施的项目，补充符合相关要求且具备一定前期工作基础的项目。

五、逐级审核

各级发展改革部门汇总同级项目单位和下级发展改革部门报送项目，并按照本级确定的储备原则和范围，在参考同级行业主管部门意见的基础上，每季度末月10日前对入库项目及其填报信息进行集中审核。不符合储备原则和范围的项目退回填报单位。审核时，要重点对计划开工时间、总投资、未来三年分渠道资金需求、工程实施进展等信息进行复核，其中特别要对未来三年分渠道已落实资金和待落实资金需求进行复核。今年首次集中审核要在11月底前完成。

六、分级储备

各级发展改革部门审核通过的项目作为本级储备项目。其中，报申请上级给予支持的项目要报送至上级发展改革部门。没有纳入本级储备的项目不得向上级报送。

七、三年滚动投资计划

各级发展改革部门审核通过的储备项目，在未来三年分渠道、分年度的投资需求即形成本级三年滚动投资计划。在定期集中审核项目时，要根据已明确的储备范围、原则、投资方向和规模、支持标准等约束条件对三年滚动投资计划进行修正。三年滚动投资计划反映的是需求投资计划，不作为安排投资承诺，是编制年度实际投资计划的基础和来源。未纳入三年滚动投资计划的，不得列入年度实际投资计划。对于实际投资计划未予安排的需求投资计划，符合以后年度储备范围的，可滚动纳入以后年度滚动投资计划。年度投资计划编制工作要按既有工作机制开展，并做好与三年滚动投资计划的衔接。

八、分类调度推进

要根据谋划、前期、开工准备、实施、竣工等不同阶段和成熟度对储备项目进行分类管理和协调调度。通过审核的储备项目和三年滚动投资计划要及时反馈同级部门和下级发展改革部门。各级政府有关部门要接职责积极协调解决问题，推进项目实施和计划落实。

九、加强组织部署

国家发展改革委牵头建立促进投资部际联席会议制度，各地方要根据《工作方案》要求建立健全相应工作联动机制。同时，各地方、各部门和有关中央企业要抓紧制定开展此项工作的落实方案，并确定工作负责人和联络员名单，于2015年11月底前报送我委。

十、其他

各地区、各部门和有关中央企业在完成项目填报和集中审核的基础上，于11月底前正式报送我委。报送文件的主要内容包括：一是建立健全工作机制、部署落实工作任务情况，以及工作负责人和联络员名单；二是项目储备情况；三是三年滚动投资计划情况；四是推进储备项目和滚动投资计划的措施意见。并报送三年滚动投资计划表（详见附件3～5）。

附件：1. 加强政府投资项目储备　编制三年滚动投资计划工作方案

2. 储备项目及三年滚动投资计划关键信息示例表（以2015年填报为例）

3. 三年滚动投资计划分开工年度汇总表

4. 三年滚动投资计划分行业汇总表

5. 三年滚动投资计划分资金渠道汇总表

附件1

加强政府投资项目储备　编制三年滚动投资计划工作方案

根据国务院部署，为稳增长、促改革、调结构、补短板、惠民生、防风险，发挥有效合理投资对稳定经济增长的关键作用，要进一步加强中央和地方政府投资项目储备，制定有效投资三年滚动计划。

一、工作目标和原则

（一）工作目标

全面落实党中央、国务院重大决策部署，按照深化投融资体制改革的相关要求，真正做到“干着今年、备着明年、看着后年、想着大后年”，各地区、各部门和有关中央企业在加快推进当年政府投资项目建设进度的同时，及早谋划未来三年开工项目，建立政府投资项目储备库，制定三年滚动投资计划，全过程推动政府投资项目实施和投资计划落实，形成接续不断、滚动实施的储备机制和良性循环，为长远发展增强后劲，发挥有效投资对经济增长的关键作用。

（二）工作原则

进一步调整优化政府投资结构，明确政府与市场边界，区分中央与地方事权和支出责任，加强薄弱环节建设，增加公共产品和服务的有效供给。既立足当前需要，又利于长远发展，与“十三五”规划编制工作统筹衔接。紧紧围绕各地区各行业改革发展需要，与各地区各行业重大项目规划充分衔接、统筹考虑。充分发挥政府资金的引导、放大作用，鼓励政府和社会资本合作，让社会资本尤其是民间资本发挥积极作用，保障重大项目资金需求。

二、主要内容

目前在建以及拟于当年和未来三年开工，拟申请安排中央或地方政府投资的建设项目纳入政府投资项目储备库。储备项目在未来三年内的年度投资需求形成三年滚动投资计划。政府投资包括预算内投资、各类专项建设基金、用于基本建设的财政预算资金以及统借国外贷款等。政府投资方式包括直接投资、资本金注入、投资补助、贴息等。政府投资资金主要投向市场不能有效配置资源的公共领域，包括社会公益服务、公共基础设施、生态环境保护、社会管理、国家安全等。

（一）中央政府投资

根据国民经济发展规划和宏观调控目标，统筹安排不同资金来源的中央政府投资。中央预算内投资按照依据充分、方向合理、重点突出、分工明确、管理规范、监管严格的原则进行优化调整，集中用于全局性、基础性、战略性的重大项目。中央水利建设基金、国家重大水利工程建设基金、南水北调工程基金、大中型水库移民后期扶持基金、大中型水库移民后期扶持结余资金、铁路建设专项基金、民航发展基金、公路港口建设专项基金、用于基本建设的财政预算资金、发行专项债券筹集的专项建设基金及其他中央政府投资要按照国务院部署用于稳增长、促改革、调结构、补短板、惠民生、防风险的项目。

（二）地方政府投资

各地区除按照上述要求储备拟申请中央政府投资的重大项目、编制三年滚动投资计划外，要统筹储备本地区预算内投资、各类专项建设基金以及用于基本建设的财政预算资金等政府投资项目，深入分析本地区各领域发展趋势和发展阶段，坚持需求导向，谋划筛选当前急需、支撑长远的项目，与本地区建设规划和重大项目库充分衔接，尽快推出一批地方政府投资项目纳入政府投资项目储备库，并编制三年滚动投资计划。

三、重点工作

（一）切实加强项目储备

政府投资项目储备是促进有效投资、增强发展后劲、稳定经济增长的重要支撑。各地区、各部门和有关中央企业要根据“一带一路”、京津冀协同发展、长江经济带等国家重大战略和“十三五”规划、《中国制造2025》、各行业中长期专项建设规划、重大工程等部署要求，同时统筹考虑本地区、本行业发展需求，提出符合政府投资支持方向，目前在建以及拟于当年和未来三年开工建设的项目进行储备。坚决防止不符合产业政策、未经安全评估、高耗能、高污染、高排放项目、各地区各行业负面清单项目以及违规建设楼堂馆所等项目建设，避免形成新一轮产能过剩和重复建设。要根据项目成熟程度对政府投资储备项目进行分类管理，积极推进项目谋划、前期准备、开工建设等各阶段工作，动态调整储备项目和充实完善项目信息。纳入储备库的项目作为安排政府投资的备选项目。今后，对于未纳入政府投资项目储备库的项目，政府投资原则上不予支持。

（二）客观测算年度投资计划

在建立政府投资项目储备库的基础上，要根据项目前期工作进展、计划开工时间、合理建设工期、资金保障可能等因素，科学客观测算储备项目未来三年的中央政府投资、地方政府投资及其他投资等各渠道投资需求，汇总形成三年滚动投资计划。未纳入三年滚动投资计划的，不得安排下达年度投资计划。其中，第一年投资计划要按照现有工作机制据实编制、按时下达；第二、三年投资计划要科学测算、合理编制，加快推进各项工作、促进项目按计划实施。三年滚动投资计划要与三年滚动预算统筹衔接，充分考虑政府投资规模和未来增长可能，合理管控政府债务规模和风险。

（三）建立健全协调调度机制

各地区、各部门和有关中央企业要建立健全工作机制，定期协调调度、审核报送政府投资项目储备和滚动投资计划进展情况，不断更新完善项目有关信息。对政府投资项目储备库和三年滚动投资计划实施动态管理，已入库项目在短时间内不具备实施条件的要及时调出，符合相关要求且具备一定前期工作基础的项目要及时补充。同时，每年年底前要将未来第四年开工项目储备和年度投资计划按照相关要求报送国家发展改革委，并加快推进项目谋划、立项报批等有关工作。国家发展改革委要将通过审核的储备项目和三年滚动投资计划以适当方式反馈各地区、各部门。

（四）加快推进前期工作进度

纳入政府投资项目储备库的项目要加快推进前期工作进度。依托纵横联动的投资项目在线审批监管平台，并联审批、协同监管。地方政府和有关部门要建立“绿色通道”、优化工作程序，加快推进规划选址、用地预审以及极少数重特大项目环评审批前置审批事项和审批核准等前期工作，尽量缩短审核周期，为储备项目及早开工创造条件。对于符合支持条件的中央政府投资项目，国家将安排项目前期费，对储备项目开展前期工作予以适当支持。各地区也要积极支持加快开展前期工作。

（五）积极落实项目资金来源

对拟纳入政府投资项目储备库和三年滚动投资计划的项目，实施主体要积极落实项目资金来源。中央和地方政府要加大预算内投资等政府投资保障力度，建立政府投资合理增长机制。创新投融资机制，遵循市场原则，积极引入国有企业、民营企业、外资企业等各类投资主体，通过政府购买服务、股权投资、特许经营、PPP等多种模式参与重大项目建设，让社会资本尤其是民间资本在重大项目建设中发挥积极作用。研究建立信贷资金、证券资金、保险资金和基金等支持重大项目建设的合作对接机制，保障重大项目资金需求。

（六）全过程推进项目实施

积极协调解决项目生命周期各环节存在的重大问题，实现从项目储备到前期工作、审批核准、开工建设、竣工投产全过程动态管理、协调推进，保障项目顺利实施。同时，重点围绕开工及建设环节，规范项目建设事前、事中和事后的全过程监管，确保项目合法开工、建设过程合规有序、建成后依法验收投用。

（七）加快信息化手段建设

国家发展改革委会同各地区和有关部门制订统一的数据和技术标准，抓紧建设国家重大建设项目库。各地区、各部门和有关中央企业应积极应用信息化手段做好项目储备工作，提高政府投资项目储备、编制三年滚动投资计划的工作效率。

四、工作机制

（一）部门联动

按照国务院部署，国家发展改革委牵头建立促进投资部际联席会议制度，统筹负责政府投资项目储备和三年滚动投资计划各项工作，研究提出总体要求和工作部署。其他成员单位包括工业和信息化部、财政部、国土资源部、环境保护部、住房和城乡建设部、交通运输部、水利部、农业部、人民银行、国资委、银监会、保监会等。由国家发展改革委主要负责同志和分管投资负责同志分别担任联席会议召集人和副召集人，其他成员单位有关负责同志为联席会议成员。联席会议办公室设在国家发展改革委。

在联席会议制度工作框架下，充分发挥有关部门作用，共同推进促进投资有关工作。财政部负责根据中期财政规划和财力可能将政府投资需求纳入财政预算予以保障，并将三年滚动投资计划与三年滚动预算统筹衔接；国土资源部、环境保护部、住房和城乡建设部负责加快推进有关审批事项；人民银行、银监会、保监会负责组织协调金融机构做好重大项目的金融服务；各行业管理部门负责报送本部门自身储备项目和三年滚动投资计划，并对本行业项目提出审核意见，协调调度本行业项目的实施进展。

关于建立促进投资部际联席会议制度等具体事宜，国家发展改革委将另行报批。

（二）上下联通

各地区也要建立健全相应工作联动机制，发展改革部门发挥牵头作用，加强对本地区项目储备和三年滚动投资计划编制工作的统筹协调。各级政府有关部门要上下充分沟通、深入衔接。各级行业管理部门向同级发展改革部门报送本行业审核意见，同时报送上级行业管理部门。各级发展改革部门根据下级发展改革部门的汇总申报情况和同级行业管理部门的审核意见，统筹建立本地区项目储备库、编制滚动投资计划，并报送上级发展改革部门。上级发展改革部门及时将审核后的储备项目和三年滚动投资计划反馈下级发展改革部门。各地区在重点做好本级政府投资各项工作的同时，指导地（市）、县逐级建立制度、完成相关工作。

（三）考核激励

要规范政府投资管理，提高决策透明度，确保政府投资质量和效益。国家发展改革委将对各地区、各部门政府投资项目储备工作加强考核，建立激励机制，定期调度项目储备进展和三年滚动投资计划编报情况，提高政府投资项目储备质量和效益。对项目储备质量好、整体开工率高的地方和部门，要给予一定的项目前期费奖励，并将好经验好做法总结推广，供各地区、各部门学习借鉴，发挥示范引领作用；对项目储备质量差、总体开工率不高的地方和部门，将通报批评。

五、工作要求

（一）高度重视，加强组织。各地区、各部门和有关中央企业要高度重视建立政府投资项目储备库和编制三年滚动投资计划工作，抓紧制定工作方案，组织专门力量，做好本地区本部门政府投资项目储备和投资计划编制、审核和报送工作。

（二）抓紧部署，按时报送。国家发展

改革委将抓紧部署各地区、各部门和有关中央企业报送目前在建以及今年和未来三年计划开工的储备项目和未来三年滚动投资计划。按照接续不断、滚动实施的储备机制，2015 年底滚动报送 2019 年开工储备项目和 2019 年滚动投资计划。国家重大建设项目库中的项目信息和实施进展情况要实时更新，各地区、各部门和有关中央企业要定期进行集中审核。

附件：1. 项目储备与三年滚动投资计划总体思路框架图

2. 项目储备与三年滚动投资计划工作机制示意图

附件 1

项目储备与三年滚动投资计划总体思路框架图

投资计划 / 储备项目	2016 年度投资计划	2017 年度投资计划	2018 年度投资计划	……
合计	○	○	○	…
一、在建项目和当年开工项目	○	○	○	…
二、2016 年开工项目	○	○	○	…
三、2017 年开工项目	—	○	○	…
四、2018 年开工项目	—	—	○	…

附件 2

项目储备与三年滚动投资计划工作机制示意图

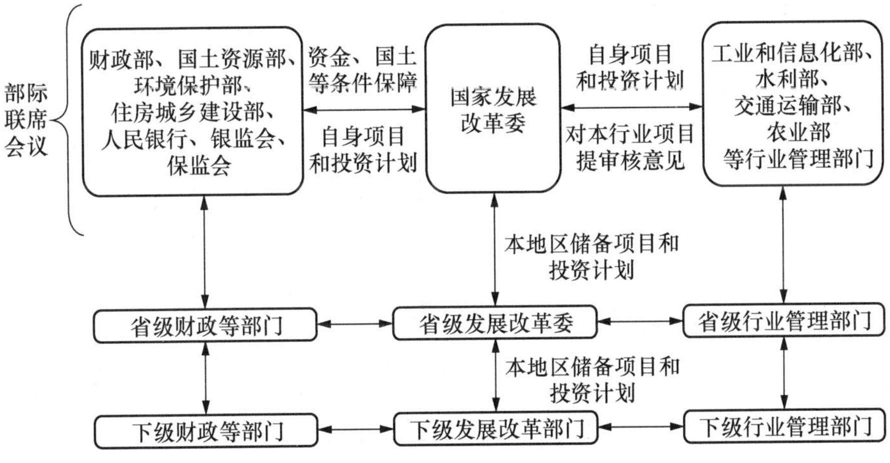

附件 2

储备项目及三年滚动投资计划关键信息示例表（以 2015 年填报为例）

序号	项目单位	项目名称	行业	建设地点	预计开工时间	预计完工时间	主要建设内容与规模	投资来源	总投资	已下达投资	三年滚动投资计划				项目进展情况	备注
											合计	2016年	2017年	2018年		
1	××水库管理处	××水库	水利	××省××市××县××	2016年	2020年	碾压混凝土重力坝一座，地下引水发电系统。设计库容××万立方米，装机××万千瓦	合计	20000		14500	2500	5000	7000	已完成可研批复，文号：×发改农经〔2015〕××号	其他资金包括除已列出资金渠道之外的所有资金来源
								中央预算内投资	4000		2500	500	1000	1000		
								专项建设基金								
								其他中央财政性建设资金								
								地方政府投资	5000		4000	1000	1000	2000		
								项目单位自筹								
								其他资金	11000		8000	1000	3000	4000		
2	××公路集团公司	××公路	公路水路港口	××省××市××	2014年	2017年	建设××至××一级公路××公里	合计	50000	12000	38000	24000	14000		2014年10月开工，已完成道路铺设××公里，完成投资××万元	
								中央预算内投资								
								专项建设基金	8000	3000	5000	3000	2000			
								其他中央财政性建设资金								
								地方政府投资	10000	1000	9000	5000	4000			
								项目单位自筹	12000	2000	10000	6000	4000			
								其他资金	20000	6000	14000	10000	4000			
…																

附件 3

三年滚动投资计划分开工年度汇总表

填报单位：　　　　　　　　　　　　　　　　填报时间：

序号	开工时间	项目个数	投资来源	总投资	已下达投资	三年滚动投资计划				备注
						合计	2016 年	2017 年	2018 年	
	总计									
一	目前在建以及拟于当年开工项目		合计							其他资金包括除已列出资金渠道之外的所有资金来源
			中央预算内投资							
			中央专项建设基金							
			中央专项债券筹集的专项建设基金							
			其他中央财政性建设资金							
			地方政府投资							
			项目单位自筹							
			其他资金							
二	2016 年开工项目		合计							
			中央预算内投资							
			中央专项建设基金							
			中央专项债券筹集的专项建设基金							
			其他中央财政性建设资金							
			地方政府投资							
			项目单位自筹							
			其他资金							
三	2017 年开工项目		合计							
			中央预算内投资							
			中央专项建设基金							
			中央专项债券筹集的专项建设基金							
			其他中央财政性建设资金							
			地方政府投资							
			项目单位自筹							
			其他资金							
四	2018 年开工项目		合计							
			中央预算内投资							
			中央专项建设基金							
			中央专项债券筹集的专项建设基金							
			其他中央财政性建设资金							
			地方政府投资							
			项目单位自筹							
			其他资金							

附件 4

三年滚动投资计划分行业汇总表

填报单位：　　　　　　　　　　　　　　　　　填报时间：

序号	行业	项目个数	投资来源	总投资	已下达投资	三年滚动投资计划				备注
						合计	2016 年	2017 年	2018 年	
	总计									
一	农林水利		合计							其他资金包括除已列出资金渠道之外的所有资金来源
			中央预算内投资							
			中央专项建设基金							
			中央专项债券筹集的专项建设基金							
			其他中央财政性建设资金							
			地方政府投资							
			项目单位自筹							
			其他资金							
1	水利		合计							
			中央预算内投资							
			中央专项建设基金							
			中央专项债券筹集的专项建设基金							
			其他中央财政性建设资金							
			地方政府投资							
			项目单位自筹							
			其他资金							
2	农业		同上							
3	林业		……							
4	气象									
5	森工									
二	交通运输									
1	公路水路港口									
2	铁路									
3	民航									
4	邮电									
三	能源									
1	油气									
2	煤炭									
3	电力									
4	生物能源									
5	油气管网									
四	城市基础设施									

续表

序号	行业	项目个数	投资来源	总投资	已下达投资	三年滚动投资计划				备注
						合计	2016年	2017年	2018年	
1	城建									
2	城市轨道交通									
五	社会事业									
1	教育									
2	卫生									
3	文化									
4	体育									
5	广播出版									
6	人口									
7	民政									
8	旅游									
9	其他社会事业									
六	科学									
七	公检法司									
八	高技术									
九	信息化									
十	环保									
十一	国防军工									
十二	工业									
1	钢铁									
2	有色									
3	黄金									
4	化工									
5	石化									
6	建材									
7	机械									
8	汽车									
9	电子									
10	纺织									
11	轻工									
12	烟草									
13	其他工业									
十三	地质									
十四	医药									
十五	仓储物流									
1	商业、供销、外贸									
2	仓储物流									
3	经贸									
十六	其他									

附件 5

三年滚动投资计划分资金渠道汇总表

填报单位：　　　　　　　　　　　　　　　　填报时间：

序号	投资来源	项目个数	总投资	该渠道已下达投资	三年滚动投资计划				备注
					合计	2016 年	2017 年	2018 年	
	总计	—	—						
一	中央预算内投资								
二	中央专项建设基金								
1	中央水利建设基金								
2	国家重大水利工程建设基金								
3	南水北调工程基金								
4	大中型水库移民后期扶持基金								
5	大中型水库移民后期扶持结余资金								
6	铁路建设专项基金								
7	民航发展基金								
8	公路港口建设专项基金								
三	中央专项债券筹集的专项建设基金								
四	其他中央财政性建设资金								
五	地方政府投资								

注：1. 本表统计拟申请安排中央和地方政府投资的项目汇总情况，如，“一、中央预算内投资”汇总填写拟申请安排中央预算内投资的项目汇总情况；

2. “总投资”是指拟申请安排该渠道政府投资项目的总投资合计数；

3. “该渠道已下达投资”和“三年滚动投资计划”分别指相应资金渠道已下达的投资和未来三年拟申请安排的资金计划合计数。

国家发展改革委办公厅关于使用国家重大建设项目库加强项目储备编制三年滚动投资计划有关问题的通知

（发改办投资〔2015〕2942 号，2015 年 11 月 11 日）

中央和国家机关有关部门、直属机构、直属事业单位、有关人民团体办公厅（办公室），有关中央管理企业，各省、自治区、直辖市及计划单列市、新疆生产建设兵团、黑龙江省农垦总局发展改革委：

为实现依托国家重大建设项目库（以下简称“项目库”）开展项目储备和编制三年滚动投资计划等工作，现将有关工作安排和用户工作流程通知如下。

一、总体安排

（一）摸清 2015 年投资安排和完成情况

2015 年投资安排和完成情况是编制 2016—2018 年三年滚动投资计划的重要基础。各地方和有关部门要根据现有职责分工，按照行业对所涉及的各类资金渠道做好调度和统计，认真组织填写《2015 年投资计划安排与完成情况汇总表》（详见附件 1）。2016 年起，年度投资计划安排与完成情况在项目库内定期更新。

（二）做好三年滚动投资计划编制工作

根据工作要求，向国家发展改革委报送数据的用户分别于每年 3 月 10 日、6 月 10 日、9 月 10 日和 12 月 10 日前完成集中审核，并将储备项目和三年滚动投资计划在项目库内向我委报送，各类别三年滚动投资计划每年结合申请年度投资计划分别正式行文一次。今年首次集中审核要于 11 月底前完成。

1. 工作过渡期。为与年度投资计划编制工作有效衔接，2016 年至 2017 年 3 月作为工作过渡期，分为两个阶段。第一阶段自 2016 年 1 月 1 日起至 9 月 10 日止，项目审核与报送工作主要在项目库内开展，无须正式行文。第二阶段自 2016 年 9 月 10 日以后至 2017 年 3 月底，结合申报年度投资计划的时间要求，向国家发展改革委报送数据的用户在项目库完成集中审核后，正式行文并同时通过项目库报送。

2. 滚动投资计划编制周期。2017 年起，每年 4 月至次年 3 月为一个三年滚动投资计划编制周期。一是库内审核推进。每年 4 月 1 日至 9 月 10 日，审核与报送工作主要在项目库内开展，工作重点是审核修正项目填报信息，协调推进项目前期工作进展，加速项目不断成熟、具备实施条件。我委将定期调度项目储备与三年滚动投资计划有关情况。二是结合年度计划报送。每年 9 月 10 日后至次年 3 月底，应根据次年年度投资计划编制要求，将三年滚动投资计划中的第一年滚动投资计划与次年年度投资计划充分衔接，按照申报年度投资计划的时间要求，正式行文并同时通过项目库报送我委。所报送的三年滚动投资计划中，第一年滚动投资计划即作为申请的次年年度计划，不再另文报送。

二、项目单位工作流程

项目单位通过互联网访问 kpp. ndrc. gov. cn，填写用户信息，选择主管单位，通过电子邮箱进行验证，完成注册，并登录系统。

项目填报的流程如下：

（一）录入保存。在“项目储备”模块的填报区中录入并保存拟报储备项目信息（参见附件2：《国家重大建设项目库填报指标说明》），亦可对信息进行修改完善。

（二）确认报送。对拟报储备项目，通过“报送”功能提交给注册时选定的主管单位审核。如需报送其他单位，可在上报时修改。

（三）反馈更新。项目通过审核纳入储备项目库或列入三年滚动投资计划后，项目单位将自动获知。项目单位要根据项目前期工作进展或实施情况及时更新相关信息。

三、各级发展改革部门工作流程

用户通过政务外网访问 kpp. cegn. cn，使用预置用户名和密码登录。项目储备和编制三年滚动投资计划流程如下：

（一）项目储备工作流程

1. 初步审核。项目单位和下级用户报送项目已在审核区中。根据本地区项目储备原则与范围，在“项目储备”模块“审核区”中定期对项目进行初审。如需代补录项目，在“项目储备”模块填报区使用“新增”功能录入保存，并使用“提交审核”功能，将项目提交到审核区。

对于符合要求的项目，使用“纳入本级储备库”的功能完成初审；对于不符合要求的项目，使用“退回”功能退回项目单位或下级用户。对于通过初审的项目，可在“本级项目储备库”中使用“报表打印”功能生成项目表，根据现有工作机制，线下征求同级行业主管部门意见。

2. 建立储备。根据征求意见情况，如需对“本级项目储备库”项目进行调整，可使用“修改”功能修改项目信息，也可使用“取消储备”功能将项目退回到“审核区”。调整完善后形成本级项目储备库。对拟纳入上级储备的项目，在“本级项目储备库”中使用“上报”功能报送至上级用户。

（二）编制三年滚动投资计划工作流程

1. 导入本级项目。选择“滚动计划”模块。在“投资计划编报”的“编制区”中使用“从储备库挑选项目”功能，导入本级拟编制三年滚动投资计划的项目，通过“提交审核”功能将项目转至“审核区”。

2. 形成滚动计划。本级项目和下级用户报送的滚动计划均已进入“投资计划编报”的“审核区”。在参考同级行业主管部门意见的基础上，使用“修改”功能对项目进行修正后，使用“提交审核”功能将有关项目转入“待报区”，形成“本级三年滚动计划”。

3. 报送滚动计划。对于需要上报的“三年滚动计划”，由具有上报权限的用户在“待报区”中使用“填写报送文号”功能将相应项目与上报文件关联后，通过“报送”功能向上报送。上报项目将自动纳入本级三年滚动计划，已上报的项目可在“已报区”查看。

对于不需要报送，只纳入本级投资计划的项目在“待报区”使用“纳为本级滚动计划”功能将相应项目纳入当前年度的三年滚动投资计划即可。

4. 信息反馈。项目储备和三年滚动投资计划编制完成后，相应数据会逐级下达反馈。各地方、各部门和有关中央企业要根据不同阶段和成熟度对储备项目进行分类管理和协调调度。

详见附件3：《政府投资项目储备及编制三年滚动投资计划操作指引》。

四、有关要求

（一）各地方、各部门和有关中央企业应根据现有职责分工和工作机制，分别将审核通过的各类项目三年滚动投资计划正式行文报送至国家发展改革委，同时在项目库内将各类项目关联相应的文号后，推送至国家发展改革委相关司局。正式文件所附的项目信息应与项目库内保持一致。

（二）各地方、各部门和有关中央企业在使用中遇到业务、技术问题，可在项目库主页意见反馈交流区接入微信、QQ群等咨询交流，也可拨打业务咨询和技术客服电话（详见附件4）。

（三）下一步，将根据有关行业主管部门对本行业项目管理的相关业务需求和各级用户在使用中反馈的意见建议，不断完善项目库功能设置，增加项目库系统人机交互的友好程度，保障系统的安全性和稳定性。

附件：1. 2015年投资计划安排与完成情况汇总表

2. 国家重大建设项目库填报指标说明

3. 政府投资项目储备与编制三年滚动投资计划操作指引

4. 业务咨询和技术客服联系方式

5. 政务外网联网工作说明

机关团体建设楼堂馆所管理条例

（国令第 688 号，2017 年 10 月 5 日）

《机关团体建设楼堂馆所管理条例》已经 2017 年 8 月 18 日国务院第 182 次常务会议通过，现予公布，自 2017 年 12 月 1 日起施行。

第一章 总 则

第一条 为了严格控制机关、团体建设楼堂馆所，厉行节约、反对浪费，制定本条例。

第二条 机关、团体建设楼堂馆所，适用本条例。

本条例所称建设，是指新建、扩建、改建、购置；所称楼堂馆所，是指办公用房以及培训中心等各类具有住宿、会议、餐饮等接待功能的场所和设施。

第三条 建设办公用房应当严格履行审批程序，严格执行建设标准。未经批准，不得建设办公用房。

禁止以技术业务用房等名义建设办公用房或者违反规定在技术业务用房中设置办公用房。

第四条 建设办公用房应当遵循朴素、实用、安全、节能的原则。

国务院发展改革部门会同国务院住房城乡建设部门、财政部门制定办公用房建设标准，并向社会公布。

第五条 机关、团体不得建设培训中心等各类具有住宿、会议、餐饮等接待功能的场所和设施。

第二章 项 目 审 批

第六条 建设办公用房的，应当向负责项目审批的机关（以下简称审批机关）报送项目建议书、可行性研究报告、初步设计；购置办公用房的，不报送初步设计。

根据办公用房项目的具体情况，经审批机关同意，项目建议书、可行性研究报告、初步设计可以合并编制报送。

第七条 办公用房项目的审批机关及其审批权限，按照国家有关规定执行。

第八条 审批机关应当严格审核办公用房项目，按照建设标准核定建设内容、建设规模和投资概算。

第九条 办公用房项目有下列情形之一的，审批机关不得批准：

（一）属于禁止建设办公用房的情形；

（二）建设的必要性不充分；

（三）建设资金来源不符合规定；

（四）建设内容、建设规模等不符合建设标准；

（五）其他不得批准的情形。

第十条 对未经批准的办公用房项目，不得办理规划、用地、施工等相关手续，不得安排预算、拨付资金。

第十一条 办公用房项目应当按照审批机关核定的建设内容、建设规模和投资概算进行设计、施工。因国家政策调整、价格上涨、地质条件发生重大变化等原因确需增加投资概算的，应当经原审批机关批准。

第十二条 审批机关应当完善审批工作流程，建立健全审批工作责任制和内部监督机制。

第三章 建 设 资 金

第十三条 办公用房项目的建设资金

由预算资金安排。

办公用房项目的建设资金来源不得有下列情形：

（一）挪用各类专项资金；

（二）向单位、个人摊派；

（三）向银行等金融机构借款；

（四）接受赞助或者捐赠；

（五）其他违反规定的情形。

第十四条 办公用房项目的建设资金按照国库集中支付制度的有关规定支付。

第十五条 办公用房项目竣工后，建设单位应当按照规定及时组织编报竣工财务决算，并及时办理固定资产入账手续。

第四章 监督检查

第十六条 审批机关、财政部门、审计机关、监察机关（以下统称监督检查机关）应当按照各自的职责，加强对建设楼堂馆所活动的监督检查和绩效评价。

监督检查机关应当密切配合，建立信息共享机制，并根据实际需要开展联合监督检查、专项监督检查。

第十七条 监督检查机关对建设楼堂馆所活动实施监督检查，有权要求建设单位以及其他相关单位提供有关文件和资料，向有关人员了解情况，进行现场核查。建设单位以及其他相关单位对监督检查应当予以配合，不得拒绝、阻碍。

第十八条 建设单位应当按照有关规定加强办公用房项目档案管理，将项目审批和实施过程中的有关文件、资料存档备查。

第十九条 除依法应当保密的情形外，下列信息应当通过政府网站等便于公众知晓的方式公开：

（一）办公用房项目审批情况，包括建设单位名称、批准的理由以及建设内容、建设规模、投资概算等；增加投资概算的，还应当公开增加投资概算的情况和理由。

（二）监督检查情况，包括发现的违法建设楼堂馆所的单位名称、基本事实以及处理结果等。

第二十条 对违反本条例规定的行为，任何单位和个人有权向监督检查机关举报。

监督检查机关应当通过公开举报电话和邮箱、在政府网站设置举报专栏等方式，接受单位和个人的举报，并及时依法处理。

第五章 法律责任

第二十一条 机关、团体有下列情形之一的，根据具体情况责令停止相关建设活动或者改正，对所涉楼堂馆所予以收缴、拍卖或者责令限期腾退，对负有责任的领导人员和直接责任人员依法给予处分：

（一）建设培训中心等各类具有住宿、会议、餐饮等接待功能的场所和设施；

（二）未经批准建设办公用房；

（三）以技术业务用房等名义建设办公用房，或者违反规定在技术业务用房中设置办公用房；

（四）擅自改变建设内容、扩大建设规模，或者擅自增加投资概算；

（五）办公用房项目建设资金来源不符合规定。

第二十二条 有下列情形之一的，责令改正，对负有责任的领导人员和直接责任人员依法给予处分：

（一）超越审批权限审批办公用房项目；

（二）对不符合规定的办公用房项目予以批准；

（三）对未经批准的办公用房项目办理规划、用地、施工等相关手续，或者安排预算、拨付资金；

（四）其他滥用职权、玩忽职守、徇私舞弊的情形。

第二十三条 建设单位未按照规定将办公用房项目审批和实施过程中的有关文件、资料存档备查，或者转移、隐匿、篡改、毁弃有关文件、资料的，责令改正，对负有责任的领导人员和直接责任人员依法给予处分。

第二十四条 本条例第二十一条至第二十三条规定的处分，由监察机关或者其他有关机关按照管理权限实施，其他处理措施由审批机关实施。

第二十五条 违反本条例规定，构成犯罪的，依法追究刑事责任。

第六章 附 则

第二十六条 本条例所称团体，是指工会、共青团、妇联等人民团体。

第二十七条 财政给予经费保障的事业单位和人民团体以外的其他团体建设楼堂馆所，参照适用本条例。

第二十八条 机关、人民团体、财政给予经费保障的事业单位和其他团体维修办公用房，应当严格履行审批程序，执行维修标准。禁止进行超标准装修或者配置超标准的设施。

违反前款规定的，根据具体情况责令停止维修活动或者改正，对负有责任的领导人员和直接责任人员依法给予处分。

第二十九条 财政给予经费补助的事业单位和人民团体以外的其他团体建设、维修楼堂馆所的管理办法，由国务院发展改革部门会同国务院财政部门、住房城乡建设部门等有关部门以及有关机关事务管理部门按照确有必要、严格控制的原则制定。

国有企业建设、维修楼堂馆所的管理办法，由国务院发展改革部门会同国务院国有资产监督管理机构、财政部门、住房城乡建设部门等有关部门，按照前款规定的原则制定。

第三十条 军队单位建设、维修楼堂馆所，按照军队的有关规定执行。

第三十一条 本条例自2017年12月1日起施行。国务院1988年9月22日发布施行的《楼堂馆所建设管理暂行条例》同时废止。

中共中央办公厅 国务院办公厅关于印发《党政机关办公用房管理办法》的通知

（中办发〔2017〕70号，2017年12月5日）

各省、自治区、直辖市党委和人民政府，中央和国家机关各部委，解放军各大单位、中央军委机关各部门，各人民团体：

《党政机关办公用房管理办法》已经中央领导同志同意，现印发给你们，请认真遵照执行。

党政机关办公用房管理办法

第一章　总　　则

第一条　为了进一步规范党政机关办公用房管理，推进办公用房资源合理配置和节约集约使用，保障正常办公，降低行政成本，促进党风廉政建设和节约型机关建设，根据《党政机关厉行节约反对浪费条例》、《机关事务管理条例》、《机关团体建设楼堂馆所管理条例》等有关规定，制定本办法。

第二条　本办法适用于各级党政机关办公用房的规划、权属、配置、使用、维修、处置等管理工作。

本办法所称党政机关，是指党的机关、人大机关、行政机关、政协机关、监察机关、审判机关、检察机关，以及工会、共青团、妇联等人民团体和参照公务员法管理的事业单位。

本办法所称办公用房，是指党政机关占有、使用或者可以确认属于机关资产的，为保障党政机关正常运行需要设置的基本工作场所，包括办公室、服务用房、设备用房和附属用房。

第三条　党政机关办公用房管理应当遵循下列原则：

（一）依法合规，严格执行法律法规和党内有关制度规定，强化监督管理；

（二）科学规划，统筹机关办公和公共服务需求，优化布局和功能；

（三）规范配置，科学制定标准，严格审核程序，合理保障需求；

（四）有效利用，统筹调剂余缺，及时依规处置，避免闲置浪费；

（五）厉行节约，注重庄重朴素、经济适用，节约能源资源。

第四条　建立健全党政机关办公用房集中统一管理制度，统一规划、统一权属、统一配置、统一处置。县级以上党政机关办公用房有关管理部门根据职责分工，负责本级党政机关办公用房管理工作，指导下级党政机关办公用房管理工作。

中央和国家机关办公用房管理，由归口的机关事务管理部门负责规划、权属、调剂、使用监管、处置、维修等，国家发展改革委负责建设项目审批、建设标准制定以及投资安排等，财政部负责预算安排、指导开展资产管理等。中央和国家机关所属垂直管理机构、派出机构和参照公务员法管理的事业单位办公用房的权属、使用、维修等有关管理工作，由归口的机关事务管理部门委托行政主管部门负责。

地方各级党政机关办公用房管理的职责分工，由各省、自治区、直辖市参照前款规定，结合本地区实际情况合理确定相关机构承担办公用房管理职责。

各级党政机关是办公用房的使用单位，

负责本单位占有、使用办公用房的内部管理和日常维护。

第二章 权属管理

第五条 党政机关办公用房的房屋所有权、土地使用权等不动产权利（以下统称办公用房权属），统一登记至本级机关事务管理部门名下。

中央和国家机关所属垂直管理机构、派出机构和参照公务员法管理的事业单位办公用房权属应当登记在行政主管部门名下。地方各级党政机关所属垂直管理机构、派出机构办公用房权属的登记主体由各省、自治区、直辖市规定。

涉及国家秘密、国家安全等特殊情况的，经机关事务管理部门核准，可以将办公用房权属登记在使用单位名下。

因历史资料缺失、权属不清等问题无法登记的，由机关事务管理部门协调有关部门进行办公用房权属备案，使用单位不得自行处置。

第六条 建立健全党政机关办公用房清查盘点制度。使用单位应当建立本单位办公用房资产管理分台账，资产信息发生变更的，及时调整更新。机关事务管理部门应当建立本级党政机关办公用房资产管理总台账，定期组织清查盘点，确保总台账信息与使用单位分台账信息账账相符，与办公用房实际状况账实相符，与权属证书信息账证相符。

第七条 建立健全党政机关办公用房管理信息统计报告制度。

各级机关事务管理部门应当建立健全本级党政机关办公用房管理信息系统，定期统计汇总办公用房管理情况，报上级机关事务管理部门，并送同级发展改革、财政部门。

国家机关事务管理局、中共中央直属机关事务管理局应当会同有关部门，建立全国党政机关办公用房信息数据库，并纳入国家数据共享交换平台，实现与发展改革、财政、国土资源、住房城乡建设等部门共享共用。各省、自治区、直辖市应当统筹推进本地区办公用房管理信息系统建设，实现上下一体、互联互通、动态管理。

第八条 建立健全党政机关办公用房档案管理制度。使用单位应当加强本单位办公用房档案管理，及时归集权属、建设、维修等原始档案，并移交产权单位。产权单位应当加强办公用房档案的收集、保存和利用，确保档案完整。

第三章 配置管理

第九条 县级以上机关事务管理、发展改革、财政部门应当会同有关部门，结合人员编制情况、办公与业务需要等，编制本级党政机关办公用房配置保障规划，优化办公用房布局，具备条件的逐步推进集中或者相对集中办公，共用配套附属设施。

地方各级人民政府编制土地利用总体规划和城乡规划时，应当统筹安排本级党政机关办公用房用地。县级以上党政机关的驻在地人民政府应当有效保障上级党政机关办公用房用地需求。

第十条 党政机关办公用房配置应当严格执行相关标准，从严核定面积。

国家发展改革委会同住房城乡建设部、财政部，制定和完善党政机关办公用房建设标准，并实行标准动态调整。

第十一条 党政机关办公用房配置方式包括调剂、置换、租用和建设。

第十二条 使用单位需要配置办公用房的，由机关事务管理部门优先整合现有办公用房资源调剂解决。

第十三条 采取置换方式配置办公用房的，应当严格履行审批程序，执行新建办公用房各项标准，确保符合办公用房各类功能要求，并按规定组织资产评估，置换所得超出面积标准的办公用房由机关事务管理部门统一调剂，置换所得收益按照非税收入有关规定管理。

置换旧房的，由机关事务管理部门会同发展改革、财政部门报同级人民政府审批；置换新房的，应当严格履行建设审批程序。不得以置换名义量身打造办公用房，不得以未使用政府预算建设资金、资产整合等名义规避审批。

第十四条 无法调剂或者置换解决办公用房的，可以面向市场租用，但应当严格按照规定履行审批程序。

需租用办公用房的，由使用单位提出申请，经机关事务管理部门核准后，报财政部门审核安排预算；或者由机关事务管理部门统筹本级党政机关办公用房使用需求，制定租用方案，报财政部门审核安排预算后，统一租赁并统筹安排使用。

任何单位不得以变相补偿方式租用由企业等单位提供的办公用房。

各级财政部门会同机关事务管理部门，制定本级党政机关办公用房租金标准，并实行标准动态调整。

第十五条 无法调剂、置换、租用办公用房，或者涉及国家秘密、国家安全等特殊情况的，可以采取建设方式解决，但应当按照国家有关政策从严控制，严格履行审批程序。党政机关办公用房建设包括新建、扩建、改建、购置。

中共中央直属机关办公用房建设项目由归口的机关事务管理部门审核同意后统一申报，由国家发展改革委核报国务院审批。

中央国家机关本级办公用房建设项目，由国家发展改革委核报国务院审批，申报前应当由归口的机关事务管理部门出具必要性审查意见。

中央国家机关所属垂直管理机构、派出机构办公用房建设项目，厅（局）级及以上单位的项目由国家发展改革委审批，申报前应当由归口的机关事务管理部门出具必要性审查意见；厅（局）级以下单位的项目由行政主管部门审批，并报国家发展改革委和归口的机关事务管理部门备案。

中央国家机关所属参照公务员法管理的事业单位的办公用房建设项目，由国务院、国家发展改革委和行政主管部门按照中央预算内投资审批权限分别负责审批，其中由国务院、国家发展改革委审批的项目，申报前应当由归口的机关事务管理部门出具必要性审查意见。

省、自治区、直辖市及计划单列市本级党政机关办公用房建设项目，由国家发展改革委核报国务院审批；地方其他党政机关办公用房建设项目，由省级人民政府审批。

县级党政机关直属单位和乡（镇）级党政机关办公用房建设项目，可以由省级人民政府根据实际情况委托市级人民政府审批。

地方各级党政机关所属垂直管理机构、派出机构和参照公务员法管理的事业单位办公用房建设项目的审批程序，由各省、自治区、直辖市规定。

第十六条 党政机关办公用房配置所需资金，应当通过政府预算安排，不得接受任何形式赞助或者捐款，不得搞任何形式集资或者摊派，不得向其他任何单位借款，不得让施工单位垫资，严禁挪用各类专项资金。

土地收益和资产转让收益按照非税收入有关规定管理，不得直接用于办公用房配置。涉及新增资产的，应当向财政部门申报新增资产配置预算。

第十七条 新配置办公用房的党政机关，应当在搬入新办公用房后 1 个月内，将超出核定面积的原有办公用房腾退移交同级机关事务管理部门统一调剂使用，不得继续占用或者自行处置，不得自行安排其他单位使用。

第四章 使 用 管 理

第十八条 机关事务管理部门应当与使用单位签订办公用房使用协议，核发办公用房分配使用凭证。

办公用房分配使用凭证可以按照有关规定用于办理使用单位法人登记、集体户籍、大中修项目施工许可等，不得用于出租、出借、经营。

第十九条 使用单位应当严格按照有关规定在核定面积内合理安排使用办公用房，不得擅自改变办公用房使用功能，不得调整给其他单位使用。办公用房安排使用情况应当按年度通过政务内网、公示栏等平台进行内部公示；领导干部办公用房配备情况应当按年度报机关事务管理部门备案，严禁超标准配备、使用办公用房。

领导干部在不同单位同时任职的，应当在主要任职单位安排 1 处办公用房；主要任职单位与兼职单位相距较远且经常到兼职单位工作的，经严格审批后，可以由兼职单位再安排 1 处小于标准面积的办公用房，并在免去兼任职务后 2 个月内腾退兼职单位安排的办公用房。

工作人员调离或者退休的，使用单位应当在办理调离或者退休手续后 1 个月内收回其办公用房。

第二十条 党政机关工作人员办公室具备条件的，应当采用大开间等形式，提高办公用房利用率。

会议室、接待室等服务用房，可以采取可拆卸式隔断设计，提高空间使用的灵活性。

第二十一条 项目批复中已经明确和机关一并建设办公用房的事业单位，按照面积标准核定后可以继续无偿使用机关办公用房。

公益一类事业单位已经占用的机关办公用房，按照面积标准核定后可以继续无偿使用。公益二类事业单位已经占用的机关办公用房，应当按照规定予以腾退；确有困难的，经机关事务管理部门批准，可以继续有偿使用，租金收益按照非税收入有关规定管理。事业单位已经新建、购置办公用房或者租用其他房屋办公的，应当在 6 个月内将原有办公用房腾退移交机关事务管理部门。

生产经营类事业单位、国有企业和行业协会商会等社团组织，原则上不得占用党政机关办公用房。

第二十二条 党政机关办公用房使用单位机构、编制调整的，机关事务管理部门应当重新核定其办公用房面积。超出面积标准的，使用单位应当在 6 个月内将超出部分的办公用房腾退移交机关事务管理部门。

党政机关转为企业的，应当在办理企业工商注册后 6 个月内将原有办公用房腾退移交机关事务管理部门。转企单位确有困难的，经机关事务管理部门批准，可以继续有偿使用，租金收益按照非税收入有关规定管理；新建、购置或者租用办公用房的，应当在 6 个月内将原有办公用房腾退移交机关事务管理部门。

党政机关撤销的，应当在 6 个月内将原有办公用房腾退移交机关事务管理部门。

第二十三条 建立健全政府向社会购买物业服务机制，逐步实现办公用房物业服务社会化、专业化，具备条件的逐步推进统一物业管理服务。

机关事务管理部门应当会同有关部门，按照经济、适度的原则，制定本级党政机关办公用房物业服务内容、服务标准和费用定额。

第二十四条 鼓励有条件的地区探索试行办公用房租金制，逐步推进办公用房经费预算管理和实物资产管理相结合。

第五章 维 修 管 理

第二十五条 党政机关办公用房维修

包括日常维修和大中修。中央和国家机关办公用房维修标准由归口的机关事务管理部门、财政部会同住房城乡建设部制定，地方各级党政机关办公用房维修标准由各省、自治区、直辖市结合实际制定，并建立标准动态调整机制。

第二十六条 使用单位负责办公用房的日常检查和维修，所需资金通过部门预算安排。

第二十七条 党政机关办公用房因使用时间较长、设施设备老化、功能不全、存在安全隐患等原因需要大中修的，使用单位向机关事务管理部门提出申请；机关事务管理部门结合办公用房建筑年代、历史维修记录、老化损坏程度、单位建筑面积能耗水平和使用单位的实际需求，统筹安排办公用房大中修项目，报财政部门审核安排预算。

办公用房大中修项目应当严格按照规定履行审批程序，未经审批的项目，不得安排预算。中央和国家机关本级办公用房大中修项目，由归口的机关事务管理部门审批。中央和国家机关所属垂直管理机构、派出机构和参照公务员法管理的事业单位办公用房大中修项目，机关事务管理部门委托行政主管部门审批，其中厅（局）级及以上单位办公用房大中修项目审批情况应当报归口的机关事务管理部门备案。地方各级党政机关办公用房大中修项目的审批程序，由各省、自治区、直辖市规定。

第六章 处置利用管理

第二十八条 党政机关办公用房有下列情形之一闲置的，可以按照有关规定采取调剂使用、转换用途、置换、出租、拍卖、拆除等方式及时处置利用：

（一）同级党政机关办公用房总量满足使用需求，仍有余量的；

（二）因地理位置、周边环境、房屋结构等原因，不适合继续作为办公用房使用的；

（三）因城乡规划调整等需要拆迁的；

（四）经专业机构鉴定属于危房，且无加固改造价值的；

（五）其他原因导致办公用房闲置的。

处置利用党政机关办公用房涉及权属、用途等变更的，应当依法办理相关手续。

第二十九条 同一区域内闲置办公用房具备条件的，应当加强跨系统、跨层级调剂使用。

中央和国家机关所属垂直管理机构、派出机构之间调剂使用的，由行政主管部门审核提出意见，经归口的机关事务管理部门批准后实施，调剂使用情况报财政部备案。

中央和国家机关所属垂直管理机构、派出机构与地方各级党政机关之间调剂使用的，由行政主管部门会同有关地方人民政府审核提出意见，经归口的机关事务管理部门会同财政部批准后实施。

地方同级或者上下级党政机关之间，以及地方各级党政机关所属垂直管理机构、派出机构之间调剂使用的，参照前两款规定办理。

第三十条 具备条件的，机关事务管理部门可以商有关部门将闲置办公用房转为便民服务、社区活动等公益场所，或者按照有关规定置换为其他符合国家政策和需要的资产。

机关事务管理部门可以通过公共资源交易平台统一招租，租金收益按照非税收入有关规定管理。党政机关如有需要，应当及时收回出租的办公用房，统筹调剂使用。使用单位不得擅自出租办公用房。

第三十一条 闲置办公用房无法通过调剂使用、转换用途、置换、出租等方式处置利用的，机关事务管理部门报财政部门批准后，可以通过公共资源交易平台依法公开拍卖，拍卖收益按照非税收入有关规定管理。

第七章 监督问责

第三十二条 党政机关办公用房使用单位应当建立本单位内部使用管理制度，加强监督检查和责任追究，及时发现和纠正违规问题。

党政机关办公用房有关管理部门应当根据职责分工，加强办公用房监管，严格履行相关管理程序，对使用单位的办公用房违规管理使用问题及时按照规定移交有关部门和单位查处。

纪检监察机关应当及时受理群众举报和有关部门移送的办公用房管理案件线索，严肃查处违规违纪问题。

第三十三条 建立健全党政机关办公用房巡检考核制度。

县级以上机关事务管理、发展改革、财政部门会同有关部门，定期对本级党政机关（含所属垂直管理机构、派出机构）办公用房使用情况以及下级党政机关办公用房管理情况进行专项联合巡检，及时发现和纠正违规问题。

办公用房专项巡检应当与党风廉政建设责任制检查考核、政府绩效考核以及党政领导班子和领导干部年度考核相结合，巡检考核结果作为干部管理监督、选拔任用的依据。

第三十四条 建立健全党政机关办公用房管理信息公开制度。除依照法律法规和有关要求需要保密的内容和事项外，办公用房建设、使用、维修、处置利用、运行费用支出等情况，应当在政府门户网站等公共平台定期公开，主动接受社会监督。

第三十五条 建立健全党政机关办公用房管理责任追究制度，对有令不行、有禁不止的，依照有关规定严肃追究相关人员责任。

管理部门有下列情形之一的，依纪依法追究相关人员责任：

（一）违规审批项目或者安排投资计划、预算的；

（二）不按照规定履行调剂、置换、租用、建设等审批程序的；

（三）为使用单位超标准配置办公用房的；

（四）不按照规定处置办公用房的；

（五）办公用房管理信息统计报送中瞒报、漏报的；

（六）对发现的违规问题不及时处理的；

（七）有其他违反办公用房管理规定情形的。

使用单位有下列情形之一的，依纪依法追究相关人员责任：

（一）擅自将办公用房权属登记至本单位或者所属单位名下，或者不配合办理权属登记的；

（二）未经批准建设或者大中修办公用房的；

（三）不按规定腾退移交办公用房的；

（四）未经批准租用、借用办公用房的；

（五）擅自改变办公用房使用功能或者处置办公用房的；

（六）擅自安排企事业单位、社会组织等使用机关办公用房的；

（七）为工作人员超标准配备办公用房，或者未经批准配备两处以上办公用房的；

（八）有其他违反办公用房管理规定情形的。

第八章 附　　则

第三十六条 党政机关本级的技术业务用房以及机关办公区内的技术业务用房，权属统一登记至本级机关事务管理部门名下，从严控制使用范围和用途，原则上不得调整用作办公用房。

党政机关本级的技术业务用房建设项目以及机关办公区内的技术业务用房建设

项目，应当严格按规定履行审批程序，项目申报前由机关事务管理部门出具土地、人防等审查意见。

住房城乡建设部会同国家发展改革委、有关业务主管部门，制定和完善各类技术业务用房建设标准，合理区分办公用房和技术业务用房。

第三十七条 各省、自治区、直辖市以及中央和国家机关各部门，应当根据本办法，结合实际制定具体管理办法。

第三十八条 各民主党派机关办公用房管理适用本办法。

不参照公务员法管理的事业单位办公用房管理办法，另行制定。

第三十九条 本办法由国家机关事务管理局、中共中央直属机关事务管理局、国家发展改革委和财政部负责解释。

第四十条 本办法自 2017 年 12 月 5 日起施行。其他有关党政机关办公用房管理的规定，凡与本办法不一致的，按照本办法执行。

中共中央办公厅 国务院办公厅关于党政机关停止新建楼堂馆所和清理办公用房的通知

（中办发〔2013〕17号，2013年7月24日）

近年来，各地区各部门认真贯彻中央要求，在严格控制党政机关楼堂馆所建设方面采取了一些措施，取得了一定成效。但是，近期一些地区和部门又出现了违规修建楼堂馆所的现象，损害党风政风，影响党和政府形象，人民群众反映强烈。党中央、国务院对此高度重视，强调各级党政机关要大力弘扬艰苦奋斗、勤俭节约的优良作风，认真贯彻落实中央八项规定精神，树立过紧日子的思想，全面停止新建楼堂馆所，规范办公用房管理，切实把有限的资金和资源更多用在发展经济、改善民生上。经党中央、国务院同意，现就有关事项通知如下。

一、全面停止新建党政机关楼堂馆所

自本通知印发之日起，5年内，各级党政机关一律不得以任何形式和理由新建楼堂馆所。

（一）停止新建、扩建楼堂馆所。严禁以任何理由新建楼堂馆所，严禁以危房改造等名义改扩建楼堂馆所，严禁以建技术业务用房名义搭车新建楼堂馆所，严禁改变技术业务用房的用途。

（二）停止迁建、购置楼堂馆所。严禁以城市改造、城市规划等理由在他处重新建设楼堂馆所，严禁以任何理由购置楼堂馆所。

（三）严禁以“学院”、“中心”等名义建设楼堂馆所。严禁接受任何形式的赞助建设和捐赠建设，严禁借企业名义搞任何形式的合作建设、集资建设或专项建设。

（四）已批准但尚未开工建设的楼堂馆所项目，一律停建。

二、严格控制办公用房维修改造项目

办公用房因使用时间较长、设施设备老化、功能不全、存在安全隐患，不能满足办公要求的，可进行维修改造。维修改造项目要以消除安全隐患、恢复和完善使用功能为重点，严格履行审批程序，严格执行维修改造标准，严禁豪华装修。

中央直属机关办公用房维修改造项目，由中直管理局审批。国务院各部门办公用房维修改造项目，由国管局审批。地方各级党政机关办公用房维修改造项目的审批程序，由各省、自治区、直辖市规定。各地区要根据本地区实际制定党政机关办公用房维修改造标准和工程消耗量定额。

各级党政机关要严格按照2007年印发的《中共中央办公厅、国务院办公厅关于进一步严格控制党政机关办公楼等楼堂馆所建设问题的通知》要求，加强预算和资金使用管理。党政机关办公用房维修改造项目所需投资，统一纳入预算安排财政资金解决，未经审批的项目，不得安排预算。

各级党政机关不得以任何理由安排财政资金用于包括培训中心在内的各类具有住宿、会议、餐饮等接待功能的设施或场所的维修改造。

三、全面清理党政机关和领导干部办公用房

各级党政机关要对占有、使用的办公用房进行全面清理，根据不同情况分别作出如下处理：

（一）超过《党政机关办公用房建设标准》（原国家计委计投资〔1999〕2250号）规定的面积标准占有、使用办公用房的，应予以腾退。

（二）未经批准改变办公用房使用功能的，原则上应恢复原使用功能。

（三）已经出租、出借的办公用房到期应予收回，租赁合同未到期的，租金收入严格按照收支两条线规定管理，到期后不得续租。未经批准租用办公用房的，应予以清理并腾退，严禁以租用过渡性用房名义变相购建使用办公用房。

（四）除在立项批复中明确事业单位和行政机关办公用房一并建设外，所属其他企事业单位一律不得占用行政机关办公用房，已占用的，原则上应予以清理并腾退。

（五）部门和单位在机构变动中转为企业的，所占用的办公用房应予腾退，确实难以腾退的，经批准可租用原办公用房或按规定程序转为企业国有资本金。

（六）各级党政机关领导干部应当严格按照《党政机关办公用房建设标准》的规定配置办公用房。办公用房面积超标准配置的，应予以清理并腾退；领导干部在不同部门同时任职的，应在主要工作部门安排一处办公用房，其他任职部门不再安排办公用房；领导干部工作调动的，由调入部门安排办公用房，原单位的办公用房不再保留；领导干部在人大或政协任职，人大或政协已安排办公用房的，原单位的办公用房不再保留，人大或政协没有安排办公用房的，由原单位根据本人承担工作的实际情况，安排适当的办公用房；领导干部在协会等单位任职的，由协会等单位根据工作需要安排办公用房，原单位的办公用房不再保留；领导干部已办理离退休手续的，原单位的办公用房应及时腾退。

四、严格规范党政机关办公用房管理

各地区要按照有关规定，建立健全办公用房集中统一管理制度，实行统一调配、统一权属登记。要严格按照《党政机关办公用房建设标准》和各部门各单位“三定”规定，从严核定办公用房面积。新建、调整办公用房的部门和单位，要按照“建新交旧”、“调新交旧”原则，在搬入新建或新调整办公用房的同时，及时将原办公用房腾退移交机关事务主管部门。因机构增设、职能调整确需增加办公用房的，应在本部门本单位现有办公用房中解决；本部门本单位现有办公用房不能满足需要的，由机关事务主管部门整合办公用房资源调剂解决；无法调剂、确需租用办公用房的，要严格履行审批手续。各级党政机关要制定本部门本单位办公用房使用管理制度，严格办公用房使用管理。

各级机关事务主管部门要做好办公用房物业管理工作，制定和完善物业服务内容、服务标准和收费标准等制度，并结合机关后勤服务社会化改革，逐步推进办公用房物业服务社会化。

五、切实加强领导，强化监督检查

停止新建党政机关楼堂馆所和清理办公用房，是加强党风廉政建设的重要内容，是密切党群干群关系、维护党和政府形象的客观要求，各级党政机关要高度重视，领导干部要率先垂范。各地区各部门各单位要结合实际，抓紧制定相关制度标准和实施办法，切实加强领导，严格落实责任制，确保本通知精神落到实处。

投资主管部门要进一步完善审批程序，建立健全审批责任制和内部监督机制，对

违规审批等行为要严肃处理。财政部门要严格公共财政预算管理，对未按规定履行审批手续的党政机关楼堂馆所建设和维修改造项目一律不得下达财政预算。各部门各单位年终应把楼堂馆所建设和维修改造项目实施情况作为政务公开的重要内容，主动接受社会监督。国土资源管理部门要严格土地供应管理，对未按规定履行审批手续的党政机关楼堂馆所建设和维修改造项目一律不得供地。住房城乡建设部门要加强对党政机关楼堂馆所建设和维修改造项目的监管，并制定相应的标准和工程消耗量定额。机关事务主管部门要完善党政机关办公用房管理制度，定期组织督促检查，并通报检查情况，督促落实办公用房清理工作。审计部门要加强对党政机关楼堂馆所建设和维修改造项目的审计监督。纪检监察机关要坚决纠正和查处党政机关楼堂馆所建设和维修改造项目及办公用房管理使用中的各种违规违纪行为，对有令不行、有禁不止的，依照有关规定严肃追究直接责任人和有关领导人员的责任。

2013 年 9 月 30 日前，各地区要将落实本通知的情况报中央办公厅、国务院办公厅；中央和国家机关各部门落实本通知的情况，按系统分别报中直管理局、国管局，汇总后报中央办公厅、国务院办公厅。中央办公厅、国务院办公厅将视情组织督促检查，并通报检查情况。

本通知所称党政机关，包括党的机关、人大机关、行政机关、政协机关、审判机关、检察机关。各级党政机关派出机构、直属事业单位及工会、共青团、妇联等人民团体适用本通知。国有及国有控股企业参照本通知执行。

本通知所称党政机关楼堂馆所，包括使用财政性资金建设的党政机关办公用房、培训中心，以及以“学院”、“中心”等名义兴建的具有住宿、会议、餐饮等接待功能的设施或场所；领导干部是指省部级以下（含省部级）各级党政领导干部。党政机关使用非财政性资金建设的楼堂馆所，参照本通知执行。

中共中央办公厅 国务院办公厅关于进一步严格控制党政机关办公楼等楼堂馆所建设问题的通知

（中办发〔2007〕11号，2007年3月18日）

各省、自治区、直辖市党委和人民政府，中央和国家机关各部委，军委总政治部，各人民团体：

近年来，各地区各部门按照中央的要求，在严格控制党政机关办公楼等楼堂馆所建设方面采取了一些措施，取得了一定成效。但是，最近一些党政机关违规修建办公楼等楼堂馆所现象又有所抬头，且有愈演愈烈之势。有的违反审批程序，越权审批，擅自提高建设标准、扩大建筑面积；有的不注重建筑的使用功能和经济实用性，盲目攀比，贪大求洋，搞豪华装修；有的不惜贷款、举债，甚至挪用扶贫款、救灾款等专项资金修建办公楼等楼堂馆所，群众反映十分强烈。党中央、国务院对此高度重视，明确要求采取有效措施，坚决刹住这股歪风，维护党和政府的良好形象。经党中央、国务院领导同志同意，现就进一步严格控制党政机关办公楼等楼堂馆所建设问题通知如下。

一、充分认识严格控制党政机关办公楼等楼堂馆所建设的重要意义

严格控制党政机关办公楼等楼堂馆所建设，是发扬艰苦奋斗、勤俭节约优良传统的具体体现，是加强党风廉政建设的重要内容，是密切党群干群关系、维护党和政府形象的客观要求。各级党委、政府和各有关部门要充分认识到，违反规定建设办公楼等楼堂馆所，追求和攀比办公场所豪华气派，是一种严重的铺张浪费行为，也是一种滥用权力的腐败行为。这种做法不仅浪费国家财产和资源，加重人民群众负担，而且败坏党风、政风和社会风气，侵蚀党员干部的进取精神和服务意识，危害党和人民的事业。同时还要看到，虽然我国的经济实力和综合国力在不断增强，但我国还是发展中国家，仍处于并将长期处于社会主义初级阶段，全体人民的生活还不富裕，国家建设和发展需要办的事情还很多，必须继续发扬艰苦奋斗的优良传统，必须继续坚持勤俭办一切事业的方针。各级党政机关和领导干部要牢牢把握立党为公、执政为民的本质要求，始终牢记“两个务必”，全面加强思想作风建设，带头弘扬新风正气，坚决抵制贪图安逸、追求享乐等不正之风，为全社会做好表率。

二、严格审批党政机关办公楼建设项目

所有新建、扩建、迁建、购置、装修改造党政机关办公楼项目，必须严格履行审批程序。根据有关规定，中央直属机关办公楼建设项目经中央直属机关事务管理局审核同意后，由国家发展改革委核报国务院审批。国务院各部门办公楼建设项目，总投资7000万元以下（含7000万元）的，由国务院机关事务管理局征求国家发展改革委意见后报国务院审批；总投资7000万元以上的，经国务院机关事务管理局初审后，由国家发展改革委核报国务院审批。中央和国家机关所属事业单位办公楼建设项目，一律报国家发展改革委审批。其中，使用中央预算内投资7000万元以上的，由

国家发展改革委核报国务院审批。

省（自治区、直辖市）及计划单列市党政机关办公楼建设项目，一律由国家发展改革委核报国务院审批。省直厅（局）级单位和市（地、州、盟）、县（市、区、旗）党政机关办公楼建设项目，由省（自治区、直辖市）人民政府审批。市（地、州、盟）、县（市、区、旗）党政机关直属单位和乡镇党政机关办公楼建设项目，由市（地、州、盟）人民政府（行署）审批。地方各级党政机关直属事业单位办公楼建设项目的审批程序，由各省（自治区、直辖市）人民政府规定。

今后一律不再审批党政机关新建、改扩建包括培训中心在内的各类具有住宿、会议、餐饮等接待功能的设施或场所建设项目，也不得安排财政性资金用于部门、地方所属的现有这类设施或场所的维修改造。各级党政机关要积极推进所属接待设施或场所经营管理的社会化进程，实现与所属部门彻底脱钩。

三、从严控制党政机关办公楼建设标准

党政机关办公楼建设必须体现庄重、朴素、实用和节约资源的原则。办公楼面积标准要严格按照原国家计委《关于印发党政机关办公用房建设标准的通知》（计投资〔1999〕2250号，以下简称《通知》）的规定执行。办公楼主入口不得设置大门厅，门厅高度不得超过两层楼高。各级领导干部办公室的使用面积，要严格控制在《通知》规定的标准内。不得在办公区域内，以任何理由建设阶梯式和有舞台灯光音响、舞台机械、同声传译的会堂、报告厅、大型会议室。建筑物内不得设置阳光房、采光中厅、室内花园、景观走廊等。

党政机关办公楼不得定位为城市标志性建筑，外立面不得搞豪华装修，内装修要简洁朴素，办公设备的配置要科学实用。电梯、采暖、空调、供配电、弱电等设备以及各类建筑材料均应选用高效、节能、环保的国产产品。凡新建、改扩建的，必须严格执行《公共建筑节能设计标准》，建成后应进行建筑节能测评，凡达不到建筑节能标准的，不得进行竣工验收备案。

党政机关办公楼建设必须符合土地利用和城市规划要求，从严控制用地规模，严禁超标准占地、低效利用土地，不得占用耕地，不得配套建设大型广场、公园等设施。同时，要积极创造条件盘活行政事业单位办公楼存量资源，增加存量供给。对办公用房确有困难的，应首先考虑从现有党政机关办公用房存量中调剂解决；确需新建、改扩建的，应打破系统、部门之间界限，实行集中建设。

要充分发挥限额设计在控制投资和建设标准方面的作用，坚决控制党政机关办公楼工程造价标准。党政机关办公楼单位综合造价（不含土地有关费用及市政配套建设费），省（部）级不得超过4000元/平方米，市（地）级不得超过3000元/平方米，县（处）级及以下单位不得超过2500元/平方米。在不超出上述限额的前提下，各省（自治区、直辖市）可根据本地实际情况制定党政机关办公楼单位综合造价标准。凡超出规定标准的，投资主管部门一律不得受理。除明显物价上涨以及国家政策性调整、自然灾害等不可抗力因素外，经批准的初步设计概算一律不得突破和调整。

四、规范党政机关办公楼建设资金来源和管理方式

党政机关和财政全额拨款事业单位办公楼项目建设投资，统一由政府预算内投资安排，不得使用银行贷款，不得接受任何形式的赞助或捐赠，不得搞任何形式的集资或摊派，不得向其他单位借款，不得让施工单位垫资，严禁挪用各类专项资金。

土地收益和资产转让收益要按照有关规定严格实行收支两条线管理，不得直接用于办公楼建设。差额拨款和自收自支事业单位使用行政事业性收费等财政性资金建设办公楼的，在申报项目时要出具财政部门对使用行政事业性收费等财政性资金的审核意见。

加快推进党政机关办公楼建设项目代建制试点工作。逐步推行由专业化项目管理单位组织实施项目建设、建成后移交给使用单位的建设管理模式，不再由使用单位自行组织建设。

投资和规模较大的党政机关办公楼建设项目，投资主管部门应对项目施工图进行复核，对不按初步设计和投资概算批复要求编制的施工图，建设和设计单位必须按要求进行修改。在项目实施过程中，有关部门要加强监督检查，使用单位不得随意干涉。项目建成交付使用前，由纪检监察机关、审计、财政和投资主管等部门组成联合检查组，对项目的建设规模、标准、投资、资金来源进行全面检查。

五、全面清理党政机关办公楼等楼堂馆所建设项目

各地区各部门要对近年来修建党政机关办公楼等楼堂馆所情况进行全面彻底的清理。对清理中发现的问题，要根据不同情况分别作出处理。凡是违反规定拟建和在建的办公楼等楼堂馆所项目，必须坚决停建或缓建；凡是没有按规定履行审批手续，擅自建设的办公楼等楼堂馆所项日，一经查实，要予以没收；凡是超规模、超标准、超投资概算建设的办公楼等楼堂馆所项目，要视具体情况作出腾退超标准面积或全部没收、拍卖处理。对招标交易单位不按批复规模、标准受理招标的，有关部门要责令其停业整顿，并追究直接责任人和主要领导人员的责任；对设计单位不按批复规模、标准设计的，有关部门要依法给予其行政处罚，并禁止其承接政府投资项目的设计业务；对项目未按批复规模、标准实施，监理单位未及时制止并向投资主管部门报告的，有关部门要依法给予其行政处罚，并禁止其承接政府投资项目的监理业务。

六、建立健全相关制度和监管机制

各地区各部门要结合实际，抓紧制定相关制度和实施办法，并切实加强领导，严格落实责任制，确保本通知精神落到实处。投资主管部门要进一步完善审批程序，建立健全审批责任制和内部监督机制，对违规审批等行为要严肃处理。财政部门要严格公共财政支出管理制度，增强预算透明度，对于未经有关部门审批的办公楼建设项目一律不下达财政预算，把党政机关办公楼等楼堂馆所建设预算支出情况作为政务公开的重要内容，主动接受社会监督。建设部门要加强党政机关办公楼等楼堂馆所设计概算、施工预算编制的管理和工程造价标准的制定工作。审计部门要加强对党政机关办公楼等楼堂馆所建设项目的审计监督。纪检监察机关要加强对党政机关办公楼等楼堂馆所建设的监督检查，坚决纠正和查处各种违规违纪行为，对有令不行、有禁不止的，要依照有关规定给予直接责任人党纪政纪处分，并追究有关领导人员的责任。

本通知所称党政机关，包括党的机关、人大机关、行政机关、政协机关、审判机关、检察机关。工会、共青团、妇联等人民团体以及各级党政机关派出机构和直属事业单位适用本通知。国有和国有控股企业参照执行本通知。

国家发展改革委 住房城乡建设部
关于印发党政机关办公用房建设标准的通知

（发改投资〔2014〕2674号，2014年11月24日）

中央和国家机关各部委、各直属机构，各人民团体，各省、自治区、直辖市及计划单列市、新疆生产建设兵团发展改革委、住房和城乡建设厅（局、委）：

根据中共中央办公厅、国务院办公厅《关于党政机关停止新建楼堂馆所和清理办公用房的通知》（中办发〔2013〕17号）有关大力弘扬艰苦奋斗、勤俭节约优良作风，认真贯彻落实中央八项规定精神的要求，发展改革委、住房城乡建设部会同有关部门在深入调查研究和广泛征求意见的基础上，对1999年颁布实施的党政机关办公用房建设标准进行了修订。经报请党中央、国务院批准，现将修订后的《党政机关办公用房建设标准》印发给你们，请按照执行。

附件：党政机关办公用房建设标准

附件

党政机关办公用房建设标准

第一章 总 则

第一条 为规范党政机关办公用房建设，提高投资决策科学化水平，合理确定党政机关办公用房的建设内容、建设规模和标准，满足办公使用功能的需要，加强管理和监督，制定本建设标准。

第二条 本建设标准是党政机关办公用房建设项目决策和建设的全国统一标准，是编制、评估和审批党政机关办公用房建设项目的项目建议书、可行性研究报告、初步设计以及对项目建设进行监督检查的重要依据。

第三条 本建设标准适用于全国乡（镇、苏木）级及以上党的机关、人大机关、行政机关、政协机关、审判机关、检察机关，工会、共青团、妇联等人民团体机关，以及各级机关组成机构、直属机构、派出机构和直属事业单位（以下统称党政机关）办公用房的新建（或购置）、改建和扩建工程。配备、租用办公用房参照执行。

第四条 党政机关办公用房建设必须贯彻艰苦奋斗、勤俭节约、反对浪费的方针，按照统筹兼顾、适用为主、满足办公需要的原则进行建设。

集中建设或联合建设的办公用房，应充分利用公共服务和附属设施，打破系统、部门之间的界限，实行统一规划、集中管理、共同使用。

第五条 党政机关办公用房建设必须符合土地利用和城乡规划要求，从严控制用地规模，严格土地审批，节约集约用地，严禁超标准占地、低效利用土地，不得占用耕地，新建项目不得配套建设大型广场、公园等设施。

第六条 党政机关办公用房建设应做

到庄重、朴素、经济、适用和资源节约，不得定位为城市标志性建筑。外立面不得搞豪华装修，内装修应简洁朴素。

第七条 党政机关办公用房的建设规模应根据使用单位的类别和各级别编制定员，按照本建设标准的规定确定建筑面积。严禁超规模、超标准、超投资建设党政机关办公用房。

第八条 党政机关办公用房的建设除应符合本建设标准外，还应符合国家关于安全、资源节约、环境保护、卫生、绿色建筑等标准和规范要求。

第二章 建筑分类与面积指标

第九条 党政机关办公用房根据单位级别和性质分为五类，其适用对象见表1。

表1 党政机关办公用房类别划分

类别	适用对象
中央机关	中央部（委）级党的机关、人大机关、行政机关、政协机关、审判机关、检察机关，工会、共青团、妇联等人民团体机关，以及各机关派出机构和直属事业单位
省级机关	省（自治区、直辖市）级党的机关、人大机关、行政机关、政协机关、审判机关、检察机关，工会、共青团、妇联等人民团体机关，以及各机关的组成机构、直属机构、派出机构和直属事业单位
市级机关	市（地、州、盟）级党的机关、人大机关、行政机关、政协机关、审判机关、检察机关，工会、共青团、妇联等人民团体机关，以及各机关的组成机构、直属机构、派出机构和直属事业单位
县级机关	县（市、旗）级党的机关、人大机关、行政机关、政协机关、审判机关、检察机关，工会、共青团、妇联等人民团体机关，以及各机关的组成机构、直属机构、派出机构和直属事业单位
乡级机关	乡（镇、苏木）级党的机关、人大机关、行政机关及其他机关

第十条 党政机关办公用房由基本办公用房（办公室、服务用房、设备用房）、附属用房两部分组成，并应符合表2的规定。

表2 党政机关办公用房功能分类

办公用房	包括内容	
基本办公用房	办公室	包括领导人员办公室和一般工作人员办公室
	服务用房	包括会议室、接待室、档案室、图书资料室、机关信息网络用房、机要保密室、文印室、收发室、医务室、值班室、储藏室、物业及工勤人员用房、开水间、卫生间等
	设备用房	包括变配电室、水泵房、水箱间、中水处理间、锅炉房（或热力交换站）、空调机房、通信机房、电梯机房、建筑智能化系统设备用房等
附属用房	包括食堂、停车库（汽车库，自行车库，电动车、摩托车库）、警卫用房、人防设施等	

注：表中所称领导人员是指独立法人单位的领导班子成员。

第十一条 各级工作人员办公室使用面积不应超过表3的规定。

表3 各级工作人员办公室使用面积

类别	适用对象	使用面积（平方米/人）
中央机关	部级正职	54
	部级副职	42
	正司（局）级	24
	副司（局）级	18
	处级	12
	处级以下	9
省级机关	省级正职	54
	省级副职	42
	正厅（局）级	30
	副厅（局）级	24
	正处级	18
	副处级	12
	处级以下	9

续表 3

类别	适用对象	使用面积（平方米/人）
市级机关	市级正职	42
	市级副职	30
	正局（处）级	24
	副局（处）级	18
	局（处）级以下	9
县级机关	县级正职	30
	县级副职	24
	正科级	18
	副科级	12
	科级以下	9
乡级机关	乡级正职	由省级人民政府按照中央规定和精神自行做出规定，原则上不得超过县级副职
	乡级副职	
	乡级以下	

注：1. 副省级城市、副部级单位副职办公室面积指标按不超过省（部）级副职标准执行，其组成部门的正、副局（司）级人员办公室面积指标按不超过省级机关或中央机关相应的正、副厅（局、司）级标准执行。副市（厅）、副县（处）级单位以此类推。

2. 中央机关司（局）级派出机构、事业单位按省级机关厅（局）级单位标准执行，处级派出机构、事业单位按市级机关局（处）级单位标准执行；省级机关处级直属机构、派出机构、事业单位按市级机关局（处）级单位标准执行，科级派出机构、事业单位按县级机关科级单位标准执行。其他以此类推。

3. 各级党政机关领导人员办公室可在上列规定的办公室使用面积范围内配备休息室。

4. 省部级领导人员、省（自治区、直辖市）所属厅（局）正职和市（地、州、盟）、县（市、区、旗）党政正职办公室可在上列规定的办公室使用面积范围内配备不超过 6 平方米的卫生间。

第十二条 服务用房使用面积不应超过表 4 的规定。

表 4 服务用房编制定员人均使用面积

类别	使用面积（平方米/人）	计算方法
中央机关省级机关	7～9	200 人及以下取上限，400 人及以上取下限，中间值用公式（1100－x)/100 计算确定
市级机关	6～8	200 人及以下取上限，400 人及以上取下限，中间值用公式（1000－x)/100 计算确定
县级机关	6～8	100 人及以下取上限，200 人及以上取下限，中间值用公式（500－x)/50 计算确定
乡级机关	由省级人民政府按照中央规定和精神自行做出规定，原则上不得超过县级机关	—

注：表中 x 为编制定员。

第十三条 设备用房使用面积应根据地理位置、建设规模以及相关设备需求确定，宜按办公室和服务用房使用面积之和的 9%测算。

第十四条 党政机关办公用房应合理确定门厅、走廊、电梯厅等面积，提高使用面积系数。基本办公用房建筑总使用面积系数，多层建筑不应低于 65%，高层建筑不应低于 60%。

第十五条 附属用房建筑面积，不应超过下列规定：

1. 食堂：食堂餐厅及厨房建筑面积按编制定员计算，编制定员 100 人及以下的，人均建筑面积为 3.7 平方米；编制定员超过 100 人的，超出人员的人均建筑面积为 2.6 平方米。

2. 停车库：总停车位数应满足城乡规划建设要求，汽车库建筑面积指标为 40 平方米/辆，超出 200 个车位以上部分为 38 平方米/辆，可设置新能源汽车充电桩；自行车库建筑面积指标为 1.8 平方米/辆；电动车、摩托车库建筑面积指标为 2.5 平方米/辆。

3. 警卫用房：宜按警卫编制定员及武警营房建筑面积标准计算，人均建筑面积为 25 平方米。

4. 人防设施：应按国家人防部门规定的设防范围和标准计列建筑面积，本着平战结合、充分利用的原则，在平时可以兼作地下车库、物品仓库等。

第十六条 党政机关办公用房总建筑面积可按下式计算得出：

$$S=[A+B+(A+B)\times 9\%]/K+C$$

式中：S——总建筑面积；

A——各级工作人员办公室总使用面积；

B——服务用房总使用面积；

K——基本办公用房建筑总使用面积系数；

C——附属用房总建筑面积。

第三章 选址、布局与建设用地

第十七条 党政机关办公用房选址应符合当地土地利用总体规划和城乡规划的要求，在规划确定的城镇建设用地范围内，选择位置适合、交通便利、环境适宜、基础设施和地质条件良好、有利于安全保卫的地点。

第十八条 党政机关办公用房在城市中的布局宜相对集中。联合建设时，其设备用房和附属用房等应统一规划与建设。

第十九条 党政机关办公用房的建筑总平面布置应遵循功能组织合理、建筑组合紧凑、服务资源共享的原则，科学合理组织和利用地上、地下空间。

第二十条 党政机关办公用房建设用地包括：建筑主体及其附属建筑用地、道路及停车用地、绿化用地等。

第二十一条 党政机关办公用房改建、扩建工程应充分利用原有场地和设施，减少新增用地。

第二十二条 党政机关办公用房建设用地不得用于建造与办公无关的居住或商用建筑等，不得占用风景名胜资源。

第二十三条 党政机关办公用房的建筑容积率不应小于表 5 的规定，并应满足所在地城乡规划与建设的相关控制要求。

表 5 建筑容积率指标

类别	容积率
中央机关	2.0
省级机关	2.0
市级机关	1.2
县级机关	1.0
乡级机关	由省级人民政府按照中央规定和精神自行做出规定

第二十四条 党政机关办公用房总停车位数应满足当地城乡规划建设要求，地面停车场面积指标为：汽车 25 平方米/辆，自行车 1.2 平方米/辆，电动车、摩托车 1.8 平方米/辆。

第二十五条 党政机关办公用房建设用地的绿地率不宜低于 30%，并应满足当地城乡规划和建设有关绿地的控制要求。绿化植被应采用本土植物，不得移栽大树、古树，以降低绿化成本。

第四章 建筑标准

第二十六条 党政机关办公用房不宜建造一、二层的低层建筑，也不应建造超高层、超大体量的建筑。

第二十七条 党政机关基本办公用房建筑面积小于（等于）表 6 的规定时，不宜单独建设。

表 6 建筑面积控制指标

类别	建筑面积（平方米）
中央机关	6000
省级机关	6000
市级机关	4000
县级机关	2000
乡级机关	—

第二十八条 党政机关办公用房标准层每层建筑面积不应低于表 7 的规定。

表 7 标准层建筑面积

分　　类	建筑面积（平方米）
四层及以下办公用房	600
五层及以上多层办公用房	1000
高层办公用房	1200

第二十九条　党政机关办公用房入口门厅高度不应超过两层，门厅的使用面积不应超过表 8 的规定。

表 8 入口门厅的使用面积指标

类别	使用面积（平方米）
中央机关	300
省级机关	300
市级机关	240
县级机关	120
乡级机关	由省级人民政府按照中央规定和精神自行做出规定，原则上不得超过县级机关

第三十条　党政机关办公用房不得在办公区域内建设阶梯式和有舞台灯光音响、舞台机械、同声传译的会堂、报告厅、大型会议室。建筑物内不宜设置阳光房、采光中厅、室内花园、景观走廊等超出办公用房功能的其他空间或房间。

第三十一条　党政机关办公用房标准层的层高应根据办公室净高要求、结构形式及设施情况确定，不得超越净高规定或结构及设施的合理技术条件加大层高。办公室的净高应符合下列规定：

1. 有集中空调设施并有吊顶的标准单间办公室宜为 2.5～2.7 米；

2. 无集中空调设施的标准单间办公室宜为 2.6～2.8 米；

3. 有集中空调设施并有吊顶的大空间办公室宜为 2.6～2.8 米；

4. 无集中空调设施的大空间办公室宜为 2.8～3.0 米。

第三十二条　党政机关办公用房标准层的走道净宽应符合下列规定：

1. 走道长度≤40 米时，单面布房的走道净宽不宜小于 1.5 米且不宜大于 1.8 米，双面布房的走道净宽不宜小于 1.8 米且不宜大于 2.1 米。

2. 走道长度＞40 米时，单面布房的走道净宽不宜小于 1.5 米且不宜大于 2.1 米，双面布房的走道净宽不宜小于 1.8 米且不宜大于 2.5 米。

第三十三条　五层及五层以上的党政机关办公用房应设置乘客电梯，办公用房的办公区域不应设置自动扶梯。

第三十四条　党政机关办公用房应满足国家有关无障碍规范的要求。

第三十五条　党政机关办公用房的建设应满足功能需求，党政机关一般工作人员办公室宜采用大开间，提高办公室利用率。

第三十六条　党政机关办公用房建筑应符合国家有关建筑设计防火、抗震、节能规范等的规定，并确保建筑在设计使用年限期间能正常使用。

第五章　建 筑 装 修

第三十七条　党政机关办公用房装修设计应构造简洁、色彩适宜，营造庄重、实用、协调的装饰效果，因地制宜地选用节能环保装修材料或构配件。

第三十八条　党政机关办公用房室内装修包括楼地面、墙面、柱面、天棚、内门窗、轻质隔墙、细部等，不包括活动家具、窗帘、饰物等。

第三十九条　党政机关办公用房装修标准可分为基本装修、中级装修、中高级装修三类，并宜符合表 9 的规定。

表 9 装修标准

分类	装 修 要 求
基本装修	选用建筑所在地区经济型普通装修材料或构配件。 楼地面可选用普通 PVC 地材、地砖、水泥砂浆等；墙、柱面选用普通涂料；天棚刷普通涂料或普通饰面板吊顶；门采用普通复合木门

续表 9

分类	装修要求
中级装修	选用建筑所在地区中等价位的装修材料或构配件。 楼地面可选用中档复合木地板、PVC 地材、石材、地砖等；墙、柱面可选用中档饰面板、涂料或壁纸；天棚可做中档饰面板吊顶；门采用中档复合木门或玻璃门
中高级装修	选用建筑所在地区中等价位、局部选用中高价位的装修材料或构配件。 楼地面可选用中高档石材、木材、普通化纤地毯；墙、柱面可选用中档饰面板或涂料；天棚可做中高档饰面板吊顶；门采用中高档复合木门或玻璃门

注：同等档次室内装修材料，提倡采用新型环保节能材料。

第四十条 党政机关办公用房建筑装修应符合表 10 的规定。

第四十一条 党政机关办公用房的办公室及办公区走廊等应采用普通灯具和高效节能型光源，会议室、接待室及主入口门厅可采用装饰性灯具，配用高效节能型光源，但不应选用豪华灯具。

第四十二条 采暖地区一般工作人员办公室不应做装饰性暖气罩。

第四十三条 党政机关办公用房室外装修包括墙面、柱面、外门窗、门头、台阶、坡道等。

表 10 装修选用标准

房间或部位 \ 类别		中央机关、省级机关	市级机关	县级机关	乡级机关
办公室	一般工作人员办公室	基本	基本	基本	基本
	领导人员办公室	中高级	中级	中级或基本	基本
服务用房	会议室、接待室	中高级或中级	中级	中级或基本	基本
	其他用房	基本	基本	基本	基本
设备用房		基本	基本	基本	基本
附属用房		基本	基本	基本	基本
主入口门厅及电梯厅		中高级	中级	中级或基本	基本

第四十四条 党政机关办公用房室外装修设计，应综合考虑所在地区传统文化特色、经济状况、城镇景观及周边建筑风貌，做到实用、协调、庄重。外墙面不宜大面积采用玻璃幕墙，主入口不应使用铜质门、豪华旋转门。

第四十五条 党政机关办公用房装修工程造价包括：室内装修工程、室外装修工程造价。装修工程造价占建筑安装工程费用的比例，不宜超过表 11 的规定。

表 11 装修工程造价占建筑安装工程费用的比例

类　别	比例（%）
中央机关	35
省级机关	35
市级机关	35
县级机关	30
乡级机关	25

第六章 室内环境与建筑设备

第四十六条 党政机关办公用房室内环境应符合公共建筑节能设计标准的规定。其中，办公室冬季采暖设定温度不应高于 20℃，夏季制冷设定温度不应低于 26℃。

第四十七条 党政机关办公用房的一个主立面朝向外窗的窗墙比不应大于 0.6，其余朝向外窗的窗墙比不应大于 0.4，并满足自然采光的要求。

第四十八条 采用集中采暖、空调系统的办公用房，应设置分楼层或分室内区域或分用户的室温可调控装置，并按使用部门或耗能部门设置热、冷量分摊计量装置。

第四十九条 党政机关办公用房的给水系统应充分利用城镇给水管网直接供水，

其供水设备宜采用管网叠压供水设备。

第五十条 党政机关办公用房不得采用冲洗水量大于9升的便器及水箱，洗手（脸）盆宜采用感应式水嘴、延时自闭水嘴，便器采用感应式或延时自闭冲洗阀。卫生器具和配件均应采用节水型产品。

第五十一条 各类用房或部位的照度标准值应符合表12的规定。

表12 照度标准值

房间或部位	照度标准值（lx）
办公室、会议室、接待室、文印室、门厅等	300
档案室、资料室等	200

第五十二条 走廊、楼梯间、门厅等公共场所的照明，宜采用集中控制，并按建筑使用条件和天然采光状况采取分区、分组控制措施。

第七章 智能化系统

第五十三条 党政机关办公用房智能化系统宜由智能化集成系统、信息设施系统、信息化应用系统、公共安全系统、建筑设备管理系统等构成，党政机关可根据各自需要和实际情况配置相应的办公用房智能化系统。

第五十四条 中央机关、省级机关、市级机关办公用房宜设置智能化集成系统。智能化集成系统建设应根据办公用房规模、办公业务的综合性以及建筑设备的控制要求综合考虑确定。

第五十五条 党政机关办公用房信息设施系统宜包括用户电话交换系统、信息网络系统、综合布线系统、有线电视系统、广播系统、会议系统等。系统配置标准宜符合表13的规定。

第五十六条 党政机关办公用房信息化应用系统宜包括办公业务系统、物业运营管理系统、智能卡应用系统、信息安全管理系统等。系统配置标准宜符合表14的规定。

表13 信息设施系统配置标准

信息设施系统	中央机关、省级机关	市级机关	县级机关	乡级机关
用户电话交换系统	●	●	●	○
信息网络系统	●	●	●	●
综合布线系统	●	●	●	●
有线电视系统	●	●	●	●
广播系统	●	●	○	○
会议系统	●	●	●	○

注：●表示可配置；○表示不宜配置。

表14 信息化应用系统配置标准

信息化应用系统	中央机关、省级机关	市级机关	县级机关	乡级机关
办公业务系统	●	●	●	○
物业运营管理系统	●	●	○	○
智能卡应用系统	●	●	○	○
信息安全管理系统	●	●	●	○

注：●表示可配置；○表示不宜配置。

第五十七条 党政机关办公用房公共安全系统宜包括火灾自动报警系统、安全技术防范系统及与政府职能相关的应急响应系统等。办公用房内（或部分区域）对安全技术防范具有其他特殊要求的范围，应实施符合特殊安全技术防范管理规定所要求的安全技术措施。系统配置标准宜符合表15的规定。

表15 公共安全系统配置标准

公共安全系统		中央机关、省级机关	市级机关	县级机关	乡级机关
火灾自动报警系统		按国家现行有关标准进行配置			
安全技术防范系统	安全防范综合管理系统	●	●	○	○
	入侵（周界）报警系统	●	●	●	●
	视频安防监控系统	●	●	●	●
	出入口控制系统	●	●	●	○
	电子巡查管理系统	●	●	○	○
应急响应系统		应纳入国家各级行政区域应急体系			

注：●表示可配置；○表示不宜配置。

第五十八条 党政机关办公用房综合布线系统建设，应根据各类机关办公工作业务和办公人员的岗位职能，配置相应的数据信息端口和电话通信端口。

第八章 附 则

第五十九条 本建设标准由国家发展和改革委员会、住房和城乡建设部负责解释。

第六十条 本建设标准自发布之日起施行，《国家计委关于印发党政机关办公用房建设标准的通知》（计投资〔1999〕2250号）同时停止执行。

本建设标准用词和用语说明

1. 为便于在执行本建设标准条文时区别对待，对要求严格程度不同的用词说明如下：

1）表示很严格，非这样做不可的用词：

正面词采用“必须”，反面词采用“严禁”。

2）表示严格，在正常情况下均应这样做的用词：

正面词采用“应”，反面词采用“不应”或“不得”。

3）表示允许稍有选择，在条件许可时首先应这样做的用词：

正面词采用“宜”，反面词采用“不宜”。

4）表示有选择，在一定条件下可以这样做的，采用“可”。

2. 本建设标准中指明应按其他有关标准、规范执行的写法为“应按……执行”或“应符合……的要求（或规定）”。

党政机关办公用房建设标准
条文说明

第一章 总 则

第一条 原国家计委1999年颁布《党政机关办公用房建设标准》（计投资〔1999〕2250号，以下简称1999年标准）之后，随着我国经济社会发展，办公用房的功能与过去相比有较大的变化。为贯彻落实《党政机关厉行节约反对浪费条例》，规范党政机关办公用房建设内容、规模和标准，满足办公使用功能和建筑安全、资源节约的要求，加强管理和监督，需要制定既符合我国现实情况又适当考虑发展需要的党政机关办公用房建设标准。

第二条 本建设标准是加强党政机关办公用房建设管理和合理确定各级党政机关办公用房建设水平的全国统一标准，具有强制性、规范性，目的是使党政机关办公用房项目的前期工作和建设实施有章可循，监督检查有规可依。

第三条 本建设标准所称党政机关办公用房的概念是根据中共中央办公厅、国务院办公厅关于严格控制党政机关办公楼等楼堂馆所建设的有关精神确定的。民主党派机关办公用房建设参照本标准执行。

第四条 党政机关办公用房的建设应遵循统筹兼顾、适用为主、满足办公需要的原则，这是基于我国国情和各地区财力的实际差异考虑的。从节约投资、资源共享角度考虑，应充分利用公共服务和附属设施，打破系统、部门之间的界限，实行统一规划、集中管理、共同使用。

第五条 本条明确了党政机关办公用房建设应遵守的土地使用基本原则。我国是人口众多、土地资源短缺的国家，可利用的土地资源十分有限，因此，党政机关办公用房建设必须执行国家有关土地政策，在城乡规划确定的建设用地上建设办公用房，并且合理组织各项功能，提高土地利用效率，节约用地。调研中我们了解到，部分城市的党政机关办公用房配套建设了大型广场、公园等，造成土地资源浪费，群众对此反映强烈，因此条文规定，不得配套建设大型广场、公园等设施。

第六条 根据党政机关办公用房的使用功能，考虑我国的现实情况，党政机关办公用房应以适用为主，符合党政机关的定位，符合办公实际要求。考虑到个别地区党政机关办公用房存在贪大求洋的情况，条文规定党政机关办公用房不得作为城市标志性建筑。

第七条 办公用房的建设规模要按使用单位的类别和各级别编制定员，依据本建设标准规定的各级工作人员办公室使用面积、服务用房人均使用面积、设备用房使用面积、使用面积系数和附属用房建筑面积等指标计算确定。

第八条 党政机关办公用房的建设除执行本建设标准外，还应执行其他有关标准、规范的要求。

第二章 建筑分类与面积指标

第九条 党政机关办公用房的建筑分类。1999 年标准将党政机关办公用房分为三级，一级办公用房适用于中央部（委）级机关、省级机关以及相当于该级别的其他机关，二级办公用房适用于市级机关以及相当于该级别的其他机关，三级办公用房适用于县级机关以及相当于该级别的其他机关，并按级别给出了人均建筑面积指标。本建设标准改为五类，增加了 1999 年标准未包括的乡（镇、苏木）级，并弱化了办公用房的等级概念，直接以中央机关、省级机关、市级机关、县级机关、乡级机关进行划分。

第十条 党政机关办公用房功能分类。根据使用功能，办公用房一般划分为基本办公用房（办公室、服务用房、设备用房）、附属用房两类。

第十一条 各级工作人员办公室使用面积指标。具体指标是在 1999 年标准的基础上结合调研情况，并按照《关于党政机关停止新建楼堂馆所和清理办公用房的通知》（中办发〔2013〕17 号）等文件精神，本着实事求是、从严控制、向基层和普通机关工作人员倾斜的原则综合确定的。表 3 中使用面积 18 平方米及以上的，是按设置单间考虑的。同时，考虑到乡级机关办公用房实际情况各地差异很大，比较复杂，本条规定的乡级机关各级工作人员办公室使用面积、第十二条规定的乡级机关服务用房人均使用面积、第二十三条规定的乡级机关建筑容积率指标、第二十九条规定的乡级机关入口门厅使用面积指标，由省级人民政府按照中央规定和精神自行做出规定。

关于注 1 中的“依次类推”，举例如下：某副省级城市所辖某区政府（副市级机关），其正职办公室面积指标适用地市级机关市级副职，其副职办公室面积指标不超过地市级机关市级副职。某副省级城市政府组成部门（副厅级单位），其正职办公室面积指标不超过省级机关正厅级，其副职办公室面积指标不超过省级机关副厅级。

第十二条 服务用房使用面积指标。根据调研情况，会议、接待等服务用房使用面积一般为 5～10 平方米/人，本标准给出的指标是根据调研情况综合确定的。通常情况下，各级党政机关办公用房可设置一个容纳全体人员参加的大型会议室或报告厅，并根据人员规模设置包括党组（党委）会议室、电视电话会议室在内的若干大、中、小型会议室，可根据人员规模设置一个或两个接待室。该指标不包括召开党代会和人大、政协会议以及政府全会等所需用房。

第十三条 设备用房使用面积指标。根据调研情况，设备用房面积一般占到办公室及服务用房面积之和的 5%～10%，由于规模、地域及设备需求的不同，以上指标差距较大。本建设标准在优化设计方案的基础上，规定宜将设备用房面积比例控制在 9%以内。

第十四条 基本办公用房建筑总使用

面积系数（总使用面积与总建筑面积之比值）。规定控制指标是为了提高建筑面积利用率，纠正办公用房门厅大、走廊宽、电梯厅过大的问题，增加办公室的有效使用面积。办公用房建筑总使用面积系数中，高层建筑由于垂直及水平交通、管井等原因，其系数一般略低于多层建筑。

第十五条 附属用房建筑面积指标。

食堂建筑面积指标的确定是在综合实际调研情况的基础上，采用了《饮食建筑设计规范》（JGJ 64—89）中一级食堂标准：每座位建筑面积 3.7 平方米，编制定员超过 100 人的，超出人员的人均建筑面积考虑了 0.7 的同时就餐系数。

党政机关办公用房的建设应该充分考虑利用社会停车设施，对于大型办公用房建筑确需建设独立汽车库的，要充分利用办公用房的人防地下室或半地下室作为汽车库。按有关标准规定，汽车库建筑面积小型汽车一般按每车位 40 平方米计算，考虑到停车位数量较多时，每车位平均建筑面积可以有效降低的因素，超出 200 个停车位以上部分按每车位 38 平方米计算。地面停车数量与汽车库停车数量比例，应根据建设项目的具体情况进行确定。

党政机关办公用房的建设应该充分考虑利用地面存放自行车，对于大型办公用房建筑确需建设地下自行车库的，要充分利用办公用房的人防地下室或半地下室作为自行车库。按有关标准规定，自行车库建筑面积一般按每车位 1.8 平方米计算。根据目前各地的实际情况，本建设标准增加了电动车、摩托车库的建设标准，一般按每车位 2.5 平方米计算。

警卫用房的建设参照《武警内卫执勤部队营房建筑面积标准（试行）》（〔2003〕武后字第 39 号）和 2009 年《中国人民解放军营房建筑面积标准》的有关规定，可按 25 平方米/人进行总体控制。

国家人防部门对办公用房人防设施的建设有专门规定，因此人防设施的建设应按国家规定的设防要求和面积指标计算建筑面积。按照平战结合、充分利用的原则，同时考虑今后发展的需要，可与地下汽车库建设一并考虑。

第三章 选址、布局与建设用地

第十七条 本条规定了党政机关办公用房的选址原则。党政机关办公用房选址的要求，主要是从保障其行政需求和使用方便，以及相应的安全、卫生和服务大众等方面考虑的。

第十八条 本条规定了党政机关办公用房在城市布局中的总体要求。布局相对集中有利于提高行政和办事效率。

联合建设办公用房，能够共同使用后勤服务、设备设施等用房，可以达到减少投资、提高管理水平与行政效率的目的，也有利于节约用地。

第十九条 本条规定了党政机关办公用房建筑总平面布置的基本原则。

第二十条 本条明确了党政机关办公用房建设用地的构成。建筑主体及其附属建筑用地是指党政机关办公用房建筑基底占地及建筑周边必需的维护用地；道路及停车用地是指党政机关办公建筑用地内专用的车辆或行人通道以及机动车和非机动车停车场所；绿化用地是指党政机关办公用房用地内用来维护环境的用地。

第二十一条 本条从节约用地的角度考虑，规定党政机关办公用房改建、扩建工程应充分利用原有场地和设施。

第二十二条 本条禁止在办公用房建设用地内建设与办公无关的其他建筑，禁止占用属于公共空间的风景名胜资源。

第二十三条 城乡规划对城镇中不同区位建设用地的建筑容积率、建筑密度和绿地率等指标都有相应的控制要求。党政机关办公用房由于在城镇中所处的位置不同，其建设用地的相关控制要求也会不同。

比如：位于城市中心地段、用地十分紧张的，其建筑容积率可相对较高；紧邻历史建筑、建筑高度受到限制的，其容积率会相对较低等。本条给出建筑容积率的低限控制要求，有利于节约集约用地。

第二十四条 汽车，自行车，电动车、摩托车尽量在地面安排停车位，不能满足需要的，按照第十五条第二款的规定建设停车库。

第二十五条 本条是根据国家规范《城市居住区规划设计规范》(GB 50180)，并结合党政机关办公用房的具体情况确定的。

第四章 建筑标准

第二十六条 本条规定党政机关办公用房不宜建造一、二层的低层建筑，是为了节约土地资源，提高建设用地的利用率。同时，为控制建筑的建造成本，也规定了党政机关办公用房不应建造超高层、超大体量建筑。

第二十七条 本条规定有利于节约土地资源，提高建设用地的利用率。党政机关办公用房的集中或合并建设是行之有效的方法，同时可使建造党政机关办公用房涉及的其他方面资源进行整合，如服务用房、附属用房的合并使用，动力及相关建筑设施的共用等，都会大大降低总体的建造费用和日常的运营费用。

第二十八条 办公用房标准层的建筑面积应体现经济合理性，由于低层、多层、高层办公用房都需要相应且必要的竖向交通设施，而这些竖向交通设施所占标准层的建筑面积在同一类办公用房中是基本相同的。标准层的建筑面积越小，竖向交通设施所占标准层建筑面积的比例就越大，那么办公所用的使用面积就越小，使用系数也就越低。经调查，有些党政机关办公用房为追求高度、外表形象，其标准层建筑面积过小，导致办公用房的建造不经济、使用不合理。

第二十九条 办公用房门厅的基本功能是满足进出办公用房人员的集散要求，同时也有一定的展示需求。但少数已建成的党政机关办公用房的主要门厅，过于高大、豪华，造成了不必要的浪费，引起人民群众不满。门厅不能高过两层是根据《关于进一步严格控制党政机关办公楼等楼堂馆所建设问题的通知》(中办发〔2007〕11 号) 确定的。各级党政机关办公用房入口门厅的使用面积指标是根据实地调查测算确定的。

第三十条 本条是根据《关于进一步严格控制党政机关办公楼等楼堂馆所建设问题的通知》(中办发〔2007〕11 号) 确定的。

第三十一条 办公用房标准层的层高与建筑的结构形式、设施状况有关，而建筑的结构形式、设施状况又与各地的建造条件、气候条件有关。因此，未直接规定层高，而是区分不同情况规定标准层中办公室的净高。其中，各类数值依据相关规范和标准制定。

第三十二条 办公用房标准层主要以各类办公室组成，标准层中的水平交通是由走道组织。走道过窄将影响水平交通或紧急疏散，过宽则降低标准层的使用系数，减少标准层的使用面积，造成不必要的浪费。本条的各个数值是通过对多个办公用房走道宽度实地调查测算而确定的。

第三十三条 五层及五层以上的党政机关办公用房应设置乘客电梯的规定，是依据《办公建筑设计规范》(JGJ 67—2006) 的相关条文，并结合党政机关办公用房使用的需求与实际情况确定的。

第三十五条 推广采用办公室空间布置型式。采用大开间开放式办公型式，可根据使用需要采用轻质隔墙，便于灵活布置，提高面积利用率，这是今后办公建筑空间布置的发展方向。

第三十六条 每栋建筑自建造完成到最终拆除是一个寿命周期，每栋建筑的设计也有一个依据建筑科学确定的设计使用年限。建筑的寿命周期与设计使用年限两者有关联但并不一致，有的建筑由于建造质量好，功能设计合理，其寿命周期大大超过了设计使用年限，而另一些建筑却由于各种原因，尚未到达其规定的设计使用年限就已经结束了寿命周期。如果在保证建筑功能正常使用的前提下，建筑自身的寿命周期越长，也就越节约。本条从节约资源的角度出发，规定党政机关办公用房起码应保证在设计使用年限期间能正常使用。

第五章 建筑装修

第三十七条 营造适宜的视觉环境是装修工程的重要功能之一，本条对装修的风格、视觉效果提出要求。因地制宜选用装修材料或构配件，目的是为了节约投资。

第三十八条 本条明确了室内装修所包含的项目范围。

第三十九条 本条是根据实际调研情况确定的。

第四十条 本条规定了各类办公用房不同房间或部位进行装修设计的选择标准。由于党政机关办公用房的类别不同，建筑所处地区经济发展水平不同，周边城镇环境、气候及建筑风貌不同，各类用房的使用功能不同，装修材料或构件的品种、规格和色彩丰富多样，同一种材料因档次不同价差较大等因素，确定了中高级、中级和基本三个装修档次。相关房间或部位的装修标准，是根据调研情况和办公用房的实际需要确定的。

第四十一条 本条是根据适用、节能的原则确定的。

第四十二条 装修工程做装饰性暖气罩是北方地区较常见做法，一般没有实际的使用功能，这样做会降低暖气散热效率，不利于建筑节能，不利于节约建设资金。

第四十三条 本条文明确了室外装修所包含的项目范围。

第四十四条 本条规定了办公用房室外装修应遵循的原则。玻璃幕墙与非透明外墙相比，热工性能相差较多，从建筑节能、控制造价的角度，不宜提倡在建筑立面大面积采用玻璃幕墙。主入口不应使用铜质门、豪华旋转门，能够体现党政机关办公用房装修实用、经济、庄重的原则，避免浪费。

第四十五条 对装修工程造价作出规定是控制投资的方法之一，本条文限制的百分比，是在对已建党政机关办公用房装修造价调查统计以及对类似公共建筑装修造价的分析基础上确定的。

第六章 室内环境与建筑设备

第四十六条 《公共建筑节能设计标准》（GB 50189—2005）中，对于办公用房的集中采暖系统室内设计计算温度为：门厅、楼（电）梯，16℃；办公室，20℃；会议室、接待室、多功能厅，18℃。冬季室内温度设定越高，能耗越多。一般来说，室内温度每调低1℃，能耗可减少5%～10%。而夏季办公室室内设计计算温度为25℃。夏季室内设定温度越低，能耗会越高。一般来说，室内温度每调高1℃，能耗可减少8%～10%。

本条的规定是根据2007年6月1日国务院办公厅《关于严格执行公共建筑空调温度控制标准》的通知中“夏季室内空调温度设置不得低于26℃，冬季室内空调温度设置不得高于20℃”的规定确定的。

第四十七条 各个朝向窗墙面积比是指不同朝向外墙面上的窗、阳台门包括幕墙透明部分的总面积与所在朝向建筑的外墙面总面积（包括该朝向的窗、阳台门及幕墙的透明部分的总面积）之比。

窗墙面积比的确定要综合考虑多方面

的因素，其中最主要的是不同地区冬、夏季日照情况（日照时间长短、太阳总辐射强度、阳光入射角大小），季风影响、室外空气温度、室内采光设计标准以及外窗开窗面积与建筑能耗等因素。一般普通窗户（包括阳台门的透明部分）的保温隔热性能比外墙差很多，窗墙面积比越大，采暖和空调能耗也越大。因此，从降低建筑能耗的角度出发，必须限制窗墙面积比。

近年来，公共建筑的窗墙面积比有越来越大的趋势，这是由于人们希望公共建筑更加通透明亮，建筑立面更加美观，建筑形态更为丰富。但是，与非透明的外墙相比，在可接受的造价范围内，透明的窗和幕墙的热工性能相差得较多。因此，不宜提倡在建筑立面上大面积应用玻璃（或其他透明材料的）幕墙。如果希望建筑的立面有玻璃的质感，提倡使用非透明的玻璃幕墙，即玻璃的后面仍然是保温隔热材料和普通墙体。

党政机关办公用房不应采用通透玻璃幕墙形式，应该控制各朝向立面窗墙比，对于主立面，给予了较大窗墙比的选择，其余朝向在考虑天然采光的前提下宜采用较小窗墙比，以节省能耗。

第四十八条 2005 年 12 月 6 日建设部、发展改革委、财政部、人事部、民政部、劳动和社会保障部、税务总局、环保总局八部委印发的《关于进一步推进城镇供热体制改革的意见》（建城〔2005〕220 号）明确提出：新建住宅和公共建筑必须安装楼前热计量表和散热器恒温控制阀，新建住宅同时还要具备分户热计量条件。

集中空调系统的冷量和热量计量与我国北方地区的采暖热计量一样，是一项重要的建筑节能措施。设置能量计量装置不仅有利于管理与收费，用户也能及时了解和分析用能情况，加强管理，提高节能意识和节能的积极性，自觉采取节能措施。根据文件精神并为了增强国家公务人员的节能意识，规定应设置分楼层或分室内区域或分用户室温可调控装置，便于主动调控室温。

第四十九条 为节约能源，并减少饮用水水质污染，办公用房底部的用水点应充分利用市政管网水压直接供水。管网叠压式供水设备近几年在北京、天津、广州、福州等城市中得到推广应用。设备主要由流量调节器（稳流补偿器）和变频调速供水设备组成，流量调节器（稳流补偿器）上设有真空抑制器（负压抑制器）。特点是不需要设水池（箱），供水设备直接从市政供水管网上吸水加压，解决了水池（箱）污染的问题，可充分利用市政供水管网的水压，节能效果显著。真空抑制器（负压抑制器）保证设备不产生负压，污染市政管网。供水设备厂商成套供应，安装简单，施工周期短，占地小等，符合节能、节水的原则。但其使用也是有条件的，首先建设单位和设计单位应与自来水公司进行技术咨询和沟通，对建设项目周边的市政管网情况（如：管径、水压、供水量及用水负荷等）进行综合评价。在自来水公司确认该项目所在区域市政管网具备使用条件后方能采用管网叠压供水设备，并应确保不对市政管网产生回流污染。我国目前已有《管网叠压供水设备》（CJ/T 254—2007）及《管网叠压供水技术规程》（CECS 221：2007）的规定，为管网叠压供水设备的设计、使用、安装与维护提供了保证。

第五十条 采用节水型卫生器具和配件是节水的重要措施。党政机关更应严格执行国家的相关节水规定，不采用国家明令禁止使用的卫生设备。

第五十一条 《建筑照明设计标准》（GB 50034）从照明质量、照明数量以及照明节能等方面做了规定，必须严格执行。

第五十二条 公共场所的照明采用集中控制，主要是为了避免长明灯，有利于节约能源。

第七章　智能化系统

第五十三条　依据《智能建筑设计标准》(GB/T 50314—2006)，结合党政机关办公用房功能需求确定。

第五十四条　智能化集成系统是指，将不同功能的建筑智能化系统，通过统一的信息平台实现集成，以形成具有信息汇集、资源共享及优化管理等综合功能的系统。

根据实际调研情况，中央机关、省级机关、市级机关办公业务综合性较强，办公用房的功能结构较完整、建筑物规模较大、建筑机电设备系统较复杂，参照《智能建筑设计标准》(GB/T 50314—2006)，本条规定这些办公用房宜设置能提供建筑综合管理功能的智能化集成系统。

第五十五条　信息设施系统是为确保建筑物与外部信息通信网的互联及信息畅通，对语音、数据、图像和多媒体等各类信息的接收、交换、传输、存储、检索和显示等进行综合处理的多种类信息系统加以组合，提供实现建筑物业务及管理等应用功能的信息通信基础设施。

第五十六条　信息化应用系统是以建筑物信息设施系统和建筑设备管理系统等为基础，为满足建筑物各类业务和管理功能的多种类信息设备与应用软件而组合的系统。

第五十七条　公共安全系统是为应对火灾、非法侵入、各类重大安全事故等危及安全的各种突发事件，构建的技术防范保障体系。

安全技术防范综合管理系统是安防监控中心对各安全防范信息集成综合管理的系统。

入侵（周界）报警系统是采用探测技术对建筑物周界防护、办公用房内的区域防护和重点实物目标防护的系统。

视频安防监控系统是对办公用房内的主要公共活动场所、重要部位等进行视频有效监视、记录和画面再现的装置。

出入口控制系统是对建筑物内（外）通行门、出入口、主要通道、办公区域、重要办公室门等处设置出的入口控制装置。

电子巡查管理系统是通过读卡器或其他方式对保安人员巡查的工作状态进行运行记录并对意外情况及时报警的装置。

第五十八条　综合布线系统是支持语音、数据、图像和多媒体等各种业务信息传输的基础传输通道。

第八章　附　　则

第五十九条　本条是关于建设标准解释权的规定。

第六十条　本条是关于建设标准施行时间以及 1999 年标准同时停止执行的规定。

国家电子政务工程建设项目管理暂行办法

（国家发展改革委2007年第55号令，2007年8月13日）

为了贯彻落实《国务院关于投资体制改革的决定》，全面加强国家电子政务工程建设项目管理，保证工程建设质量，提高投资效益，特制定《国家电子政务工程建设项目管理暂行办法》，经国家发展和改革委员会主任办公会讨论通过，现予公布，自2007年9月1日起施行。

第一章　总　　则

第一条　为全面加强国家电子政务工程建设项目管理，保证工程建设质量，提高投资效益，根据《国务院关于投资体制改革的决定》及相关规定，制定本办法。

第二条　本办法适用于使用中央财政性资金的国家电子政务工程建设项目（以下简称“电子政务项目”）。

第三条　本办法所称电子政务项目主要是指：国家统一电子政务网络、国家重点业务信息系统、国家基础信息库、国家电子政务网络与信息安全保障体系相关基础设施、国家电子政务标准化体系和电子政务相关支撑体系等建设项目。

电子政务项目建设应以政务信息资源开发利用为主线，以国家统一电子政务网络为依托，以提高应用水平、发挥系统效能为重点，深化电子政务应用，推动应用系统的互联互通、信息共享和业务协同，建设符合中国国情的电子政务体系，提高行政效率，降低行政成本，发挥电子政务对加强经济调节、市场监管和改善社会管理、公共服务的作用。

第四条　本办法所称项目建设单位是指中央政务部门和参与国家电子政务项目建设的地方政务部门。项目建设单位负责提出电子政务项目的申请，组织或参与电子政务项目的设计、建设和运行维护。

第五条　本办法所称项目审批部门是指国家发展改革委。项目审批部门负责国家电子政务建设规划的编制和电子政务项目的审批，会同有关部门对电子政务项目实施监督管理。

第二章　申报和审批管理

第六条　项目建设单位应依据中央和国务院的有关文件规定和国家电子政务建设规划，研究提出电子政务项目的立项申请。

第七条　电子政务项目原则上包括以下审批环节：项目建议书、可行性研究报告、初步设计方案和投资概算。对总投资在3000万元以下及特殊情况的，可简化为审批项目可行性研究报告（代项目建议书）、初步设计方案和投资概算。

第八条　项目建设单位应按照《国家电子政务工程建设项目项目建议书编制要求》（附件一）的规定，组织编制项目建议书，报送项目审批部门。项目审批部门在征求相关部门意见，并委托有资格的咨询机构评估后审核批复，或报国务院审批后下达批复。项目建设单位在编制项目建议书阶段应专门组织项目需求分析，形成需求分析报告送项目审批部门组织专家提出咨询意见，作为编制项目建议书的参考。

第九条　项目建设单位应依据项目建议书批复，按照《国家电子政务工程建设项目可行性研究报告编制要求》（附件二）的规定，招标选定或委托具有相关专业甲级资质的工程咨询机构编制项目可行性研究报告，报送项目审批部门。项目审批部门委托有资格的咨询机构评估后审核批复，或报国务院审批后下达批复。

第十条 项目建设单位应依据项目审批部门对可行性研究报告的批复，按照《国家电子政务工程建设项目初步设计方案和投资概算报告编制要求》（附件三）的规定，招标选定或委托具有相关专业甲级资质的设计单位编制初步设计方案和投资概算报告，报送项目审批部门。项目审批部门委托专门评审机构评审后审核批复。

第十一条 中央和地方政务部门共建的电子政务项目，由中央政务部门牵头组织地方政务部门共同编制项目建议书，涉及地方的建设内容及投资规模，应征求地方发展改革部门的意见。项目审批部门整体批复项目建议书后，其项目可行性研究报告、初步设计方案和投资概算，由中央和地方政务部门分别编制，并报同级发展改革部门审批。地方发展改革部门应按照项目建议书批复要求审批地方政务部门提交的可行性研究报告，并事先征求中央政务部门的意见。地方发展改革部门在可行性研究报告、初步设计方案和投资概算审批方面有专门规定的，可参照地方规定执行。

第十二条 中央和地方共建的需要申请中央财政性资金补助的地方电子政务项目，应按照《中央预算内投资补助和贴息项目管理暂行办法》（国家发展和改革委员会令第 31 号）的规定，由地方政务部门组织编制资金申请报告，经地方发展改革部门审查并报项目审批部门审批。补助资金可根据项目建设进度一次或分次下达。

第十三条 项目审批部门对电子政务项目的项目建议书、可行性研究报告、初步设计方案和投资概算的批复文件是项目建设的主要依据。批复中核定的建设内容、规模、标准、总投资概算和其他控制指标原则上应严格遵守。

项目可行性研究报告的编制内容与项目建议书批复内容有重大变更的，应重新报批项目建议书。项目初步设计方案和投资概算报告的编制内容与项目可行性研究报告批复内容有重大变更或变更投资超出已批复总投资额度百分之十的，应重新报批可行性研究报告。项目初步设计方案和投资概算报告的编制内容与项目可行性研究报告批复内容有少量调整且其调整内容未超出已批复总投资额度百分之十的，需在提交项目初步设计方案和投资概算报告时以独立章节对调整部分进行定量补充说明。

第三章 建 设 管 理

第十四条 项目建设单位应建立健全责任制，并严格执行招标投标、政府采购、工程监理、合同管理等制度。

第十五条 项目建设单位应确定项目实施机构和项目责任人，并建立健全项目管理制度。项目责任人应向项目审批部门报告项目建设过程中的设计变更、建设进度、概算控制等情况。项目建设单位主管领导应对项目建设进度、质量、资金管理及运行管理等负总责。

第十六条 电子政务项目采购货物、工程和服务应按照《中华人民共和国招标投标法》和《中华人民共和国政府采购法》的有关规定执行，并遵从优先采购本国货物、工程和服务的原则。

第十七条 项目建设单位应依法并依据可行性研究报告审批时核准的招标内容和招标方式组织招标采购，确定具有相应资质和能力的中标单位。项目建设单位与中标单位订立合同，并严格履行合同。

第十八条 电子政务项目实行工程监理制。项目建设单位应按照信息系统工程监理的有关规定，委托具有信息系统工程相应监理资质的工程监理单位，对项目建设进行工程监理。

第十九条 项目建设单位应于每年七月底和次年一月底前，向项目审批部门、财政部门报告项目上半年和全年建设进度和概预算执行情况。

第二十条 项目建设单位必须严格按照项目审批部门批复的初步设计方案和投资概算实施项目建设。如有特殊情况，主要建设内容或投资概算确需调整的，必须事先向项目审批部门提交调整报告，履行报批手续。对未经批准擅自进行重大设计变更而导致超概算的，项目审批部门不再受理事后调概申请。

第二十一条 项目建设过程中出现工程严重逾期、投资重大损失等问题，项目建设单位应及时向项目审批部门报告，项目审批部门依照有关规定可要求项目建设单位进行整改和暂停项目建设。

第四章 资金管理

第二十二条 项目建设单位在可行性研究报告批复后，可申请项目前期工作经费。项目前期工作经费主要用于开展应用需求分析、项目建议书、可行性研究、初步设计方案和投资概算的编制、专家咨询评审等工作。项目审批部门根据项目实际情况批准下达前期工作经费，前期工作经费计入项目总投资。

第二十三条 项目建设单位应在初步设计方案和投资概算获得批复及具备开工建设条件后，根据项目实施进度向项目审批部门提出年度资金使用计划申请，项目审批部门将其作为下达年度中央投资计划的依据。

初步设计方案和投资概算未获批复前，原则上不予下达项目建设资金。对确需提前安排资金的电子政务项目（如用于购地、购房、拆迁等），项目建设单位可在项目可行性研究报告批复后，向项目审批部门提出资金使用申请，说明要提前安排资金的原因及理由，经项目审批部门批准后，下达项目建设资金。

第二十四条 项目建设单位应严格按照财政管理的有关规定使用财政资金，专账管理、专款专用。

第五章 监督管理

第二十五条 项目建设单位应接受项目审批部门及有关部门的监督管理。

第二十六条 项目审批部门负责对电子政务项目进行稽察，主要监督检查在项目建设过程中，项目建设单位执行有关法律、法规和政策的情况，以及项目招标投标、工程质量、进度、资金使用和概算控制等情况。对稽察过程中发现有违反国家有关规定及批复要求的，项目审批部门可要求项目建设单位限期整改或遵照有关规定进行处理。对拒不整改或整改后仍不符合要求的，项目审批部门可对其进行通报批评、暂缓拨付建设资金、暂停项目建设，直至终止项目。

第二十七条 有关部门依法对电子政务项目建设中的采购情况、资金使用情况，以及是否符合国家有关规定等实施监督管理。

第二十八条 项目建设单位及相关部门应当协助稽察、审计等监督管理工作，如实提供建设项目有关的资料和情况，不得拒绝、隐匿、瞒报。

第六章 验收评价管理

第二十九条 电子政务项目建设实行验收和后评价制度。

第三十条 电子政务项目应遵循《国家电子政务工程建设项目验收工作大纲》（附件四，以下简称《验收工作大纲》）的相关规定开展验收工作。项目验收包括初步验收和竣工验收两个阶段。初步验收由项目建设单位按照《验收工作大纲》要求自行组织；竣工验收由项目审批部门或其组织成立的电子政务项目竣工验收委员会组织；对建设规模较小或建设内容较简单的电子政务项目，项目审批部门可委托项目建设单位组织验收。

第三十一条 项目建设单位应在完成项目建设任务后的半年内，组织完成建设项目的信息安全风险评估和初步验收工作。初步验收合格后，项目建设单位应向项目审批部门提交竣工验收申请报告，并将项目建设总结、初步验收报告、财务报告、审计报告和信息安全风险评估报告等文件作为附件一并上报。项目审批部门应适时组织竣工验收。项目建设单位未按期提出竣工验收申请的，应向项目审批部门提出延期验收申请。

第三十二条 项目审批部门根据电子政务项目验收后的运行情况，可适时组织专家或委托相关机构对建设项目的系统运行效率、使用效果等情况进行后评价。后评价认为建设项目未实现批复的建设目标或未达到预期效果的，项目建设单位要限期整改；对拒不整改或整改后仍不符合要求的，项目审批部门可对其进行通报批评。

第七章 运行管理

第三十三条 电子政务项目建成后的运行管理实行项目建设单位负责制。项目建设单位应确立项目运行机构，制定和完善相应的管理制度，加强日常运行和维护管理，落实运行维护费用。鼓励专业服务机构参与电子政务项目的运行和维护。

第三十四条 项目建设单位或其委托的专业机构应按照风险评估的相关规定，对建成项目进行信息安全风险评估，检验其网络和信息系统对安全环境变化的适应性及安全措施的有效性，保障信息安全目标的实现。

第八章 法律责任

第三十五条 相关部门、单位或个人违反国家有关规定，截留、挪用电子政务项目资金等，由有关部门按照《财政违法行为处罚处分条例》等相关规定予以惩处；构成犯罪的，移交有关部门依法追究刑事责任。

第三十六条 对违反本办法其他规定的或因管理不善、弄虚作假，造成严重超概算、质量低劣、损失浪费、安全事故或者其他责任事故的，项目审批部门可予以通报批评，并提请有关部门对负有直接责任的主管人员和其他责任人员依法给予处分；构成犯罪的，移交有关部门依法追究刑事责任。

第九章 附则

第三十七条 本办法由国家发展和改革委员会负责解释。

第三十八条 本办法自二〇〇七年九月一日起施行。

附件一

国家电子政务工程建设项目项目建议书编制要求（提纲）

第一章 项目简介

1. 项目名称
2. 项目建设单位和负责人、项目责任人
3. 项目建议书编制依据
4. 项目概况
5. 主要结论和建议

第二章 项目建设单位概况

1. 项目建设单位与职能
2. 项目实施机构与职责

第三章　项目建设的必要性

1. 项目提出的背景和依据
2. 现有信息系统装备和信息化应用状况
3. 信息系统装备和应用目前存在的主要问题和差距
4. 项目建设的意义和必要性

第四章　需求分析

1. 与政务职能相关的社会问题和政务目标分析
2. 业务功能、业务流程和业务量分析
3. 信息量分析与预测
4. 系统功能和性能需求分析

第五章　总体建设方案

1. 建设原则和策略
2. 总体目标与分期目标
3. 总体建设任务与分期建设内容
4. 总体设计方案

第六章　本期项目建设方案

1. 建设目标与主要建设内容
2. 标准规范建设
3. 信息资源规划和数据库建设
4. 应用支撑平台和应用系统建设
5. 网络系统建设
6. 数据处理和存储系统建设
7. 安全系统建设
8. 其他（终端、备份、运维等）系统建设
9. 主要软硬件选型原则和软硬件配置清单
10. 机房及配套工程建设

第七章　环保、消防、职业安全、职业卫生和节能

1. 环境影响和环保措施
2. 消防措施
3. 职业安全和卫生措施
4. 节能目标及措施

第八章　项目组织机构和人员

1. 项目领导、实施和运维机构及组织管理
2. 人员配置
3. 人员培训需求和计划

第九章　项目实施进度

第十章　投资估算和资金筹措

1. 投资估算的有关说明
2. 项目总投资估算
3. 资金来源与落实情况
4. 中央对地方的资金补贴方案

第十一章　效益与风险分析

1. 项目的经济效益和社会效益分析
2. 项目风险与风险对策

附表：

1. 项目软硬件配置清单
2. 应用系统定制开发工作量初步核算表
3. 项目总投资估算表
4. 项目资金来源表

附件：

项目建议书编制依据及与项目有关的政策、技术、经济资料。

附件二

国家电子政务工程建设项目可行性研究报告编制要求（提纲）

第一章　项目概述

1. 项目名称
2. 项目建设单位及负责人、项目责任人

3. 可行性研究报告编制单位
4. 可行性研究报告编制依据
5. 项目建设目标、规模、内容、建设期
6. 项目总投资及资金来源
7. 经济与社会效益
8. 相对项目建议书批复的调整情况
9. 主要结论与建议

第二章　项目建设单位概况

1. 项目建设单位与职能
2. 项目实施机构与职责

第三章　需求分析和项目建设的必要性

1. 与政务职能相关的社会问题和政务目标分析
2. 业务功能、业务流程和业务量分析
3. 信息量分析与预测
4. 系统功能和性能需求分析
5. 信息系统装备和应用现状与差距
6. 项目建设的必要性

第四章　总体建设方案

1. 建设原则和策略
2. 总体目标与分期目标
3. 总体建设任务与分期建设内容
4. 总体设计方案

第五章　本期项目建设方案

1. 建设目标、规模与内容
2. 标准规范建设内容
3. 信息资源规划和数据库建设方案
4. 应用支撑平台和应用系统建设方案
5. 数据处理和存储系统建设方案
6. 终端系统建设方案
7. 网络系统建设方案
8. 安全系统建设方案
9. 备份系统建设方案
10. 运行维护系统建设方案
11. 其他系统建设方案
12. 主要软硬件选型原则和详细软硬件配置清单
13. 机房及配套工程建设方案
14. 建设方案相对项目建议书批复变更调整情况的详细说明

第六章　项目招标方案

1. 招标范围
2. 招标方式
3. 招标组织形式

第七章　环保、消防、职业安全和卫生

1. 环境影响分析
2. 环保措施及方案
3. 消防措施
4. 职业安全和卫生措施

第八章　节能分析

1. 用能标准及节能设计规范
2. 项目能源消耗种类和数量分析
3. 项目所在地能源供应状况分析
4. 能耗指标
5. 节能措施和节能效果分析等内容

第九章　项目组织机构和人员培训

1. 领导和管理机构
2. 项日实施机构
3. 运行维护机构
4. 技术力量和人员配置
5. 人员培训方案

第十章　项目实施进度

1. 项目建设期
2. 实施进度计划

第十一章　投资估算和资金来源

1. 投资估算的有关说明

2. 项目总投资估算
3. 资金来源与落实情况
4. 资金使用计划
5. 项目运行维护经费估算

第十二章　效益与评价指标分析

1. 经济效益分析
2. 社会效益分析
3. 项目评价指标分析

第十三章　项目风险与风险管理

1. 风险识别和分析
2. 风险对策和管理

附表：

1. 项目软硬件配置清单
2. 应用系统定制开发工作量核算表
3. 项目招投标范围和方式表
4. 项目总投资估算表
5. 项目资金来源和运用表
6. 项目运行维护费估算表

附件：

可研报告编制依据，有关的政策、技术、经济资料。

附件三

国家电子政务工程建设项目初步设计方案和投资概算编制要求（提纲）

第一章　项目概述

1. 项目名称
2. 项目建设单位及负责人，项目责任人
3. 初设及概算编制单位
4. 初设及概算编制依据
5. 建设目标、规模、内容、建设期
6. 总投资及资金来源
7. 效益及风险
8. 相对可研报告批复的调整情况
9. 主要结论与建议

第二章　项目建设单位概况

1. 项目建设单位与职能
2. 项目实施机构与职责

第三章　需求分析

1. 政务业务目标需求分析结论
2. 系统功能指标
3. 信息量指标
4. 系统性能指标

第四章　总体建设方案

1. 总体设计原则
2. 总体目标与分期目标
3. 总体建设任务与分期建设内容
4. 系统总体结构和逻辑结构

第五章　本期项目设计方案

1. 建设目标、规模与内容
2. 标准规范建设内容
3. 信息资源规划和数据库设计
4. 应用支撑系统设计
5. 应用系统设计
6. 数据处理和存储系统设计
7. 终端系统及接口设计
8. 网络系统设计
9. 安全系统设计
10. 备份系统设计
11. 运行维护系统设计
12. 其他系统设计
13. 系统配置及软硬件选型原则
14. 系统软硬件配置清单
15. 系统软硬件物理部署方案
16. 机房及配套工程设计
17. 环保、消防、职业安全卫生和节能措施的设计
18. 初步设计方案相对可研报

告批复变更调整情况的详细说明

第六章 项目建设与运行管理

1. 领导和管理机构
2. 项目实施机构
3. 运行维护机构
4. 核准的项目招标方案
5. 项目进度、质量、资金管理方案
6. 相关管理制度

第七章 人员配置与培训

1. 人员配置计划
2. 人员培训方案

第八章 项目实施进度

第九章 初步设计概算

1. 初步设计方案和投资概算编制说明
2. 初步设计投资概算书
3. 资金筹措及投资计划

第十章 风险及效益分析

1. 风险分析及对策
2. 效益分析

附表：

1. 项目软硬件配置清单
2. 应用系统定制开发工作量核算表

附件：

初步设计和投资概算编制依据，有关的政策、技术、经济资料。

附图：

1. 系统网络拓扑图
2. 系统软硬件物理布置图

附件四

国家电子政务工程建设项目验收大纲（提纲）

一、验收时限

电子政务项目建设完成半年内，项目建设单位应完成初步验收工作，并向项目审批部门提交竣工验收的申请报告。

因特殊原因不能按时提交竣工验收申请报告的，项目建设单位应向项目审批部门提出延期验收申请。经项目审批部门批准，可以适当延期进行竣工验收。

二、验收任务

（一）审查项目的建设目标、规模、内容、质量及资金使用等情况。

（二）审核项目形成的资产情况。

（三）评价项目交付使用情况。

（四）检查项目建设单位执行国家法律、法规情况。

三、验收依据

（一）国家有关法律、法规，以及国家关于信息系统和电子政务建设项目的相关标准。

（二）经批准的建设项目项目建议书报告及批复文件。

（三）经批准的建设项目可行性研究报告及批复文件。

（四）经批准的建设项目初步设计和投资概算报告及批复文件。

（五）建设项目的合同文件、施工图、设备和软件技术说明书。

四、验收条件

（一）建设项目确定的网络、应用、安全等主体工程和辅助设施，已按照设计建成，能满足系统运行的需要。

（二）建设项目确定的网络、应用、安全等主体工程和配套设施，经测试和试运行合格。

（三）建设项目涉及的系统运行环境的保护、安全、消防等设施已按照设计与主体工程同时建成并经试运行合格。

（四）建设项目投入使用的各项准备工作已经完成，能适应项目正常运行的需要。

（五）完成预算执行情况报告和初步的财务决算。

（六）档案文件整理齐全。

五、验收组织

建设项目竣工验收一般分为初步验收和竣工验收两个阶段。

（一）建设项目的初步验收，由项目建设单位按照本大纲规定组织，并提出初步验收报告。

（二）建设项目的竣工验收一般由项目审批部门或其组织成立的电子政务项目竣工验收委员会组织；建设规模较小或建设内容较简单的建设项目，项目审批部门可委托项目建设单位组织验收。

六、初步验收

（一）项目建设单位依据合同组织单项验收，形成单项或专项验收报告。

（二）项目建设单位或相关单位组织信息安全风险评估，提出信息安全风险评估报告。

（三）项目建设单位对项目的工程、技术、财务和档案等进行验收，形成初步验收报告。

（四）项目建设单位向项目审批单位提交竣工验收申请报告。

七、竣工验收

（一）组织竣工验收的单位（机构）组建竣工验收委员会，下设专家组。

（二）专家组负责开展竣工验收的先期基础性工作，重点检查项目建设、设计、监理、施工、招标采购、档案资料、预（概）算执行和财务决算等情况，提出评价意见和建议。

（三）竣工验收委员会基于专家组评价意见提出竣工验收报告。

国家发展改革委 公安部 国家保密局 关于加强国家电子政务工程建设项目信息安全风险评估工作的通知

（发改高技〔2008〕2071 号，2008 年 8 月 6 日）

中央和国家机关各部委，国务院各直属机构、办事机构、事业单位，各省、自治区、直辖市及计划单列市、新疆生产建设兵团发展改革委、公安厅、保密局：

为了贯彻落实《国家信息化领导小组关于加强信息安全保障工作的意见》（中办发〔2003〕27 号），加强基础信息网络和重要信息系统安全保障，按照《国家电子政务工程建设项目管理暂行办法》（国家发展和改革委员会令〔2007〕第 55 号）的有关规定，加强和规范国家电子政务工程建设项目信息安全风险评估工作，现就有关事项通知如下：

一、国家的电子政务网络、重点业务信息系统、基础信息库以及相关支撑体系等国家电子政务工程建设项目（以下简称电子政务项目），应开展信息安全风险评估工作。

二、电子政务项目信息安全风险评估的主要内容包括：分析信息系统资产的重要程度，评估信息系统面临的安全威胁、存在的脆弱性、已有的安全措施和残余风险的影响等。

三、电子政务项目信息安全风险评估工作按照涉及国家秘密的信息系统（以下简称涉密信息系统）和非涉密信息系统两部分组织开展。

四、涉密信息系统的信息安全风险评估应按照《涉及国家秘密的信息系统分级保护管理办法》、《涉及国家秘密的信息系统审批管理规定》、《涉及国家秘密的信息系统分级保护测评指南》等国家有关保密规定和标准，进行系统测评并履行审批手续。

五、非涉密信息系统的信息安全风险评估应按照《信息安全等级保护管理办法》、《信息系统安全等级保护定级指南》、《信息系统安全等级保护基本要求》、《信息系统安全等级保护实施指南》和《信息安全风险评估规范》等有关要求，可委托同一专业测评机构完成等级测评和风险评估工作，并形成等级测评报告和风险评估报告。等级测评报告参照公安部门制订的格式编制，风险评估报告参考《国家电子政务工程建设项目非涉密信息系统信息安全风险评估报告格式》（见附件）编制。

六、电子政务项目涉密信息系统的信息安全风险评估，由国家保密局涉密信息系统安全保密测评中心承担。非涉密信息系统的信息安全风险评估，由国家信息技术安全研究中心、中国信息安全测评中心、公安部信息安全等级保护评估中心等三家专业测评机构承担。

七、项目建设单位应在项目建设任务完成后试运行期间，组织开展该项目的信息安全风险评估工作，并形成相关文档，该文档应作为项目验收的重要内容。

八、项目建设单位向审批部门提出项目竣工验收申请时，应提交该项目信息安全风险评估相关文档。主要包括：《涉及国家秘密的信息系统使用许可证》和《涉及国家秘密的信息系统检测评估报告》，非涉密信息系统安全保护等级备案证明，以及相应的安全等级测评报告和信息安全风险评估报告等。

九、电子政务项目信息安全风险评估经费计入该项目总投资。

十、电子政务项目投入运行后，项目建设单位应定期开展信息安全风险评估，检验信息系统对安全环境变化的适应性及安全措施的有效性，保障信息系统的安全可靠。

十一、中央和地方共建电子政务项目中的地方建设部分信息安全风险评估工作参照本通知执行。

国家发展改革委关于进一步加强国家电子政务工程建设项目管理工作的通知

（发改高技〔2008〕2544号，2008年9月24日）

中央和国家机关各部委，各省、自治区、直辖市及计划单列市、新疆生产建设兵团发展改革委：

为进一步加强国家电子政务工程建设项目（以下简称“电子政务项目”）的管理，促进我国电子政务的健康发展，结合当前电子政务项目建设中存在的主要问题，根据《国家电子政务工程建设项目管理暂行办法》（国家发展和改革委员会令〔2007〕第55号）的有关规定，现将有关工作要求通知如下：

一、项目建设部门要高度重视电子政务项目的管理工作。严格按照国家发展改革委第55号令的有关要求，加强对电子政务项目立项、建设、验收和运行等全过程的规范管理，确保电子政务项目的建设质量和投资效益。

二、项目建设部门要进一步加强电子政务项目的组织保障工作。坚持“一把手”负责制，建立健全项目管理责任制，在充分发挥部门内部业务单位主导作用的基础上，强化业务单位与技术支持单位的协调配合，确保电子政务项目更好地服务于政务业务，更好地实现应用系统的协同互动，以及有关基础设施和信息资源的共享。

三、项目建设部门应严格按照批复的初步设计方案和投资概算实施项目建设。主要建设内容或投资概算确需调整的，应事先向国家发展改革委提交调整报告，履行报批手续。

对于投资规模未超出概算批复、原有建设目标不变且总概算规模内单项工程之间概算调整的数额不超过概算总投资15%的项目，并符合以下三种情况之一的可由项目建设部门自行调整，同时将调整批复文件报国家发展改革委备案：（1）确属于对原项目技术方案进行完善优化的；（2）根据国家出台的新政策或中央领导部署的新任务要求，改变或增加相应建设内容的；（3）根据所建电子政务项目业务发展的需要，在国家已批复项目建设规划的框架下适当调整相关建设进度的。

四、项目建设部门应做好电子政务项目建设情况的通报工作。按照国家发展改革委第55号令的规定，项目建设部门应在每年七月底和次年一月底前，向国家发展改革委和财政部报告电子政务项目上半年和全年的建设进度、实施内容、招标投标、概预算执行和存在的问题等情况。

五、项目建设部门应按照《中华人民共和国招标投标法》和《中华人民共和国政府采购法》的有关规定，优先采购自主可控的信息安全设备、核心网络设备、基础软件、系统软件和业务应用软件等关键产品，以确保电子政务项目的安全可靠。自主可控产品的采购情况，将作为项日检查、验收、后评价的重要内容，以及审批项目建设部门后续电子政务项目的重要参考。

六、项目建设部门要进一步加强电子政务项目的信息安全工作。根据国家关于信息安全等级保护和涉密信息系统分级保护的有关规定，项目建设部门在电子政务项目的需求分析报告和建设方案中，应同步落实等级保护和分级保护的相关要求，形成与业务应用紧密结合、技术上自主可控的信息安全解决方案。项目建设中应切实落实有关信息安全解决方案，完成相关的建设内容。电子政务项目建设任务完成后试运行期间，项目建设部门应组织开展信息安全风险评估工作，具体要求请按《关于加强国家电子政务工程建设项目信息安全风险评估工作的通知》（发改高技〔2008〕2071号）执行。

七、项目建设部门应进一步做好电子政务项目的档案建设工作。在电子政务项目的申报审批、建设实施到运行管理等全过程中，应同步开展项目档案建设工作，形成的档案要进行档案验收，未进行档案验收或档案验收不合格的，不得通过电子政务项目的竣工验收。档案建设的具体要求请按《国家电子政务工程建设项目档案管理暂行办法》（档发〔2008〕3号）执行。

八、国家发展改革委将会同相关部门对项目的建设进度、建设内容、建设目标、概预算执行情况等进行检查或稽查。国家发展改革委将适时组织专家或委托相关机构对电子政务项目的系统运行效率、使用效果等情况进行后评价。项目建设部门应对出现的问题及时进行整改。

九、今后原则上不再审批建设新的部门专用业务网络。项目建设部门要根据《国家信息化领导小组关于推进国家电子政务网络建设的意见》（中办发〔2006〕18号）的有关要求，充分利用统一国家电子政务网络，开展电子政务项目建设，对于满足本部门内部办公、管理、协调、监督和决策需要的业务系统，其业务网络应纳入国家电子政务内网。对于涉及社会管理、公共服务和不需要在政务内网上运行的业务系统，已建的该类业务系统应尽快迁移到国家电子政务外网上运行，新建的该类业务系统今后必须依托电子政务外网建设运行。

十、新申请立项的电子政务项目，其项目建设部门应在项目建议书编制阶段，组织专业力量开展电子政务需求分析工作，形成的需求分析报告由项目建设部门送国家发展改革委组织专家组进行评议。项目建设部门向国家发展改革委报送项目建议书时，应附需求分析报告和专家评议意见。

中央和地方政务部门共建的电子政务项目，由中央政务部门牵头组织地方政务部门共同编制需求分析报告。

十一、项目建设部门在电子政务项目建设中应积极采用服务外包、数据托管等新的专业化和市场化方式，探索电子政务项目建设运行的新机制新模式，为国家电子政务可持续发展积累经验。

国家发展改革委关于加强和完善国家电子政务工程建设管理的意见

（发改高技〔2013〕266号，2013年2月16日）

中央和国家机关各部委、直属机构，各省、自治区、直辖市及计划单列市、新疆生产建设兵团发展改革委：

为贯彻落实《“十二五”国家政务信息化工程建设规划》（以下简称《规划》），规范国家电子政务工程建设，加强国家电子政务工程建设项目（以下简称“电子政务项目”，主要指国家统一电子政务网络、国家基础信息资源库、国家网络与信息安全基础设施、重点业务信息系统、政府数据中心以及电子政务相关支撑体系等使用中央财政性资金建设的政务信息化工程建设项目）的管理，促进政府信息共享和业务协同，提高投资效益，现提出如下意见。

一、电子政务项目建设的思路和原则

（一）电子政务建设思路要实现三个转变。一是在建设目标上，要从过去注重业务流程电子化、提高办公效率，向更加注重支撑部门履行职能、提高政务效能、有效解决社会问题转变；二是在建设方式上，要从部门独立建设、自成体系，向跨部门跨区域的协同互动和资源共享转变；三是在系统模式上，要从粗放离散的模式，向集约整合的模式转变，确保电子政务项目的可持续发展。

（二）电子政务项目建设要坚持三个原则。一是解决社会问题的原则，电子政务项目建设内容的确定，要以解决广大人民群众最关心最直接最现实的利益问题为出发点，以服务公众为落脚点，加快促进政府职能转变；二是提升政务部门信息能力的原则，要充分利用信息化手段，提升政务部门宏观调控、市场调节、社会管理和公共服务的能力，切实发挥电子政务支撑政务部门履行职能的作用；三是注重顶层设计的原则，要推进部门间的互联互通、业务协同和信息共享，发挥电子政务项目促进多部门协同解决经济社会问题的作用，避免重复投资、重复建设，发挥投资效益。

二、强化电子政务项目“一把手”负责制

（一）落实电子政务项目建设的责任机制。项目建设部门的“一把手”，应按照“三个转变”的建设思路，强化责任机制，有效落实顶层设计的思想，强化需求分析工作的指导，推动业务流程优化和业务模式创新，促进部门内部和部门之间的信息共享和业务协同，加强电子政务项目全过程的统筹指导，切实保障电子政务项目的建设实效。

（二）加强电子政务项目跨部门统筹协调。涉及多部门建设的电子政务项目，应建立跨部门统筹协调机制。项目牵头部门应会同共建部门，基于《规划》提出的建设目标和任务，细化项目体系架构，明确具体建设任务，确定部门间的业务协同关系和信息共享需求，落实共建部门的建设范围和责任义务。项目建成后，应进一步完善跨部门的共享共用机制，保障部门间的业务协同和信息共享，切实提高投资效益。

三、统筹推进电子政务共建项目的建设

（一）中央跨部门共建项目应统筹建设方案整体推进。对于多个部门共建的电子政务项目，应由项目牵头部门会同共建部门，共同研究形成项目体系架构和建设方案，各共建部门应按照已明确的建设任务，深入开展需求分析，确定具体建设目标和建设内容，细化建设方案。项目牵头部门会同共建部门完成项目整体立项的项目建议书，报国家发展改革委审批立项。

项目整体立项批复后，各共建部门应依据立项批复编制可行性研究报告，报国家发展改革委审批。对于整体立项后，需要相关部门分别编制可行性研究报告的电子政务项目，应由项目牵头部门对共建部门的可行性研究报告分别提出审查意见，并按照整体立项的统一要求，做好共建项目的统筹协调，确保项目建设发挥实效。

各共建部门在可行性研究阶段，应严格按照《国家电子政务工程建设项目管理暂行办法》（国家发展改革委令 2007 年第 55 号，以下简称“55 号令”）有关要求开展相关工作，并做好以下几方面工作：

1. 按照国家发展改革委《固定资产投资项目节能评估和审查暂行办法》（国家发展改革委令 2010 年第 6 号）的有关规定，做好该项目的节能评估工作，并单独形成节能评估文件与可行性研究报告一并报国家发展改革委。

2. 按照《中华人民共和国招标投标法实施条例》、《中华人民共和国招标投标法》、《工程建设项目可行性研究报告增加招标内容和核准招标事项暂行规定》（国家发展计划委令 2001 年第 9 号）等有关规定，在编写招标内容的同时填写招标基本情况表，对不列入招标范围的具体项目及自行招标、邀请招标等依据和理由作出说明，并与项目可行性研究报告一并报国家发展改革委。

3. 按照《国家发展改革委重大固定资产投资项目社会稳定风险评估管理办法》（发改投资〔2012〕2494 号）的有关规定，做好项目的社会稳定风险评估工作，社会稳定风险分析应作为项目可行性研究报告的重要内容并设独立篇章。向国家发展改革委报送项目可行性研究报告的申报文件中，应当包含对该项目社会稳定风险评估报告的意见，并附社会稳定风险评估报告。

4. 涉及土建工程的项目，按照国家有关规定，做好项目建设的用地预审、规划选址、环境影响评价等工作。

（二）中央和地方共建项目应统一规划整体立项。中央有关部门要加强对中央和地方共建电子政务项目的总体规划，统筹制定信息共享和业务协同的标准规范，做好对地方建设部分的指导工作，并组织地方共同开展项目需求分析和方案设计，地方有关部门应做好所建项目与本地区已有项目以及电子政务相关规划的衔接，并就涉及本地区的建设内容和投资规模等提前征求地方项目审批部门意见，地方项目审批部门应结合本地实际情况出具资金承诺函。地方资金承诺函应与整体立项的项目建议书一并报国家发展改革委审批。

中央部门和地方部门应依据立项批复，分别编制可行性研究报告，并报同级项目审批部门审批。涉及中央补助资金的地方项目，按《中央预算内投资补助和贴息项目管理暂行办法》（国家发展改革委令 2005 年第 31 号）第七条有关规定执行。可行性研究报告应包含节能、招投标、社会稳定风险评估等内容，具体按国家有关规定执行。

各地方在确保完成项目整体立项确定的建设目标和建设任务的前提下，在测算中央补助资金时确定的基本配置的基础上，可根据地方实际情况，优化调整具体建设内容和建设规模，具体请按 55 号令执行。

四、充分重视电子政务项目的需求分析

（一）强化电子政务项目需求分析工作。在立项准备阶段，各项目建设部门应按照55号令，以及需求分析报告编制的有关要求，自行或与委托的专业咨询机构共同开展项目的需求分析工作，注重需求分析工作的基础性、适用性和指导性。

需求分析的经费计入项目总投资，其构成主要包括政务业务和系统结构的基础调研、量化分析、论证咨询、需求分析报告编制和专家评议等。需求分析有关经费可在项目建设的前期工作费、设计费和预备费中列支。

（二）发挥项目建设部门业务司局的主导作用。应充分发挥项目建设部门业务司局在需求分析工作中的主导作用，信息化支撑单位应加强与业务司局的协调配合，并做好技术支撑保障。

需求分析工作应基于项目建设部门的核心职能，重点研究分析所面临的社会问题，以及急需解决的社会问题，合理确定项目的政务目标，创新行政运行机制、优化业务流程，科学组织信息资源、优化系统结构。在此基础上，形成项目需求分析报告。

（三）明确需求分析工作的基础地位。项目建设部门完成项目需求分析报告后，应由国家发展改革委组织的专家组对其进行评议。专家组的评议意见，作为国家发展改革委审批项目建议书或可行性研究报告的重要参考。

项目建设部门应按照专家组评议通过的项目需求分析报告，组织编制项目建议书或可行性研究报告。

评估和评审机构在评估项目建议书、可行性研究报告及评审初步设计和投资概算的过程中，应将专家组评议通过的需求分析报告作为项目评估和评审的重要参考。

五、大力推进跨部门信息共享

（一）严格落实信息共享需求。项目建设部门在项目建议书（包括需求分析报告）和可行性研究报告编制中，应专门分析部门内部、外部，以及本部门中央和地方之间的信息共享需求，列出信息共享目录，信息共享目录应包含共享数据的字段、格式、技术接口、加工处理方法和信息可追溯的技术要求等。信息共享目录作为项目建议书和可行性研究报告的附件，报项目审批部门。

（二）发挥国家电子政务网络支撑作用。项目建设部门必须充分利用国家电子政务网络开展电子政务项目建设。项目建设部门应根据业务需求，将涉及国家秘密的机密级及以下的业务系统部署在国家电子政务内网上，将非涉及国家秘密的业务信息系统部署在国家电子政务外网上。现有部门专网承载的涉及国家秘密的业务信息系统和非涉及国家秘密的业务信息系统要分别逐步迁移到国家电子政务内网和国家电子政务外网上来。国家原则上不再审批新建部门专网，具体要求按《关于进一步加强国家电子政务网络和应用的通知》（发改高技〔2012〕1986号）执行。

六、加强电子政务项目的质量管理

（一）严格电子政务项目的立项审批。对于需求分析不够清晰完整、不支持信息共享和业务协同，以及项目建议书、可行性研究报告、初步设计和投资概算中未落实需求分析设定的目标和相关要求的项目，国家发展改革委不予审批。

（二）完善电子政务项目的全过程管理。按照《国家发展改革委关于进一步加强国家电子政务工程建设项目管理的通知》（发改高技〔2008〕2544号，以下简称“2544号文件”）的要求，强化项目建设部

门对项目建设情况的信息通报制度。严格项目概算调整的管理，项目建设部门必须按照批复的初步设计和投资概算实施项目建设。主要建设内容或投资概算确需调整的，必须报原项目审批部门批准。按照2544号文件有关规定可自行审批调整的，应将调整批复文件报原项目审批部门备案。要加强对电子政务项目的监理，提升项目建设质量。按《国家电子政务工程建设项目档案管理管理办法》（档发〔2008〕3号）的要求，加强电子政务项目档案管理工作，同步推进电子化档案管理。在验收和后评价工作中，应加强对电子政务项目的绩效评价，切实保障项目建设取得实效。

（三）保障电子政务项目建设所需资金。中央和地方共建项目按照统筹规划、分级建设的原则，根据中央和地方的事权划分，确定相应的建设内容和建设运维资金。建设资金列入同级政府固定资产投资，运维经费列入同级财政预算。国家对西部地区和东、中部欠发达地区的中央和地方共建项目按照基本配置予以适当补助。其中，对新疆生产建设兵团、南疆三地州、西藏及四省藏区全额补助，对西部地区以及比照西部大开发政策的东、中部地区原则上补助20％，有国家特殊政策的，按相关政策执行。补助资金通过中央政府固定资产投资安排解决。项目所需建设资金和运维经费要及时到位，以确保项目建设的顺利实施和信息系统的可靠运行。

七、保障电子政务项目安全可控

（一）统一使用国家网络信任服务设施。部署在国家电子政务内网上的业务应用要统一使用电子政务内网平台提供的符合保密要求的信任服务设施。部署在国家电子政务外网上的业务应用要统一使用电子政务外网平台提供的信任服务设施。已建和新建的电子政务项目，有关部门要按照国家电子政务网络信任体系建设的总体要求，建设相应的信任服务系统，同步使用国家电子政务内网和国家电子政务外网平台提供的信任服务设施，实现基于国家电子政务内网和国家电子政务外网的跨部门、跨区域业务应用。

（二）加强信息系统分级保护和等级保护。根据国家关于涉密信息系统分级保护和非涉密信息系统信息安全等级保护的规定，项目建设部门在电子政务项目的需求分析报告和建设方案中，应同步落实分级保护和等级保护的相关要求，形成与业务应用紧密结合、技术上安全可控的信息安全和保密解决方案。项目建成后试运行期间，项目建设部门应组织开展信息安全风险评估，具体要求按《关于加强国家电子政务工程建设项目信息安全风险评估工作的通知》（发改高技〔2008〕2071号）执行。涉密信息系统投入使用前应经保密行政管理部门审查批准。

（三）积极采用安全可控信息技术和产品。在项目建设中，从技术方案到招标采购，尤其是核心网络设备、基础软硬件产品、信息安全装备等关键技术和产品的采用，均应达到安全可控要求。项目软硬件产品的采用情况将作为项目验收的重要内容。

八、推动电子政务项目建设改革创新

（一）创新电子政务项目建设运维模式。项目建设部门应积极采用服务外包、项目代建等专业化和市场化方式，探索项目建设和运维的新机制、新模式，合理控制和降低建设与运维成本，提升专业化水平和服务质量，确保重要信息系统的安全可靠运行。

（二）推进新技术在电子政务项目中的应用。鼓励在电子政务项目中采用物联网、云计算、大数据、下一代互联网、绿色节能、模拟仿真等新技术，推动新技术在电子政务项目建设中的广泛应用，进一步提高政务信息化资源利用效率，深化业务应用，扩大服务范围，提升服务质量，为创新电子政务发展模式，提升电子政务效能积累经验。

（三）加强对《规划》实施的有效督促。项目审批部门要对《规划》实施的进展情况跟踪分析，并及时进行总结和评价。项目投入运行后，应组织专家或委托相关机构开展项目审计、监督和绩效评价。对未实现效能目标或未达到预期效果的，项目建设部门要限期整改。对拒不整改或整改后仍不符合要求的，有关部门可对其进行通报批评，并将有关情况和评价结果向国务院报告。项目实施情况和取得的成效，将作为“中国信息化成果评选”的重要参考。

（四）加强国家网络与信息安全基础设施建设管理。根据《规划》的部署，项目审批部门要会同国家网络与信息安全基础设施（以下简称“信息安全设施”）建设部门，按照设施共建、资源共享、业务协同的原则，加强对信息安全设施建设目标、思路、建设布局和系统框架的研究。按照“中央侧中央投资，地方侧地方投资，企业侧企业投资”的方式，组织中央和地方相关部门及相关企业，共同推动信息安全设施建设。信息安全设施的项目建设管理等有关要求，具体参照本意见执行。

国家卫生健康委员会关于印发国家卫生健康委员会属（管）单位基本建设管理办法的通知

（国卫规划发〔2018〕7号，2018年4月17日）

委属（管）单位：

为贯彻落实简政放权、放管结合、优化服务改革精神，进一步加强委属（管）单位基本建设管理，规范建设程序和行为，提高投资效益，根据国家有关法律法规规定，我委研究制定了《国家卫生健康委员会属（管）单位基本建设管理办法》。现印发给你们，请遵照执行。

国家卫生健康委员会属（管）单位基本建设管理办法

第一章　总　　则

第一条　为贯彻落实简政放权、放管结合、优化服务改革有关精神，进一步加强国家卫生健康委员会属（管）单位基本建设管理，规范建设程序和行为，提高投资效益，促进委属（管）单位科学发展，根据有关法律法规规定，结合实际情况，制定本办法。

第二条　国家卫生健康委员会是委属（管）单位基本建设的主管部门，负责委属（管）单位总体发展建设规划（以下简称总体规划）和基本建设项目（以下简称建设项目）审批和核准、中央投资申请、年度投资计划管理和项目实施监督等。

第三条　委属（管）单位是建设的责任主体，负责单位总体规划和建设项目申报，以及建设项目资金筹措和组织实施等。

第四条　委属（管）单位基本建设决策应当严格执行“三重一大”制度，坚持依法决策、科学决策、民主决策和集体决策。在总体规划编制和重大项目审批或核准过程中，委属（管）单位要采取专家论证、职工代表大会讨论、结果公示等多种方式，广泛征求各方意见。

第五条　本办法所称建设项目指在自有土地或新征用地上新建、改扩建、迁建以及应当纳入基本建设投资管理范围的工程。

第六条　委属（管）医院建设项目根据建设内容和资金来源不同，分别实行审批管理或核准管理。医院申请中央资金的建设项目和利用自有资金（包括自有、捐赠和地方政府投资等，下同）建设医疗、教学和科研等用房的，实行审批管理；利用自有资金建设的医生值班宿舍、学生宿舍、营养食堂、停车库、连接廊和锅炉房等生活和后勤保障用房项目，实行核准管理。其他委属事业单位和社会团体申请中央资金的建设项目，实行审批管理；利用自有资金的建设项目，实行核准管理。委属企业建设项目按照国家有关规定实行核准和备案管理。办公用房项目按照国家有关规定管理。

第七条　国家卫生健康委员会建立委属（管）单位建设项目审批监管系统（以下简称审批监管系统），将总体规划审批、建设项目审批和核准、投资计划管理以及项目监督实施等纳入系统实行信息化管理。除涉密项目外，委属（管）单位建设项目审批和核准须通过审批监管系统受理、在线办理。

第八条 委属（管）单位总体规划和建设项目申报材料经审批监管系统预审通过后，正式向国家卫生健康委员会报送文本及相关附件。

第九条 国家卫生健康委员会审批和核准的项目，实行第三方评审制度。受理后，委托具备良好信誉和相应能力的工程咨询机构对项目建议书、可行性研究报告、初步设计和投资概算、项目申请报告等进行评审。国家卫生健康委员会转报国家发展改革委审批的项目，由国家卫生健康委员会组织论证。

第十条 国家卫生健康委员会建立卫生健康工程建设咨询专家委员会，为国家卫生健康委员会、属（管）单位和承担评审工作的项目咨询机构等提供政策、法律法规和技术咨询以及评估论证等服务。

第十一条 凡不涉及国家安全和国家秘密、法律法规未禁止公开的，国家卫生健康委员会按照政府信息公开的有关规定向社会公开建设项目审批和核准情况。公开期间收到的主要意见和建议，作为项目下一环节审批的重要参考。委属（管）单位要按照建设项目信息公开的要求，主动在其网站上公开建设项目审批或核准、招标投标、重大变更、施工管理等相关内容，接受社会监督。

第二章　总体发展建设规划

第十二条 总体发展建设规划是委属（管）单位开展基本建设的重要依据，应当遵循国家宏观政策，符合深化医药卫生体制改革各项要求。规划编制要提高科学性和可操作性，规划实施要提高约束性和权威性。

第十三条 委属（管）单位应当根据区域卫生规划、城乡规划和单位事业发展规划，坚持适用、经济、安全、绿色的原则，在正确处理近期建设和远期发展关系的基础上，委托具备良好信誉和相应能力的工程咨询机构编制总体规划，报国家卫生健康委员会审批。委属（管）单位报送总体规划时，应当提供以下材料：

（一）请示文件；

（二）单位领导班子集体研究决策会议纪要、职工代表大会讨论纪要和总体规划公示情况报告等；

（三）总体规划，内容主要包括单位基本情况和事业发展规划，存在的困难和问题，需求分析和规模测算，规划主要技术指标，规划完成后形成的布局、流线和功能分区及相关图纸，新建项目投资估算，工程实施计划等；

（四）符合区域卫生规划的床位规模和教学规模批复等相关材料，当地城乡规划管理部门对单位总体规划的意见或院区规划条件，经本单位职工代表大会通过的中长期事业发展规划等；

（五）在京单位报送总体规划时，须同时提供其规划符合北京首都功能定位和北京城市总体规划（2016—2035 年）的分析说明。

第十四条 国家卫生健康委员会依据实施健康中国战略、深化医药卫生体制改革、京津冀协同发展、区域卫生规划、城乡规划相关要求和国家有关建设标准和规范等审批委属（管）单位总体规划。鼓励委属（管）在京单位向北京城市副中心、远郊区域或京外迁建、疏解，进一步优化总体规划布局。总体规划确定的建设项目、内容和规模不得随意变动。确因特殊情况需要修订总体规划时，须重新报批。未列入总体规划的项目原则上不予批准建设。院区最后一个建设项目且今后 5 年不新征地建设的，或院区内不再建设、新征地只建设一个项目的，可不编制总体规划，直接编制项目建议书。实行核准管理的生活和后勤保障用房项目，委属（管）单位可根据总体规划确定的院区功能分区或在院区外选址，结合实际需求按标准申报建设。

第十五条 委属（管）单位根据已批准的总体规划，结合事业发展需要和财力可能，每年 6 月通过审批监管系统申报近 3 年拟实施的建设项目和三年滚动投资计划，经审核通过后纳入国家卫生健康委员会基本建设储备项目库。纳入储备项目库的建设项目，方可开展前期准备工作。

第三章 项目审批管理

第十六条 实行审批管理的委属（管）单位建设项目应当按照国家有关规定报送国家卫生健康委员会，由国家卫生健康委员会审批或审核后转报国家发展改革委审批，获得批准后方可实施。委属（管）单位建设项目审批环节包括项目建议书、可行性研究报告、初步设计和投资概算及调整等。总体规划中已确定且前期准备工作充分的建设项目，可以直接编报可行性研究报告代项目建议书。重大项目需开展工艺流程规划，并作为可行性研究报告编制重要依据。

第十七条 委属（管）单位报送项目建议书时，应当提供以下材料：

（一）请示文件；

（二）单位领导班子集体研究决策会议纪要、职工代表大会讨论纪要和拟建项目公示情况报告等；

（三）项目建议书，主要包括项目单位基本情况、项目建设的必要性、主要建设内容、拟建规模、拟建地点和用地面积、投资估算和资金筹措、环境影响和节能节水分析、社会效益和经济效益分析等，新征地建设的项目和院区最后一个项目还需包括总体规划相关内容；

（四）符合区域卫生规划的床位规模和教学规模等的批复文件以及总体规划批复文件等相关材料，项目选址意见书或规划管理部门意见，拟新征地项目还需附经本单位职工代表大会通过的中长期事业发展规划；

（五）在京单位报送项目建议书时，须提供项目建设符合北京首都功能定位和北京城市总体规划（2016—2035 年）的分析说明。

第十八条 国家卫生健康委员会依据实施健康中国战略、深化医药卫生体制改革、京津冀协同发展、区域卫生规划、城乡规划相关要求和国家有关建设标准和规范等审批项目建议书，并将批复文件抄送国家发展改革委和项目所在地城乡规划、国土资源等部门。委属（管）在京综合性医院不得在北京五环内扩大占地规模、增加床位数量，相关建设项目原则上不予批准。

第十九条 委属（管）单位报送项目可行性研究报告时，应当提供以下材料：

（一）请示文件；

（二）项目可行性研究报告（含确定的建筑设计方案）；

（三）规划管理部门出具的规划意见或条件；

（四）国土资源管理部门出具的建设项目用地预审意见或土地使用权证；

（五）省级节能审查机关出具的节能审查意见；

（六）项目所在地人民政府或其有关部门出具的社会稳定风险评估批复文件；

（七）资金筹措证明；

（八）项目建议书批复文件等相关材料；

（九）可行性研究报告代项目建议书的，还需提供单位集体研究决策会议纪要、职工代表大会讨论纪要和拟建项目公示情况报告，床位规模、教学规模等的批复文件等以及在京项目建设符合北京首都功能定位和北京城市总体规划（2016—2035 年）的分析说明。

第二十条 国家卫生健康委员会对符

合国家相关规定、有关建设标准和规范，具备建设条件的项目，批准可行性研究报告，并将批复文件抄送国家发展改革委和项目所在地城乡规划、国土资源、建设管理等部门。

第二十一条 委属（管）单位依据可行性研究报告批复文件，按照当地有关规定向城乡规划、国土资源等部门申请办理规划许可、正式用地手续等，并组织开展初步设计等相关工作。

第二十二条 可行性研究报告批准的建设规模，原则上在初步设计等后续工作中不得突破。对于不按照批复要求编报的初步设计，国家卫生健康委员会不予受理。

第二十三条 初步设计和投资概算编制中，投资概算超过可行性研究报告批准投资估算10%的，或者项目单位、建设性质、建设地点、建设规模、技术方案等发生重大变更的，项目单位应当及时书面报告国家卫生健康委员会。国家卫生健康委员会可以要求项目单位重新组织编制和报批可行性研究报告。

第二十四条 委属（管）单位报送项目初步设计和投资概算时，应当提供以下材料：

（一）请示文件；

（二）初步设计和投资概算，主要包括设计说明、总平面图、各专业计算书和设计图纸、工程概算书、主要材料设备规格和技术参数等；

（三）可行性研究报告批复文件；

（四）不超规模、不超投资建设的承诺函；

（五）其他相关材料。

第二十五条 国家卫生健康委员会依据已批准的可行性研究报告，对项目建设规模、建设内容、建设方案和概算投资等进行重点审核，并将批复文件抄送国家发展改革委和项目所在地城乡规划、建设管理等部门。

第二十六条 报国家卫生健康委员会审批的项目，其项目建议书和可行性研究报告等应当委托具有良好信誉和相应能力的工程咨询机构编制。初步设计和施工图设计应当由具备相应资质的设计单位编制。委属（管）单位应明确由一个设计单位对项目施工图设计负总责，统筹各专业、各专项设计。

第二十七条 委属（管）单位对概算管理负主要责任。项目初步设计及概算批复核定后，委属（管）单位必须严格按照批复文件实施建设项目，不得擅自改变；应当严格依照核定的概算投资，要求设计单位实行限额设计。委属（管）单位应当在审批监管系统中及时填报项目进度和概算执行情况，包括施工图设计（含装修设计）及预算是否符合初步设计及概算，招标结果及合同是否控制在概算以内，项目建设是否按批准的内容、规模和标准进行以及是否超概算等。国家卫生健康委员会通过审批监管系统加强投资概算全过程监管。

第二十八条 项目由于政策调整、价格上涨、地质条件发生重大变化等原因确需调整投资概算的，由委属（管）单位提出调整方案，按照规定程序报原概算核定部门核定。申请调整概算的项目，对于使用预备费可以解决的，不予调整概算。概算调增幅度超过原批复概算10%的，概算核定部门原则上先商请审计机关（部门）进行审计，并依据审计结论进行概算调整。

第二十九条 委属（管）单位申请调整概算的，应当提供以下材料：

（一）请示文件；

（二）原初步设计及概算文件和批复核定文件；

（三）由具备相应资质单位编制的调整概算书，调整概算与原核定概算对比表，并分类定量说明调整概算的原因、依据和计算方法；

（四）与调整概算有关的招标及合同文件，包括变更洽商部分；

（五）施工图设计（含装修设计）及预算文件等调整概算所需的其他材料。

第三十条 申请调整概算的项目，如有未经国家卫生健康委员会批准擅自增加建设内容、扩大建设规模、提高建设标准、改变设计方案等原因造成超概算的，除按照第二十九条提交调整概算的申报材料外，必须同时界定违规超概算的责任主体，并提出自行筹措违规超概算投资的意见，以及对相关责任人的处理意见。国家卫生健康委员会将在相关责任人处理意见落实后核定调整概算，违规超概算投资原则上不安排中央预算内投资解决。

第四章　项目核准管理

第三十一条 委属（管）单位办理项目核准手续，应当按照国家有关要求自行或委托具备良好信誉和相应能力的工程咨询机构编写项目申请报告。

第三十二条 委属（管）单位报送项目申请报告时，应当提供以下材料：

（一）请示文件；

（二）项目申请报告，主要包括项目单位情况、拟建项目情况、资源利用和生态环境影响分析、经济和社会影响分析、国家相关规定要求的其他内容；

（三）规划管理部门出具的选址意见书、规划意见或条件；

（四）国土资源管理部门出具的建设项目用地预审意见或土地使用权证；

（五）单位集体研究决策会议纪要、职工代表大会讨论纪要和拟建项目公示情况报告以及在京项目建设符合北京首都功能定位和北京城市总体规划（2016—2035年）的分析说明；

（六）法律法规规定需要办理的其他相关手续。

第三十三条 国家卫生健康委员会对符合国家有关规定、相关发展规划、有关建设标准和规范及相关产业政策，合理开发并有效利用资源，具备建设条件的项目予以核准；并将核准意见抄送项目所在地城乡规划、国土资源、环境保护、节能审查和建设管理等部门。国家卫生健康委员会应当在正式受理委属（管）单位项目申请报告50个工作日内出具项目核准文件或者不予核准的书面通知，项目情况复杂或者需要征求有关单位意见的，履行批准程序后，可以延长核准时限，但延长的时限不得超过40个工作日。

第三十四条 取得项目核准文件的项目，有下列情形之一的，委属（管）单位应当及时以书面形式向国家卫生健康委员会提出变更申请。国家卫生健康委员会应当自受理申请之日起20个工作日内作出是否同意变更的书面决定：

（一）建设地点发生变更的；

（二）投资规模、建设规模、建设内容发生较大变化的；

（三）项目变更可能对经济、社会、环境等产生重大不利影响的；

（四）需要对项目核准文件所规定的内容进行调整的其他重大情形。

第三十五条 项目自国家卫生健康委员会出具项目核准文件或同意项目变更决定2年内未开工建设，需要延期开工建设的，委属（管）单位应当在2年期限届满前30个工作日前，向国家卫生健康委员会申请延期开工建设。国家卫生健康委员会应当自受理申请之日起20个工作日内，作出是否同意延期开工建设的决定，并出具相应文件。开工建设只能延期一次，期限最长不得超过1年。在2年期限内未开工建设也未按照规定向国家卫生健康委员会申请延期的，项目核准文件或同意项目变更决定自动失效。

第五章　项目建设管理

第三十六条　国家卫生健康委员会对委属（管）单位中央预算内投资项目履行日常监管职责，制定日常监管工作方案，建立、管理日常监管台账，对建设项目开展检查，并提出整改意见、督促整改，指导委属（管）单位按时填报项目信息和进度数据，同时，配合国家发展改革委开展稽察、检查和督查工作。

第三十七条　建设项目实行项目法人责任制度。委属（管）单位的法定代表人对建设项目的申报、实施、质量、进度、安全、造价控制、资金管理及建成后的运行等负总责。

第三十八条　建设项目实行工程招标投标制度。委属（管）单位应当严格按照《中华人民共和国招标投标法》《中华人民共和国招标投标法实施条例》以及其他法律法规规定和要求，择优选择建设项目的勘察、设计、施工、监理等单位，择优采购与工程建设有关的重要设备、材料等。依法必须招标项目的招标公告和公示信息，除依法需要保密的内容外，应当按照公益服务、公开透明、高效便捷、集中共享的原则，依法向社会公开。招标投标活动应当遵循公开、公平、公正和诚信原则，不得将依法必须进行招标的项目化整为零或者以其他任何方式规避招标。不得迫使承包方或设备供应商等以低于成本的价格竞标，不得任意压缩合理工期。

第三十九条　建设项目实行工程建设监理制度。委属（管）单位应当选择具备相应资质的监理单位承担工程监理工作，并督促监理单位配备数量足够、资质合格的监理人员负责工程监理工作。未经监理工程师签字，建筑材料、建筑构配件和设备等不得在工程上使用或安装，不得进行下一工序的施工，不得拨付工程进度款，不得进行竣工验收。

第四十条　建设项目实行合同管理制度。委属（管）单位应当与承担建设项目勘察、设计、施工、监理和材料设备供应等的单位订立书面合同和廉政责任及安全合同，约定双方的权利、义务及其履约保证等要求，并严格按照合同条款支付款项。合同由法人代表或授权代理人签订。

第四十一条　建设项目实行工程质量终身负责制度。发生工程质量问题，应当由项目法人或项目法人的法定代表人及相关责任人承担工程质量责任，不因有关当事人工作单位或职务变动、退休或退职等原因而免除。

第四十二条　建设项目实行督导检查制度。每年上半年国家卫生健康委员会组织对各单位建设项目实施情况进行督导检查，并将督查结果作为次年中央预算内投资安排的重要依据。同时将督查结果通报各单位。

第四十三条　经批准实施的建设项目，委属（管）单位应当组建项目管理机构，配备熟悉基本建设政策和基本建设程序、业务能力强、素质高的相关管理、专业技术、安全人员。缺乏建设管理经验的单位，可通过招标等方式选择具备相应资质的项目管理机构，配合组织项目的建设实施，以提高项目建设管理水平和投资效益。具备条件的，可推行建设项目“代建制”或“总承包制”。

第四十四条　委属（管）单位应当按照当地有关规定办理项目建设相关手续，在取得工程施工许可证后方可开工建设。

第四十五条　国家卫生健康委员会通过审批监管系统对建设项目开工、实施进展、招投标、合同、投资执行、工程质量、竣工等信息进行在线调度。建设项目经批准立项或核准后，委属（管）单位应当在审批监管系统和国家重大建设项目库中及时更新项目建设相关信息，并对报送信息的真实性和时效性负责。国家卫生健康委员会于每月 6 日通过审批监管系统调度项目实施情况，将调度情况与次年中央投资安排挂钩，并对建设进展和投资计划执行缓慢、谎报瞒报迟报相关信息的单位予以通报。

第四十六条 委属（管）单位必须严格按照批复或核准文件实施建设项目，不得擅自变更建设地点、建设性质、建设内容、建设规模、建设标准等。在项目实施过程中，如出现建设规模、内外装修标准和设备、材料选型变化等重大设计变更的，必须按规定履行报批手续后方可组织实施。

第四十七条 委属（管）单位要按照有关规定编制工程用款计划，并根据合同约定、技术变更、经济洽商等资料，严格审查施工单位工程款拨付申请，按实际进度和工程价款结算程序支付工程款。严禁超进度支付工程款，也不得随意扣减或拖延工程款。

第四十八条 委属（管）单位应当建立健全建设项目质量控制体系和安全责任体系，明确参建各方责任，确保工程质量和安全。建立健全建设项目的工程保险和工程担保制度，加强风险管理。

第四十九条 委属（管）单位应当建立健全建设项目进度和投资动态控制体系，对工程实施进展、招投标、合同履行、工程款支付、投资完成和竣工验收等情况进行实时管控。

第五十条 建设项目完成后，委属（管）单位应当按照当地建筑工程竣工验收管理有关规定，及时组织设计、施工、监理等单位进行竣工验收，报请有关部门对项目规划、消防、人防、环保等进行验收，办理竣工验收备案手续，并将验收情况书面报告国家卫生健康委员会。未经竣工验收或竣工验收不合格的建设项目不得交付使用。

第五十一条 委属（管）单位应当建立健全基建管理人员培训机制，制定年度培训计划并建立培训考核制度，轮流安排人员参加国家卫生健康委员会或其他机构组织的建设管理培训。

第六章　年度投资计划管理

第五十二条 委属（管）单位应当根据单位财力和建设需要，按照优先确保续建项目的原则，在综合平衡的基础上于每年 6 月科学编制下一年度投资计划草案报国家卫生健康委员会。投资计划草案编制的内容包括项目名称、地点、建设性质、建设规模、项目责任人、建设内容、建设起止年限、投资来源、总投资、完成投资、下年度计划投资、申请的中央预算内投资、相关批复文件等，并附详细的文字说明。

第五十三条 国家卫生健康委员会根据各单位投资计划草案、预算执行、单位筹资能力、落实卫生健康重大政策和年度考核等情况，编制下一年度中央预算内基本建设投资计划建议方案报送国家发展改革委。

第五十四条 委属（管）单位应当加强计划管理，严格执行年度投资计划。收到投资计划文件 2 个工作日内，应当按要求签署综合信用承诺书。对投资计划执行好的单位将优先安排下一年度中央预算内投资，对投资计划执行不力的单位相应减少或取消下一年度中央预算内投资。

第七章　基本建设财务管理

第五十五条 委属（管）单位要严格按照财政部、我委基本建设财务及国库集中支付管理等有关规定，建立健全本单位基本建设财务管理制度和内部控制制度，做好建设项目预算、资金使用、价款结算、财务会计核算、竣工财务结算和决算等财务管理工作。

第五十六条 委属（管）单位要指定专人负责基本建设财务管理。要按项目单独核算，纳入单位账簿和财务报表。基本建设资金专款专用，不得截留、挤占或挪用。

第五十七条 委属（管）单位建设项目竣工结算、财务决算及审计按照财政部和国家卫生健康委员会有关规定执行。

第五十八条 建设项目结余的中央预算内资金应当按照财政部和国家卫生健康委员会有关规定，上缴国库，不得擅自挪用。

第八章 基本建设档案管理

第五十九条 委属（管）单位应当建立基本建设档案管理制度，配备专职或兼职的基本建设档案管理人员，按照《建设工程文件归档整理规范》及其他有关规定做好基本建设档案资料的收集、保管、整理和移交等工作。

第六十条 项目建议书、可行性研究报告、初步设计、项目申请报告、设计变更、施工图、竣工图、年度投资计划、施工计划、招标文件、施工及主要设备和材料采购合同等，都应当作为永久性档案归档。基本建设财务与会计有关凭证、账簿、报表，按照《会计档案管理办法》等有关规定立卷归档。

第六十一条 委属（管）单位应当在工程竣工验收后3个月内，按照规定向建设档案管理机构报送建筑工程档案。

第九章 监督管理与后评价

第六十二条 委属（管）单位应当依照国家有关规定，建立由纪检、监察、审计等部门参与、职责明确的建设项目监督管理制度，充分发挥监督检查的制约作用。要将廉政工作纳入设计、施工、监理、采购等各个环节，把廉政风险防范工作融入到建设项目的日常管理中，实行全过程监督。

第六十三条 单位纪检、监察、审计等职能部门应当设立举报电话或信箱，并对各方反映的问题及时进行调查处理。

第六十四条 对于投资数额大或重大特殊的建设项目，竣工验收并交付使用运行一段时间后，依据有关规定，国家卫生健康委员会可委托具备良好信誉和相应能力的工程咨询机构，对照批复项目可行性研究报告主要内容和文件开展项目后评价，必要时应当参照初步设计和投资概算文件的相关内容进行对比分析。

第十章 奖励与处罚

第六十五条 对获得国家级建筑奖项的项目，国家卫生健康委员会将予以通报表扬并连续3年在安排项目单位中央预算内资金时予以倾斜。

第六十六条 委属（管）单位有下列行为之一的，国家卫生健康委员会责令其限期整改并对项目单位和项目法人进行通报批评，暂停其建设项目审批和3年内基本建设、维修改造等方面的中央资金安排，并不得参与国家卫生健康委员会国家临床重点专科评审、推优等；对直接负责的主管人员和其他直接责任人员，依法追究行政或者法律责任。

（一）提供虚假情况骗取项目审批或核准和中央预算内投资的；

（二）未按照规定程序和审批核准权限进行审批或核准而擅自开工建设的；

（三）未经批准擅自提高建设标准或者投资规模、改变建设地点或者建设内容的；

（四）在项目建设过程中不遵守自然资源、城乡规划、环境保护、节能、安全监管、建设等方面法律法规和有关审批文件要求的；

（五）转移、侵占或者挪用建设资金的；

（六）未及时办理竣工验收手续、未经竣工验收或者验收不合格即交付使用的；

（七）已经批准的项目，无正当理由未及时实施或者完成的；

（八）不按国家规定履行招标程序的；

（九）因管理不善、弄虚作假等原因造成建设项目质量低劣、损失浪费和责任事故的；

（十）其他违反本办法规定的行为。

第六十七条 有关工程咨询机构或者设计单位在编制项目建议书、可行性研究报告、初步设计及投资概算、项目申请报告以及开展咨询评估或者项目后评价时，弄虚作假或者咨询评估意见严重失实的，国家卫生健康委员会将其纳入不良信用记录，并通报相关部门处理；造成损失的，依法承担赔偿责任；相关责任人员涉嫌犯罪的，依法移送司法机关处理。

第六十八条 建设项目发生重大质量安全事故的，项目单位应当立即上报国家卫生健康委员会，并按照国家有关规定，由有关部门依法追究项目单位、项目管理单位和勘察设计、施工、监理、招标代理等单位以及相关人员的法律责任。

第十一章　附　　则

第六十九条 本办法由国家卫生健康委员会负责解释。

第七十条 本办法自印发之日起施行。原《卫生部预算管理单位基本建设管理办法》（卫规财发〔2013〕15 号）和《国家人口计生委建设项目管理办法》（国人口发〔2007〕40 号）同时废止。

教育部关于印发《教育部直属高校基本建设管理办法（2017 年修订）》的通知

（教发〔2017〕7 号，2017 年 4 月 11 日）

部属各高等学校、各直属事业单位：

为贯彻落实党中央国务院关于进一步推进简政放权、放管结合、优化服务的决策部署，扩大中央高校基本建设管理权限，简化中央高校基本建设项目审批程序，我部对原《教育部直属高校基本建设管理办法》（教发〔2012〕1 号）进行了修订。现将新修订的《教育部直属高校基本建设管理办法（2017 年修订）》印发给你们，请按照执行。

教育部直属高校基本建设管理办法（2017 年修订）

第一章　总　　则

第一条　为进一步规范教育部直属高等学校（以下简称直属高校）基本建设管理，提高决策水平，保证投资效益，促进直属高校事业持续健康发展，根据有关法律法规和国家相关政策，结合直属高校实际，制定本办法。

第二条　直属高校校园建设总体规划（以下简称校园规划）的编制，新建、扩建、改建等基本建设项目（以下简称建设项目）的管理适用本办法。

第三条　直属高校基本建设项目根据资金来源不同，分别实行审批管理或备案管理。直属高校申请中央预算内基建投资的建设项目，实行审批管理；利用自有资金（包括学校自有、捐赠、地方预算资金等）的建设项目，实行备案管理。

第四条　教育部是直属高校基本建设的主管部门，负责申请中央预算内基建投资、指导编制校园规划及五年基本建设规划、审批备案建设项目和监督项目实施。

第五条　直属高校是基本建设的责任主体，负责编制报审校园规划和五年基本建设规划，报批报备建设项目、筹措建设资金并组织实施项目。

第六条　直属高校基本建设应当遵循基本建设规律，严格遵守基本建设程序，严格执行“三重一大”决策制度。

第二章　校园规划编制

第七条　校园规划是学校确定建设项目、开展基本建设的重要依据，应当具有前瞻性、科学性、稳定性和权威性，不得随意变更。

第八条　编制校园规划（含新编和修订，下同）应当贯彻保护环境、节地、节水、节能、节材的基本方针，构建资源节约型、环境友好型校园。

第九条　编制校园规划应当坚持适用、经济、勤俭节约的原则，正确处理近期建设和远景发展的关系、新建校区和既有校区的关系。校园建筑规划面积应当符合国家和地方相关规定。

第十条　直属高校应当委托有相应资质的单位编制校园规划，组织专家评估论证，并按照有关规定公开相关信息，充分听取师生员工意见。有条件的应当制定相应的规划设计导则，设立校园规划委员会。

第十一条 直属高校校园规划经地方规划部门批准或备案后，在校内公开发布并报送教育部备案。

第十二条 直属高校应当根据校园规划，结合事业发展需要和财务能力，按照国家经济与社会发展规划周期，在教育部的指导下编制五年基本建设规划，确定5年内规划实施的建设项目和投资方案，并上报教育部审核。

第十三条 直属高校五年基本建设规划实施期间，原则上可调整一次。

第十四条 教育部对直属高校五年基本建设规划的实施情况进行监测和评价。

第三章 项目审批管理

第十五条 直属高校申请中央预算内基建投资的建设项目，应当按照国家有关规定报送教育部或国家发展和改革委员会审批，获得批准后方可实施。

第十六条 直属高校报国家发展和改革委员会审批的建设项目，由教育部初审后，按要求报送国家发展和改革委员会审批。

第十七条 报教育部审批的建设项目，其审批环节包括项目建议书、可行性研究报告、初步设计及概算。对已列入五年基建规划的建设项目，不再审批项目建议书。

第十八条 直属高校因规划设计、土地征用、争取投资等需要，可报请教育部审批建设项目的项目建议书。

直属高校申请审批项目建议书应当提供以下材料：

（一）请示文件；

（二）学校决策会议纪要；

（三）校园规划；

（四）项目建议书，主要包括项目概况、建设依据和必要性、投资估算、效益分析等内容；

（五）其他相关材料。

第十九条 直属高校申请审批可行性研究报告应当提供以下材料：

（一）请示文件；

（二）学校决策会议纪要；

（三）校园规划；

（四）可行性研究报告及编制单位资质文件；

（五）城乡规划、用地、环评等批复文件，以及节能评估材料；

（六）资金筹措证明；

（七）其他相关材料。

第二十条 建设项目可行性研究报告应当委托有相应资质的单位编制，符合国家相关部门要求的前期工作质量和深度，应当包括以下内容：

（一）总论；

（二）需求分析与建设规模；

（三）场址选择；

（四）建筑方案选择；

（五）节能节水措施；

（六）环境影响评价；

（七）劳动安全卫生消防；

（八）组织机构与人力资源配置；

（九）项目实施进度；

（十）投资估算与资金筹措；

（十一）招标方案及项目招标基本情况表；

（十二）财务评价；

（十三）社会评价；

（十四）研究结论与建议。

第二十一条 按照国家预算管理要求，计划申请下一年度中央预算内基建投资的新开工建设项目，项目高校应当于本年度5月底前一次性向教育部报送可行性研究报告及相关文件。教育部受理项目可行性研究报告后，经审查确认符合本办法相关要求的，应于30个工作日内予以批复；不符合要求的，应当说明理由或提出修改意见。

第二十二条 申请中央预算内基建投

资的建设项目可行性研究报告实行审批前投资咨询评估制度，咨询评估工作应当按照投资咨询评估管理的有关规定执行。需要委托投资咨询评估的建设项目，其评估时间原则上为30个工作日，此时间不计入批复时限。

第二十三条 建设项目应当在可行性研究报告批复文件下达之日起3年内开工建设。

存在下面情况之一时，应重新报批可行性研究报告：

（一）逾期未开工建设的；

（二）建设地点、主要建设内容等发生重大变化的；

（三）总投资超过批复金额10%的。

第二十四条 可行性研究报告获批后，应委托有相应资质的单位严格依照可行性研究报告批复文件编制初步设计及概算。直属高校应当采取有效措施保证建设项目设计质量，有效控制项目变更。

第二十五条 直属高校申请审批初步设计及概算应当提供以下材料：

（一）请示文件；

（二）初步设计及概算，主要包括设计总说明、总平面图、各专业计算书及设计图纸、工程概算书等；

（三）可行性研究报告批复文件；

（四）其他相关材料。

第二十六条 建设项目概算调增幅度超过原批复概算10%的，学校应当委托审计部门进行审计后报教育部申请调整。

第四章　项目备案管理

第二十七条 直属高校利用自有资金的建设项目，应当先向教育部申请办理项目备案手续。申请项目备案时，直属高校需填写《教育部直属高校基本建设项目备案申请表》，并提供下列材料：

（一）请示文件；

（二）学校决策会议纪要；

（三）校园规划；

（四）五年基本建设规划；

（五）其他需要特殊说明的相关材料。

第二十八条 直属高校申请备案项目应当符合高等教育发展规划，符合学校事业发展规划、校园规划和五年基本建设规划。

第二十九条 教育部应当在正式受理直属高校基本建设项目备案申请后30个工作日内，出具备案意见；对不符合备案要求的项目，应当不予受理并向申请高校说明理由和修改意见。

第三十条 直属高校凭备案意见，按国家和地方相关规定办理计划、规划、用地、环评、节能审查、招标等建设手续。

第三十一条 建设项目应当在备案意见下达之日起5年内开工建设。

存在下面情况之一时，应重新备案：

（一）逾期未开工建设的；

（二）建设地点、主要建设内容等发生重大变化的；

（三）总投资超出备案金额20%的。

第五章　年度投资计划编制和调整

第三十二条 直属高校编制年度投资计划应当优先安排正常教学科研急需的建设项目，保障必需的基本办学条件和校园基础设施建设项目，积极支持服务国家重大战略建设项目。

第三十三条 年度投资计划包括下一年度基本建设投资建议计划（以下简称建议计划）、本年度基本建设投资计划（以下简称年初计划）和本年度基本建设投资调整计划（以下简称调整计划）。

第三十四条 建议计划由直属高校依据项目进展情况和下一年度预期情况编制，按时报教育部。建议计划应当遵循以下原则编制：

（一）投资计划总量应当根据学校资金财务能力和建设需要，综合平衡、统筹安排；

（二）建设资金应当首先保证用于续建项目，并根据项目实际执行情况，合理安排下一年度投资额度，对于收尾项目，应安排足额资金，确保项目及时竣工交付使用；

（三）中央预算内基建投资等政府投资建设项目的配套资金，应当按计划及时足额落实到位；

（四）新建项目原则上应当是可行性研究报告已批复或已备案，且取得建设工程规划许可证的建设项目；

（五）建设项目所需建设投资依据项目审批或备案时确定的投资额度及筹资方案填报。

第三十五条 直属高校应当依据上一年度确认的建议计划，结合上一年度投资完成情况及财政部确认的当年预算编制年初计划，按时报教育部。

第三十六条 直属高校应当依据年初计划实际执行情况和教育部工作要求编制调整计划，按时报教育部。

第三十七条 直属高校应当加强计划管理，严格按计划实施建设项目。

第六章 建设项目实施

第三十八条 直属高校应当建立完善项目建设组织机构，实行法人责任制度。学校主要领导对项目建设负总责，分管领导对相关工作负领导责任，基建、财务、审计、纪检监察等相关部门负责建设项目的组织实施、资金管理、审计监督、廉政建设等工作。

建设项目实行代建制管理的直属高校应当依法通过招标等方式选择有相应资质的代建单位。

第三十九条 建设项目应当依法实行招标投标制度。勘察、设计、施工、监理、设备和材料的采购、工程咨询及社会审计等均应当依法实行招标。

第四十条 建设项目应当依法实行工程监理制度。项目建设监理应当依照有关法律法规、技术标准、相关文件及合同实施。

第四十一条 直属高校应当严格按照批复文件实施建设项目，不得擅自改变建设选址、建筑面积、项目投资和建设用途。

第四十二条 直属高校应当对建设项目依法实行合同管理制度，完善项目变更内控制度。

第四十三条 直属高校应当依法完善工程质量控制体系，建立健全工程质量责任追究制度，实行工程质量终身负责制度，保证建设项目工程质量。建设项目的合理工期不得随意压缩或拖延。

第四十四条 建设项目应当建立健全安全责任体系，明确各方的安全责任，确保施工现场和校园安全。

第四十五条 建设项目应当建立健全档案管理制度，由专人负责档案资料的收集、保管、整理和移交等相关工作。

第四十六条 建设项目建成后应当及时办理固定资产交付手续。

第七章 建设资金管理

第四十七条 在防范财务风险的前提下，鼓励学校多渠道筹集建设资金。建设资金应依法严格管理，专人负责、专款专用。

第四十八条 直属高校应当建立健全建设资金管理办法和审批程序，建设项目管理与财务管理分离，实行工程款支付“两支笔”会签制度。建设项目预算纳入国库集中支付范围的，资金拨付按照国库集中支付的有关管理办法执行。

第四十九条 基本建设年度财务决算报告应当严格按照调整计划和资金实际使用情况编制，并按规定于下一年度 2 月底前报教育部，由教育部报财政部备案。审批或备案建设项目的财务决算报表，均应报教育部批复。

第五十条 建设项目应当按照基本建设项目竣工财务决算管理的有关规定，在项目完工可投入使用或者试运行合格后3个月内完成竣工财务决算编报工作，特殊情况确需延长的，不得超过6个月。竣工财务决算应委托有相应资质的会计师事务所评审后，报教育部审核。

第八章 监督与评价

第五十一条 直属高校应当依照本办法和国家相关规定，建立健全建设项目的决策、管理、监督、制约机制和相关制度，加强对建设项目各个环节的监督管理，把廉政建设责任落实到位，把廉政风险防范工作融入建设项目的日常管理工作。

第五十二条 直属高校各级领导干部应当严格执行教育部关于严禁领导干部违反规定插手干预基本建设工程项目管理行为的规定。

第五十三条 直属高校应当根据相关规定加强对建设项目的内部审计工作，建立健全建设项目内部审计制度，规范内部审计工作程序，项目未经审计不得结算。切实开展建设项目全过程审计、内部控制审计和管理部门主要负责人经济责任审计工作。

第五十四条 直属高校应当规范项目监督，加强对项目招标投标、建设监理、合同管理等关键环节的监督检查。项目责任人或代建机构、勘察设计、施工、监理等单位的名称和责任人姓名应当在施工现场的显著位置公示；学校纪检、监察等监督职能部门应当公布举报电话、设立信箱，受理对项目建设中违法违纪违规问题的举报。

第五十五条 教育部利用直属高校基建管理信息系统对基建项目实施监管，直属高校应当按要求报送有关材料和数据。直属高校建设项目实行后评价制度，教育部根据有关规定要求，对项目建成后的使用效果进行绩效评价。

第五十六条 违反本办法要求，造成建设项目质量低劣、损失浪费或责任事故的直属高校，由教育部予以通报批评，情节严重的扣减或暂停资金拨付，不予批准或备案新的建设项目；对相关责任人员，视情节轻重依据相关法律法规和党内法规追究其责任，对涉嫌犯罪的移交司法机关。

第九章 附　　则

第五十七条 教育部直属事业单位基本建设管理参照本办法执行。

第五十八条 本办法自发布之日起施行。原《教育部直属高校基本建设管理办法》（教发〔2012〕1号）同时废止。

第四部分　政府投资资金管理

中央预算内投资补助和贴息项目管理办法

（国家发展改革委2016年第45号令，2016年12月5日）

《中央预算内投资补助和贴息项目管理办法》业经国家发展和改革委员会主任办公会讨论通过，现予发布。自2017年1月5日起施行。2013年发布的《中央预算内投资补助和贴息项目管理办法》（中华人民共和国国家发展和改革委员会令第3号）同时废止。

第一章　总　　则

第一条　为规范中央预算内投资补助和贴息项目的管理，提高中央预算内投资补助和贴息资金的使用效益，依据《中共中央国务院关于深化投融资体制改革的意见》、《国务院关于投资体制改革的决定》以及有关法律、行政法规，制定本办法。

第二条　以投资补助和贴息方式安排中央预算内投资的项目管理，适用本办法。

第三条　本办法所称投资补助，是指国家发展改革委对符合条件的地方政府投资项目和企业投资项目给予的投资资金补助。

本办法所称贴息，是指国家发展改革委对符合条件，使用了中长期贷款的投资项目给予的贷款利息补贴。

投资补助和贴息资金均为无偿投入。

第四条　投资补助和贴息资金重点用于市场不能有效配置资源，需要政府支持的经济和社会领域。具体包括：

（一）社会公益服务和公共基础设施；

（二）农业和农村；

（三）生态环境保护和修复；

（四）重大科技进步；

（五）社会管理和国家安全；

（六）符合国家有关规定的其他公共领域。

第五条　国家发展改革委应当按照宏观调控的要求，根据国务院确定的工作重点，严格遵守科学、民主、公开、公正、高效的原则，平等对待各类投资主体，会同相关行业部门统筹安排投资补助和贴息项目。对欠发达地区，特别是革命老区、民族地区、边疆地区和集中连片特殊困难地区的投资项目应当适当倾斜。

第六条　国家发展改革委安排投资补助和贴息项目，应当分专项制定工作方案或管理办法，明确投资补助和贴息的预定目标、实施周期、支持范围、资金安排方式、工作程序、监督管理等主要内容，并针对不同行业、不同地区、不同性质投资项目的具体情况，确定相应的投资补助、贴息标准，作为各专项投资补助和贴息项目管理的具体依据。

工作方案或管理办法应当符合国家有关法律法规、产业政策、专项规划和有关宏观调控政策的要求，凡不涉及保密内容的，均应当公开。

第七条　投资补助和贴息资金应当用于计划新开工或续建项目，原则上不得用于已完工项目。

项目的投资补助和贴息金额原则上应当一次性核定，对于已经足额安排的项目，不得重复申请。同一项目原则上不得重复申请不同专项资金。

第二章　申报和审核

第八条　申请投资补助或者贴息资金的项目，应当列入三年滚动投资计划，并通过投资项目在线审批监管平台（以下简称“在线平台”）完成审批、核准或备案程序（地方政府投资项目应完成项目可行性研究报告或者初步设计审批），并提交资金申请报告。

第九条 资金申请报告应当包括以下内容：

（一）项目单位的基本情况；

（二）项目的基本情况，包括在线平台生成的项目代码、建设内容、总投资及资金来源、建设条件落实情况等；

（三）项目列入三年滚动投资计划，并通过在线平台完成审批（核准、备案）情况；

（四）申请投资补助或者贴息资金的主要理由和政策依据；

（五）工作方案或管理办法要求提供的其他内容。

项目单位应对所提交的资金申请报告内容的真实性负责。

第十条 资金申请报告由需要申请投资补助或者贴息资金的项目单位提出，按程序报送项目汇总申报单位。项目汇总申报单位应当对资金申请报告提出审核意见，并汇总报送国家发展改革委。资金申请报告可以单独报送，或者与年度投资计划申请合并报送。

各省、自治区、直辖市和计划单列市、新疆生产建设兵团发展改革委（以下简称省级发展改革委）、计划单列企业集团和中央管理企业等为项目汇总申报单位。

第十一条 项目汇总申报单位应当对资金申请报告的下列事项进行审核，并对审核结果和申报材料的真实性、合规性负责。

（一）符合本办法规定的资金投向和申请程序；

（二）符合有关专项工作方案或管理办法的要求；

（三）项目的主要建设条件基本落实；

（四）项目已经列入三年滚动投资计划，并通过在线平台完成审批（核准、备案）。

第三章 批复和下达

第十二条 国家发展改革委受理资金申请报告后，视具体情况对相关事项进行审查，确有必要时可以委托相关单位进行评审。

项目单位被列入联合惩戒合作备忘录黑名单的，国家发展改革委不予受理其资金申请报告。

第十三条 对于同意安排投资补助或者贴息资金的项目，国家发展改革委应当批复其资金申请报告。资金申请报告可以单独批复，或者在下达投资计划时合并批复。

第十四条 批复资金申请报告应当确定给予项目的投资补助或者贴息金额，并根据项目实施和资金安排情况，一次或者分次下达投资计划。

第十五条 采用贴息方式的，贴息资金总额根据项目符合贴息条件的贷款总额、当年贴息率和贴息年限计算确定。贴息率应当不高于当期银行中长期贷款利率的上限。

第十六条 对于补助地方的项目，数量多、范围广、单项资金少的和下达年度投资计划时无法明确到具体项目的，国家发展改革委可以打捆或切块下达年度投资计划。

打捆下达的年度投资计划仅下达同意安排的项目数量、投资补助和贴息总额，由省级发展改革委负责分解。切块下达的年度投资计划，应当明确投资目标、建设任务、补助标准和工作要求等，由省级发展改革委负责安排具体项目。

省级发展改革委应当对上述计划分解和安排的合规性负责，并在规定时限内通过在线平台报备相关项目信息。国家发展改革委应当加大监督检查工作力度。

第四章 项目实施管理

第十七条 使用投资补助和贴息资金的项目，应当严格执行国家有关政策要求，不得擅自改变主要建设内容和建设标准，严禁转移、侵占或者挪用投资补助和贴息资金。

第十八条 项目汇总申报单位应当定期组织调度已下达投资补助和贴息项目的下列实施情况，并按时通过在线平台向国家发展改革委报告。

（一）项目实际开竣工时间；

（二）项目资金到位、支付和投资完成情况；

（三）项目的主要建设内容；

（四）项目工程形象进度；

（五）存在的问题。

第十九条 因不能开工建设或者建设规模、标准和内容发生较大变化等情况，导致项目不能完成既定建设目标的，项目单位和项目汇总申报单位应当及时报告情况和原因，国家发展改革委可以根据具体情况进行相应调整。打捆和切块下达年度投资计划的项目由省级发展改革委调整，调整结果应当及时通过在线平台报备。

第二十条 国家发展改革委必要时可以对投资补助和贴息有关工作方案和政策等开展中期评估和后评价工作，并根据评估评价情况及时对有关工作方案和政策作出必要调整。

第二十一条 投资补助和贴息项目的财务管理，按照财政部门的有关财务管理规定执行。

第五章 监督检查和法律责任

第二十二条 不涉及保密要求的投资补助和贴息项目，应当按照有关规定公开。

国家发展改革委接受单位、个人对投资补助和贴息项目在审批、建设过程中违法违规行为的举报，并按照有关规定予以查处。

第二十三条 各级发展改革部门应当会同有关部门，依据职责分工，利用在线平台，对使用投资补助和贴息资金的项目加强监管，防止转移、侵占或者挪用投资补助和贴息资金，保证政府投资资金的合理使用和项目顺利建设实施。

第二十四条 各级发展改革部门应当按照有关规定对投资补助和贴息项目进行稽察，对稽察发现的问题按照有关规定及时作出处理，并将整改落实情况作为安排投资补助和贴息的重要依据。

第二十五条 各级发展改革部门、中央管理企业和项目单位应当自觉接受审计、监察、财政等部门依据职能分工进行的监督检查。

第二十六条 国家发展改革委工作人员有下列行为之一的，责令其限期整改，根据实际情况依纪依法追究有关责任人的党纪责任、行政责任；构成犯罪的，由司法机关依法追究刑事责任。

（一）违反《中国共产党纪律处分条例》、《行政机关公务员处分条例》相关规定的；

（二）违反规定受理资金申请报告的；

（三）违反规定的程序和原则安排投资补助和贴息的；

（四）其他违反本办法的行为。

第二十七条 项目汇总申报单位和地（市）、县（市）级发展改革部门有下列行为之一的，国家发展改革委可根据情节，在一定时期和范围内不再受理其报送的资金申请报告，或者调减其中央预算内投资安排规模。

（一）指令或授意项目单位提供虚假情况、骗取投资补助和贴息资金的；

（二）审核项目不严、造成投资补助和贴息资金损失的；

（三）对于打捆和切块下达的年度投资

计划分解和安排出现严重失误的；

（四）所在地区或所属企业的项目存在较多问题且督促整改不到位的；

（五）未按要求通过在线平台报告相关项目信息的；

（六）其他违反本办法的行为。

第二十八条 项目单位有下列行为之一的，国家发展改革委（打捆和切块下达投资计划的项目由省级发展改革委）责令其限期整改；拒不整改或者整改后仍不符合要求的，应当核减、收回或者停止拨付投资补助和贴息资金，暂停其申报中央投资补助和贴息项目，将相关信息纳入全国信用信息共享平台和在"信用中国"网站公开，并可以根据情节轻重提请或者移交有关机关依法追究有关责任人的行政或者法律责任：

（一）提供虚假情况，骗取投资补助和贴息资金的；

（二）转移、侵占或者挪用投资补助和贴息资金的；

（三）擅自改变主要建设内容和建设标准的；

（四）项目建设规模、标准和内容发生较大变化而不及时报告的；

（五）无正当理由未及时建设实施的；

（六）拒不接受依法进行的稽察或者监督检查的；

（七）未按要求通过在线平台报告相关项目信息的；

（八）其他违反国家法律法规和本办法规定的行为。

第六章　附　　则

第二十九条 为了应对自然灾害和突发事件等不可预见事项，需要紧急下达投资补助或贴息的项目，不适用本办法。

第三十条 本办法由国家发展改革委负责解释。

第三十一条 本办法自2017年1月5日起施行。《中央预算内投资补助和贴息项目管理办法》（中华人民共和国国家发展和改革委员会令第3号）同时废止。

中央预算内投资计划编制管理暂行办法

（发改投资〔2015〕3092号，2015年12月28日）

第一条 为进一步规范中央预算内投资计划编制管理工作，推进中央预算内投资计划编制管理工作制度化、规范化、科学化，提高计划编制和执行的质量和效率，根据有关法律法规和规章，制定本办法。

第二条 坚持依法行政，事前加强储备、事中规范审核、事后强化监督，通过加强规划编制、构建信息化平台、完善制度建设、强化监督考核，建立中央预算内投资计划编制、下达、执行、调整和监督的全过程管理机制。

第三条 各省、自治区、直辖市和计划单列市、新疆生产建设兵团发展改革部门（以下简称省级发展改革部门）及有关中央部门、计划单列企业集团、中央管理企业（以下简称中央单位），按照加强投资项目储备、编制三年滚动投资计划的有关要求，根据有关专项规划和区域规划，依托国家重大建设项目库，做好投资项目储备，编制三年滚动投资计划，加快推进项目前期工作。

三年滚动投资计划是编制年度投资计划的基础和来源，未纳入三年滚动投资计划的项目原则上不得列入年度投资计划。

第四条 按照党中央、国务院的重大决策部署，国家发展改革委统一印发编制下一年度中央预算内投资计划草案的通知，明确计划编制的主要原则、重点安排方向、工作进度安排和有关工作要求。省级发展改革部门及中央单位按照通知要求提出下一年度中央预算内投资需求。

第五条 国家发展改革委负责安排中央预算内投资年度计划的司局（以下简称各有关司局），按照职责分工，负责对各省级发展改革部门、中央单位上报的下一年度中央预算内投资需求进行审核，研究提出年度分专项的投资需求送投资司汇总审核。

第六条 投资司负责对各有关司局报送的分专项投资需求进行审核、统筹平衡，并研究提出中央预算内投资总体安排方案（以下简称投资安排方案）。

第七条 按照《预算法》的有关规定，投资安排方案中可预留部分投资，用于党中央、国务院年度中交办的重大事项或突发应急事件等，预留投资规模按不超过年度中央预算内投资总规模的3%控制。

第八条 年度中央预算内投资总规模确定后，投资司负责将投资安排方案提请委主任办公会审议，并根据审议意见对投资安排方案进行调整。

第九条 投资安排方案经委主任办公会审议通过后，上报国务院审批。国务院批准后，投资司负责将投资安排方案送有关部门、省级发展改革部门和委内各有关司局遵照执行。

第十条 根据有关方面关于提高年初预算到位率、加强预算支出执行管理的要求，各有关司局应提前准备、加快进度，按照投资司提出的时限要求，优先抓好年度中央本级项目投资计划的编制工作，确保在每年11月底前将下一年度中央本级项目投资计划的75%以上落实到具体项目，由投资司审核汇总送财政部纳入部门预算。

第十一条 各有关司局要督促各地方做好投资项目储备和三年滚动投资计划编

制，加快推进项目前期工作，在每年年初把按项目安排给地方的投资计划逐步落实到具体项目，逐步提高落实到项目的到位率。

第十二条　在全国人大批准财政预算后，各有关司局要加快中央预算内投资年度计划下达进度，安排地方的投资计划须在90个自然日内正式下达。

第十三条　各有关司局在编制中央预算内投资年度计划时，应制定并严格实施公平、规范、透明的中央预算内投资政策，确保投资计划安排科学合理、有标准、可检查。

各有关司局应严格审核把关，计划新开工项目要前期工作条件成熟，在建项目要各项建设手续完备，尽量避免执行过程当中调整投资计划或投资计划下达后形成沉淀资金。

第十四条　各有关司局安排下达中央预算内投资年度计划时，应严格执行投资计划管理以及提交委主任办公会议审议等程序要求。

第十五条　各有关司局应严格按照国务院批准的投资安排方案编制下达投资计划。如确需跨类别、跨专项调整投资安排方案，应严格履行报批程序。对于一级科目内各专项之间的投资调整，或者跨一级科目进行调整，但调整规模占本科目比例在10%及以下的，各有关司局应商投资司研究后，由投资司牵头签报委领导批准。对于跨一级科目进行调整，且调整规模占本科目比例在10%以上的，应统一汇总，报国务院批准。

第十六条　中央预算内投资年度计划下达后，各有关司局应依托国家重大建设项目库建立工作机制，动态跟踪投资计划的转发、分解和执行情况，并加强督促检查，防止形成沉淀资金。国家已经明确具体项目的投资计划，省级发展改革部门须在收文后10个工作日内转发下达。国家切块交由地方具体安排的投资计划，省级发展改革部门须在收文后20个工作日内分解落实到具体项目并下达投资计划，并报我委备案。

第十七条　中央预算内投资年度计划执行过程中确需调整的，应根据有关投资计划调整、存量资金调整程序，按照“谁下达、谁调整”的原则，及时调整安排用于可形成有效支出的项目。

第十八条　各有关司局按照“谁安排、谁负责、谁监管、谁督促整改”的原则，切实履行中央预算内投资年度计划编制监管职责，督促地方发展改革部门加强投资计划执行的跟踪监督，做好投资计划全过程管理，针对检查、稽察、审计等发现的问题负责督促整改，研究完善制度程序，改进计划编制管理。

第十九条　对于在中央预算内投资计划编制和执行过程中滥用职权、玩忽职守、徇私舞弊、索贿受贿，违反规定的程序、政策和原则安排投资计划等行为，责令限期改正，并依法追究有关责任人的行政责任；构成犯罪的，由司法机关追究刑事责任。

第二十条　本办法自发布之日起施行。

国家发展改革委关于加强中央预算内投资绩效管理有关工作的通知

（发改投资〔2019〕220 号，2019 年 1 月 29 日）

为深入贯彻落实党的十九大报告、《中共中央 国务院关于全面实施预算绩效管理的意见》（中发〔2018〕34 号）、《中共中央 国务院关于深化投融资体制改革的意见》（中发〔2016〕18 号）等有关精神，切实加强中央预算内投资绩效管理，提高中央预算内投资效益，现将有关事项通知如下。

一、充分认识加强中央预算内投资绩效管理的重要意义

党的十九大报告提出，“建立全面规范透明、标准科学、约束有力的预算制度，全面实施绩效管理”。《中共中央 国务院关于全面实施预算绩效管理的意见》提出，“抓紧健全科学规范的管理制度，完善绩效目标、绩效监控、绩效评价、结果运用等管理流程，健全共性的绩效指标框架和分行业领域的绩效指标体系”，“投资主管部门要加强基建投资绩效评估，评估结果作为申请预算的必备条件”。《中共中央 国务院关于深化投融资体制改革的意见》提出，“建立政府投资范围定期评估调整机制，不断优化投资方向和结构，提高投资效益”。各地方、各有关部门要深入贯彻落实党中央、国务院决策部署，充分认识加强中央预算内投资绩效管理的重要意义，把中央预算内投资绩效管理作为提高中央预算内投资效益、加强投资项目监管的重要手段，根据中央预算内投资管理特点科学设立绩效目标，合理确定并下达绩效目标，切实加强绩效监控和评价，做好评价结果运用，认真做好中央预算内投资绩效管理各项工作，不断提高中央预算内投资效益，充分发挥投资关键作用。

二、科学合理设置绩效目标

国家发展改革委负责设置中央预算内投资专项绩效目标，包括绩效指标和指标值。在设立中央预算内投资各投资专项时，根据中央预算内投资的管理特点、专项管理需要、工作流程和重点环节，科学合理设置绩效指标。绩效指标设置要突出适用性、相关性和可行性等，既有效发挥绩效管理作用，又要避免脱离实际，不下达超出实际的增长目标和硬性任务；要充分考虑中央预算内投资用于建设支出、项目建设周期较长等特点，既要包括实施效果指标，又要包括过程管理指标，同时要充分结合项目建设规模、建设目标等批复要求，避免与项目批复脱节。专项绩效指标设定后，在专项实施期内不得随意变更。根据设置的绩效指标体系，充分考虑相关历史数据、行业标准和管理需要，合理确定投资专项实施期绩效指标值和年度绩效指标值。

三、认真填报绩效目标

各地方、中央和国家机关有关部门和单位申报中央预算内投资计划草案时，要按照国家发展改革委确定的各专项绩效指标认真填报专项投资计划绩效目标，随投资计划一并向国家发展改革委申报。对于不纳入专项管理的单个建设项目，应填报建设项目投资计划绩效目标。填报绩效目

标要充分考虑拟申报建设项目审批（核准、备案）核定的建设目标、建设内容和规模、计划工期等情况。

四、严格审核下达绩效目标

国家发展改革委在审核编制中央预算内投资计划时，根据专项实施期绩效目标和年度绩效目标，审核确定本批次投资计划绩效目标，并在下达投资计划时同步下达给各地方、中央和国家机关有关部门和单位，明确各下达单位的绩效目标。对确难以同步下达绩效目标的，可请省级发展改革部门、中央单位按下达投资规模调整填报绩效目标报国家发展改革委备案。地方发展改革部门和中央单位在分解、转发投资计划时，应同步分解下达绩效目标。对于分解转发的本级投资计划，应分解落实到具体建设项目绩效目标。

五、不断加强绩效监控

各地方、中央和国家机关有关部门和单位在中央预算内投资计划执行中，结合日常调度、在线监测、现场监督检查等，依托全国投资项目在线审批监管平台和国家重大建设项目库等信息化手段，可根据工作需要对绩效目标实现和投资计划执行等情况实行跟踪监控，动态掌握中央预算内投资管理情况。对绩效监控中发现的问题，要立行立改、即知即改，及时改进完善绩效管理工作，确保绩效目标落到实处；对绩效监控中发现的好的经验做法，要加强交流借鉴和宣传推广，进一步提高绩效管理水平。

六、认真组织开展绩效评价

国家发展改革委每年对绩效目标实现、投资计划执行、投资项目管理等情况组织开展自评，并分析专项执行中存在的困难和问题，提出相关政策措施建议，在此基础上形成中央预算内投资专项年度评估报告。同时，视情况选取部分专项，在绩效自评的基础上，委托咨询评估机构等开展绩效评估，进一步科学、客观评价各专项绩效情况，探索总结绩效评价工作经验。中央预算内投资专项实施期间及实施期满后，国家发展改革委可委托咨询评估机构等，对专项执行情况进行中期评估和终期评估。具体建设项目的绩效评价、评估工作，可结合项目验收、后评价等工作开展。

七、进一步加强评估结果运用

国家发展改革委将绩效评估结果作为今后年度优化专项设置、完善专项管理、安排投资计划的重要参考，按照党中央、国务院决策部署，并结合中央预算内投资绩效评估、在线监测、现场监督检查、审计、督查等结果，对中央预算内投资专项进行优化调整。对评估结果优异、建设任务繁重的专项，视情况加大支持力度。对评估结果差的专项，采取措施改进管理，加强薄弱环节、解决存在问题，并视情况减少安排规模直至予以取消。各地方、中央和国家机关有关部门和单位也要健全激励约束机制，加强绩效评估结果运用。

各地方、中央和国家机关有关部门和单位要高度重视、周密安排、认真组织，切实做好中央预算内投资绩效管理各项工作，不断提高中央预算内投资效益，充分发挥投资的关键作用。

国家发展改革委关于进一步规范打捆切块项目中央预算内投资计划管理的通知

（发改投资〔2017〕1897号，2017年10月31日）

各省、自治区、直辖市及计划单列市、新疆生产建设兵团、黑龙江省农垦总局发展改革委：

为进一步推进中央预算内投资管理制度化、规范化，根据《中央预算内投资补助和贴息项目管理办法》（国家发展改革委第45号令）、《中央预算内投资计划编制管理暂行办法》（发改投资〔2015〕3092号）等有关规定，现就打捆、切块项目中央预算内投资计划上报、编制下达、分解转发、调整以及监管等有关事项通知如下。

一、定义

打捆、切块项目中央预算内投资计划，是指对于补助地方的项目，数量多、范围广、单项资金少且主要应由地方加强监督管理的，国家发展改革委以打捆或切块方式下达的年度投资计划。

二、投资计划上报

打捆、切块项目由各省级发展改革部门按国家发展改革委规定的编制原则、安排方向等要求，通过国家重大建设项目库，从纳入三年滚动投资计划的储备项目中，选取符合投向、条件具备的项目上报投资计划（涉密项目通过重大建设项目库单机版软件进行申报）。其中，打捆项目应明确到具体项目后打捆上报；切块项目可不明确到具体项目，以“块”作为项目进行上报。上报的项目应同步推送至国家重大建设项目库年度投资计划报送区。对于国家发展改革委已经核定了补助金额且已经足额安排的项目，不得重复申请；对于同一项目，不得重复申请不同专项资金。

对地方安排的中央预算内投资，本质上是补助性质，是国家发展改革委对符合条件的地方政府投资项目和企业投资项目给予的投资资金补助。因此，各地方要根据中央补助标准和地方建设资金落实情况，合理如实申报投资计划，地方建设资金不落实的不得申报。

打捆项目上报时，应明确“捆”中每一个项目的项目单位及项目责任人、日常监管直接责任单位及监管责任人，并经日常监管直接责任单位及监管责任人认可后，随投资计划申报文件一并报送。

切块项目上报时，日常监管直接责任单位原则上应为省级发展改革部门或省级有关行业管理部门，待国家发展改革委投资计划下达后再具体分解落实责任。

三、投资计划编制下达

国家发展改革委按照年度中央预算内投资专项规模、年度建设任务等，根据省级发展改革部门上报的投资计划，编制打捆、切块项日的中央预算内投资计划，通过国家重大建设项目库生成投资计划下达表，按照统一部署，下达投资计划。编制计划时，要加强纵向核对和横向沟通衔接，防止重复安排投资。下达投资计划时，打捆项目不下达到具体项目，可明确投资目标、建设任务、本捆包含的项目数量、投资补助标准或贴息标准、投资补助总额或贴息总额、工作要求等；切块项目不下达到具体项目，不明确项目数量，仅明确投资目标、建设任务、投资补助标准或贴息标准、投资补助总额或贴息总额、工作要求等。

四、投资计划分解转发

省级发展改革部门须在收到投资计划下达文件后 20 个工作日内分解落实到具体项目，通过国家重大建设项目库生成投资计划下达表并下达投资计划，报国家发展改革委备案，并在国家重大建设项目库中相应分解至具体项目（前期工作费中用于非固定资产投资项目的除外）。具体项目应先通过全国投资项目在线审批监管平台取得唯一赋码，未取得赋码的项目不能作为分解子项目。在分解投资计划时，项目应有扎实的前期工作基础，具备开工条件，确保投资计划分解后，项目能够及时开工建设。同时，分解计划时要防止对同一项目重复安排投资。

各地方要根据地方财政承受能力合理分解安排项目，避免项目分散加重地方筹资压力，严格防范新增地方政府债务风险。同时，各省级发展改革部门应对分解后的具体项目逐一落实日常监管直接责任单位及监管责任人，经日常监管直接责任单位及监管责任人认可后填报入库；未分解落实责任的，由省级发展改革部门承担日常监管直接责任。

五、投资计划调整

因不能按时开工建设或者建设规模、标准和内容发生较大变化等情况，导致项目不能完成既定建设目标的，项目单位和项目汇总申报单位应当及时报告情况和原因，发展改革部门按照管理权限办理投资计划调整。计划调整中，既要严禁擅自提高建设标准、扩大建设规模，避免增加地方财政负担或债务风险，还要防止对同一项目重复安排投资。

其中，由省级发展改革部门分解的打捆、切块项目，如调整后项目仍在原打捆、切块专项内的，应由省级发展改革部门进行调整，调整结果应当及时报国家发展改革委备案；如调整到其他打捆、切块专项的项目，或调整为国家发展改革委直接下达具体项目的，应由省级发展改革部门报国家发展改革委进行调整。投资计划调整应以正式印发的投资计划调整文件为准。

投资计划不能跨省（区、市）调整。调整投资要优先用于本专项、本领域符合条件的项目，如本专项、本领域确实没有符合条件的项目，也可用于本地区符合计划下达当年中央预算内投资安排方向要求的其他项目。调出项目原则上不再安排中央预算内投资；调入项目应符合规划和专项要求，能够即时开工建设或已经开工建设。增加安排后，调入项目安排投资不应超过已承诺的或按所在专项安排标准计算的中央预算内投资安排数。调整投资计划下达后 5 个工作日内应在国家重大建设项目库中进行调整更新，及时删除原项目，对新项目开展调度。

六、项目监管

各级发展改革部门应定期对项目开展调度，督促了解项目开工建设情况，必要时开展现场稽察。各级发展改革部门应当会同有关部门，依据职责分工，对打捆、切块项目加强监管，督促项目单位规范资金使用与管理，不得转移、侵占或者挪用中央预算内投资，保证政府投资资金的合理使用和项目顺利建设实施。

项目单位作为责任主体单位，项目单位负责人作为项目责任人，要加强项目管理，积极开展项目前期工作，确保投资计划下达后及时开工建设，定期通过国家重大建设项目库及时准确报送项目进展情况，如期保质保量完工投用。项目完工后，项目单位应及时按照《建设工程质量管理条例》等有关规定做好竣工验收工作。

项目日常监管直接责任单位及监管责任人对项目申报、建设管理、信息报送等履行日常监管直接责任。省级发展改革部门要会同省级行业管理部门做好项目进展填报情况的审核把关。

国家发展改革委各相关司局将切实督促省级发展改革部门做好打捆、切块项目中央预算内投资计划管理工作，确保中央预算内投资计划分解转发及时，项目入库填报正确，项目及时开工建设。对地方分解报备的计划及时审核，有问题的要及时纠正。

七、惩戒措施

（一）各级发展改革部门有下列行为之一的，国家发展改革委可根据情节，采取在一定时期和范围内不再受理该地区资金申请报告、压缩该地区相关专项中央预算内投资安排规模、调整安排方向、取消安排投资等措施，责令相关单位限期整改，同时追究相关人员责任：

1. 不配合检查，或者指令或授意项目单位提供虚假情况、骗取投资的；

2. 审核项目不严，造成投资损失的或重复安排投资的；

3. 项目不能按时开工，且没有及时调整投资计划或没有及时提出调整申请，造成资金闲置超过一年的；

4. 项目调整金额超过该专项下达的年度投资规模20%或年度调整金额超2亿元的；

5. 没有在规定时间内分解转发投资计划的；

6. 安排的项目不符合专项安排原则和投资方向的；

7. 分解投资计划时，没有同步录入国家重大建设项目库，或对项目单位录入数据信息不全、错误等未尽到监管责任，影响国家发展改革委对项目情况进行调度的；

8. 督促项目执行不力，完成专项年度建设目标或建设任务情况较差的；

9. 其他违反国家法律法规和规定的行为。

（二）项目单位有下列行为之一的，省级发展改革委责令其限期整改，同时视情况采取核减、收回或者停止拨付中央预算内投资，一定时期和范围内不再受理该项目单位资金申请报告等措施：

1. 项目法人、建设规模、建设方式、建设标准和内容发生重大变化而不及时报告的；

2. 前期工作不充分，项目在投资计划下达一年内不能开工建设的；

3. 未按要求通过国家重大建设项目库报送项目信息，或录入数据信息不全、错误等，影响国家发展改革委对项目情况进行调度的；

4. 不配合检查或稽察的；

5. 其他违反国家法律法规和规定的行为。

项目单位有下列行为之一的，省级发展改革委责令其限期整改并视情况采取上述惩戒措施；情节严重、性质恶劣的，可将项目单位纳入严重失信企业“黑名单”，实施失信联合惩戒，将相关信息纳入全国信用信息共享平台并在“信用中国”网站公开，提请或者移交有关机关依法追究有关责任人的行政或者法律责任：

1. 提供虚假情况、重复申报项目骗取中央预算内投资的；

2. 转移、侵占或者挪用中央预算内投资的；

3. 招投标违反《招标投标法》有关规定的；

4. 工程质量存在重大问题的；

5. 其他违反国家法律法规和规定的行为。

请按照以上要求做好打捆、切块项目相关工作，确保打捆、切块项目管理规范、到位，发挥好中央预算内投资的引导带动作用。

国家发展改革委关于各负其责加强沟通防止重复申请和安排中央预算内投资的通知

（发改投资〔2017〕2005 号，2017 年 11 月 21 日）

各省、自治区、直辖市及计划单列市、新疆生产建设兵团发展改革委：

为进一步规范中央预算内投资管理，切实防止重复申请和安排中央预算内投资，根据《中央预算内投资补助和贴息项目管理办法》（国家发展改革委第 45 号令）等有关规定，现就有关事项通知如下。

一、严格审查申报材料

省级发展改革部门要加强内部处室之间的沟通衔接，在组织申报中央预算内投资计划时，切实履行职责、负起责任、严格遵守《中央预算内投资补助和贴息项目管理办法》有关规定，严格审查项目的资金申请报告是否符合有关政策要求、项目审批（核准、备案）是否符合有关规定，并对审查结果和申报材料的真实性、合规性负责。国家发展改革委已经核定了补助金额且已经足额安排的项目，不得重复申请；同一项目不得重复申请不同专项资金。

二、严格履行申报手续

所有申报中央预算内投资计划的项目，不论是否以打捆或切块方式安排，都必须列入三年滚动投资计划，并通过全国投资项目在线审批监管平台（以下简称“在线平台”）完成审批、核准或备案程序（即地方政府投资项目应完成可研报告或初步设计审批，企业投资项目应完成核准或备案手续）。每个项目须通过在线平台获取唯一的项目代码，省级发展改革部门要加大对同一项目通过编造不同名称获取多个代码行为的查处力度。

省级发展改革部门要通过在线平台的国家重大建设项目库生成并申报投资计划。投资计划上报前，省级发展改革部门内部相关处室要相互征求意见或会签；省级发展改革部门要与本地区行业管理部门加强沟通，发挥行业管理部门优势，避免重复申报。项目申报时，应明确每个项目的项目单位及项目责任人、日常监管直接责任单位及监管责任人（切块项目从申报阶段到分解落实到具体项目之前，其日常监管直接责任单位原则上应当省级发展改革部门或省级有关行业管理部门）。

三、严格履行计划分解手续

省级发展改革部门在收到国家发展改革委打捆或切块下达的投资计划文件后，须在 20 个工作日内通过国家重大建设项目库分解落实到具体项目，生成投资计划下达表并报国家发展改革委备案。分解落实的具体项目必须已经取得唯一的项目代码，未取得代码的项目不能作为分解子项目，分解后的子项目不能共用一个代码。

在分解投资计划时，省级发展改革部门内部相关处室要加强对于不同时间、不同专项投资计划的核对和沟通衔接、确保不重复分解到同一项目。同时，要充分发挥行业管理部门作用，严格审查拟分解落实的具体项目，避免分解重复。分解后的具体项目，要逐一落实项目单位及项目责任人、日常监管直接责任单位及监管责任人，经日常监管直接责任单位及监管责任人认可填报入库。

四、严格履行计划调整手续

因不能按时开工建设或者建设规模、标准和内容发生较大变化等情况，导致项目不能完成既定建设目标的，要按照管理权限办理投资计划调整。由省级发展改革部门分解的打捆、切块项目，如果调整后项目仍在原打捆、切块专项内的，由省级发展改革部门进行调整，务必防止重复安排，调整结果应及时报国家发展改革备案；如果调整到其他打捆、切块专项的项目，或调整为国家发展改革委直接下达具体项目的，应由省级发展改革部门报国家发展改革委进行调整，务必防止重复申请和重复安排。

调出项目原则上不再安排中央预算内投资；调入项目增加安排后不应超过已承诺的中央预算内投资补助金额或补助标准。调整投资计划下达后 5 个工作日内应在国家重大建设项目库中进行调整更新，以便进行后续沟通衔接，避免重复。

五、加大对违规行为的惩处力度

（一）对于出现重复安排中央预算内投资情况的地方，国家发展改革委根据情节轻重，采取下列惩戒措施：

1. 暂停安排项目所在县（市、区、旗）下一年度全部专项的全部中央预算内投资；

2. 暂停安排项目所在市（地、州、盟）下一年度相关专项的丛部中央预算内投资；

3. 减少安排项目所在省（自治区、直辖市）下一年度相关专项的中央预算内投资规模；

4. 责令项目所在地方发展改革部门限期整改，并追究有关人员责任。

（二）对于通过故意改变项目名称、提供虚假材料等手段重复申报项目，骗取中央预算内投资的项目单位，国家发展改革委或省级发展改革部门按照管理权限责令其限期整改，并根据情节轻重采取如下惩戒措施：

1. 核减、收回或者停止拨付项目单位中央预算内投资；

2. 在一定时期和范围内不再受理项目单位的资金申请报告；

3. 将项目单位纳入严重失信企业“黑名单”，实施失信联合惩戒，将相关信息纳入全国信用信息共享平台并在“信用中国”网站公开；

4. 提请或者移交有关机关依法追究有关责任人的行政或者法律责任。

国家发展改革委办公厅 农业农村部办公厅关于中央预算内投资补助地方农业项目投资计划管理有关问题的通知

（发改办农经〔2019〕302 号，2019 年 3 月 7 日）

各省、自治区、直辖市及计划单列市发展改革委、农业农村（农牧）厅（局、委），新疆生产建设兵团发展改革委、农业局，黑龙江省农垦总局：

根据《深化党和国家机构改革方案》精神、国家发展改革委和农业农村部“三定”方案、《中央预算内直接投资项目管理办法》（国家发展改革委令第 7 号）、《中央预算内投资补助和贴息项目管理办法》（国家发展改革委令第 45 号），以及年度中央预算内投资计划编制工作要求，为做好机构改革后中央预算内投资补助地方农业项目的投资计划管理工作，现将有关事项通知如下。

一、年度投资规模确定

国家发展改革委根据党中央、国务院重大决策部署以及“三农”工作实际需要，统筹考虑农业农村部提出的农业投资规模和方向建议，在对年度中央预算内投资结构进行综合平衡的基础上，确定年度农业中央预算内专项投资规模和结构。农业农村部根据确定的年度农业中央预算内专项投资规模和结构提出具体安排方案并组织实施。

二、计划申报

地方各级农业农村部门根据国家有关专项规划，做好项目前期工作，依托国家重大建设项目库，做好项目储备并编制项目三年滚动投资计划，按照年度中央预算内投资计划申报要求，将三年滚动投资计划中符合条件的项目推送至年度计划编制区。地方各级发展改革部门和农业农村部门，依托国家重大建设项目库，根据国家有关专项规划和项目前期工作情况，按照中央预算内投资年度项目申报要求，联合提出本地区年度农业项目投资需求及绩效目标，逐级分头报送至国家发展改革委、农业农村部。农业农村部负责汇总各省份年度农业投资建设需求，按照确定的农业投资规模，分省份分投资类别（专项）向国家发展改革委提出年度投资计划申请及绩效目标，并同步在国家重大建设项目库中推送相关信息。

三、计划下达

按照《国务院关于探索建立涉农资金统筹整合长效机制的意见》（国发〔2017〕54 号）有关标注，国家发展改革委衔接平衡农业农部报送的年度投资计划申请后，按照“大专项＋任务清单”的方式，分省份分投资类别（专项）将年度投资计划及绩效目标同时下达农业农村部和省级（含计划单列市，下同）发展改革部门。

农业农村部根据国家发展改革委下达的年度投资计划，将项目任务清单、绩效目标等按要求分解下达到省级农业农村部门，抄送省级发展改革部门，并报国家发展改革委备案。省级发展改革、农业农村部门根据国家发展改革委下达的投资计划和农业农村部下达的项目任务清单，将相关计划、任务、绩效目标分解下达，并抄报国家发展改革委、农业农村部备案。农业农村部及时组织省级农业农村部门在国家重大建设项目库中进行分解备案。

四、计划调整

投资计划下达后不得随意调整。因个别项目不能按时开工建设或者建设规模、标准和内容发生较大变化等情况，导致不能完成既定建设目标，投资计划和项目任务清单确需调整的，按照谁下达、谁调整的原则，办理调整事项。其中：如调整后项目仍在原打捆、切块专项内的，由省级调整，调整结果及时报农业农村部、国家发展改革委备案；如调整到其他打捆、切块专项的项目，由省级发改部门、农业农村部门联合将调整申请表报送国家发展改革委、农业农村部，农业农业部提出调整建议，报国家发展改革委进行调整。调整投资计划文件下达后5个工作日内，农业农村部门按要求及时在国家重大建设项目库中进行调整更新，对新项目开展调度。

五、计划与项目监管

投资计划下达后，农业农村部按照加强中央预算内投资监管和绩效目标考核的相关要求，依托国家重大建设项目库等加强项目事中事后监管和绩效目标考核，并及时将相关情况报送国家发展改革委（包括开工情况、月度调度、项目建设进展、资金使用监督、竣工验收、绩效评价等）。国家发展改革委、农业农村部适时对农业投资计划执行、项目执行情况进行检查督导。地方各级农业农村部门负责本辖区农业投资项目日常监管，地方发改部门负责对本辖区的农业投资计划执行情况进行监督检查。

六、关于中央预算内投资高标准农田建设项目

地方农业农村部门在统筹各渠道资金和建设任务需求的基础上，由发展改革部门、农业农村部门，以县为单位，联合将高标准农田建设中央预算内年度投资需求及绩效目标逐级分头报送至国家发展改革委、农业农村部。由农业农村部分省份分类别向国家发展改革委提出计划申请及绩效目标，国家发展改革委审核通过后，将有关投资计划直接下达地方。地方农业农村部门按照农业农村部下达的任务清单及绩效目标，统筹中央预算内投资和其他渠道农田建设资金，统一组织实施高标准农田建设项目。高标准农田建设项目及计划调整、计划与项目监管按本通知第四条、第五条相关规定执行。

七、其他

新疆生产建设兵团、黑龙江省农垦总局等农业投资计划管理参照上述规定执行。抓好农业投资计划管理工作是实施乡村振兴战略、推动农业农村优先发展的重要保障，各地发展改革、农业农村部门要提高政治站位，强化“四个意识”，按照中央和地方机构改革工作部署，加强配合，密切协商，充分沟通，确保农业投资计划管理和项目管理工作有序衔接，确保权责一致、协同高效、监管有力、运行顺畅。要规范和约束履职行为，廉洁用权，让权力在阳光下运行。切实加强资金和项目监管，确保资金安全、项目安全和干部安全。

国家发展改革委关于将廉租住房等31类点多面广量大单项资金少的中央预算内投资补助项目交由地方具体安排的通知

（发改投资〔2013〕1238号，2013年6月25日）

各省、自治区、直辖市及计划单列市、新疆生产建设兵团发展改革委：

党的十八届二中全会和十二届全国人大一次会议审议通过的《国务院机构改革和职能转变方案》规定，“对国家采用补助、贴息等方式扶持地方的点多、面广、量大、单项资金少的项目，国务院部门确定投资方向、原则和标准，具体由地方政府安排，相应加强对地方政府使用扶持资金的监督检查”。为贯彻落实这一工作要求，我委决定将符合要求的31类中央预算内投资补助项目交由地具体安排。现就有关事项通知如下：

一、按照国务院机构改革和职能转变的部署，根据《中央预算内投资补助和贴息项目管理办法》（国家发展改革委第3号令）有关规定，将廉租住房等31类中央补助地方的点多、面广、量大、单项资金少的项目（详见附件），具体交由省级发展改革委安排。

二、对于下放地方安排的项目，我委将会同有关行业管理部门，按照经批准实施的专项建设规划和中央预算内投资计划安排的整体要求，确定投资方向、目标任务、安排原则和补助标准等，下达分省（区、市）年度投资规模计划。

三、省级发展改革委要会同同级行业管理部门，及时将年度投资规模计划分解落实到具体投资项目，下达年度投资项目计划，并报我委备案。凡是安排中央预算内投资的项目，必须符合国家有关投资管理和建设实施的各项规定，切实履行项目审核（备案）、城乡规划、用地审批、环境影响评价等前期工作程序，落实地方配套投资。

四、省级发展改革委和同级有关行业管理部门要依据职责分工，对安排中央预算内投资的项目加强管理，推进项目及时开工建设，加快投资计划执行进度，加大稽察、检查力度，保障工程质量和资金使用效益，确保实现年度目标任务。

五、我委将采取多种方式加强监督检查，加大稽察工作力度，督促各省级发展改革委严格按照国家确定的投资方向、目标任务、安排原则和补助标准等，安排管理好“切块”下达的中央预算内投资。对违反有关管理规定的，予以通报批评，责令限期整改；对存在严重问题的，将采取核减或暂停安排中央补助投资等惩戒措施。

六、各省级发展改革委要充分认识减少和下放行政审批事项的重要意义，自觉遵守投资管理的各项规定，切实做好扶持资金下放后的投资计划管理工作，并将有关情况和建议及时报告我委，以便于我们不断总结经验、改进工作。

附件：交由地方具体安排的中央预算内投资补助项目名单

附件

交由地方具体安排的中央预算内投资补助项目名单

1. 廉租住房
2. 国有工矿棚户区改造
3. 国有林区、垦区棚户区（危房）改造
4. 农村危房改造
5. 少数民族地区游牧民定居
6. 边远艰苦地区农村教师周转宿舍
7. 易地扶贫搬迁
8. 水土保持
9. 大型灌排泵站更新改造
10. 农村小水电
11. 农村饮水安全
12. 无电地区电力建设
13. 农村公路
14. 农村沼气
15. 农林水血防
16. 生猪标准化规模养殖（小区）
17. 旱作农业、新疆棉花和海南冬季瓜菜基地
18. 点多面广的邮政基础设施建设项目
19. 兴边富民行动
20. 人口较少民族发展
21. 中西部农村初中校舍改造
22. 农村学前教育推进工程
23. 基层计划生育服务体系
24. 广播电视村村通工程
25. 乡镇卫生院周转宿舍建设
26. 村卫生室建设
27. 天然林资源保护
28. 重点防护林
29. 京津风沙源治理
30. 退耕还林
31. 石漠化综合治理

国家发展改革委关于改进和完善中央补助地方投资项目管理的通知

（发改投资〔2009〕1242号，2009年5月13日）

各省、自治区、直辖市及计划单列市、新疆生产建设兵团发展改革委，教育部、民政部、住房城乡建设部、交通运输部、水利部、农业部、文化部、卫生部、人口计生委，广电总局、林业局、能源局：

按照国务院机构改革要求，为了进一步转变职能，减少微观管理事务，集中精力抓好宏观调控，国家发展改革委决定改进和完善中央补助地方投资项目的管理。现将有关事项通知如下。

一、改进和完善管理的原则和范围

按照转变职能、下放权限、明确责任、强化管理的原则，对中央补助地方的点多、面广、单项资金少的项目，改变以往中央将补助投资直接安排到具体项目的管理方式，实行中央下达投资规模计划、地方安排具体项目、工作责任更加明确、监督管理更加严格的管理办法。

中央补助地方的点多、面广、单项资金少的项目，其具体范围由国家发展改革委商有关行业管理部门确定。

二、改进管理方式、规范工作程序

（一）国家发展改革委会同有关行业管理部门，按照经批准实施的专项建设规划和年度中央投资计划的统筹考虑，提出中央补助地方投资专项领域的年度建设目标任务、工作原则、补助标准等计划安排要求。

（二）省级发展改革部门按照计划安排要求，会同同级行业管理部门，组织编报年度申请中央补助投资计划建议。编报计划建议应以履行完成用地、环评、项目审核（备案）等法定建设管理程序的项目为基础。

（三）国家发展改革委会同有关行业管理部门对地方上报的年度申请中央补助投资计划建议进行综合平衡后，下达分省（区、市）年度投资规模计划，在明确年度建设目标任务的同时，进一步提出落实工作责任、强化监督管理等具体要求。

（四）省级发展改革部门要严格按照年度投资规模计划的要求，会同同级行业管理部门将年度投资规模计划分解安排到具体项目，并及时下达年度投资项目计划。省级发展改革部门将中央补助投资分解安排到具体项目的权限原则上不得下放。

分解下达的年度投资项目计划应明确项目的建设内容、建设期限、建设地点、总投资、年度投资、资金来源及工作要求等，确保纳入计划的项目已按规定履行完成各项建设管理程序。年度投资中各级地方政府出资及其他资金来源，必须在同一计划中列清并明确落实责任。

（五）省级发展改革部门在年度投资规模计划文件下达后，按文件规定时限将分解下达的年度投资项目计划（包括项目管理软件的电子数据）报国家发展改革委备案，同时抄送国务院有关行业管理部门，以备监督检查之用。

（六）地方年度投资项目计划一经下达，原则上不再调整。执行过程中确需调整的，必须由省级发展改革委会同有关行业管理部门作出调整决定并报国家发展改革委备案，同时抄送国务院有关行业管理部门。

三、落实责任主体、强化建设管理

（一）省级发展改革部门和有关行业管理部门，要依据有关职责分工，对中央补助地方投资的项目安排、资金平衡和实施进度及效果等落实情况承担责任，确保年度目标任务实现，确保工程质量和资金使用效益。

（二）省级发展改革部门和有关行业管理部门，要对项目建设实施进行稽察、检查和考核，自觉接受审计、监察等部门的监督检查。对发现的问题，要及时整改和处理。可以公开的项目应主动公开，接受社会监督。

（三）国家发展改革委会同有关行业管理部门，对中央补助地方投资计划安排和执行情况进行稽察、检查和考核。对违反前述管理规定的，予以通报批评，责令限期整改。对存在严重问题、屡纠屡犯和整改不力的，将采取核减、收回或暂停安排中央补助投资等惩戒措施。

国家发展改革委关于进一步落实国家在贫困地区安排的公益性建设项目取消县级和西部连片特困地区地市级配套资金政策的通知

（发改投资〔2019〕1067号，2019年6月17日）

各省、自治区、直辖市及计划单列市、新疆生产建设兵团发展改革委：

目前，脱贫攻坚战已进入决胜的关键阶段。按照党中央的战略部署，坚持既定目标不动摇，不折不扣地完成脱贫攻坚任务，是当前一项重要的政治任务。为进一步贯彻《中共中央 国务院关于打赢脱贫攻坚战的决定》提出的“严格落实国家在贫困地区安排的公益性建设项目取消县级和西部连片特困地区地市级配套资金的政策”，确保前期出台的扶贫政策不变、力度不减，加快贫困地区公益性项目建设，现就有关要求通知如下。

一、总体要求

实现到2020年打赢脱贫攻坚战的目标，必须大力加强贫困地区基础设施建设。近年来，中央和地方各级政府持续加大投入力度，贫困地区基础设施建设取得显著成效，但仍有部分项目存在资金缺口，需要县市落实建设资金，成为打赢脱贫攻坚战的短板。为此，必须以习近平新时代中国特色社会主义思想为指导，全面贯彻党的十九大和十九届二中、三中全会精神，按照党中央关于打好脱贫攻坚战的决策部署，健全工作机制，完善扶贫资金保障体系，加快脱贫攻坚重点项目建设。要进一步加强扶贫项目统筹规划，确保扶贫项目优先安排，加快补齐贫困地区基础设施、基本公共服务短板，为实现贫困人口“两不愁三保障”奠定基础。要加强扶贫资金统筹平衡，充分发挥政府投入的主体和主导作用、金融资金的引导和协同作用、社会资金的补充和促进作用，确保扶贫项目建设资金落实到位。要加强扶贫项目和资金监管，提高资金使用效率，确保项目如期建成并发挥效益。

取消贫困地区县市配套资金政策适用于纳入《“十三五”脱贫攻坚规划》，由国家在“三区三州”等深度贫困地区、14个连片特困地区、国家扶贫开发工作重点县安排建设的基础设施和基本公共服务领域公益性建设项目（以下简称“公益性扶贫项目”）。

二、具体措施

（一）加强公益性扶贫项目统筹规划。对标对表党中央脱贫攻坚部署，围绕“五个一批”工程，聚焦贫困地区基础设施和基本公共服务短板，统筹规划公益性扶贫项目建设。依托国家重大建设项目库和脱贫攻坚项目库，按照“两不愁三保障”脱贫标准要求，做好扶贫项目储备。坚持实事求是、量力而行原则，从实控制建设规模，严禁擅自调整标准或盲目扩大范围，坚决取消与脱贫攻坚无关的“搭车”任务。加强资金统筹平衡，制定切实可行的建设资金筹措方案，确保项目资金安排不留缺口。

（二）适当提高公益性扶贫项目中央补助标准。对国家安排的贫困地区基础设施和基本公共服务领域补短板项目，适当提高中央预算内投资补助标准。主要是，对西藏农村电网改造升级工程，按总投资的80%安排；对四省藏区、新疆贫困县、新疆生产建设兵团、甘肃临夏州、四川凉山州、云南怒江州，按总投资的50%安排。对集中连片特困地区通建制村硬化路，按60—80万元/公里标准补助。对西藏新建、迁建和改扩建机场项目，全额安排中央预算内投资和民航发展基金；对新疆、新疆生产建设兵团和四省藏区支线机场项目，按项目总投资（不含土地出让金）的80%安排。对贫困地区教育现代化推进、全民健康保障、文化旅游提升、社会服务兜底和公共体育普及等工程，在限额内按不超过80%比例补助，其中西藏、南疆四地州项目全额补助。对贫困地区公共实训基地工程，地市级项目最高按80%比例补助，县级项目最高按85%比例补助。对“三区三州”城镇污水垃圾处理设施建设项目，原则上全额补助。

（三）加大省级政府投入力度。落实省负总责的扶贫工作机制，发挥省级政府在扶贫投入中的主体和主导作用，加强资金保障，拿出与脱贫攻坚需要相匹配的资金投入，加强对重点地区和重点任务的资金支持，不搞层层摊派。进一步优化政府支出结构，加强扶贫建设资金统筹安排，地方财政性建设资金、地方政府一般债等地方政府资金要优先保障扶贫项目资金需求。支持贫困地区以扶贫规划为引领，围绕脱贫攻坚中的突出短板，把解决“三保障”和饮水安全问题作为资金使用重点，加强扶贫资金统筹整合。

（四）积极引导社会资本投入。创新投融资体制机制，发挥金融资金的引导和协同作用、社会资金的补充和促进作用。激励金融机构、各类企业和社会组织积极参与扶贫项目建设，建立多渠道、多元化脱贫攻坚资金投入机制。鼓励和引导商业性、政策性、开发性、合作性等各类金融机构加大对扶贫项目的金融支持，缓解贫困地区投资压力。依法依规推广政府和社会资本合作等模式，吸引社会资本广泛参与扶贫项目建设。

（五）加强扶贫项目和资金监督管理。强化扶贫项目建设和资金使用全过程监督管理，加强绩效管理，完善奖惩机制。依托国家重大建设项目库和脱贫攻坚项目库，加强扶贫项目在线监管和月度调度，督促及时开工，抓紧项目实施。健全公告公示制度，省市县资金分配结果一律公开，乡、村两级扶贫项目安排和资金使用情况一律公告公示，防止资金挪用和闲置，提高资金使用效益。

三、组织落实

落实贫困地区公益性扶贫项目建设资金是中央和省级政府的共同责任。要切实增强责任感和紧迫感，落实中央统筹、省负总责的工作机制，加强协调配合，形成工作合力，确保中央政策执行到位。要明确监管主体和监管责任，加强政策执行情况监督检查，积极总结推广有效做法和典型经验，及时研究解决政策执行中的问题。

国家发展改革委关于落实和完善主体功能区投资政策的实施意见

（发改投资〔2017〕2305号，2017年12月29日）

各省、自治区、直辖市及计划单列市、新疆生产建设兵团发展改革委：

推进主体功能区建设，是党中央国务院作出的重大战略部署，是我国经济发展和生态环境保护的大战略。投资政策作为完善主体功能区配套政策体系的重要内容，是推进完善主体功能区布局的重要保障。为推进主体功能区战略和制度实施，发挥投资手段对优化国土空间保护开发格局的重要作用，推动主体功能区战略格局在市县精准落地，依据《中共中央国务院关于深化投融资体制改革的意见》（中发〔2016〕18号）、《中共中央国务院关于完善主体功能区战略和制度的若干意见》（中发〔2017〕27号）、《全国主体功能区规划》（国发〔2010〕46号），现就落实和完善主体功能区投资政策提出如下意见。

一、总体要求

贯彻落实党的十九大精神，以习近平新时代中国特色社会主义思想为指导，深入贯彻新发展理念，实施按主体功能区安排和按领域安排相结合的投资政策，强化投资对优化供给结构的关键作用，发挥好政府投资引导作用，激发民间投资活力，为完善主体功能区布局，推动区域协调发展提供支撑和保障。

——发挥投资手段对优化国土空间保护开发格局的引导和支撑作用。将主体功能区规划作为引导投资方向，规范投资准入，优化项目布局的重要手段。完善国家重大战略引领、体现国家产业政策和区域协调发展方向的投资政策。

——根据不同主体功能定位确定投资重点和政策目标。推动优化开发区实现创新驱动发展和产业结构升级，重点开发区加快新型工业化和城镇化进程，提高农产品主产区农产品供给水平和质量，增强重点生态功能区优质生态产品供给能力。

——深化投融资体制机制改革创新。引导社会资本按主体功能区要求进行配置，更好发挥政府作用，充分调动中央和地方积极性。引导优化开发区、重点开发区更多发挥社会投资作用，加大政府对农产品主产区和重点生态功能区的支持力度。

二、明确重点投资方向

（一）优化开发区重点围绕创新能力建设，提升整体竞争力。加快推进重大科技基础设施建设，加强对高技术产业、战略性新兴产业、先进制造业和现代服务业发展的引导。强化交通等基础设施共建共享，加快建设城际铁路、市域（郊）铁路等大能力运输方式及综合交通枢纽。支持农业转移人口市民化相关配套设施建设，推动实现城乡一体化和基本公共服务均等化。

（二）重点开发区重点围绕提升综合承载能力，提高产业集聚力。加强基础设施网络建设，加快构建综合交通运输体系，建设大通道、大物流，实施一批重大水资源配置工程。发挥已有产业优势增强区域产业配套能力，引导产业集群化发展。大力发展交通、能源、水利、环保、通信、公共服务设施等重大基础设施，引导和支撑城市群优化布局。支持农业转移人口市民化相关配套设施建设。

（三）农产品主产区重点围绕改善农业生产条件，强化农产品供给能力。实施高标准农田建设、重大水利工程、大中型灌区续建配套节水改造、优质粮食工程等农业综合生产能力提升工程。完善农村流通基础设施网络布局，加强大宗农产品物流通道建设。以完善公共服务和提高农业发展保障能力为导向，强化农产品主产区基础设施和公共服务设施建设力度。科学评估农产品主产区的资源环境承载能力，支持实施资源综合利用重点工程，促进农业资源休养生息和永续利用，提高种养业废弃物资源化利用水平。

（四）重点生态功能区重点围绕生态环境保护，增强生态产品供给能力。实施好环境污染治理工程、重要生态系统保护和修复工程、重点区域综合治理工程、国土绿化以及生态保护支撑体系等重点工程。以完善公共服务为导向，强化基本公共服务设施建设。以发展适宜产业为导向，有序推进基础设施建设，支持旅游景区建设必要的通景交通基础设施。

三、实行差别化投资政策

（五）落实按主体功能区安排投资政策。针对主体功能区差异化协同发展中的短板和瓶颈，统筹安排资金用于建设现代化经济体系、优化国土空间开发格局、引导人口经济与资源环境相协调、推动基本公共服务均等化、构建生态产品价值实现机制等关系全局、涉及长远、跨领域的重大工程项目建设，为完善主体功能区战略和制度奠定坚实基础。

（六）重大项目布局和投资安排要符合主体功能区定位要求。构建符合主体功能区要求的更加科学完善、更具操作性的投资项目准入标准。对符合主体功能定位和“三区三线”空间管控要求的投资项目，在项目审核、建设用地、贷款贴息和投资补助等方面优先给予鼓励和扶持。统筹考虑农业综合生产能力提升和生态产品价值实现机制构建等情况，加大对农产品主产区和重点生态功能区的投资支持力度。严格执行县域“三区三线”空间划定，实施农产品主产区、重点生态功能区产业准入负面清单制度，严格禁止不符合主体功能区定位的各类开发活动。列入农产品主产区和重点生态功能区产业准入负面清单的项目不予安排政府投资，对按照负面清单要求提前关停并转的企业，可给予必要的奖励补偿和安置补助。对资源环境承载能力红色预警区内的投资项目依法实行最严格的区域限批，对绿色无警区内符合主体功能定位的适宜产业发展给予必要支持。

（七）加强中央预算内投资对主体功能区建设的支持和引导。全国新增千亿斤粮田间工程、种养业良种工程、农业环境突出问题治理、畜禽粪污资源化利用整县推进工程等中央预算内投资，重点用于加强国家农产品主产区特别是中西部和东北地区农产品主产区的农业综合生产能力建设。环境污染治理、重要生态系统保护和修复、重要区域综合治理、国土绿化、生态保护支撑体系建设等方面中央预算内投资，重点用于加强国家重点生态功能区特别是中西部和东北地区重点生态功能区生态产品供给能力建设。相关领域切块安排的中央预算内投资，在确定分省规模以及地方分解具体项目时要体现主体功能区定位要求。对中西部地区国家重点生态功能区和农产品主产区基础设施、生态环境等方面项目，逐步降低市（地）级和县（市）级政府投资比例。

（八）引导民间投资按主体功能定位配置。对优化开发区和重点开发区，进一步放开民间投资市场准入，鼓励和引导民间资本进入法律法规未明确禁止准入的行业和领域。对农产品主产区和重点生态功能区，加大基础设施和公用事业领域开放力度，禁止排斥、限制或歧视民间资本的行为，为民间投资进入创造公平竞争环境。积极采取多种 PPP 运作方式，规范有序盘活存量资产，回收资金用于补短板等重点项目建设，形成新的优质资产。

四、保障措施

（九）各地方要从完善主体功能区战略和制度的全局出发，深刻认识贯彻实施主体功能区投资政策的重大意义，结合本地实际制定具体实施办法。加强统筹协调力度，强化督促检查，确保各项政策落到实处。

（十）各地方要做好投资政策与空间规划体制改革、资源环境承载能力监测预警长效机制、生态产品价值实现机制和产业准入负面清单制度等重大改革任务的衔接协调，确保相关改革措施符合主体功能区战略和制度的要求。

（十一）各地方要做好投资政策与主体功能区相配套的土地、环境、金融、财政、产业等政策的衔接协调，做好与县域三类空间、三条主要控制线的衔接协调，确保形成新时代推进主体功能区建设的整体合力。

国家发展改革委 住房城乡建设部
关于加强保障性安居工程配套基础设施建设
中央预算内投资管理的通知

（发改投资〔2015〕3001号，2015年12月17日）

各省、自治区、直辖市发展改革委、住房城乡建设厅（住房城乡建设委、住房城乡建设管理委、国土资源和房屋管理局），新疆生产建设兵团发展改革委、建设局：

为贯彻落实《国务院关于进一步做好城镇棚户区和城乡危房改造及配套基础设施建设有关工作的意见》（国发〔2015〕37号），进一步加强保障性安居工程配套基础设施建设中央预算内投资管理，充分发挥投资效益，现就有关事项通知如下：

一、准确把握保障性安居工程配套基础设施的范围

保障性安居工程配套基础设施包括：棚改安置住房和公租房（以下简称“保障房”）小区内的道路、供排水、供电、供气、供暖、绿化、照明、围墙、物业服务等基础设施，保障房小区的教育、医疗卫生等公共服务设施，以及与保障房直接相关的城市道路和公共交通、通信、供电、供水、供气、供热、停车库（场）、污水与垃圾处理等城市基础设施。

各地要准确把握保障性安居工程配套基础设施的涵盖范围，合理安排中央预算内投资支持配套基础设施建设，努力做到配套基础设施完备，使群众享有更好的居住环境，满足多样化居住需求。

二、尽快编制配套基础设施建设三年滚动计划

地方各级住房城乡建设（棚户区改造、住房保障，以下简称“住房城乡建设”）、发展改革等部门，要根据当地棚户区改造和公租房规划建设的实际情况，抓紧编制保障性安居工程配套基础设施建设三年滚动计划，建立项目储备库，为安排好中央预算内投资奠定基础。各地要根据保障房建设进展情况，及时对三年滚动计划进行调整。

三年滚动计划中，既要包括为在建保障房配套的基础设施，也要包括为拟建保障房配套的基础设施。各地还要对已经建成的保障房小区配套基础设施情况进行排查，对配套基础设施不完备的项目要列出清单，纳入三年滚动计划。

三、切实推进配套基础设施项目前期工作

地方各级发展改革、住房城乡建设等部门，要加强协调配合，对纳入保障性安居工程配套基础设施建设三年滚动计划的项目，要督促和支持项目单位尽快开展前期工作。要建立行政审批快速通道，简化程序，提高效率，对符合相关规定的项目，限期完成立项、规划许可、土地使用、施工许可等审批手续，为项目及早开工创造条件，努力做到配套基础设施与棚改安置住房等保障房同步规划、同步报批、同步建设、同步交付使用。

四、管好用好配套基础设施建设中央预算内投资

保障性安居工程配套基础设施建设中央预算内投资专项实行分级管理。国家发展改革委会同住房城乡建设部，将投资计划切块下达到各省（区、市）；各省级发展改革委会同住房城乡建设等部门，将投资计划分解落实到具体建设项目。

（一）国家发展改革委主要依据以下因素，确定各省（区、市）中央预算内投资计划规模：

1. 各省（区、市）当年和上一年度保障房建设任务；

2. 各省（区、市）资金筹措能力；

3. 不同类型保障房项目配套基础设施建设的困难程度；

4. 已纳入三年滚动计划的保障房配套基础设施建设项目；

5. 各省（区、市）上年度投资计划执行情况等。

（二）各省级发展改革委要会同住房城乡建设等部门，按照“区别对待，分类指导”的原则，制定本地区中央预算内投资分配、使用管理办法，确定中央预算内投资补助标准，统筹兼顾、综合平衡，将中央预算内投资分解落实到具体建设项目。

1. 对不同地区、不同类型的配套基础设施建设项目，可采取不同的投资补助标准。对保障房小区内的配套基础设施和公共服务设施，补助金额最高不超过核定的项目建安投资；对采用配建方式建设的保障房项目，可按保障房建筑面积占比分摊配套基础设施和公共服务设施投资。要按照确保保障房建成后正常居住使用的原则，合理安排中央预算内投资，支持与保障房项目直接相关的城市基础设施建设。

2. 对财政困难地区、国有工矿（含煤矿）、林区（场）、垦区，以及困难企业特别是独立工矿区、三线地区和资源枯竭城市的企业棚改配套设施项目，要给予适当倾斜。对已竣工或当年竣工住房的配套基础设施项目，要优先安排。

3. 对采取货币化安置的棚户区改造项目，可安排政府集中购置安置住房的配套基础设施建设。对棚改货币化安置量大、公租房长期租赁和购买量大的市县，可重点安排已建成但配套基础设施不完善的项目，以及与保障房直接相关的城市基础设施项目。

4. 对投资计划执行慢、审计稽察问题多、整改不到位的市县，减少安排中央预算内投资。

（三）安排中央预算内投资的项目应符合以下条件：

1. 保障房项目必须符合当地人民政府保障性住房发展规划、棚户区改造规划和年度计划，并纳入年度目标任务。

2. 已纳入当地人民政府确定的保障性安居工程配套基础设施建设三年滚动计划。

3. 符合固定资产投资管理有关规定，提交的相关文件齐备、有效，项目的主要建设条件基本落实，可确保年内开工建设。

五、多渠道筹措配套基础设施建设资金

（一）加大地方政府投入力度。各级地方政府要按照国务院有关要求，切实加大资金投入，支持保障性安居工程及配套基础设施建设。建立健全地方政府债券制度，加大对配套基础设施建设的支持力度。

（二）积极利用企业债券融资。各级发展改革部门要按照有关规定，合理设定企业发债门槛，优化审核程序，提高审核效率，积极支持承担保障性安居工程建设任务的企业发行企业债券。要加强与开发性金融政策衔接，扩大“债贷组合”试点范围，优化债券品种方案设计，科学合理设置债券期限和还本付息方式。

（三）充分发挥金融支持作用。鼓励开

发性、政策性金融机构对保障性安居工程配套基础设施加大贷款力度。鼓励商业银行对符合条件的实施主体提供配套基础设施建设贷款。对符合条件的配套基础设施建设项目，优先安排专项建设基金予以支持。

（四）进一步创新投融资机制。各地要构建多元化棚改实施主体，鼓励多种所有制企业承接棚改任务。要建立健全城市基础设施建设财政投入与价格补偿统筹协调机制，积极推广政府购买服务、特许经营等政府与社会资本合作（PPP）模式，加快完善与棚改和公租房项目直接相关的城市基础设施。

六、加强配套基础设施投资计划执行监管

（一）各省级发展改革委要与住房城乡建设等部门加强沟通协调，依据保障性安居工程配套基础设施建设三年滚动计划提前做好项目筛选工作，在上年底前初步确定当年拟支持建设的配套基础设施项目名单，并加快推进项目前期工作；收到切块下达的中央预算内投资计划后，尽快分解落实到具体建设项目，并按规定时限要求下达投资计划。要加强项目建设进度调度，按时上报投资计划执行情况。

（二）市县发展改革、住房城乡建设等部门，要对申请中央预算内投资的配套基础设施项目联合进行审查，确保项目符合三年滚动计划、建设内容明确、投资概算真实，杜绝无关建设内容“搭车”申报投资、套取资金。要督促项目单位加快开工建设和投资计划执行，避免形成资金沉淀，对建设进度缓慢的项目要督促整改。

（三）国家发展改革委和住房城乡建设部将适时组织中央预算内投资计划执行情况检查，对投资计划分解、项目落地实施、配套资金保障、工程管理质量、计划执行进度、资金使用拨付等情况进行监督，督促各地对发现问题及时整改，并根据投资计划执行情况采取适当措施予以奖惩。

国家发展改革委关于印发《中央预算内投资保障性安居工程专项管理暂行办法》的通知

（发改投资规〔2019〕1035号，2019年6月11日）

各省、自治区、直辖市、新疆生产建设兵团发展改革委：

为进一步规范中央预算内投资支持保障性安居工程建设有关项目管理，提高资金使用效益，更好推进保障性安居工程建设，根据《中央预算内投资补助和贴息项目管理办法》（国家发展和改革委员会令第45号）等有关规定，特制定《中央预算内投资保障性安居工程专项管理暂行办法》，现印发你们，请按照执行。

特此通知。

附件

中央预算内投资保障性安居工程专项管理暂行办法

第一章　总　　则

第一条　为规范中央预算内投资支持保障性安居工程建设有关项目管理，提高资金使用效益，推进中央预算内投资管理制度化、规范化、科学化，根据《中央预算内投资补助和贴息项目管理办法》（国家发展和改革委员会令第45号）等有关规定，制定本办法。

第二条　住房城乡建设部和各省（区、市）确定年度保障性安居工程各项建设目标任务后，中央预算内投资保障性安居工程专项（以下简称“本专项”）采用投资补助方式对符合条件的项目予以支持，推进保障性安居工程建设，改善住房困难群众居住条件。投资补助资金应用于计划新开工或续建项目，不得用于已完工项目。

第三条　本专项原则上采用切块方式。中央预算内投资计划切块下达后，各省（区、市）应在规定时限内分解安排到具体项目。

第四条　加强中央预算内投资计划事中事后监管，实行项目储备、信用承诺、进展报告、绩效评价等制度，完善管理程序，督促各省（区、市）及时解决计划执行中存在的问题，确保中央预算内资金使用合法合规、安全高效。

第五条　对于已经足额安排的项目，各省（区、市）不得重复申请。

第二章　支持范围和补助标准

第六条　本专项支持范围如下：

（一）各类棚户区改造等保障性安居工程配套基础设施建设和国有工矿、林业、垦区棚户区改造，其中采取货币化安置的棚户区改造项目，可安排集中安置片区的配套基础设施建设；

（二）新筹集集中片区公租房配套基础设施建设；

（三）城市、县城（城关镇）老旧小区

改造配套基础设施建设；

（四）按照党中央、国务院部署，开展的其他保障性安居工程建设任务及其配套基础设施建设。

上述方面中，相关配套基础设施包括：小区内的道路、供排水、供电、供气、供暖、绿化、照明、围墙、垃圾收储等基础设施，小区的养老抚幼、无障碍、便民等公共服务设施，与小区直接相关的道路和公共交通、通信、供电、供排水、供气、供热、停车库（场）等城镇基础设施项目。原则上不得用于主干道、主管网、综合管廊、广场、城市公园等与小区不直接相关的城镇基础设施项目。

第七条 国家发展改革委主要依据以下因素，确定各省（区、市）年度中央预算内投资计划规模：

（一）各省（区、市）当年和上一年度住房保障工作目标任务；

（二）考虑东中西部区域差异；

（三）考虑不同类型保障性安居工程配套基础设施建设差异；

（四）按照党中央、国务院部署，需要考虑的其他因素。

第八条 各省（区、市）应按照“区别对待，分类指导”的原则，确定本地区中央预算内投资补助标准。对不同地区、不同类型的配套基础设施建设项目，可结合实际采取不同的投资补助标准，补助金额最高不超过核定的项目建安投资。

第三章 年度投资需求申报

第九条 各级发展改革部门会同本级住房城乡建设等部门，按照加强投资项目储备的有关要求，根据本专项支持范围，依托重大建设项目库编制保障性安居工程配套基础设施建设三年滚动计划、加快推进前期工作，做好项目日常储备工作。

第十条 省级发展改革部门按要求组织开展专项投资申报工作，项目单位按有关规定报送资金申请报告和综合信用承诺书。项目单位对所提交的资金申请报告内容的真实性负责。项目单位在申报时存在严重失信行为、被列入失信联合惩戒对象名单的，各级发展改革部门不得受理其资金申请报告。

第十一条 省级发展改革部门商住房城乡建设等有关部门对资金申请报告进行审核，并对审核结果负责。审核重点包括申报项目是否符合专项支持范围、是否重复申报，项目单位是否被列入失信联合惩戒对象名单，申报投资是否符合补助标准，项目是否完成审批、核准或备案程序，计划新开工项目前期工作条件是否成熟，在建项目各项建设手续是否完备，地方建设资金是否落实，项目单位和日常监管责任单位“两个责任”填报是否规范等。

第十二条 省级发展改革部门审核汇总后确定本地区专项年度投资规模和年度投资需求，报国家发展改革委。报送的年度投资需求应符合本省（区、市）财政承受能力和政府投资能力，不会造成地方政府隐性债务，应合理确定地方政府建设投资任务和项目，严控债务高风险地区政府建设投资规模。地方建设资金不落实、年内无法开工的不得申报。省级发展改革部门报送年度投资计划请示文件时，应包含以下内容。

（一）本专项年度中央预算内投资需求；

（二）本专项年度中央预算内投资绩效目标；

（三）是否造成地方政府隐性债务的审核结论。

第四章 年度投资计划下达

第十三条 国家下达投资计划后，省级发展改革部门应充分征求住房城乡建设部门意见，在规定时限内分解到具体项目，逐一落实日常监管直接责任单位及监管责任人，报国家发展改革委备案，同时在重大建设项目库中相应分解至具体项目。项目责任人、监管责任人应分别为项目单位、日常监管直接责任单位的有关负责同志。安排中央预算内投资的项目应符合以下条件：

（一）纳入住房城乡建设部与各省（区、市）确定的年度目标任务；

（二）纳入保障性安居工程配套基础设施建设三年滚动计划；

（三）符合固定资产投资管理规定，提交的相关文件齐备、有效，项目的主要建设条件基本落实，可按期开工建设；

（四）项目单位未列入失信联合惩戒对象名单。

第十四条 各省（区、市）按照中央有关要求，在分解时严格落实国家在贫困地区安排的公益性建设项目取消县级和西部连片特困地区地市级建设资金的政策，进一步加大向贫困地区特别是深度贫困地区倾斜支持力度，切实落实省市级建设资金、及时到位。

第十五条 项目出现以下情况时，应及时调整：

（一）中央预算内投资计划下达后未按时开工建设的；

（二）建设严重滞后导致资金长期闲置的；

（三）建设规模、标准和内容发生较大变化；

（四）其他原因导致项目无法继续实施的。

省级发展改革部门原则上在本专项内调整有关项目，并报国家发展改革委备案，同时在重大建设项目库中及时更新相关信息。调出项目一定时间内不再安排中央预算内投资，新调整安排的项目应是已开工项目或近期能够开工的项目。有特殊情况需跨专项调整的项目，报国家发展改革委按照相关规定进行调整。

第五章 监管措施

第十六条 本专项实行定期调度制度，省级发展改革部门于每月 10 日前将中央预算内投资项目的开工情况、投资完成与支付情况、工程形象进度等数据通过重大建设项目库报送国家发展改革委（涉密项目按有关要求报送）。

第十七条 国家发展改革委会同住房城乡建设部适时组织中央预算内投资计划执行情况检查，对投资计划分解落实、投资计划执行和资金拨付使用等情况进行监督，督促各省（区、市）对发现问题及时整改，并根据投资计划执行情况采取适当措施予以奖惩。

第十八条 按照省级人民政府负总责、市县人民政府抓落实要求，各省（区、市）应建立保障性安居工程中央预算内投资项目上下联动、分级负责的监管机制，切实履行监管职责。省级发展改革委会同住房城乡建设（房地）部门按照隶属关系加强对市县有关部门的督促指导，强化本区域内项目的监管，特别是发挥基层发展改革部门和行业管理部门就近就便监管的优势，压实“两个责任”。

第十九条 项目单位有下列行为之一的，项目汇总申报单位责令其限期整改；拒不整改或整改后仍不符合要求的，核减、收回或者停止拨付补助资金，暂停其申报中央预算内投资，将相关信息纳入全国信用信息共享平台并在“信用中国”网站公开，根据情节轻重提请或移交有关机关依法追究相关责任人的行政或者法律责任：

（一）提供虚假情况，骗取投资补助资金的；

（二）转移、侵占或者挪用投资补助资金的；

（三）擅自改变主要建设内容和建设标准的；

（四）其他违反国家法律法规和本办法

规定的行为。

第六章　附　　则

第二十条　省级发展改革部门可商住房城乡建设部门根据本办法制定项目管理细则。

第二十一条　本办法由国家发展改革委负责解释。

第二十二条　本办法从发布之日起施行，有效期五年。

国家发展改革委关于印发《政府出资产业投资基金管理暂行办法》的通知

（发改财金规〔2016〕2800号，2016年12月30日）

中央和国家机关有关部委、直属机构，各省、自治区、直辖市及计划单列市、新疆生产建设兵团发展改革委：

为全面贯彻党的十八大和十八届三中、四中、五中全会精神，优化政府投资方式，发挥政府资金的引导作用和放大效应，提高政府资金使用效率，吸引社会资金投入政府支持领域和产业，根据《中华人民共和国公司法》、《中华人民共和国合伙企业法》、《中共中央国务院关于深化投融资体制改革的意见》（中发〔2016〕18号）、《国务院关于促进创业投资持续健康发展的若干意见》（国发〔2016〕53号）、《国务院关于创新重点领域投融资机制鼓励社会投资的指导意见》（国发〔2014〕60号）等法律法规和有关文件精神，我们制定了《政府出资产业投资基金管理暂行办法》。现印发给你们，请认真贯彻执行。

附件：政府出资产业投资基金管理暂行办法

附件

政府出资产业投资基金管理暂行办法

第一章　总　　则

第一条　为促进国民经济持续健康发展，优化政府投资方式，发挥政府资金的引导作用和放大效应，提高政府资金使用效率，吸引社会资金投入政府支持领域和产业，根据《公司法》、《合伙企业法》、《中共中央国务院关于深化投融资体制改革的意见》（中发〔2016〕18号）、《国务院关于促进创业投资持续健康发展的若干意见》（国发〔2016〕53号）、《国务院关于创新重点领域投融资机制鼓励社会投资的指导意见》（国发〔2016〕60号）等法律法规和有关文件精神，制定本办法。

第二条　本办法所称政府出资产业投资基金，是指有政府出资，主要投资于非公开交易企业股权的股权投资基金和创业投资基金。

第三条　政府出资资金来源包括财政预算内投资、中央和地方各类专项建设基金及其他财政性资金。

第四条　政府出资产业投资基金可以采用公司制、合伙制、契约制等组织形式。

第五条　政府出资产业投资基金由基金管理人管理基金资产，由基金托管人托管基金资产。

第六条　政府出资产业投资基金应坚持市场化运作、专业化管理原则，政府出资人不得参与基金日常管理事务。

第七条　政府出资产业投资基金可以综合运用参股基金、联合投资、融资担保、政府出资适当让利等多种方式，充分发挥基金在贯彻产业政策、引导民间投资、稳定经济增长等方面的作用。

第八条 国家发展改革委会同地方发展改革部门对政府出资产业投资基金业务活动实施事中事后管理，负责推动政府出资产业投资基金行业信用体系建设，定期发布行业发展报告，维护有利于行业持续健康发展的良好市场秩序。

第二章 政府出资产业投资基金的募集和登记管理

第九条 政府向产业投资基金出资，可以采取全部由政府出资、与社会资本共同出资或向符合条件的已有产业投资基金投资等形式。

第十条 政府出资产业投资基金社会资金部分应当采取私募方式募集，募集行为应符合相关法律法规及国家有关部门规定。

第十一条 除政府外的其他基金投资者为具备一定风险识别和承受能力的合格机构投资者。

第十二条 国家发展改革委建立全国政府出资产业投资基金信用信息登记系统，并指导地方发展改革部门建立本区域政府出资产业投资基金信用信息登记子系统。中央各部门及其直属机构出资设立的产业投资基金募集完毕后二十个工作日内，应在全国政府出资产业投资基金信用信息登记系统登记。地方政府或所属部门、直属机构出资设立的产业投资基金募集完毕后二十个工作日内，应在本区域政府出资产业投资基金信用信息登记子系统登记。发展改革部门应于报送材料齐备后五个工作日内予以登记。

第十三条 政府出资产业投资基金的投资方向，应符合区域规划、区域政策、产业政策、投资政策及其他国家宏观管理政策，能够充分发挥政府资金在特定领域的引导作用和放大效应，有效提高政府资金使用效率。

第十四条 政府出资产业投资基金在信用信息登记系统登记后，由发展改革部门根据登记信息在三十个工作日内对基金投向进行产业政策符合性审查，并在信用信息登记系统予以公开。对于未通过产业政策符合性审查的政府出资产业投资基金，各级发展改革部门应及时出具整改建议书，并抄送相关政府或部门。

第十五条 国家发展改革委负责中央各部门及其直属机构政府出资设立的产业投资基金材料完备性和产业政策符合性审查。地方各级发展改革部门负责本级政府或所属部门、直属机构政府出资设立的产业投资基金材料完备性和产业政策符合性审查。以下情况除外：

（一）各级地方政府或所属部门、直属机构出资额50亿元人民币（或等值外币）及以上的，由国家发展改革委负责材料完备性和产业政策符合性审查；

（二）50亿元人民币（或等值外币）以下超过一定规模的县、市地方政府或所属部门、直属机构出资，由省级发展改革部门负责材料完备性和产业政策符合性审查，具体规模由各省（自治区、直辖市）发展改革部门确定。

第十六条 政府出资产业投资基金信用信息登记主要包括以下基本信息：

（一）相关批复和基金组建方案；

（二）基金章程、合伙协议或基金协议；

（三）基金管理协议（如适用）；

（四）基金托管协议；

（五）基金管理人的章程或合伙协议；

（六）基金管理人高级管理人员的简历和过往业绩；

（七）基金投资人向基金出资的资金证明文件；

（八）其他资料。

第十七条 新发起设立政府出资产业投资基金，基金组建方案应包括：

（一）拟设基金主要发起人、管理人和

托管人基本情况；

（二）拟设基金治理结构和组织架构；

（三）主要发起人和政府资金来源、出资额度；

（四）拟在基金章程、合伙协议或基金协议中确定的投资产业领域、投资方式、风险防控措施、激励机制、基金存续期限等；

（五）政府出资退出条件和方式；

（六）其他资料。

第十八条 政府向已设立产业投资基金出资，基金组建方案应包括：

（一）基金主要发起人、管理人和托管人基本情况；

（二）基金前期运行情况；

（三）基金治理结构和组织架构；

（四）基金章程、合伙协议或基金协议中确定的投资产业领域、投资方式、风险防控措施、激励机制等；

（五）其他资料。

第十九条 政府出资产业投资基金管理人履行下列职责：

（一）制定投资方案，并对所投企业进行监督、管理；

（二）按基金公司章程规定向基金投资者披露基金投资运作、基金管理信息服务等信息。定期编制基金财务报告，经有资质的会计师事务所审计后，向基金董事会（持有人大会）报告；

（三）基金公司章程、基金管理协议中确定的其他职责。

第二十条 基金管理人应符合以下条件：

（一）在中国大陆依法设立的公司或合伙企业，实收资本不低于1000万元人民币；

（二）至少有3名具备3年以上资产管理工作经验的高级管理人员；

（三）产业投资基金管理人及其董事、监事、高级管理人员及其他从业人员在最近三年无重大违法行为；

（四）有符合要求的营业场所、安全防范设施和与基金管理业务有关的其他设施；

（五）有良好的内部治理结构和风险控制制度。

第二十一条 基金应将基金资产委托给在中国境内设立的商业银行进行托管。基金与托管人签订托管协议，托管人按照协议约定对基金托管专户进行管理。政府出资产业投资基金托管人履行下列职责：

（一）安全保管所托管基金的全部资产；

（二）执行基金管理人发出的投资指令，负责基金名下的资金往来；

（三）依据托管协议，发现基金管理人违反国家法律法规、基金公司章程或基金董事会（持有人大会）决议的，不予执行；

（四）出具基金托管报告，向基金董事会（持有人大会）报告并向主管部门提交年度报告；

（五）基金公司章程、基金托管协议中规定的其他职责。

第二十二条 已登记并通过产业政策符合性审查的各级地方政府或所属部门、直属机构出资设立的产业投资基金，可以按规定取得中央各部门及其直属机构设立的政府出资产业投资基金母基金支持。

第二十三条 已登记并通过产业政策符合性审查的政府出资产业投资基金除政府外的其他股东或有限合伙人可以按规定申请发行企业债券，扩大资本规模，增强投资能力。

第三章 政府出资产业投资基金的投资运作和终止

第二十四条 政府出资产业投资基金应主要投资于以下领域：

（一）非基本公共服务领域。着力解决非基本公共服务结构性供需不匹配，因缺乏竞争激励机制而制约质量效率，体制机制创新不足等问题，切实提高非基本公共服务共建能力和共享水平。

（二）基础设施领域。着力解决经济社会发展中偏远地区基础设施建设滞后，结构性供需不匹配等问题，提高公共产品供给质量和效率，切实推进城乡、区域、人群基本服务均等化。

（三）住房保障领域。着力解决城镇住房困难家庭及新市民住房问题，完善住房保障供应方式，加快推进棚户区改造，完善保障性安居工程配套基础设施，有序推进旧住宅小区综合整治、危旧住房和非成套住房改造，切实增强政府住房保障可持续提供能力。

（四）生态环境领域。着力解决生态环境保护中存在的污染物排放量大面广，环境污染严重，山水林田湖缺乏保护，生态损害大，生态环境脆弱、风险高等问题，切实推进生态环境质量改善。

（五）区域发展领域。着力解决区域发展差距特别是东西差距拉大，城镇化仍滞后于工业化，区域产业结构趋同化等问题，落实区域合作的资金保障机制，切实推进区域协调协同发展。

（六）战略性新兴产业和先进制造业领域。着力解决战略性新兴产业和先进制造业在经济社会发展中的产业政策环境不完善，供给体系质量和效率偏低，供给和需求衔接不紧密等问题，切实推进看得准、有机遇的重点技术和产业领域实现突破。

（七）创业创新领域。着力解决创业创新在经济社会发展中的市场环境亟待改善，创投市场资金供给不足，企业创新动能较弱等问题，切实推进大众创业、万众创新。

投资于基金章程、合伙协议或基金协议中约定产业领域的比例不得低于基金募集规模或承诺出资额的60%。

国家发展改革委将根据区域规划、区域政策、产业政策、投资政策及其他国家宏观管理政策适时调整并不定期发布基金投资领域指导意见。

第二十五条　政府出资产业投资基金应投资于：

（一）未上市企业股权，包括以法人形式设立的基础设施项目、重大工程项目等未上市企业的股权；

（二）参与上市公司定向增发、并购重组和私有化等股权交易形成的股份；

（三）经基金章程、合伙协议或基金协议明确或约定的符合国家产业政策的其他投资形式。

基金闲置资金只能投资于银行存款、国债、地方政府债、政策性金融债和政府支持债券等安全性和流动性较好的固定收益类资产。

第二十六条　政府出资产业投资基金对单个企业的投资额不得超过基金资产总值的20%，且不得从事下列业务：

（一）名股实债等变相增加政府债务的行为；

（二）公开交易类股票投资，但以并购重组为目的的除外；

（三）直接或间接从事期货等衍生品交易；

（四）为企业提供担保，但为被投资企业提供担保的除外；

（五）承担无限责任的投资。

第二十七条　政府出资产业投资基金应在章程、委托管理协议等法律文件中，明确基金的分配方式、业绩报酬、管理费用和托管费用标准。

第二十八条　政府出资产业投资基金章程应当加强被投资企业的资金使用监管，防范财务风险。

第二十九条　基金一般应在存续期满后终止，确需延长存续期的，应报经政府基金设立批准部门同意后，与其他投资方按约定办理。

第四章　政府出资产业投资基金的绩效评价

第三十条　国家发展改革委建立并完

善政府出资产业投资基金绩效评价指标体系。评价指标主要包括：

（一）基金实缴资本占认缴资本的比例；

（二）基金投向是否符合区域规划、区域政策、产业政策、投资政策及其他国家宏观管理政策，综合评估政府资金的引导作用和放大效应、资金使用效率及对所投产业的拉动效果等；

（三）基金投资是否存在名股实债等变相增加政府债务的行为；

（四）是否存在违反法律、行政法规等行为。

第三十一条 国家发展改革委每年根据评价指标对政府出资产业投资基金绩效进行系统性评分，并将评分结果适当予以公告。有关评价办法由国家发展改革委另行制定。金融机构可以根据评分结果对登记的政府出资产业投资基金给予差异化的信贷政策。

第三十二条 国家发展改革委建立并完善基金管理人绩效评价指标体系。评价指标主要包括：

（一）基金管理人实际管理的资产总规模；

（二）基金管理人过往投资业绩；

（三）基金管理人过往投资领域是否符合政府产业政策导向；

（四）基金管理人管理的基金运作是否存在公开宣传、向非合格机构投资者销售、违反职业道德底线等违规行为；

（五）基金管理人及其管理团队是否受到监管机构的行政处罚，是否被纳入全国信用信息共享平台失信名单；

（六）是否存在违反法律、行政法规等行为。

第三十三条 国家发展改革委每年根据评价指标对基金管理人绩效进行系统性评分，并将评分结果适当予以公告。有关评价办法由国家发展改革委另行制定。各级政府部门可以根据评分结果选择基金管理人。

第五章 政府出资产业投资基金行业信用建设

第三十四条 国家发展改革委会同有关部门加强政府出资产业投资基金行业信用体系建设，在政府出资产业投资基金信用信息登记系统建立基金、基金管理人和从业人员信用记录，并纳入全国信用信息共享平台。

第三十五条 地方发展改革部门会同地方有关部门负责区域内政府出资产业投资基金行业信用体系建设，并通过政府出资产业投资基金信用信息登记系统报送基金、基金管理人和从业人员有关信息。报送内容包括但不限于工商信息、行业信息、经营信息和风险信息等。

第三十六条 对有不良信用记录的基金、基金管理人和从业人员，国家发展改革委通过“信用中国”网站统一向社会公布。地方发展改革部门可以根据各地实际情况，将区域内失信基金、基金管理人和从业人员名单以适当方式予以公告。

发展改革部门会同有关部门依据所适用的法律法规及多部门签署的联合惩戒备忘录等对列入失信联合惩戒名单的基金、基金管理人和从业人员开展联合惩戒，惩戒措施包括但不限于市场禁入、限制作为供应商参加政府采购活动、限制财政补助补贴性资金支持、从严审核发行企业债券等。

第三十七条 国家发展改革委在“信用中国”网站设立政府出资产业投资基金行业信用建设专栏，公布失信基金、基金管理人和从业人员名单，及时更新名单目录及惩戒处罚等信息，并开展联合惩戒的跟踪、监测、统计和评估工作。

第六章 政府出资产业投资基金的监督管理

第三十八条 国家发展改革委会同地

方发展改革部门严格履行基金的信用信息监管责任，建立健全政府出资产业投资基金信用信息登记系统，建立完善政府出资产业投资基金绩效评价制度，加快推进政府出资产业投资基金行业信用体系建设，加强对政府出资产业投资基金的监督管理。

第三十九条 对未登记的政府出资产业投资基金及其受托管理机构，发展改革部门应当督促其在二十个工作日内申请办理登记。逾期未登记的，将其作为“规避登记政府出资产业投资基金”、“规避登记受托管理机构”，并以适当方式予以公告。

第四十条 中央各部门及其直属机构出资设立的产业投资基金的基金管理人应当于每个会计年度结束后四个月内，向国家发展改革委提交基金及基金管理人的年度业务报告、经有资质的会计师事务所审计的年度财务报告和托管报告，并及时报告投资运作过程中的重大事项。

地方政府或所属部门、直属机构出资设立的产业投资基金的基金管理人应当于每个会计年度结束后四个月内，向本级发展改革部门提交基金及基金管理人的年度业务报告、经有资质的会计师事务所审计的年度财务报告和托管报告，并及时报告投资运作过程中的重大事项。

重大事项包括但不限于公司章程修订、资本增减、高级管理人员变更、合并、清算等。

第四十一条 发展改革部门通过现场和非现场“双随机”抽查，会同有关部门对政府出资产业投资基金进行业务指导，促进基金规范运作，有效防范风险。基金有关当事人应积极配合有关部门对政府出资产业投资基金合规性审查，提供有关文件、账簿及其他资料，不得以任何理由阻扰、拒绝检查。

第四十二条 对未按本办法规范运作的政府出资产业投资基金及其基金管理机构、托管机构，发展改革部门可以会同有关部门出具监管建议函，视情节轻重对其采取责令改正、监管谈话、出具警示函、取消登记等措施，并适当予以公告。

第四十三条 建立政府出资产业投资基金重大项目稽察制度，健全政府投资责任追究制度。完善社会监督机制，鼓励公众和媒体监督。

第四十四条 各级发展改革部门应当自觉接受审计、监察等部门依据职能分工进行的监督检查。各级发展改革部门工作人员有徇私舞弊、滥用职权、弄虚作假、玩忽职守、未依法履行职责的，依法给予处分；构成犯罪的，依法追究刑事责任。

第七章 附 则

第四十五条 本办法由国家发展改革委负责解释。

第四十六条 政府出资产业投资基金投资境外企业，按照境外投资有关规定办理。

第四十七条 本办法自 2017 年 4 月 1 日起施行，具体登记办法由国家发展改革委另行制定。本办法施行前设立的政府出资产业投资基金及其受托管理机构，应当在本办法施行后两个月内按照本办法有关规定到发展改革部门登记。

财政部 住房城乡建设部关于印发《中央财政城镇保障性安居工程专项资金管理办法》的通知

（财综〔2017〕2号，2017年1月20日）

各省、自治区、直辖市、计划单列市财政厅（局）、住房城乡建设厅（委），新疆生产建设兵团财务局、建设局、财政部驻各省、自治区、直辖市、计划单列市财政监察专员办事处：

为了规范中央财政城镇保障性安居工程专项资金管理，提高资金使用效益，根据《中华人民共和国预算法》、《中央对地方专项转移支付管理办法》（财预〔2015〕230号）和国家保障性安居工程的有关法律法规，我们重新制定了《中央财政城镇保障性安居工程专项资金管理办法》。现印发给你们，请遵照执行。

附件：中央财政城镇保障性安居工程专项资金管理办法

附件

中央财政城镇保障性安居工程专项资金管理办法

第一章　总　　则

第一条　为了规范中央财政城镇保障性安居工程专项资金（以下简称专项资金）管理，提高资金使用效益，根据《中华人民共和国预算法》、《中央对地方专项转移支付管理办法》（财预〔2015〕230号）和国家保障性安居工程的有关法律法规，制定本办法。

第二条　本办法所称专项资金，是指中央财政通过专项转移支付安排的资金，用于支持各地发放租赁补贴、城市棚户区改造及公共租赁住房建设。

第三条　专项资金管理遵循以下原则：

（一）公开、公平、公正。专项资金管理办法向社会公开，专项资金分配过程公平、公正，分配结果按规定向社会公开。

（二）突出重点。向城镇保障性安居工程任务重、财政困难程度高及工作绩效好的地区适当倾斜，根据国家政策要求和城镇保障性安居工程需要，调整支出投向重点。

（三）实物安置与货币安置相结合。在实物安置基础上，鼓励地方积极推进棚改货币化安置工作。对于商品住房库存量较大、市场房源充足的地方，要进一步提高棚改货币化安置比例。

（四）注重绩效。对城镇保障性安居工程财政资金使用管理情况开展绩效评价，强化绩效评价结果运用，绩效评价结果将作为分配城镇保障性安居工程资金的参考依据。

（五）强化监督。充分发挥财政部驻各地财政监察专员办事处（以下简称专员办）财政预算监管优势，对专项资金管理实行全面监管。

第二章 资金分配

第四条 专项资金采用因素法，按照核定的各地区年度租赁补贴户数、城市棚户区改造套数、绩效评价结果等因素以及相应权重，结合财政困难程度进行分配。上述因素将根据国家城镇保障性安居工程政策调整而相应调整。具体计算公式如下：

分配给某地区的专项资金总额=〔(经核定的该地区年度租赁补贴户数×该地区财政困难程度系数)÷∑(经核定的各地区年度租赁补贴户数×相应地区财政困难程度系数)×相应权重+(经核定的该地区年度城市棚户区改造户数×该地区财政困难程度系数)÷∑(经核定的各地区年度城市棚户区改造户数×相应地区财政困难程度系数)×相应权重+(经核定的该地区上年度绩效评价结果÷∑经核定的各地区上年度绩效评价结果)×相应权重〕×年度专项资金总规模。

第五条 本办法第四条所称核定的年度租赁补贴户数、城市棚户区改造套数按照各地区当年租赁补贴、城市棚户区计划数，加（减）上年度超额（未）实施数计算。

前款中所称上年度超额（未）实施数，按照各地区上年度城镇保障性安居工程实际完成数，减去上年度计划任务数计算。其中，上年度实际完成数按以下口径确定：

（一）租赁补贴户数，以当年实际发放租赁补贴户数为准。

（二）城市棚户区改造套数，以当年开工建设安置住房套数和当年货币化安置套数为准。对于上年度超计划开工套数和货币化安置套数，如果上年度没有纳入中央财政补助范围，且已列入当年度计划任务，可视同为当年开工套数和货币化安置套数。

（三）对于经国务院同意新建公共租赁住房的地区，公共租赁住房套数以当年开工建设或签订购买协议确定的公共租赁住房套数为准。

第六条 实行实物安置方式的棚改安置住房开工统计口径为：设计采用地基处理的，开始地基处理施工；设计采用桩基础的，开始桩基础施工。开工数量按已开工单体工程设计的安置住房套数进行统计。

实行货币化安置方式的棚改安置套数按以下口径统计：

（一）实行直接货币补偿的，以棚改项目为单位，按以下公式计算开工套数：直接货币补偿开工套数=项目货币补偿款/(当地上一年度新建商品住房均价×80平方米)，计算结果取整不进位。按照以上公式计算核定的开工套数小于签订征收补偿协议的户数时，可以按照签订征收补偿协议的户数统计开工套数。对于采取实物安置与货币补偿相结合的要分别计算核定。

（二）实行政府组织棚改居民购买商品住房（含当地政策性住房等）安置的，按被征收人与房屋征收部门签订的合同（协议）中明确的购买住房套数，核定开工量。按上述规定无法统计的，可按照上一项中的计算公式核算。

（三）实行政府购买商品住房（含当地政策性住房等）安置的，按政府部门或其委托的单位与商品住房所有者签订的购买协议（合同）中载明的购买套数核定开工量。

第七条 租赁补贴户数、城市棚户区改造套数、绩效评价结果等因素的权重，根据各年度城镇保障性安居工程任务状况、需要政府投入的资金需求、上年度专项资金补助水平以及绩效评价工作开展情况等因素综合确定。

财政困难程度参照中央财政均衡性转移支付财政困难程度系数确定。

第八条 对于发生重大自然灾害等特殊情况的地区，以及党中央、国务院确定需要重点支持的地区和项目，财政部会同住房城乡建设部在专项资金分配时予以适当倾斜。

第三章　资金申报和审核

第九条　省级财政部门应当会同同级住房保障部门及时组织本地区各市、县申报资料，并汇总审核申报资料，于每年3月15日之前向专员办提交下列资料：

（一）本地区以及各市、县城镇住房保障家庭租赁补贴年度计划，城市棚户区改造年度计划，公共租赁住房年度计划，签订的目标责任书，住房保障部门年度工作总结。城镇保障性安居工程计划以及列入计划的项目发生变更的，以市、县政府出具的文件为准。

（二）省级财政部门、住房保障部门加盖部门印章的《城镇住房保障家庭租赁补贴计划和实施情况表》（附表1）、《城市棚户区改造项目计划和完成情况表》（附表2）、《公共租赁住房项目计划和完成情况表》（附表3）、《中央财政城镇保障性安居工程专项资金收支情况表》（附表4）。

（三）市、县有关部门上年度实际发放城镇住房保障家庭租赁补贴名单的电子版数据；上年度城市棚户区改造计划，城市棚户区改造项目实物安置住房开工证明及货币化安置协议等证明材料的电子版数据；上年度公共租赁住房开工证明以及签订购买合同或协议的电子版数据；上年度新建商品住房均价。

（四）本地区《城镇保障性安居工程财政资金绩效评价量化指标表》（附表5）等绩效评价有关材料。

（五）省级财政部门、住房保障部门对市、县申报材料审核情况的说明。

（六）与审核有关的其他材料。

对申请材料不全或不符合规定的，专员办应及时退回并请省级财政部门、住房保障部门在3个工作日内补充完备。

第十条　专员办应对地方报送的相关资料进行案头审核和实地抽查。其中，实地抽查审核比例原则上不少于3个地级市（含省直管县），抽查数据比例原则上不低于该地区申报数据的20%。抽查审核结果与报送数据相差较大的，应当及时将申报材料退回，要求省级财政部门会同同级住房保障部门核实数据后重新报送。

对审核发现严重弄虚作假或重大违规等问题，应及时向财政部报告。

第十一条　专员办在审核过程中应及时将审核结果反馈省级财政部门、住房保障部门。专员办审核工作结束后，应于4月15日之前将审核意见表（附表6）报送财政部，并于4月30日之前上报审核总结报告。

第十二条　省级财政部门会同同级住房保障部门每年4月15日之前，将根据专员办审核认定结果调整后的附表1、附表2、附表3、附表4和附表5，以及相关文字说明，分别报送财政部、住房城乡建设部。

第四章　资 金 下 达

第十三条　财政部会同住房城乡建设部对各地区报送的有关资料进行审核汇总后，将专项资金预算在全国人大批准预算后90日内分配下达各地区省级财政部门，同时将下达文件抄送专员办。

第十四条　省级财政部门接到中央财政下达的专项资金预算后，应当参照中央财政的分配方案，结合本地实际情况，于30日内，会同同级住房保障部门，一次性分解下达本行政区域内县级以上各级财政部门，同时将下达文件抄送专员办。

省级财政部门分配专项资金时，可以适当向城镇保障性安居工程任务较重的资源枯竭型城市和三线企业比较集中的城市倾斜。

第十五条　市、县财政部门收到专项资金预算后，应当会同同级住房保障部门尽快将资金分解或明确到具体项目，并将分配结果报上级财政部门、住房保障部门备案。市、县住房保障部门应当督促项目实施单位加快城镇保障性安居工程项目进度，市、县财政部门应当确保城镇保障性安居工程资金需要，切实提高资金使用效率。

专项资金的支付，按照国库集中支付制度的有关规定执行。属于政府采购范围的，按照政府采购有关法律制度规定执行。

第五章 使用管理

第十六条 专项资金可统筹用于支持纳入国家城镇保障性安居工程计划的项目：

（一）向符合条件的在市场租赁住房的城镇住房保障家庭发放租赁补贴，不得向政府投资运营的公共租赁住房承租家庭再发放租赁补贴。

（二）支持城市棚户区改造项目，包括用于城市棚户区改造项目中的征收、安置房建设（购买）和相关配套基础设施建设等支出，不得用于城市棚户区改造中回迁安置之外的住房开发、配套建设的商业和服务业等经营性设施建设支出。

（三）支持公共租赁住房项目建设（含新建、改建、购买公共租赁住房）。

专项资金可以直接支出，也可以采取注入项目资本金、贷款贴息等方式，发挥财政资金引导作用，吸引社会资本参与城镇保障性安居工程投资建设和运营管理。

第十七条 地方各级财政部门应当对专项资金实行专项管理、分账核算，并严格按照规定用途使用；不得截留、挤占、挪作他用，不得用于平衡本级预算。

地方各级住房保障部门及项目实施单位应当严格按照本办法规定使用专项资金，不得挪作他用。专项资金不得用于人员经费、公用经费、购置交通工具等支出。

第六章 绩效评价

第十八条 绩效评价以预算年度为周期，对预算年度内各地区城镇保障性安居工程资金管理、项目管理、项目效益和居民满意度情况进行客观、公正的评价。绩效评价工作由财政部、住房城乡建设部统一组织、分级实施。

各地区可以根据需要，委托专家、中介机构等第三方参与绩效评价工作。

第十九条 绩效评价的工作程序按照财政部会同住房城乡建设部制定的城镇保障性安居工程财政资金绩效评价办法实施。

第二十条 绩效评价结果将作为各级财政部门会同同级住房城乡建设部门分配以后年度城镇保障性安居工程资金、制定调整相关政策以及加强保障性安居工程建设和运营管理的参考依据。

第七章 法律责任

第二十一条 对不按时向专员办报送审核资料的地区，专员办应及时向财政部报告，财政部在分配专项资金时，将酌情扣减分配给该地区的专项资金数额，并将扣减资金进行重新分配。

对年底专项资金结余较多的地区，财政部将酌情减少安排该地区下一年度专项资金数额，并将扣减资金进行重新分配。

第二十二条 单位和个人违反本办法规定，弄虚作假，采取虚报、多报等方式骗取专项资金，或者不按规定使用专项资金的，依照《财政违法行为处罚处分条例》等国家规定追究法律责任。

负责专项资金审核、分配、管理工作的各级财政部门、住房保障部门及其工作人员，存在违反规定分配资金，以及其他滥用职权、玩忽职守、徇私舞弊等违法违纪行为的，按照《预算法》、《公务员法》、《行政监察法》、《财政违法行为处罚处分条例》等国家有关规定追究相应责任；涉嫌犯罪的，移送司法机关处理。

第八章　附　　则

第二十三条　中央财政对新疆生产建设兵团专项资金的分配、下达、支付、使用、管理，以及相关资料申报与审核，按照本办法规定执行。省级财政部门以及新疆生产建设兵团财务局会同同级住房保障部门根据本办法，结合实际制定具体实施办法，并报财政部、住房城乡建设部备案。

第二十四条　按照国务院要求，中央财政安排的对公共租赁住房配套基础设施补助等专项资金，参照本办法分配下达。

第二十五条　本办法自发布之日起施行。《中央财政城镇保障性安居工程专项资金管理办法》（财综〔2014〕14 号）同时废止。

附表：1. 城镇住房保障家庭租赁补贴计划和实施情况表

2. 城市棚户区改造项目计划和完成情况表

3. 公共租赁住房项目计划和完成情况表

4. 中央财政城镇保障性安居工程专项资金收支情况表

5. 城镇保障性安居工程财政资金绩效评价量化指标表

6. 专员办审核中央财政城镇保障性安居工程专项资金意见表

财政部 水利部关于印发《中央财政水利发展资金使用管理办法》的通知

（财农〔2016〕181号，2016年12月2日）

农业部，各省、自治区、直辖市、计划单列市财政厅（局）、水利（水务）厅（局），新疆生产建设兵团财务局、水利局：

按照《国务院关于改革和完善中央对地方转移支付制度的意见》（国发〔2014〕71号）、《国务院关于印发推进财政资金统筹使用方案的通知》（国发〔2015〕35号）以及《中央对地方专项转移支付管理办法》（财预〔2015〕230号）等相关要求，为规范中央财政水利发展资金使用管理，财政部、水利部制定了《中央财政水利发展资金使用管理办法》。现予印发，请遵照执行。

附件：中央财政水利发展资金使用管理办法

附件

中央财政水利发展资金使用管理办法

第一条 为加强中央财政水利发展资金管理，提高资金使用的规范性、安全性和有效性，促进水利改革发展，依据《预算法》和《中央对地方专项转移支付管理办法》（财预〔2015〕230号）等有关法律法规和制度规定，制定本办法。

第二条 本办法所称中央财政水利发展资金（以下简称水利发展资金），是指中央财政预算安排用于支持有关水利建设和改革的专项资金。水利发展资金的分配、使用、管理和监督适用本办法。

水利发展资金使用管理遵循科学规范、公开透明；统筹兼顾、突出重点；绩效管理、强化监督的原则。

纳入中央部门预算的水利发展资金按照部门预算管理有关规定执行。

第三条 水利发展资金由财政部会同水利部负责管理。

财政部负责编制资金预算，审核资金分配方案并下达预算，组织开展预算绩效管理工作，指导地方加强资金管理等相关工作。

水利部负责组织水利发展资金支持的相关规划或实施方案的编制和审核，研究提出资金分配和工作清单建议方案，协同做好预算绩效管理工作，指导地方做好项目和资金管理等相关工作。

地方财政部门主要负责水利发展资金的预算分解下达、资金审核拨付、资金使用监督检查以及预算绩效管理总体工作等。

地方水利部门主要负责水利发展资金相关规划或实施方案编制、项目审查筛选、项目组织实施和监督等，研究提出资金和工作清单分解安排建议方案，做好预算绩效管理具体工作。

第四条 水利发展资金支出范围包括：

（一）农田水利建设，主要用于农田及牧区饲草料地灌排工程设施建设（含“五小水利”、农村河塘清淤整治等）及配套机耕道、农业灌排电力设施、灌溉计量设施建设。

（二）地下水超采区综合治理，主要用于地下水超采区水利工程建设及体制机制创新等。

（三）中小河流治理及重点县综合整治，主要用于中小河流防洪治理及中小河流重点县的水系综合整治。

（四）小型水库建设及除险加固，主要用于新建小型水库及小型病险水库除险加固。

（五）水土保持工程建设，主要用于水土流失综合治理。

（六）淤地坝治理，主要用于病险淤地坝除险加固。

（七）河湖水系连通项目，主要用于江河湖库水系连通工程建设等。

（八）水资源节约与保护，主要用于国家水资源监控能力建设等水资源节约与保护。

（九）山洪灾害防治，主要用于山洪灾害非工程措施建设、重点山洪沟防洪治理等。

（十）水利工程设施维修养护，主要用于补助农田水利设施和县级及以下公益性水利工程维修养护、农业水价综合改革相关支出等。

水利发展资金不得用于征地移民、城市景观、财政补助单位人员经费和运转经费、交通工具和办公设备购置、楼堂馆所建设等支出。

县级可按照从严从紧的原则，在水利发展资金中列支勘测设计、工程监理、工程招标、工程验收等费用，费用上限比例由省级财政部门会同水利部门确定，省、市两级不得在水利发展资金中提取上述费用。

水利发展资金原则上不得用于中央基建投资已安排资金的水利项目。

第五条 水利发展资金实行中期财政规划管理。财政部会同水利部根据党中央、国务院决策部署，水利中长期发展目标，国家宏观调控总体要求和跨年度预算平衡需要，编制水利发展资金三年滚动规划和年度预算。

第六条 水利部汇总编制完成的以水利发展资金为主要资金渠道的相关规划或实施方案应商财政部同意后印发实施。地方水利部门在编制本地区水利发展资金相关规划和实施方案时，应充分征求地方同级财政部门意见。

第七条 中央对各省（自治区、直辖市、计划单列市，以下统称省）分配水利发展资金时，主要采取因素法。对党中央、国务院明确的重点建设项目以及水利建设任务较少的直辖市、计划单列市，可采取定额补助。因素法的分配因素及权重如下：

（一）目标任务（权重 50%），以财政部、水利部根据党中央、国务院决策部署，确定的水利发展目标任务为依据，通过相关规划或实施方案明确的分省任务量（或投资额）测算。

（二）政策倾斜（权重 20%），以全国贫困县、革命老区县（含中央苏区县）、民族县、边境县个数为依据。

（三）绩效因素（权重 30%），以国务院最严格水资源管理制度考核结果，财政部、水利部组织开展的相关绩效评价结果，监督检查结果和预算执行进度等为依据。

省级对市级或县级分配水利发展资金的具体办法，由省级财政、水利部门自行确定。

第八条 财政部应当在每年 10 月 31 日前将下一年度水利发展资金预计数和工作清单初步安排情况提前下达省级财政部门，并抄送水利部、省级水利部门和财政部驻各地财政监察专员办事处（以下简称专员办）。财政部应当在全国人民代表大会审查批准中央预算后 90 日内印发下达水利发展资金预算文件，将水利发展资金正式预算、工作清单下达省级财政部门，批复区域绩效目标作为绩效评价依据，同时抄送水利部、省级水利部门和当地专员办。

工作清单主要包括水利发展资金支持的年度重点工作、支出方向、具体任务指标等，对党中央、国务院明确的重点任务或试点项目，可明确资金额度。

省级财政部门会同省级水利部门依据相关规划或实施方案等分解下达预算，在优先保证完成党中央、国务院确定的重点任务、试点项目和工作清单确定任务的基础上，可根据本地区情况统筹安排各支出方向的资金额度；根据财政部、水利部要求，在规定时间内，将汇总形成的全省绩效目标、分支出方向资金安排情况报财政部、水利部，并抄送当地专员办。

专员办督促地方财政、水利部门分解下达预算，审核区域绩效目标，并在收到省级财政、水利部门抄送的区域绩效目标的20日内，将区域绩效目标审核意见报财政部。

第九条 地方各级水利部门应当会同同级财政部门采取竞争立项、建立健全项目库等方式，及时将资金落实到具体项目。同时，督促项目单位提前做好项目前期工作，加快项目实施和预算执行进度。

第十条 水利发展资金鼓励采取先建后补、以奖代补、民办公助等方式，加大对农户、村组集体、农民专业合作组织等新型农业经营主体实施项目的支持力度；鼓励采用政府和社会资本合作（PPP）模式开展项目建设，创新项目投资运营机制；遵循“先建机制、后建工程”原则，坚持建管并重，支持农业水价综合改革和水利工程建管体制机制改革创新。具体办法由地方自行制定。

第十一条 各级财政部门应当会同同级水利部门按照财政部涉农资金统筹整合使用有关规定，加强水利发展资金统筹整合。分配给贫困县的水利发展资金，按照《国务院办公厅关于支持贫困县开展统筹整合使用财政涉农资金试点的意见》（国办发〔2016〕22号）有关规定执行。

第十二条 水利发展资金的支付按照国库集中支付制度有关规定执行。属于政府采购管理范围的，按照政府采购有关法律法规规定执行。结转结余的资金，按照《预算法》和其他有关结转结余资金管理的相关规定处理。属于政府和社会资本合作项目的，按照国家有关规定执行。

第十三条 各级财政部门应当会同同级水利部门加强水利发展资金预算绩效管理，建立健全全过程预算绩效管理机制，提高财政资金使用效益。水利发展资金绩效管理办法另行制定。

第十四条 财政部应当将水利发展资金分配结果在预算下达文件印发后20日内向社会公开。

第十五条 各级财政部门和水利部门都应加强水利发展资金的监督检查。专员办按照工作职责和财政部要求，开展水利发展资金预算监管工作。分配、管理、使用水利发展资金的部门、单位及个人，应当依法接受审计、纪检监察等部门监督，对发现的问题，应及时制定整改措施并落实。

第十六条 水利发展资金申报、使用管理中存在弄虚作假或挤占、挪用、滞留资金等财政违法行为的，对相关单位及个人，按照《预算法》和《财政违法行为处罚处分条例》进行处罚，情节严重的追究法律责任。

各级财政、水利等有关部门及其工作人员在水利发展资金分配、项目安排中，存在违反规定分配或使用资金，以及其他滥用职权、玩忽职守、徇私舞弊等违法违纪行为的，按照《预算法》、《公务员法》、《行政监察法》、《财政违法行为处罚处分条例》等国家有关规定追究相应责任；涉嫌犯罪的，移送司法机关处理。

第十七条 省级财政部门应当会同省级水利部门，根据本办法并结合本地区实际，制定水利发展资金使用管理实施细则，重点明确省级及以下的部门职责、支出范围、资金分配、支付管理、绩效管理、资金整合、机制创新、监督检查、责任追究等，抄送财政部、水利部及当地专员办。

第十八条 本办法自2017年1月1日起施行。《江河湖库水系综合整治资金使用管理暂行办法》（财农〔2016〕11号）、《农田水利设施建设和水土保持补助资金使用管理办法》（财农〔2015〕226号）、《中央财政山洪灾害防治经费使用管理办法》（财农〔2014〕1号）、《小Ⅱ型病险水库除险加固项目中央专项资金管理办法》（财建〔2013〕574号）、《重点小型病险水库除险加固项目和资金管理办法》（财建〔2010〕436号）、《重点小型病险水库除险加固项目财政专项补助资金管理暂行办法》（财建〔2007〕619号）同时废止。

财政部 交通运输部 商务部关于印发《车辆购置税收入补助地方资金管理暂行办法》的通知

（财建〔2014〕654 号，2014 年 11 月 6 日）

各省、自治区、直辖市、计划单列市财政厅（局）、交通运输厅（局、委）、商务主管部门，新疆生产建设兵团财务局、交通局、商务局，天津市市政公路管理局、上海市城乡建设和交通委员会：

为促进交通运输事业健康发展，根据《国务院批转财政部、国家计委等部门〈交通和车辆税费改革实施方案〉的通知》（国发〔2000〕34 号）等有关规定，中央财政设立了车辆购置税专项转移支付资金。为加强资金管理，提高资金使用效益，我们将车辆购置税相关转移支付资金整合为车辆购置税收入补助地方资金，并制定了《车辆购置税收入补助地方资金管理暂行办法》。现印发给你们，请遵照执行。

附件

车辆购置税收入补助地方资金管理暂行办法

第一章 总 则

第一条 为了加强对车辆购置税收入补助地方资金的使用管理，提高资金使用效益，促进交通运输事业健康发展，根据《国务院批转财政部、国家计委等部门〈交通和车辆税费改革实施方案〉的通知》（国发〔2000〕34 号）等规定，制定本办法。

第二条 本办法所称车辆购置税收入补助地方资金（以下简称车购税资金），是指中央财政从车辆购置税收入中安排地方用于交通运输行业发展的资金。

第三条 车购税资金实行财政专项转移支付，不得用于平衡公共财政预算。

第四条 车购税资金的项目管理以交通运输主管部门为主（其中用于老旧汽车报废更新的项目管理以商务主管部门为主），资金管理以财政部门为主。

第二章 支出范围和补助标准

第五条 车购税资金的支出范围包括以下内容：

（一）交通运输重点项目；

（二）一般公路建设项目；

（三）普通国省道灾毁恢复重建项目；

（四）公路灾损抢修保通项目；

（五）农村老旧渡船报废更新项目；

（六）交通运输节能减排项目；

（七）公路甩挂运输试点项目；

（八）内河航道应急抢通项目；

（九）老旧汽车报废更新项目；

（十）国务院批准用于交通运输的其他支出。

第六条 交通运输重点项目支出，是指用于纳入交通运输行业规划范围的地方交通运输重点项目的支出，主要包括公路（含桥梁、隧道）建设、公路客货运枢纽

（含物流园区）建设、内河水运建设以及国务院批准的其他支出。

该项支出分配采用项目法，具体各类型项目的投资补助标准按照交通运输发展规划执行。

第七条 一般公路建设项目支出，是指用于国家重点公路建设项目之外的一般公路建设项目的支出，主要包括支持农村公路（含桥梁）建设、农村公路渡口改造、农村客运站建设和普通公路危桥改造、安保工程、灾害防治工程等支出。

该项支出分配采用因素法，切块下达地方。

第八条 普通国省道灾毁恢复重建项目支出，是指补助地方因自然灾害及次生灾害导致普通国道、省道严重损毁而实施恢复重建的支出。支出范围包括：普通国道、省道因暴雨、台风、强震和雨雪冰冻等自然灾害及洪涝、滑坡、泥石流等次生灾害导致公路路基、路面、桥涵及其他交通设施严重受损，以恢复原用功能为主的重建性工程项目。

财政部、交通运输部根据灾损情况，共同商定普通国道、省道灾毁恢复重建资金年度支出的规模。资金年度总规模原则上不超过100亿元。该项支出分配采用项目法，具体项目补助标准按一般不超过重建项目工程造价的50%控制。

第九条 公路灾损抢修保通项目支出，是指补助国省干线公路（不含在建公路和收费公路）及其附属设施，因台风、暴雨、暴风雪、洪水、冰雹、内涝、地壳震动、山体滑坡、泥石流等自然灾害所发生的抢修保通支出。抢修保通工程按应急项目组织实施。

该项支出分配采取项目法，通过事后补助的方式，按每次公路灾损灾情类别分批次给予补助。一类灾情（灾情特别严重）不超过1000万元；二类灾情（灾情严重）不超过800万元；三类灾情（灾情较重）不超过600万元；四类灾情（灾情一般）不超过400万元。对已使用中央财政其他补助资金的项目，原则上不再安排。

公路灾损灾情类别，由交通运输部根据省级交通运输主管部门抢通资金申请报告，结合国家减灾委、国家防总、民政部、国家气象局、中国地震局、交通运输部路网中心等部门（单位）提供的灾情信息综合研究确定。必要时，交通运输部可采取抽样核查等办法对公路灾损情况进行核实。

第十条 农村老旧渡船报废更新项目支出，是指鼓励船龄达到或超过15年且仍在运营的农村渡口旅客渡运船舶（不包括客滚船和车客渡船）更新给予的奖励支出。奖励对象为2012年1月1日至2015年12月31日完成农村老旧渡船拆解并更新的船舶所有人。

该项支出分配采取据实结算的方式，具体补助标准：东部地区、中部地区、西部地区（西藏除外）分别为新造农村渡船造价的50%、60%、70%，单船奖励资金原则上不超过15万元。对西藏自治区给予新造农村渡船全额补助。

第十一条 交通运输节能减排项目支出，是指按国务院规定用于加快推进绿色循环低碳交通运输发展，推广应用节能减排产品和技术，提升行业节能减排监管和服务能力，促进实现国家和行业确定的公路水路节能减排目标等发生的支出。

该项支出分配通过“以奖代补”方式，由交通运输部根据项目性质、节能减排投资额、年节能减排量以及产生的社会效益等综合测算确定奖励额度。节能减排量和节能减排投资额应经第三方机构审核。对节能减排量可以量化的项目，奖励资金原则上与节能减排量挂钩，根据年节能量按每吨标准煤不超过600元或根据年替代燃料量按被替代燃料每吨标准油不超过2000元给予奖励；对于节能减排量难以量化的项目，按节能减排投资额的一定比例核定奖励额度，奖励比例原则上不超过设备购置费或建筑安装费的20%。

第十二条 公路甩挂运输试点项目支出，是指支持甩挂运输试点的运输企业和站场经营企业（以下简称试点企业）实施方案中甩挂作业站场建设或改造、甩挂运输车辆更新购置、甩挂运输管理信息系统建设或改造等支出。

该项支出分配采取项目法，通过“以奖代补”方式，根据项目的不同类别和实际情况，适用定额补助或比例补助。每个项目补助总额原则上不高于1000万元。

项目总投资额超过1亿元（含1亿元）的，采用定额补助。其中甩挂作业站场按照500万元/个的标准进行补助；管理信息系统按照50万元/套的标准进行补助；牵引车和挂车分别按照4万元/台和1.5万元/台的标准进行补助。

项目总投资额小于1亿元的，采用比例补助。甩挂作业站场建设或改造、牵引车购置更新、管理信息系统建设或改造按照投资总额的10%给予补助，挂车购置更新按照投资总额的20%给予补助。

第十三条 内河航道应急抢通项目支出，是指补助《全国内河航道与港口布局规划》中的内河高等级航道（不含长江干线）、国境国际河流航道和其他重要航道，因暴雨、台风、地震、雨雪冰冻等自然灾害所发生的应急抢修保通支出，以及国境国际河流航道因国防、外交或特殊航行需要所发生的应急抢修保通支出。

该项支出分配采取项目法，通过事后补助的方式，按照原则上不超过内河航道应急抢通工作发生的各项合理支出的50%给予补助。

第十四条 老旧汽车报废更新项目支出，是指鼓励按有关规定提前报废老旧汽车，或同时要求换购新车给予的补贴支出。

该项支出分配采取先预拨后清算方式，按照财政部、交通运输部和商务部联合发布的资金申请指南所公布的补贴标准，每年与各地进行清算，同时会同商务部参考各地汽车保有量、上一年度资金发放情况等因素，向省级财政部门预拨资金。

第三章 资金申请和审核

第十五条 交通运输部会同财政部，按照交通运输建设规划及交通运输事业发展的需求，联合向各省、自治区、直辖市、计划单列市（以下简称省级）交通运输主管部门、财政部门布置相关项目申报工作，明确申报要求。

第十六条 交通运输重点项目，由省级交通运输主管部门按照项目申报的有关要求组织项目申报工作，在与同级财政部门协商同意后，将符合条件并履行完基本建设审批程序的项目上报交通运输部，并附同级财政部门同意意见。省级财政部门将意见抄报财政部。交通运输部建立交通运输重点项目库，对地方上报的交通运输重点项目进行审核，将符合条件的项目纳入项目库，项目库实行滚动管理。

省级交通运输主管部门要结合实际情况逐步建立专项资金的省级项目库，并对项目库滚动管理，项目库与同级财政部门及财政部驻当地财政监察专员办事处共享。

第十七条 一般公路建设项目，由交通运输部根据规划建设任务量、补助标准等因素提出资金安排建议，适当向中西部地区、老少边穷地区以及农村公路通畅工程、普通公路危桥改造和安保工程倾斜。

第十八条 普通国道、省道灾毁恢复重建项目，由省级交通运输主管部门按交通运输部要求开展项目甄别，规范审批程序，在与同级财政部门协商同意后，上报交通运输部审核，并附同级财政部门同意意见。省级财政部门将意见抄报财政部。

已纳入规划拟进行改扩建的普通国道、省道项目应结合规划实施纳入国省道改扩建计划，不得申请灾毁恢复重建资金。

第十九条 公路灾损抢修保通项目，由省级交通运输主管部门会同同级财政部门向交通运输部提出应急补助资金申请，抄报财政部，申请材料应包括：灾害类型、影响时间、范围、程度；公路交通基础设施受损情况、公路交通阻断情况、公路抢修保通情况；公路灾损和申请抢通资金额度，以及《公路灾损和抢通情况统计表》(格式详见附表 1)。公路灾损按现值计算，不计修复时提高标准和便桥、便道费用。

交通运输部收到省级交通运输主管部门抢通资金申请报告后，对公路灾损灾情类别进行审核，提出抢通资金补助方案建议。

第二十条 农村老旧渡船报废更新项目，按照地方政府和渡船所有人自愿的原则申请，由地方政府组织实施。市（含省直管县）级交通运输主管部门和财政部门根据上年度本地区农村老旧渡船更新完成情况，填写申请表并在政府公开媒体和主要农村渡口将申请表（申请表式样由交通运输部制定公布）向社会公示 10 天无异议后，上报省级交通运输主管部门和财政部门。省级交通运输主管部门会同同级财政部门在审核汇总后于当年 3 月底前向交通运输部、财政部报送奖励资金申请文件和申请表。

第二十一条 财政部会同交通运输部、商务部，印发年度资金申请指南，对车购税资金用于交通运输节能减排、公路甩挂运输试点及老旧汽车报废更新三项支出相关内容予以明确。具体包括下一年度交通运输节能减排专项资金的支持领域、申请条件、申请与审核程序等；下一批公路甩挂运输试点支持范围、申报条件、申报与审核程序等；下一年度全国老旧汽车报废更新补贴车辆范围、补贴标准和申请程序等。

第二十二条 交通运输节能减排项目，由省级交通运输主管部门根据年度资金申请指南要求，会同财政部门，对申请单位编制的符合条件的项目申请材料进行初审后，联合上报交通运输部、财政部。

第二十三条 公路甩挂运输试点项目，由省级交通运输主管部门根据年度资金申请指南要求，会同财政部门，对申请单位编制的符合条件的项目申请材料进行初审后，报交通运输部、财政部。

第二十四条 内河航道应急抢通项目，由省级交通运输主管部门、财政部门联合向交通运输部、财政部提出应急补助资金申请，申请材料应包括：上一年度应急抢通工作总结及资金使用情况；本年度应急抢通工作情况及相应的文字、图像资料。交通运输部根据各省申报的材料，整理、汇总全国内河航道应急抢通完成情况，组织专家进行审查，并提出本年度应急补助资金分配方案建议。

第二十五条 老旧汽车报废更新补贴项目由商务部会同财政部指导省级商务主管部门、财政部门组织实施。市级商务主管部门应当会同财政部门设立老旧汽车报废更新联合服务窗口（以下简称联合服务窗口），受理、审核补贴资金申请。有条件的县可设立联合服务窗口。商务主管部门应当及时向社会公布联合服务窗口的设置地点、办公时间、负责人、联系方式等信息。

商务主管部门负责审核申请车辆是否属于申领补贴范围，相关申领手续是否真实、齐全、有效等，核对信息管理系统中回收的报废车辆有关信息，录入申请、补贴信息，综合协调、汇总数据等工作。财政部门负责对商务主管部门审核通过的补贴信息进行核对，对符合要求的车主拨付补贴资金。

省级财政部门应当会同商务主管部门于每年 3 月 31 日前将上一年度老旧汽车报废更新补贴工作总结和资金清算表报送财政部、商务部，逾期不予受理。

第四章　资金下达

第二十六条　交通运输部根据财政部下达的车购税资金规模，提出年度各类型项目支出规模建议报财政部审定（老旧汽车报废更新补贴资金按照国务院有关规定每年安排 3 亿元，当年结余结转下年度继续使用）。

第二十七条　交通运输部按照确定的相关项目资金支出规模，结合交通运输建设任务及项目前期工作准备或实施情况，提出各类型年度支出安排建议，于每年 4 月 30 日前报财政部审核，公路灾损抢修保通和内河航道应急抢通根据实际发生情况适时报送安排建议（商务部负责汇总全国老旧汽车报废更新补贴项目资金发放和清算情况，于每年 4 月 30 日前报送财政部并提出当年预拨项目资金建议方案）。

第二十八条　财政部对年度支出预算审核后，根据车辆购置税入库和支出情况，将车购税资金用于各类项目支出下达有关省级财政部门，同时抄送交通运输部（预拨及下达老旧汽车报废更新补贴资金抄送商务部）。

第二十九条　交通运输重点项目、普通国省道灾毁恢复重建项目资金一经下达，各有关单位要严格按照下达项目名称、金额和支出范围执行。在执行中，如确实需要对具体项目进行调整，应由省级交通运输主管部门联合财政部门向交通运输部、财政部提出申请，由交通运输部汇总审核后报财政部审批。

第三十条　车购税资金具体支付按照财政国库管理制度有关规定执行。

第三十一条　交通运输重点项目、一般公路建设项目和普通国省道灾毁恢复重建项目支出，如当年未执行完毕，可结转下年度继续使用。资金结余的具体使用办法，由省级财政部门商交通运输主管部门制定。

第五章　监督管理

第三十二条　各级财政部门、交通运输主管部门要切实加强对车购税资金的监督管理，建立健全相关资金绩效评价制度，保证车购税资金得到科学、合理、安全、有效使用。交通运输部要加强对公路、水路国家重点基本建设项目的绩效监督和管理。

各级财政部门、商务主管部门应在各自职责范围内加强对老旧汽车报废更新补贴实施、资金发放、资料存档、信息统计上报等情况的跟踪检查和监督管理，确保资金安全和及时发放。财政部、商务部指导省级财政部门、商务主管部门对老旧汽车报废更新补贴实施监督管理。

第三十三条　交通运输重点项目资金的使用部门应当按照预算安排级次和决算管理的相关规定编制专项资金年度决算，纳入部门决算报同级财政部门审批。省级交通运输主管部门应当按照交通运输部的要求定期向交通运输部报送交通运输专项资金预算执行情况，并按要求编报资金使用情况统计表。

第三十四条　一般公路建设项目资金切块下达省级财政部门后，由省级交通运输主管部门会同同级财政部门，结合当地公路交通发展规划和本级财政资金安排情况，根据规定的范围和标准，将资金安排到具体项目，并由省级交通运输主管部门于每年 1 月 10 日前将上年具体项目安排情况报交通运输部备案。

第三十五条　对于农村老旧渡船报废更新项目支出，具体负责农村老旧渡船更新工作的单位或部门，应当指派专人到现场监督旧船拆解，拍摄照片，并收回全部报废船舶资料和证件建档留存。新建渡船应达到各地按原交通部、国家安全生产监督管理总局《关于印发渡口渡船安全管理整治实施方案的通知》（交海发〔2005〕

412号）制定的渡船标准。各地交通运输主管部门应组织研究制定适于本地区内河不同水域的农村渡船标准化船型，并推广应用。

第三十六条 财政部门会同交通运输主管部门对车购税资金的安排和使用情况组织不定期重点抽查（老旧汽车报废更新补贴由财政部门会同商务主管部门组织不定期重点抽查）。

对申报情况不真实的地区和单位，中央财政将相应扣减或收回车购税资金。对违反本办法规定，截留、挪用、骗取车购税资金的，依照《财政违法行为处罚处分条例》以及相关法律法规规定处理。

第六章 附 则

第三十七条 本办法由财政部会同交通运输部负责解释（老旧汽车报废更新补贴由财政部会同商务部负责解释）。

第三十八条 本办法自发布之日起施行。

第三十九条 《财政部 交通运输部关于印发〈车辆购置税用于交通运输重点项目专项资金管理暂行办法〉的通知》（财建〔2011〕93号）、《财政部 交通运输部关于印发〈车辆购置税用于一般公路建设项目交通专项资金管理办法〉的通知》（财建〔2009〕230号）、《财政部 交通运输部关于印发〈车辆购置税用于普通国省道灾毁恢复重建专项资金管理暂行办法〉的通知》（财建〔2013〕55号）、《财政部 交通运输部关于印发〈公路甩挂运输试点专项资金管理暂行办法〉的通知》（财建〔2012〕137号）、《交通运输部关于印发〈车辆购置税用于公路灾损抢修保通专项补助资金管理暂行办法〉的通知》（交财发〔2013〕142号）、《财政部 交通运输部关于印发〈农村老旧渡船报废更新中央专项奖励资金管理办法〉的通知》（财建〔2013〕121号）、《财政部 交通运输部关于印发〈交通运输节能减排专项资金管理暂行办法〉的通知》（财建〔2011〕374号）、《财政部 商务部关于印发〈老旧汽车报废更新补贴资金管理办法〉的通知》（财建〔2013〕183号）同时废止。

《财政部 交通部关于印发〈车辆购置税交通专项资金管理暂行办法〉的通知》（财建〔2000〕994号）与此文不符处，以此文为准。

第四十条 除车购税资金外，中央公共财政预算中如有安排用于交通运输节能减排项目的参照本办法办理。

附表：1. 公路灾毁损失和抢通情况统计表

2. 20____年车辆购置税用于老旧汽车报废更新补贴资金清算表

第五部分　利用外资和境外投资管理

外商投资项目核准和备案管理办法

（国家发展改革委 2014 年第 12 号令，2014 年 5 月 17 日）

《外商投资项目核准和备案管理办法》已经国家发展和改革委员会主任办公会讨论通过，现予发布，自 2014 年 6 月 17 日起施行。国家发展和改革委员会 2004 年 10 月 9 日发布的《外商投资项目核准暂行管理办法》（国家发展和改革委员会令第 22 号）同时废止。

第一章　总　　则

第一条　为进一步深化外商投资管理体制改革，根据《中华人民共和国行政许可法》、《指导外商投资方向规定》、《国务院关于投资体制改革的决定》及《政府核准的投资项目目录》（以下简称《核准目录》），特制定本办法。

第二条　本办法适用于中外合资、中外合作、外商独资、外商投资合伙、外商并购境内企业、外商投资企业增资及再投资项目等各类外商投资项目。

第二章　项目管理方式

第三条　外商投资项目管理分为核准和备案两种方式。

第四条　外商投资项目核准权限、范围按照国务院发布的《核准目录》执行。

本办法所称项目核准机关，是指《核准目录》中规定的具有项目核准权限的行政机关。

第五条　本办法第四条范围以外的外商投资项目由地方政府投资主管部门备案。

第六条　外商投资企业增资项目总投资以新增投资额计算，并购项目总投资以交易额计算。

第七条　外商投资涉及国家安全的，应当按照国家有关规定进行安全审查。

第三章　项 目 核 准

第八条　拟申请核准的外商投资项目应按国家有关要求编制项目申请报告。项目申请报告应包括以下内容：

（一）项目及投资方情况；

（二）资源利用和生态环境影响分析；

（三）经济和社会影响分析。

外国投资者并购境内企业项目申请报告应包括并购方情况、并购安排、融资方案和被并购方情况、被并购后经营方式、范围和股权结构、所得收入的使用安排等。

第九条　国家发展和改革委员会根据实际需要，编制并颁布项目申请报告通用文本、主要行业的项目申请报告示范文本、项目核准文件格式文本。

对于应当由国家发展和改革委员会核准或者审核后报国务院核准的项目，国家发展和改革委员会制定并颁布《服务指南》，列明项目核准的申报材料和所需附件、受理方式、办理流程、办理时限等内容，为项目申报单位提供指导和服务。

第十条　项目申请报告应附以下文件：

（一）中外投资各方的企业注册证明材料及经审计的最新企业财务报表（包括资产负债表、利润表和现金流量表）、开户银行出具的资金信用证明；

（二）投资意向书，增资、并购项目的公司董事会决议；

（三）城乡规划行政主管部门出具的选

址意见书（仅指以划拨方式提供国有土地使用权的项目）；

（四）国土资源行政主管部门出具的用地预审意见（不涉及新增用地，在已批准的建设用地范围内进行改扩建的项目，可以不进行用地预审）；

（五）环境保护行政主管部门出具的环境影响评价审批文件；

（六）节能审查机关出具的节能审查意见；

（七）以国有资产出资的，需由有关主管部门出具的确认文件；

（八）根据有关法律法规的规定应当提交的其他文件。

第十一条 按核准权限属于国家发展和改革委员会核准的项目，由项目所在地省级发展改革部门提出初审意见后，向国家发展和改革委员会报送项目申请报告；计划单列企业集团和中央管理企业可直接向国家发展和改革委员会报送项目申请报告，并附项目所在地省级发展改革部门的意见。

第十二条 项目申报材料不齐全或者不符合有关要求的，项目核准机关应当在收到申报材料后5个工作日内一次告知项目申报单位补正。

第十三条 对于涉及有关行业主管部门职能的项目，项目核准机关应当商请有关行业主管部门在7个工作日内出具书面审查意见。有关行业主管部门逾期没有反馈书面审查意见的，视为同意。

第十四条 项目核准机关在受理项目申请报告之日起4个工作日内，对需要进行评估论证的重点问题委托有资质的咨询机构进行评估论证，接受委托的咨询机构应在规定的时间内提出评估报告。

对于可能会对公共利益造成重大影响的项目，项目核准机关在进行核准时应采取适当方式征求公众意见。对于特别重大的项目，可以实行专家评议制度。

第十五条 项目核准机关自受理项目核准申请之日起20个工作日内，完成对项目申请报告的核准。如20个工作日内不能做出核准决定的，由本部门负责人批准延长10个工作日，并将延长期限的理由告知项目申报单位。

前款规定的核准期限，委托咨询评估和进行专家评议所需的时间不计算在内。

第十六条 对外商投资项目的核准条件是：

（一）符合国家有关法律法规和《外商投资产业指导目录》、《中西部地区外商投资优势产业目录》的规定；

（二）符合发展规划、产业政策及准入标准；

（三）合理开发并有效利用了资源；

（四）不影响国家安全和生态安全；

（五）对公众利益不产生重大不利影响；

（六）符合国家资本项目管理、外债管理的有关规定。

第十七条 对予以核准的项目，项目核准机关出具书面核准文件，并抄送同级行业管理、城乡规划、国土资源、环境保护、节能审查等相关部门；对不予核准的项目，应以书面说明理由，并告知项目申报单位享有依法申请行政复议或者提起行政诉讼的权利。

第四章 项目备案

第十八条 拟申请备案的外商投资项目需由项目申报单位提交项目和投资方基本情况等信息，并附中外投资各方的企业注册证明材料、投资意向书及增资、并购项目的公司董事会决议等其他相关材料。

第十九条 外商投资项目备案需符合国家有关法律法规、发展规划、产业政策及准入标准，符合《外商投资产业指导目录》、《中西部地区外商投资优势产业目录》。

第二十条 对不予备案的外商投资项目，地方投资主管部门应在 7 个工作日内出具书面意见并说明理由。

第五章 项目变更

第二十一条 经核准或备案的项目如出现下列情形之一的，需向原批准机关申请变更：

（一）项目地点发生变化；

（二）投资方或股权发生变化；

（三）项目主要建设内容发生变化；

（四）有关法律法规和产业政策规定需要变更的其他情况。

第二十二条 变更核准和备案的程序比照本办法前述有关规定执行。

第二十三条 经核准的项目若变更后属于备案管理范围的，应按备案程序办理；予以备案的项目若变更后属于核准管理范围的，应按核准程序办理。

第六章 监督管理

第二十四条 核准或备案文件应规定文件的有效期。在有效期内未开工建设的，项目申报单位应当在有效期届满前 30 个工作日向原核准和备案机关提出延期申请。在有效期内未开工建设且未提出延期申请的，原核准文件期满后自动失效。

第二十五条 对于未按规定权限和程序核准或者备案的项目，有关部门不得办理相关手续，金融机构不得提供信贷支持。

第二十六条 各级项目核准和备案机关要切实履行核准和备案职责，改进监督、管理和服务，提高行政效率，并按照相关规定做好项目核准及备案的信息公开工作。

第二十七条 各级发展改革部门应当会同同级行业管理、城乡规划、国土资源、环境保护、金融监管、安全生产监管等部门，对项目申报单位执行项目情况和外商投资项目核准或备案情况进行稽察和监督检查，加快完善信息系统，建立发展规划、产业政策、准入标准、诚信记录等信息的横向互通制度，严肃查处违法违规行为并纳入不良信用记录，实现行政审批和市场监管的信息共享。

第二十八条 国家发展和改革委员会要联合地方发展改革部门建立完善外商投资项目管理电子信息系统，实现外商投资项目可查询、可监督，提升事中事后监管水平。

第二十九条 省级发展改革部门每月 10 日前汇总整理上月本省项目核准及备案相关情况，包括项目名称、核准及备案文号、项目所在地、中外投资方、建设内容、资金来源（包括总投资、资本金等）等，报送国家发展和改革委员会。

第七章 法律责任

第三十条 项目核准和备案机关及其工作人员违反本办法有关规定的，由其上级行政机关或者监察机关责令改正；情节严重的，对直接负责的主管人员和其他直接责任人员依法给予行政处分。

第三十一条 项目核准和备案机关工作人员，在项目核准和备案过程中滥用职权谋取私利，构成犯罪的，依法追究刑事责任；尚不构成犯罪的，依法给予行政处分。

第三十二条 咨询评估机构及其人员、参与专家评议的专家，在编制项目申请报告、受项目核准机关委托开展评估或者参与专家评议过程中，不遵守国家法律法规和本办法规定的，依法追究相应责任。

第三十三条 项目申报单位以拆分项目或提供虚假材料等不正当手段申请核准或备案的，项目核准和备案机关不予受理或者不予核准及备案。已经取得项目核准或备案文件的，项目核准和备案机关应依法撤销该项目的核准或备案文件。已经开工建设的，依法责令其停止建设。相应的项目核准和备案机关及有关部门应当将其纳入不良信用记录，并依法追究有关责任人的法律责任。

第八章　附　　则

第三十四条　具有项目核准职能的国务院行业管理部门和省级政府有关部门可以按照国家有关法律法规和本办法的规定，制定外商投资项目核准具体实施办法和相应的《服务指南》。

第三十五条　香港特别行政区、澳门特别行政区和台湾地区的投资者在祖国大陆举办的投资项目，参照本办法执行。

外国投资者以人民币在境内投资的项目，按照本办法执行。

第三十六条　法律、行政法规和国家对外商投资项目管理有专门规定的，按照有关规定执行。

第三十七条　本办法由国家发展和改革委员会负责解释。

第三十八条　本办法自2014年6月17日起施行。国家发展和改革委员会2004年10月9日发布的《外商投资项目核准暂行管理办法》（国家发展和改革委员会令第22号）同时废止。

鼓励外商投资产业目录（2019年版）

（国家发展改革委 商务部2019年第27号令，2019年6月30日）

《鼓励外商投资产业目录（2019年版）》已经党中央、国务院同意，现予以发布，自2019年7月30日起施行。国家发展和改革委员会、商务部2017年6月28日发布的《外商投资产业指导目录（2017年修订）》鼓励类和2017年2月17日发布的《中西部地区外商投资优势产业目录（2017年修订）》同时废止。

全国鼓励外商投资产业目录

一、农、林、牧、渔业

1. 木本食用油料、调料和工业原料的种植及开发、生产

2. 绿色、有机蔬菜（含食用菌、西甜瓜）、干鲜果品、茶叶栽培技术开发、种植及产品生产

3. 酿酒葡萄育种、种植、生产

4. 啤酒原料育种、种植、生产

5. 糖料、果树、牧草等农作物栽培新技术开发及产品生产

6. 高产高效青贮饲料专用植物新品种培育及开发

7. 花卉生产与苗圃基地的建设、经营

8. 橡胶、油棕、剑麻、咖啡种植

9. 中药材种植、养殖

10. 农作物秸秆资源综合利用、有机肥料资源的开发、生产

11. 森林资源培育（速生丰产用材林、竹林、油茶等经济林、珍贵树种用材林等）

12. 畜禽标准化规模养殖技术开发与应用

13. 水产苗种繁育（不含我国特有的珍贵优良品种）

14. 防治荒漠化、水土保持和国土绿化等生态环境保护工程建设、经营

15. 水产品养殖、深水网箱养殖、工厂化水产养殖、生态型海洋增养殖

二、采矿业

16. 石油、天然气的勘探、开发和矿井瓦斯利用

17. 提高原油采收率（以工程服务形式）及相关新技术的开发与应用

18. 物探、钻井、测井、录井、井下作业等石油勘探开发新技术的开发与应用

19. 提高矿山尾矿利用率的新技术开发与应用及矿山生态恢复技术的综合应用

20. 我国紧缺矿种（如钾盐、铬铁矿等）的勘探、开采和选矿

三、制造业

（一）农副食品加工业

21. 安全高效环保饲料及饲料添加剂（含蛋氨酸），动物促生长用抗菌药物替代产品开发、生产

22. 水产品加工、贝类净化及加工、海藻保健食品开发

23. 蔬菜、干鲜果品、禽畜产品加工

24. 生物乙醇（不含粮食转化乙醇）的开发、生产

（二）食品制造业

25. 婴幼儿配方食品、婴幼儿谷类辅助食品、特殊医学用途配方食品及保健食品的开发、生产

26. 针对老龄人口和改善老龄人口生

活品质的营养保健食品、食品添加剂和配方食品的开发、生产

27. 烘焙食品（含使用天然可可豆的巧克力及其制品）、方便食品及其相关配料的开发、生产

28. 森林食品加工

29. 天然食品添加剂、调味品、发酵制品、天然香料新技术开发、生产

30. 无菌液态食品包装材料的开发、生产

（三）酒、饮料和精制茶制造业

31. 果蔬饮料、蛋白饮料、茶饮料、咖啡饮料、植物饮料的开发、生产

（四）纺织业

32. 采用编织、非织造布复合、多层在线复合、长效多功能整理等高新技术生产轻质、高强、耐高/低温、耐化学物质、耐光等多功能化的产业用纺织品

33. 采用先进节能减排技术和装备的高档织染及后整理加工

34. 符合生态、资源综合利用与环保要求的特种天然纤维（包括山羊绒等特种动物纤维、竹纤维、麻纤维、蚕丝、彩色棉花等）产品加工

35. 废旧纺织品回收利用

（五）纺织服装、服饰业

36. 采用计算机集成制造系统的服装生产

37. 功能性特种服装生产

（六）皮革、毛皮、羽毛及其制品和制鞋业

38. 皮革和毛皮清洁化技术加工

39. 皮革后整饰新技术加工

40. 皮革废弃物综合利用

（七）木材加工和木、竹、藤、棕、草制品业

41. 林业三剩物，“次、小、薪”材、废旧木材和竹材的综合利用新技术、新产品开发、生产，木竹材生产污染控制治理、细微颗粒物减排与粉尘防爆技术开发与应用

（八）文教、工美、体育和娱乐用品制造业

42. 高档地毯、刺绣、抽纱产品生产

（九）石油加工、炼焦和核燃料加工业

43. 酚油加工、洗油加工、煤沥青高端化利用（不含改质沥青）

（十）化学原料和化学制品制造业

44. 聚氯乙烯和有机硅新型下游产品开发、生产

45. 合成材料的配套原料：过氧化氢氧化丙烯法环氧丙烷、过氧化氢氧化氯丙烯法环氧氯丙烷、萘二甲酸二甲酯（NDC）、1，4-环己烷二甲醇（CHDM）、5万吨/年及以上丁二烯法己二腈、己二胺、高性能聚氨酯组合料生产

46. 高碳α烯烃共聚茂金属聚乙烯等高端聚烯烃的开发、生产

47. 合成纤维原料：尼龙66盐、1，3-丙二醇生产

48. 差别化、功能性聚酯（PET）的连续共聚改性［阳离子染料可染聚酯（CDP、ECDP）、碱溶性聚酯（COPET）、高收缩聚酯（HSPET）、阻燃聚酯、低熔点聚酯等］，熔体直纺在线添加等连续化工艺生产差别化、功能性纤维（抗静电、抗紫外、有色纤维等），智能化、超仿真等差别化、功能性聚酯（PET）及纤维生产，腈纶、锦纶、氨纶、粘胶纤维等其他化学纤维品种的差别化、功能性改性纤维生产

49. 合成橡胶：聚氨酯橡胶、丙烯酸酯橡胶、氯醇橡胶，以及氟橡胶、硅橡胶等特种橡胶生产

50. 工程塑料及塑料合金：6万吨/年及以上非光气法聚碳酸酯（PC）、聚甲醛、聚苯硫醚、聚醚醚酮、聚酰亚胺、聚砜、聚醚砜、聚芳酯（PAR）、聚苯醚、聚对苯二甲酸丁二醇酯（PBT）、聚酰胺（PA）及其改性材料、液晶聚合物等产品生产

51. 精细化工：催化剂新产品、新技

术，染（颜）料商品化加工技术，电子化学品和造纸化学品，皮革化学品（N-N 二甲基甲酰胺除外），油田助剂，表面活性剂，水处理剂，胶粘剂、密封胶，无机纤维、无机纳米材料生产，颜料包膜处理深加工

52. 水性油墨、电子束固化紫外光固化等低挥发性油墨、环保型有机溶剂生产

53. 天然香料、合成香料、单离香料生产

54. 高性能涂料，高固体份、无溶剂涂料及配套树脂，水性工业涂料及配套水性树脂生产

55. 高性能氟树脂、氟膜材料，医用含氟中间体，环境友好型含氟制冷剂、清洁剂、发泡剂生产

56. 氢燃料生产、储存、运输、液化

57. 大型、高压、高纯度工业气体（含电子气体）的生产和供应

58. 从磷化工、铝冶炼中回收氟资源生产

59. 林业化学产品新技术、新产品开发、生产

60. 环保用无机、有机和生物膜开发、生产

61. 新型肥料开发、生产：高浓度钾肥、复合型微生物接种剂、复合微生物肥料、秸秆及垃圾腐熟剂、特殊功能微生物制剂

62. 高效、安全、环境友好的农药新品种、新剂型、专用中间体、助剂的开发、生产，以及相关清洁生产工艺的开发与应用、定向合成法手性和立体结构农药生产、乙基氯化物合成技术

63. 生物农药及生物防治产品开发、生产：微生物杀虫剂、微生物杀菌剂、农用抗生素、生物刺激素、昆虫信息素、天敌昆虫、微生物除草剂

64. 废气、废液、废渣综合利用和处理、处置

65. 有机高分子材料生产：飞机蒙皮涂料、稀土硫化铈红色染料、无铅化电子封装材料、彩色等离子体显示屏专用系列光刻浆料、小直径大比表面积超细纤维、高精度燃油滤纸、锂离子电池隔膜、表面处理自我修复材料、超疏水纳米涂层材料

（十一）医药制造业

66. 新型化合物药物或活性成份药物的生产（包括原料药和制剂）

67. 氨基酸类：发酵法生产色氨酸、组氨酸、蛋氨酸等生产

68. 新型抗癌药物、新型心脑血管药及新型神经系统用药的开发、生产

69. 采用生物工程技术的新型药物生产

70. 艾滋病疫苗、丙肝疫苗、避孕疫苗及宫颈癌、疟疾、手足口病等新型疫苗生产

71. 海洋药物的开发、生产

72. 药品制剂：采用缓释、控释、靶向、透皮吸收等新技术的新剂型、新产品生产

73. 新型药用辅料的开发、生产

74. 动物专用抗菌原料药生产（包括抗生素、化学合成类）

75. 兽用抗菌药、驱虫药、杀虫药、抗球虫药新产品及新剂型生产

76. 新型诊断试剂的开发、生产

77. 疫苗、细胞治疗药物等生产用新型关键原材料、大规模细胞培养产品的开发、生产

78. 新型药用包装材料与技术的开发、生产（中性硼硅药用玻璃，化学稳定性好、可降解，具有避光、高阻隔性的功能性材料，气雾剂、粉雾剂、自我给药、预灌封、自动混药等新型包装给药系统及给药装置）

（十二）化学纤维制造业

79. 差别化化学纤维及芳纶、碳纤维、高强高模聚乙烯、聚苯硫醚（PPS）等高新技术化纤（粘胶纤维除外）生产

80. 纤维及非纤维用新型聚酯生产：聚对苯二甲酸丙二醇酯（PTT）、聚萘二甲酸乙二醇酯（PEN）、聚对苯二甲酸环己烷二甲醇酯（PCT）、二元醇改性聚对苯二甲酸乙二醇酯（PETG）

81. 利用新型可再生资源和绿色环保工艺生产生物质纤维，包括新溶剂法纤维素纤维（Lyocell）、以竹、麻等为原料的再生纤维素纤维、聚乳酸纤维（PLA）、甲壳素纤维、聚羟基脂肪酸酯纤维（PHA）、动植物蛋白纤维等

82. 尼龙11、尼龙12、尼龙1414、尼龙46、长碳链尼龙、耐高温尼龙等新型聚酰胺开发、生产

83. 子午胎用芳纶纤维及帘线生产

（十三）橡胶和塑料制品业

84. 生物可降解塑料及其制品的开发、生产与应用

85. 新型光生态多功能宽幅农用薄膜、无污染可降解农用薄膜开发、生产

86. 废旧塑料的回收和再利用

87. 塑料软包装新技术、新产品（高阻隔、多功能膜及原料）开发、生产

（十四）非金属矿物制品业

88. 节能、环保、利废、轻质高强、高性能、多功能建筑材料开发、生产

89. 以塑代钢、以塑代木、节能高效的化学建材品生产

90. 年产1000万平方米及以上弹性体、塑性体改性沥青防水卷材，宽幅（2米以上）三元乙丙橡胶防水卷材及配套材料，宽幅（2米以上）聚氯乙烯防水卷材，热塑性聚烯烃（TPO）防水卷材生产

91. 新技术功能玻璃开发、生产：屏蔽电磁波玻璃、微电子用玻璃基板、透红外线无铅硫系玻璃及制品、电子级大规格石英玻璃制品（管、板、坩埚、仪器器皿等）、光学性能优异多功能风挡玻璃（光透射率≥70%）、信息技术用极端材料及制品（包括波导级高精密光纤预制棒石英玻璃套管和陶瓷基板）、高纯（≥99.998%）超纯（≥99.999%）水晶原料提纯加工

92. 蓝宝石基板研发和生产

93. 薄膜电池导电玻璃、太阳能集光镜玻璃、建筑用导电玻璃生产

94. 玻璃纤维制品及特种玻璃纤维生产：低介电玻璃纤维、石英玻璃纤维、高硅氧玻璃纤维、高强高弹玻璃纤维、陶瓷纤维等及其制品

95. 光学纤维及制品生产：传像束及激光医疗光纤、超二代和三代微通道板、光学纤维面板、倒像器及玻璃光锥

96. 陶瓷原料的标准化精制、陶瓷用高档装饰材料生产

97. 水泥、电子玻璃、陶瓷、微孔炭砖等窑炉用环保（无铬化）耐火材料生产

98. 多孔陶瓷生产

99. 无机非金属新材料及制品生产：复合材料、特种陶瓷、特种密封材料（含高速油封材料）、特种摩擦材料（含高速摩擦制动制品）、特种胶凝材料、特种乳胶材料、水声橡胶制品、纳米材料

100. 有机-无机复合泡沫保温材料生产

101. 高技术复合材料生产：连续纤维增强热塑性复合材料和预浸料、耐温>300℃树脂基复合材料成型用工艺辅助材料、可生物降解树脂基复合材料、增材制造用树脂基复合材料、树脂基复合材料（包括体育用品、轻质高强交通工具部件）、特种功能复合材料及制品（包括深水及潜水复合材料制品、医用及康复用复合材料制品）、碳/碳复合材料、高性能陶瓷基复合材料及制品、金属基和玻璃基复合材料及制品、金属层状复合材料及制品、压力≥320MPa超高压复合胶管、大型客机航空轮胎

102. 精密高性能陶瓷原料生产：碳化硅（SiC）超细粉体（纯度>99%，平均粒径<1μm）、氮化硅（Si3N4）超细粉体

（纯度＞99％，平均粒径＜1μm）、高纯超细氧化铝微粉（纯度＞99.9％，平均粒径＜0.5μm）、低温烧结氧化锆（ZrO2）粉体（烧结温度＜1350℃）、高纯氮化铝（AlN）粉体（纯度＞99％，平均粒径＜1μm）、金红石型 TiO2 粉体（纯度＞98.5％）、白炭黑（粒径＜100nm）、钛酸钡（纯度＞99％，粒径＜1μm）

103. 高品质人工晶体及晶体薄膜制品开发、生产：高品质人工合成水晶（压电晶体及透紫外光晶体）、超硬晶体（立方氮化硼晶体）、耐高温高绝缘人工合成绝缘晶体（人工合成云母）、新型电光晶体、大功率激光晶体及大规格闪烁晶体、金刚石膜工具、厚度 0.3mm 及以下超薄人造金刚石锯片

104. 非金属矿精细加工（超细粉碎、高纯、精制、改性）

105. 超高功率石墨电极生产

106. 珠光云母生产（粒径 3～150μm）

107. 多维多向整体编制织物及仿形织物生产

108. 利用新型干法水泥窑、烧结墙体材料生产无害化处置固体废弃物

109. 建筑垃圾再生利用

110. 工业副产石膏等产业废弃物综合利用

111. 非金属矿山尾矿综合利用的新技术开发与应用及矿山生态恢复

（十五）有色金属冶炼和压延加工业

112. 高新技术有色金属材料及其产品生产：化合物半导体材料（砷化镓、磷化镓、磷化铟、氮化镓），高温超导材料，记忆合金材料（钛镍、铜基及铁基记忆合金材料），超细（纳米）碳化钙及超细（纳米）晶硬质合金，超硬复合材料，贵金属复合材料，轻金属复合材料，散热器用铝箔，中高压阴极电容铝箔，锂电池电极用铝箔，电解铜箔，大断面、复杂截面铝合金型材，铝合金精密模锻件，电气化铁路架空导线，超薄铜带，耐蚀热交换器铜合金材，高性能铜镍、铜铁合金带，铍铜带、线、管及棒加工材，耐高温抗衰钨丝，镁合金铸件，无铅焊料，镁合金及其应用产品，泡沫铝，钛合金冶炼及加工，原子能级海绵锆，钨及钼深加工产品

113. 符合稀土新材料要求的稀土高端应用产品加工

（十六）金属制品业

114. 航空、航天、船舶、汽车、摩托车轻量化及环保型新材料研发与制造（专用铝板、铝镁合金材料、摩托车铝合金车架等）

115. 轻金属半固态快速成形材料及其产品研发与制造

116. 用于包装各类粮油食品、果蔬、饮料、日化产品等内容物的金属包装制品（应为完整品，容器壁厚度小于 0.3 毫米）的制造及加工（包括制品的内外壁印涂加工）

（十七）通用设备制造业

117. 高档数控机床及关键零部件制造：五轴联动数控机床、数控坐标镗铣加工中心、数控坐标磨床

118. 1000 吨及以上多工位镦锻成型机制造

119. 报废汽车拆解、破碎及后处理分选设备制造

120. FTL 柔性生产线制造

121. 机器人及工业机器人成套系统，机器人专用高精密减速器、高性能伺服电机和驱动器、全自主编程等高性能控制器、传感器、末端执行器的开发与制造

122. 亚微米级超细粉碎机制造

123. 400 吨及以上轮式、履带式起重机械制造

124. 工作压力≥35MPa 高压柱塞泵及马达、工作压力≥35MPa 低速大扭矩马达的设计与制造

125. 工作压力≥25MPa 的整体式液

压多路阀，电液比例伺服元件制造

126. 阀岛、功率 0.35W 以下气动电磁阀、200Hz 以上高频电控气阀设计与制造

127. 静液压驱动装置设计与制造

128. 压力 10MPa 以上非接触式气膜密封、压力 10MPa 以上干气密封（包括实验装置）的开发与制造

129. 汽车用高分子材料（摩擦片、改型酚醛活塞、非金属液压总分泵等）设备开发与制造

130. 第三代及以上轿车轮毂轴承、高中档数控机床和加工中心轴承、高速线材和板材轧机轴承、高速铁路轴承、振动值 Z4 以下低噪音轴承、各类轴承的 P4 和 P2 级轴承、风力发电机组轴承、航空轴承制造

131. 高密度、高精度、形状复杂的粉末冶金零件及汽车、工程机械等用链条的制造

132. 风电、高速列车用齿轮变速器，船用可变桨齿轮传动系统，大型、重载齿轮箱的制造

133. 耐高温绝缘材料（绝缘等级为 F、H 级）及绝缘成型件制造

134. 蓄能器胶囊、液压气动用橡塑密封件开发与制造

135. 高精度、高强度（12.9 级以上）、异形、组合类紧固件制造

136. 微型精密传动联结件（离合器）制造

137. 大型轧机连接轴制造

138. 机床、工程机械、铁路机车装备等机械设备再制造，汽车零部件再制造，医用成像设备关键部件再制造，复印机等办公设备再制造

139. 1000 万像素以上或水平视场角 120 度以上数字照相机及其光学镜头、光电模块的开发与制造

140. 办公机械（含工业用途）制造：多功能一体化办公设备（复印、打印、传真、扫描），打印设备，精度 2400dpi 及以上高分辨率彩色打印机头，感光鼓

141. 电影机械制造：2K、4K 数字电影放映机，数字电影摄像机，数字影像制作、编辑设备

（十八）专用设备制造业

142. 矿山无轨采、装、运设备制造：200 吨及以上机械传动矿用自卸车，移动式破碎机，5000 立方米/小时及以上斗轮挖掘机，8 立方米及以上矿用装载机，2500 千瓦以上电牵引采煤机设备等

143. 物探（不含重力、磁力测量）、测井设备制造：MEME 地震检波器，数字遥测地震仪，数字成像、数控测井系统，水平井、定向井、钻机装置及器具，MWD 随钻测井仪

144. 石油勘探、钻井、集输设备制造：工作水深大于 1500 米的浮式钻井系统和浮式生产系统及配套海底采油、集输设备

145. 页岩气装备制造

146. 口径 2 米以上深度 30 米以上大口径旋挖钻机、直径 1.2 米以上顶管机、回拖力 300 吨以上大型非开挖铺设地下管线成套设备、地下连续墙施工钻机制造

147. 520 马力及以上大型推土机设计与制造

148. 100 立方米/小时及以上规格的清淤机、1000 吨及以上挖泥船的挖泥装置设计与制造

149. 防汛堤坝用混凝土防渗墙施工装备设计与制造

150. 土木工程结构防震减灾装置制造

151. 水下土石方施工机械制造：水深 9 米以下推土机、装载机、挖掘机等

152. 公路桥梁养护、自动检测设备制造

153. 公路隧道营运监控、通风、防灾和救助系统设备制造

154. 铁路大型施工、铁路线路、桥梁、隧道维修养护机械和检查、监测设备及其关键零部件的设计与制造

155. （沥青）油毡瓦设备、镀锌钢板等金属屋顶生产设备制造

156. 环保节能型现场喷涂聚氨酯防水保温系统设备、聚氨酯密封膏配制技术与设备、改性硅酮密封膏配制技术和生产设备制造

157. 高精度带材轧机（厚度精度 10 微米）设计与制造

158. 多元素、细颗粒、难选冶金属矿产的选矿装置制造

159. 100 万吨/年及以上乙烯成套设备中的关键设备制造：年处理能力 40 万吨以上混合造粒机，直径 1000 毫米及以上螺旋卸料离心机，小流量高扬程离心泵

160. 金属制品模具（铜、铝、钛、锆的管、棒、型材挤压模具）设计、制造

161. 汽车车身外覆盖件冲压模具，汽车仪表板、保险杠等大型注塑模具，汽车及摩托车夹具、检具设计与制造

162. 汽车动力电池专用生产设备的设计与制造

163. 精密模具（冲压模具精度高于 0.02 毫米、型腔模具精度高于 0.05 毫米）设计与制造

164. 非金属制品模具设计与制造

165. 6 万瓶/小时及以上啤酒灌装设备、5 万瓶/小时及以上饮料中温及热灌装设备、3.6 万瓶/小时及以上无菌灌装设备制造

166. 氨基酸、酶制剂、食品添加剂等生产技术及关键设备制造

167. 10 吨/小时及以上的饲料加工成套设备及关键部件制造

168. 楞高 0.75 毫米及以下的轻型瓦楞纸板及纸箱设备制造

169. 单张纸多色胶印机（幅宽≥750 毫米，印刷速度：单面多色≥16000 张/小时，双面多色≥13000 张/小时）制造

170. 单幅单纸路卷筒纸平版印刷机印刷速度大于 75000 对开张/小时（787×880 毫米）、双幅单纸路卷筒纸平版印刷机印刷速度大于 170000 对开张/小时（787×880 毫米）、商业卷筒纸平版印刷机印刷速度大于 50000 对开张/小时（787×880 毫米）制造

171. 多色宽幅柔性版印刷机（印刷宽度≥1300 毫米，印刷速度≥350 米/秒），喷墨数字印刷机（出版用：印刷速度≥150 米/分，分辨率≥600dpi；包装用：印刷速度≥30 米/分，分辨率≥1000dpi；可变数据用：印刷速度≥100 米/分，分辨率≥300dpi）制造

172. 计算机墨色预调、墨色遥控、水墨速度跟踪、印品质量自动检测和跟踪系统、无轴传动技术、速度在 75000 张/小时的高速自动接纸机、给纸机和可以自动遥控调节的高速折页机、自动套印系统、冷却装置、加硅系统、调偏装置等制造

173. 电子枪自动镀膜机制造

174. 平板玻璃深加工技术及设备制造

175. 新型造纸机械（含纸浆）等成套设备制造

176. 皮革后整饰新技术设备制造

177. 土壤污染治理及修复设备制造

178. 农产品加工及储藏新设备开发与制造：粮食、油料、蔬菜、干鲜果品、肉食品、水产品等产品的加工储藏、保鲜、分级、包装、干燥等新设备，农产品品质检测仪器设备，农产品品质无损伤检测仪器设备，流变仪，粉质仪，超微粉碎设备，高效脱水设备，五效以上高效果汁浓缩设备，粉体食品物料杀菌设备，固态及半固态食品无菌包装设备，碟片式分离离心机

179. 农业机械制造：农业设施设备（温室自动灌溉设备、营养液自动配置与施肥设备、高效蔬菜育苗设备、土壤养分分析仪器），配套发动机功率 200 千瓦以上拖

拉机及配套农具，低油耗低噪音低排放柴油机，大型拖拉机配套的带有残余雾粒回收装置的喷雾机，高性能水稻插秧机，棉花采摘机及棉花采摘台，适应多种行距的自走式玉米联合收割机（液压驱动或机械驱动），花生收获机，油菜籽收获机，甘蔗收割机，甜菜收割机

180. 林业设施设备制造：苗木花卉智能温室、精准灌溉、施肥、育苗等设备，苗木干径叶根系径流、种子活力、土壤养分等分析仪器，大功率（240kW）林地作业底盘及其配套机具，多功能整地、植树、抚育、采伐、集材等中小型机，困难立地造林机械，林地剩余物收集、打捆、木片、粉碎及其综合利用机，大中型植保与施药喷雾机，小型精准施药装备或仿生施药机器人，林木球果采集、油料果实收获机，大中型树木移植机、灌木平茬装备、高效剪枝设备，林木蓄积量快速测量设备

181. 木材加工设备制造：快速色差识别技术设备，快速实木板材量尺设备，快速结疤检测设备，实木表面缺陷检测设备，锯木制材成套装备技术，人造板材表面缺陷快速检测设备、在线质量分级设备，旋切单板质量在线检测设备，实木家具漆膜打磨粉尘处理设备、智能打磨机器人，多色自动切换喷漆机器人，家具包装、裁切、堆垛机器人，板式家具板件快速分拣设备，家具制造智能仓库

182. 林业灾情监控设备制造：林区快速救援装备、高精度导航定位设备，无人机火情、灾情监测预警设备，灭火、除虫设备

183. 农作物秸秆收集、打捆及综合利用设备制造

184. 农用废物的资源化利用及规模化畜禽养殖废物的资源化利用设备制造

185. 节肥、节（农）药、节水型农业技术设备制造

186. 机电井清洗设备及清洗药物生产设备制造

187. 电子内窥镜制造

188. 眼底摄影机制造

189. 医用成像设备（高场强超导型磁共振成像设备、X线计算机断层成像设备、数字化彩色超声诊断设备等）关键部件的制造

190. 医用超声换能器（3D）制造

191. 硼中子俘获治疗设备制造

192. 图像引导适型调强放射治疗系统制造

193. 血液透析机、血液过滤机制造

194. 全自动生化监测设备、五分类血液细胞分析仪、全自动化学发光免疫分析仪、高通量基因测序系统制造

195. 药品质量控制新技术、新设备制造

196. 天然药物有效物质分析的新技术、提取的新工艺、新设备开发与制造

197. 生物医药配套耗材生产设备研发、制造

198. 非PVC医用输液袋多层共挤水冷式薄膜吹塑装备制造

199. 应急救援装备生产制造

200. 新型纺织机械、关键零部件及纺织检测、实验仪器开发与制造

201. 电脑提花人造毛皮机制造

202. 高新太阳能电池生产专用设备制造

203. 二氧化碳捕集、利用、封存与监测设备制造

204. 大气污染防治设备制造：耐高温及耐腐蚀滤料、低NOx燃烧装置、烟气脱氮催化剂及脱氮成套装置、烟气脱硫设备、烟气除尘设备、工业有机废气净化设备、柴油车排气净化装置、含重金属废气处理装置

205. 水污染防治设备制造：卧式螺旋离心脱水机、膜及膜材料、50kg/h以上的臭氧发生器、10kg/h以上的二氧化氯发生

器、紫外消毒装置、农村小型生活污水处理设备、含重金属废水处理装置

206. 固体废物处理处置设备制造：污水处理厂污泥处置及资源利用设备、日处理量500吨以上垃圾焚烧成套设备、垃圾填埋渗滤液处理技术装备、垃圾填埋场防渗土工膜、建筑垃圾处理和资源化利用装备、危险废物处理装置、垃圾填埋场沼气发电装置、废钢铁处理设备

207. 铝工业赤泥综合利用设备开发与制造

208. 尾矿综合利用设备制造

209. 废旧塑料、电器、橡胶、电池回收处理再生利用设备制造

210. 废旧纺织品回收处理设备制造

211. 废旧机电产品再制造设备制造

212. 废旧轮胎综合利用装置制造

213. 余热余压余气利用设备制造

214. 水生生态系统的环境保护技术、设备制造

215. 移动式组合净水设备制造

216. 非常规水处理、重复利用设备与水质监测仪器

217. 工业水管网和设备（器具）的检漏设备和仪器

218. 日产10万立方米及以上海水淡化及循环冷却技术和成套设备开发与制造

219. 钢铁、造纸、纺织、石化、化工、冶金等高耗水行业节水工业设备制造

220. 特种气象观测及分析设备制造

221. 地震台站、台网和流动地震观测技术系统开发及仪器设备制造

222. 四鼓及以上子午线轮胎成型机制造

223. 滚动阻力试验机、轮胎噪音试验室制造

224. 供热计量、温控装置新技术设备制造

225. 氢能制备与储运设备及检查系统制造

226. 新型重渣油气化雾化喷嘴、漏汽率0.5%及以下高效蒸汽疏水阀、1000℃及以上高温陶瓷换热器制造

227. 海上溢油回收装置制造

228. 低浓度煤矿瓦斯和乏风利用设备制造

229. 洁净煤技术产品的开发与利用及设备制造（煤炭气化、液化、水煤浆、工业型煤）

230. 大型公共建筑、高层建筑、石油化工设施、森林、山岳、水域和地下设施消防灭火救援技术开发与设备制造

231. 智能化紧急医学救援设备制造

232. 水文监测传感器制造

233. 核反应堆主工艺设备设计、研发和制造

（十九）汽车制造业

234. 汽车发动机制造及发动机研发机构建设：升功率不低于70千瓦的汽油发动机、升功率不低于50千瓦的排量3升以下柴油发动机、升功率不低于40千瓦的排量3升以上柴油发动机、燃料电池和混合燃料等新能源发动机

235. 汽车关键零部件制造及关键技术研发：双离合器变速器（DCT）、无级自动变速器（CVT）、电控机械变速器（AMT）、汽油发动机涡轮增压器、粘性连轴器（四轮驱动用）、自动变速器执行器（电磁阀）、液力缓速器、电涡流缓速器、汽车安全气囊用气体发生器、燃油共轨喷射技术（最大喷射压力大于2000帕）、可变截面涡轮增压技术（VGT）、可变喷嘴涡轮增压技术（VNT）、达到中国第六阶段污染物排放标准的发动机排放控制装置、智能扭矩管理系统（ITM）及耦合器总成、线控转向系统、颗粒捕捉器、低地板大型客车专用车桥、吸能式转向系统、大中型客车变频空调系统、汽车用特种橡胶配件，以及上述零部件的关键零件、部件

236. 汽车电子装置制造与研发：发动

机和底盘电子控制系统及关键零部件，车载电子技术（汽车信息系统和导航系统），汽车电子总线网络技术，电子控制系统的输入（传感器和采样系统）输出（执行器）部件，电动助力转向系统电子控制器，嵌入式电子集成系统、电控式空气弹簧，电子控制式悬挂系统，电子气门系统装置，电子组合仪表，ABS/TCS/ESP 系统，电路制动系统（BBW），变速器电控单元（TCU），轮胎气压监测系统（TPMS），车载故障诊断仪（OBD），发动机防盗系统，自动避撞系统，汽车、摩托车型试验及维修用检测系统，自动驾驶系统、车载电子操作系统、车载电子操作系统应用程序开发（APP）、抬头显示技术、智能网联汽车避让转向辅助系统、碰撞报警系统（FCW）、自动制动控制系统（ABC）、自动紧急制动系统（AEB）、车联网技术

237. 新能源汽车关键零部件制造及研发：能量型动力电池单体；电池正极材料（比容量≥180mAh/g，循环寿命 2000 次不低于初始放电容量的 80%），电池负极材料（比容量≥500mAh/g，循环寿命 2000 次不低于初始放电容量的 80%）、电池隔膜（厚度≤12μm，孔隙率 35%～60%）；电池管理系统，电机控制器，电动汽车电控集成；电动汽车驱动电机系统（高效区：85%工作区效率≥80%），车用 DC/DC（输入电压 100V～400V），大功率电子器件（IGBT，电压等级≥750V，电流≥300A）；插电式混合动力机电耦合驱动系统；燃料电池发动机（质量比功率≥350W/kg）、燃料电池堆（体积比功率≥3kW/L）、膜电极（铂用量≤0.3g/kW）、质子交换膜（质子电导率≥0.08S/cm）、双极板（金属双极板厚度≤1.2mm，其他双极板厚度≤1.6mm）、低铂催化剂、碳纸（电阻率≤3mΩ·cm）、空气压缩机、氢气循环泵、氢气引射器、增湿器、燃料电池控制系统、升压 DC/DC、70MPa 氢瓶、车载氢气浓度传感器；电动汽车用热泵空调；电机驱动控制专用 32 位及以上芯片（不少于 2 个硬件内核，主频不低于 180MHz，具备硬件加密等功能，芯片设计符合功能安全 ASILC 以上要求）；一体化电驱动总成（功率密度≥2.5kW/kg）；高速减速器（最高输入转速≥12000rpm，噪声低于 75dB）

238. 车载充电机（满载输出工况下效率≥95%）、双向车载充电机、非车载充电设备（输出电压 250V～950V，电压范围内效率≥88%）和高功率密度、高转换效率、高适用性无线充电、移动充电技术开发及装备制造

239. 智能汽车关键零部件制造及研发：传感器、车载芯片、中央处理器、车载操作系统和信息控制系统、车网通信系统设备、视觉识别系统、高精度定位装置、线控底盘系统；新型智能终端模块、多核异构智能计算平台技术、全天候复杂交通场景高精度定位和地图技术、传感器融合感知技术、车用无线通信关键技术、基础云控平台技术；新型安全隔离架构技术、软硬件协同攻击识别技术、终端芯片安全加密和应用软件安全防护技术、无线通信安全加密技术、安全通讯及认证授权技术、数据加密技术；测试评价体系架构研发，虚拟仿真、实车道路测试等技术和验证工具，整车级和系统级测试评价方法，测试基础数据库建设

（二十）铁路、船舶、航空航天和其他运输设备制造业

240. 达到中国摩托车第四阶段污染物排放标准的大排量（排量＞250ml）摩托车发动机排放控制装置制造

241. 民用飞机设计、制造与维修：干线、支线飞机，通用飞机

242. 民用飞机零部件制造与维修

243. 民用直升机设计与制造

244. 民用直升机零部件制造

245. 地面、水面效应航行器制造及无人机、浮空器设计与制造

246. 航空发动机及零部件、航空辅助动力系统设计、制造与维修

247. 航空航天用新型材料开发、生产

248. 民用航空机载设备设计与制造

249. 航空地面设备制造：民用机场设施、民用机场运行保障设备、飞行试验地面设备、飞行模拟与训练设备、航空测试与计量设备、航空地面试验设备、机载设备综合测试设备、航空制造专用设备、航空材料试制专用设备、民用航空器地面接收及应用设备、运载火箭地面测试设备、运载火箭力学及环境实验设备

250. 民用卫星设计与制造，民用卫星有效载荷制造

251. 民用卫星零部件制造

252. 星上产品检测设备制造

253. 豪华邮轮及深水（3000 米以上）海洋工程装备的设计

254. 海底矿产资源开发装备的设计

255. 船舶低、中速柴油机及其零部件的设计

256. 船舶舱室机械的设计

257. 船舶通讯导航设备的设计

258. 游艇的设计

259. 智能船舶的设计及相关智能系统的研发

（二十一）电气机械和器材制造业

260. 100 万千瓦超超临界火电机组用关键辅机设备制造：安全阀、调节阀

261. 钢铁行业烧结机脱硝技术装备制造

262. 火电设备的密封件设计、制造

263. 燃煤电站、水电站设备用大型铸锻件制造

264. 水电机组用关键辅机设备制造

265. 输变电设备及关键组部件制造

266. 新能源发电成套设备或关键设备制造：光伏发电、光热发电、地热发电、潮汐发电、波浪发电、垃圾发电、沼气发电、2.5 兆瓦及以上风力发电设备

267. 斯特林发电机组制造

268. 直线和平面电机及其驱动系统开发与制造

269. 高技术绿色电池制造：动力镍氢电池、锌镍蓄电池、钠盐电池、锌银蓄电池、锂离子电池、太阳能电池、燃料电池等

270. 电动机采用直流调速技术的制冷空调用压缩机、采用 CO2 自然工质制冷空调压缩机、应用可再生能源（空气源、水源、地源）制冷空调设备制造

271. 太阳能空调、采暖系统、太阳能干燥装置制造

272. 生物质干燥热解系统、生物质气化装置制造

273. 交流调频调压牵引装置制造

（二十二）计算机、通信和其他电子设备制造业

274. 高清数字摄录机、数字放声设备制造

275. TFT-LCD、OLED、AMOLED、激光显示、量子点、3D 显示等平板显示屏、显示屏材料制造（6 代及 6 代以下 TFT-LCD 玻璃基板除外）

276. 电子书材料（电子墨水屏等）的研发与制造

277. 直径 200mm 以上硅单晶及抛光片生产

278. 300mm 以上大硅片的制造

279. 大屏幕彩色投影显示器用光学引擎、光源、投影屏、高清晰度投影管和微显投影设备模块等关键件制造

280. 数字音、视频编解码设备，数字广播电视演播室设备，数字有线电视系统设备，数字音频广播发射设备，数字电视上下变换器，数字电视地面广播单频网（SFN）设备，卫星数字电视上行站设备制造

281. 集成电路设计，线宽28纳米及以下大规模数字集成电路制造，0.11微米及以下模拟、数模集成电路制造，MEMS和化合物半导体集成电路制造及BGA、PGA、FPGA、CSP、MCM等先进封装与测试

282. 大中型电子计算机、万万亿次高性能计算机、便携式微型计算机、大型模拟仿真系统、工业控制机及控制器制造

283. 量子、类脑等新机理计算机系统的研究与制造

284. 超大规模集成电路制造用刻蚀机、PVD、CVD、氧化炉、清洗机、扩散炉、MFC等

285. 芯片封装设备制造

286. 计算机数字信号处理系统及板卡制造

287. 图形图像识别和处理系统制造

288. 大容量光、磁盘驱动器及其部件开发与制造

289. 100TB及以上存储系统制造、8TB及以上SSD固态硬盘制造及智能化存储设备制造

290. 计算机辅助设计（三维CAD）、电子设计自动化（EDA）、辅助测试（CAT）、辅助制造（CAM）、辅助工程（CAE）系统及其他计算机应用系统制造

291. 软件产品开发、生产

292. 电子专用材料开发与制造（光纤预制棒开发与制造除外）

293. 电子专用设备、测试仪器、工模具制造

294. 新型电子元器件制造：片式元器件、敏感元器件及传感器、频率控制与选择元件、混合集成电路、电力电子器件、光电子器件、新型机电元件、高分子固体电容器、超级电容器、无源集成元件、高密度互连积层板、单层、双层及多层挠性板、刚挠印刷电路板及封装载板、高密度高细线路（线宽/线距≤0.05mm）柔性电路板

295. 触控系统（触控屏幕、触控组件等）制造及组装

296. 虚拟现实（VR）、增强现实（AR）设备研发与制造

297. 发光效率140lm/W以上高亮度发光二极管、发光效率140lm/W以上发光二极管外延片（蓝光）、发光效率140lm/W以上且功率200mW以上白色发光管制造

298. 高密度数字光盘机用关键件开发、生产

299. 可录类光盘生产

300. 3D打印设备及其关键零部件研发与制造

301. 卫星通信系统设备制造

302. 光通信测量仪表、速率40Gbps及以上光收发器制造

303. 超宽带（UWB）通信设备制造

304. 无线局域网（含支持WAPI）、广域网设备制造

305. 100Gbps及以上速率时分复用设备（TDM）、密集波分复用设备（DWDM）、宽带无源网络设备（包括EPON、GPON、WDM-PON等）、下一代DSL芯片及设备、光交叉连接设备（OXC）、自动光交换网络设备（ASON）、40Gbps以上SDH光纤通信传输设备制造

306. 基于IPv6的下一代互联网系统设备、终端设备、检测设备、软件、芯片开发与制造

307. 第四代及后续移动通信系统手机、基站、核心网设备以及网络检测设备开发与制造

308. 应用于第五代移动终端（手机、汽车、无人机、虚拟现实与增强显示等）的视觉传感器（数字相机、数字摄像头、3D传感器、激光雷达、毫米波雷达等）及其核心元组件（光学镜片与镜头、激光器、感光芯片、马达、光电模块等）的开发与制造

309. 云计算设备、软件和系统开发

310. 整机处理能力大于 6.4Tbps（双向）的高端路由器、交换容量大于 40Tbps 的交换机开发与制造

311. 空中交通管制系统设备制造

312. 基于声、光、电、触控等计算机信息技术的中医药电子辅助教学设备，虚拟病理、生理模型人设备的开发与制造

（二十三）仪器仪表制造业

313. 土壤墒情监测设备制造

314. 工业过程自动控制系统与装置制造：现场总线控制系统，大型可编程控制器（PLC），两相流量计，固体流量计，新型传感器及现场测量仪表

315. 大型精密仪器、高分辨率显微镜（分辨率小于 200nm）开发与制造

316. 高精度数字电压表、电流表制造（显示量程七位半以上）

317. 无功功率自动补偿装置制造

318. 安全生产新仪器设备制造

319. VXI 总线式自动测试系统（符合 IEEE1155 国际规范）制造

320. 煤矿井下监测及灾害预报系统、煤炭安全检测综合管理系统开发与制造

321. 工程测量和地球物理观测设备制造

322. 环境监测仪器制造

323. 无线远传智能水表制造

324. 水库大坝安全智能监控仪器制造

325. 水文数据采集、处理与传输和防洪预警仪器及设备制造

326. 海洋勘探监测仪器和设备制造

327. 市政管网和输水管道渗漏监测仪器制造

328. 核仪器、仪表研发和制造

（二十四）废弃资源综合利用业

329. 煤炭洗选及粉煤灰（包括脱硫石膏）、煤矸石等综合利用

330. 全生物降解材料的生产

331. 废旧电器电子产品、汽车、机电设备、橡胶、金属、电池回收处理

332. 赤泥及其他冶炼废渣综合利用

四、电力、热力、燃气及水生产和供应业

333. 单机 60 万千瓦及以上超超临界机组电站的建设、经营

334. 采用背压型热电联产、热电冷多联产、30 万千瓦及以上超（超）临界热电联产机组电站的建设、经营

335. 缺水地区单机 60 万千瓦及以上大型空冷机组电站的建设、经营

336. 整体煤气化联合循环发电等洁净煤发电项目的建设、经营

337. 单机 30 万千瓦及以上采用流化床锅炉并利用煤矸石、中煤、煤泥等发电项目的建设、经营

338. 发电为主的大型水电站及抽水蓄能电站建设、经营

339. 核电站的建设、经营

340. 新能源电站（包括太阳能、风能、地热能、潮汐能、潮流能、波浪能、生物质能等）建设、经营

341. 重要负荷中心且气源有保障地区天然气调峰电站、天然气分布式能源站的建设、经营

342. 燃气发电与可再生发电互补系统开发与应用

343. 电网的建设、经营

344. 使用天然气、电力和可再生能源驱动的区域供能（冷、热）项目的建设、经营

345. 海水利用（海水直接利用、海水淡化）、苦咸水利用

346. 供水厂建设、经营

347. 再生水厂建设、经营

348. 污水处理厂建设、经营

349. 机动车充电站、电池更换站建设、经营

350. 加氢站建设、经营

五、交通运输、仓储和邮政业

351. 铁路干线路网及铁路专用线的建设、经营

352. 城际铁路、市域（郊）铁路、资源型开发铁路和支线铁路及其桥梁、隧道、轮渡和站场设施的建设、经营

353. 高速铁路、城际铁路基础设施综合维修

354. 公路、独立桥梁和隧道的建设、经营

355. 公路货物运输公司

356. 港口公用码头设施的建设、经营

357. 民用机场的建设、经营

358. 公共航空运输公司

359. 农、林、渔业通用航空公司

360. 国际海上运输公司

361. 国际集装箱多式联运业务

362. 输油（气）管道、油（气）库的建设、经营

363. 煤炭管道运输设施的建设、经营

364. 自动化高架立体仓储设施，包装、加工、配送业务相关的仓储一体化设施建设、经营

365. 与快递服务相关科技装备及绿色包装研发应用

六、批发和零售业

366. 一般商品的共同配送、鲜活农产品冷链物流和特殊药品低温配送等物流及相关技术服务的提供和运用

367. 农村连锁配送

368. 托盘及集装单元共用系统建设、经营

七、信息传输、软件和技术服务业

369. 电子商务系统开发与应用服务

八、租赁和商务服务业

370. 国际经济、科技、环保、物流信息、商务、会计、税务咨询服务

371. 工程咨询服务

372. 以承接服务外包方式从事系统应用管理和维护、信息技术支持管理、银行后台服务、财务结算、软件开发、离岸呼叫中心、数据处理等信息技术和业务流程外包服务

373. 创业投资企业

374. 知识产权服务

375. 家庭服务业

九、科学研究和技术服务业

376. 生物工程与生物医学工程技术、生物质能源开发技术

377. 智能器件、机器人、神经网络芯片、神经元传感器等人工智能技术开发与应用

378. 同位素、辐射及激光技术

379. 海洋开发及海洋能开发技术、海洋化学资源综合利用技术、相关产品开发和精深加工技术、海洋医药与生化制品开发技术

380. 海洋监测技术（海洋浪潮、气象、环境监测）、海底探测与大洋资源勘查评价技术

381. 综合利用海水淡化后的浓海水制盐、提取钾、溴、镁、锂及其深加工等海水化学资源高附加值利用技术

382. 海上石油污染清理与生态修复技术及相关产品开发，海水富营养化防治技术，海洋生物爆发性生长灾害防治技术，海岸带生态环境修复技术

383. 节能环保和循环经济技术开发与应用

384. 资源再生及综合利用技术、企业生产排放物的再利用技术开发与应用

385. 环境污染治理及监测技术

386. 清洁生产技术开发与服务

387. 碳捕集、利用与封存（CCUS）技术开发与服务

388. 绿色建筑节地与室外环境、节能与能源利用、节水与水资源利用、节材与材料资源利用、室内环境与运行管理综合技术开发与利用

389. 放射性废物处理技术开发与应用

390. 化纤生产及印染加工的节能降耗、三废治理新技术

391. 磷石膏综合利用技术开发与应用

392. 防沙治沙与沙荒修复技术

393. 草畜平衡综合管理技术

394. 现代畜牧业废弃物资源化综合利用技术开发与应用

395. 农药新型施药技术开发与应用

396. 民用卫星应用技术

397. 检验检测认证服务

398. 研究开发中心

399. 高新技术、新产品开发与企业孵化中心

400. 物联网技术开发与应用

401. 工业设计、建筑设计、服装设计等创意产业

402. 城乡规划编制服务（城市、镇总体规划服务除外）

十、水利、环境和公共设施管理业

403. 河道、湖泊水环境治理、水生态修复和管理保护与经营

404. 城市封闭型道路的建设、经营

405. 城市地铁、轻轨等轨道交通的建设、经营

406. 垃圾处理厂，危险废物处理处置厂（焚烧厂、填埋场）及环境污染治理设施的建设、经营

407. 城市停车设施建设、经营

408. 出租车、有轨电车、公交等公共交通系统的建设及运营

十一、教育

409. 非学制类职业培训机构

十二、卫生和社会工作

410. 老年人、残疾人和儿童服务机构

411. 养老机构

412. 医疗机构

十三、文化、体育和娱乐业

413. 演出场所经营

414. 体育场馆经营、健身、竞赛表演及体育培训和中介服务

415. 旅游基础设施建设及旅游信息服务

中西部地区外商投资优势产业目录

山西省

1. 牧草饲料作物种植及深加工

2. 小杂粮、马铃薯种植及产品开发、生产

3. 退耕还林还草、天然林保护等国家重点生态工程后续产业开发

4. 节水灌溉和旱作节水技术、保护性耕作技术开发与应用

5. 矿区生态系统恢复与重建工程

6. 非金属矿（高岭土、石灰石、硅石、石英砂）综合利用（勘探、开采除外）

7. 煤层气和煤炭伴生资源综合开发利用

8. 煤制液体燃料生产

9. 焦炭副产品综合利用

10. 棉、毛、麻、丝、化纤的高档纺织、针织及服装加工生产和相关产品的研发、检测

11. 天然药、原料药、中成药的深加工

12. 包装装潢印刷品印刷

13. 高档玻璃制品、高技术陶瓷（含工业陶瓷）技术开发和产品生产

14. 特殊品种（超白、超薄、在线Low-E、中空、超厚）优质浮法玻璃技术

开发及深加工

15. 不锈钢制品生产

16. 汽车零部件制造：六档以上自动变速箱、商用车用高功率密度驱动桥、随动前照灯系统、LED前照灯、轻量化材料应用、离合器、液压减震器、中控盘总成、座椅、电机及控制系统、主动安全及自动驾驶控制系统、燃料电池系统

17. 高速列车用钢、非晶带材等钢铁新材料的开发、生产

18. 铝合金材料及制品生产

19. 钢丝绳芯橡胶输运带生产

20. 液压技术系统及模具生产

21. 旱地、山地中小农业机械及配套机具制造

22. 三轴以上联动的高速、精密数控机床及配套数控系统、伺服电机及驱动装置、功能部件、刀具、量具、量仪及高档磨具磨料生产

23. 大型煤矿综采设备和防爆机电产品生产

24. 核电物料转运设备及其配套件生产

25. 新型医疗器械设备及医用材料生产加工

26. 第三代及后续移动通信系统手机零部件生产

27. 洗中煤、焦炉煤气余热发电、供热等综合利用

28. 火电厂废弃物等的综合利用

29. 物流业务相关的仓储设施建设和商贸服务

30. 宽带业务和增值电信业务（限于中国入世承诺开放的电信业务）

31. 公路旅客运输公司

32. 城市燃气、热力和供排水管网建设、经营

33. 中等高等职业院校（含技工院校）

34. 汽车加气站建设和运营

35. 艺术表演培训和中介服务及文化用品、设备等产业化开发

36. 旅游景区（点）保护、开发和经营及其配套设施建设

内蒙古自治区

1. 标准化设施蔬菜基地、集约化蔬菜育苗场建设

2. 绿色农畜产品（乳、肉、绒、皮毛、粮油、马铃薯、果蔬）生产及加工

3. 退耕还林还草、退牧还草、天然林保护、退田还湖、退耕还湿、荒漠化防治等国家重点生态工程后续产业开发

4. 节水灌溉和旱作节水技术、保护性耕作、中低产田改造、盐碱地改良等技术开发与应用

5. 铜、铅、锌、镁、铝等有色金属精深加工

6. 非金属矿（高岭土、红柱石、膨润土、白云石、石墨、珍珠岩、沸石）综合利用、精加工及应用（勘探、开采除外）

7. 棉、毛、绒、麻、丝、化纤的高档纺织、针织及服装生产加工和相关产品的研发、检测

8. 煤层气和煤炭伴生资源综合开发利用

9. 天然气下游化工产品开发和利用（列入《天然气利用政策》限制类和禁止类的除外）

10. 利用乙烯与氯气通过氧氯化法生产30万吨/年以上PVC，废盐酸制氯气等综合利用技术开发及利用

11. 高性能硅油、硅橡胶、树脂，高品质氟树脂，高性能氟橡胶，含氟精细化学品和高品质含氟无机盐等开发、生产

12. 硅材料生产及其应用

13. 动植物药材资源开发、保护和可持续利用：内蒙古道地药材和特色蒙药材种植基地建设、濒危药用植物保育基地建设、种子种苗基地建设、道地药材提取物工厂研发中心建设

14. 少数民族特需用品、工艺美术品、包装容器材料及日用玻璃制品及代表民族特色的旅游商品纪念品生产

15. 碳纤维产品生产及其应用

16. 天然气压缩机（含煤层气压缩机）制造

17. 蒙医药、蒙医医疗设备研究与开发

18. 汽车整车制造，专用汽车（不包括普通半挂车、自卸车、罐式车、厢式车和仓栅式汽车）制造（须执行《汽车产业投资管理规定》）

19. 汽车零部件制造：六档以上自动变速箱、商用车用高功率密度驱动桥、随动前照灯系统、LED前照灯、轻量化材料应用（高强钢、铝镁合金、复合塑料、粉末冶金、高强度复合纤维等）、离合器、液压减震器、中控盘总成、座椅

20. 大型储能技术研发与生产应用（蓄能电池、抽水蓄能技术、空气储能技术、风电与后夜供热等）

21. 太阳能、风能发电设备及零部件制造

22. 洗中煤、焦炉煤气余热发电、供热等综合利用

23. 宽带业务和增值电信业务（限于中国入世承诺开放的电信业务）

24. 公路旅客运输公司

25. 汽车加气站建设和运营

26. 城市燃气、热力和供排水管网建设、经营

27. 学前、普通高中和高等教育机构

28. 动漫创作、制作及衍生品开发

29. 文化演出场所建设、艺术表演培训等服务

30. 体育场馆设施建设、体育赛事运营及体育健身休闲服务

31. 健康医疗旅游开发

32. 冰雪、森林、草原、沙漠生态旅游资源开发、建设和经营

33. 旅游景区（点）保护、开发和经营及其配套设施建设

辽宁省

1. 节水灌溉和旱作节水技术、保护性耕作技术开发与应用

2. 退耕还林还草等国家重点生态工程后续产业开发

3. 镁、锆石加工及综合利用

4. 棉、毛、麻、丝、化纤的高档纺织、针织及服装加工生产和相关产品的研发、检测

5. 天然药、原料药、中成药的深加工

6. 高性能子午线轮胎的生产：无内胎载重子午胎，低断面和扁平化（低于55系列）、大轮辋高性能轿车子午胎（15吋以上），航空轮胎及农用子午胎

7. 金属包装、自动化立体仓库及仓储物流设备制造

8. 环保设备（大气、污水、固废处理设备）制造及其解决方案应用

9. 智能测控装置及关键零部件制造

10. 高档数控机床伺服装置制造

11. 汽车零部件制造：六档以上自动变速箱、商用车用高功率密度驱动桥、随动前照灯系统、LED前照灯、轻量化材料应用（高强钢、铝镁合金、复合塑料、粉末冶金、高强度复合纤维等）、离合器、液压减震器、中控盘总成、座椅、汽车主被动安全保护装置、汽车启停电机、新能源汽车驱动装置及控制系统

12. 医疗设备及关键部件开发、生产

13. 高精度铜、铝及合金板带材深加工

14. 非易失性存储器设计、研发及制造

15. 数字医疗系统、社区护理、个人健康维护相关产品开发与应用

16. 大型储能技术研发与生产应用（蓄能电池、抽水蓄能技术、空气储能技术、风电与后夜供热等）

17. 生物质能开发、生产和利用

18. 宽带业务和增值电信业务（限于中国入世承诺开放的电信业务）

19. 城市燃气、热力和供排水管网建设、经营

20. 汽车加气站建设和运营

21. 节约用水技术改造、技术研发和推广应用

22. 数字视听与数字家庭产品（有线电视网络、网络视听节目服务除外）

23. 旅游景区（点）保护、开发和经营及其配套设施建设

24. 经国家投资主管部门批准的资源枯竭型城市资源精深加工和接续产业等项目

吉林省

1. 节水灌溉和旱作节水技术、保护性耕作技术开发与应用

2. 谷子、高粱、燕麦、藜麦、绿豆、红小豆等杂粮杂豆农产品开发、生产

3. 人参、鹿茸、山葡萄、果仁、山野菜、蓝莓、菌类、林蛙、柞蚕、蜂蜜等长白山特色生态食品、饮品的开发和加工

4. 饮用天然矿泉水生产

5. 硅藻土资源开发及综合利用（勘探、开采除外）

6. 棉、毛、麻、丝、化纤的高档纺织、针织及服装加工生产和相关产品的研发、检测

7. 褐煤蜡萃取

8. 动植物药材资源开发、保护和可持续利用

9. 草铵膦及草铵膦中间体的开发、生产

10. 特殊品种（超白、超薄、在线Low-E、中空、超厚）优质浮法玻璃技术开发及深加工

11. 碳纤维原丝、碳纤维生产及其生产所需辅助材料、碳纤维复合材料及其制品生产

12. 玄武岩纤维新材料的生产、开发

13. 高性能子午线轮胎的生产：无内胎载重子午胎，低断面和扁平化（低于55系列）、大轮辋高性能轿车子午胎（15吋以上），航空轮胎及农用子午胎

14. 铝合金材料及制品生产

15. LED、新型元器件等节能产品

16. 现代中药制品生产

17. 医疗设备及关键部件开发、生产

18. 冰雪体育和旅游用品生产

19. 索道缆车、游乐设施等旅游装备制造

20. 换热器设备的生产制造

21. 汽车零部件制造：六档以上自动变速箱、商用车用高功率密度驱动桥、随动前照灯系统、LED前照灯、轻量化材料应用（高强钢、铝镁合金、复合塑料、粉末冶金、高强度复合纤维等）、离合器、液压减震器、中控盘总成、座椅

22. 专用汽车（不包括普通半挂车、自卸车、罐式车、厢式车和仓栅式汽车）制造（须执行《汽车产业投资管理规定》）

23. 生物质能开发、生产和利用

24. 宽带业务和增值电信业务（限于中国入世承诺开放的电信业务）

25. 公路旅客运输公司

26. 汽车金融服务

27. 城市燃气、热力和供排水管网建设、经营

28. 学前、普通高中和高等教育机构

29. 动漫创作、制作及衍生品开发

30. 冰雪旅游资源开发及滑雪场、酒店等配套设施建设、经营

31. 旅游景区（点）保护、开发和经营及其配套设施建设

32. 温泉资源开发及温泉度假村建设、经营

33. 观光农业、休闲农业的开发和经

营及其配套设施建设

34. 大型主题公园的建设、经营

35. 经国家投资主管部门批准的资源枯竭型城市资源精深加工和接续产业等项目

黑龙江省

1. 退耕还林还草、天然林保护等国家重点生态工程后续产业开发

2. 节水灌溉和旱作节水技术、保护性耕作技术开发与应用

3. 矿区生态系统恢复与重建工程

4. 利用境外资源的木材加工

5. 饮用天然矿泉水生产

6. 日处理甜菜3000吨及以上甜菜制糖及副产品综合利用

7. 马铃薯深加工

8. 绿色食品生产

9. 营养性豆奶粉、传统豆制品、功能性蛋白产品、大豆磷脂等非转基因大豆制品生产和加工

10. 天然药、原料药、中成药的深加工

11. 少数民族特需用品、工艺美术品及代表民族特色的旅游商品纪念品生产

12. 冰雪体育和旅游用品生产

13. 工艺陶瓷生产

14. 石墨的高端应用和精深加工

15. 非金属矿（高岭土、石灰石、硅石、石英砂）综合利用（勘探、开采除外）

16. 硅基及光伏新材料开发、生产

17. 钛矿冶炼及钛制品加工

18. 切削刀具、量具、刃具制造

19. 现代农业装备及配套农机具的生产：大马力拖拉机配套零部件、水稻插秧机及其他种植机械、玉米收获机、谷物联合收获机、其他收获机及配套零部件

20. 高性能子午线轮胎的生产：无内胎载重子午胎，低断面和扁平化（低于55系列）、大轮辋高性能轿车子午胎（15吋以上），航空轮胎及农用子午胎

21. 燃气轮机研发与制造

22. 汽车零部件制造：六档以上自动变速箱、商用车用高功率密度驱动桥、随动前照灯系统、LED前照灯、轻量化材料应用（高强钢、铝镁合金、复合塑料、粉末冶金、高强度复合纤维等）、离合器、液压减震器、中控盘总成、座椅

23. 医疗设备及关键部件开发、生产

24. 生物质能开发、生产和利用

25. 核电装备的生产：核电电机、电缆、核岛堆内构件等关键配套部件研发生产

26. 电网智能管理控制系统设备制造

27. 宽带业务和增值电信业务（限于中国入世承诺开放的电信业务）

28. 公路旅客运输公司

29. 汽车加气站建设和运营

30. 物流业务相关的仓储设施建设和商贸服务

31. 跨境电子商务零售中心和大宗商品进出口分拨物流中心建设

32. 学前、普通高中和高等教育机构

33. 城市燃气、热力和供排水管网建设、经营

34. 动漫创作、制作及衍生品开发

35. 文化演出、艺术表演培训和中介服务等产业化开发

36. 体育场馆设施建设、体育赛事运营及体育健身休闲服务

37. 森林、冰雪旅游资源开发及滑雪场建设、经营

38. 旅游景区（点）保护、开发和经营及其配套设施建设

39. 观光农业、休闲农业的开发和经营及配套设施建设

40. 经国家投资主管部门批准的资源枯竭型城市资源精深加工和接续产业等项目

安徽省

1. 节水灌溉和旱作节水技术、保护性耕作技术开发与应用

2. 高岭土、煤层气（瓦斯）、矿井水及天然焦等煤炭伴生资源综合利用（勘探、开采除外）

3. 非金属矿（方解石、膨润土、高岭土、凹凸棒粘土、石灰石、石英砂）综合利用（勘查、开采除外）

4. 绿色食品生产

5. 棉、毛、麻、丝、化纤的高档纺织、针织及服装加工生产和相关产品的研发、检测

6. 皮鞋、运动鞋等整鞋制造

7. 天然药、原料药、中成药的深加工

8. 煤焦油深加工

9. 纳米材料等新材料研发与制造

10. 耐火材料生产

11. 铜、锌、铝等有色金属精深加工及综合利用

12. 高档无缝钢管、石油油井管制造

13. 包装装潢印刷品印刷

14. 特殊品种（超白、超薄、在线Low-E、中空、超厚）优质浮法玻璃技术开发及深加工

15. 利用木薯、麻风树、橡胶籽等非粮植物为原料的生物液体燃料（燃料乙醇、生物柴油）生产

16. 高性能子午线轮胎的生产：卡车轮胎、无内胎载重子午胎，低断面和扁平化（低于55系列）、大轮辋高性能轿车子午胎（15吋以上），航空轮胎及农用子午胎

17. 汽车零部件制造：六档以上自动变速箱、商用车用高功率密度驱动桥、随动前照灯系统、LED前照灯、轻量化材料应用（高强钢、铝镁合金、复合塑料、粉末冶金、高强度复合纤维、铝基复合材料等）、离合器、液压减震器、中控盘总成、座椅

18. 新型干法水泥成套设备制造

19. 电动叉车、30吨以上液压挖掘机及零部件开发与制造

20. 燃气轮机研发与制造

21. 500万吨/年及以上矿井、薄煤层综合采掘设备，1000万吨级/年及以上大型露天矿关键装备；大型冶金成套设备等重大技术装备用分散型控制系统（DCS）

22. 难选金属矿产选矿设备和大型冶金成套设备制造

23. 医疗设备及关键部件开发、生产

24. 家用电器、家电用板材及零部件制造

25. 半导体照明材料上下游产品及相关设备的研发与制造

26. 集成电路材料、装备、芯片制造及化合物半导体材料、器件研发、制造

27. 平板显示屏及上下游材料、零部件、装备的研发与制造

28. 智能语音、量子通信等设备研发与制造

29. 工程勘察设计、平面设计和自动控制系统设计等创意产业

30. 生物质能开发、生产和利用

31. 公路旅客运输公司

32. 高等教育机构

33. 动漫创作、制作及衍生品开发

34. 城市燃气、热力和供排水管网建设、经营

35. 旅游景区（点）保护、开发和经营及其配套设施建设

江西省

1. 脐橙、蜜桔、甜柚、茶叶、光皮树、油茶、苎麻、竹、山药、荠头、莲、葛等特色、优势植物及道地药材和药食两用作物种植及深加工

2. 饮用天然矿泉水生产

3. 铜矿选矿、伴生元素提取及精深加

工及循环利用

4. 高岭土、粉石英、硅灰石、海泡石、化工用白云石等非金属矿产品精深加工

5. 棉、毛、麻、丝、化纤的高档纺织、针织及服装加工生产和相关产品的研发、检测

6. 木质家具设计、利用境外木材资源的木质家具加工

7. 皮鞋、运动鞋等整鞋制造

8. 单条化学木浆 30 万吨/年及以上、化学机械木浆 10 万吨/年及以上、化学竹浆 10 万吨/年及以上的林纸一体化生产线及相应配套的纸及纸板生产线（新闻纸、铜版纸除外）建设，采用清洁生产工艺、以非木纤维为原料、单条 10 万吨/年及以上的纸浆生产线建设

9. 年产 10 万吨以上利用木薯类植物的生物液体燃料生产

10. 利用钨、镍、钴、钽、铌等稀有金属资源深加工、应用产品生产及循环利用

11. 利用乙烯与氯气通过氧氯化法生产 30 万吨/年以上 PVC，废盐酸制氯气等综合利用技术开发及利用

12. 天然药、原料药、中成药的研发与生产，满足我国重大、多发性疾病防治需求的通用名药物首次开发和利用

13. 艺术陶瓷、日用陶瓷、工业陶瓷、特种陶瓷等高技术陶瓷的研发与生产

14. 高性能子午线轮胎的生产：无内胎载重子午胎，低断面和扁平化（低于 55 系列）、大轮辋高性能轿车子午胎（15 吋以上），航空轮胎及农用子午胎

15. 包装装潢印刷品印刷

16. 通讯终端产品及零部件的研发与生产

17. 新型电子元器件覆铜板制造

18. 汽车零部件制造：六档以上自动变速箱、商用车用高功率密度驱动桥、随动前照灯系统、LED 前照灯、轻量化材料应用（高强钢、铝镁合金、复合塑料、粉末冶金、高强度复合纤维等）、离合器、液压减震器、中控盘总成、座椅

19. 医疗设备及关键部件开发、生产

20. 空调、高效节能压缩机及零部件生产

21. 太阳能发电设备及零部件制造

22. 半导体芯片上下游产品研发与生产

23. 半导体照明材料上下游产品及相关设备的研发与制造

24. 锂电池等锂产品生产专用设备的研发与制造

25. 光学部件及镀膜技术的研发、应用及制造

26. 宽带业务和增值电信业务（限于中国入世承诺开放的电信业务）

27. 公路旅客运输公司

28. 汽车加气站建设和运营

29. 物流业务相关的仓储设施建设和商贸服务

30. 动漫创作、制作及衍生品开发

31. 养生休闲服务、休闲旅游等休闲产业

32. 旅游景区（点）保护、开发和经营及其配套设施建设

河南省

1. 优质粮油、茶、柳条等种植与加工

2. 退耕还林还草、天然林保护等国家重点生态工程后续产业开发

3. 节水灌溉和旱作节水技术、保护性耕作技术开发与应用

4. 镁、锌精深加工

5. 棉、毛、麻、丝、化纤的高档纺织、针织及服装加工生产和相关产品的研发、检测

6. 煤层气（煤矿瓦斯）抽采和利用技术产品开发、生产

7. 超硬材料产品生产

8. 铝合金材料及制品生产

9. 天然药、原料药、中成药的深加工

10. 数字化包装装潢印刷品印刷

11. 特殊品种（超白、超薄、在线Low-E、中空、超厚）优质浮法玻璃技术开发及深加工

12. 高性能子午线轮胎的生产：无内胎载重子午胎，低断面和扁平化（低于55系列）、大轮辋高性能轿车子午胎（15吋以上），航空轮胎及农用子午胎

13. 汽车零部件制造：六档以上自动变速箱、商用车用高功率密度驱动桥、随动前照灯系统、LED前照灯、轻量化材料应用（高强钢、铝镁合金、复合塑料、粉末冶金、高强度复合纤维等）、离合器、液压减震器、中控盘总成、座椅

14. 三轴以上联动的高速、精密数控机床及配套数控系统、伺服电机及驱动装置、功能部件、刀具、量具、量仪及高档磨具磨料生产

15. 300马力以上配备无级变速器轮式拖拉机，300马力以上拖拉机关键零部件制造：无级变速拖拉机发动机、变速箱、液力联合控制系统、双输入双输出无级调速装置

16. 500万吨/年及以上矿井、薄煤层综合采掘设备，1000万吨级/年及以上大型露天矿关键装备；12000米及以上深井钻机、极地钻机、高位移性深井沙漠钻机、沼泽难进入区域用钻机、海洋钻机、车装钻机、特种钻井工艺用钻机等钻机成套设备

17. 电能综合管理自动化设备制造

18. 智能手机、平板电脑等智能终端产品的技术开发、生产

19. 空调、电冰箱、高效节能压缩机及零部件制造

20. 生物医药技术开发、生产

21. 生物质能开发、生产和利用

22. 宽带业务和增值电信业务（限于中国入世承诺开放的电信业务）

23. 城市公共停车设施建设、经营

24. 公路货运场站设施的建设和运营

25. 汽车加气站建设和运营

26. 公路旅客运输公司

27. 跨境电子商务零售中心和大宗商品进出口分拨物流中心建设

28. 物流业务相关的仓储设施建设和商贸服务

29. 学前、普通高中和高等教育机构

30. 中等高等职业院校（含技工院校）

31. 动漫创作、制作及衍生品开发

32. 城市燃气、热力和供排水管网建设、经营

33. 观光农业、休闲农业的开发和经营及其配套设施建设

34. 健康医疗旅游开发

35. 旅游景区（点）保护、开发和经营及其配套设施建设

湖北省

1. 农作物新品种选育和种子生产

2. 茶叶种植、加工及收购服务

3. 保护性耕作技术开发与应用

4. 饮用天然矿泉水生产

5. 高档纺织品及服装工艺技术开发

6. 无纺布及医用纺织品生产

7. 动植物药材、保健品资源的开发、保护和可持续利用，植物花叶根茎产品研发、籽粒榨油深加工

8. 棉、毛、麻、丝、化纤的高档纺织、针织及服装加工生产和相关产品的研发、检测

9. 包装装潢印刷品印刷

10. 铜矿及其他有色金属产品延伸加工及循环利用

11. 特殊品种（超白、超薄、在线Low-E、中空、超厚）优质浮法玻璃技术开发及深加工

12. 空调、高效节能压缩机及零部件制造

13. 汽车零部件开发与制造：六档以上自动变速箱、商用车用高功率密度驱动桥、随动前照灯系统、LED 前照灯、轻量化材料应用（高强钢、铝镁合金、碳纤维、复合塑料、粉末冶金、高强度复合纤维等）、离合器、液压减震器、中控盘总成、座椅、燃油共轨喷射系统相关产品、涡轮增压发动机、电机及控制系统、主动安全及自动驾驶控制系统

14. 车用压缩氢气塑料内胆碳纤维全缠绕气瓶

15. 高性能子午线轮胎的生产：无内胎载重子午胎，低断面和扁平化（低于 55 系列）、大轮辋高性能轿车子午胎（15 吋以上），航空轮胎及农用子午胎

16. 三轴以上联动的高速、精密数控机床及配套数控系统、伺服电机及驱动装置、功能部件、刀具、量具、量仪及高档磨具磨料生产

17. 特种钢丝绳、钢缆（平均抗拉强度＞2200MPa）制造

18. 激光医疗设备开发与制造

19. 光电子技术和产品（含光纤预制棒、半导体发光二极管 LED）开发与制造

20. 医药化工原料废气、废液、废渣的综合利用

21. 食品安全追溯体系开发和建设

22. 生物质能开发、生产和利用

23. 大型储能技术研发与生产应用（蓄能电池、抽水蓄能技术、空气储能技术、风电与后夜供热等）

24. 宽带业务和增值电信业务（限于中国入世承诺开放的电信业务）

25. 公路旅客运输公司

26. 汽车加气站建设和运营

27. 物流业务相关的仓储设施建设和商贸服务

28. 动漫创作、制作及衍生品开发

29. 城市燃气、热力和供排水管网建设、经营

30. 旅游景区（点）保护、开发和经营及其配套设施建设

湖南省

1. 蔬菜、水果、畜禽产品的生产及深加工

2. 节水灌溉和旱作节水技术、保护性耕作技术开发与应用

3. 食品安全追溯体系开发和建设

4. 棉、毛、麻、丝、化纤的高档纺织、针织及服装加工生产和相关产品的研发、检测

5. 皮鞋、运动鞋等整鞋制造

6. 竹木家具制造

7. 高性能混凝土掺和剂

8. 锰锌精深加工

9. 铋化合物生产

10. 艺术陶瓷、日用陶瓷、工业陶瓷、特种陶瓷等高技术陶瓷的研发与生产

11. 天然药、中成药的深加工

12. 激素类药物深度开发

13. 特种（超白、超薄、在线 Low-E、中空、超厚等）优质玻璃技术开发及深加工

14. 高端建筑用热轧无缝钢管、核电用管、超临界高压锅炉用无缝钢管及成品油套管等大口径钢管材加工

15. 新型装配式建筑构件智能制造

16. 高性能子午线轮胎的生产：无内胎载重子午胎，低断面和扁平化（低于 55 系列）、大轮辋高性能轿车子午胎（15 吋以上），航空轮胎及农用子午胎

17. 硬质合金精深加工

18. 双金属高速锯切工具

19. 汽车零部件及汽车电子装置开发与制造：六档以上自动变速箱、商用车用高功率密度驱动桥、随动前照灯系统、LED 前照灯、轻量化材料应用（高强钢、

铝镁合金、复合塑料、粉末冶金、高强度复合纤维等)、离合器、液压减震器、中控盘总成、座椅、燃油共轨喷射系统相关产品、涡轮增压发动机、电机及控制系统、主动安全及自动驾驶控制系统

20. 三轴以上联动的高速、精密数控机床及配套数控系统、伺服电机及驱动装置、功能部件、刀具、量具、量仪及高档磨具磨料生产

21. 30 吨以上液压挖掘机、6 米及以上全断面掘进机、320 马力及以上履带推土机、6 吨及以上装载机、600 吨及以上架桥设备(含架桥机、运梁车、提梁机)、400 吨及以上履带起重机、100 吨及以上全地面起重机、钻孔 100 毫米以上凿岩台车、400 千瓦及以上砼冷热再生设备、1 米宽及以上铣刨机;关键零部件:动力换挡变速箱、湿式驱动桥、回转支承、液力变矩器、为电动叉车配套的电机、电控、压力 25 兆帕以上液压马达、泵、控制阀

22. 60C 及以上混凝土输送泵、50 米及以上混凝土泵车、混凝土布料机、混凝土搅拌运输车、混凝土喷射机械手;起升机械:塔式起重机、50 米及以上高空作业车、50 吨级以上轮胎吊;路面机械:12 米及以上沥青路面摊铺机、4 吨以上沥青混凝土搅拌设备、26 吨以上全液压压路机、垃圾收运和处理设备及系统等产品

23. 大型工程机械关键零部件:动力换挡变速箱、湿式驱动桥、回转支承、液力变矩器、为电动叉车配套的电机、电控、压力 25 兆帕以上液压马达、泵、控制阀

24. 新型橡胶机械成套设备制造

25. 电子产品整机、光电子、电子材料、电子元器件、零部件的开发和制造

26. 太阳能发电设备及零部件制造

27. 宽带业务和增值电信业务(限于中国入世承诺开放的电信业务)

28. 公路旅客运输公司

29. 汽车加气站建设和运营

30. 物流业务相关的仓储设施建设和商贸服务

31. 动漫创作、制作及衍生品开发

32. 城市燃气、热力和供排水管网建设、经营

33. 文化演出场所建设、艺术表演培训等服务

34. 体育场馆设施建设、体育赛事运营及体育健身休闲服务

35. 健康医疗旅游开发

36. 旅游景区(点)保护、开发和经营及其配套设施建设

广西自治区

1. 农作物新品种选育和种子生产

2. 退耕还林还草等国家重点生态工程后续产业开发

3. 动植物药材资源开发、生产

4. 营养性豆奶粉、传统豆制品、功能性蛋白产品、大豆磷脂等非转基因大豆制品生产和加工

5. 日处理甘蔗 5000 吨及以上的蔗糖精深加工及副产品综合利用

6. 松香深加工

7. 棉、毛、麻、丝、化纤的高档纺织、针织及服装加工生产和相关产品的研发、检测

8. 石墨烯技术研发及应用

9. 不锈钢制品生产

10. 铜、铝合金材料及制品生产

11. 锌、锡、锑、钨、锰、铟等金属精深加工

12. 艺术陶瓷、日用陶瓷、工业陶瓷、特种陶瓷等高技术陶瓷的研发与生产

13. 生物医药技术开发、生产

14. 医疗器械设备研究与开发,医用材料生产与加工

15. 特殊品种(超白、超薄、在线 Low-E、中空、超厚)优质浮法玻璃技术开发及深加工

16. 利用木薯、麻风树、橡胶籽等非粮植物为原料的生物液体燃料（燃料乙醇、生物柴油）生产

17. 高性能子午线轮胎的生产：无内胎载重子午胎，低断面和扁平化（低于55系列）、大轮辋高性能轿车子午胎（15吋以上），航空轮胎及农用子午胎

18. 汽车整车制造，专用汽车（不包括普通半挂车、自卸车、罐式车、厢式车和仓栅式汽车）制造（须执行《汽车产业投资管理规定》）

19. 汽车零部件制造：六档以上自动变速箱、商用车用高功率密度驱动桥、随动前照灯系统、LED前照灯、轻量化材料应用（高强钢、铝镁合金、复合塑料、粉末冶金、高强度复合纤维等）、离合器、液压减震器、中控盘总成、座椅

20. 甘蔗种植机、甘蔗收获机等农机具研发及制造

21. 大型工程机械关键零部件：动力换挡变速箱、湿式驱动桥、回转支承、液力变矩器、为电动叉车配套的电机、电控、压力25兆帕以上液压马达、泵、控制阀

22. 宽带业务和增值电信业务（限于中国入世承诺开放的电信业务）

23. 公路旅客运输公司

24. 汽车加气站建设和运营

25. 物流业务相关的仓储设施建设和商贸服务

26. 会展服务业

27. 中等高等职业院校（含技工院校）

28. 城市燃气、热力和供排水管网建设、经营

29. 动漫创作、制作及衍生品开发

30. 养生休闲服务、民族文化开发、休闲旅游等休闲产业

31. 健康医疗旅游开发

32. 旅游景区（点）保护、开发和经营及其配套设施建设

海南省

1. 农作物、畜禽优良品种选育和种苗生产

2. 水产品加工及副产品综合利用

3. 海防林恢复、天然林保护、节水灌溉和旱作节水等技术、开发与应用

4. 饮用天然矿泉水生产

5. 海南省中药、民族药的研发、生产

6. 海底矿物勘查、开采

7. 旅游工艺品创意设计及生产

8. 天然气下游化工产品开发和利用（列入《天然气利用政策》限制类和禁止类的除外）

9. 高性能子午线轮胎的生产：无内胎载重子午胎，低断面和扁平化（低于55系列）、大轮辋高性能轿车子午胎（15吋以上），航空轮胎及农用子午胎

10. 邮轮制造

11. 游艇的设计、制造和维修

12. 深水海洋工程设备制造

13. 高尔夫用具制造

14. 光电子技术和产品（含光纤预制棒、半导体发光二极管LED）开发与制造

15. 智能手机、平板电脑等智能终端产品及关键零部件的技术开发、生产

16. 航天相关设备制造

17. 宽带业务和增值电信业务（限于中国入世承诺开放的电信业务）

18. 公路旅客运输公司

19. 国际航线邮轮服务

20. 国际船舶代理、外轮理货

21. 国际会议展览业

22. 旅行社

23. 学前、普通高中和高等教育机构

24. 城市燃气、热力和供排水管网建设、经营

25. 第三方船舶管理

26. 汽车加气站建设和运营

27. 物流业务相关的仓储设施建设和

商贸服务

28. 跨境电子商务零售中心和大宗商品进出口分拨物流中心建设

29. 电影院的建设、经营

30. 互联网上网服务营业场所

31. 动漫创作、制作及衍生品开发

32. 演出经纪机构

33. 文艺表演团体

34. 演出场所经营

35. 娱乐场所经营

36. 健康医疗旅游、体育旅游开发

37. 乡村民宿、旅居车旅游的开发和经营及配套设施建设

38. 观光农业、休闲农业的开发和经营及其配套设施建设

39. 旅游景区（点）保护、开发和经营及其配套设施建设

40. 海洋、热带雨林生态旅游资源（国家禁止外商投资的自然保护区等除外）开发、经营及其配套设施建设

重庆市

1. 农林牧渔特色产业发展、技术研发、产品加工及出口

2. 天然气下游化工产品生产和开发（列入《天然气利用政策》限制类和禁止类的除外）

3. 聚氨酯主要原料、组合料，高性能、高附加值聚氨酯、工程塑料及下游新材料创新应用产品开发和生产

4. 石墨烯、碳纤维（复合材料）等碳系材料的生产设备（气象沉淀、碳化烧结等）的研发制造，石墨烯、碳纤维（含复合材料）等碳系材料的研发生产及终端产品制造

5. 铝、镁精深加工

6. 页岩气装备制造和油气技术工程服务

7. 环保设备（大气、污水、固废处理设备）制造及其解决方案应用

8. 排气量250ml及以上高性能摩托车整车

9. 汽车整车制造，专用汽车（不包括普通半挂车、自卸车、罐式车、厢式车和仓栅式汽车）制造（须执行《汽车产业投资管理规定》）

10. 高性能子午线轮胎的生产：无内胎载重子午胎，低断面和扁平化（低于55系列）、大轮辋高性能轿车子午胎（15吋以上），航空轮胎及农用子午胎以及列入《当前优先发展的高技术产业化重点领域指南》的子午线轮胎关键原材料

11. 汽车零部件制造：满足国六排放标准及以上的增压直喷汽油机/清洁高效柴油机/驱动系统零部件（离合器、减振器、双质量飞轮）、六档以上自动变速箱（AT、DCT、AMT）、座椅、传动轴、电动转向系统零部件、新能源专用发动机/变速器；新能源车用动力锂电池、驱动电机、电控系统、电制动、电仪表、能量回收系统、电空调、远程监控系统等关键零部件；传动/安全/车身/行驶/信息控制系统、高级驾驶辅助系统（ADAS）、自动驾驶控制系统等智能汽车关键部件；DPF、GPF、SCR等发动机后处理系统、替代燃料发动机ECU控制策略及软硬件、全新新能源汽车/轻量化底盘及车身；行业精密生产装备和相关基础设施生产制造；轻量化材料应用（高强钢、铝镁合金、复合塑料、粉末冶金、高强度复合纤维等）、行业共性技术平台（汽车风洞、智能网联汽车测试评价、安全测试评价、轻量化、行业数据库、全球研发中心等）建设等

12. 天然气分布式能源燃气轮机、内燃机研发及制造

13. 太阳能发电设备及零部件制造

14. 线宽0.25微米以下大规模数字集成电路制造

15. 智能手机、平板电脑等智能终端产品的技术开发、生产

16. 显示屏、芯片制造用电子特气、化合物半导体、电子化学品生产与应用

17. 新型医疗器械设备及医用材料生产加工

18. 500千伏及以上高压直流换流变压器研发及制造

19. 三级能效以上节能环保型家电整机，压缩机、电机、变频器、液晶面板等关键零部件生产，无线输电、裸眼3D、体感输入等新技术开发

20. 半导体照明材料上下游产品及相关设备的研发与制造

21. 二氧化碳回收、一氧化碳等特殊工业气体制备及应用

22. FINEX技术及高速、无头连轧

23. 高精度、高可靠性过程测量仪表，智能传感器

24. 会展服务业

25. 物流业务相关的仓储设施建设和商贸服务

26. 跨境电子商务零售中心和大宗商品进出口分拨物流中心建设

27. 宽带业务和增值电信业务（限于中国入世承诺开放的电信业务）

28. 学前、普通高中和高等教育机构

29. 城市燃气、热力和供排水管网建设、经营

30. 动漫创作、制作及衍生品开发

31. 旅行社经营、旅游景区（点）保护、开发和经营及其配套设施建设

四川省

1. 农林牧渔特色产业发展、技术研发、产品加工及出口（包括中药、红薯、柠檬，水果酿酒等）

2. 节水灌溉和旱作节水技术、保护性耕作技术开发与应用

3. 饮用天然矿泉水生产

4. 棉、毛、麻、丝、化纤的高档纺织、针织及服装加工生产和相关产品的研发、检测

5. 以境外木、藤为原材料的高端家具生产

6. 钒钛资源综合利用新技术和新产品研发制造

7. 天然气下游化工产品生产和开发（列入《天然气利用政策》限制类和禁止类的除外）

8. 含氟精细化学品和高品质含氟无机盐生产

9. 特殊品种（超白、超薄、在线Low-E、中空、超厚）优质浮法玻璃技术开发及深加工

10. 石墨的高端应用和精深加工

11. 汽车整车制造，专用汽车（不包括普通半挂车、自卸车、罐式车、厢式车和仓栅式汽车）制造（须执行《汽车产业投资管理规定》）

12. 高性能子午线轮胎的生产：无内胎载重子午胎，低断面和扁平化（低于55系列）、大轮辋高性能轿车子午胎（15吋以上），航空轮胎及农用子午胎

13. 汽车零部件制造：六档以上自动变速箱、商用车用高功率密度驱动桥、随动前照灯系统、LED前照灯、轻量化材料应用（高强钢、铝镁合金、复合塑料、粉末冶金、高强度复合纤维等）、离合器、液压减震器、中控盘总成、座椅

14. 30吨以上液压挖掘机、6米及以上全断面掘进机、320马力及以上履带推土机、6吨及以上装载机、600吨及以上架桥设备（含架桥机、运梁车、提梁机）、400吨及以上履带起重机、100吨及以上全地面起重机、钻孔100毫米以上凿岩台车、400千瓦及以上砼冷热再生设备、1米宽及以上铣刨机；关键零部件：动力换挡变速箱、湿式驱动桥、回转支承、液力变矩器、为电动叉车配套的电机、电控、压力25兆帕以上液压马达、泵、控制阀

15. 太阳能发电设备及零部件制造

16. 大型储能技术研发与生产应用（蓄能电池、抽水蓄能技术、空气储能技术、风电与后夜供热等）

17. 3000kW 以上大型、重型燃气轮机高温部件及控制系统研发制造

18. 半导体照明材料上下游产品及相关设备的研发与制造

19. 精密电子注塑产品开发、生产

20. 液晶电视、数字电视、节能环保电冰箱、智能洗衣机等高档家用电器制造

21. TFT-LCD、OLED 等平板显示屏、显示屏材料制造

22. 智能手机、平板电脑等智能终端产品及关键零部件的技术开发、生产

23. 新型电子元器件制造：高速、敏感电子（气）连接器制造和开发

24. 医疗及康复用器械、设备及关键部件开发、生产

25. 天然气压缩机（含煤层气压缩机）制造

26. 环保设备制造及其解决方案应用

27. 工业尾矿及工业生产废弃物及低品位、复杂、难处理矿的资源化利用

28. 工业过程自动控制系统与装置制造：现场总线控制系统，可编程控制器（PLC），两相流量计，固体流量计，新型传感器及现场测量仪表

29. 物流业务相关的仓储设施建设和商贸服务

30. 跨境电子商务零售中心和大宗商品进出口分拨物流中心建设

31. 宽带业务和增值电信业务（限于中国入世承诺开放的电信业务）

32. 道路运输

33. 卫生咨询、健康管理、医疗知识等医疗信息服务

34. 城市燃气、热力和供排水管网建设、经营

35. 动漫创作、制作及衍生品开发

36. 艺术表演培训和中介服务及文化用品、设备等产业化开发

37. 旅游景区（点）保护、开发和经营及其配套设施建设

贵州省

1. 退耕还林还草、天然林保护等国家重点生态工程后续产业开发

2. 节水灌溉和旱作节水技术开发与应用

3. 马铃薯、魔芋等产品深加工

4. 畜禽、辣椒、苦荞、山药、核桃深加工

5. 棉、毛、麻、丝、化纤的高档纺织、针织及服装加工生产和相关产品的研发、检测

6. 钛冶炼

7. 用先进技术对固定层合成氨装置进行优化节能技改

8. 利用甲醇开发 M100 新型动力燃料及合成氨生产尾气发展新能源

9. 利用工业生产二氧化碳废气发展工业级、食品级二氧化碳

10. 己二酸生产

11. 采用先进技术建设 30 万吨/年及以上煤制合成氨及配套尿素项目

12. 动植物药材资源开发、保护和可持续利用

13. 特殊品种（超白、超薄、在线 Low-E、中空、超厚）优质浮法玻璃技术开发及深加工

14. 铝等有色金属精深加工

15. 高性能铝合金系列产品开发

16. 新型短流程钢铁冶炼技术开发及应用

17. 非高炉冶炼技术（直接还原法）

18. 磨料磨具产品生产

19. 新型凿岩钎具的开发及用钢材料生产

20. 汽车整车制造，专用汽车（不包括普通半挂车、自卸车、罐式车、厢式车

和仓栅式汽车）制造（须执行《汽车产业投资管理规定》）

21. 汽车零部件制造：六档以上自动变速箱、商用车用高功率密度驱动桥、随动前照灯系统、LED前照灯、轻量化材料应用（高强钢、铝镁合金、复合塑料、粉末冶金、高强度复合纤维等）、离合器、液压减震器、中控盘总成、座椅

22. 有特色优势的特种工程机械、架桥铺路机械、破碎机械、液压基础件、数控机床、节能环保装备、4MW燃汽轮机及以下产品等开发及制造

23. 复式永磁电机抽油机系列化开发和产业化

24. 复杂地质条件的矿用开采、掘进、提升、井下运输等特种设备及产品的开发与制造

25. 适用于西部山区的轻便、耐用、低耗中小型耕种收和植保、节水灌溉、小型抗旱设备及粮油作物、茶叶、特色农产品等农业机械开发与制造

26. 太阳能发电设备及零部件制造

27. 宽带业务和增值电信业务（限于中国入世承诺开放的电信业务）

28. 公路旅客运输公司

29. 演出经纪机构

30. 城市燃气、热力和供排水管网建设、经营

31. 茅台生态带综合保护及赤水河流域遥感技术应用示范

32. 旅游景区（点）保护、开发和经营及其配套设施建设

云南省

1. 咖啡、茶叶、油茶的种植、开发、培育、销售、深加工及新品种的育种和推广

2. 新型天然橡胶开发与应用

3. 天然香料香精生产技术开发及制造

4. 退耕还林还草、天然林保护等国家重点生态工程后续产业开发

5. 高原湖泊保护、污染治理

6. 节水灌溉和旱作节水技术开发与应用

7. 有色金属精深加工

8. 水果、坚果、含油果、香料和饮料作物种植和深加工

9. 营养食品、保健食品开发和生产

10. 特色食用资源开发及应用

11. 符合生态与环保要求的亚麻加工、开发及副产品综合利用

12. 利用木薯、麻风树、橡胶籽等非粮植物为原料的生物液体燃料（燃料乙醇、生物柴油）生产

13. 棉、毛、麻、丝、化纤的高档纺织、针织及服装加工生产和相关产品的研发、检测

14. 动植物药材资源开发、保护和可持续利用

15. 以境外木、藤为原料的高端家具生产

16. 包装装潢及其他印刷

17. 民族特需品、特色工艺品及包装容器材生产

18. 工业大麻加工开发及副产品综合利用

19. 生物医药技术开发、生产

20. 特殊品种（超白、超薄、在线Low-E、中空、超厚）优质浮法玻璃技术开发及深加工

21. 生物质能发电设备制造

22. 太阳能、风能发电设备及零部件制造

23. 汽车整车制造，专用汽车（不包括普通半挂车、自卸车、罐式车、厢式车和仓栅式汽车）制造（须执行《汽车产业投资管理规定》）

24. 宽带业务和增值电信业务（限于中国入世承诺开放的电信业务）

25. 汽车加气站建设和运营

26. 物流业务相关的仓储设施建设和商贸服务

27. 民族特色文化产业、艺术表演培训、中介服务，生态旅游资源开发（自然保护区和国际重要湿地的建设、经营除外）

28. 旅游景区（点）保护、开发和经营及其配套设施建设

西藏自治区

1. 退耕还林还草、天然林保护等国家重点生态工程后续产业开发

2. 节水灌溉和旱作节水技术开发与应用

3. 盐湖资源的开发利用

4. 饮用天然矿泉水生产

5. 牛羊绒、皮革产品深加工及藏毯生产

6. 花卉与苗圃基地的建设经营

7. 林下资源的培植技术研发和林下产品深加工

8. 青稞、牧草等农作物新技术的开发利用

9. 高原特色食品资源开发利用

10. 天然药、原料药、中成药的深加工

11. 藏药新品种、新剂型产品生产

12. 少数民族特需用品、工艺美术品、包装容器材料、日用玻璃制品及极具藏民族特色的旅游商品纪念品生产

13. 物流业务相关的仓储设施建设和商贸服务

14. 宽带业务和增值电信业务（限于中国入世承诺开放的电信业务）

15. 公路旅客运输公司

16. 城市燃气、热力和供排水管网建设、经营

17. 跨境电子商务零售中心和大宗商品进出口分拨物流中心建设

18. 观光农业、休闲农业的开发和经营及配套设施建设

19. 旅游景区（点）保护、开发和经营及其配套设施建设

陕西省

1. 农作物新品种选育和种子生产

2. 小杂粮、马铃薯、红薯、辣椒、苦荞、山药、核桃种植及产品开发、生产及深加工

3. 退耕还林还草、天然林保护、水源地保护等国家重点生态工程后续产业开发

4. 节水灌溉和旱作节水技术、保护性耕作技术和设施农业技术开发与应用

5. 棉、毛、麻、丝、化纤的高档纺织、针织及服装加工生产和相关产品的研发、检测

6. 动植物药材资源开发、保护和可持续利用

7. 煤炭分制利用：煤制甲醇—烯烃及下游煤制芳烃—乙二醇聚酯生产

8. 煤炭液化制油品及化学品生产

9. 天然气下游化工产品的生产与开发（列入《天然气利用政策》限制类和禁止类的除外）

10. 特殊品种（超白、超薄、在线Low-E、中空、超厚）优质浮法玻璃技术开发及深加工

11. 钒冶炼及钒合金制品生产加工

12. 铝、镁、钛金属精深加工

13. 动物专用抗菌原料药（包括抗生素、化学合成类）、动物疫苗生产

14. 新型医疗器械设备及医用材料生产加工

15. 高炉煤气能量回收透平装置设计制造

16. 汽车整车制造，专用汽车（不包括普通半挂车、自卸车、罐式车、厢式车和仓栅式汽车）制造（须执行《汽车产业投资管理规定》）

17. 汽车零部件制造：商用车用高功率密度驱动桥、随动前照灯系统、LED前照灯、离合器、液压减震器、中控盘总成、

座椅、轻量化材料应用

18. 集成电路及生产设备研发生产

19. 智能手机、平板电脑等智能终端产品及关键零部件的技术开发、生产

20. 柔性显示屏、显示屏材料生产

21. 接触显示和通讯终端产品及零部件的研发与生产

22. 汽车加气站建设和运营

23. 宽带业务和增值电信业务（限于中国入世承诺开放的电信业务）

24. 公路旅客运输公司

25. 跨境电子商务零售中心和大宗商品进出口分拨物流中心建设

26. 学前、普通高中和高等教育机构

27. 中等高等职业院校（含技工院校）

28. 动漫创作、制作及衍生品开发

29. 城市燃气、热力和供排水管网建设、经营

30. 体育赛事运营及体育健身休闲服务

31. 观光农业、休闲农业的开发和经营及其配套设施建设

32. 养生休闲服务、民族文化开发、休闲旅游等休闲产业

33. 旅行社

34. 旅游景区（点）保护、开发和经营及其配套设施建设

35. 经国家投资主管部门批准的资源枯竭型城市资源精深加工和接续产业等项目

甘肃省

1. 节水灌溉和旱作节水技术、保护性耕作技术开发与应用

2. 瓜果、蔬菜、花卉种子的开发、生产

3. 特色中药材的种植、养殖及加工，中药材 GAP 生产基地建设

4. 天然气下游化工产品生产和开发（列入《天然气利用政策》限制类和禁止类的除外）

5. 石油及化学产业的延伸加工

6. 化工原料废气、废液、废渣的综合利用

7. 医疗设备及关键部件开发、生产

8. 铝、铜、镍等有色金属精深加工

9. 石油钻采、炼化设备等高端装备制造

10. 汽车整车制造，专用汽车（不包括普通半挂车、自卸车、罐式车、厢式车和仓栅式汽车）制造（须执行《汽车产业投资管理规定》）

11. 不锈钢制品生产

12. 高性能铝合金系列产品开发

13. 新型短流程钢铁冶炼技术开发及应用

14. 汽车零部件制造：六档以上自动变速箱、商用车用高功率密度驱动桥、随动前照灯系统、LED 前照灯、轻量化材料应用（高强钢、铝镁合金、复合塑料、粉末冶金、高强度复合纤维等）、离合器、液压减震器、中控盘总成、座椅

15. 太阳能发电及设备制造业

16. 中等职业院校（含技工院校）

17. 动漫创作、制作及衍生品开发

18. 城市燃气、热力和供排水管网建设、经营

19. 物流业务相关的仓储设施建设和商贸服务

20. 旅游景区（点）保护、开发和经营及其配套设施建设

青海省

1. 高原动植物资源保护、种养与加工利用

2. 退耕还林还草、退牧还草、天然林保护、水土保持及水生态综合治理等国家重点生态工程后续产业开发（涉及自然保护区和重要湿地的建设、经营的除外）

3. 节水灌溉和旱作节水技术、保护性

耕作技术、设施农业技术、光伏农业技术开发与应用

4. 有机天然农畜产品基地建设和产品精深加工

5. 耐火材料生产

6. 石英、石膏等优势非金属矿产品及深加工制品（勘探、开采除外）

7. 铜、铝、镁等有色金属精深加工

8. 钛金属精深加工

9. 铝基、镁基、钛基、锂基及镍基等新型金属合金材料的研发及生产

10. 中、藏药新品种、新剂型产品生产

11. 特殊品种（超白、超薄、在线Low-E、中空、超厚）优质浮法玻璃技术开发及深加工

12. 聚甲醛、聚苯硫醚等工程塑料生产

13. 烯烃下游精深加工产品

14. 工业尾矿及工业生产废弃物及低品位、复杂、难处理矿的资源化利用

15. 汽车整车制造，专用汽车（不包括普通半挂车、自卸车、罐式车、厢式车和仓栅式汽车）制造（须执行《汽车产业投资管理规定》）

16. 半导体照明材料上下游产品及相关设备的研发与制造

17. 太阳能、风能发电设备及零部件制造

18. 光伏发电系统集成技术开发与应用

19. 锂电产品生产及专用设备研发与制造

20. 宽带业务和增值电信业务（限于中国入世承诺开放的电信业务）

21. 公路旅客运输公司

22. 水利工程的建设和运营

23. 城市及农村燃气、热力和供排水管网建设、经营

24. 体育场馆设施建设、体育赛事运营及体育健身休闲服务

25. 旅游景区（点）保护、开发和经营及其配套设施建设

宁夏自治区

1. 马铃薯种子生产

2. 瓜果、蔬菜、花卉种子的选育生产

3. 退耕还林还草、退牧还草、天然林保护等国家重点生态工程后续产业开发

4. 节水灌溉和旱作节水技术、保护性耕作技术开发与应用

5. 枸杞、葡萄、马铃薯等种植及深加工

6. 沙生中药材、沙区生态经济林、沙区瓜果、沙区设施农业、沙料建材、沙区新能源和沙漠旅游休闲等沙产业

7. 饲料加工

8. 牛乳蛋白、干酪素等高端乳制品深加工

9. 特种陶瓷生产加工（含碳化硅、氮化硅、碳化硼等）

10. 碳基材料、碳纤维开发、生产

11. 采用节能低成本工艺的多晶硅、单晶硅生产

12. 半导体材料（含半导体晶片、晶圆等）的生产及加工

13. 钽、铌等稀有金属材料的精深加工

14. 铝合金、镁合金、硅、锰合金等新材料的研发及生产

15. 高性能子午线轮胎的生产：全钢子午轮胎、无内胎载重子午胎，低断面和扁平化（低于55系列）、大轮辋高性能轿车子午胎（15吋以上），航空轮胎及农用子午胎

16. 汽车整车制造，专用汽车（不包括普通半挂车、自卸车、罐式车、厢式车和仓栅式汽车）制造（须执行《汽车产业投资管理规定》）

17. 三轴以上联动的高速、精密数控

机床及配套数控系统、伺服电机及驱动装置、功能部件、刀具、量具、量仪及高档磨具磨料生产

18. 500万吨/年及以上矿井、薄煤层综合采掘设备，1000万吨级/年及以上大型露天矿关键装备

19. 太阳能发电系统、风力发电场建设及运营

20. 特殊环境自动控制、智能化仪器、仪表、阀门技术开发

21. 宽带业务和增值电信业务（限于中国入世承诺开放的电信业务）

22. 公路旅客运输公司

23. 旅行社

24. 城市燃气、热力和供排水管网建设、经营

25. 旅游景区（点）保护、开发和经营及其配套设施建设

新疆自治区（含新疆生产建设兵团）

1. 退耕还林还草、退牧还草、天然林保护等国家重点生态工程后续产业开发

2. 节水灌溉和旱作节水技术、保护性耕作技术、设施农业、有机农业的开发与应用

3. 营养健康型大米、小麦粉（食品专用米、发芽糙米、留胚米、食品专用粉、全麦粉及营养强化产品等）及制品的开发、生产，传统主食工业化生产

4. 优质番茄、甜菜、香梨、葡萄、西甜瓜、红枣、核桃、杏子、石榴和枸杞等优质特色农产品的种植及深加工

5. 优质酿酒葡萄基地建设及葡萄酒生产

6. 高档营养配方、优质工业乳粉、奶酪、酪蛋白、奶油、炼乳、酸奶等固态、半固态乳制品生产

7. 饲料加工

8. 亚麻、沙棘、薰衣草的种植及其制品生产

9. 棉、毛、麻、丝、化纤的高档纺织、针织及服装加工生产和相关产品的研发、检测

10. 蛭石、云母、石棉、菱镁矿、石灰石、红柱石、石材等非金属矿产的综合利用（勘探、开发除外）

11. 石墨的高端应用和精深加工

12. 煤炭加工应用技术开发

13. 油气伴生资源综合利用

14. 放空天然气回收利用

15. 民族特色药用植物种植、加工和制药新工艺开发

16. 民族特需用品、工艺美术品、包装容器材料、日用玻璃制品及手工地毯、玉雕、民族刺绣等民族特色手工艺品、旅游纪念品生产

17. 特殊品种（超白、超薄、在线Low-E、中空、超厚）优质浮法玻璃技术开发及深加工

18. 直径200mm以上硅单晶及抛光片、多晶硅生产

19. 铜、锌、铝等有色金属精深加工

20. 汽车整车制造，专用汽车（不包括普通半挂车、自卸车、罐式车、厢式车和仓栅式汽车）制造（须执行《汽车产业投资管理规定》）

21. 杂粮加工专用设备开发、生产

22. 太阳能、风能发电设备及零部件制造

23. 石油及采矿等特种设备制造

24. 智能电网设备、电气成套控制系统设备制造

25. 小型清雪设备制造

26. 钢铁冶金固体废弃物综合利用、脱硫石膏、煤粉灰、电石渣综合利用及制品、污水净化处理成套设备制造

27. 宽带业务和增值电信业务（限于中国入世承诺开放的电信业务）

28. 公路旅客运输公司

29. 商业连锁经营、跨区域代理经营等新型流通业

30. 物流业务相关的仓储设施建设和商贸服务

31. 跨境电子商务零售中心和大宗商品进出口分拨物流中心建设

32. 城市燃气、热力和供排水管网建设、经营

33. 旅游景区（点）保护、开发和经营及其配套设施建设

外商投资准入特别管理措施（负面清单）（2019 年版）

（国家发展改革委 商务部 2019 年第 25 号令，2019 年 6 月 30 日）

《外商投资准入特别管理措施（负面清单）（2019 年版）》已经党中央、国务院同意，现予以发布，自 2019 年 7 月 30 日起施行。2018 年 6 月 28 日国家发展和改革委员会、商务部发布的《外商投资准入特别管理措施（负面清单）（2018 年版）》同时废止。

说　明

一、《外商投资准入特别管理措施（负面清单）》（以下简称《外商投资准入负面清单》）统一列出股权要求、高管要求等外商投资准入方面的特别管理措施。《外商投资准入负面清单》之外的领域，按照内外资一致原则实施管理。

二、《外商投资准入负面清单》对部分领域列出了取消或放宽准入限制的过渡期，过渡期满后将按时取消或放宽其准入限制。

三、境外投资者不得作为个体工商户、个人独资企业投资人、农民专业合作社成员，从事投资经营活动。

四、境外投资者不得投资《外商投资准入负面清单》中禁止外商投资的领域；投资《外商投资准入负面清单》之内的非禁止投资领域，须进行外资准入许可；投资有股权要求的领域，不得设立外商投资合伙企业。

五、境内公司、企业或自然人以其在境外合法设立或控制的公司并购与其有关联关系的境内公司，涉及外商投资项目和企业设立及变更事项的，按照现行规定办理。

六、《外商投资准入负面清单》中未列出的文化、金融等领域与行政审批、资质条件、国家安全等相关措施，按照现行规定执行。

七、《内地与香港关于建立更紧密经贸关系的安排》及其后续协议、《内地与澳门关于建立更紧密经贸关系的安排》及其后续协议、《海峡两岸经济合作框架协议》及其后续协议、我国与有关国家签订的自由贸易区协议和投资协定、我国参加的国际条约对符合条件的投资者有更优惠开放措施的，按照相关协议或协定的规定执行。在自由贸易试验区等特殊经济区域对符合条件的投资者实施更优惠开放措施的，按照相关规定执行。

八、《外商投资准入负面清单》由发展改革委、商务部会同有关部门负责解释。

外商投资准入特别管理措施（负面清单）（2019 年版）

序号	特别管理措施
一、农、林、牧、渔业	
1	小麦、玉米新品种选育和种子生产须由中方控股。
2	禁止投资中国稀有和特有的珍贵优良品种的研发、养殖、种植以及相关繁殖材料的生产（包括种植业、畜牧业、水产业的优良基因）。

续表

序号	特别管理措施
3	禁止投资农作物、种畜禽、水产苗种转基因品种选育及其转基因种子（苗）生产。
4	禁止投资中国管辖海域及内陆水域水产品捕捞。
二、采矿业	
5	禁止投资稀土、放射性矿产、钨勘查、开采及选矿。
三、制造业	
6	出版物印刷须由中方控股。
7	禁止投资放射性矿产冶炼、加工，核燃料生产。
8	禁止投资中药饮片的蒸、炒、炙、煅等炮制技术的应用及中成药保密处方产品的生产。
9	除专用车、新能源汽车外，汽车整车制造的中方股比不低于50%，同一家外商可在国内建立两家及两家以下生产同类整车产品的合资企业。（2020年取消商用车制造外资股比限制。2022年取消乘用车制造外资股比限制以及同一家外商可在国内建立两家及两家以下生产同类整车产品的合资企业的限制）
10	卫星电视广播地面接收设施及关键件生产。
四、电力、热力、燃气及水生产和供应业	
11	核电站的建设、经营须由中方控股。
12	城市人口50万以上的城市供排水管网的建设、经营须由中方控股。
五、批发和零售业	
13	禁止投资烟叶、卷烟、复烤烟叶及其他烟草制品的批发、零售。
六、交通运输、仓储和邮政业	
14	国内水上运输公司须由中方控股。
15	公共航空运输公司须由中方控股，且一家外商及其关联企业投资比例不得超过25%，法定代表人须由中国籍公民担任。
16	通用航空公司的法定代表人须由中国籍公民担任，其中农、林、渔业通用航空公司限于合资，其他通用航空公司限于中方控股。
17	民用机场的建设、经营须由中方相对控股。
18	禁止投资空中交通管制。
19	禁止投资邮政公司、信件的国内快递业务。
七、信息传输、软件和信息技术服务业	
20	电信公司：限于中国入世承诺开放的电信业务，增值电信业务的外资股比不超过50%（电子商务、国内多方通信、存储转发类、呼叫中心除外），基础电信业务须由中方控股。
21	禁止投资互联网新闻信息服务、网络出版服务、网络视听节目服务、互联网文化经营（音乐除外）、互联网公众发布信息服务（上述服务中，中国入世承诺中已开放的内容除外）。
八、金融业	
22	证券公司的外资股比不超过51%，证券投资基金管理公司的外资股比不超过51%。（2021年取消外资股比限制）
23	期货公司的外资股比不超过51%。（2021年取消外资股比限制）

续表

序号	特别管理措施
24	寿险公司的外资股比不超过51%。(2021年取消外资股比限制)
九、租赁和商务服务业	
25	禁止投资中国法律事务（提供有关中国法律环境影响的信息除外），不得成为国内律师事务所合伙人。
26	市场调查限于合资、合作，其中广播电视收听、收视调查须由中方控股。
27	禁止投资社会调查。
十、科学研究和技术服务业	
28	禁止投资人体干细胞、基因诊断与治疗技术开发和应用。
29	禁止投资人文社会科学研究机构。
30	禁止投资大地测量、海洋测绘、测绘航空摄影、地面移动测量、行政区域界线测绘，地形图、世界政区地图、全国政区地图、省级及以下政区地图、全国性教学地图、地方性教学地图、真三维地图和导航电子地图编制，区域性的地质填图、矿产地质、地球物理、地球化学、水文地质、环境地质、地质灾害、遥感地质等调查。
十一、教育	
31	学前、普通高中和高等教育机构限于中外合作办学，须由中方主导（校长或者主要行政负责人应当具有中国国籍，理事会、董事会或者联合管理委员会的中方组成人员不得少于1/2)。
32	禁止投资义务教育机构、宗教教育机构。
十二、卫生和社会工作	
33	医疗机构限于合资、合作。
十三、文化、体育和娱乐业	
34	禁止投资新闻机构（包括但不限于通讯社）。
35	禁止投资图书、报纸、期刊、音像制品和电子出版物的编辑、出版、制作业务。
36	禁止投资各级广播电台（站）、电视台（站）、广播电视频道（率）、广播电视传输覆盖网（发射台、转播台、广播电视卫星、卫星上行站、卫星收转站、微波站、监测台及有线广播电视传输覆盖网等），禁止从事广播电视视频点播业务和卫星电视广播地面接收设施安装服务。
37	禁止投资广播电视节目制作经营（含引进业务）公司。
38	禁止投资电影制作公司、发行公司、院线公司以及电影引进业务。
39	禁止投资文物拍卖的拍卖公司、文物商店和国有文物博物馆。
40	禁止投资文艺表演团体。

国际金融组织和外国政府贷款投资项目管理暂行办法

（国家发展改革委2005年第28号令，2005年2月28日）

《国际金融组织和外国政府贷款投资项目管理暂行办法》业经国家发展和改革委员会主任办公会讨论通过，现予以发布，自2005年3月1日起施行。

第一章　总　　则

第一条　为加强国际金融组织和外国政府贷款（以下简称国外贷款）投资项目管理，提高国外贷款使用效益，根据《国务院关于投资体制改革的决定》和国家有关外债管理规定，制定本办法。

第二条　借用世界银行、亚洲开发银行、国际农业发展基金会等国际金融组织贷款和外国政府贷款及与贷款混合使用的赠款、联合融资等投资项目的管理，适用本办法。

第三条　境内企业、机构、团体均可申请借用国外贷款。

第四条　国外贷款属于国家主权外债，按照政府投资资金进行管理。国外贷款主要用于公益性和公共基础设施建设，保护和改善生态环境，促进欠发达地区经济和社会发展。

第二章　国外贷款备选项目规划

第五条　国外贷款备选项目规划是项目对外开展工作的依据。借用国外贷款的项目必须纳入国外贷款备选项目规划。

未纳入国外贷款备选项目规划的项目，国务院各有关部门、地方各级政府和项目用款单位不得向国际金融组织或外国政府等国外贷款机构正式提出贷款申请。

第六条　国务院发展改革部门按照国民经济和社会发展规划、产业政策、外债管理及国外贷款使用原则和要求，编制国外贷款备选项目规划，并据此制定、下达年度项目签约计划。

世界银行、亚洲开发银行贷款和日本政府日元贷款备选项目规划由国务院发展改革部门提出，商国务院财政部门后报国务院批准。

第七条　国务院行业主管部门、省级发展改革部门、计划单列企业集团和中央管理企业向国务院发展改革部门申报纳入国外贷款规划的备选项目。

国务院行业主管部门申报的项目，由地方政府安排配套资金、承担贷款偿还责任或提供贷款担保的，应当同时出具省级发展改革部门及有关部门意见。

第八条　申报纳入国外贷款规划的备选项目材料包括以下内容：

（一）项目简要情况；

（二）项目建设必要性；

（三）拟申请借用国外贷款的类别或国别；

（四）贷款金额及用途；

（五）贷款偿还责任。

第九条　已纳入国际金融组织贷款、日本政府日元贷款备选项目规划的项目，如需调整贷款来源或撤销贷款的，应当将调整内容按照本办法第七条规定的程序报国务院发展改革部门。

纳入其他外国政府贷款备选项目规划的项目，如需调整贷款来源的，应当将调整内容在项目资金申请报告审批阶段一并报批。

第十条 原批准使用其他资金的项目，拟申请转用国外贷款；或已批准使用国外贷款的项目，拟申请转用其他资金的，应当按照本办法第七条规定的程序报国务院发展改革部门。

第十一条 国务院发展改革部门、省级发展改革部门参与项目的有关对外工作，指导和督促国外贷款规划及年度项目签约计划的落实。

第十二条 纳入国外贷款备选项目规划的项目，应当区别不同情况履行审批、核准或备案手续：

（一）由中央统借统还的项目，按照中央政府直接投资项目进行管理，其项目建议书、可行性研究报告由国务院发展改革部门审批或审核后报国务院审批。

（二）由省级政府负责偿还或提供还款担保的项目，按照省级政府直接投资项目进行管理，其项目审批权限，按国务院及国务院发展改革部门的有关规定执行。除应当报国务院及国务院发展改革部门审批的项目外，其他项目的可行性研究报告均由省级发展改革部门审批，审批权限不得下放。

（三）由项目用款单位自行偿还且不需政府担保的项目，参照《政府核准的投资项目目录》规定办理：凡《政府核准的投资项目目录》所列的项目，其项目申请报告分别由省级发展改革部门、国务院发展改革部门核准，或由国务院发展改革部门审核后报国务院核准；《政府核准的投资项目目录》之外的项目，报项目所在地省级发展改革部门备案。

第三章 项目资金申请报告

第十三条 项目纳入国外贷款备选项目规划并完成审批、核准或备案手续后，项目用款单位须向所在地省级发展改革部门提出项目资金申请报告。

项目资金申请报告由省级发展改革部门初审后，报国务院发展改革部门审批。

国务院行业主管部门、计划单列企业集团和中央管理企业的项目资金申请报告，直接报国务院发展改革部门审批。

第十四条 由国务院及国务院发展改革部门审批的项目可行性研究报告，可行性研究报告中应当包括项目资金申请报告内容，不再单独审批项目资金申请报告。

第十五条 项目资金申请报告应当具备以下内容：

（一）项目概况，包括项目建设规模及内容、总投资、资本金、国外贷款及其他资金、项目业主、项目执行机构、项目建设期；

（二）国外贷款来源及条件，包括国外贷款机构或贷款国别、还款期、宽限期、利率、承诺费等；

（三）项目对外工作进展情况；

（四）贷款使用范围，包括贷款用于土建、设备、材料、咨询和培训等的资金安排；

（五）设备和材料采购清单及采购方式，包括主要设备和材料规格、数量、单价；

（六）经济分析和财务评价结论；

（七）贷款偿还及担保责任、还款资金来源及还款计划。

第十六条 项目资金申请报告应当附以下文件：

（一）项目批准文件（项目可行性研究报告批准文件、项目申请报告核准文件或项目备案文件）。

（二）国际金融组织和日本国际协力银行贷款项目，提供国外贷款机构对项目的评估报告。

（三）国务院行业主管部门提出项目资金申请报告时，如项目需地方政府安排配套资金、承担贷款偿还责任或提供贷款担保的，出具省级发展改革部门及有关部门意见。

（四）申请使用限制性采购的国外贷款项目，出具对国外贷款条件、国内外采购比例、设备价格等比选结果报告。

第十七条 国务院发展改革部门审批项目资金申请报告的条件是：

（一）符合国家利用国外贷款的政策及使用规定；

（二）符合国外贷款备选项目规划；

（三）项目已按规定履行审批、核准或备案手续；

（四）国外贷款偿还和担保责任明确，还款资金来源及还款计划落实；

（五）国外贷款机构对项目贷款已初步承诺。

第十八条 项目资金申请报告批准后，项目建设内容、贷款金额及用途等发生变化的，须按本办法第十三条规定的程序将调整方案报国务院发展改革部门批准。

第十九条 国务院及国务院发展改革部门对项目可行性研究报告或资金申请报告的批准文件，是对外谈判、签约和对内办理转贷生效、外债登记、招标采购和免税手续的依据。

第二十条 未经国务院及国务院发展改革部门审批可行性研究报告或资金申请报告的项目，有关部门和单位不得对外签署贷款协定、协议和合同，外汇管理、税务、海关等部门及银行不予办理相关手续。

第二十一条 项目资金申请报告自批准之日起两年内，项目未签订国外贷款转贷协议的，该批准文件自动失效。

第四章 项目实施管理

第二十二条 国务院发展改革部门、省级发展改革部门指导和协调项目实施工作，监督有关招投标活动。

第二十三条 国外贷款项目出现余款时，项目用款单位应当及时办理有关余款取消手续，并按本办法第十三条规定的程序抄报国务院发展改革部门。

如将余款继续用于完善原项目建设的，应当参照项目资金申请报告的要求，编制余款使用方案，并按本办法第十三条规定的程序报国务院发展改革部门批准。

第二十四条 负责将国外贷款进行转贷的转贷机构，应当根据国务院及国务院发展改革部门对项目可行性研究报告或资金申请报告的批准文件，对项目的国外贷款进行转贷，并于每年六月底和十二月底向国务院发展改革部门报送国外贷款支付和偿还情况。

由各级政府负责偿还国外贷款或提供还款担保的项目，转贷机构原则上应当按贷款方提供的贷款条件进行转贷。如以规避外债风险为目的需对上述项目转贷条件进行调整的，转贷机构应当事先征得国务院发展改革部门同意。

第二十五条 项目用款单位要依法履行国外贷款偿还责任，及时进行外债登记，加强国外贷款债务风险管理。

项目用款单位要建立项目信息反馈制度，并于每年六月底和十二月底向批准项目的发展改革部门提交项目进度报告。

第二十六条 国务院发展改革部门应当对项目实施情况和省级发展改革部门批准及管理项目情况进行监督检查，并对查实的问题提出处理意见。

第二十七条 为确保对外还款，防止逃废债务，尚未偿还全部国外贷款的项目用款单位，在进行资产重组、产权变更或破产申请前，应当事先征得转贷机构对剩余债务偿还安排的书面认可，落实还贷责任，并将有关结果抄报国务院发展改革部门。

第五章 附 则

第二十八条 省级发展改革部门依据本办法的规定，制定相应的管理办法。

第二十九条 本办法由国家发展改革委负责解释。

第三十条 本办法自 2005 年 3 月 1 日起施行。此前有关国外贷款投资项目管理的规章和其他规范性文件，与本办法不一致的，按本办法规定执行。

国家发展改革委 财政部关于国际金融组织和外国政府贷款管理改革有关问题的通知

（发改外资〔2015〕440号，2015年3月9日）

各省、自治区、直辖市及计划单列市、新疆生产建设兵团发展改革委、财政厅（局）：

根据党中央、国务院加快转变政府职能的要求，国家发展改革委、财政部确定了国际金融组织和外国政府贷款（以下简称“国外贷款”）管理的改革思路，拟进一步加强协调配合，简化管理程序，完善工作机制。为稳步推进改革、做好工作衔接，现就有关事项通知如下：

一、改革创新国外贷款管理思路

为适应新形势下利用国外贷款的新要求，国外贷款管理要按照党中央、国务院关于进一步推进政府职能转变、建立依法行政服务型政府的总体要求，紧紧围绕全面深化改革这项中心任务，依据“顶层设计、简政放权、公开透明”的原则，进一步加强发展改革部门和财政部门的协调配合，优化整合国外贷款管理程序，充分利用国外优惠贷款资源支持国家重点领域改革。

目前，国家发展改革委、财政部正统筹国外贷款项目规划方式改革，积极研究取消国外贷款项目资金申请报告和国际金融组织贷款谈判请示、引入第三方评估等改革措施，拟成熟一项、推动一项，并在相关法规中予以明确。

二、做好备选项目规划

（一）加强顶层设计，改革规划方式。根据国家重大战略举措、改革试点任务和外方要求，国家发展改革委会同财政部确定国外贷款支持的重点改革任务、关键发展领域和创新要求等，通过“自上而下抓重点推改革，自下而上搞试点促落实”相结合的规划方式，更加系统地对重点领域提供支持。省级发展改革部门会同省级财政部门联合申报拟纳入国外贷款备选项目规划的项目。国家发展改革委会同财政部根据各地申报情况，编制备选项目规划，并将规划联合下达至省级发展改革、财政部门。

（二）2015年国际金融组织贷款备选项目规划安排。各地申报项目应与国家、行业和地方重大战略规划、优先发展的重点领域紧密结合，注重创新示范和促进体制机制改革。有关单位要结合项目特点和配套能力，合理确定贷款申报金额和配套资金比例；积极研究采用国际金融组织提出的结果导向型贷款和发展政策贷款等新工具，提高资金使用效益。请省级发展改革部门会同省级财政部门于3月30日前将备选项目申报材料报送至国家发展改革委和财政部，具体贷款机构由国家发展改革委和财政部统筹安排。

（三）外国政府贷款备选项目规划安排。每年度编制下达一批外国政府贷款备选项目规划（含美国进出口银行贷款项目）。贷款资金主要用于引进先进技术、设备和管理理念，原则上不再安排医院单纯购置医疗设备。考虑到沙特、科威特、欧佩克基金贷款要求相近，上述国别的贷款项目可据需要在上述三个国别间调整，无需办理变更手续。由于目前规划内项目较多、年度贷款规模有限，2015 年度备选项目规划将于 7 月启动申报，贷款国别、贷款规模、安排领域等贷款信息届时另行通知。

各地发展改革、财政部门要加强协调配合，根据国家或地方经济社会发展需要，统筹考虑借用外债规模和结构目标、政府一般公共预算安排、政府债务额度及偿还资金来源等，共同做好备选项目规划工作。

三、妥善安排过渡期外国政府贷款项目

为确保改革过渡期内外国政府贷款项目继续平稳实施，根据有关文件要求，再次强调以下原则和要求：

（一）对于已列入国家发展改革委备选项目规划，未在一年有效期内列入财政部备选项目清单的项目，逾期自动取消。

（二）对于列入财政部备选项目清单后 18 个月内未签署商务合同或政府协议的项目，原则上不再延期，逾期予以取消。

（三）对于需办理资金申请报告批复的项目，请尽快向省级发展改革部门申请办理，并在有效期截至日两个月前送达国家发展改革委。

请各地发展改革部门和财政部门抓紧办理相关手续，共同推动外方尽早开展项目评估等有关工作，为项目及时签约、开工建设做好充分准备。

国家发展改革委办公厅关于印发国际金融组织贷款项目资金申请报告编制大纲和项目资金申请报告报批文件提纲的通知

（发改办外资〔2008〕1770号，2008年8月11日）

各省、自治区、直辖市及计划单列市发展改革委，国务院有关行业管理部门：

为进一步规范借用国际金融组织贷款项目资金申请报告的编写和报批工作，提高工作质量和工作效率，根据《国际金融组织和外国政府贷款投资项目管理暂行办法》（国家发展改革委2005年第28号令）和《国家发展改革委关于进一步加强国际金融组织贷款项目管理的通知》（发改外资〔2008〕1269号），特制定《国际金融组织贷款项目资金申请报告编制大纲》和《国际金融组织贷款项目资金申请报告申报文件提纲》，现印发给你们，供参考。

附件：1. 国际金融组织贷款项目资金申请报告编制大纲

2. 国际金融组织贷款项目资金申请报告报批文件提纲

附件1

国际金融组织贷款项目资金申请报告编制大纲

一、项目概况

（一）项目建设目标及必要性（包括配套改革、创新或示范、推广等内容）

（二）项目区域及建设地点、项目建设规模、内容等（打捆项目可附表说明，参见附表1.2）

（三）项目投资估算及资金筹措方案

1. 总投资及资金构成（包括资本金、国外贷款、其他配套资金）

2. 年度投资安排

（四）项目执行机构及项目业主

（五）项目建设期及进度安排

二、国外贷款来源及条件

（一）国外贷款机构

（二）贷款条件（包括还款期、宽限期、利率、先征费、承诺费等）

三、项目前期准备工作进展情况

（一）国内工作进展情况

1. 项目建议书批准情况

2. 项目可行性研究报告或项目申请报告批准情况

3. 环评及土地预审相关情况

（二）对外工作进展情况

1. 项目鉴别、准备、评估等情况（包括亚行贷款项目准备性技援PPTA情况）

2. 贷款谈判计划安排

3. 贷款协议及项目启动计划安排

（三）国内配套资金落实情况

四、贷款使用方案及类别安排

包括贷款用于土建、设备、材料、咨

询和培训等方面的资金安排（应附表说明，参见附表3）

五、土建、设备及材料采购安排

（一）采购原则及方式

（二）采购计划（应附表说明，参见附表4.5.6）

1. 土建采购分包方案

2. 设备及材料采购清单

3. 咨询服务及培训计划

六、经济分析及财务评价结论

（一）经济分析

（二）财务评价

（三）环境和社会效益评价

七、贷款偿还及风险防范

（一）贷款偿还方式

（二）偿还或担保责任

（三）还款资金来源

（四）贷款偿还计划

（五）外债风险分析及规避风险初步方案

八、附件

（一）项目批准文件（项目可行性研究报告批准文件、项目申请报告核准文件或项目备案文件）

（二）项目评估文件（国外贷款机构对项目的评估报告中英文文本）

（三）国内配套资金落实文件或相关证明

注：项目资金申请报告编制大纲是对项目资金申请报告编写内容及深度的一般性要求，项目申报单位在编写具体项目的资金申请报告时，可结合项目自身的实际情况，对大纲中所要求的内容进行适当调整。

附表：（略）

附件2

国际金融组织贷款项目资金申请报告报批文件提纲

一、项目概况

（一）项目建设目标及必要性（包括配套改革、创新或示范、推广等内容）

（二）项目区域及建设地点、项目建设规模、内容等，打捆项目可附简表说明

（三）项目投资估算及资金筹措方案

总投资及资金构成（包括资本金、国外贷款、其他配套资金）

（四）项目执行机构及项目业主

（五）项目建设期

二、国外贷款来源及条件

三、项目前期准备工作进展情况

（一）项目国内工作进展情况

（二）项目对外工作进展情况

四、贷款使用方案及类别安排

包括贷款用于土建、设备、材料、咨询和培训、建设期利息、先征费、承诺费等方面的资金安排

五、土建、设备及材料采购方式

六、经济分析和财务评价结论

七、贷款偿还及担保责任

注：该提纲供省（级）发展改革部门和国务院有关行业管理部门向国家发展和改革委员会报批国际金融组织贷款项目资金申请报告时参考使用。

企业境外投资管理办法

（国家发展改革委2017年第11号令，2017年12月26日）

《企业境外投资管理办法》已经国家发展和改革委员会主任办公会议审议通过，现予公布，自2018年3月1日起施行。

第一章　总　　则

第一条　为加强境外投资宏观指导，优化境外投资综合服务，完善境外投资全程监管，促进境外投资持续健康发展，维护我国国家利益和国家安全，根据《中华人民共和国行政许可法》《国务院关于投资体制改革的决定》《国务院对确需保留的行政审批项目设定行政许可的决定》等法律法规，制定本办法。

第二条　本办法所称境外投资，是指中华人民共和国境内企业（以下称“投资主体”）直接或通过其控制的境外企业，以投入资产、权益或提供融资、担保等方式，获得境外所有权、控制权、经营管理权及其他相关权益的投资活动。

前款所称投资活动，主要包括但不限于下列情形：

（一）获得境外土地所有权、使用权等权益；

（二）获得境外自然资源勘探、开发特许权等权益；

（三）获得境外基础设施所有权、经营管理权等权益；

（四）获得境外企业或资产所有权、经营管理权等权益；

（五）新建或改扩建境外固定资产；

（六）新建境外企业或向既有境外企业增加投资；

（七）新设或参股境外股权投资基金；

（八）通过协议、信托等方式控制境外企业或资产。

本办法所称企业，包括各种类型的非金融企业和金融企业。

本办法所称控制，是指直接或间接拥有企业半数以上表决权，或虽不拥有半数以上表决权，但能够支配企业的经营、财务、人事、技术等重要事项。

第三条　投资主体依法享有境外投资自主权，自主决策、自担风险。

第四条　投资主体开展境外投资，应当履行境外投资项目（以下称“项目”）核准、备案等手续，报告有关信息，配合监督检查。

第五条　投资主体开展境外投资，不得违反我国法律法规，不得威胁或损害我国国家利益和国家安全。

第六条　国家发展和改革委员会（以下称“国家发展改革委”）在国务院规定的职责范围内，履行境外投资主管部门职责，根据维护我国国家利益和国家安全的需要，对境外投资进行宏观指导、综合服务和全程监管。

第七条　国家发展改革委建立境外投资管理和服务网络系统（以下称“网络系统”）。投资主体可以通过网络系统履行核准和备案手续、报告有关信息；涉及国家秘密或不适宜使用网络系统的事项，投资主体可以另行使用纸质材料提交。网络系统操作指南由国家发展改革委发布。

第二章　境外投资指导和服务

第八条　投资主体可以就境外投资向国家发展改革委咨询政策和信息、反映情况和问题、提出意见和建议。

第九条　国家发展改革委在国务院规定的职责范围内，会同有关部门根据国民经济和社会发展需要制定完善相关领域专项规划及产业政策，为投资主体开展境外投资提供宏观指导。

第十条　国家发展改革委在国务院规定的职责范围内，会同有关部门加强国际投资形势分析，发布境外投资有关数据、情况等信息，为投资主体提供信息服务。

第十一条　国家发展改革委在国务院规定的职责范围内，会同有关部门参与国际投资规则制定，建立健全投资合作机制，加强政策交流和协调，推动有关国家和地区为我国企业开展投资提供公平环境。

第十二条　国家发展改革委在国务院规定的职责范围内，推动海外利益安全保护体系和能力建设，指导投资主体防范和应对重大风险，维护我国企业合法权益。

第三章　境外投资项目核准和备案

第一节　核准、备案的范围

第十三条　实行核准管理的范围是投资主体直接或通过其控制的境外企业开展的敏感类项目。核准机关是国家发展改革委。

本办法所称敏感类项目包括：

（一）涉及敏感国家和地区的项目；

（二）涉及敏感行业的项目。

本办法所称敏感国家和地区包括：

（一）与我国未建交的国家和地区；

（二）发生战争、内乱的国家和地区；

（三）根据我国缔结或参加的国际条约、协定等，需要限制企业对其投资的国家和地区；

（四）其他敏感国家和地区。

本办法所称敏感行业包括：

（一）武器装备的研制生产维修；

（二）跨境水资源开发利用；

（三）新闻传媒；

（四）根据我国法律法规和有关调控政策，需要限制企业境外投资的行业。

敏感行业目录由国家发展改革委发布。

第十四条　实行备案管理的范围是投资主体直接开展的非敏感类项目，也即涉及投资主体直接投入资产、权益或提供融资、担保的非敏感类项目。

实行备案管理的项目中，投资主体是中央管理企业（含中央管理金融企业、国务院或国务院所属机构直接管理的企业，下同）的，备案机关是国家发展改革委；投资主体是地方企业，且中方投资额3亿美元及以上的，备案机关是国家发展改革委；投资主体是地方企业，且中方投资额3亿美元以下的，备案机关是投资主体注册地的省级政府发展改革部门。

本办法所称非敏感类项目，是指不涉及敏感国家和地区且不涉及敏感行业的项目。

本办法所称中方投资额，是指投资主体直接以及通过其控制的境外企业为项目投入的货币、证券、实物、技术、知识产权、股权、债权等资产、权益以及提供融资、担保的总额。

本办法所称省级政府发展改革部门，包括各省、自治区、直辖市及计划单列市人民政府发展改革部门和新疆生产建设兵团发展改革部门。

第十五条　投资主体可以向核准、备案机关咨询拟开展的项目是否属于核准、备案范围，核准、备案机关应当及时予以告知。

第十六条　两个以上投资主体共同开展的项目，应当由投资额较大一方在征求其他投资方书面同意后提出核准、备案申请。如各方投资额相等，应当协商一致后由其中一方提出核准、备案申请。

第十七条 对项目所需前期费用（包括履约保证金、保函手续费、中介服务费、资源勘探费等）规模较大的，投资主体可以参照本办法第十三条、第十四条规定对项目前期费用提出核准、备案申请。经核准或备案的项目前期费用计入项目中方投资额。

第二节 核准的程序和时限

第十八条 实行核准管理的项目，投资主体应当通过网络系统向核准机关提交项目申请报告并附具有关文件。其中，投资主体是中央管理企业的，由其集团公司或总公司向核准机关提交；投资主体是地方企业的，由其直接向核准机关提交。

第十九条 项目申请报告应当包括以下内容：

（一）投资主体情况；

（二）项目情况，包括项目名称、投资目的地、主要内容和规模、中方投资额等；

（三）项目对我国国家利益和国家安全的影响分析；

（四）投资主体关于项目真实性的声明。

项目申请报告的通用文本以及应当附具的文件（以下称“附件”）清单由国家发展改革委发布。

第二十条 项目申请报告可以由投资主体自行编写，也可以由投资主体自主委托具有相关经验和能力的中介服务机构编写。

第二十一条 项目申请报告和附件齐全、符合法定形式的，核准机关应当予以受理。

项目申请报告或附件不齐全、不符合法定形式的，核准机关应当在收到项目申请报告之日起 5 个工作日内一次性告知投资主体需要补正的内容。逾期不告知的，自收到项目申请报告之日起即为受理。

核准机关受理或不予受理项目申请报告，都应当通过网络系统告知投资主体。投资主体需要受理或不予受理凭证的，可以通过网络系统自行打印或要求核准机关出具。

第二十二条 项目涉及有关部门职责的，核准机关应当商请有关部门在 7 个工作日内出具书面审查意见。有关部门逾期没有反馈书面审查意见的，视为同意。

第二十三条 核准机关在受理项目申请报告后，如确有必要，应当在 4 个工作日内委托咨询机构进行评估。除项目情况复杂的，评估时限不得超过 30 个工作日。项目情况复杂的，经核准机关同意，可以延长评估时限，但延长的时限不得超过 60 个工作日。

核准机关应当将咨询机构进行评估所需的时间告知投资主体。

接受委托的咨询机构应当在规定时限内提出评估报告，并对评估结论承担责任。

评估费用由核准机关承担，咨询机构及其工作人员不得收取投资主体任何费用。

第二十四条 核准机关可以结合有关单位意见、评估意见等，建议投资主体对项目申请报告有关内容进行调整，或要求投资主体对有关情况或材料作进一步澄清、补充。

第二十五条 核准机关应当在受理项目申请报告后 20 个工作日内作出是否予以核准的决定。项目情况复杂或需要征求有关单位意见的，经核准机关负责人批准，可以延长核准时限，但延长的核准时限不得超过 10 个工作日，并应当将延长时限的理由告知投资主体。

前款规定的核准时限，包括征求有关单位意见的时间，不包括咨询机构评估的时间。

第二十六条 核准机关对项目予以核准的条件为：

（一）不违反我国法律法规；

（二）不违反我国有关发展规划、宏观

调控政策、产业政策和对外开放政策；

（三）不违反我国缔结或参加的国际条约、协定；

（四）不威胁、不损害我国国家利益和国家安全。

第二十七条 对符合核准条件的项目，核准机关应当予以核准，并向投资主体出具书面核准文件。

对不符合核准条件的项目，核准机关应当出具不予核准书面通知，并说明不予核准的理由。

第二十八条 项目违反有关法律法规、违反有关规划或政策、违反有关国际条约或协定、威胁或损害我国国家利益和国家安全的，核准机关可以不经过征求意见、委托评估等程序，直接作出不予核准的决定。

第三节 备案的程序和时限

第二十九条 实行备案管理的项目，投资主体应当通过网络系统向备案机关提交项目备案表并附具有关文件。其中，投资主体是中央管理企业的，由其集团公司或总公司向备案机关提交；投资主体是地方企业的，由其直接向备案机关提交。

项目备案表格式文本及附件清单由国家发展改革委发布。

第三十条 项目备案表和附件齐全、符合法定形式的，备案机关应当予以受理。

项目备案表或附件不齐全、项目备案表或附件不符合法定形式、项目不属于备案管理范围、项目不属于备案机关管理权限的，备案机关应当在收到项目备案表之日起5个工作日内一次性告知投资主体。逾期不告知的，自收到项目备案表之日起即为受理。

备案机关受理或不予受理项目备案表，都应当通过网络系统告知投资主体。投资主体需要受理或不予受理凭证的，可以通过网络系统自行打印或要求备案机关出具。

第三十一条 备案机关在受理项目备案表之日起7个工作日内向投资主体出具备案通知书。

备案机关发现项目违反有关法律法规、违反有关规划或政策、违反有关国际条约或协定、威胁或损害我国国家利益和国家安全的，应当在受理项目备案表之日起7个工作日内向投资主体出具不予备案书面通知，并说明不予备案的理由。

第四节 核准、备案的效力、变更和延期

第三十二条 属于核准、备案管理范围的项目，投资主体应当在项目实施前取得项目核准文件或备案通知书。

本办法所称项目实施前，是指投资主体或其控制的境外企业为项目投入资产、权益（已按照本办法第十七条办理核准、备案的项目前期费用除外）或提供融资、担保之前。

第三十三条 属于核准、备案管理范围的项目，投资主体未取得有效核准文件或备案通知书的，外汇管理、海关等有关部门依法不予办理相关手续，金融企业依法不予办理相关资金结算和融资业务。

第三十四条 已核准、备案的项目，发生下列情形之一的，投资主体应当在有关情形发生前向出具该项目核准文件或备案通知书的机关提出变更申请：

（一）投资主体增加或减少；

（二）投资地点发生重大变化；

（三）主要内容和规模发生重大变化；

（四）中方投资额变化幅度达到或超过原核准、备案金额的20%，或中方投资额变化1亿美元及以上；

（五）需要对项目核准文件或备案通知书有关内容进行重大调整的其他情形。

核准机关应当在受理变更申请之日起20个工作日内作出是否同意变更核准的书面决定。备案机关应当在受理变更申请之日起7个工作日内作出是否同意变更备案的书面决定。

第三十五条 核准文件、备案通知书

有效期2年。确需延长有效期的，投资主体应当在有效期届满的30个工作日前向出具该项目核准文件或备案通知书的机关提出延长有效期的申请。

核准机关应当在受理延期申请之日起20个工作日内作出是否同意延长核准文件有效期的书面决定。备案机关应当在受理延期申请之日起7个工作日内作出是否同意延长备案通知书有效期的书面决定。

第三十六条 核准、备案机关应当依法履行职责，严格按照规定权限、程序、时限等要求实施核准、备案行为，提高行政效能，提供优质服务。

第三十七条 对核准、备案机关实施的核准、备案行为，相关利害关系人有权依法申请行政复议或提起行政诉讼。

第三十八条 对不符合本办法规定条件的项目予以核准、备案，或违反本办法规定权限和程序予以核准、备案的，应当依法予以撤销。

第三十九条 核准、备案机关应当按照《政府信息公开条例》规定将核准、备案有关信息予以公开。

第四章 境外投资监管

第四十条 国家发展改革委和省级政府发展改革部门根据境外投资有关法律法规和政策，按照本办法第十三条、第十四条规定的分工，联合同级政府有关部门建立协同监管机制，通过在线监测、约谈函询、抽查核实等方式对境外投资进行监督检查，对违法违规行为予以处理。

第四十一条 倡导投资主体创新境外投资方式、坚持诚信经营原则、避免不当竞争行为、保障员工合法权益、尊重当地公序良俗、履行必要社会责任、注重生态环境保护、树立中国投资者良好形象。

第四十二条 投资主体通过其控制的境外企业开展大额非敏感类项目的，投资主体应当在项目实施前通过网络系统提交大额非敏感类项目情况报告表，将有关信息告知国家发展改革委。

投资主体提交的大额非敏感类项目情况报告表内容不完整的，国家发展改革委应当在收到之日起5个工作日内一次性告知投资主体需要补正的内容。逾期不告知的，视作内容完整。大额非敏感类项目情况报告表格式文本由国家发展改革委发布。

本办法所称大额非敏感类项目，是指中方投资额3亿美元及以上的非敏感类项目。

第四十三条 境外投资过程中发生外派人员重大伤亡、境外资产重大损失、损害我国与有关国家外交关系等重大不利情况的，投资主体应当在有关情况发生之日起5个工作日内通过网络系统提交重大不利情况报告表。重大不利情况报告表格式文本由国家发展改革委发布。

第四十四条 属于核准、备案管理范围的项目，投资主体应当在项目完成之日起20个工作日内通过网络系统提交项目完成情况报告表。项目完成情况报告表格式文本由国家发展改革委发布。

前款所称项目完成，是指项目所属的建设工程竣工、投资标的股权或资产交割、中方投资额支出完毕等情形。

第四十五条 国家发展改革委、省级政府发展改革部门可以就境外投资过程中的重大事项向投资主体发出重大事项问询函。投资主体应当按照重大事项问询函载明的问询事项和时限要求提交书面报告。

国家发展改革委、省级政府发展改革部门认为确有必要的，可以公示重大事项问询函及投资主体提交的书面报告。

第四十六条 投资主体按照本办法第四十二条、第四十三条、第四十四条、第四十五条规定提交有关报告表或书面报告后，需要凭证的，可以通过网络系统自行打印提交完成凭证。

第四十七条 国家发展改革委、省级政府发展改革部门可以根据其掌握的国际国内经济社会运行情况和风险状况，向投资主体或利益相关方发出风险提示，供投资主体或利益相关方参考。

第四十八条 投资主体应当对自身通过网络系统和线下提交的各类材料的真实性、合法性、完整性负责，不得有虚假、误导性陈述和重大遗漏。

第四十九条 有关部门和单位、驻外使领馆等发现企业违反本办法规定的，可以告知核准、备案机关。公民、法人或其他组织发现企业违反本办法规定的，可以据实向核准、备案机关举报。

国家发展改革委建立境外投资违法违规行为记录，公布并更新企业违反本办法规定的行为及相应的处罚措施，将有关信息纳入全国信用信息共享平台、国家企业信用信息公示系统、“信用中国”网站等进行公示，会同有关部门和单位实施联合惩戒。

第五章 法律责任

第五十条 国家发展改革委工作人员有下列行为之一的，责令其限期改正，并依法追究有关责任人的行政责任；构成犯罪的，依法追究刑事责任：

（一）滥用职权、玩忽职守、徇私舞弊、索贿受贿的；

（二）违反本办法规定程序和条件办理项目核准、备案的；

（三）其他违反本办法规定的行为。

第五十一条 投资主体通过恶意分拆项目、隐瞒有关情况或提供虚假材料等手段申请核准、备案的，核准、备案机关不予受理或不予核准、备案，对投资主体及主要责任人处以警告。

第五十二条 投资主体通过欺骗、贿赂等不正当手段取得项目核准文件或备案通知书的，核准、备案机关应当撤销该核准文件或备案通知书，对投资主体及主要责任人处以警告；构成犯罪的，依法追究刑事责任。

第五十三条 属于核准、备案管理范围的项目，投资主体有下列行为之一的，由核准、备案机关责令投资主体中止或停止实施该项目并限期改正，对投资主体及有关责任人处以警告；构成犯罪的，依法追究刑事责任：

（一）未取得核准文件或备案通知书而擅自实施的；

（二）应当履行核准、备案变更手续，但未经核准、备案机关同意而擅自实施变更的。

第五十四条 投资主体有下列行为之一的，由国家发展改革委或投资主体注册地的省级政府发展改革部门责令投资主体限期改正；情节严重或逾期不改正的，对投资主体及有关责任人处以警告：

（一）未按本办法第四十二条、第四十三条、第四十四条、第四十五条规定报告有关信息的；

（二）违反本办法第四十八条规定的。

第五十五条 投资主体在境外投资过程中实施不正当竞争行为、扰乱境外投资市场秩序的，由国家发展改革委或投资主体注册地的省级政府发展改革部门责令投资主体中止或停止开展该项目并限期改正，对投资主体及主要责任人处以警告。

第五十六条 境外投资威胁我国国家利益和国家安全的，由国家发展改革委或投资主体注册地的省级政府发展改革部门责令投资主体中止实施项目并限期改正。

境外投资损害我国国家利益和国家安全的，由国家发展改革委或投资主体注册地的省级政府发展改革部门责令投资主体停止实施项目、限期改正并采取补救措施，对投资主体及有关责任人处以警告；构成犯罪的，依法追究刑事责任。

投资主体按照本办法第四十三条规定及时提交重大不利情况报告表并主动改正

的，可以减轻或免除本条规定的行政处罚。

第五十七条 金融企业为属于核准、备案管理范围但未取得核准文件或备案通知书的项目提供融资、担保的，由国家发展改革委通报该违规行为并商请有关金融监管部门依法依规处罚该金融企业及有关责任人。

第六章 附 则

第五十八条 各省级政府发展改革部门要加强对本地企业境外投资的指导、服务和监管，可以按照本办法的规定制定具体实施办法。

第五十九条 国家发展改革委对省级政府发展改革部门的境外投资管理工作进行指导和监督，对发现的问题及时予以纠正。

第六十条 核准、备案机关及其工作人员，以及被核准机关征求意见、受核准机关委托进行评估的单位及其工作人员，依法对投资主体根据本办法提交的材料负有保守商业秘密的义务。

第六十一条 事业单位、社会团体等非企业组织对境外开展投资参照本办法执行。

第六十二条 投资主体直接或通过其控制的企业对香港、澳门、台湾地区开展投资的，参照本办法执行。

投资主体通过其控制的香港、澳门、台湾地区企业对境外开展投资的，参照本办法执行。

第六十三条 境内自然人通过其控制的境外企业或香港、澳门、台湾地区企业对境外开展投资的，参照本办法执行。

境内自然人直接对境外开展投资不适用本办法。境内自然人直接对香港、澳门、台湾地区开展投资不适用本办法。

第六十四条 法律、行政法规对境外投资管理有专门规定的，从其规定。

第六十五条 本办法由国家发展改革委负责解释。

第六十六条 本办法自2018年3月1日起施行。《境外投资项目核准和备案管理办法》（国家发展和改革委员会令第9号）同时废止。

国家发展改革委关于发布企业境外投资管理办法配套格式文本（2018 年版）的通知

（发改外资〔2018〕252 号，2018 年 2 月 9 日）

各省、自治区、直辖市及计划单列市、新疆生产建设兵团发展改革委，有关中央企业：

为落实《企业境外投资管理办法》（国家发展改革委令第 11 号）推出的系列“放管服”改革举措，指导和便利投资主体履行核准、备案、报告等手续，规范核准、备案机关行政行为，我委研究制定了企业境外投资管理办法配套格式文本（2018 年版），现予发布，自 2018 年 3 月 1 日起施行。

附件：1. 境外投资项目核准或备案申报文件格式文本

2. 境外投资项目申请报告通用文本

3. 境外投资项目核准文件格式文本

4. 境外投资项目备案表格式文本

5. 境外投资项目备案通知书格式文本

6. 境外投资项目变更申报文件格式文本

7. 境外投资项目变更批复或通知格式文本

8. 境外投资项目延期申报文件格式文本

9. 境外投资项目延期批复或通知格式文本

10. 境外投资项目有关情况申报文件格式文本

11. 大额非敏感类境外投资项目情况报告表格式文本

12. 境外投资重大不利情况报告表格式文本

13. 境外投资项目完成情况报告表格式文本

14. 追溯至最终实际控制人的投资主体股权架构图示例

15. 境外投资真实性承诺书格式文本

国家发展改革委关于发布境外投资敏感行业目录（2018年版）的通知

（发改外资〔2018〕251号，2018年1月31日）

各省、自治区、直辖市及计划单列市、新疆生产建设兵团发展改革委，有关中央企业：

根据境外投资有关法律法规和政策，我委研究制定了《境外投资敏感行业目录（2018年版）》，现予发布，自2018年3月1日起施行。

附件：境外投资敏感行业目录（2018年版）

附件

境外投资敏感行业目录（2018年版）

一、武器装备的研制生产维修

二、跨境水资源开发利用

三、新闻传媒

四、根据《国务院办公厅转发国家发展和改革委员会商务部人民银行外交部关于进一步引导和规范境外投资方向指导意见的通知》（国办发〔2017〕74号），需要限制企业境外投资的行业：

（一）房地产

（二）酒店

（三）影城

（四）娱乐业

（五）体育俱乐部

（六）在境外设立无具体实业项目的股权投资基金或投资平台

国家发展改革委关于做好贯彻落实《政府核准的投资项目目录（2016年本）》有关外资工作的通知

（发改外资规〔2017〕111号，2017年1月14日）

各省、自治区、直辖市及计划单列市、新疆生产建设兵团发展改革委：

为贯彻落实《国务院关于发布政府核准的投资项目目录（2016年本）的通知》（国发〔2016〕72号）要求，进一步做好外商投资项目核准和备案管理工作，现将有关事项通知如下：

一、实行核准制的外商投资项目的范围为：

（一）《外商投资产业指导目录》中总投资（含增资）3亿美元及以上限制类项目，由我委核准，其中总投资（含增资）20亿美元及以上项目报国务院备案。

（二）《外商投资产业指导目录》中总投资（含增资）3亿美元以下限制类项目，由省级政府核准。

（三）前两项规定之外的属于《政府核准的投资项目目录（2016年本）》第一至十项所列的外商投资项目，按照《政府核准的投资项目目录（2016年本）》第一至十项的规定核准。

二、核准范围之外且不属于《外商投资产业指导目录》中禁止类的外商投资项目，由地方发展改革部门备案。

三、各级发展改革部门要贯彻落实国务院深化投资体制改革精神，进一步加强吸引外资工作，在外商投资管理中做好简政放权、放管结合、优化服务工作，简化核准和备案程序，营造良好的外商投资环境，提高利用外资水平和质量。

四、各级发展改革部门要抓紧规范和完善投资项目在线审批监管平台（简称在线平台），加强应用和管理，全面依托在线平台办理外商投资项目核准、备案手续，将外商投资项目核准、备案的相关政策及办事指南等通过在线平台公开，及时为企业提供相关咨询服务。同时，按照地方平台与中央平台的对接要求，及时、准确交换外商投资数据。

第六部分　政府和社会资本合作(PPP)

国务院办公厅转发财政部发展改革委人民银行关于在公共服务领域推广政府和社会资本合作模式指导意见的通知

（国办发〔2015〕42号，2015年5月19日）

各省、自治区、直辖市人民政府，国务院各部委、各直属机构：

财政部、发展改革委、人民银行《关于在公共服务领域推广政府和社会资本合作模式的指导意见》已经国务院同意，现转发给你们，请认真贯彻执行。

在公共服务领域推广政府和社会资本合作模式，是转变政府职能、激发市场活力、打造经济新增长点的重要改革举措。围绕增加公共产品和公共服务供给，在能源、交通运输、水利、环境保护、农业、林业、科技、保障性安居工程、医疗、卫生、养老、教育、文化等公共服务领域，广泛采用政府和社会资本合作模式，对统筹做好稳增长、促改革、调结构、惠民生、防风险工作具有战略意义。

各地区、各部门要按照简政放权、放管结合、优化服务的要求，简化行政审批程序，推进立法工作，进一步完善制度，规范流程，加强监管，多措并举，在财税、价格、土地、金融等方面加大支持力度，保证社会资本和公众共同受益，通过资本市场和开发性、政策性金融等多元融资渠道，吸引社会资本参与公共产品和公共服务项目的投资、运营管理，提高公共产品和公共服务供给能力与效率。

各地区、各部门要高度重视，精心组织实施，加强协调配合，形成工作合力，切实履行职责，共同抓好落实。

附件

关于在公共服务领域推广政府和社会资本合作模式的指导意见

财政部 发展改革委 人民银行

为打造大众创业、万众创新和增加公共产品、公共服务“双引擎”，让广大人民群众享受到优质高效的公共服务，在改善民生中培育经济增长新动力，现就改革创新公共服务供给机制，大力推广政府和社会资本合作（Public-Private Partnership，PPP）模式，提出以下意见：

一、充分认识推广政府和社会资本合作模式的重大意义

政府和社会资本合作模式是公共服务供给机制的重大创新，即政府采取竞争性方式择优选择具有投资、运营管理能力的社会资本，双方按照平等协商原则订立合同，明确责权利关系，由社会资本提供公共服务，政府依据公共服务绩效评价结果向社会资本支付相应对价，保证社会资本

获得合理收益。政府和社会资本合作模式有利于充分发挥市场机制作用，提升公共服务的供给质量和效率，实现公共利益最大化。

（一）有利于加快转变政府职能，实现政企分开、政事分开。作为社会资本的境内外企业、社会组织和中介机构承担公共服务涉及的设计、建设、投资、融资、运营和维护等责任，政府作为监督者和合作者，减少对微观事务的直接参与，加强发展战略制定、社会管理、市场监管、绩效考核等职责，有助于解决政府职能错位、越位和缺位的问题，深化投融资体制改革，推进国家治理体系和治理能力现代化。

（二）有利于打破行业准入限制，激发经济活力和创造力。政府和社会资本合作模式可以有效打破社会资本进入公共服务领域的各种不合理限制，鼓励国有控股企业、民营企业、混合所有制企业等各类型企业积极参与提供公共服务，给予中小企业更多参与机会，大幅拓展社会资本特别是民营资本的发展空间，激发市场主体活力和发展潜力，有利于盘活社会存量资本，形成多元化、可持续的公共服务资金投入渠道，打造新的经济增长点，增强经济增长动力。

（三）有利于完善财政投入和管理方式，提高财政资金使用效益。在政府和社会资本合作模式下，政府以运营补贴等作为社会资本提供公共服务的对价，以绩效评价结果作为对价支付依据，并纳入预算管理、财政中期规划和政府财务报告，能够在当代人和后代人之间公平地分担公共资金投入，符合代际公平原则，有效弥补当期财政投入不足，有利于减轻当期财政支出压力，平滑年度间财政支出波动，防范和化解政府性债务风险。

二、总体要求

（四）指导思想。贯彻落实党的十八大和十八届二中、三中、四中全会精神，按照党中央、国务院决策部署，借鉴国际成熟经验，立足国内实际情况，改革创新公共服务供给机制和投入方式，发挥市场在资源配置中的决定性作用，更好发挥政府作用，引导和鼓励社会资本积极参与公共服务供给，为广大人民群众提供优质高效的公共服务。

（五）基本原则。

依法合规。将政府和社会资本合作纳入法制化轨道，建立健全制度体系，保护参与各方的合法权益，明确全生命周期管理要求，确保项目规范实施。

重诺履约。政府和社会资本法律地位平等、权利义务对等，必须树立契约理念，坚持平等协商、互利互惠、诚实守信、严格履约。

公开透明。实行阳光化运作，依法充分披露政府和社会资本合作项目重要信息，保障公众知情权，对参与各方形成有效监督和约束。

公众受益。加强政府监管，将政府的政策目标、社会目标和社会资本的运营效率、技术进步有机结合，促进社会资本竞争和创新，确保公共利益最大化。

积极稳妥。鼓励地方各级人民政府和行业主管部门因地制宜，探索符合当地实际和行业特点的做法，总结提炼经验，形成适合我国国情的发展模式。坚持必要、合理、可持续的财政投入原则，有序推进项目实施，控制项目的政府支付责任，防止政府支付责任过重加剧财政收支矛盾，带来支出压力。

（六）发展目标。立足于加强和改善公共服务，形成有效促进政府和社会资本合作模式规范健康发展的制度体系，培育统一规范、公开透明、竞争有序、监管有力的政府和社会资本合作市场。着力化解地方政府性债务风险，积极引进社会资本参与地方融资平台公司存量项目改造，争取通过政府和社会资本合作模式减少地方政府性债务。在新建公共服务项目中，逐步增加使用政府和社会资本合作模式的比例。

三、构建保障政府和社会资本合作模式持续健康发展的制度体系

（七）明确项目实施的管理框架。建立健全制度规范体系，实施全生命周期管理，保证项目实施质量。进一步完善操作指南，规范项目识别、准备、采购、执行、移交各环节操作流程，明确操作要求，指导社会资本参与实施。制定合同指南，推动共性问题处理方式标准化。制定分行业、分领域的标准化合同文本，提高合同编制效率和谈判效率。按照预算法、合同法、政府采购法及其实施条例、《国务院办公厅关于政府向社会力量购买服务的指导意见》（国办发〔2013〕96 号）等要求，建立完善管理细则，规范选择合作伙伴的程序和方法，维护国家利益、社会公共利益和社会资本的合法权益。

（八）健全财政管理制度。开展财政承受能力论证，统筹评估和控制项目的财政支出责任，促进中长期财政可持续发展。建立完善公共服务成本财政管理和会计制度，创新资源组合开发模式，针对政府付费、使用者付费、可行性缺口补助等不同支付机制，将项目涉及的运营补贴、经营收费权和其他支付对价等，按照国家统一的会计制度进行核算，纳入年度预算、中期财政规划，在政府财务报告中进行反映和管理，并向本级人大或其常委会报告。存量公共服务项目转型为政府和社会资本合作项目过程中，应依法进行资产评估，合理确定价值，防止公共资产流失和贱卖。项目实施过程中政府依法获得的国有资本收益、约定的超额收益分成等公共收入应上缴国库。

（九）建立多层次监督管理体系。行业主管部门根据经济社会发展规划及专项规划发起政府和社会资本合作项目，社会资本也可根据当地经济社会发展需求建议发起。行业主管部门应制定不同领域的行业技术标准、公共产品或服务技术规范，加强对公共服务质量和价格的监管。建立政府、公众共同参与的综合性评价体系，建立事前设定绩效目标、事中进行绩效跟踪、事后进行绩效评价的全生命周期绩效管理机制，将政府付费、使用者付费与绩效评价挂钩，并将绩效评价结果作为调价的重要依据，确保实现公共利益最大化。依法充分披露项目实施相关信息，切实保障公众知情权，接受社会监督。

（十）完善公共服务价格调整机制。积极推进公共服务领域价格改革，按照补偿成本、合理收益、节约资源、优质优价、公平负担的原则，加快理顺公共服务价格。依据项目运行情况和绩效评价结果，健全公共服务价格调整机制，完善政府价格决策听证制度，广泛听取社会资本、公众和有关部门意见，确保定价调价的科学性。及时披露项目运行过程中的成本变化、公共服务质量等信息，提高定价调价的透明度。

（十一）完善法律法规体系。推进相关立法，填补政府和社会资本合作领域立法空白，着力解决政府和社会资本合作项目运作与现行法律之间的衔接协调问题，明确政府出资的法律依据和出资性质，规范政府和社会资本的责权利关系，明确政府相关部门的监督管理责任，为政府和社会资本合作模式健康发展提供良好的法律环境和稳定的政策预期。鼓励有条件的地方立足当地实际，依据立法法相关规定，出台地方性法规或规章，进一步有针对性地规范政府和社会资本合作模式的运用。

四、规范推进政府和社会资本合作项目实施

（十二）广泛采用政府和社会资本合

作模式提供公共服务。在能源、交通运输、水利、环境保护、农业、林业、科技、保障性安居工程、医疗、卫生、养老、教育、文化等公共服务领域，鼓励采用政府和社会资本合作模式，吸引社会资本参与。其中，在能源、交通运输、水利、环境保护、市政工程等特定领域需要实施特许经营的，按《基础设施和公用事业特许经营管理办法》执行。

（十三）化解地方政府性债务风险。积极运用转让—运营—移交（TOT）、改建—运营—移交（ROT）等方式，将融资平台公司存量公共服务项目转型为政府和社会资本合作项目，引入社会资本参与改造和运营，在征得债权人同意的前提下，将政府性债务转换为非政府性债务，减轻地方政府的债务压力，腾出资金用于重点民生项目建设。大力推动融资平台公司与政府脱钩，进行市场化改制，健全完善公司治理结构，对已经建立现代企业制度、实现市场化运营的，在其承担的地方政府债务已纳入政府财政预算、得到妥善处置并明确公告今后不再承担地方政府举债融资职能的前提下，可作为社会资本参与当地政府和社会资本合作项目，通过与政府签订合同方式，明确责权利关系。严禁融资平台公司通过保底承诺等方式参与政府和社会资本合作项目，进行变相融资。

（十四）提高新建项目决策的科学性。地方政府根据当地经济社会发展需要，结合财政收支平衡状况，统筹论证新建项目的经济效益和社会效益，并进行财政承受能力论证，保证决策质量。根据项目实施周期、收费定价机制、投资收益水平、风险分配基本框架和所需要的政府投入等因素，合理选择建设—运营—移交（BOT）、建设—拥有—运营（BOO）等运作方式。

（十五）择优选择项目合作伙伴。对使用财政性资金作为社会资本提供公共服务对价的项目，地方政府应当根据预算法、合同法、政府采购法及其实施条例等法律法规规定，选择项目合作伙伴。依托政府采购信息平台，及时、充分向社会公布项目采购信息。综合评估项目合作伙伴的专业资质、技术能力、管理经验、财务实力和信用状况等因素，依法择优选择诚实守信的合作伙伴。加强项目政府采购环节的监督管理，保证采购过程公平、公正、公开。

（十六）合理确定合作双方的权利与义务。树立平等协商的理念，按照权责对等原则合理分配项目风险，按照激励相容原则科学设计合同条款，明确项目的产出说明和绩效要求、收益回报机制、退出安排、应急和临时接管预案等关键环节，实现责权利对等。引入价格和补贴动态调整机制，充分考虑社会资本获得合理收益。如单方面构成违约的，违约方应当给予对方相应赔偿。建立投资、补贴与价格的协同机制，为社会资本获得合理回报创造条件。

（十七）增强责任意识和履约能力。社会资本要将自身经济利益诉求与政府政策目标、社会目标相结合，不断加强管理和创新，提升运营效率，在实现经济价值的同时，履行好企业社会责任，严格按照约定保质保量提供服务，维护公众利益；要积极进行业务转型和升级，从工程承包商、建设施工方向运营商转变，实现跨不同领域、多元化发展；要不断提升运营实力和管理经验，增强提供公共服务的能力。咨询、法律、会计等中介机构要提供质优价廉的服务，促进项目增效升级。

（十八）保障公共服务持续有效。按照合同约定，对项目建设情况和公共服务质量进行验收，逾期未完成或不符合标准的，社会资本要限期完工或整改，并采取补救措施或赔偿损失。健全合同争议解决机制，依法积极协调解决争议。确需变更合同内容、延长合同期限以及变更社会资本方的，由政府和社会资本方协商解决，但应当保持公共服务的持续性和稳定性。项目资产移交时，要对移交资产进行性能测试、资产评估和登记入账，并按照国家统一的会计制度进行核算，在政府财务报告中进行反映和管理。

五、政策保障

（十九）简化项目审核流程。进一步减少审批环节，建立项目实施方案联评联审机制，提高审查工作效率。项目合同签署后，可并行办理必要的审批手续，有关部门要简化办理手续，优化办理程序，主动加强服务，对实施方案中已经明确的内容不再作实质性审查。

（二十）多种方式保障项目用地。实行多样化土地供应，保障项目建设用地。对符合划拨用地目录的项目，可按划拨方式供地，划拨土地不得改变土地用途。建成的项目经依法批准可以抵押，土地使用权性质不变，待合同经营期满后，连同公共设施一并移交政府；实现抵押权后改变项目性质应该以有偿方式取得土地使用权的，应依法办理土地有偿使用手续。不符合划拨用地目录的项目，以租赁方式取得土地使用权的，租金收入参照土地出让收入纳入政府性基金预算管理。以作价出资或者入股方式取得土地使用权的，应当以市、县人民政府作为出资人，制定作价出资或者入股方案，经市、县人民政府批准后实施。

（二十一）完善财税支持政策。积极探索财政资金撬动社会资金和金融资本参与政府和社会资本合作项目的有效方式。中央财政出资引导设立中国政府和社会资本合作融资支持基金，作为社会资本方参与项目，提高项目融资的可获得性。探索通过以奖代补等措施，引导和鼓励地方融资平台存量项目转型为政府和社会资本合作项目。落实和完善国家支持公共服务事业的税收优惠政策，公共服务项目采取政府和社会资本合作模式的，可按规定享受相关税收优惠政策。鼓励地方政府在承担有限损失的前提下，与具有投资管理经验的金融机构共同发起设立基金，并通过引入结构化设计，吸引更多社会资本参与。

（二十二）做好金融服务。金融机构应创新符合政府和社会资本合作模式特点的金融服务，优化信贷评审方式，积极为政府和社会资本合作项目提供融资支持。鼓励开发性金融机构发挥中长期贷款优势，参与改造政府和社会资本合作项目，引导商业性金融机构拓宽项目融资渠道。鼓励符合条件的项目运营主体在资本市场通过发行公司债券、企业债券、中期票据、定向票据等市场化方式进行融资。鼓励项目公司发行项目收益债券、项目收益票据、资产支持票据等。鼓励社保资金和保险资金按照市场化原则，创新运用债权投资计划、股权投资计划、项目资产支持计划等多种方式参与项目。对符合条件的“走出去”项目，鼓励政策性金融机构给予中长期信贷支持。依托各类产权、股权交易市场，为社会资本提供多元化、规范化、市场化的退出渠道。金融监管部门应加强监督管理，引导金融机构正确识别、计量和控制风险，按照风险可控、商业可持续原则支持政府和社会资本合作项目融资。

六、组织实施

（二十三）加强组织领导。国务院各有关部门要按照职能分工，负责相关领域具体工作，加强对地方推广政府和社会资本合作模式的指导和监督。财政部要会同有关部门，加强政策沟通协调和信息交流，完善体制机制。教育、科技、民政、人力资源社会保障、国土资源、环境保护、住房城乡建设、交通运输、水利、农业、商务、文化、卫生计生等行业主管部门，要结合本行业特点，积极运用政府和社会资本合作模式提供公共服务，探索完善相关监管制度体系。地方各级人民政府要结合已有规划和各地实际，出台具体政策措施并抓好落实；可根据本地区实际情况，建立工作协调机制，推动政府和社会资本合作项目落地实施。

（二十四）加强人才培养。大力培养专业人才，加快形成政府部门、高校、企业、专业咨询机构联合培养人才的机制。鼓励各类市场主体加大人才培训力度，开展业务人员培训，建设一支高素质的专业人才队伍。鼓励有条件的地方政府统筹内部机构改革需要，进一步整合专门力量，承担政府和社会资本合作模式推广职责，提高专业水平和能力。

（二十五）搭建信息平台。地方各级人民政府要切实履行规划指导、识别评估、咨询服务、宣传培训、绩效评价、信息统计、专家库和项目库建设等职责，建立统一信息发布平台，及时向社会公开项目实施情况等相关信息，确保项目实施公开透明、有序推进。

在公共服务领域推广政府和社会资本合作模式，事关人民群众切身利益，是保障和改善民生的一项重要工作。各地区、各部门要充分认识推广政府和社会资本合作模式的重要意义，把思想和行动统一到党中央、国务院的决策部署上来，精心组织实施，加强协调配合，形成工作合力，切实履行职责，共同抓好落实。财政部要强化统筹协调，会同有关部门对本意见落实情况进行督促检查和跟踪分析，重大事项及时向国务院报告。

基础设施和公用事业特许经营管理办法

（国家发展改革委 财政部 住房城乡建设部
交通运输部 水利部 中国人民银行2015年第25号令，
2015年4月25日）

《基础设施和公用事业特许经营管理办法》业经国务院同意，现予以发布，自2015年6月1日起施行。

第一章 总 则

第一条 为鼓励和引导社会资本参与基础设施和公用事业建设运营，提高公共服务质量和效率，保护特许经营者合法权益，保障社会公共利益和公共安全，促进经济社会持续健康发展，制定本办法。

第二条 中华人民共和国境内的能源、交通运输、水利、环境保护、市政工程等基础设施和公用事业领域的特许经营活动，适用本办法。

第三条 本办法所称基础设施和公用事业特许经营，是指政府采用竞争方式依法授权中华人民共和国境内外的法人或者其他组织，通过协议明确权利义务和风险分担，约定其在一定期限和范围内投资建设运营基础设施和公用事业并获得收益，提供公共产品或者公共服务。

第四条 基础设施和公用事业特许经营应当坚持公开、公平、公正，保护各方信赖利益，并遵循以下原则：

（一）发挥社会资本融资、专业、技术和管理优势，提高公共服务质量效率；

（二）转变政府职能，强化政府与社会资本协商合作；

（三）保护社会资本合法权益，保证特许经营持续性和稳定性；

（四）兼顾经营性和公益性平衡，维护公共利益。

第五条 基础设施和公用事业特许经营可以采取以下方式：

（一）在一定期限内，政府授予特许经营者投资新建或改扩建、运营基础设施和公用事业，期限届满移交政府；

（二）在一定期限内，政府授予特许经营者投资新建或改扩建、拥有并运营基础设施和公用事业，期限届满移交政府；

（三）特许经营者投资新建或改扩建基础设施和公用事业并移交政府后，由政府授予其在一定期限内运营；

（四）国家规定的其他方式。

第六条 基础设施和公用事业特许经营期限应当根据行业特点、所提供公共产品或服务需求、项目生命周期、投资回收期等综合因素确定，最长不超过30年。对于投资规模大、回报周期长的基础设施和公用事业特许经营项目（以下简称特许经营项目）可以由政府或者其授权部门与特许经营者根据项目实际情况，约定超过前款规定的特许经营期限。

第七条 国务院发展改革、财政、国土、环保、住房城乡建设、交通运输、水利、能源、金融、安全监管等有关部门按照各自职责，负责相关领域基础设施和公用事业特许经营规章、政策制定和监督管理工作。县级以上地方人民政府发展改革、财政、国土、环保、住房城乡建设、交通运输、水利、价格、能源、金融监管等有关部门根据职责分工，负责有关特许经营项目实施和监督管理工作。

第八条 县级以上地方人民政府应当建立各有关部门参加的基础设施和公用事业特许经营部门协调机制，负责统筹有关政策措施，并组织协调特许经营项目实施和监督管理工作。

第二章 特许经营协议订立

第九条 县级以上人民政府有关行业主管部门或政府授权部门（以下简称项目提出部门）可以根据经济社会发展需求，以及有关法人和其他组织提出的特许经营项目建议等，提出特许经营项目实施方案。特许经营项目应当符合国民经济和社会发展总体规划、主体功能区规划、区域规划、环境保护规划和安全生产规划等专项规划、土地利用规划、城乡规划、中期财政规划等，并且建设运营标准和监管要求明确。项目提出部门应当保证特许经营项目的完整性和连续性。

第十条 特许经营项目实施方案应当包括以下内容：

（一）项目名称；

（二）项目实施机构；

（三）项目建设规模、投资总额、实施进度，以及提供公共产品或公共服务的标准等基本经济技术指标；

（四）投资回报、价格及其测算；

（五）可行性分析，即降低全生命周期成本和提高公共服务质量效率的分析估算等；

（六）特许经营协议框架草案及特许经营期限；

（七）特许经营者应当具备的条件及选择方式；

（八）政府承诺和保障；

（九）特许经营期限届满后资产处置方式；

（十）应当明确的其他事项。

第十一条 项目提出部门可以委托具有相应能力和经验的第三方机构，开展特许经营可行性评估，完善特许经营项目实施方案。需要政府提供可行性缺口补助或者开展物有所值评估的，由财政部门负责开展相关工作。具体办法由国务院财政部门另行制定。

第十二条 特许经营可行性评估应当主要包括以下内容：

（一）特许经营项目全生命周期成本、技术路线和工程方案的合理性，可能的融资方式、融资规模、资金成本，所提供公共服务的质量效率，建设运营标准和监管要求等；

（二）相关领域市场发育程度，市场主体建设运营能力状况和参与意愿；

（三）用户付费项目公众支付意愿和能力评估。

第十三条 项目提出部门依托本级人民政府根据本办法第八条规定建立的部门协调机制，会同发展改革、财政、城乡规划、国土、环保、水利等有关部门对特许经营项目实施方案进行审查。经审查认为实施方案可行的，各部门应当根据职责分别出具书面审查意见。项目提出部门综合各部门书面审查意见，报本级人民政府或其授权部门审定特许经营项目实施方案。

第十四条 县级以上人民政府应当授权有关部门或单位作为实施机构负责特许经营项目有关实施工作，并明确具体授权范围。

第十五条 实施机构根据经审定的特许经营项目实施方案，应当通过招标、竞争性谈判等竞争方式选择特许经营者。特许经营项目建设运营标准和监管要求明确、有关领域市场竞争比较充分的，应当通过招标方式选择特许经营者。

第十六条 实施机构应当在招标或谈判文件中载明是否要求成立特许经营项目公司。

第十七条 实施机构应当公平择优选择具有相应管理经验、专业能力、融资实力以及信用状况良好的法人或者其他组织作为特许经营者。鼓励金融机构与参与竞争的法人或其他组织共同制定投融资方案。特许经营者选择应当符合内外资准入等有关法律、行政法规规定。依法选定的特许经营者，应当向社会公示。

第十八条 实施机构应当与依法选定的特许经营者签订特许经营协议。需要成立项目公司的，实施机构应当与依法选定的投资人签订初步协议，约定其在规定期限内注册成立项目公司，并与项目公司签订特许经营协议。

特许经营协议应当主要包括以下内容：

（一）项目名称、内容；

（二）特许经营方式、区域、范围和期限；

（三）项目公司的经营范围、注册资本、股东出资方式、出资比例、股权转让等；

（四）所提供产品或者服务的数量、质量和标准；

（五）设施权属，以及相应的维护和更新改造；

（六）监测评估；

（七）投融资期限和方式；

（八）收益取得方式，价格和收费标准的确定方法以及调整程序；

（九）履约担保；

（十）特许经营期内的风险分担；

（十一）政府承诺和保障；

（十二）应急预案和临时接管预案；

（十三）特许经营期限届满后，项目及资产移交方式、程序和要求等；

（十四）变更、提前终止及补偿；

（十五）违约责任；

（十六）争议解决方式；

（十七）需要明确的其他事项。

第十九条 特许经营协议根据有关法律、行政法规和国家规定，可以约定特许经营者通过向用户收费等方式取得收益。向用户收费不足以覆盖特许经营建设、运营成本及合理收益的，可由政府提供可行性缺口补助，包括政府授予特许经营项目相关的其他开发经营权益。

第二十条 特许经营协议应当明确价格或收费的确定和调整机制。特许经营项目价格或收费应当依据相关法律、行政法规规定和特许经营协议约定予以确定和调整。

第二十一条 政府可以在特许经营协议中就防止不必要的同类竞争性项目建设、必要合理的财政补贴、有关配套公共服务和基础设施的提供等内容作出承诺，但不得承诺固定投资回报和其他法律、行政法规禁止的事项。

第二十二条 特许经营者根据特许经营协议，需要依法办理规划选址、用地和项目核准或审批等手续的，有关部门在进行审核时，应当简化审核内容，优化办理流程，缩短办理时限，对于本部门根据本办法第十三条出具书面审查意见已经明确的事项，不再作重复审查。实施机构应当协助特许经营者办理相关手续。

第二十三条 国家鼓励金融机构为特许经营项目提供财务顾问、融资顾问、银团贷款等金融服务。政策性、开发性金融机构可以给予特许经营项目差异化信贷支持，对符合条件的项目，贷款期限最长可达30年。探索利用特许经营项目预期收益质押贷款，支持利用相关收益作为还款来源。

第二十四条 国家鼓励通过设立产业基金等形式入股提供特许经营项目资本金。鼓励特许经营项目公司进行结构化融资，发行项目收益票据和资产支持票据等。国家鼓励特许经营项目采用成立私募基金，引入战略投资者，发行企业债券、项目收益债券、公司债券、非金融企业债务融资工具等方式拓宽投融资渠道。

第二十五条 县级以上人民政府有关

部门可以探索与金融机构设立基础设施和公用事业特许经营引导基金，并通过投资补助、财政补贴、贷款贴息等方式，支持有关特许经营项目建设运营。

第三章　特许经营协议履行

第二十六条　特许经营协议各方当事人应当遵循诚实信用原则，按照约定全面履行义务。除法律、行政法规另有规定外，实施机构和特许经营者任何一方不履行特许经营协议约定义务或者履行义务不符合约定要求的，应当根据协议继续履行、采取补救措施或者赔偿损失。

第二十七条　依法保护特许经营者合法权益。任何单位或者个人不得违反法律、行政法规和本办法规定，干涉特许经营者合法经营活动。

第二十八条　特许经营者应当根据特许经营协议，执行有关特许经营项目投融资安排，确保相应资金或资金来源落实。

第二十九条　特许经营项目涉及新建或改扩建有关基础设施和公用事业的，应当符合城乡规划、土地管理、环境保护、质量管理、安全生产等有关法律、行政法规规定的建设条件和建设标准。

第三十条　特许经营者应当根据有关法律、行政法规、标准规范和特许经营协议，提供优质、持续、高效、安全的公共产品或者公共服务。

第三十一条　特许经营者应当按照技术规范，定期对特许经营项目设施进行检修和保养，保证设施运转正常及经营期限届满后资产按规定进行移交。

第三十二条　特许经营者对涉及国家安全的事项负有保密义务，并应当建立和落实相应保密管理制度。实施机构、有关部门及其工作人员对在特许经营活动和监督管理工作中知悉的特许经营者商业秘密负有保密义务。

第三十三条　实施机构和特许经营者应当对特许经营项目建设、运营、维修、保养过程中有关资料，按照有关规定进行归档保存。

第三十四条　实施机构应当按照特许经营协议严格履行有关义务，为特许经营者建设运营特许经营项目提供便利和支持，提高公共服务水平。行政区划调整，政府换届、部门调整和负责人变更，不得影响特许经营协议履行。

第三十五条　需要政府提供可行性缺口补助的特许经营项目，应当严格按照预算法规定，综合考虑政府财政承受能力和债务风险状况，合理确定财政付费总额和分年度数额，并与政府年度预算和中期财政规划相衔接，确保资金拨付需要。

第三十六条　因法律、行政法规修改，或者政策调整损害特许经营者预期利益，或者根据公共利益需要，要求特许经营者提供协议约定以外的产品或服务的，应当给予特许经营者相应补偿。

第四章　特许经营协议变更和终止

第三十七条　在特许经营协议有效期内，协议内容确需变更的，协议当事人应当在协商一致基础上签订补充协议。如协议可能对特许经营项目的存续债务产生重大影响的，应当事先征求债权人同意。特许经营项目涉及直接融资行为的，应当及时做好相关信息披露。特许经营期限届满后确有必要延长的，按照有关规定经充分评估论证，协商一致并报批准后，可以延长。

第三十八条　在特许经营期限内，因特许经营协议一方严重违约或不可抗力等原因，导致特许经营者无法继续履行协议约定义务，或者出现特许经营协议约定的提前终止协议情形的，在与债权人协商一致后，可以提前终止协议。特许经营协议提前终止的，政府应当收回特许经营项目，并根据实际情况和协议约定给予原特许经营者相应补偿。

第三十九条 特许经营期限届满终止或提前终止的，协议当事人应当按照特许经营协议约定，以及有关法律、行政法规和规定办理有关设施、资料、档案等的性能测试、评估、移交、接管、验收等手续。

第四十条 特许经营期限届满终止或者提前终止，对该基础设施和公用事业继续采用特许经营方式的，实施机构应当根据本办法规定重新选择特许经营者。因特许经营期限届满重新选择特许经营者的，在同等条件下，原特许经营者优先获得特许经营。新的特许经营者选定之前，实施机构和原特许经营者应当制定预案，保障公共产品或公共服务的持续稳定提供。

第五章 监督管理和公共利益保障

第四十一条 县级以上人民政府有关部门应当根据各自职责，对特许经营者执行法律、行政法规、行业标准、产品或服务技术规范，以及其他有关监管要求进行监督管理，并依法加强成本监督审查。县级以上审计机关应当依法对特许经营活动进行审计。

第四十二条 县级以上人民政府及其有关部门应当根据法律、行政法规和国务院决定保留的行政审批项目对特许经营进行监督管理，不得以实施特许经营为名违法增设行政审批项目或审批环节。

第四十三条 实施机构应当根据特许经营协议，定期对特许经营项目建设运营情况进行监测分析，会同有关部门进行绩效评价，并建立根据绩效评价结果、按照特许经营协议约定对价格或财政补贴进行调整的机制，保障所提供公共产品或公共服务的质量和效率。实施机构应当将社会公众意见作为监测分析和绩效评价的重要内容。

第四十四条 社会公众有权对特许经营活动进行监督，向有关监管部门投诉，或者向实施机构和特许经营者提出意见建议。

第四十五条 县级以上人民政府应当将特许经营有关政策措施、特许经营部门协调机制组成以及职责等信息向社会公开。实施机构和特许经营者应当将特许经营项目实施方案、特许经营者选择、特许经营协议及其变更或终止、项目建设运营、所提供公共服务标准、监测分析和绩效评价、经过审计的上年度财务报表等有关信息按规定向社会公开。特许经营者应当公开有关会计数据、财务核算和其他有关财务指标，并依法接受年度财务审计。

第四十六条 特许经营者应当对特许经营协议约定服务区域内所有用户普遍地、无歧视地提供公共产品或公共服务，不得对新增用户实行差别待遇。

第四十七条 实施机构和特许经营者应当制定突发事件应急预案，按规定报有关部门。突发事件发生后，及时启动应急预案，保障公共产品或公共服务的正常提供。

第四十八条 特许经营者因不可抗力等原因确实无法继续履行特许经营协议的，实施机构应当采取措施，保证持续稳定提供公共产品或公共服务。

第六章 争议解决

第四十九条 实施机构和特许经营者就特许经营协议履行发生争议的，应当协商解决。协商达成一致的，应当签订补充协议并遵照执行。

第五十条 实施机构和特许经营者就特许经营协议中的专业技术问题发生争议的，可以共同聘请专家或第三方机构进行调解。调解达成一致的，应当签订补充协议并遵照执行。

第五十一条 特许经营者认为行政机关作出的具体行政行为侵犯其合法权益的，有陈述、申辩的权利，并可以依法提起行政复议或者行政诉讼。

第五十二条 特许经营协议存续期间发生争议，当事各方在争议解决过程中，应当继续履行特许经营协议义务，保证公共产品或公共服务的持续性和稳定性。

第七章 法律责任

第五十三条 特许经营者违反法律、行政法规和国家强制性标准，严重危害公共利益，或者造成重大质量、安全事故或者突发环境事件的，有关部门应当责令限期改正并依法予以行政处罚；拒不改正、情节严重的，可以终止特许经营协议；构成犯罪的，依法追究刑事责任。

第五十四条 以欺骗、贿赂等不正当手段取得特许经营项目的，应当依法收回特许经营项目，向社会公开。

第五十五条 实施机构、有关行政主管部门及其工作人员不履行法定职责、干预特许经营者正常经营活动、徇私舞弊、滥用职权、玩忽职守的，依法给予行政处分；构成犯罪的，依法追究刑事责任。

第五十六条 县级以上人民政府有关部门应当对特许经营者及其从业人员的不良行为建立信用记录，纳入全国统一的信用信息共享交换平台。对严重违法失信行为依法予以曝光，并会同有关部门实施联合惩戒。

第八章 附 则

第五十七条 基础设施和公用事业特许经营涉及国家安全审查的，按照国家有关规定执行。

第五十八条 法律、行政法规对基础设施和公用事业特许经营另有规定的，从其规定。本办法实施之前依法已经订立特许经营协议的，按照协议约定执行。

第五十九条 本办法由国务院发展改革部门会同有关部门负责解释。

第六十条 本办法自 2015 年 6 月 1 日起施行。

国家发展改革委关于开展政府和社会资本合作的指导意见

（发改投资〔2014〕2724号，2014年12月2日）

各省、自治区、直辖市及计划单列市、新疆生产建设兵团发展改革委：

为贯彻落实《国务院关于创新重点领域投融资机制鼓励社会投资的指导意见》（国发〔2014〕60号）有关要求，鼓励和引导社会投资，增强公共产品供给能力，促进调结构、补短板、惠民生，现就开展政府和社会资本合作提出如下指导意见。

一、充分认识政府和社会资本合作的重要意义

政府和社会资本合作（PPP）模式是指政府为增强公共产品和服务供给能力、提高供给效率，通过特许经营、购买服务、股权合作等方式，与社会资本建立的利益共享、风险分担及长期合作关系。开展政府和社会资本合作，有利于创新投融资机制，拓宽社会资本投资渠道，增强经济增长内生动力；有利于推动各类资本相互融合、优势互补，促进投资主体多元化，发展混合所有制经济；有利于理顺政府与市场关系，加快政府职能转变，充分发挥市场配置资源的决定性作用。

二、准确把握政府和社会资本合作的主要原则

（一）转变职能，合理界定政府的职责定位。开展政府和社会资本合作，对转变政府职能、提高管理水平提出了更高要求。政府要牢固树立平等意识及合作观念，集中力量做好政策制定、发展规划、市场监管和指导服务，从公共产品的直接“提供者”转变为社会资本的“合作者”以及PPP项目的“监管者”。

（二）因地制宜，建立合理的投资回报机制。根据各地实际，通过授予特许经营权、核定价费标准、给予财政补贴、明确排他性约定等，稳定社会资本收益预期。加强项目成本监测，既要充分调动社会资本积极性，又要防止不合理让利或利益输送。

（三）合理设计，构建有效的风险分担机制。按照风险收益对等原则，在政府和社会资本间合理分配项目风险。原则上，项目的建设、运营风险由社会资本承担，法律、政策调整风险由政府承担，自然灾害等不可抗力风险由双方共同承担。

（四）诚信守约，保证合作双方的合法权益。在平等协商、依法合规的基础上，按照权责明确、规范高效的原则订立项目合同。合同双方要牢固树立法律意识、契约意识和信用意识，项目合同一经签署必须严格执行，无故违约必须承担相应责任。

（五）完善机制，营造公开透明的政策环境。从项目选择、方案审查、伙伴确定、价格管理、退出机制、绩效评价等方面，完善制度设计，营造良好政策环境，确保项目实施决策科学、程序规范、过程公开、责任明确、稳妥推进。

三、合理确定政府和社会资本合作的项目范围及模式

（一）项目适用范围。PPP模式主要适用于政府负有提供责任又适宜市场化运作

的公共服务、基础设施类项目。燃气、供电、供水、供热、污水及垃圾处理等市政设施，公路、铁路、机场、城市轨道交通等交通设施，医疗、旅游、教育培训、健康养老等公共服务项目，以及水利、资源环境和生态保护等项目均可推行 PPP 模式。各地的新建市政工程以及新型城镇化试点项目，应优先考虑采用 PPP 模式建设。

（二）操作模式选择。

1. 经营性项目。对于具有明确的收费基础，并且经营收费能够完全覆盖投资成本的项目，可通过政府授予特许经营权，采用建设—运营—移交（BOT）、建设—拥有—运营—移交（BOOT）等模式推进。要依法放开相关项目的建设、运营市场，积极推动自然垄断行业逐步实行特许经营。

2. 准经营性项目。对于经营收费不足以覆盖投资成本、需政府补贴部分资金或资源的项目，可通过政府授予特许经营权附加部分补贴或直接投资参股等措施，采用建设—运营—移交（BOT）、建设—拥有—运营（BOO）等模式推进。要建立投资、补贴与价格的协同机制，为投资者获得合理回报积极创造条件。

3. 非经营性项目。对于缺乏“使用者付费”基础、主要依靠“政府付费”回收投资成本的项目，可通过政府购买服务，采用建设—拥有—运营（BOO）、委托运营等市场化模式推进。要合理确定购买内容，把有限的资金用在刀刃上，切实提高资金使用效益。

（三）积极开展创新。各地可以根据当地实际及项目特点，积极探索、大胆创新，通过建立合理的“使用者付费”机制等方式，增强吸引社会资本能力，并灵活运用多种 PPP 模式，切实提高项目运作效率。

四、建立健全政府和社会资本合作的工作机制

（一）健全协调机制。按照部门联动、分工明确、协同推进等要求，与有关部门建立协调推进机制，推动规划、投资、价格、土地、金融等部门密切配合、形成合力，保障政府和社会资本合作积极稳妥推进。

（二）明确实施主体。按照地方政府的相关要求，明确相应的行业管理部门、事业单位、行业运营公司或其他相关机构，作为政府授权的项目实施机构，在授权范围内负责 PPP 项目的前期评估论证、实施方案编制、合作伙伴选择、项目合同签订、项目组织实施以及合作期满移交等工作。

（三）建立联审机制。为提高工作效率，可会同相关部门建立 PPP 项目的联审机制，从项目建设的必要性及合规性、PPP 模式的适用性、财政承受能力以及价格的合理性等方面，对项目实施方案进行可行性评估，确保“物有所值”。审查结果作为项目决策的重要依据。

（四）规范价格管理。按照补偿成本、合理收益、节约资源以及社会可承受的原则，加强投资成本和服务成本监测，加快理顺价格水平。加强价格行为监管，既要防止项目法人随意提价损害公共利益、不合理获利，又要规范政府价格行为，提高政府定价、调价的科学性和透明度。

（五）提升专业能力。加强引导，积极发挥各类专业中介机构在 PPP 项目的资产评估、成本核算、经济补偿、决策论证、合同管理、项目融资等方面的积极作用，提高项目决策的科学性、项目管理的专业性以及项目实施效率。加强 PPP 相关业务培训，培养专业队伍和人才。

五、加强政府和社会资本合作项目的规范管理

（一）项目储备。根据经济社会发展需要，按照项目合理布局、政府投资有效配置等原则，切实做好 PPP 项目的总体规划、综合平衡和储备管理。从准备建设的公共服务、基础设施项目中，及时筛选

PPP模式的适用项目，按照PPP模式进行培育开发。各省区市发展改革委要建立PPP项目库，并从2015年1月起，于每月5日前将项目进展情况按月报送国家发展改革委（具体要求见附件1）。

（二）项目遴选。会同行业管理部门、项目实施机构，及时从项目储备库或社会资本提出申请的潜在项目中筛选条件成熟的建设项目，编制实施方案并提交联审机制审查，明确经济技术指标、经营服务标准、投资概算构成、投资回报方式、价格确定及调价方式、财政补贴及财政承诺等核心事项。

（三）伙伴选择。实施方案审查通过后，配合行业管理部门、项目实施机构，按照《招标投标法》、《政府采购法》等法律法规，通过公开招标、邀请招标、竞争性谈判等多种方式，公平择优选择具有相应管理经验、专业能力、融资实力以及信用状况良好的社会资本作为合作伙伴。

（四）合同管理。项目实施机构和社会资本依法签订项目合同，明确服务标准、价格管理、回报方式、风险分担、信息披露、违约处罚、政府接管以及评估论证等内容。各地可参考《政府和社会资本合作项目通用合同指南》（见附件2），细化完善合同文本，确保合同内容全面、规范、有效。

（五）绩效评价。项目实施过程中，加强工程质量、运营标准的全程监督，确保公共产品和服务的质量、效率和延续性。鼓励推进第三方评价，对公共产品和服务的数量、质量以及资金使用效率等方面进行综合评价，评价结果向社会公示，作为价费标准、财政补贴以及合作期限等调整的参考依据。项目实施结束后，可对项目的成本效益、公众满意度、可持续性等进行后评价，评价结果作为完善PPP模式制度体系的参考依据。

（六）退出机制。政府和社会资本合作过程中，如遇不可抗力或违约事件导致项目提前终止时，项目实施机构要及时做好接管，保障项目设施持续运行，保证公共利益不受侵害。政府和社会资本合作期满后，要按照合同约定的移交形式、移交内容和移交标准，及时组织开展项目验收、资产交割等工作，妥善做好项目移交。依托各类产权、股权交易市场，为社会资本提供多元化、规范化、市场化的退出渠道。

六、强化政府和社会资本合作的政策保障

（一）完善投资回报机制。深化价格管理体制改革，对于涉及中央定价的PPP项目，可适当向地方下放价格管理权限。依法依规为准经营性、非经营性项目配置土地、物业、广告等经营资源，为稳定投资回报、吸引社会投资创造条件。

（二）加强政府投资引导。优化政府投资方向，通过投资补助、基金注资、担保补贴、贷款贴息等多种方式，优先支持引入社会资本的项目。合理分配政府投资资金，优先保障配套投入，确保PPP项目如期、高效投产运营。

（三）加快项目前期工作。联合有关部门建立并联审批机制，在科学论证、遵守程序的基础上，加快推进规划选址、用地预审、环评审批、审批核准等前期工作。协助项目单位解决前期工作中的问题和困难，协调落实建设条件，加快项目建设进度。

（四）做好综合金融服务。鼓励金融机构提供财务顾问、融资顾问、银团贷款等综合金融服务，全程参与PPP项目的策划、融资、建设和运营。鼓励项目公司或合作伙伴通过成立私募基金、引入战略投资者、发行债券等多种方式拓宽融资渠道。

七、扎实有序开展政府和社会资本合作

（一）做好示范推进。各地可选取市

场发育程度高、政府负债水平低、社会资本相对充裕的市县，以及具有稳定收益和社会效益的项目，积极推进政府和社会资本合作，并及时总结经验、大力宣传，发挥好示范带动作用。国家发展改革委将选取部分推广效果显著的省区市和重点项目，总结典型案例，组织交流推广。

（二）推进信用建设。按照诚信践诺的要求，加强全社会信用体系建设，保障政府和社会资本合作顺利推进。政府要科学决策，保持政策的连续性和稳定性；依法行政，防止不当干预和地方保护；认真履约，及时兑现各类承诺和合同约定。社会资本要守信自律，提高诚信经营意识。

（三）搭建信息平台。充分利用并切实发挥好信息平台的桥梁纽带作用。可以利用现代信息技术，搭建信息服务平台，公开 PPP 项目的工作流程、评审标准、项目信息、实施情况、咨询服务等相关信息，保障信息发布准确及时、审批过程公正透明、建设运营全程监管。

（四）加强宣传引导。大力宣传政府和社会资本合作的重大意义，做好政策解读，总结典型案例，回应社会关切，通过舆论引导，培育积极的合作理念，建立规范的合作机制，营造良好的合作氛围，充分发挥政府、市场和社会资本的合力作用。

开展政府和社会资本合作是创新投融资机制的重要举措，各地要高度重视，切实加强组织领导，抓紧制定具体的政策措施和实施办法。各级发展改革部门要按照当地政府的统一部署，认真做好 PPP 项目的统筹规划、综合协调等工作，会同有关部门积极推动政府和社会资本合作顺利实施。

附件：1. PPP 项目进展情况按月报送制度

2. 政府和社会资本合作项目通用合同指南

附件 1

PPP 项目进展情况按月报送制度

一、各省区市发展改革委要建立 PPP 项目库，及时跟踪调度、梳理汇总项目实施进展。从 2015 年 1 月起，于每月 5 日前将 PPP 项目进展情况，通过全国发展改革系统纵向网按月报送至国家发展和改革委员会。

二、报送内容包括文字材料及进展情况表。文字材料主要包括 PPP 项目的推进措施、进展情况、存在问题及意见建议等内容。进展情况按下表要求填写。

PPP 项目进展情况表

填表单位：　　　　　　填报日期：　　　　　　单位：亿元

序号	项目名称	建设内容及规模	行业	项目总投资	PPP 操作模式	社会资本情况		项目进展情况（截至上月底）	备注
						主体名称	投资额		
一	在建项目								
1	×××项目								

续表

序号	项目名称	建设内容及规模	行业	项目总投资	PPP 操作模式	社会资本情况		项目进展情况（截至上月底）	备注
						主体名称	投资额		
2	×××项目								
	……								
二	拟建项目								
1	×××项目								
2	×××项目								
	……								

备注：PPP 操作模式指 BOT、BOO、BOOT 等，根据具体情况填写。

附件 2

政府和社会资本合作项目通用合同指南
（2014 年版）

使用说明

为规范政府和社会资本合作项目合同编制工作，鼓励和引导社会投资，增强公共产品供给能力，根据《国务院关于创新重点领域投融资机制鼓励社会投资的指导意见》（国发〔2014〕60 号）有关要求，编制《政府和社会资本合作项目通用合同指南（2014 年版）》。

一、编制原则

1. 强调合同各方的平等主体地位。合同各方均是平等主体，以市场机制为基础建立互惠合作关系，通过合同条款约定并保障权利义务。

2. 强调提高公共服务质量和效率。政府通过引入社会资本和市场机制，促进重点领域建设，增加公共产品有效供给，提高公共资源配置效率。

3. 强调社会资本获得合理回报。鼓励社会资本在确保公共利益的前提下，降低项目运作成本、提高资源配置效率、获取合理投资回报。

4. 强调公开透明和阳光运行。针对项目建设和运营的关键环节，明确政府监管职责，发挥专业机构作用，提高信息公开程度，确保项目阳光运行。

5. 强调合法合规及有效执行。项目合同要与相关法律法规和技术规范做好衔接，确保内容全面、结构合理、具有可操作性。

6. 强调国际经验与国内实践相结合。借鉴国外先进经验，总结国内成功实践，积极探索，务实创新，适应当前深化投融资体制改革需要。

二、主要内容

项目合同由合同正文和合同附件组成，《合同指南》主要反映合同的一般要求，采用模块化的编写框架，共设置15个模块、86项条款，适用于不同模式合作项目的投融资、建设、运营和服务、移交等阶段，具有较强的通用性。原则上，所有模式项目合同的正文都应包含10个通用模块：总则、合同主体、合作关系、项目前期工作、收入和回报、不可抗力和法律变更、合同解除、违约处理、争议解决，以及其他约定。其他模块可根据实际需要灵活选用。例如，建设—运营—移交模式的项目合同除了10个通用模块之外，还需选用投资计划及融资、工程建设、运营和服务、社会资本主体移交项目等模块。

三、使用要求

1. 合作项目已纳入当地相关发展规划，并按规定报经地方人民政府或行业主管部门批准实施。

2. 合同签署主体应具有合法和充分的授权，满足合同管理和履约需要。

3. 在项目招标或招商之前，政府应参考《合同指南》组织编制合同文本，并将其作为招标或招商文件的组成部分。

4. 社会资本确定之后，政府和社会资本可就相关条款和事项进行谈判，最终确定并签署合同文本。

5. 充分发挥专业中介机构作用，完善项目合同具体条款，提高项目合同编制质量。

6. 参考《合同指南》设置章节顺序和条款。如有不能覆盖的事项，可在相关章节或“其他约定”中增加相关内容。

四、其他

1. 各行业管理部门可参考《合同指南》，分别研究制定相应行业的标准合同范本。

2. 各地要及时总结开展政府和社会资本合作中的经验教训，不断细化、完善合同文本。

3. 国家发展和改革委员会将根据各地的实践情况，及时对《合同指南》进行修订完善。

第一章　总　　则

政府和社会资本合作项目合同（简称“项目合同”），是指政府主体和社会资本主体依据《中华人民共和国合同法》及其他法律法规就政府和社会资本合作项目的实施所订立的合同文件。

本章应就项目合同全局性事项进行说明和约定，具体包括合同相关术语的定义和解释、合同签订的背景和目的、声明和保证、合同生效条件、合同体系构成等。

本章为项目合同的必备篇章。

第1条　术语定义和解释

为避免歧义，项目合同中涉及的重要术语需要根据项目具体情况加以定义。凡经定义的术语，在项目合同文本中的内涵和外延应与其定义保持一致。

需要定义和解释的术语通常包括但不限于：

（1）项目名称与涉及合同主体或项目相关方的术语，如“市政府”、“项目公司”等。

（2）涉及项目技术经济特征的相关术语，如“服务范围”、“技术标准”、“服务标准”等。

（3）涉及时间安排或时间节点的相关术语，如“开工日”、“试运营日”、“特许经营期”等。

（4）涉及合同履行的相关术语，如“批准”、“不可抗力”、“法律变更”等。

（5）其他需定义的术语。

第2条　合同背景和目的

为便于更准确地理解和执行项目合同，对合同签署的相关背景、目的等加以简要说明。

第3条　声明和保证

项目合同各方需就订立合同的主体资

格及履行合同的相关事项加以声明和保证，并明确项目合同各方因违反声明和保证应承担相应责任。主要内容包括：

（1）关于已充分理解合同背景和目的，并承诺按合同相关约定执行合同的声明。

（2）关于合同签署主体具有相应法律资格及履约能力的声明。

（3）关于合同签署人已获得合同签署资格授权的声明。

（4）关于对所声明内容真实性、准确性、完整性的保证或承诺。

（5）关于诚信履约、提供持续服务和维护公共利益的保证。

（6）其他声明或保证。

第4条 合同生效条件

根据有关法律法规及相关约定，涉及项目合同生效条件的，应予明确。

第5条 合同构成及优先次序

本条应明确项目合同的文件构成，包括合同正文、合同附件、补充协议和变更协议等，并对其优先次序予以明确。

第二章 合同主体

本章重点明确项目合同各主体资格，并概括性地约定各主体的主要权利和义务。

本章为项目合同的必备篇章。

第6条 政府主体

1. 主体资格

签订项目合同的政府主体，应是具有相应行政权力的政府，或其授权的实施机构。本条应明确以下内容：

（1）政府主体的名称、住所、法定代表人等基本情况。

（2）政府主体出现机构调整时的延续或承继方式。

2. 权利界定

项目合同应明确政府主体拥有以下权利：

（1）按照有关法律法规和政府管理的相关职能规定，行使政府监管的权力。

（2）行使项目合同约定的权利。

3. 义务界定

项目合同应概括约定政府主体需要承担的主要义务，如遵守项目合同、及时提供项目配套条件、项目审批协调支持、维护市场秩序等。

第7条 社会资本主体

1. 主体资格

签订项目合同的社会资本主体，应是符合条件的国有企业、民营企业、外商投资企业、混合所有制企业，或其他投资、经营主体。

本条应明确以下内容：

（1）社会资本主体的名称、住所、法定代表人等基本情况。

（2）项目合作期间社会资本主体应维持的资格和条件。

2. 权利界定

项目合同应明确社会资本主体的主要权利：

（1）按约定获得政府支持的权利。

（2）按项目合同约定实施项目、获得相应回报的权利等。

3. 义务界定

项目合同应明确社会资本主体在合作期间应履行的主要义务，如按约定提供项目资金，履行环境、地质、文物保护及安全生产等义务，承担社会责任等。

4. 对项目公司的约定

如以设立项目公司的方式实施合作项目，应根据项目实际情况，明确项目公司的设立及其存续期间法人治理结构及经营管理机制等事项，如：

（1）项目公司注册资金、住所、组织形式等的限制性要求。

（2）项目公司股东结构、董事会、监事会及决策机制安排。

（3）项目公司股权、实际控制权、重要人事发生变化的处理方式。

如政府参股项目公司的，还应明确政

府出资人代表、投资金额、股权比例、出资方式等；政府股份享有的分配权益，如是否享有与其他股东同等的权益，在利润分配顺序上是否予以优先安排等；政府股东代表在项目公司法人治理结构中的特殊安排，如在特定事项上是否拥有否决权等。

第三章　合 作 关 系

本章主要约定政府和社会资本合作关系的重要事项，包括合作内容、合作期限、排他性约定及合作的履约保证等。

本章为项目合同的必备篇章。

第 8 条　合作内容

项目合同应明确界定政府和社会资本合作的主要事项，包括：

1. 项目范围

明确合作项目的边界范围。如涉及投资的，应明确投资标的物的范围；涉及工程建设的，应明确项目建设内容；涉及提供服务的，应明确服务对象及内容等。

2. 政府提供的条件

明确政府为合作项目提供的主要条件或支持措施，如授予社会资本主体相关权利、提供项目配套条件及投融资支持等。

涉及政府向社会资本主体授予特许经营权等特定权利的，应明确社会资本主体获得该项权利的方式和条件，是否需要缴纳费用，以及费用计算方法、支付时间、支付方式及程序等事项，并明确社会资本主体对政府授予权利的使用方式及限制性条款，如不得擅自转让、出租特许经营权等。

3. 社会资本主体承担的任务

明确社会资本主体应承担的主要工作，如项目投资、建设、运营、维护等。

4. 回报方式

明确社会资本主体在合作期间获得回报的具体途径。根据项目性质和特点，项目收入来源主要包括使用者付费、使用者付费与政府补贴相结合、政府付费购买服务等方式。

5. 项目资产权属

明确合作各阶段项目有形及无形资产的所有权、使用权、收益权、处置权的归属。

6. 土地获取和使用权利

明确合作项目土地获得方式，并约定社会资本主体对项目土地的使用权限。

第 9 条　合作期限

明确项目合作期限及合作的起讫时间和重要节点。

第 10 条　排他性约定

如有必要，可做出合作期间内的排他性约定，如对政府同类授权的限制等。

第 11 条　合作履约担保

如有必要，可以约定项目合同各方的履约担保事项，明确履约担保的类型、提供方式、提供时间、担保额度、兑取条件和退还等。对于合作周期较长的项目，可分阶段安排履约担保。

第四章　投资计划及融资方案

本章重点约定项目投资规模、投资计划、投资控制、资金筹措、融资条件、投融资监管及违约责任等事项。

本章适用于包含新建、改扩建工程，或政府向社会资本主体转让资产（或股权）的合作项目。

第 12 条　项目总投资

1. 投资规模及其构成

（1）对于包含新建、改扩建工程的合作项目，应在合同中明确工程建设总投资及构成，包括建筑工程费、设备及工器具购置费、安装工程费、工程建设其他费用、基本预备费、价差预备费、建设期利息、流动资金等。合同应明确总投资的认定依据，如投资估算、投资概算或竣工决算等。

（2）对于包含政府向社会资本主体转让资产（或股权）的合作项目，应在合同中明确受让价款及其构成。

2. 项目投资计划

明确合作项目的分年度投资计划。

第13条　投资控制责任

明确社会资本主体对约定的项目总投资所承担的投资控制责任。根据合作项目特点，可约定社会资本主体承担全部超支责任、部分超支责任，或不承担超支责任。

第14条　融资方案

项目合同需要明确项目总投资的资金来源和到位计划，包括以下事项：

(1) 项目资本金比例及出资方式。

(2) 债务资金的规模、来源及融资条件。如有必要，可约定政府为债务融资提供的支持条件。

(3) 各类资金的到位计划。

第15条　政府提供的其他投融资支持

如政府为合作项目提供投资补助、基金注资、担保补贴、贷款贴息等支持，应明确具体方式及必要条件。

第16条　投融资监管

若需要设定对投融资的特别监管措施，应在合同中明确监管主体、内容、方法和程序，以及监管费用的安排等事项。

第17条　投融资违约及其处理

项目合同应明确各方投融资违约行为的认定和违约责任。可视影响将违约行为划分为重大违约和一般违约，并分别约定违约责任。

第五章　项目前期工作

本章重点约定合作项目前期工作内容、任务分工、经费承担及违约责任等事项。

本章为项目合同的必备篇章。

第18条　前期工作内容及要求

明确项目需要完成的前期工作内容、深度、控制性进度要求，以及需要采用的技术标准和规范要求，对于超出现行技术标准和规范的特殊规定，应予以特别说明。如包含工程建设的合作项目，应明确可行性研究、勘察设计等前期工作要求；包含转让资产（或股权）的合作项目，应明确项目尽职调查、清产核资、资产评估等前期工作要求。

第19条　前期工作任务分担

项目合同应分别约定政府和社会资本主体所负责的前期工作内容。

第20条　前期工作经费

明确政府和社会资本主体分别承担的前期工作费用。对于政府开展前期工作的经费需要社会资本主体承担的，应明确费用范围、确认和支付方式，以及前期工作成果和知识产权归属。

第21条　政府提供的前期工作支持

政府应对社会资本主体承担的项目前期工作提供支持，包括但不限于：

(1) 协调相关部门和利益主体提供必要资料和文件。

(2) 对社会资本主体的合理诉求提供支持。

(3) 组织召开项目协调会。

第22条　前期工作监管

若需要设定对项目前期工作的特别监管措施，应在合同中明确监管内容、方法和程序，以及监管费用的安排等事项。

第23条　前期工作违约及处理

项目合同应明确各方在前期工作中违约行为的认定和违约责任。可视影响将违约行为划分为重大违约和一般违约，并分别约定违约责任。

第六章　工 程 建 设

本章重点约定合作项目工程建设条件，进度、质量、安全要求，变更管理，实际投资认定，工程验收，工程保险及违约责任等事项。

本章适用于包含新建、改扩建工程的合作项目。

第24条　政府提供的建设条件

项目合同可约定政府为项目建设提供的条件，如建设用地、交通条件、市政配套等。

第 25 条 进度、质量、安全及管理要求

项目合同应约定项目建设的进度、质量、安全及管理要求。

详细内容可在合同附件中描述。

（1）项目控制性进度计划，包括项目建设期各阶段的建设任务、工期等要求。

（2）项目达标投产标准，包括生产能力、技术性能、产品标准等。

（3）项目建设标准，包括技术标准、工艺路线、质量要求等。

（4）项目安全要求，包括安全管理目标、安全管理体系、安全事故责任等。

（5）工程建设管理要求，包括对招投标、施工监理、分包等。

第 26 条 建设期的审查和审批事项

项目合同应明确需要履行的建设审查和审批事项，并明确社会资本主体的责任，以及政府应提供的协助与协调。

第 27 条 工程变更管理

项目合同应约定建设方案变更（如工程范围、工艺技术方案、设计标准或建设标准等的变更）和控制性进度计划变更等工程变更的触发条件、变更程序、方法和处置方案。

第 28 条 实际投资认定

项目合同应根据投资控制要求，约定项目实际投资的认定方法，以及项目投资发生节约或出现超支时的处理方法，并视需要设定相应的激励机制。

第 29 条 征地、拆迁和安置

项目合同应约定征地、拆迁、安置的范围、进度、实施责任主体及费用负担，并对维护社会稳定、妥善处理后续遗留问题提出明确要求。

第 30 条 项目验收

项目验收应遵照国家及地方主管部门关于基本建设项目验收管理的规定执行。项目验收通常包括专项验收和竣工验收。项目合同应约定项目验收的计划、标准、费用和工作机制等要求。

如有必要，应针对特定环节做出专项安排。

第 31 条 工程建设保险

项目合同应约定建设期需要投保的相关险种，如建筑工程一切险、安装工程一切险、建筑施工人员团体意外伤害保险等，并落实各方的责任和义务，注意保险期限与项目运营期相关保险在时间上的衔接。

第 32 条 工程保修

项目合同应约定工程完工之后的保修安排，内容包括但不限于：

（1）保修期限和范围。

（2）保修期内的保修责任和义务。

（3）工程质保金的设置、使用和退还。

（4）保修期保函的设置和使用。

第 33 条 建设期监管

若需要，可对项目建设招标采购、工程投资、工程质量、工程进度以及工程建设档案资料等事项安排特别监管措施，应在合同中明确监管的主体、内容、方法和程序，以及费用安排。

第 34 条 建设期违约和处理

项目合同应明确各方在建设期违约行为的认定和违约责任。

可视影响将违约行为划分为重大违约和一般违约，并分别约定违约责任。

第七章 政府移交资产

本章重点约定政府向社会资本主体移交资产的准备工作、移交范围和标准、移交程序及违约责任等。

本章适用于包含政府向社会资本主体转让或出租资产的合作项目。

第 35 条 移交前准备

项目合同应对移交前准备工作做出安排，以保证项目顺利移交，内容一般包括：

（1）准备工作的内容和进度安排。

（2）各方责任和义务。

（3）负责移交的工作机构和工作机制等。

第36条 资产移交

合同应对资产移交以下事项进行约定：

（1）移交范围，如资产、资料、产权等。

（2）进度安排。

（3）移交验收程序。

（4）移交标准，如设施设备技术状态、资产法律状态等。

（5）移交的责任和费用。

（6）移交的批准和完成确认。

（7）其他事项，如项目人员安置方案、项目保险的转让、承包合同和供货合同的转让、技术转让及培训要求等。

第37条 移交违约及处理

项目合同应明确资产移交过程中各方违约行为的认定和违约责任。可视影响将违约行为划分为重大违约和一般违约，并分别约定违约责任。

第八章 运营和服务

本章重点约定合作项目运营的外部条件、运营服务标准和要求、更新改造及追加投资、服务计量、运营期保险、政府监管、运营支出及违约责任等事项。

本章适用于包含项目运营环节的合作项目。

第38条 政府提供的外部条件

项目合同应约定政府为项目运营提供的外部条件，如：

（1）项目运营所需的外部设施、设备和服务及其具体内容、规格、提供方式（无偿提供、租赁等）和费用标准等。

（2）项目生产运营所需特定资源及其来源、数量、质量、提供方式和费用标准等，如污水处理厂的进水来源、来水量、进水水质等。

（3）对项目特定产出物的处置方式及配套条件，如污水处理厂的出水、污泥的处置，垃圾焚烧厂的飞灰、灰渣的处置等。

（4）道路、供水、供电、排水等其他保障条件。

第39条 试运营和正式运营

项目合同应约定试运营的安排，如：

（1）试运营的前提条件和技术标准。

（2）试运营的期限。

（3）试运营期间的责任安排。

（4）试运营的费用和收入处理。

（5）正式运营的前提条件。

（6）正式运营开始时间和确认方式等。

第40条 运营服务标准

项目合同应从维护公共利益、提高运营效率、节约运营成本等角度，约定项目运营服务标准。详细内容可在合同附件中描述。

（1）服务范围、服务内容。

（2）生产规模或服务能力。

（3）技术标准，如污水厂的出水标准，自来水厂的水质标准等。

（4）服务质量，如普遍服务、持续服务等。

（5）其他要求，如运营机构资质、运营组织模式、运营分包等。

第41条 运营服务要求变更

项目合同应约定运营期间服务标准和要求的变更安排，如：

（1）变更触发条件，如因政策或外部环境发生重大变化，需要变更运营服务标准等。

（2）变更程序，包括变更提出、评估、批准、认定等。

（3）新增投资和运营费用的承担责任。

（4）各方利益调整方法或处理措施。

第42条 运营维护与修理

项目合同应约定项目运营维护与设施修理事项。详细内容可在合同附件中描述。

（1）项目日常运营维护的范围和技术标准。

（2）项目日常运营维护记录和报告

制度。

（3）大中修资金的筹措和使用管理等。

第 43 条　更新改造和追加投资

对于运营期间需要进行更新改造和追加投资的合作项目，项目合同应对更新改造和追加投资的范围、触发条件、实施方式、投资控制、补偿方案等进行约定。

第 44 条　主副产品的权属

项目合同应约定在运营过程中产生的主副产品（如污水处理厂的出水等）的权属和处置权限。

第 45 条　项目运营服务计量

项目合同应约定项目所提供服务（或产品）的计量方法、标准、计量程序、计量争议解决、责任和费用划分等事项。

第 46 条　运营期的特别补偿

项目合同应约定运营期间由于政府特殊要求造成社会资本主体支出增加、收入减少的补偿方式、补偿金额、支付程序及协商机制等。

第 47 条　运营期保险

项目合同应约定运营期需要投保的险种、保险范围、保险责任期间、保额、投保人、受益人、保险赔偿金的使用等。

第 48 条　运营期政府监管

政府有关部门依据自身行政职能对项目运营进行监管，社会资本主体应当予以配合。政府可在不影响项目正常运营的原则下安排特别监管措施，并与社会资本主体议定费用分担方式，如：

（1）委托专业机构开展中期评估和后评价。

（2）政府临时接管的触发条件、实施程序、接管范围和时间、接管期间各方的权利义务等。

第 49 条　运营支出

项目合同应约定社会资本主体承担的成本和费用范围，如人工费、燃料动力费、修理费、财务费用、保险费、管理费、相关税费等。

第 50 条　运营期违约事项和处理

项目合同应明确各方在运营期违约行为的认定和违约责任。

可视影响将违约行为划分为重大违约和一般违约，并分别约定违约责任。

第九章　社会资本主体移交项目

本章重点约定社会资本主体向政府移交项目的过渡期、移交范围和标准、移交程序、质量保证及违约责任等。

本章适用于包含社会资本主体向政府移交项目的合作项目。

第 51 条　项目移交前过渡期

项目合同应约定项目合作期届满前的一定时期（如 12 个月）作为过渡期，并约定过渡期安排，以保证项目顺利移交。内容一般包括：

（1）过渡期的起讫日期、工作内容和进度安排。

（2）各方责任和义务，包括移交期间对公共利益的保护。

（3）负责项目移交的工作机构和工作机制，如移交委员会的设立、移交程序、移交责任划分等。

第 52 条　项目移交

对于合作期满时的项目移交，项目合同应约定以下事项：

（1）移交方式，明确资产移交、经营权移交、股权移交或其他移交方式。

（2）移交范围，如资产、资料、产权等。

（3）移交验收程序。

（4）移交标准，如项目设施设备需要达到的技术状态、资产法律状态等。

（5）移交的责任和费用。

（6）移交的批准和完成确认。

（7）其他事项，如项目人员安置方案、项目保险的转让、承包合同和供货合同的转让、技术转让及培训要求等。

第 53 条　移交质量保证

项目合同应明确如下事项：

（1）移交保证期的约定，包括移交保证期限、保证责任、保证期内各方权利义务等。

（2）移交质保金或保函的安排，可与履约保证结合考虑，包括质保金数额和形式、保证期限、移交质保金兑取条件、移交质保金的退还条件等。

第 54 条 项目移交违约及处理

项目合同应明确项目移交过程中各方违约行为的认定和违约责任。可视影响将违约行为划分为重大违约和一般违约，并分别约定违约责任。

第十章 收入和回报

本章重点约定合作项目收入、价格确定和调整、财务监管及违约责任等事项。

本章为项目合同的必备篇章。

第 55 条 项目运营收入

项目合同应按照合理收益、节约资源的原则，约定社会资本主体的收入范围、计算方法等事项。详细内容可在合同附件中描述。

（1）社会资本主体提供公共服务而获得的收入范围及计算方法。

（2）社会资本主体在项目运营期间可获得的其他收入。

（3）如涉及政府与社会资本主体收入分成的，应约定分成机制，如分成计算方法、支付方式、税收责任等。

第 56 条 服务价格及调整

项目合同应按照收益与风险匹配、社会可承受的原则，合理约定项目服务价格及调整机制。

1. 执行政府定价的价格及调整

（1）执行政府批准颁布的项目服务或产品价格。

（2）遵守政府价格调整相关规定，配合政府价格调整工作，如价格听证等。

2. 项目合同约定的价格及调整

（1）初始定价及价格水平年。

（2）运营期间的价格调整机制，包括价格调整周期或调价触发机制、调价方法、调价程序及各方权利义务等。

第 57 条 特殊项目收入

若社会资本主体不参与项目运营或不通过项目运营获得收入的，项目合同应在法律允许框架内，按照合理收益原则约定社会资本主体获取收入的具体方式。

第 58 条 财务监管

政府和社会资本合作项目事关公共利益，项目合同应约定对社会资本主体的财务监管制度安排，明确社会资本主体的配合义务，如：

（1）成本监管和审计机制。

（2）年度报告及专项报告制度。

（3）特殊专用账户的设置和监管等。

第 59 条 违约事项及其处理

项目合同应明确各方在收入获取、补贴支付、价格调整、财务监管等方面的违约行为的认定和违约责任。可视影响将违约行为划分为重大违约和一般违约，并分别约定违约责任。

第十一章 不可抗力和法律变更

本章重点约定不可抗力事件和法律变更的处理事项。

本章为项目合同的必备篇章。

第 60 条 不可抗力事件

项目合同应约定不可抗力的类型和范围，如自然灾害、社会异常事件、化学或放射性污染、核辐射、考古文物等。

第 61 条 不可抗力事件的认定和评估

项目合同应约定不可抗力事件的认定及其影响后果评估程序、方法和原则。对于特殊项目，应根据项目实际情况约定不可抗力事件的认定标准。

第 62 条 不可抗力事件发生期间各方权利和义务

项目合同应约定不可抗力事件发生后

的各方权利和义务，如及时通知、积极补救等，以维护公共利益，减少损失。

第 63 条 不可抗力事件的处理

项目合同应根据不可抗力事件对合同履行造成的影响程度，分别约定不可抗力事件的处理。造成合同部分不能履行，可协商变更或解除项目合同；造成合同履行中断，可继续履行合同并就中断期间的损失承担做出约定；造成合同履行不能，应约定解除合同。

第 64 条 法律变更

项目合同应约定，如在项目合同生效后发布新的法律、法规或对法律、法规进行修订，影响项目运行或各方项目收益时，变更项目合同或解除项目合同的触发条件、影响评估、处理程序等事项。

第十二章 合 同 解 除

本章重点约定合同解除事由、解除程序，以及合同解除后的财务安排、项目移交等事项。

本章为项目合同的必备篇章。

第 65 条 合同解除的事由

项目合同应约定各种可能导致合同解除的事由，包括：

（1）发生不可抗力事件，导致合同履行不能或各方不能就合同变更达成一致。

（2）发生法律变更，各方不能就合同变更达成一致。

（3）合同一方严重违约，导致合同目的无法实现。

（4）社会资本主体破产清算或类似情形。

（5）合同各方协商一致。

（6）法律规定或合同各方约定的其他事由。

第 66 条 合同解除程序

项目合同应约定合同解除程序。

第 67 条 合同解除的财务安排

按照公平合理的原则，在项目合同中具体约定各种合同解除情形时的财务安排，以及相应的处理程序。如：

（1）明确各种合同解除情形下，补偿或赔偿的计算方法，赔偿应体现违约责任及向无过错方的利益让渡。补偿或赔偿额度的评估要坚持公平合理、维护公益性原则，可设计具有可操作性的补偿或赔偿计算公式。

（2）明确各方对补偿或赔偿计算成果的审核、认定和支付程序。

第 68 条 合同解除后的项目移交

项目合同应约定合同解除后的项目移交事宜，可参照本指南“项目移交”条款进行约定。

第 69 条 合同解除的其他约定

结合项目特点和合同解除事由，可分别约定在合同解除时项目接管、项目持续运行、公共利益保护以及其他处置措施等。

第十三章 违 约 处 理

其他章节关于违约的未约定事项，在本章中予以约定；也可将关于违约的各种约定在本章集中明确。

本章为项目合同的必备篇章。

第 70 条 违约行为认定

项目合同应明确违约行为的认定以及免除责任或限制责任的事项。

第 71 条 违约责任承担方式

项目合同应明确违约行为的承担方式，如继续履行、赔偿损失、支付违约金及其他补救措施等。

第 72 条 违约行为处理

项目合同可约定违约行为的处理程序，如违约发生后的确认、告知、赔偿等救济机制，以及上述处理程序的时限。

第十四章 争 议 解 决

本章重点约定争议解决方式。

本章为项目合同的必备篇章。

第 73 条 争议解决方式

1. 协商

通常情况下，项目合同各方应在一方发出争议通知指明争议事项后，首先争取通过友好协商的方式解决争议。协商条款的编写应包括基本协商原则、协商程序、参与协商人员及约定的协商期限。若在约定期限内无法通过协商方式解决问题，则采用调解、仲裁或诉讼方式处理争议。

2. 调解

项目合同可约定采用调解方式解决争议，并明确调解委员会的组成、职权、议事原则，调解程序，费用的承担主体等内容。

3. 仲裁或诉讼

协商或调解不能解决的争议，合同各方可约定采用仲裁或诉讼方式解决。采用仲裁方式的，应明确仲裁事项、仲裁机构。

第 74 条 争议期间的合同履行

诉讼或仲裁期间项目各方对合同无争议的部分应继续履行；除法律规定或另有约定外，任何一方不得以发生争议为由，停止项目运营服务、停止项目运营支持服务或采取其他影响公共利益的措施。

第十五章 其 他 约 定

本章约定项目合同的其他未尽事项。为项目合同的必备篇章。

第 75 条 合同变更与修订

可对项目合同变更的触发条件、变更程序、处理方法等进行约定。项目合同的变更与修订应以书面形式作出。

第 76 条 合同的转让

项目合同应约定合同权利义务是否允许转让；如允许转让，应约定需满足的条件和程序。

第 77 条 保密

项目合同应约定保密信息范围、保密措施、保密责任。保密信息通常包括项目涉及国家安全、商业秘密或合同各方约定的其他信息。

第 78 条 信息披露

为维护公共利益、促进依法行政、提高项目透明度，合同各方有义务按照法律法规和项目合同约定，向对方或社会披露相关信息。详细披露事项可在合同附件中明确。

第 79 条 廉政和反腐

项目合同应约定各方恪守廉洁从政、廉洁从业和防范腐败的责任。

第 80 条 不弃权合同应声明任何一方均不被视为放弃本合同中的任何条款，除非该方以书面形式作出放弃。任何一方未坚持要求对方严格履行本合同中的任何条款，或未行使其在本合同中规定的任何权利，均不应被视为对任何上述条款的放弃或对今后行使任何上述权利的放弃。

第 81 条 通知

项目合同应约定通知的形式、送达、联络人、通讯地址等事项。

第 82 条 合同适用法律

项目合同适用中华人民共和国法律。

第 83 条 适用语言

项目合同应约定合同订立及执行过程中所采用的语言。对于采用多种语言订立的，应明确以中文为准。

第 84 条 适用货币

明确项目合同所涉及经济行为采用的支付货币类型。

第 85 条 合同份数

项目合同应约定合同的正副本数量和各方持有份数，并明确合同正本和副本具有同等法律效力。

第 86 条 合同附件

项目合同可列示合同附件名称。

国家发展改革委关于印发《传统基础设施领域实施政府和社会资本合作项目工作导则》的通知

（发改投资〔2016〕2231号，2016年10月24日）

各省、自治区、直辖市及计划单列市发展改革委，新疆生产建设兵团发展改革委：

为进一步规范传统基础设施领域政府和社会资本合作（PPP）项目操作流程，现将《传统基础设施领域实施政府和社会资本合作项目工作导则》印发给你们，请积极采取有力措施，加大工作力度，切实做好各项工作。

附件：传统基础设施领域实施政府和社会资本合作项目工作导则

附件

传统基础设施领域实施政府和社会资本合作项目工作导则

第一章　总　　则

第一条　目的和依据

为进一步规范传统基础设施领域政府和社会资本合作（PPP）项目操作流程，根据《中共中央 国务院关于深化投融资体制改革的意见》（中发〔2016〕18号）、《国务院关于创新重点领域投融资机制鼓励社会投资的指导意见》（国发〔2014〕60号）、《国务院办公厅转发财政部发展改革委人民银行关于在公共服务领域推广政府和社会资本合作模式指导意见的通知》（国办发〔2015〕42号）、《基础设施和公用事业特许经营管理办法》（国家发展改革委等部门令2015年第25号）、《国家发展改革委关于开展政府和社会资本合作的指导意见》（发改投资〔2014〕2724号）等文件要求，制定本导则。

第二条　适用范围

按照国务院确定的部门职责分工，本导则适用于在能源、交通运输、水利、环境保护、农业、林业以及重大市政工程等传统基础设施领域采用PPP模式的项目。具体项目范围参见《国家发展改革委关于切实做好传统基础设施领域政府和社会资本合作有关工作的通知》（发改投资〔2016〕1744号）。

第三条　实施方式

政府和社会资本合作模式主要包括特许经营和政府购买服务两类。新建项目优先采用建设—运营—移交（BOT）、建设—拥有—运营—移交（BOOT）、设计—建设—融资—运营—移交（DBFOT）、建设—拥有—运营（BOO）等方式。存量项目优先采用改建—运营—移交（ROT）方式。同时，各地区可根据当地实际情况及项目特点，积极探索、大胆创新，灵活运用多种方式，切实提高项目运作效率。

第四条　适用要求

各级发展改革部门应按照本导则明确的程序要求和工作内容，本着“简捷高效、科学规范、兼容并包、创新务实”原则，会同有关部门，加强协调配合，形成合力，共同促进本地区传统基础设施领域 PPP 模式规范健康发展。国家发展改革委将加强指导和监督，促进 PPP 工作稳步推进。

第二章 项 目 储 备

第五条 加强规划政策引导

要重视发挥发展规划、投资政策的战略引领与统筹协调作用，按照国民经济和社会发展总体规划、区域规划、专项规划及相关政策，依据传统基础设施领域的建设目标、重点任务、实施步骤等，明确推广应用 PPP 模式的统一部署及具体要求。

第六条 建立 PPP 项目库

各级发展改革部门要会同有关行业主管部门，在投资项目在线审批监管平台（重大建设项目库）基础上，建立各地区各行业传统基础设施 PPP 项目库，并统一纳入国家发展改革委传统基础设施 PPP 项目库，建立贯通各地区各部门的传统基础设施 PPP 项目信息平台。入库情况将作为安排政府投资、确定与调整价格、发行企业债券及享受政府和社会资本合作专项政策的重要依据。

第七条 纳入年度实施计划

列入各地区各行业传统基础设施 PPP 项目库的项目，实行动态管理、滚动实施、分批推进。对于需要当年推进实施的 PPP 项目，应纳入各地区各行业 PPP 项目年度实施计划。需要使用各类政府投资资金的传统基础设施 PPP 项目，应当纳入三年滚动政府投资计划。

第八条 确定实施机构和政府出资人代表

对于列入年度实施计划的 PPP 项目，应根据项目性质和行业特点，由当地政府行业主管部门或其委托的相关单位作为 PPP 项目实施机构，负责项目准备及实施等工作。鼓励地方政府采用资本金注入方式投资传统基础设施 PPP 项目，并明确政府出资人代表，参与项目准备及实施工作。

第三章 项 目 论 证

第九条 PPP 项目实施方案编制

纳入年度实施计划的 PPP 项目，应编制 PPP 项目实施方案。PPP 项目实施方案由实施机构组织编制，内容包括项目概况、运作方式、社会资本方遴选方案、投融资和财务方案、建设运营和移交方案、合同结构与主要内容、风险分担、保障与监管措施等。为提高工作效率，对于一般性政府投资项目，各地可在可行性研究报告中包括 PPP 项目实施专章，内容可以适当简化，不再单独编写 PPP 项目实施方案。

实施方案编制过程中，应重视征询潜在社会资本方的意见和建议。要重视引导社会资本方形成合理的收益预期，建立主要依靠市场的投资回报机制。如果项目涉及向使用者收取费用，要取得价格主管部门出具的相关意见。

第十条 项目审批、核准或备案

政府投资项目的可行性研究报告应由具有相应项目审批职能的投资主管部门等审批。可行性研究报告审批后，实施机构根据经批准的可行性研究报告有关要求，完善并确定 PPP 项目实施方案。重大基础设施政府投资项目，应重视项目初步设计方案的深化研究，细化工程技术方案和投资概算等内容，作为确定 PPP 项目实施方案的重要依据。

实行核准制或备案制的企业投资项目，应根据《政府核准的投资项目目录》及相关规定，由相应的核准或备案机关履行核准、备案手续。项目核准或备案后，实施机构依据相关要求完善和确定 PPP 项目实施方案。

纳入 PPP 项目库的投资项目，应在批复可行性研究报告或核准项目申请报告时，明确规定可以根据社会资本方选择结果依法变更项目法人。

第十一条 PPP项目实施方案审查审批

鼓励地方政府建立PPP项目实施方案联审机制。按照“多评合一，统一评审”的要求，由发展改革部门和有关行业主管部门牵头，会同项目涉及的财政、规划、国土、价格、公共资源交易管理、审计、法制等政府相关部门，对PPP项目实施方案进行联合评审。必要时可先组织相关专家进行评议或委托第三方专业机构出具评估意见，然后再进行联合评审。

一般性政府投资项目可行性研究报告中的PPP项目实施专章，可结合可行性研究报告审批一并审查。

通过实施方案审查的PPP项目，可以开展下一步工作；按规定需报当地政府批准的，应报当地政府批准同意后开展下一步工作。未通过审查的，可在调整实施方案后重新审查；经重新审查仍不能通过的，不再采用PPP模式。

第十二条 合同草案起草

PPP项目实施机构依据审查批准的实施方案，组织起草PPP合同草案，包括PPP项目主合同和相关附属合同（如项目公司股东协议和章程、配套建设条件落实协议等）。PPP项目合同主要内容参考国家发展改革委发布的《政府和社会资本合作项目通用合同指南（2014年版）》。

第四章 社会资本方选择

第十三条 社会资本方遴选

依法通过公开招标、邀请招标、两阶段招标、竞争性谈判等方式，公平择优选择具有相应投资能力、管理经验、专业水平、融资实力以及信用状况良好的社会资本方作为合作伙伴。其中，拟由社会资本方自行承担工程项目勘察、设计、施工、监理以及与工程建设有关的重要设备、材料等采购的，必须按照《招标投标法》的规定，通过招标方式选择社会资本方。

在遴选社会资本方资格要求及评标标准设定等方面，要客观、公正、详细、透明，禁止排斥、限制或歧视民间资本和外商投资。鼓励社会资本方成立联合体投标。鼓励设立混合所有制项目公司。社会资本方遴选结果要及时公告或公示，并明确申诉渠道和方式。

各地要积极创造条件，采用多种方式保障PPP项目建设用地。如果项目建设用地涉及土地招拍挂，鼓励相关工作与社会资本方招标、评标等工作同时开展。

第十四条 PPP合同确认谈判

PPP项目实施机构根据需要组织项目谈判小组，必要时邀请第三方专业机构提供专业支持。

谈判小组按照候选社会资本方的排名，依次与候选社会资本方进行合同确认谈判，率先达成一致的即为中选社会资本方。项目实施机构应与中选社会资本方签署确认谈判备忘录，并根据信息公开相关规定，公示合同文本及相关文件。

第十五条 PPP项目合同签订

PPP项目实施机构应按相关规定做好公示期间异议的解释、澄清和回复等工作。公示期满无异议的，由项目实施机构会同当地投资主管部门将PPP项目合同报送当地政府审核。政府审核同意后，由项目实施机构与中选社会资本方正式签署PPP项目合同。

需要设立项目公司的，待项目公司正式设立后，由实施机构与项目公司正式签署PPP项目合同，或签署关于承继PPP项目合同的补充合同。

第五章 项目执行

第十六条 项目公司设立

社会资本方可依法设立项目公司。政府指定了出资人代表的，项目公司由政府出资人代表与社会资本方共同成立。项目公司应按照PPP合同中的股东协议、公司章程等设立。

项目公司负责按PPP项目合同承担设计、融资、建设、运营等责任，自主经营，自负盈亏。除PPP项目合同另有约定外，项目公司的股权及经营权未经政府同意不得变更。

第十七条 项目法人变更

PPP项目法人选择确定后，如与审批、核准、备案时的项目法人不一致，应按照有关规定依法办理项目法人变更手续。

第十八条 项目融资及建设

PPP项目融资责任由项目公司或社会资本方承担，当地政府及其相关部门不应为项目公司或社会资本方的融资提供担保。项目公司或社会资本方未按照PPP项目合同约定完成融资的，政府方可依法提出履约要求，必要时可提出终止PPP项目合同。

PPP项目建设应符合工程建设管理的相关规定。工程建设成本、质量、进度等风险应由项目公司或社会资本方承担。政府方及政府相关部门应根据PPP项目合同及有关规定，对项目公司或社会资本方履行PPP项目建设责任进行监督。

第十九条 运营绩效评价

PPP项目合同中应包含PPP项目运营服务绩效标准。项目实施机构应会同行业主管部门，根据PPP项目合同约定，定期对项目运营服务进行绩效评价，绩效评价结果应作为项目公司或社会资本方取得项目回报的依据。

项目实施机构应会同行业主管部门，自行组织或委托第三方专业机构对项目进行中期评估，及时发现存在的问题，制订应对措施，推动项目绩效目标顺利完成。

第二十条 项目临时接管和提前终止

在PPP项目合作期限内，如出现重大违约或者不可抗力导致项目运营持续恶化，危及公共安全或重大公共利益时，政府要及时采取应对措施，必要时可指定项目实施机构等临时接管项目，切实保障公共安全和重大公共利益，直至项目恢复正常运营。不能恢复正常运营的，要提前终止，并按PPP合同约定妥善做好后续工作。

第二十一条 项目移交

对于PPP项目合同约定期满移交的项目，政府应与项目公司或社会资本方在合作期结束前一段时间（过渡期）共同组织成立移交工作组，启动移交准备工作。

移交工作组按照PPP项目合同约定的移交标准，组织进行资产评估和性能测试，保证项目处于良好运营和维护状态。项目公司应按PPP项目合同要求及有关规定完成移交工作并办理移交手续。

第二十二条 PPP项目后评价

项目移交完成后，地方政府有关部门可组织开展PPP项目后评价，对PPP项目全生命周期的效率、效果、影响和可持续性等进行评价。评价结果应及时反馈给项目利益相关方，并按有关规定公开。

第二十三条 信息公开及社会监督

各地要建立PPP项目信息公开机制，依法及时、充分披露PPP项目基本信息、招标投标、采购文件、项目合同、工程进展、运营绩效等，切实保障公众知情权。涉及国家秘密的有关内容不得公开；涉及商业秘密的有关内容经申请可以不公开。

建立社会监督机制，鼓励公众对PPP项目实施情况进行监督，切实维护公共利益。

第六章 附 则

第二十四条 本导则由国家发展改革委负责解释。

第二十五条 本导则自印发之日起施行。

国家发展改革委关于依法依规加强 PPP 项目投资和建设管理的通知

（发改投资规〔2019〕1098 号，2019 年 6 月 21 日）

各省、自治区、直辖市及计划单列市发展改革委，新疆生产建设兵团发展改革委：

为了贯彻落实党中央、国务院关于基础设施补短板、防范化解地方政府隐性债务风险的决策部署，加强 PPP 项目投资和建设管理、提高 PPP 项目投资决策科学性，按照近日国务院颁布实施的《政府投资条例》（国务院令第 712 号），以及《企业投资项目核准和备案管理条例》（国务院令第 673 号）、《国务院办公厅关于保持基础设施领域补短板力度的指导意见》（国办发〔2018〕101 号）等规定，现就有关事项通知如下。

一、全面、深入开展 PPP 项目可行性论证和审查

（一）PPP 项目涉及公共资源配置和公众利益保障，其建设的必要性、可行性等重大事项应由政府研究认可。按照国务院关于"加强 PPP 项目可行性论证，合理确定项目主要内容和投资规模"的要求，所有拟采用 PPP 模式的项目，均要开展可行性论证。通过可行性论证审查的项目，方可采用 PPP 模式建设实施。

（二）PPP 项目可行性论证既要从经济社会发展需要、规划要求、技术和经济可行性、环境影响、投融资方案、资源综合利用以及是否有利于提升人民生活质量等方面，对项目可行性进行充分分析和论证，也要从政府投资必要性、政府投资方式比选、项目全生命周期成本、运营效率、风险管理以及是否有利于吸引社会资本参与等方面，对项目是否适宜采用 PPP 模式进行分析和论证。

（三）实行审批制管理的 PPP 项目，在可行性研究报告审批通过后，方可开展 PPP 实施方案审查、社会资本遴选等后续工作。实行核准制的 PPP 项目，应在核准的同时或单独开展可行性论证和审查。实行备案制的 PPP 项目，应单独开展可行性论证和审查。

二、严格依法依规履行项目决策程序

（四）PPP 项目要严格执行《政府投资条例》、《企业投资项目核准和备案管理条例》，依法依规履行审批、核准、备案程序。采取政府资本金注入方式的 PPP 项目，按照《政府投资条例》规定，实行审批制。列入《政府核准的投资项目目录》的企业投资项目，按照《企业投资项目核准和备案管理条例》规定，实行核准制。对于实行备案制的企业投资项目，拟采用 PPP 模式的，要严格论证项目可行性和 PPP 模式必要性。

（五）未依法依规履行审批、核准、备案及可行性论证和审查程序的 PPP 项目，为不规范项目，不得开工建设。不得以实施方案审查等任何形式规避或替代项目审批、核准、备案，以及可行性论证和审查程序。

（六）实施方案、招投标文件、合同的主要内容应与经批准的可行性研究报告、核准文件、备案信息保持一致。实施方案、

招投标文件、合同或建设中出现以下情形的，应当报请原审批、核准、备案机关重新履行项目审核备程序：（1）项目建设地点发生变化；（2）项目建设规模和主要建设内容发生较大变化；（3）项目建设标准发生较大变化；（4）项目投资规模超过批复投资的10%。

三、严格实施方案审核，依法依规遴选社会资本

（七）加强对PPP项目实施方案的审核，通过实施方案审核的PPP项目，方可开展社会资本遴选。鼓励各地建立PPP项目实施方案联审机制，各级发展改革部门要严格审查实施方案主要内容是否与经批复的可行性研究报告、项目核准文件、备案信息相一致。对建设内容单一、投资规模较小、技术方案简单的PPP项目，可将实施方案纳入可行性研究报告一并审核。

（八）公开招标应作为遴选社会资本的主要方式。不得排斥、限制民间资本参与PPP项目，消除隐性壁垒，确保一视同仁、公平竞争。招标文件的主要内容应与经批准的PPP项目实施方案保持一致。

四、严格执行国务院关于固定资产投资项目资本金制度的各项规定

（九）按照国务院有关规定，“投资项目资本金对投资项目来说是非债务性资金，项目法人不承担这部分资金的任何利息和债务；投资者可按其出资的比例依法享有所有者权益，也可转让其出资，但不得以任何方式抽回”。各行业固定资产投资项目资本金必须满足国务院规定的最低比例要求，防止过度举债融资等问题。

（十）PPP项目的融资方式和资金来源应符合防范化解地方政府隐性债务风险的相关规定。不得通过约定回购投资本金、承诺保底收益等方式违法违规变相增加地方政府隐性债务，严防地方政府债务风险。

五、依法依规将所有PPP项目纳入全国投资项目在线审批监管平台统一管理

（十一）严格执行《政府投资条例》、《企业投资项目核准和备案管理条例》，除涉密项目外，所有PPP项目须使用全国投资项目在线审批监管平台（以下简称“在线平台”）生成的项目代码分别办理各项审批手续。不得以其他任何形式规避、替代PPP项目纳入在线平台统一管理。

（十二）依托在线平台建立全国PPP项目信息监测服务平台，加强PPP项目管理和信息监测。对于通过项目审批、核准或备案，以及可行性论证、实施方案审查的PPP项目，要通过平台公开项目信息，实现全国PPP项目信息定期发布、动态监测、实时查询等功能，便于社会资本、金融机构等有关方面更好参与PPP项目。

（十三）全国PPP项目信息监测服务平台信息审核实行属地管理，原则上由项目实施主体所在地同级发展改革部门审核项目单位填报的项目信息。各级发展改革部门要采取在线监测、现场核查等方式，加强对PPP项目实施情况的监督检查。未录入全国PPP项目信息监测服务平台的项目为不规范项目。

（十四）落实《政府信息公开条例》（国务院令第492号）、《国务院办公厅关于推进重大建设项目批准和实施领域政府信息公开的意见》（国办发〔2017〕94号）等要求，依托在线平台，重点公开PPP项目的批准服务信息、批准结果信息、招标投标信息，以及施工、竣工等有关信息。

六、加强PPP项目监管，坚决惩戒违规失信行为

（十五）依照《政府投资条例》、《企业投资项目核准和备案管理条例》和本通知有关规定，加强PPP项目监管。政府应依

法依规履行承诺，不得擅自变更合同约定的政府方责任和义务。根据PPP项目合同约定，加强对社会资本方履约能力全过程动态监管，防止因社会资本方超出自身能力过度投资、过度举债，或因公司股权、管理结构发生重大变化等导致项目无法实施。依照规定将存在严重失信行为的地方政府、社会资本，通过“信用中国”网站等平台向社会公示，由相关部门依法依规对其实施联合惩戒。

（十六）指导监督PPP咨询机构严格执行《工程咨询行业管理办法》（国家发展改革委令2017年第9号），通过在线平台履行法定备案义务、接受行业监督管理。指导监督PPP咨询机构资信评价工作，引导PPP咨询机构积极参与行业自律管理，指导有关方面通过充分竞争、自主择优选取PPP咨询机构。严禁通过设置“短名单”、“机构库”等方式限制社会资本方、金融机构等自主选择PPP咨询机构。对PPP咨询机构不履行备案程序和违反合同服务、关联回避、质量追溯、反垄断等规定，以及违反《政府投资条例》决策程序规定、咨询或评估服务存在严重质量问题影响项目决策实施的，要严格按照规定给予处罚。

各级发展改革部门要严格按照《政府投资条例》、《企业投资项目核准和备案管理条例》规定，并参照本通知要求，抓紧完善本地区PPP项目管理制度，确保与上位法保持一致。本通知自2019年7月1日起执行。原有政策规定与本通知内容不符的，以本通知为准。

国家发展改革委关于鼓励民间资本参与政府和社会资本合作（PPP）项目的指导意见

（发改投资〔2017〕2059号，2017年11月28日）

各省、自治区、直辖市及计划单列市、新疆生产建设兵团发展改革委：

按照党中央、国务院关于深化投融资体制改革的意见等文件精神，为贯彻落实《国务院办公厅关于进一步激发民间有效投资活力促进经济持续健康发展的指导意见》（国办发〔2017〕79号）要求，鼓励民间资本规范有序参与基础设施项目建设，促进政府和社会资本合作（PPP）模式更好发展，提高公共产品供给效率，加快补短板建设，充分发挥投资对优化供给结构的关键性作用，增强经济内生增长动力，现提出以下意见。

一、创造民间资本参与PPP项目的良好环境

不断加大基础设施领域开放力度，除国家法律法规明确禁止准入的行业和领域外，一律向民间资本开放，不得以任何名义、任何形式限制民间资本参与PPP项目。在制定PPP政策、编制PPP规划、确定PPP项目实施方案时，注重听取民营企业的意见，充分吸收采纳民营企业的合理建议。主动为民营企业服务，不断优化营商环境，构建“亲”“清”新型政商关系，为民间资本参与PPP项目创造更加公平、规范、开放的市场环境。对民间资本主导或参与的PPP项目，鼓励开通前期工作办理等方面的“绿色通道”。鼓励结合本地区实际，依法依规出台更多的优惠政策。

二、分类施策支持民间资本参与PPP项目

针对不同PPP项目投资规模、合作期限、技术要求、运营管理等特点，采取多种方式积极支持民间资本参与，充分发挥民营企业创新、运营等方面的优势。对商业运营潜力大、投资规模适度、适合民间资本参与的PPP项目，积极支持民间资本控股，提高项目运营效率。对投资规模大、合作期限长、工程技术复杂的项目，鼓励民营企业相互合作，或与国有企业、外商投资企业等合作，通过组建投标联合体、成立混合所有制公司等方式参与，充分发挥不同企业比较优势。鼓励民间资本成立或参与投资基金，将分散的资金集中起来，由专业机构管理并投资PPP项目，获取长期稳定收益。

三、鼓励民营企业运用PPP模式盘活存量资产

积极采取转让—运营—移交（TOT）、改扩建—运营—移交（ROT）等多种运作方式，规范有序盘活存量资产，吸引民间资本参与，避免项目规划选址、征地拆迁等比较复杂的前期工作由民营企业承担。盘活资产回收的资金主要用于补短板项目建设，形成新的优质资产，实现投资良性循环。对适宜采取PPP模式的存量项目，鼓励多采用转让项目的经营权、收费权等方式盘活存量资产，降低转让难度，提高盘活效率。对已经采取PPP模式的存量项

目，经与社会资本方协商一致，在保证有效监管的前提下，可通过股权转让等多种方式，将政府方持有的股权部分或全部转让给民营企业。对在建的政府投资项目，积极探索、规范有序推进PPP模式，吸引民间资本参与。

四、持续做好民营企业PPP项目推介工作

依托全国投资项目在线审批监管平台建立的PPP项目库，对入库项目定期进行梳理，规范有序开展推介工作，适时选择回报机制明确、运营收益潜力大、前期工作成熟的PPP项目，向民营企业推介。重点推介以使用者付费为主的特许经营类项目，审慎推介完全依靠政府付费的PPP项目，以降低地方政府支出压力，防范地方债务风险。各地发展改革部门要与当地行业主管部门、工商联、行业协会等加强合作，通过多种方式推介优质项目、介绍典型案例，加大政策宣传解读和业务培训力度，帮助民营企业更好参与PPP项目。

五、科学合理设定社会资本方选择标准

严格按照《中华人民共和国招标投标法》和《中华人民共和国政府采购法》规定，通过公开招标等竞争性方式选择PPP项目的社会资本方。合理确定社会资本方资格，不得设置超过项目实际需要的注册资本金、资产规模、银行存款证明或融资意向函等条件，不得设置与项目投融资、建设、运营无关的准入条件。规范投标保证金设置，除合法合规的投标保证金外，不得以任何其他名义设置投标担保要求，推行以银行保函方式缴纳保证金。科学设置评标标准，综合考虑投标人的工程技术、运营水平、投融资能力、投标报价等因素。鼓励通过组建高质量的PPP项目特殊目的载体（SPV）等方式，整合各方资源，完善项目治理结构，提高专业化运作能力。支持民间资本股权占比高的社会资本参与PPP项目，调动民间资本积极性。同等条件下，优先选择运营经验丰富、商业运作水平高、创新创造能力强的民营企业。

六、依法签订规范、有效、全面的PPP项目合同

在与民营企业充分协商、利益共享、风险共担的基础上，客观合理、全面详尽地订立PPP项目合同。明确各方责权利和争议解决方式，合理确定价格调整机制，科学设定运营服务绩效标准，有效设置排他性条款，保障项目顺利实施。PPP项目合同既要规范民营企业投资行为，确保项目持续稳定运行，也要保证当政府方不依法履约时，民营企业可以及时获得合理补偿乃至合法退出。要依据相关法律法规和合同约定，对PPP项目进行全生命周期监管。禁止政府和投资人签订承诺回购投资本金、承诺最低收益等条款，严禁利用PPP模式违法违规变相举债，严防地方政府隐性债务风险。

七、加大民间资本PPP项目融资支持力度

鼓励政府投资通过资本金注入、投资补助、贷款贴息等方式支持民间资本PPP项目，鼓励各级政府出资的PPP基金投资民间资本PPP项目。鼓励各类金融机构发挥专业优势，大力开展PPP项目金融产品创新，支持开展基于项目本身现金流的有限追索融资，有针对性地为民间资本PPP项目提供优质金融服务。积极推进符合条件的民间资本PPP项目发行债券、开展资产证券化，拓宽项目融资渠道。按照统一标准对参与PPP项目的民营企业等各类社会资本方进行信用评级，引导金融市场和金融机构根据评级结果等加大对民营企业的融资支持力度。

八、提高咨询机构的PPP业务能力

咨询机构要坚持“合法、合规、专业、自律”的原则，深入研究民间资本参与PPP项目咨询服务新要求，加强PPP项目策划、论证、建设、运营阶段管理能力建设，准确把握民间资本参与PPP项目的商业诉求，提高项目全过程咨询服务能力。健全行业自律管理体系，通过PPP咨询机构论坛等多种形式，加强同业交流与合作。制定和完善PPP咨询业务操作标准规范，着力解决PPP项目工程技术、招投标、投融资、项目管理、法律和财务等方面难题，为民间资本PPP项目提供优质高效的咨询服务。

九、评选民间资本PPP项目典型案例

各地在已经引入民间资本的PPP项目中，适时评选在项目运作规范、交易结构合理、运营持续稳定、商业模式创新、回报机制明确等方面具有参考示范价值的典型案例，总结经验、加强宣传，发挥示范效应。国家发展改革委将会同有关行业主管部门组织专家对各地报送的案例进行评审和筛选，挑选出若干典型案例进行宣传，优先推荐发行PPP项目资产证券化产品。对支持和鼓励民间资本参与PPP项目工作积极主动、典型案例多的地区，在安排PPP项目前期工作中央预算内投资时予以倾斜支持。

十、加强政府和社会资本合作诚信体系建设

建立健全PPP项目守信践诺机制，准确记录并客观评价政府方和民营企业在PPP项目实施过程中的履约情况。政府方要严格履行各项约定义务，做出履约守信表率，坚决杜绝“新官不理旧账”现象。民营企业也要认真履行合同，持续稳定提供高质量且成本合理的公共产品和服务。将PPP项目各方信用记录，纳入全国信用信息共享平台供各部门、各地区共享，并依法通过“信用中国”网站公示。将严重失信责任主体纳入黑名单，并开展联合惩戒。

鼓励民间资本参与PPP项目是贯彻落实党中央、国务院关于激发民间有效投资活力、促进经济持续健康发展的重要措施，是充分发挥投资对优化供给结构关键性作用的重要抓手。各地发展改革部门要高度重视，加强组织领导，努力破除制约民间资本参与PPP项目的困难和障碍，切实保障民间资本合法权益，推动民间资本PPP项目规范有序发展。

国家发展改革委关于加快运用PPP模式盘活基础设施存量资产有关工作的通知

（发改投资〔2017〕1266号，2017年7月3日）

各省、自治区、直辖市及计划单列市发展改革委，新疆生产建设兵团发展改革委：

按照党中央、国务院工作部署，我委会同相关部门加快推广政府和社会资本合作（PPP）模式，取得了较好成效，在加强基础设施建设、促进民间投资等方面发挥了积极作用。但是，已实施PPP项目中新建项目多、存量项目少，不利于盘活存量资产、提高基础设施运营效率。根据《国务院关于创新重点领域投融资机制鼓励社会投资的指导意见》（国发〔2014〕60号）等文件精神，为更好运用PPP模式盘活基础设施存量资产、形成良性投资循环，现就有关事项通知如下。

一、充分认识运用PPP模式盘活基础设施存量资产的重要意义

改革开放以来，经过长期投资建设，我国在能源、交通运输、水利、环境保护、农业、林业、重大市政工程等基础设施领域形成了大量优质存量资产。积极推广PPP模式，加大存量基础设施盘活力度、形成良性投资循环，有利于拓宽基础设施建设资金来源，减轻地方政府债务负担；有利于化解民营企业融资能力不足问题，更好地吸引民间资本进入基础设施领域，丰富民营企业投资方式；有利于吸引具有较强运营能力的社会资本，提高基础设施项目运营效率，降低运营成本；有利于推进国有企业混合所有制改革，促进各种所有制经济共同发展；有利于加快补齐基础设施短板，推进供给侧结构性改革。

二、分类实施，规范有序盘活基础设施存量资产

各地要根据当地实际情况和项目特点，积极探索、大胆创新，灵活运用PPP模式，规范有序盘活基础设施存量资产。要精心编制项目实施方案，做好项目联审，提高决策水平。涉及新增投资建设的，应依法依规履行投资管理程序。项目决策后，应通过公开招标等竞争性方式公平择优选择具有相应运营能力和管理经验的社会资本方作为合作伙伴。项目运营期间，实施机构要加强绩效评价，切实提升运营效率。

对拟采取PPP模式的存量基础设施项目，根据项目特点和具体情况，可通过转让—运营—移交（TOT）、改建—运营—移交（ROT）、转让—拥有—运营（TOO）、委托运营、股权合作等多种方式，将项目的资产所有权、股权、经营权、收费权等转让给社会资本。

对已经采取PPP模式且政府方在项目公司中占有股份的存量基础设施项目，可通过股权转让等方式，将政府方持有的股权部分或全部转让给项目的社会资本方或其他投资人。

对在建的基础设施项目，也可积极探索推进PPP模式，引入社会资本负责项目的投资、建设、运营和管理，减少项目前期推进困难等障碍，更好地吸引社会资本特别是民间资本进入。

运用PPP模式盘活基础设施存量资产，要在符合国有资产管理等相关法律法

规制度的前提下，解放思想、勇于创新，优先推出边界条件明确、商业模式清晰、现金流稳定的优质存量资产，提升社会资本参与的积极性。支持社会资本方创新运营管理模式，充分挖掘项目的商业价值，在确保公共利益的前提下，提高合理投资回报水平。

三、规范管理，实现投资良性循环

运用PPP模式盘活基础设施存量资产回收的资金，除按规定用于必要的职工安置、债权债务处置等支出外，应主要用于新的基础设施和公用事业建设，重点支持补短板项目，形成新的优质资产。对再投资形成的新优质资产，条件成熟时可再次运用PPP模式盘活，引入社会资本方参与运营和管理。由此实现以PPP模式盘活优质存量资产，转让所得用于新建基础设施和公用事业项目，通过再投资形成新优质资产的良性循环。

运用PPP模式盘活基础设施存量资产时，要规范与社会资本方的合作行为，严禁利用PPP模式违法违规变相举债。

四、加强协同合作，保障基础设施存量资产盘活工作顺利实施

建立基础设施存量资产盘活协同工作机制，强化组织领导和统筹协调。各地发展改革部门要按照政府统一部署和职责分工，主动与行业管理、国有资产管理、财税、国土、环保、人力资源社会保障等部门加强衔接，形成合力，共同推进运用PPP模式盘活基础设施存量资产工作。

在运用PPP模式盘活基础设施存量资产时，要做好尽职调查、清产核资等前期工作，合理确定国有资产公允价值，既要防止国有资产流失，也要保障社会资本方合法权益。积极推动相关事业单位和国有企业改制工作，努力解决国有产权核实与界定、债权债务处理、人员分流安置等问题，保障基础设施存量资产盘活工作顺利开展。

对采用PPP模式盘活存量资产的基础设施项目，支持通过资产证券化、发行PPP项目专项债券等方式开展市场化融资，提高资产流动性，拓宽资金来源，吸引更多社会资本以不同方式参与。

五、总结经验，发挥示范项目的引领带动作用

各省级发展改革委要对本地区运用PPP模式盘活基础设施存量资产的工作情况进行全面梳理，及时总结经验，改进完善相关制度，推进工作顺利开展。要筛选出操作规范、成效明显、经验可复制可推广的项目，加大宣传力度，发挥示范作用。

请各省级发展改革委推荐本地区3～5个运用PPP模式盘活基础设施存量资产效果好的项目，于2017年8月4日前报我委（相关要求详见附件）。我委将从中遴选若干示范项目，组织推广。

附件：1. 项目单行材料要求（略）

2. ____省（区、市）运用PPP模式盘活基础设施存量资产示范项目申报表（略）

国家发展改革委办公厅关于印发《政府和社会资本合作（PPP）项目专项债券发行指引》的通知

（发改办财金〔2017〕730号，2017年4月25日）

各省、自治区、直辖市及计划单列市、新疆生产建设兵团发展改革委：

为贯彻落实《中共中央 国务院关于深化投融资体制改革的意见》（中发〔2016〕18号）、《国务院关于创新重点领域投融资机制鼓励社会投资的指导意见》（国发〔2014〕60号）、《国务院办公厅转发财政部发展改革委人民银行关于在公共服务领域推广政府和社会资本合作模式指导意见的通知》（国办发〔2015〕42号）等文件精神，创新融资机制，拓宽政府和社会资本合作（PPP）项目融资渠道，引导社会资本投资于PPP项目建设，扩大公共产品和服务供给，积极发挥企业债券融资对PPP项目建设的支持作用，现将我委制定的《政府和社会资本合作（PPP）项目专项债券发行指引》印发给你们，请认真贯彻执行。

附件：政府和社会资本合作（PPP）项目专项债券发行指引

附件

政府和社会资本合作（PPP）项目专项债券发行指引

为贯彻落实《中共中央 国务院关于深化投融资体制改革的意见》、《国务院关于创新重点领域投融资机制鼓励社会投资的指导意见》、《国务院办公厅转发财政部发展改革委人民银行关于在公共服务领域推广政府和社会资本合作模式指导意见的通知》等文件精神，创新投融资机制，拓宽政府和社会资本合作（PPP）项目融资渠道，扩大公共产品和服务供给，根据《公司法》、《证券法》、《企业债券管理条例》，制定本指引。

一、适用范围和支持重点

政府和社会资本合作（PPP）项目专项债券（以下简称“PPP项目专项债券”）是指，由PPP项目公司或社会资本方发行，募集资金主要用于以特许经营、购买服务等PPP形式开展项目建设、运营的企业债券。现阶段支持重点为：能源、交通运输、水利、环境保护、农业、林业、科技、保障性安居工程、医疗、卫生、养老、教育、文化等传统基础设施和公共服务领域的项目。

二、发行条件

（一）发行PPP项目专项债券募集的资金，可用于PPP项目建设、运营，或偿还已直接用于项目建设的银行贷款。

（二）PPP项目专项债券应符合《公司法》、《证券法》、《企业债券管理条例》和我委相关规范性文件的要求。其中，以项目收益债券形式发行PPP项目专项债券，原则上应符合我委印发的《项目收益债券管理暂行办法》的要求。

（三）PPP项目运作应规范、透明，已履行审批、核准、备案手续和实施方案审查程序。鼓励聘请具有相应行业甲级资质的中介机构为项目编制可行性研究报告。

（四）应建立以PPP项目合同为核心的合同体系，相关合同文件应合法、规范、有效，包含股东持股比例、项目运营收益来源和标准（包括但不限于项目运营收入、运营成本、财政补贴、税收优惠、提前终止补偿等）、项目风险分担模式等内容。

（五）PPP项目应能够产生持续稳定的收入和现金流，项目收益优先用于偿还债券本息。来源于政府付费和财政补贴的项目收益应按规定纳入中期财政规划和年度财政预算。

（六）传统基础设施领域的PPP项目应纳入传统基础设施领域政府和社会资本合作（PPP）项目库。

三、审核要求

（一）在相关手续齐备、偿债措施完善的基础上，PPP项目专项债券比照我委“加快和简化审核类”债券审核程序，提高审核效率。

（二）在偿债保障措施完善的情况下，允许企业使用不超过50%的债券募集资金用于补充营运资金（以项目收益债券形式发行PPP项目专项债券除外）。

（三）主体信用等级达到AA＋及以上且运营情况较好的发行主体申请发行PPP项目专项债券，可适当调整企业债券现行审核政策要求：

1. 核定发债规模时不考察非金融企业债务融资工具的规模。

2. 发行人可根据实际情况自主选择是否设置市场化增信方式。

3. 以项目收益债券形式申请发行PPP项目专项债券，可不设置差额补偿机制，但应明确项目建设期利息偿付资金来源，并提供相应法律文件。

（四）鼓励上市公司及其子公司发行PPP项目专项债券。

（五）PPP项目专项债券发行人可根据项目资金回流的具体情况科学设计债券发行方案，支持合理灵活设置债券期限、选择权及还本付息方式，债券存续期不得超过PPP项目合作期限。

（六）PPP项目专项债券批复文件有效期不超过2年。债券发行时发行人自身条件和PPP项目基本情况应当未发生可能影响偿债能力的重大不利变化。

四、信息披露和投资者保护

（一）PPP项目专项债券信息披露要求

1. 发行人和主承销商应在债券发行前，按要求对项目实施方案、PPP项目合同、项目入库情况、建设运营情况及本期债券可能存在的风险等事项进行充分披露。

2. 发行人和主承销商应在债券存续期内，定期（原则上每个计息年度不少于两次）在中国债券信息网等相关媒体上公告或向投资者通报项目建设进度、项目合同履约情况、运营服务绩效评价结果等信息。

3. 债券存续期内，项目建设、运营情况发生重大变化或发行人发生对投资者有重大影响的事项，应按照规定或约定履行程序，并及时公告或通报。

（二）完善PPP项目专项债券投资者保护机制

1. 发行人应在募集说明书中约定投资者保护机制（例如交叉违约条款、事先约束条款等），明确发行人或PPP项目本身发生重大事项时的应对措施。

2. 发行人应在募集说明书中约定加速到期条款，出现严重违约、不可抗力或PPP项目提前终止等可能损害投资者权益的重大不利情形时，经债券持有人大会讨论通过后，可提前清偿部分或全部债券本金。

国家发展改革委 中国证监会关于推进传统基础设施领域政府和社会资本合作（PPP）项目资产证券化相关工作的通知

（发改投资〔2016〕2698号，2016年12月21日）

各省、自治区、直辖市、计划单列市发展改革委，新疆生产建设兵团发展改革委，中国证监会各派出机构，上海证券交易所、深圳证券交易所，中国证券业协会，中国证券投资基金业协会：

为贯彻落实《中共中央 国务院关于深化投融资体制改革的意见》（中发〔2016〕18号）、《国务院关于创新重点领域投融资机制鼓励社会投资的指导意见》（国发〔2014〕60号）等文件精神，推动政府和社会资本合作（PPP）项目融资方式创新，更好吸引社会资本参与，现就推进传统基础设施领域PPP项目资产证券化工作通知如下。

一、充分认识PPP项目资产证券化的重要意义

（一）PPP项目资产证券化是保障PPP持续健康发展的重要机制。资产证券化是基础设施领域重要融资方式之一，对盘活PPP项目存量资产、加快社会投资者的资金回收、吸引更多社会资本参与PPP项目建设具有重要意义。各省级发展改革委与中国证监会当地派出机构及上海、深圳证券交易所等单位应加强合作，充分依托资本市场，积极推进符合条件的PPP项目通过资产证券化方式实现市场化融资，提高资金使用效率，更好地支持传统基础设施项目建设。

二、各省级发展改革部门应大力推动传统基础设施领域PPP项目资产证券化

（二）明确重点推动资产证券化的PPP项目范围。各省级发展改革委应当会同相关行业主管部门，重点推动符合下列条件的PPP项目在上海证券交易所、深圳证券交易所开展资产证券化融资：一是项目已严格履行审批、核准、备案手续和实施方案审查审批程序，并签订规范有效的PPP项目合同，政府、社会资本及项目各参与方合作顺畅；二是项目工程建设质量符合相关标准，能持续安全稳定运营，项目履约能力较强；三是项目已建成并正常运营2年以上，已建立合理的投资回报机制，并已产生持续、稳定的现金流；四是原始权益人信用稳健，内部控制制度健全，具有持续经营能力，最近三年未发生重大违约或虚假信息披露，无不良信用记录。

（三）优先鼓励符合国家发展战略的PPP项目开展资产证券化。各省级发展改革委应当优先选取主要社会资本参与方为行业龙头企业，处于市场发育程度高、政府负债水平低、社会资本相对充裕的地区，以及具有稳定投资收益和良好社会效益的优质PPP项目开展资产证券化示范工作。鼓励支持“一带一路”建设、京津冀协同发展、长江经济带建设，以及新一轮东北地区等老工业基地振兴等国家发展战略的项目开展资产证券化。

（四）积极做好PPP项目管理和配合资产证券化尽职调查等工作。项目实施单位要严格执行PPP项目合同，保障项目实施质量，切实履行资产证券化法律文件约定的基础资产移交与隔离、现金流归集、信息披露、提供增信措施等相关义务，并积极配合相关中介机构做好PPP项目资产证券化业务尽职调查。各地发展改革部门和相关行业主管部门等要按职责分工加强监督管理，督促项目实施单位做好相关工作。

三、证券监管部门及自律组织应积极支持PPP项目资产证券化

（五）着力优化PPP项目资产证券化审核程序。上海证券交易所、深圳证券交易所、中国证券投资基金业协会应按照规定对申报的PPP项目资产证券化产品进行审核、备案和持续监管。证券交易所、中国证券投资基金业协会等单位应建立专门的业务受理、审核及备案绿色通道，专人专岗负责，提高国家发展改革委优选的PPP项目相关资产证券化产品审核、挂牌和备案的工作效率。

（六）引导市场主体建立合规风控体系。中国证监会系统相关单位应积极配合发展改革部门加大PPP项目资产证券化业务的宣传和培训力度，普及资产证券化业务规则及监管要求等相关知识，推动PPP项目相关责任方建立健全资产证券化业务的合规、风控与管理体系。

（七）鼓励中介机构依法合规开展PPP项目资产证券化业务。中国证监会鼓励支持相关中介机构积极参与PPP项目资产证券化业务，并督促其勤勉尽责，严格遵守执业规范和监管要求，切实履行尽职调查、保障基础资产安全、现金流归集、收益分配、信息披露等管理人职责，在强化内部控制与风险管理的基础上，不断提高执业质量和服务能力。

四、营造良好的政策环境

（八）共同培育和积极引进多元化投资者。国家发展改革委与中国证监会将共同努力，积极引入城镇化建设基金、基础设施投资基金、产业投资基金、不动产基金以及证券投资基金、证券资产管理产品等各类市场资金投资PPP项目资产证券化产品，推进建立多元化、可持续的PPP项目资产证券化的资金支持机制。中国证监会将积极研究推出主要投资于资产支持证券的证券投资基金，并会同国家发展改革委及有关部门共同推动不动产投资信托基金（REITs），进一步支持传统基础设施项目建设。

（九）建立完善沟通协作机制。国家发展改革委与中国证监会将加强沟通协作，及时共享PPP项目信息，协调解决资产证券化过程中存在的问题与困难。中国证监会、国家发展改革委及相关部门将共同推动建立针对PPP项目资产证券化的风险监测、违约处置机制和市场化增信机制，研究完善相关信息披露及存续期管理要求，确保资产证券化的PPP项目信息披露公开透明，项目有序实施，接受社会和市场监督。各省级发展改革委与中国证监会当地派出机构应当建立信息共享及违约处置的联席工作机制，推动PPP项目证券化产品稳定运营。

五、近期工作安排

请各省级发展改革委于2017年2月17日前，推荐1～3个首批拟进行证券化融资的传统基础设施领域PPP项目，正式行文报送国家发展改革委。国家发展改革委将从中选取符合条件的PPP项目，加强支持辅导，力争尽快发行PPP项目证券化产品，并及时总结经验、交流推广。

请中国证监会各派出机构、上海证券交易所、深圳证券交易所、中国证券业协

会、中国证券投资基金业协会等有关部门单位做好支持配合工作，推动传统基础设施领域 PPP 项目资产证券化融资平稳健康发展，并依据传统基础设施领域 PPP 项目资产证券化执行情况，不断完善资产证券化备案及负面清单管理。

国家发展改革委 住房城乡建设部关于开展重大市政工程领域政府和社会资本合作（PPP）创新工作的通知

（发改投资〔2016〕2068号，2016年9月28日）

各省、自治区、直辖市发展改革委、住房和城乡建设厅（建委），北京市城管委、水务局，天津市市容园林委、水务局，上海市绿化市容局、水务局，重庆市市政管委，海南省水务厅，新疆生产建设兵团发展改革委、建设局，计划单列市发展改革委：

按照《中共中央 国务院关于深化投融资体制改革的意见》（中发〔2016〕18号）、《国务院关于创新重点领域投融资机制鼓励社会投资的指导意见》（国发〔2014〕60号）等文件精神，为更好推动PPP模式在新型城镇化中的运用，加大城市基础设施建设力度，现就重大市政工程领域开展PPP创新工作有关事宜通知如下。

一、深化中小城市PPP创新工作

国家发展改革委会同住房城乡建设部，从每个省份选择1个具有一定PPP工作基础、有较好项目储备和发展空间的中小城市，进行PPP模式创新工作。

（一）根据新型城镇化建设要求，结合当地城市基础设施现状和发展需求，筛选一批具备一定条件、适合采用PPP模式的项目，编制重大市政工程领域PPP项目规划，提高PPP项目质量和水平。

（二）从试点城市的重大市政工程领域PPP项目规划中，选择若干个不同行业、不同类型且具有代表意义的PPP项目，组织高水平的咨询公司和资深专家等，因地制宜、积极创新，精心设计项目实施方案、建立合理投资回报机制、制定规范合同文本，力争形成典型案例，供其他同类项目学习借鉴。

（三）利用国家发展改革委与金融机构的投融资合作对接机制以及与全国工商联的合作，向银行、保险等金融机构以及民营企业推介项目，引导金融资本和民间资本参与PPP项目投资。

二、深化市政领域相关行业PPP创新工作

住房城乡建设部会同国家发展改革委，在自愿报名的基础上，遴选2～3个省份，每个省份选择1～2个相关市政行业，开展创新工作。

（一）开放市场，打破地域垄断。城市政府通过规划确定需求，采取招投标等方式遴选合作伙伴，政府通过合同管理、绩效考核、按效付费，实现全产业链和项目全生命周期的PPP合作。

（二）完善费价机制，设置平均行业基准利润率，给民间资本投资明确的市场预期，吸引民间资本参与。

（三）针对市政领域相关行业PPP项目小而散、不利于社会资本进入的问题，选择并支持若干家实力较强的省内外专业企业，通过并购、重组等方式，提高产业集中度。

（四）完善行业监管机制，重点对企业的绩效、运营成本、服务效率、产品质量进行监审。

（五）在总结实践基础上，形成可复制、可推广的经验模式，为向全国推广提供借鉴。

三、工作要求

各省（区、市）发展改革委、住房城乡建设厅（局）要高度重视重大市政工程领域 PPP 创新工作，加强协调配合，形成合力，抓好落实。对符合中央预算内投资、专项建设基金等支持方向的 PPP 创新项目，将合理安排有关资金予以支持。

请各省（区、市）发展改革部门、住房城乡建设部门于 2016 年 11 月 18 日前，将 PPP 创新工作申报材料联合行文报送国家发展改革委和住房城乡建设部。包括 PPP 创新工作中小城市名单、基本情况和工作设想，以及市政领域相关行业 PPP 模式发展现状、下一步工作计划等。

国家发展改革委关于切实做好传统基础设施领域政府和社会资本合作有关工作的通知

（发改投资〔2016〕1744号，2016年8月10日）

各省、自治区、直辖市及计划单列市发展改革委，新疆生产建设兵团发展改革委：

根据2016年7月7日国务院常务会议明确的政府和社会资本合作部门职责分工，按照《中共中央 国务院关于深化投融资体制改革的意见》（中发〔2016〕18号）、《国务院关于创新重点领域投融资机制鼓励社会投资的指导意见》（国发〔2014〕60号）等文件精神，现就进一步做好传统基础设施领域政府和社会资本合作（PPP）相关工作、积极鼓励和引导民间投资提出以下要求。

一、充分认识做好基础设施领域PPP工作的重要意义

20世纪80年代，我国就开始在基础设施领域引入PPP模式，经过30多年发展，为持续提高我国基础设施水平发挥了积极作用。经济新常态下，继续做好基础设施领域PPP有关工作，有利于推进结构性改革尤其是供给侧结构性改革，增加有效供给，实施创新驱动发展战略，促进稳增长、补短板、扩就业、惠民生；有利于打破基础设施领域准入限制，鼓励引导民间投资，提高基础设施项目建设、运营和管理效率，激发经济活力，增强发展动力；有利于创新投融资机制，推动各类资本相互融合、优势互补，积极发展混合所有制经济；有利于理顺政府与市场关系，加快政府职能转变，充分发挥市场配置资源的决定性作用和更好发挥政府作用。

各地发展改革部门要会同有关行业主管部门等，切实做好能源、交通运输、水利、环境保护、农业、林业以及重大市政工程等基础设施领域PPP推进工作，进一步加强协调配合，形成政策合力，确保政令统一、政策协同、组织高效、精准发力，共同推动政府和社会资本合作工作顺利开展。

二、加强项目储备

各地发展改革部门要会同有关行业主管部门，根据经济社会发展需要，按照项目合理布局、政府投资有效配置等原则，切实做好基础设施领域PPP项目的总体规划、综合平衡和储备管理等工作，充分掌握了解各行业PPP项目总体情况。要在投资项目在线审批监管平台及重大建设项目库基础上，建立基础设施PPP项目库，切实做好项目储备、动态管理、实施监测等各项工作。

三、推行项目联审

积极推行多评合一、统一评审的工作模式，提高审核效率。各地发展改革部门要会同相关部门建立PPP项目联审机制，积极引入第三方评估机构，从项目建设的必要性、合规性、规划衔接性、PPP模式适用性、财务可负担性以及价格和收费的合理性等方面，对项目进行综合评估。

四、做好项目决策

加强项目可行性研究，依法依规履行投资管理程序。对拟采用PPP模式的项

目，要将项目是否适用PPP模式的论证纳入项目可行性研究论证和决策。充分考虑项目的战略价值、经济价值、商务模式、可融资性以及管理能力，科学分析项目采用PPP模式的必要性和可行性，不断优化工程建设规模、建设内容、建设标准、技术方案及工程投资等。

五、建立合理投资回报机制

积极探索优化基础设施项目的多种付费模式，采取资本金注入、直接投资、投资补助、贷款贴息，以及政府投资股权少分红、不分红等多种方式支持项目实施，提高社会资本投资回报，增强项目吸引力。鼓励加大项目前期资本金投入，减轻项目运营期间政府支出压力。鼓励社会资本创新商业模式及体制机制，提高运营效率，降低项目成本。

推进基础设施领域的价格改革，合理确定价格收费标准，依法适当延长特许经营年限，提供广告、土地等资源配置，充分挖掘项目运营商业价值，建立使用者付费和可行性缺口补贴类项目的合理投资回报机制，既要使社会资本获得合理投资回报，也要有效防止政府和使用者负担过重。

六、规范项目实施

对确定采用PPP模式的项目，要按照《招标投标法》等法律法规，通过公开招标、邀请招标等多种方式，公平择优选择具有相应管理经验、专业能力、融资实力以及信用状况良好的社会资本作为合作伙伴。依法签订规范的项目合同，明确服务标准、价格管理、回报方式、风险分担、履约监督、信息披露等内容，细化完善合同文本，确保合同内容全面、规范、有效。项目实施期间社会投资人出现重大违约，或发生重大不可抗力等事项，需要政府提前回购的，要合理划分各方责任，妥善做好项目移交。项目结束后，适时对项目效率、效果、影响和可持续性等进行后评价，科学评价项目绩效，不断完善PPP模式制度体系。

七、构建多元化退出机制

政府和社会资本合作期满后，按照合同约定的移交形式、移交内容和移交标准，及时组织开展项目验收、资产交割等工作。推动PPP项目与资本市场深化发展相结合，依托各类产权、股权交易市场，通过股权转让、资产证券化等方式，丰富PPP项目投资退出渠道。提高PPP项目收费权等未来收益变现能力，为社会资本提供多元化、规范化、市场化的退出机制，增强PPP项目的流动性，提升项目价值，吸引更多社会资本参与。

八、积极发挥金融机构作用

各地发展改革部门要会同有关部门，与金融机构加强合作对接，完善保险资金等参与PPP项目的投资机制，鼓励金融机构通过债权、股权、资产支持计划等多种方式，支持基础设施PPP项目建设。发挥各类金融机构专业优势，鼓励金融机构向政府提供规划咨询、融资顾问、财务顾问等服务，提前介入并帮助各地做好PPP项目策划、融资方案设计、融资风险控制、社会资本引荐等工作，切实提高PPP项目融资效率。

九、鼓励引导民间投资和外商投资

树立平等合作观念，多推介含金量高的项目，给予各类投资主体公平参与机会，鼓励和引导民营企业、外资企业参与PPP项目。招标选择社会资本方时，要合理设定投标资格和评标标准，消除隐性壁垒，确保一视同仁、公平竞争。探索在PPP项目中发展混合所有制，组建国有资本、民营资本、外商资本共同参与的项目公司，发挥各自优势，推动项目顺利实施。引导民间资本、外商资本参与PPP基金等，拓宽民间资本、外商资本参与PPP项目渠道。鼓励不同类型的民营企业、外资企业，通过组建联合体等方式共同参与PPP项目。

十、优化信用环境

各地发展改革部门要会同有关部门，加快推进社会信用体系建设，建立健全投融资领域相关主体信用记录，强化并提升政府和投资者的契约意识和诚信意识，规范履约行为，形成守信激励、失信惩戒的约束机制，促使相关主体切实强化责任，履行法定义务。加强政务诚信建设，提高政府履约能力，优化社会资本参与PPP项目的信用环境。

各地发展改革部门要高度重视，切实加强组织领导，认真做好统筹规划、综合协调等工作，形成合力，抓好落实。进一步推进简政放权、放管结合、优化服务，对各类社会资本一视同仁。加强PPP政策解读和宣传力度，提高各方对PPP的认知程度，培育积极的合作理念，建立规范的合作机制，营造良好的合作氛围，充分发挥政府、市场和社会资本的合力，保障基础设施领域政府和社会资本合作模式顺利推进。对其他领域的政府和社会资本合作项目，要积极配合有关部门开展相关工作。

附件：传统基础设施领域推广PPP模式重点项目

附件

传统基础设施领域推广PPP模式重点项目

一、能源领域

电力及新能源类：供电/城市配电网建设改造、农村电网改造升级、资产界面清晰的输电项目、充电基础设施建设运营、分布式能源发电项目、微电网建设改造、智能电网项目、储能项目、光伏扶贫项目、水电站项目、热电联产、电能替代项目等。

石油和天然气类：油气管网主干/支线、城市配气管网和城市储气设施、液化天然气（LNG）接收站、石油和天然气储备设施等项目。

煤炭类：煤层气输气管网、压缩/液化站、储气库、瓦斯发电等项目。

二、交通运输领域

铁路运输类：列入中长期铁路网规划、国家批准的专项规划和区域规划的各类铁路项目。重点鼓励社会资本投资建设和运营城际铁路、市域（郊）铁路、资源开发性铁路以及支线铁路，鼓励社会资本参与投资铁路客货运输服务业务和铁路“走出去”项目。

道路运输类：公路建设、养护、运营和管理项目。城市地铁、轻轨、有轨电车等城市轨道交通项目。

水上运输类：港口码头、航道等水运基础设施建设、养护、运营和管理等项目。

航空运输类：民用运输机场、通用机场及配套基础设施建设等项目。

综合类：综合运输枢纽、物流园区、运输站场等建设、运营和管理项目、交通运输物流公共信息平台等项目。

三、水利领域

引调水工程、水生态治理工程、供水工程、江河湖泊治理工程、灌区工程、农业节水工程、水土保持等项目。

四、环境保护领域

水污染治理项目、大气污染治理项目、固体废物治理项目、危险废物治理项目、放射性废物治理项目、土壤污染治理项目。

湖泊、森林、海洋等生态建设、修复及保护项目。

五、农业领域

高标准农田、种子工程、易地扶贫搬迁、规模化大型沼气等三农基础设施建设项目。

现代渔港、农业废弃物资源化利用、示范园区、国家级农产品批发市场等项目。

旅游农业、休闲农业基础设施建设等项目。

六、林业领域

京津风沙源治理工程、岩溶地区石漠化治理工程、重点防护林体系建设、国家储备林、湿地保护与修复工程、林木种质资源保护、森林公园等项目。

七、重大市政工程领域

采取特许经营方式建设的城市供水、供热、供气、污水垃圾处理、地下综合管廊、园区基础设施、道路桥梁以及公共停车场等项目。

国家发展改革委 财政部关于运用政府投资支持社会投资项目的通知

（发改投资〔2015〕823号，2015年4月21日）

国务院各部委、各直属机构，各省、自治区、直辖市、计划单列市发展改革委、财政厅，新疆生产建设兵团发展改革委、财务局：

为贯彻落实党的十八届三中、四中全会精神，按照《国务院关于创新重点领域投融资机制鼓励社会投资的指导意见》（国发〔2014〕60号）的有关规定，现就充分发挥政府投资的引导带动作用，支持社会投资项目的有关要求通知如下：

一、调整政府投资使用方向

妥善处理政府与市场的关系，使市场在资源配置中起决定性作用，政府投资要逐步退出竞争性领域，主要用于公益性和基础性建设，维护公平竞争的市场环境，为社会资本创造更广阔的投资空间。对鼓励社会资本参与的农林水利、生态环保、公共服务、基础设施、区域开发、战略性新兴产业、先进制造业等重点领域，政府投资要创新投入方式、加大支持力度，同等条件下优先安排引入社会资本的项目，引导带动更多社会投资参与重点领域和薄弱环节建设。

二、制定支持社会投资项目的工作方案

负责安排政府投资的国务院有关部门以及各级地方人民政府，要制定本部门、木地区政府投资支持社会投资项目的工作方案，明确支持社会投资项目的主要原则、重点领域、预定目标、安排方式等主要内容，统筹协调各类财政投资资金，充分发挥政府投资“四两拨千斤”的引导带动作用，支持社会投资项目，放大政府投资效益，促进重点领域建设。

三、建立健全政府投资专项管理制度

各部门、各地方要建立健全政府投资专项管理制度，确保每个政府投资专项有且仅有一个资金管理办法，明确政策目标、使用范围、支持对象、分配办法。申报程序、审批规则、监管措施等，注重发挥专业组织和专家的作用，完善监督制衡机制，规范政府投资安排行为，为社会投资项目申请使用政府投资资金营造公开透明、公平合理的制度环境。对关系群众切身利益的政府投资专项，可改变行政性分配方式，逐步推动建立政府引导、社会组织评价、群众参与的分配机制。

四、探索采取股权投资等方式运用政府投资支持社会投资项目

各部门、各地方可结合实际，按照政府引导、市场化运作的原则，探索在特定领域采取股权投资等方式运用政府投资资金，逐步与金融资本相结合，发挥撬动社会资本的杠杆作用。具体可采取创业投资引导基金、产业投资基金等模式，与社会出资人共同出资新设，或参股符合要求的已有基金。要坚持市场化运作、委托专业团队管理，政府部门要减少行政干预，增强基金管理者在具体投资项目上的自主决

策权；要事先采取基金章程等法律协议方式明确基金投资方向，建立考核监督机制，确保基金投向符合政府的政策意图。

五、积极利用政府投资支持政府与社会资本合作模式（PPP）

对PPP项目，可以通过资本金注入方式安排政府投资，支持项目建设，也可以通过投资补助、贷款贴息、担保补贴等方式予以支持。有关政府投资专项在同等条件下应优先支持引入社会资本的项目。鼓励民间资本发起设立PPP项目投资基金，政府可以通过认购基金份额的方式予以支持；政府也可以单独发起设立PPP项目投资基金。

六、推进政府投资支持社会投资信息公开

各部门、各地方应认真贯彻落实《政府信息公开条例》等有关规定，主动向社会公开政府投资支持社会投资项目的相关信息，既要包括规章制度、发展规划、产业政策等综合性政策文件，也要包括社会投资项目可以申请的政府投资专项名称、使用范围、支持对象、分配办法、申报程序、审批规则等具体内容，并提升服务水平、及时回复社会投资项目的政策咨询，便于社会投资项目快速、准确地获取相关信息，更好地申请政府投资支持。

七、安排政府投资时要对社会投资项目同等对待

各部门、各地方在安排政府投资时，要根据法律法规和有关政策规定，明确规则、统一标准，对社会投资项目同等对待，不得单独设置附加条件对社会投资项目的资金申请要认真审核，审核内容、审核标准、审核程序、审核规则等方面的具体要求应一视同仁。对于符合有关规定、通过审核的社会投资项目，要严格按照有关规定安排政府投资，不得有任何歧视性条件。

八、加强政府投资的监督管理

各部门、各地方要依据职能分工，对安排给社会投资项目的政府投资加强监管，督促社会投资主体认真执行政府投资资金管理的各项规定，确保政府投资资金使用的规范、安全、有效，防止违规使用资金、挪用套取资金或其他违法违规行为，保障投资项目按期完成。对政府投资支持的基金运行情况进行考核，基金使用方向不符合政府有关要求的要及时改正，情况严重的要收回政府投资并给予适当处罚。

各部门、各地方要充分认识运用政府投资支持社会投资项目的重要意义，切实加强组织领导，建立健全工作机制，充分发挥好政府投资的引导带动作用，促进社会投资更好地服务于国家经济建设和社会发展。

国家发展改革委关于进一步做好政府和社会资本合作项目推介工作的通知

（发改投资〔2015〕805号，2015年4月18日）

国务院有关部门、直属机构，各省、自治区、直辖市及计划单列市、新疆生产建设兵团发展改革委，有关中央企业：

自国务院《关于创新重点领域投融资机制鼓励社会投资的指导意见》（国发〔2014〕60号）印发以来，在有关部门、各地区的共同努力下，政府和社会资本合作（PPP）取得了积极进展，一批具有代表性、示范性的PPP项目陆续推出，一些市场化程度较高、前期工作扎实的推介项目陆续签约。但同时也存在着部分地方推介项目质量不高、涉及领域不广、宣传工作不到位、后续跟进不及时等问题，一定程度影响了PPP模式的推广效果。为加快推进PPP模式，更好地鼓励和引导社公投资，现就进一步做好PPP项目推介工作通知如下：

一、精心挑选推介项目

（一）拓宽行业领域。要根据经济社会发展规划及行业专项规划等，参考PPP模式适用领域（见附件1），切实做好相关行业PPP项目的统筹规划。要认真从规划项目中筛选出投资回报机制明确、市场化程度较高、长期合同关系清楚的项目，及时确定推介项目清单。

（二）挑选合适项目。固定资产投资项目具有前期投入大、回报周期长、涉及方面多、管理要求高等特点，规模越大的项目对社会资本的要求就越高，引入合格社会投资主体的难度也越大。为加快推进PPP模式，要认真做好项目的适用性评估，优先选择规模适度、条件成熟的项目向社会推介，不宜片面追求单个项目的投资规模。

二、及时做好项目策划

（一）确定项目边界。要按照有关规定认真开展项目前期工作，及时明确项目的投资总额、建设内容、建设标准、实施机构、回报机制等基本信息。要根据项目的行业特点及经营属性，遵循“公开、公平、公正”原则，科学、合理设置社会资本的专业资质、资金实力、信用水平等准入要求。

（二）明确操作模式。要会同行业主管部门、项目实施机构等有关各方，及时确定拟采用的PPP操作模式及实施思路，必要时可聘请专业咨询机构，协助制定科学、详细、完整的实施方案，确保项目推介可操作、有效果。要落实项目责任人及联系方式，方便社会资本联系参与。

三、积极开展项目推介

（一）公开发布项目信息。各省（区、市）发展改革委要搭建省级信息发布平台，统一收集本地项目，参考项目信息模板（见附件2），集中向社会公开发布。要加强组织协调，指导市、县发展改革部门搭建当地信息发布平台，及时、准确、公开地发布PPP项目信息。

（二）及时组织项目对接。要通过召开项目推介会、银政企联席会等多种方式，搭建双边或多边的PPP项目对接平台，推进社会资本、金融资本与推介项目的有效对接。要加强宣传引导，鼓励民营企业、外资企业、中央企业等各类市场主体参与PPP项目建设。

（三）动态更新项目清单。要根据PPP项目储备情况，不断补充符合要求、具备条件的项目，建立推介项目的动态补充机制。要根据项目实施进展，及时更新项目信息，建立推介项目的动态调整机制。推介项目落实社会投资后，要及时进行标注或退出推介清单，建立推介项目的动态退出机制。

四、持续做好跟踪推进

（一）完善推进机制。要充分发挥发展改革部门在项目管理、价格核定等方面的职能作用，按照各级政府的统一部署，会同有关部门尽快理顺PPP项目的推进机制，推动规划、投资、财政、价格、土地、金融等部门密切配合、形成合力，保障政府和社会资本合作积极稳妥推进。

（二）加强跟踪协调。项目信息发布后，各级发展改革部门要加强跟踪，指导项目实施主体通过公开招标、竞争性谈判等方式，公平择优选择合作伙伴，依法合规签订项目合同。要强化服务，积极协调解决项目推进中遇到的重大问题，促进项目按计划顺利实施。

五、加强部门协调联动

（一）加强行业指导。有关部门要进一步完善行业配套政策，积极组织开展交通、市政、文化、教育、医疗、养老、旅游等相关行业的PPP项目推介工作。具备条件的可搭建行业信息发布平台，及时梳理、统一收集相关行业的PPP项目，分批次向社会推介。

（二）积极推出项目。铁路、电力、电信等相关行业的中央企业，要参照有关要求，认真梳理、筛选所负责领域的PPP适用项目，及时组织做好对外推介工作。要充分利用门户网站等现有资源，搭建便捷、高效的信息发布平台，提高项目推介的及时性、准确性和开放性。

六、强化项目统筹管理

（一）建立PPP项目库。国家发展改革委将及时汇总各地区、各部门的推介项目，以此为基础建立全国PPP项目库。将及时梳理全国PPP项目推介情况，分析存在问题，研究提出有针对性的解决措施，推动PPP项目推介工作顺利推进、取得实效。

（二）实行动态管理。各地区、各部门要及时梳理PPP推介项目变化情况，从2015年5月份起，于每月5日前将当月变化报送国家发展改革委。国家发展改革委将根据各地区、各部门的报送情况，对PPP项目库进行动态管理、实时更新。

（三）集中进行推介。国家发展改革委将在委门户网站开辟PPP项目专栏，分批次发布推介项目信息，协助各地区、各部门加大宣传力度，从更广范围引导社会资本参与PPP项目建设。及时总结、发布各地区、各部门的推介案例，加强宣传引导，积极营造鼓励社会投资的浓厚氛围。

附件：1. PPP项目适用领域

2. PPP项目信息模板

附件1

PPP项目适用领域

序号	所属行业		具体范围
1	农业		粮食仓储设施，区域性农产品批发市场、农产品交易市场等
2	水利		引调水工程、水利枢纽、水源工程、大型灌区建设等
3	交通设施	铁路	区际干线、城际铁路、市域（郊）铁路、资源开发性铁路、支线铁路及场站建设
		公路	高速公路
		机场	机场等民航基础设施
		水运	交通运输码头、航电枢纽、引航服务
		其他	综合交通枢纽及一体化设施等
4	市政设施	燃气	城市燃气输气源、储气设施、接收设施、输配管网等
		供电	城市配电网工程、电动汽车充电设施等
		供排水	城镇安全引水工程、供排水管网工程、供水水源及净水厂工程、节水工程、再生水利用工程、城市雨水收集利用工程、应急与后备水源工程、海水淡化及利用工程等
		供热	城镇集中供热设施建设、改造等
		公共交通	城市轨道交通，城市公交，汽车客货运站，城市停车场（楼），汽车充电站、加气站，校车服务等
		其他	污水（泥）及垃圾处理、垃圾焚烧发电、城镇固体废弃物资源化利用和无害化处理、桥梁隧道及城市智能交通体系、地下综合管廊、城镇园林绿化等
5	公共服务	医疗	综合医院、中医医院、专科医院、康复医院的建设和运营等
		教育	学前教育、义务教育、高等教育、职业教育、远程教育等，高校后勤服务设施以及能向社会公开的文化、体育场馆等公共设施
		旅游	旅游基础设施建设及运营
		养老	老年人文体娱乐、生活照料、医疗保健、健康护理等服务设施建设及运营
		体育	体育场馆设施建设及运营等
		文化	公共文化设施建设及运营，文化及自然遗产保护利用，工业遗产保护再利用，非物质文化遗产保护和利用等
		保障房	以棚户区改造为重点的保障性安居工程建设
6	生态环境		矿山等生态环境修复工程，重金属污染治理工程，农业面源污染治理工程，工业废弃地治理再利用，废旧资源循环再利用工程，危险废弃物安全处置工程，水生态系统保护工程，大气环境综合治理工程等
7	其他		其他政府负有提供责任又适宜市场化运作的公共服务、基础设施类项目

附件 2

PPP 项目信息模板

单位：万元

序号	项目名称	项目所在地	所属行业	建设内容及规模	项目总投资	政府参与方式	拟采用的PPP 操作模式	责任人及联系方式	备注
1	2	3	4	5	6	7	8	9	10

注：1. 项目所在地（第 3 列）应明确所在区县，如×××省×××市×××县。
2. 行业（第 4 列）包括：农业、水利、交通、市政、公共服务、生态环境、其他等，应按实际情况填写。
3. 政府参与方式（第 7 列）包括：特许经营、股权合作、购买服务、财政补贴、匹配资源、其他。
4. 拟采用的 PPP 操作模式（第 8 列）包括：BOT、BOO、BOOT、TOT、BTO、ROT、委托运营、其他。

国家发展改革委 国家开发银行关于推进开发性金融支持政府和社会资本合作有关工作的通知

（发改投资〔2015〕445号，2015年3月10日）

各省、自治区、直辖市、计划单列市及新疆生产建设兵团发展改革委，国家开发银行各分行：

为落实国务院领导关于切实保障重点投入、运用融资机制放大效应的批示精神，根据《国务院关于创新重点领域投融资机制鼓励社会投资的指导意见》（国发〔2014〕60号）以及《国家发展改革委关于开展政府和社会资本合作的指导意见》（发改投资〔2014〕2724号）等文件要求，现就推进开发性金融支持政府和社会资本合作（PPP）有关工作通知如下：

一、各省（区、市）发展改革部门要高度重视推进PPP工作，认真做好PPP项目的统筹规划、综合协调及跟踪指导；要进一步完善配套政策、破除行业垄断，积极营造良好合作环境；要加强PPP项目库建设，坚持按月调度分析，加快项目实施进度。

二、各省（区、市）发展改革部门要加强协调，积极引入外资企业、民营企业、中央企业、地方国企等各类市场主体，灵活运用基金投资、银行贷款、发行债券等各类金融工具，推进建立多元化、可持续的PPP项目资金保障机制。

三、各省（区、市）发展改革部门要加强与开发银行等金融机构的沟通合作，及时共享PPP项目信息及调度情况，协调解决项目融资、建设中存在的问题和困难。要会同有关部门加快项目审批核准等前期工作，协调落实建设条件，为融资工作顺利推进创造条件。

四、开发银行充分发挥开发性金融的中长期融资优势及引领导向作用，积极为各地的PPP项目建设提供“投资、贷款、债券、租赁、证券”等综合金融服务，并联合其他银行、保险公司等金融机构以银团贷款、委托贷款等方式，努力拓宽PPP项目的融资渠道。

五、开发银行积极提供规划咨询、融资顾问、财务顾问等服务，提前介入并主动帮助各地做好建设项目策划、融资方案设计、融资风险控制、社会资本引荐等工作，切实提高PPP项目的运作效率。

六、开发银行加强信贷规模的统筹调配，优先保障PPP项目的融资需求。在监管政策允许范围内，给予PPP项目差异化信贷政策，对符合条件的项目，贷款期限最长可达30年，贷款利率可适当优惠。建立绿色通道，加快PPP项目贷款审批。

七、开发银行认真贯彻国发〔2014〕60号文件关于“探索创新信贷服务”的要求，不断创新和完善PPP项目贷款风险管理体系，通过排污权、收费权、特许经营权、购买服务协议项下权益质押等方式，建立灵活有效的信用结构，切实防范贷款风险。

八、各省（区、市）发展改革部门、开发银行各分行要加强沟通，密切合作，协力推进PPP项目顺利实施。要及时将各地PPP项目的进展情况、存在问题以及有关建议分别报送至国家发展改革委及开发银行总行。

国家发展改革委 财政部 国土资源部 银监会 国家铁路局关于进一步鼓励和扩大社会资本投资建设铁路的实施意见

（发改基础〔2015〕1610号，2015年7月10日）

各省、自治区、直辖市、新疆生产建设兵团发展改革委、财政厅、国土资源厅、中国铁路总公司、有关计划单列企业：

铁路是国民经济大动脉和关键基础设施，加快推进铁路建设，对稳增长、调结构、惠民生具有重要意义。吸引社会资本进入是深化铁路投融资体制改革、加快铁路建设的重要举措。为贯彻落实党的十八大和十八届三中、四中全会精神，按照《国务院关于改革铁路投融资体制加快推进铁路建设的意见》（国发〔2013〕33号）、《国务院关于创新重点领域投融资机制鼓励社会投资的指导意见》（国发〔2014〕60号）及《国家发展改革委关于当前更好发挥交通运输支撑引领经济社会发展作用的意见》（发改基础〔2015〕969号）的有关要求，进一步鼓励和扩大社会资本对铁路的投资，拓宽投融资渠道，完善投资环境，合理配置资源，促进市场竞争，推动体制机制创新，促进铁路事业加快发展，现提出以下实施意见：

一、全面开放铁路投资与运营市场

（一）积极鼓励社会资本全面进入铁路领域，列入中长期铁路网规划、国家批准的专项规划和区域规划的各类铁路项目，除法律法规明确禁止的外，均向社会资本开放。

（二）重点鼓励社会资本投资建设和运营城际铁路、市域（郊）铁路、资源开发性铁路以及支线铁路，鼓励社会资本参与投资铁路客货运输服务业务和铁路“走出去”项目。支持有实力的企业按照国家相关规定投资建设和运营干线铁路。

二、推进投融资方式多样化

（三）支持社会资本以独资、合资等多种投资方式建设和运营铁路，向社会资本开放铁路所有权和经营权。

（四）推广政府和社会资本合作（PPP）模式，运用特许经营、股权合作等方式，通过运输收益、相关开发收益等方式获取合理收益。

（五）支持铁路总公司以股权转让、股权置换、资产并购、重组改制等资本运作方式盘活铁路资产，广泛吸引社会资本参与，扩大铁路建设资金筹集渠道，优化存量资产结构。

（六）拓宽铁路发展基金吸引社会资本的渠道，扩大基金募集规模。按照特事特办的原则，支持通过设立专项信托计划和公募基金产品募集铁路发展基金，各类社会资金和基金投资铁路发展基金，按照约定获得合理稳定回报。

三、完善社会资本投资的实施机制

（七）做好项目遴选和公布。根据经济社会发展需要和规划要求，各级发展改革部门做好项目储备和筛选工作，及时向社会公开发布项目信息，优先推荐市场前景较好、投资预期收益较稳定的铁路项目。对社会资本提出的规划外项目，在科学论证的基础上，积极推进项目前期工作，并研究纳入相关规划。

（八）公开透明选择投资主体。通过招标、竞争性谈判等多种竞争方式，公平择优确定融资实力较强、信用状况良好、具备相关专业能力的投资主体。各地向社会公开发布投资主体选择公告，按照相关法律法规，依法确定投资主体。社会资本投资铁路项目根据国务院投融资体制改革的相关规定，按国家基本建设程序组织建设。

（九）明确实施机构及责任。地方引进社会资本的实施机构应是省级人民政府授权的相关部门、事业单位等机构，在授权范围内负责工程前期研究、项目实施方案编制、投资主体选择、项目合同签订、项目组织实施等工作。跨省（区、市）项目由相关省（区、市）协商确定实施机构。项目实施方案重点包括社会资本投资形式、投资主体基本条件、建设运营标准、监管要求、项目投资回报机制、投资主体选择方式、项目合同条款、项目风险、退出机制等内容。实施方案经过评估和批准后，作为投资主体选择和项目实施的重要依据，必要时应充分听取社会公众和专家意见。

（十）健全风险防范和监督机制。省级政府相关部门和投资者要对项目可能产生的政策风险、商业风险、环境风险、法律风险等进行充分分析，完善合同设计，建立健全纠纷解决、风险防范和监督机制。各地要根据财力状况，合理确定政府参与方式，防范政府债务风险。

（十一）完善退出机制。明确社会资本退出条件，按照有关法律和约定，为社会资本提供多元化、规范化、市场化的退出渠道，保障社会公共利益和经营者合法权益不受侵害。对涉及资产移交的政府和社会资本合作（PPP）项目在合作期满后，要按照合同约定的移交形式、移交内容和移交标准，及时组织开展项目验收、资产交割等工作，妥善做好项目移交。

（十二）加强后评价和绩效评价。实施机构定期组织开展社会资本投资铁路项目后评价和绩效评价，从安全、服务、效率等方面建立健全评价体系。评价结果可以作为政府加大支持和完善监管的依据，激励社会资本不断改善管理，推进技术创新，提高服务水平。

四、进一步改善社会资本投资环境

（十三）切实保障社会资本合法权益。按照相关法律法规，维护企业平等的市场主体地位。依法保障企业自主决策权，不干预企业在勘察设计、工程招投标、项目施工、设备采购等建设过程中的正常活动。支持企业自主选择合适的运输管理方式，有条件的可实行管内自主运输调度。鼓励不同投资主体按照平等互利的原则相互开放各类铁路资源，实现路网资源共享。对按规定实行市场调节价的铁路项目，由企业根据市场供求和竞争状况自主制定具体运价水平。

（十四）依法履行投资经营权利和义务。社会资本应按现代企业制度要求，完善企业法人治理结构。严格按照基本建设程序，履行项目法人责任。依法承担安全、质量和环境责任，按照国家关于铁路运输服务、运输调度等相关规定，切实履行运输企业社会责任和公共服务义务，服从国家应急调度和管理。

（十五）进一步改善国铁服务。铁路总公司要抓紧完善清算体系，公开清算规则，健全清算平台，向社会资本开放相关设施，积极提供技术支持、人才培养和管理服务，实现线路使用、车站服务、技术作业、设施设备维护、委托运输等各类铁路社会化服务项目的内容和收费标准公开透明，切实维护社会资本合法权益。

（十六）规范和简化国铁接轨手续。铁路总公司要进一步规范和简化接轨审核相关程序和手续，明确办理时限，积极支持社会资本投资铁路与国铁接轨。要按照公开公平的原则，在项目实施前与接轨企业及时协商确定接轨相关工程技术方案，签订接轨意向协议，明确接轨验收标准。合理界定接轨工程范围和资产界面，因接轨引起的相关改造工程投资，应明确分担标准，由双方平等协商，合理分担。

（十七）加强市场监管。国家铁路局加强对运输秩序的监管，探索建立市场化清算和争议协调、仲裁机制。各企业要按照合法、公平、诚信的原则，合理收取服务费用，自觉规范价格行为。各级价格主管部门加强对各类社会化服务项目和收费标准的监管，规范收费行为，依法查处价格违法行为，维护市场正常价格秩序。

五、加大对社会资本投资的政策支持

（十八）推动实施土地综合开发。社会资本投资铁路享受国家有关支持铁路建设实施土地综合开发的政策，通过开发铁路用地及站场毗邻区域土地、物业、商业、广告等资源提高收益。支持盘活既有铁路用地，在符合土地利用总体规划的前提下，鼓励新建项目按照一体规划、联动供应、立体开发、统筹建设的原则实施土地综合开发。各地要统筹做好铁路站场及毗邻地区相关规划，及时办理用地、规划许可等手续。

（十九）积极做好征地拆迁等工作。对社会资本投资的铁路项目，各地要切实负起征地拆迁主体责任，做好群众补偿安置工作，为项目建设创造良好条件。在保障被征地拆迁群众合法权益的基础上，允许地方政府以国有土地入股参与铁路项目建设。社会资本投资的铁路项目用地，在用地政策上与政府投资的铁路项目实行同等政策。

（二十）加强政府资金引导。对社会资本控股的城际铁路和中西部干线铁路项目，中央预算内投资可以视情况通过贷款贴息、投资补助等方式给予支持。对社会资本承担的公益性运输，按照事权与支出责任相适应的原则，建立合理的补偿制度。鼓励各地研究建立相应的政府资金支持政策。

（二十一）创新金融服务。鼓励金融机构按照商业可持续、风险可控原则支持社会资本投资铁路项目建设。鼓励金融机构为社会资本投资铁路项目创新担保方式，支持利用采矿权、特许经营权等进行担保贷款，积极探索利用铁路运输、土地综合开发等预期收益进行质押贷款。发挥政策性和开发性金融机构的作用，加大对符合条件的政府和社会资本合作（PPP）项目的信贷支持力度，为项目提供长期、稳定、低成本的资金支持。

（二十二）促进债权和股权融资。支持符合条件的企业通过发行企业债券、公司债券和债务融资工具等方式筹措铁路建设资金。允许符合条件的、以新建项目设立的企业为主体发行项目收益债，支持重大项目发行可续期债券。鼓励社会资本投资铁路的企业通过 IPO（首次公开发行股票并上市）、增发、资产证券化等方式筹集资金用于铁路建设。

（二十三）实行税收优惠。社会资本投资的铁路项目符合《公共基础设施项目企业所得税优惠目录》规定条件的，自项目取得第一笔生产经营收入所属纳税年度起，第一年至第三年免征企业所得税，第四年至第六年减半征收企业所得税。

（二十四）加大配套外部电源建设。电网企业要积极支持社会资本投资的铁路建设，参照国家铁路配套外部电源建设的办法，通过电气化铁路还贷电价政策补偿电网投资。

六、建立健全工作机制

（二十五）进一步加快项目核准。深化行政审批制度改革，优化审核流程，推进建立并联审批机制和在线审批平台，明确咨询评估和核准时限，开辟绿色通道，加快核准进度。对于法律、法规没有明确规定作为项目审批前置条件的行政审批事项，一律不再作为前置审批。

（二十六）加强事中事后监管。国家铁路局要强化安全、质量等监督管理，依法开展检查、验收和责任追究，切实维护公众利益和公共安全。各有关部门要加强对项目建设、运营和相关经营活动的监督管理，规范行政许可，维护公平竞争秩序，建立健全社会资本投资铁路市场信用记录。

（二十七）充分发挥协商机制作用。国家发展改革委会同相关部门依托铁路投融资改革和建设项目前期工作协商会议制度，形成工作合力，及时研究推动社会资本投资铁路建设工作。近期重点推进蒙西至华中、长春至西巴彦花铁路等引进社会资本的示范项目实施。

（二十八）做好项目跟踪服务。各级发展改革部门要进一步增强对社会资本投资铁路项目的服务意识，协调矛盾解决问题。要建立信息平台，加强跟踪指导，掌握项目进展，及时沟通信息。做好舆论引导，营造良好氛围。

国家发展改革委办公厅 交通运输部办公厅关于进一步做好收费公路政府和社会资本合作项目前期工作的通知

（发改办基础〔2016〕2851号，2016年12月30日）

各省、自治区、直辖市及计划单列市、新疆生产建设兵团发展改革委、交通运输部厅（委、局）：

为推动收费公路领域开展政府和社会资本合作（Public-Private Partnership，简称PPP），2015年12月，交通运输部印发了《关于印发〈收费公路政府和社会资本合作操作指南（试行）〉的通知》（交办财审〔2015〕192号）（以下简称《指南》），提出了收费公路PPP项目操作的试行流程。今年10月，国家发展改革委印发了《关于印发〈传统基础设施领域实施政府和社会资本合作项目工作导则〉的通知》（发改投资〔2016〕2231号）（以下简称《导则》），进一步规范了传统基础设施领域PPP项目操作流程。为做好收费公路PPP项目前期工作，优化工作流程，加强行业管理，国家发展改革委和交通运输部将对收费公路PPP项目的前期工作管理作相应调整。现将有关事项通知如下：

一、对于2016年10月24日前已完成下列工作之一的项目，按过渡期项目进行管理，前期工作继续按《指南》有关规定执行。

（一）已完成社会资本方遴选的项目。

（二）已公开发布社会资本方招标公告的项目。

（三）交通运输部已出具资金安排意向函或出具委托咨询评估通知书的项目。

二、对于不属于上述情况的收费公路PPP项目，按《导则》有关规定执行。其中，已纳入交通运输部“十三五”发展规划和三年滚动计划的收费公路PPP项目具体操作流程如下：

（一）地方政府确定的项目实施机构在编制完成项目实施方案后，向发展改革部门提交项目可行性研究报告（含相关附件，下同）或项目申请报告履行项目审批（核准）程序。其中，需要交通运输部进行行业审查的项目，同步向交通运输部报送可行性研究报告或项目申请报告等相关材料，并在上报文件中提出政府支持方式。交通运输部按程序出具行业审查（核准）意见，对于符合国家投资政策和车购税资金安排规定的项目，将同时明确车购税资金的安排上限和支持方式。

（二）项目审批或核准后，项目实施单位根据审批或核准意见对项目实施方案进行完善，并按有关规定做好项目物有所值评估和财政承受能力论证。有关部门应对PPP项目实施方案进行联合评审。

（三）项目确定社会资本方并正式签署PPP项目合同后，由省级交通主管部门组织向交通运输部报送项目车购税资金申请函。对于所提材料通过交通运输部审查并且符合条件的项目，交通运输部将出具资金安排确认函，明确车购税资金具体安排数额。

（四）项目法人选择确定后，如与审批、核准时的项目法人不一致，应按照有关规定办理项目法人变更手续。

三、各级发展改革、交通运输部门要

根据《导则》和本通知完善配套政策，确保收费公路 PPP 项目前期工作平稳有序推进，并及时反映实际操作过程中存在的问题和建议。对于地方规划的收费公路 PPP 项目，请按照《导则》要求，及时做好与本级人民政府或其委托单位的沟通协调工作，尽快明确各地方收费公路 PPP 项目前期工作管理办法。

国家发展改革委办公厅关于国家高速公路网新建政府和社会资本合作项目批复方式的通知

（发改办基础〔2016〕1818号，2016年8月10日）

各省、自治区、直辖市及计划单列市、新疆生产建设兵团发展改革委：

为贯彻落实国务院第110次常务会议关于高速公路审批改革的有关精神，切实转变政府投资管理职能、激发市场活力，积极推进公路交通领域采用PPP模式，根据《中共中央、国务院关于深化投融资体制改革的意见》（中发〔2016〕18号文）、《国务院关于创新重点领域投融资机制鼓励社会投资的指导意见》（国发〔2014〕60号）和《国家发展改革委关于开展政府和社会资本合作的指导意见》（发改投资〔2014〕2724号）等有关文件要求，现就采用政府和社会资本合作（Public-Private Partnership，简称PPP）模式建设的国家高速公路网新建项目批复方式的有关事项通知如下：

一、政府采用投资补助方式参与的国家高速公路网新建PPP项目按照核准制管理。政府采用资本金注入方式参与的国家高速公路网新建PPP项目仍按照审批制管理，直接报批可行性研究报告。

二、各省（区、市）发展改革部门在报送国家高速公路网新建PPP项目时，需在上报文件中说明政府参与方式，并按照有关规定，向我委提交相关申报材料，履行核准或审批程序。

三、各省（区、市）发展改革部门要严格按照上述要求，加强沟通、密切配合，扎实做好项目前期工作，并及时反映实际工作中存在的问题和有关建议。我委将逐步完善相关监督、管理和协调机制，进一步鼓励和引导社会资本在公路交通领域投资。

四、对于采用PPP模式建设的国家高速公路网改扩建等公路项目，各地可参照此执行。

国家发展改革委 财政部 水利部关于鼓励和引导社会资本参与重大水利工程建设运营的实施意见

（发改农经〔2015〕488号，2015年3月17日）

各省、自治区、直辖市、新疆生产建设兵团发展改革委、财政厅（局）、水利（水务）厅（局）：

水利是国民经济和社会发展的重要基础设施。对具备一定条件的重大水利工程，通过深化改革向社会投资敞开大门，建立权利平等、机会平等、规则平等的投资环境和合理的投资收益机制，放开增量，盘活存量，加强试点示范，鼓励和引导社会资本参与工程建设和运营，有利于优化投资结构，建立健全水利投入资金多渠道筹措机制；有利于引入市场竞争机制，提高水利管理效率和服务水平；有利于转变政府职能，促进政府与市场有机结合、两手发力；有利于加快完善水安全保障体系，支撑经济社会可持续发展。根据党的十八届三中、四中全会精神和《国务院关于创新重点领域投融资机制鼓励社会投资的指导意见》（国发〔2014〕60号）有关要求，结合水利实际，提出如下实施意见。

一、明确参与范围和方式

（一）拓宽社会资本进入领域。除法律、法规、规章特殊规定的情形外，重大水利工程建设运营一律向社会资本开放。只要是社会资本，包括符合条件的各类国有企业、民营企业、外商投资企业、混合所有制企业，以及其他投资、经营主体愿意投入的重大水利工程，原则上应优先考虑由社会资本参与建设和运营。鼓励统筹城乡供水，实行水源工程、供水排水、污水处理、中水回用等一体化建设运营。

（二）合理确定项目参与方式。盘活现有重大水利工程国有资产，选择一批工程通过股权出让、委托运营、整合改制等方式，吸引社会资本参与，筹得的资金用于新工程建设。对新建项目，要建立健全政府和社会资本合作（PPP）机制，鼓励社会资本以特许经营、参股控股等多种形式参与重大水利工程建设运营。其中，综合水利枢纽、大城市供排水管网的建设经营需按规定由中方控股。对公益性较强、没有直接收益的河湖堤防整治等水利工程建设项目，可通过与经营性较强项目组合开发、按流域统一规划实施等方式，吸引社会资本参与。

（三）规范项目建设程序。重大水利工程按照国家基本建设程序组织建设。要及时向社会发布鼓励社会资本参与的项目公告和项目信息，按照公开、公平、公正的原则通过招标等方式择优选择投资方，确定投资经营主体，由其组织编制前期工作文件，报有关部门审查审批后实施。实行核准制的项目，按程序编制核准项目申请报告；实行审批制的项目，按程序编制审批项目建议书、可行性研究报告、初步设计，根据需要可适当合并简化审批环节。

（四）签订投资运营协议。社会资本参与重大水利工程建设运营，县级以上人民政府或其授权的有关部门应与投资经营主体通过签订合同等形式，对工程建设运营中的资产产权关系、责权利关系、建设运营标准和监管要求、收入和回报、合同解除、违约处理、争议解决等内容予以明确。

政府和投资者应对项目可能产生的政策风险、商业风险、环境风险、法律风险等进行充分论证，完善合同设计，健全纠纷解决和风险防范机制。

二、完善优惠和扶持政策

（五）保障社会资本合法权益。社会资本投资建设或运营管理重大水利工程，与政府投资项目享有同等政策待遇，不另设附加条件。社会资本投资建设或运营管理的重大水利工程，可按协议约定依法转让、转租、抵押其相关权益；征收、征用或占用的，要按照国家有关规定或约定给予补偿或者赔偿。

（六）充分发挥政府投资的引导带动作用。重大水利工程建设投入，原则上按功能、效益进行合理分摊和筹措，并按规定安排政府投资。对同类项目，中央水利投资优先支持引入社会资本的项目。政府投资安排使用方式和额度，应根据不同项目情况、社会资本投资合理回报率等因素综合确定。公益性部分政府投入形成的资产归政府所有，同时可按规定不参与生产经营收益分配。鼓励发展支持重大水利工程的投资基金，政府可以通过认购基金份额、直接注资等方式予以支持。

（七）完善项目财政补贴管理。对承担一定公益性任务、项目收入不能覆盖成本和收益，但社会效益较好的政府和社会资本合作（PPP）重大水利项目，政府可对工程维修养护和管护经费等给予适当补贴。财政补贴的规模和方式要以项目运营绩效评价结果为依据，综合考虑产品或服务价格、建设成本、运营费用、实际收益率、财政中长期承受能力等因素合理确定、动态调整，并以适当方式向社会公示公开。

（八）完善价格形成机制。完善主要由市场决定价格的机制，对社会资本参与的重大水利工程供水、发电等产品价格，探索实行由项目投资经营主体与用户协商定价。鼓励通过招标、电力直接交易等市场竞争方式确定发电价格。需要由政府制定价格的，既要考虑社会资本的合理回报，又要考虑用户承受能力、社会公众利益等因素；价格调整不到位时，地方政府可根据实际情况安排财政性资金，对运营单位进行合理补偿。

（九）发挥政策性金融作用。加大重大水利工程信贷支持力度，完善贴息政策。允许水利建设贷款以项目自身收益、借款人其他经营性收入等作为还款来源，允许以水利、水电等资产作为合法抵押担保物，探索以水利项目收益相关的权利作为担保财产的可行性。积极拓展保险服务功能，探索形成"信贷＋保险"合作模式，完善水利信贷风险分担机制以及融资担保体系。进一步研究制定支持从事水利工程建设项目的企业直接融资、债券融资的政策措施，鼓励符合条件的上述企业通过IPO（首次公开发行股票并上市）、增发、企业债券、项目收益债券、公司债券、中期票据等多种方式筹措资金。

（十）推进水权制度改革。开展水权确权登记试点，培育和规范水权交易市场，积极探索多种形式的水权交易流转方式，鼓励开展地区间、用水户间的水权交易，允许各地通过水权交易满足新增合理用水需求，通过水权制度改革吸引社会资本参与水资源开发利用和节约保护。依法取得取水权的单位或个人通过调整产品和产业结构、改革工艺、节水等措施节约水资源的，可在取水许可有效期和取水限额内，经原审批机关批准后，依法有偿转让其节约的水资源。在保障灌溉面积、灌溉保证率和农民利益的前提下，建立健全工农业用水水权转让机制。

（十一）实行税收优惠。社会资本参与的重大水利工程，符合《公共基础设施项目企业所得税优惠目录》、《环境保护、节能节水项目企业所得税优惠目录》规定条件的，自项目取得第一笔生产经营收入所属纳税年度起，第一年至第三年免征企业所得税，第四年至第六年减半征收企业所得税。

（十二）落实建设用地指标。国家和各省（自治区、直辖市）土地利用年度计划要适度向重大水利工程建设倾斜，予以优先保障和安排。项目库区（淹没区）等不改变用地性质的用地，可不占用地计划指标，但要落实耕地占补平衡。重大水利工程建设的征地补偿、耕地占补平衡实行与铁路等国家重大基础设施建设项目同等政策。

三、落实投资经营主体责任

（十三）完善法人治理结构。项目投资经营主体应依法完善企业法人治理结构，健全和规范企业运行管理、产品和服务质量控制、财务、用工等管理制度，不断提高企业经营管理和服务水平。改革完善项目国有资产管理和授权经营体制，以管资本为主加强国有资产监管，保障国有资产公益性、战略性功能的实现。

（十四）认真履行投资经营权利义务。项目投资经营主体应严格执行基本建设程序，落实项目法人责任制、招标投标制、建设监理制和合同管理制，对项目的质量、安全、进度和投资管理负总责。已通过招标方式选定的特许经营项目投资人依法能够自行建设、生产或者提供的，可以不进行招标。要建立健全质量安全管理体系和工程维修养护机制，按照协议约定的期限、数量、质量和标准提供产品或服务，依法承担防洪、抗旱、水资源节约保护等责任和义务，服从国家防汛抗旱、水资源统一调度。要严格执行工程建设运行管理的有关规章制度、技术标准，加强日常检查检修和维修养护，保障工程功能发挥和安全运行。

四、加强政府服务和监管

（十五）加强信息公开。发展改革、财政、水利等部门要及时向社会公开发布水利规划、行业政策、技术标准、建设项目等信息，保障社会资本投资主体及时享有相关信息。加强项目前期论证、征地移民、建设管理等方面的协调和指导，为工程建设和运营创造良好条件。积极培育和发展为社会投资提供咨询、技术、管理和市场信息等服务的市场中介组织。

（十六）加快项目审核审批。深化行政审批制度改革，建立健全重大水利项目审批部际协调机制，优化审核审批流程，创新审核审批方式，开辟绿色通道，加快审核审批进度。地方也要建立相应的协调机制和绿色通道。对于法律、法规没有明确规定作为项目审批前置条件的行政审批事项，一律放在审批后、开工前完成。

（十七）强化实施监管。水行政主管部门应依法加强对工程建设运营及相关活动的监督管理，维护公平竞争秩序，建立健全水利建设市场信用体系，强化质量、安全监督，依法开展检查、验收和责任追究，确保工程质量、安全和公益性效益的发挥。发展改革、财政、城乡规划、土地、环境等主管部门也要按职责依法加强投资、规划、用地、环保等监管。落实大中型水利水电工程移民安置工作责任，由移民区和移民安置区县级以上地方人民政府负责移民安置规划的组织实施。

（十八）落实应急预案。政府有关部门应加强对项目投资经营主体应对自然灾害等突发事件的指导，监督投资经营主体完善和落实各类应急预案。在发生危及或可能危及公共利益、公共安全等紧急情况时，政府可采取应急管制措施。

（十九）完善退出机制。政府有关部门应建立健全社会资本退出机制，在严格清产核资、落实项目资产处理和建设与运行后续方案的情况下，允许社会资本退出，妥善做好项目移交接管，确保水利工程的顺利实施和持续安全运行，维护社会资本的合法权益，保证公共利益不受侵害。

（二十）加强后评价和绩效评价。开展社会资本参与重大水利工程项目后评价和绩效评价，建立健全评价体系和方式方法，根据评价结果，依据合同约定对价格或补贴等进行调整，提高政府投资决策水平和投资效益，激励社会资本通过管理、技术创新提高公共服务质量和水平。

（二十一）加强风险管理。各级财政部门要做好财政承受能力论证，根据本地区财力状况、债务负担水平等合理确定财政补贴、政府付费等财政支出规模，项目全生命周期内的财政支出总额应控制在本级政府财政支出的一定比例内，减少政府不必要的财政负担。各省级发展改革委要将符合条件的水利项目纳入 PPP 项目库，及时跟踪调度、梳理汇总项目实施进展，并按月报送情况。各省级财政部门要建立 PPP 项目名录管理制度和财政补贴支出统计监测制度，对不符合条件的项目，各级财政部门不得纳入名录，不得安排各类形式的财政补贴等财政支出。

五、做好组织实施

（二十二）加强组织领导。各地要结合本地区实际情况，抓紧制订鼓励和引导社会资本参与重大水利工程建设运营的具体实施办法和配套政策措施。发展改革、财政、水利等部门要按照各自职责分工，认真做好落实工作。

（二十三）开展试点示范。国家发展改革委、财政部、水利部选择一批项目作为国家层面联系的试点，加强跟踪指导，及时总结经验，推动完善相关政策，发挥示范带动作用，争取尽快探索形成可复制、可推广的经验。各省（区、市）和新疆生产建设兵团也要因地制宜选择一批项目开展试点。

（二十四）搞好宣传引导。各地要大力宣传吸引社会资本参与重大水利工程建设的政策、方案和措施，宣传社会资本在促进水利发展，特别是在重大水利工程建设运营方面的积极作用，让社会资本了解参与方式、运营方式、盈利模式、投资回报等相关政策，稳定市场预期，为社会资本参与工程建设运营营造良好社会环境和舆论氛围。

国家发展改革委 国家林业局关于运用政府和社会资本合作模式推进林业建设的指导意见

（发改农经〔2016〕2455号，2016年11月21日）

各省、自治区、直辖市、新疆生产建设兵团发展改革委、林业厅（局）：

林业是重要的公益事业和基础产业，承担着生态产品供给和生态服务的重要任务。运用政府和社会资本合作（PPP）模式推进林业建设，有利于创新林业投融资机制，拓宽社会资本投资渠道，促进投资主体多元化；有利于转变政府职能，提高林业项目建设管理水平，加快林业供给侧结构性改革；有利于深化国有林区、国有林场改革，完善集体林权制度，加快林区经济转型发展。根据《中共中央国务院关于深化投融资体制改革的意见》（中发〔2016〕18号）、《国务院关于创新重点领域投融资机制鼓励社会投资的指导意见》（国发〔2014〕60号），以及国家发展改革委《关于切实做好传统基础设施领域政府和社会资本合作有关工作的通知》（发改投资〔2016〕1744号）、《关于印发〈传统基础设施领域实施政府和社会资本合作项目工作导则〉的通知》（发改投资〔2016〕2231号）等有关文件要求，现就运用政府和社会资本合作模式推进林业建设提出如下意见。

一、总体要求

（一）指导思想。全面贯彻落实党的十八大和十八届三中、四中、五中全会精神，坚持“五位一体”总体布局和“四个全面”战略布局，牢固树立创新、协调、绿色、开放、共享的发展理念，按照党中央、国务院决策部署，借鉴国内外成熟经验，立足林业发展实际，充分发挥市场在资源配置中的决定性作用和更好发挥政府作用，创新林业产权模式和投融资机制，引导鼓励社会资本积极参与林业建设，为广大人民群众提供优质高效的林业生态产品和服务，不断提升林业现代化水平。

（二）基本原则。

——坚持政府组织，诚信守约。转变政府职能，集中力量做好政策制定、项目审核、指导服务和监督管理等工作，并根据国家有关规定，公开择优选择社会资本开展项目建设和管理。要在平等协商、依法合规的基础上订立项目合同，保证合作双方的合法权益。项目合同一经签署必须严格执行，无故违约必须承担相应责任。

——坚持因地制宜，创新模式。在保护好自然生态系统的前提下，根据本地区林业发展实际，遴选前期工作成熟、具有长远盈利预期、较大规模的林业项目，通过授予特许经营权、给予投资补助、政府购买服务等稳定社会资本收益预期，开展社会资本参与林业建设合作试点。在总结试点经验基础上，形成可复制、可推广的经验模式，为向全国推广提供借鉴。

——坚持公开透明，规范运行。按照国家相关规定组织项目论证、选择合作伙伴，制定和履行各类项目合同，组织绩效评价，完善相关制度设计，营造良好政策环境，接受各方监督，确保项目实施决策科学、程序规范、过程公开、责任明确、稳妥推进。

二、重点实施领域

（一）林业重大生态工程。鼓励社会资本参与天然林资源保护、“三北”及长江流域等重点防护林体系建设、京津风沙源治理、岩溶地区石漠化治理等林业重大生态工程建设，以生产绿色生态林产品为导向，通过植树造林、防沙治沙、荒漠化和石漠化综合治理等多种措施，积极培育混交林，发展木本油料、特色经济林和林下经济，加快建成一批规范化生产基地，有效盘活森林资源等多种生态资产。

（二）国家储备林建设。鼓励社会资本根据国家储备林建设的布局重点和目标要求，通过新造林、森林抚育、更新改造、立体复合经营等措施，着力培育大径级材和珍贵树种，营造生态稳定、结构优良、长短结合、高效集约经营的国家木材储备基地，增强高品质木材等林产品和优质生态产品供给能力。

（三）林区基础设施建设。鼓励社会资本参与国有林区和国有林场的交通、教育、医疗卫生、供水供电、垃圾及污水处理等基础设施建设，鼓励社会资本参与兼并重组，充分发挥国有林区和国有林场各类自然资源和人力资源优势，通过规模化经营、市场化运作，推进林区经济转型发展。

（四）林业保护设施建设。在保持生态系统完整性和稳定性的前提下，鼓励社会资本参与森林公园、湿地公园、沙漠公园等园区保护站（点）、宣传教育设施，交通和旅游服务设施建设，采取使用权入股、联营、租赁等多种形式参与保护地的经营活动，提高保护和管理水平，为社会提供更好的生态服务。

（五）野生动植物保护及利用。鼓励社会资本参与林木种质资源保护、野生动植物野外资源保护公益事业，探索引入专业民间组织新建或托管自然保护小区，在政府监管下发展民间自然保护小区（地）。鼓励社会资本参与野生动物园、野生植物园的建设、运营和管理，增强生态保护宣传、科普、教育等功能。

三、规范项目管理

（一）加强项目储备。各地发展改革部门要会同林业主管部门，根据林业发展需要，按照项目合理布局、政府投资有效配置等原则，切实做好林业 PPP 项目的总体谋划，明确建设目标、重点任务、实施步骤。要在投资项目在线审批监管平台（重大建设项目库）基础上，建立和完善本地区林业 PPP 项目库，并统一纳入国家发展改革委传统基础设施 PPP 项目库，切实做好项目储备、动态管理、实施监测等各项工作。

（二）确定实施机构和政府出资人代表。林业 PPP 项目应根据项目性质和行业特点，由当地政府林业主管部门或其委托的相关单位作为 PPP 项目实施机构，负责项目准备及实施等工作。鼓励地方政府采用资本金注入方式投资林业 PPP 项目，并明确政府出资人代表，参与项目准备及实施工作。

（三）PPP 项目实施方案编制与审核。林业 PPP 项目应由实施机构组织编制实施方案。实行审批制的政府投资项目，林业 PPP 项目实施方案可在可行性研究报告编写专章，并结合可行性研究报告审批一并审查。实行核准制或备案制的企业投资项目，要单独编制实施方案，并在项目核准或备案后，依据相关要求完善和确定 PPP 项目实施方案。实施方案编制过程中，应重视征询潜在社会资本方的意见和建议，以及引导社会资本方形成合理的收益预期，建立主要依靠市场的投资回报机制。

（四）项目融资及建设。林业 PPP 项目融资责任由项目公司或社会资本方承担，当地政府及其相关部门不应提供融资担保。项目公司或社会资本方未按照合同约定完成融资的，政府方可依法提出履约要求，必要时可提出终止 PPP 项目合同。林业 PPP 项目建设应符合工程建设管理的相关规定。工程建设成本、质量、进度等风险应由项目公司或社会资本方承担。

（五）落实监管责任。政府方及政府相关部门应根据 PPP 项目合同及有关规定，对项目公司或社会资本方履行 PPP 项目融资及建设责任进行监督。发展改革和林业部门要加强沟通协调，督促社会资本完善法人治理结构和管理制度，认真履行投资经营权利义务，并由项目实施机构根据 PPP 项目合同约定，定期对项目运营服务进行绩效评价，加强项目运行有效监管，及时发现存在的问题，制订应对措施，保证项目实施效果。

四、完善扶持政策

（一）保障社会资本合法权益。除现有法律、法规、规章特殊规定的情形外，林业建设项目向社会资本开放，并优先考虑社会资本参与。社会资本投资建设或运营管理的项目，与政府投资项目享有同等政策待遇，不另设附加条件；可按协议约定依法转让、转租、抵押其相关权益；征收、征用或占用的，要按照国家有关规定或约定给予补偿或赔偿。

（二）加大政府扶持。允许社会资本投资建设或运营管理的项目，统筹利用中央和地方政府投资。对同类项目，中央和地方政府投资要积极支持引入社会资本的项目。对社会资本参与的项目，按政策规定予以贷款贴息、减免企业所得税、享受森林保险保费补贴，降低林业 PPP 项目风险，增强项目收益能力。鼓励社会资本在贫困地区、革命老区通过建立利益联结机制，逐步形成林业脱贫攻坚的长效机制。

（三）创新金融支持。加大开发性、政策性贷款支持力度，完善林业贷款贴息政策。鼓励社保基金、保险基金等大型机构投资者投资林业，探索利用信托融资、项目融资、融资租赁、绿色金融债券等多种融资方式和工具，搭建社会资本投资林业的投融资平台。鼓励有条件的地方政府和社会资本共同发起区域性林业绿色发展基金，支持地方林业生态保护和产业发展。

（四）深化林业改革。加快推进集体林地三权分置，稳定承包权、放活经营权；改革人工商品林采伐限额管理，放活对集体人工商品林的采伐管理，实行林木采伐审批公示制度，简化审批程序，提供便捷服务。加快林地、林木流转制度建设，鼓励流转和经营方式创新，建立健全产权交易平台，支持公开市场交易，保障林权有序流转。

（五）完善土地政策。社会资本投资建设生态林等连片面积达到一定规模的，允许在符合土地管理法律法规和土地利用总体规划、依法办理建设用地审批手续、坚持节约集约用地的前提下，利用一定比例的土地开展观光和休闲度假旅游、加工流通等经营活动。

五、抓好组织实施

（一）加强组织领导。各地要结合本地区实际情况，抓紧制订鼓励和引导社会资本参与林业建设生态项目的具体实施办法和配套政策措施，组织实施好林业建设 PPP 项目，确保国家相关政策措施落实。

（二）支持探索创新。国家林业局会同国家发展改革委在各地自愿报名的基础上，遴选 4～5 个省份，每个省份选择 1～2 个林业 PPP 项目，优先安排中央预算内投资支持创新工作，加强跟踪指导，及时总结经验，推动完善相关政策。同时，鼓励各地开展林业 PPP 项目创新工作，发挥示范带动作用，争取尽快探索形成一批可复制、可推广的典型经验。

（三）积极宣传引导。各地要大力宣传

吸引社会资本参与林业建设项目的政策措施，宣传社会资本在促进生态修复、国土绿化，特别是在重大林业工程建设运营方面的积极作用，引导市场预期，为社会资本参与林业建设营造良好的社会环境和舆论氛围。

国家发展改革委 农业部关于推进农业领域政府和社会资本合作的指导意见

（发改农经〔2016〕2574号，2016年12月6日）

各省（区、市）发展改革委、农业（农牧、农机、畜牧、兽医、农垦、渔业）厅（局、委、办）、新疆生产建设兵团发展改革委、农业局：

农业承担着保障国家粮食安全和重要农产品供给，促进农民增收的重要任务。深化农业投融资体制改革，加强农业领域政府与社会资本合作，对于多渠道增加农业投入，推动农业供给侧结构性改革，促进农业持续健康发展具有重要意义。根据《中共中央 国务院关于深化投融资体制改革的意见》（中发〔2016〕18号）、《国务院关于创新重点领域投融资机制鼓励社会投资的指导意见》（国发〔2014〕60号）等文件要求，现就推进农业领域政府和社会资本合作提出如下意见：

一、总体要求

（一）指导思想。深入贯彻党的十八大和十八届三中、四中、五中全会精神，按照党中央、国务院决策部署，以创新、协调、绿色、开放、共享发展理念为指导，充分发挥市场在资源配置中的决定性作用和更好地发挥政府作用，健全配套政策体系，创新农业基础设施建设投入体制机制，大力推进农业领域政府和社会资本合作（简称PPP），提升农业投资整体效率与效益，为加快农业现代化提供有力支撑。

（二）基本原则。

——政府引导，公益导向。各级政府做好政策制定、发展规划、指导服务和市场监管，加快从农业领域公共产品的直接“提供者”，向社会资本“合作者”和项目“监管者”转变。在明确政府职能的前提下，以增强农业农村基础设施和公共服务供给能力为目标，积极引入社会资本合作，强化绩效评价和项目监管，实现公共利益最大化。

——市场运作，公平竞争。注重市场的资源配置功能，明确社会资本平等的市场主体地位，通过市场机制吸引社会资本合作。降低社会资本准入门槛，破除企业进入、退出农业基础设施和公共服务领域的壁垒，营造宽松、规范的政策环境。

——因地制宜，试点先行。根据农业项目特点，通过合理约定，建立风险分担和投资回报机制，确保社会资本投入回报，推进社会资本参与农业项目投融资、建设和管护。选择重点领域、重点项目先行试点探索，及时总结经验，完善相关政策，形成可复制、可推广的合作模式。

二、重点领域与路径

（一）重点领域。拓宽社会资本参与现代农业建设的领域和范围，重点支持社会资本开展高标准农田、种子工程、现代渔港、农产品质量安全检测及追溯体系、动植物保护等农业基础设施建设和公共服务；引导社会资本参与农业废弃物资源化利用、农业面源污染治理、规模化大型沼气、农业资源环境保护与可持续发展等项目；鼓励社会资本参与现代农业示范区、农业物联网与信息化、农产品批发市场、旅游休闲农业发展。

（二）明确规程。地方政府从当地经济社会与现代农业发展需要出发，根据“十三五”全国农业现代化规划，确定本地区政府和社会资本合作的重点领域及其模式。根据具体项目的性质和特点，由当地政府主管部门或其委托的相关单位作为PPP项目实施机构，负责项目的准备及实施。科学界定政府与社会资本的权利职责，规范项目投资管理和实施程序，明确操作规则与机制。鼓励地方政府采用资本金注入的方式投资农业领域PPP项目，并明确出资人代表，参与项目准备及实施工作。

（三）合作责任。地方政府主导推动开展工作，建立农业领域PPP项目建设的部门协调推进机制，强化政策指导与服务；积极推进体制机制创新与政策创设，为社会资本获得合理回报创造条件。各类符合条件的国有企业、民营企业、外商投资企业、混合所有制企业，以及其他投资、经营主体均享有依法依规平等参与的权利；开展合作后要进一步依法完善企业法人治理结构，不断增强法制意识和履约能力，提升运营效率。

三、项目管理

（一）项目储备。各地发展改革部门会同农业部门，对重大农业项目进行分类汇总，在投资项目在线审批监管平台（重大建设项目库）基础上，建立本地区农业PPP项目储备库，建立贯通各地区、各部门的农业PPP项目信息平台。入库情况作为安排政府投资、确定与调整价格、发行企业债券及享受专项优惠政策的重要依据。

（二）审批流程。各地发展改革部门、农业部门会同相关部门建立农业PPP项目实施方案联评联审机制，对提出申请的农业建设项目从项目建设必要性、PPP模式适用性、价格合理性等方面进行审查，必要时组织相关专家进行评议或委托第三方专业机构出具评估意见。一般性政府投资项目，其PPP实施方案可结合可研报告审批一并审查审批；实行核准制或备案制的企业投资项目，在完成核准或备案后，实施机构依据相关要求完善和确定PPP实施方案，再进行审查审批。通过实施方案审查的项目，可以开展下一步工作；按规定需报当地政府批准的，在当地政府批准后开展下一步工作。

（三）合作伙伴选择。严格依据《招标投标法》、《政府采购法》相关法律法规，采取公开招标、邀请招标、竞争性谈判等多种形式，择优选择具有相应运营管理经验、专业水平、投融资能力以及信用状况良好的社会资本方作为合作伙伴，组织项目实施。社会资本方遴选结果要及时公告或公示，并明确申诉渠道和方式。社会资本方可依法设立项目公司。政府指定了出资人代表的，项目公司由政府出资人代表与社会资本方共同成立。

（四）加强项目监管。政府及其部门应根据PPP项目合同及有关规定，建立项目全生命周期管理机制，实行全过程管理。加强可行性研究、招标投标、合同签订、项目建设和运营等方面的全程监督，监督内容包括项目公司或社会资本方履行PPP项目建设责任等，确保项目建设质量。提升项目管理水平，切实做好项目分类管理、动态监测、及时更新等各项工作。

（五）开展绩效评价。鼓励引进第三方评价机构，制定PPP项目绩效评价方案，对项目建设运营质量以及资金使用效率等方面进行综合评价。绩效评价结果应作为项目公司或社会资本方取得项目回报的依据。项目移交完成之后，适时开展项目后评价工作，评价结果及时反馈给项目利益相关方，并按有关规定公开。

（六）规范退出程序。项目建设过程中，如遇不可抗力或违约事件导致项目提前终止时，项目实施机构要及时做好接管，保障项目设施持续运行。政府和社会资本合作期满后，按照合同约定，妥善做好项目移交。积极构建多元化退出机制，为社会资本提供规范化、市场化的退出方式。

四、政策支持

（一）加强政府农业投资引导。转变政府农业投入方式，积极探索通过投资补助、资本金注入等方式支持农业 PPP 项目，强化政府投资的撬动和引导作用。对同类农业项目，在同等条件下中央投资按照有关管理办法和程序要求，积极支持引入社会资本的 PPP 项目。使用各类政府投资的农业基础设施 PPP 项目，应纳入三年滚动政府投资计划。

（二）加快农村集体产权制度改革。着力推进农村集体资产清产核资、确权到户和股份合作制改革。对已建成的重大农业基础设施开展确权试点，政府投资形成的资产归农村集体经济组织成员集体所有，社会资本投资的资产归投资者所有。建立健全农村产权流转交易市场，引导农村土地、集体资产及农业设施等产权规范流转交易。开展经营性集体资产折股量化到户试点，探索农村基础设施集体所有和发展股份合作经营的有效实现形式。

（三）创新金融服务与支持方式。着力提高农业 PPP 项目投融资效率，鼓励金融机构通过债权、股权、资产支持计划等多种方式，支持农业 PPP 项目。鼓励金融机构加大金融产品和服务创新力度，开展投贷联动、投贷保贴一体化等投融资模式试点；探索以项目预期收益或整体资产用作贷款抵（质）押担保。

（四）建立合理投资回报机制。积极探索优化准公益性与公益性农业项目的多种付费模式。采取资本金注入、直接投资、投资补助、贷款贴息等多种方式，实现社会资本的合理投资回报。完善农业基础设施使用价格制定与调整机制，合理确定价格收费标准。

（五）完善风险防控和分担机制。建立分工明确的风险防控机制，政府负责防范和化解政策风险，项目公司或社会资本方承担工程建设成本、质量、进度等风险，自然灾害等不可抗力风险由政府和社会资本共同承担。逐步建立完善全生命周期风险防控与识别体系，鼓励保险机构根据项目建设、运营的需求开发相应保险产品。加快完善农业生产经营保险，探索开展特色优势农产品价格指数保险，以及贷款保证保险和信用保险等业务。鼓励有条件的地方对设施农业、农机具等保险保费予以补贴。

（六）保障项目用地需要。加强耕地资源的保护与利用，各地要在土地利用总体规划中统筹考虑项目建设需要。鼓励社会资本通过整理复垦增加耕地面积，落实耕地占补平衡，合理安排项目建设用地供给。

五、试点示范

（一）确定试点示范领域。鼓励各地围绕重点领域，选择适合当地特点、对农业发展有示范带动作用、需求长期稳定的农业基础设施建设和公共服务项目开展试点，探索合作机制。

（二）抓好试点示范关键环节。地方政府要加强对试点项目实施必要性、可行性和具体操作模式的论证，明确项目实施主体和责任，建立合理的投资回报和风险分担机制，构建高效的监管模式。

（三）做好试点项目评价总结。及时做好试点项目后评价和绩效评价，总结成功经验，形成可复制模式，逐步推广。试点情况要及时报送国家发展改革委、农业部。

六、组织保障

（一）加强组织领导。各地要切实提高认识，把农业领域政府与社会资本合作作为创新农业投融资机制的一项重要任务来抓。各级发改、农业等部门要明确各自职责分工，抓好工作部署，落实工作责任，及时研究解决合作项目建设运行中的重大问题。各地要依据当地实际情况制定实施细则，并抄送国家发展改革委与农业部。

（二）优化政策环境。各地要细化落实各项扶持政策，切实为社会资本进入农业领域创造公平有序的市场环境和保障有力的政策支持体系。切实加大对农业投入力度，加快涉农投资整合，强化农业领域信用体系建设，优化投资环境。根据项目实施情况，探索创设适合区域特点的具体政策，进一步提高社会资本进入农业领域的积极性。

（三）加强宣传引导。积极宣传引导社会资本参与农业领域项目建设，为相关责任主体和实施主体做好政策解释。认真总结试点经验与典型案例，营造良好的社会环境和舆论氛围，推动农业领域政府与社会资本合作。

国家发展改革委办公厅 农业部办公厅关于印发农业领域政府和社会资本合作第一批试点项目的通知

（发改办农经〔2017〕1322号，2017年7月28日）

有关省发展改革委、农业（农村、农牧、渔业）厅（局、委、办）：

根据中央关于推进政府与社会资本合作的有关精神，为落实《关于推进农业领域政府和社会资本合作的指导意见》（发改农经〔2016〕2574号），扎实推进农业领域政府与社会资本合作，国家发展改革委、农业部共同组织筛选了农业领域第一批PPP试点项目，现印发你们，并将有关事项通知如下：

一、切实加强项目管理。建立项目全生命周期管理机制，实行全过程管理。加强可行性研究、招标投标、合同签订、项目建设和运营等方面的全程监督。切实做好项目分类管理、动态监测等各项工作。

二、强化政策支持。加强对PPP试点项目扶持，通过前期费用奖补、政府补助、贷款贴息等形式，支持项目实施。积极协调金融机构，为试点项目提供便利高效的融资服务。结合国家现有资金渠道，加大对相关项目建设的投入。

三、加强协调调度工作。建立定期协调沟通工作机制，做好试点项目跟踪调度工作。加强与试点地区发展改革部门、农业主管部门信息沟通与共享。适时开展项目督导调研和跟踪服务，及时发现并协调解决项目推动中存在的困难和问题。

四、做好项目评估与总结。及时做好试点项目后评价和绩效评价，总结成功经验，形成可复制模式。加强宣传引导，营造良好氛围，通过举办项目推介会、政策文件解读、宣传典型成功案例等方式，提高各方对PPP的认知度，引导更多的社会资本参与农业领域PPP项目。

请各省于每年年底前，将试点项目进展情况及有关意见建议等形成总结报告，报送国家发展改革委、农业部。

附件：农业领域政府和社会资本合作第一批试点项目表

附件

农业领域政府和社会资本合作第一批试点项目表

1. 河北省定州市规模化生物天然气项目

2. 河北省海兴现代农业产业园项目

3. 江苏省洪泽湖生态环境提升工程——美丽蒋坝项目

4. 安徽省淮北金西域生态休闲农业项目

5. 福建省东山县大澳渔港及产业融合示范区项目

6. 福建省惠安县崇武渔港及产业融合示范区项目

7. 江西省智慧农业建设项目

8. 山东省莱阳市病死畜禽无害化处理项目

9. 湖北省信息进村入户工程建设项目

10. 湖北省武穴市畜禽粪污全域收集、生态处理、肥料化利用项目

11. 湖北省农业废弃物资源化利用及病死畜禽无害化处理项目

12. 湖南省攸县病死动物无害化处理中心项目

13. 湖南省岳阳县病死畜禽无害化处理体系建设项目

14. 四川省蒲江县30万亩健康土壤培育应用示范项目

15. 四川省广安区农业废弃物资源化利用项目

16. 云南省陆良高原特色现代农业示范园项目

17. 云南省开远高效现代农业园建设项目

18. 陕西省山阳县漫川关镇生物天然气供气工程项目

19. 甘肃省庆阳市千万只肉羊产业化及良种肉羊制种基地建设项目

20. 新疆维吾尔自治区塔城沙湾县马兰鑫科国家科技园区暨沙湾大盘鸡一二三产业融合发展产业园项目

国家发展改革委 水利部关于印发《政府和社会资本合作建设重大水利工程操作指南（试行）》的通知

（发改农经〔2017〕2119号，2017年12月7日）

各省、自治区、直辖市及计划单列市、新疆生产建设兵团发展改革委、水利（水务）厅（局），水利部各流域机构：

为进一步规范社会资本参与重大水利工程建设和运营操作流程，提升政府和社会资本合作质量和效果，我们编制了《政府和社会资本合作建设重大水利工程操作指南（试行）》。现印发给你们，供在工作中参考。实施中的重要情况和问题，请及时报告。

附件：政府和社会资本合作建设重大水利工程操作指南（试行）

附件

政府和社会资本合作建设重大水利工程操作指南（试行）

第一章 总 则

第一条 为进一步规范社会资本参与重大水利工程建设运营，提升政府和社会资本合作（PPP）质量和效果，根据《中共中央国务院关于深化投融资体制改革的意见》（中发〔2016〕18号）、《国务院关于创新重点领域投融资机制鼓励社会投资的指导意见》（国发〔2014〕60号）、《基础设施和公用事业特许经营管理办法》（国家发展改革委等部门令2015年第25号）、《国家发展改革委 财政部 水利部关于鼓励和引导社会资本参与重大水利工程建设运营的实施意见》（发改农经〔2015〕488号）等文件要求，结合重大水利工程建设运营实际，制定本指南。

第二条 本指南用于指引政府负有提供责任、需求长期稳定和较适宜市场化运作、采用PPP模式建设运营的重大水利工程项目（以下简称水利PPP项目）操作，包括重点水源工程、重大引调水工程、大型灌区工程、江河湖泊治理骨干工程等。采用PPP模式建设的其他水利工程可参照做好相关工作。

除特殊情形外，水利工程建设运营一律向社会资本开放，原则上优先考虑由社会资本参与建设运营。

第三条 水利PPP项目实施程序主要包括项目储备、项目论证、社会资本方选择、项目执行等。

第四条 各参与方按照依法合规、诚信守约、利益共享、风险共担、合理收益、公众受益的原则，规范、务实、高效实施水利PPP项目。

第五条 地方各级发展改革、水行政主管部门会同有关部门统筹做好水利PPP项目实施协调工作，包括加强规划引导、指导项目策划、组织PPP实施方案评估论证、给予政策支持、开展项目实施监督与绩效评价等。

国家发展改革委、水利部按职责加强指导和监督。

第二章　项 目 储 备

第六条　水利 PPP 项目需具备相关规划依据。地方各级水行政主管部门汇总整理本地区水利 PPP 项目，并依托投资项目在线审批监管平台（国家重大项目库），建立本地统一、共享的 PPP 项目库，及时向社会发布相关信息，做好项目储备、动态管理、滚动推进、实施监测等工作。

项目合作期低于 10 年及没有现金流，或通过保底承诺、回购安排等方式违法违规融资、变相举债的项目，不纳入 PPP 项目库。

第七条　对列入 PPP 项目库的水利 PPP 项目，计划当年推进实施的，需纳入本地 PPP 项目年度实施计划。使用各类政府投资资金的水利 PPP 项目，需纳入三年滚动政府投资计划。

第八条　水利 PPP 项目由项目所在地县级以上人民政府授权的部门或单位作为实施机构。

项目实施机构在授权范围内负责水利 PPP 项目实施方案编制、社会资本方选择、项目合同签署、项目组织实施和合作期满项目移交等工作。

第三章　项 目 论 证

第九条　水利 PPP 项目实施方式根据各项目情况合理选择，灵活运用。

对新建项目，其中经济效益较好，能够通过使用者付费方式平衡建设经营成本并获取合理收益的经营性水利工程，一般采用特许经营合作方式。社会效益和生态效益显著，向社会公众提供公共服务为主的公益性水利工程，可通过与经营性较强项目组合开发、授予与项目实施相关的资源开发收益权、按流域或区域统一规划项目实施等方式，提高项目综合盈利能力，吸引社会资本参与工程建设与管护。既有显著的社会效益和生态效益，又具有一定经济效益的准公益性水利工程，一般采用政府特许经营附加部分投资补助、运营补贴或直接投资参股的合作方式，也可按照模块化设计的思路，在保持项目完整性、连续性的前提下，将主体工程、配套工程等不同建设内容划分为单独的模块，根据各模块的主要功能和投资收益水平，相应采用适宜的合作方式。对已建成项目，可通过项目资产转让、改建、委托运营、股权合作等方式将项目资产所有权、股权、经营权、收费权等全部或部分转让给社会资本，规范有序盘活基础设施存量资产，提高项目运营管理效率和效益。对在建项目，也可积极探索引入社会资本负责项目投资、建设、运营和管理。

第十条　对拟采用 PPP 模式的政府或企业投资新建重大水利工程项目，要将项目是否适用 PPP 模式的论证纳入项目可行性研究或项目申请报告论证和决策。对拟采用 PPP 模式的已建成项目和在建项目，涉及新增投资建设的，应依法依规履行投资管理程序。要充分考虑项目的战略价值、功能定位、预期收益、可融资性以及管理要求，科学分析项目采用 PPP 模式的必要性和可行性。

当前，优先选择以使用者付费为主的特许经营项目和盘活存量资产的已建成项目，严格防范地方政府债务风险。

第十一条　政府采用直接投资、资本金注入方式参与的新建水利 PPP 项目，按政府投资项目进行审批，由具有相应审批权限的发展改革部门审批可行性研究报告。

企业使用自己筹措资金建设，以及使用自己筹措的资金并申请使用政府投资补助或贷款贴息等的新建水利 PPP 项目，按企业投资项目履行核准制，由相应的核准机关办理核准手续。

第十二条　纳入 PPP 项目库及年度实施计划的水利 PPP 项目，由实施机构组织编制 PPP 项目实施方案。实施方案可以单独编制，也可在项目可行性研究报告或项目申请报告中包括PPP项目实施专章。

第十三条 水利PPP项目实施方案编制需符合相关法律法规、技术标准和政策文件要求，与项目可行性研究报告或项目申请报告等相衔接，采用最新、统一的数据。主要包括以下内容：

1. 项目概况。工程主要任务、建设规模、经济技术指标、征地移民数量、项目投资以及其他需要说明的情况等。

2. 实施方式。根据项目类型、收费定价机制、投资收益水平、融资需求等情况，合理确定水利PPP项目合作方式和期限。

3. 社会资本方选择方案。根据项目合作方式，明确社会资本方在资质、资本金、企业信用、项目实施经验等方面的准入要求，以及遴选的原则、程序和方法。

4. 投融资和财务方案。分析项目的投融资结构、主要融资方式和财务方案，初步明确项目产品（供水、发电等）的议定价格，以及政府投资补助、运营补贴和其他承诺支持事项等。鼓励符合条件的项目建设运营主体通过IPO（首次公开发行股票并上市）、增发、资产证券化、企业债券、项目收益债券、公司债券、中期票据等市场化方式进行融资。鼓励各类投资基金、社保资金和保险资金按照市场化原则，创新运用债权投资计划、股权投资计划、项目资产支持计划等多种方式参与项目建设与运营。

5. 建设运营和移交方案。明确项目建设运营中的资产产权关系、责权利关系、建设运营要求、合作期限、服务标准和监管要求、收入来源及投资回报方式、项目移交安排等。

6. 合同体系和主要内容。提出政府和社会资本方合作的合同体系与主要内容，主要包括各方权利义务、资金投入与项目实施要求、投入回报机制、监管机制与违约责任等。

7. 风险识别与分担。分析识别合作周期内各阶段风险因素，遵循责权利对等和动态防控原则，在政府和社会资本方之间合理分配分担风险。原则上，项目建设、运营等商业风险由社会资本方承担，法律和政策调整风险由政府承担，自然灾害等不可抗力风险由双方共同承担。

8. 保障措施与监管架构。包括合作期内合同履约管理、行政监管、公众监督、退出机制等。

第十四条 水利PPP项目实施方案编制过程中，可视情况以发布公告等方式征询潜在社会资本方的意见和建议，引导社会资本方形成合理的收益预期，建立主要依靠市场的投资回报机制。涉及政府定价管理、投资补助、政府付费等事项的，应当征求相关主管部门的意见。

第十五条 水利PPP项目实施方案编制完成后，可由项目所在地发展改革部门和同级水行政主管部门牵头，按照“多评合一、统一评审”的要求，会同项目涉及的同级财政、规划、国土、价格、国有资产管理、公共资源交易管理、审计、法制等政府相关部门，对PPP项目实施方案进行联合评审。项目可行性研究报告或项目申请报告中包含PPP项目实施专章的，可结合项目审批或核准一并审查。初审未通过的水利PPP项目，可进一步优化调整实施方案，重新报审。经重新报审仍不能通过的，原则上不再采用PPP模式。通过审查的水利PPP项目实施方案，应按程序报项目所在地政府审批。

第十六条 水利PPP项目实施机构依据经批准的实施方案，组织起草PPP项目合同草案。

（一）项目实施机构拟与中选社会资本方签署的PPP项目合同。主要确认双方的合作意向、内容和方式，约定项目公司组建、投资及实施主要事项，并明确项目实施机构与项目公司后续签署的PPP项目合同生效后是否承继该合同。

政府参股项目公司的，需约定政府持有股份享有的分配权益和股东代表在公司法人治理结构中的安排，如是否享有与其他股东同等权益，是否在利润分配顺序上予以优先安排，是否在特定事项上拥有否决权等。

（二）项目实施机构拟与项目公司签署的 PPP 项目合同。约定各方的责任、权利和义务，明确政府和社会资本合作的内容、期限、履约担保、分年度投资计划及融资方案、风险分担、项目建设和运营管理、回报方式、项目移交、违约处理、信息披露等事项。

根据水利 PPP 项目特点，PPP 项目合同通常包括以下关键条款和内容：

(1) 项目股权和资产处置。在合作期内，未经项目公司董事会研究并经项目实施机构同意，项目公司不得变更公司股权及经营权，不得自行处置和出让、转让、拍卖、质押项目任何重要资产。为合作项目融资而抵押或担保项目资产的，对外抵押和担保期限不得超出合作期限。

(2) 风险管理。针对不同阶段的主要风险因素，明确防控措施，通过加强工程建设和运营管理、优化资本结构、多元融资、建立项目最低需求照付不议机制、投资包干机制、完工担保机制、保险和专业机构增信机制等方式，最大限度控制、缓释和降低风险发生，减少风险损失。

(3) 排他性约定。对区域供水项目，如有必要，可作出合作期间的排他性约定，同时，明确项目公司承担相应的供水普遍服务义务，保证向特许经营区域内所有愿意接受服务并愿意支付服务价格的人提供连续、充足和符合水质要求的供水服务。

(4) 回报机制。明确项目收入范围、计算及结算方法，项目收费定价或财政补贴的调整周期、条件、触发机制和程序等，约定项目具体产出标准和绩效考核指标，明确项目付费与绩效评价结果挂钩等要求。对有经营现金流的项目，区别风险情况，合理确定预期投资回报率，既保障社会资本合理收益，又要防止不合理让利或利益输送。相关财政支出事项，需足额纳入预算，按照规定程序批准后，及时支付资金。

(5) 债务性质。水利 PPP 项目融资及偿债责任由项目公司或社会资本方承担，当地政府及其相关部门不能违规提供担保。

(6) 退出机制。针对不可抗力、违约、主动退出等社会资本方各种中途退出情形，区别实行不同的退出方式，明确相应的预案和应急接管流程及赔偿、清算措施。

(7) 其他相关承诺。如政府承诺负责协调落实工程外部建设条件，保障项目无开发权争议，负责工程移民安置规划组织实施，依法进行监管等。项目公司承诺在合作期内服从政府有关部门的防汛抗旱调度、水资源统一管理，任何情况下均不得出现恶意停止运营服务、中断供水等重大违约和损害公众利益的行为等。

第四章　社会资本方选择

第十七条　项目实施机构可依法采用公开招标、邀请招标、竞争性谈判等方式，综合考虑投资能力、管理经验、专业水平、融资实力以及信用状况等因素，公开公平公正择优选择社会资本方作为水利 PPP 项目合作伙伴。其中，拟由社会资本方自行承担工程项目勘察、设计、施工、监理以及与工程建设有关的重要设备、材料等采购的，按照《中华人民共和国招标投标法》规定，必须通过招标的方式选择社会资本方。

第十八条　项目实施机构根据水利 PPP 项目实施方案和项目合同草案，准备社会资本方遴选的相关法律文本，包括资格预审文件、招标文件等。

在社会资本方资格要求及评标标准设定等方面，需客观、公正、详细、透明，禁止排斥、限制或歧视民间资本和外商投资。对于具有较好投资收益的项目，在招标约定收入计算及价格机制等条件下，可将不同投标人项目收益等利益分享承诺作为主要评标因素；对于需要政府投资补助或运营补贴等政策支持的项目，可将不同投标人对支持政策的需求要价作为主要评标因素。

第十九条 项目实施机构可根据需要组织资格预审，验证项目能否获得社会资本响应和实现充分竞争，并将资格预审结果提交项目主管部门。预审合格社会资本方数量不满足相关法律法规规定的，可依法调整实施方案确定的社会资本方选取方式。

第二十条 项目实施机构可根据需要，在招标文件中明确项目公司组建、投资及实施等主要事项，作为社会资本方投标时必须响应的内容。开标、评标后，实施机构可组织项目谈判小组，与评标委员会推荐排名第一的中标候选人，进行确认谈判；中标候选人提出的主要条款与招标文件、中标人的投标文件内容不一致的，可终止其谈判资格并没收投标保证金，然后与评标委员会推荐排名第二的中标候选人进行确认谈判，依次类推。

确认谈判完成后，项目实施机构与谈判确认的社会资本方签署确认谈判备忘录，并根据信息公开相关规定公示招标结果和拟与社会资本方签署的项目合同文本及相关文件，明确相关申诉渠道和方式。

第二十一条 项目实施机构按相关规定做好公示期间异议的解释、澄清和回复等工作。公示期满无异议的，由项目实施机构将项目合同报经当地政府或其授权的部门和单位审核同意后，与谈判确认的社会资本方正式签署水利 PPP 项目合同。

项目可行性研究报告或项目申请报告批复、核准时已明确项目法人的，可以根据社会资本方选择结果依法变更。

第五章 项目执行

第二十二条 社会资本方与项目实施机构签署水利 PPP 项目合同后，按约定在规定期限内成立项目公司，负责项目建设与运营管理。

项目公司可由社会资本方单独出资组建，也可由政府授权单位（不包括项目实施机构）与社会资本方共同出资组建，作为水利 PPP 项目的直接实施主体。

第二十三条 项目公司成立后，由项目实施机构与项目公司签署水利 PPP 项目合同，或签署关于承继此前 PPP 项目合同的补充合同。对项目合同与项目实施方案核心内容有重大变更的，项目实施机构需报项目实施方案批准机构审核同意后再签署。

第二十四条 项目公司按照项目合同，履行约定的义务和职责，依法开展项目建设、经营和管理活动，自主经营、自负盈亏。按约定和相关法律法规要求接受项目实施机构、政府相关部门的监管，定期报告项目进展情况。

项目实施机构、相关政府部门根据水利 PPP 项目合同和有关规定，对项目公司履行 PPP 项目建设与运行管理责任进行监管。

第二十五条 水利 PPP 项目合作期满后，如需继续合作的，原合作方有优先续约权。合同约定期满移交的，及时组织开展项目移交工作，由项目公司按照约定的形式、内容和标准，将项目资产无偿移交指定的政府部门。

除另有约定外，合同期满前 12 个月为项目公司向政府移交项目的过渡期，项目实施机构或政府指定的其他机构与社会资本方在过渡期内共同组建项目移交工作组，启动移交准备工作。移交工作组按合同约定的移交标准，组织进行资产评估和性能测试，确保项目处于良好状态。经评估和性能测试，项目状况符合约定的移交条件和标准的，项目公司按合同要求及有关规定完成移交工作并办理交手续；项目状况不符合约定的移交条件和标准的，项目公司按要求出具移交维修保函，对相关设施进行恢复性修理、更新重置，在满足移交条件和标准后，及时办理移交手续。

第二十六条 水利 PPP 项目移交完成后，政府有关主管部门可组织对项目开展后评价，对项目全生命周期的效率、效果、影响和可持续性等进行评价。评价结果及时反馈给项目利益相关方，并按有关规定公开。

第二十七条 除涉及国家秘密、商业秘密外，地方政府相关部门依法公开水利 PPP 项目入库、社会资本方选择、项目合同订立、工程建设进展、运营绩效等信息。

第六章 附 则

第二十八条 本指南由国家发展改革委、水利部负责解释。

第二十九条 本指南自印发之日起试行。相关法律、行政法规另有规定的，依照其规定。

国家能源局关于在能源领域积极推广政府和社会资本合作模式的通知

（国能法改〔2016〕96号，2016年3月31日）

各省（区、市）、新疆生产建设兵团发展改革委（能源局）：

为贯彻落实《国务院关于创新重点领域投融资机制鼓励社会投资的指导意见》（国发〔2014〕60号）和《国务院办公厅转发财政部发展改革委人民银行关于在公共服务领域推广政府和社会资本合作模式指导意见的通知》（国办发〔2015〕42号），鼓励和引导社会资本投资能源领域，现就在能源领域积极推广政府和社会资本合作模式（Public-Private Partnership，PPP）的有关事宜通知如下：

一、重要意义

在能源领域推广政府和社会资本合作，有利于打破社会资本进入能源基础设施和公共服务领域不合理限制，引入社会资本创新机制，提高供给效率；有利于理顺政府与市场关系，深化行政体制改革，切实转变政府职能，充分发挥市场配置资源的决定性作用；有利于改善地区能源公共服务水平，让人民群众更多享受到能源改革和发展的成果。

二、总体要求

（一）总体目标

通过运用政府和社会资本合作模式，改革创新能源领域公共服务供给机制，拓宽投融资渠道，充分调动社会资本参与能源领域项目建设的积极性，有效提高能源领域公共服务水平，满足人民群众对能源安全、可靠、清洁供应的要求。

（二）基本原则

鼓励进入。积极丰富PPP能源项目储备，加大项目发起力度，积极营造舆论氛围，充分调动社会资本参与能源领域项目建设的积极性。

政策扶持。积极协调有关部门完善能源领域PPP项目土地使用、税收优惠、价格调整、信贷扶持等机制，创造良好政策环境。

优化服务。在项目审批、政策资金申请、国家现有财政政策落实等方面主动作为、优化服务，保障符合条件的PPP能源项目顺利开展。

惠及民生。加强监管，将政府的政策目标、社会目标和社会资本的运营效率、技术进步有机结合，促进社会资本竞争和创新，确保公共利益最大化。

三、适用范围

各级能源主管部门在能源领域推广政府和社会资本合作模式，应做好项目前期调研，依法组织项目实施、按照约定履行协议、严格绩效监管等工作。

能源领域推广PPP主要适用于政府负有提供责任又适宜市场化运作的公共服务、基础设施类项目。能源领域推广PPP的范围包括但不局限于下列项目：

电力及新能源类项目：供电/城市配电网建设改造、农村电网改造升级、资产界面清晰的输电项目、充电基础设施建设运营、分布式能源发电项目、微电网建设改造、智能电网项目、储能项目、光伏扶贫项目、水电站项目、热电联产、电能替代项目、核电设备研制与服务领域等。

石油和天然气类项目：油气管网主干/支线、城市配气管网和城市储气设施、液化天然气（LNG）接收站、石油和天然气储备设施等。

煤炭类项目：煤层气输气管网、压缩/液化站、储气库、瓦斯发电等。

四、丰富项目储备

各级能源主管部门要按照项目合理布局、政府投资有效配置的原则，认真梳理、科学甄别，积极从符合能源规划和产业政策的新建、改建项目或存量公共资产中筛选适合 PPP 模式的潜在项目，纳入国家发展改革委全国 PPP 项目库，并与财政部 PPP 综合信息平台做好对接。不断探索拓宽能源 PPP 项目范围，及时丰富项目储备，并定期在网上更新发布。

五、规范有序推进项目

各级能源主管部门应根据国家发展改革委、财政部关于 PPP 工作的相关管理办法组织项目实施。对需要实施特许经营的项目，应按照《基础设施和公用事业特许经营管理办法》（国家发展改革委 25 号令）执行，规范有序地推进能源领域 PPP 项目。应从 PPP 项目储备库中，选择条件成熟的能源建设项目作为备选项目，委托招标机构拟定招标文书，采取公开招投标、竞争性谈判、竞争性磋商等方式，确定项目承担单位。

六、政策保障措施

（一）简化 PPP 项目审批

在能源 PPP 项目审批方面建立绿色通道。加快项目审批，简化审核内容，优化办理流程，缩短办理时限。涉及规划、国土、环保等审批事项的，应积极推动相关部门建立 PPP 项目联审机制。加快开通项目审批网上平台，公开项目全流程审批信息，进一步提高行政服务效率。

（二）推进能源价格改革

根据《中共中央 国务院关于推进价格机制改革的若干意见》（中发〔2015〕28 号）精神，到 2017 年，基本放开竞争性领域和环节价格。尽快全面理顺天然气价格，加快放开天然气气源和销售价格，有序放开上网电价和公益性以外的销售电价，建立主要由市场决定能源价格的机制，为社会资本投资能源领域创造有利条件。

（三）探索创新财政补贴机制

对可再生能源及分布式光伏发电、天然气分布式能源及供热、农村电网改造升级、光伏扶贫、页岩气开发、煤层气抽采利用等 PPP 项目，符合财政投资补贴条件的，各级能源主管部门应积极探索机制创新和政策创新，鼓励财政补贴向上述 PPP 项目倾斜。

（四）加强金融合作

各级能源主管部门应积极主动帮助项目承担单位与各级 PPP 融资支持基金进行对接，提高项目融资的可获得性。加强与银行等金融机构的沟通合作，加大对能源领域 PPP 项目的信贷支持力度。

（五）适时开展第三方评估

充分发挥工商联联系民营企业的作用。推进能源领域政府和社会资本合作，要充分听取工商联和民营企业的意见和建议。根据项目进展情况，可委托工商联等第三方中介机构对能源领域 PPP 项目开展实施评估。

七、示范推广和总结提高

做好能源领域 PPP 项目是一件新生事物。各级能源主管部门要积极探索、大胆尝试，鼓励社会资本投资能源 PPP 项目。对项目实施过程中遇到的难点和问题，要积极研究和协调解决。国家能源局将及时总结各地探索的经验，选择好的做法在全国示范推广，不断创新和提高能源领域政府和社会资本的合作水平。

国家能源局关于鼓励社会资本投资水电站的指导意见

（国能新能〔2015〕8号，2015年1月12日）

各省、自治区、直辖市发展改革委（能源局）：

为贯彻落实《国务院关于创新重点领域投融资机制鼓励社会投资的指导意见》（国发〔2014〕60号）有关要求，鼓励和引导社会投资，规范和完善水电投资环境，促进水电持续健康有序发展，现提出如下指导意见：

一、充分认识鼓励社会投资的重要意义

水电站是兼具经营性和公益性的重要基础设施，目前已基本实现水电建设市场化和投资主体多元化。在做好生态环境保护、移民安置和确保工程安全的前提下，通过业主招标等方式，进一步鼓励和积极支持社会资本投资常规水电站和抽水蓄能电站，有利于创新投融资机制，拓宽社会资本投资渠道；有利于加快政府职能转变，发挥市场配置资源的决定性作用；有利于建立政府与社会资本利益共享和风险分担机制，理顺政府与市场的关系，确立企业投资主体地位，促进水电健康有序发展。

二、发挥市场在资源配置中的作用

（一）实行资源配置市场化。鼓励通过市场方式配置水电资源和确定项目开发主体。中小河流上新建的水电站和中小型水电站，未依法依规明确开发主体的，一律通过市场方式选择投资者；对于重要河流，除国家已明确开发主体或前期工作主体，以及特殊的战略性重大工程外，原则上均应通过市场方式选择投资者。未明确开发主体的抽水蓄能电站，可通过市场方式选择投资者。统筹流域梯级开发，根据河流、河段实际情况，实行流域或梯级捆绑，实现资源综合有效利用。

（二）实行统一市场准入。通过采取业主招标等方式，创造平等投资机会，遵循公开、公平、公正和诚实信用的原则择优选择具有相应资金实力、融资能力、管理能力和抗风险能力的投资者作为项目业主。制定符合水电特点、宽严适度的准入门槛，严禁随意抬高准入门槛以及制定针对特定投资者的歧视性或指向性条件，建立公平的市场竞争环境和投资环境。其中涉及外商投资的项目，应符合我国外商投资相关产业政策。

（三）建立公平市场规则。规范市场配置资源方式和工作流程，从项目选择、方案审查、业主确定、退出机制等方面完善制度设计，确保项目实施决策科学、程序规范、过程公开、责任明确。水电项目实施业主招标，应遵循以下基本原则和要求。

1. 项目选择：应选择水电规划已经审批、无建设重大制约因素、有预期收益且条件成熟的项目。

2. 招标方案：招标方案应包含项目概况、招标范围、招标方式、招标组织形式、投标人资格要求、评标办法、主要合同条款（含项目经营年限、退出机制、合同各方的责、权、利）等内容。招标方案应事先采取合适方式广泛征求社会意见，确保

方案公平公正、科学合理、现实可行、风险可控。

3. 评标原则：应根据建设方案、生态环保、移民安置及长远发展、工程安全、运行技术要求、建设运营风险、合理投资回报和经济社会效益等进行综合评标。对于具有较好投资效益的项目，在招标约定价格机制等条件下，应将不同投标人项目收益等利益分享承诺作为主要评标因素；对于需要政府投资补贴等政策支持的项目，应将对支持政策的需求要价作为主要评标因素。

（四）构建风险共担机制。水电是社会性的系统工程，具有投资大、建设条件复杂、技术和管理要求高、投资回收周期长等特点，特别是大型水电项目，面临地质地震、水文气象、移民稳定、建设运营等诸多风险。应合理界定水电开发中的政府责任和企业行为，评估项目风险，建立有效的风险共担机制。原则上，项目的投资、建设、运行、经营风险由企业（项目法人）承担；法律、政策调整，移民搬迁安置（企业依法应承担的责任和依合同约定应承担的义务除外），地质地震、水文气象等建设条件重大变化等风险由政府（招标人）承担；自然灾害等不可抗力风险由双方共同承担。

（五）明确实施主体责任。根据国发〔2014〕60号文件要求和部门职责分工，以及水电开发实际，建立以业主招标为主要形式的鼓励社会资本投资常规水电站和抽水蓄能电站的工作机制，国家能源局负责制定相关政策措施，明确水电领域鼓励社会投资的总体要求、基本原则，以及业主招标的市场规则和有关要求；省级政府（或其授权的地方政府）负责组织水电项目业主招标工作，依法制订招标方案、编制招标文件，并承担实施主体责任。

三、确立企业在投资中的主体地位

（一）发挥政府引导投资作用。要适应深化投资体制改革和行政审批制度改革的要求，切实转变政府职能，准确把握政府在水电行业投资管理中的职责定位，改进和创新政府投资管理。政府要牢固树立市场观念和服务意识，集中精力做好政策完善、规则制定、市场监管等工作，营造良好投资环境，维护市场秩序，支持和引导社会资本投资水电站，强化企业投资主体地位。

（二）落实政府承担责任义务。在社会主义市场经济活动中，政府既是管理者、服务者，也是市场行为的契约一方，对于通过招标等市场方式配置资源、开发水电，应按照权责明确、规范高效的原则订立项目合同，依法承担应尽的责任和义务。根据水电特点，负责招标的省级政府（或其授权的地方政府）应承担以下基本责任义务。

1. 保证项目无开发权争议。

2. 保障无重大制约因素影响项目实施。

3. 明确项目基本建设条件和投资回报机制，其中招标约定的价格机制应符合国家价格政策。

4. 在项目业主依法保障和拨付移民资金、配合相应工作和履行合同约定相关义务的情况下，负责建设征地移民安置工作落实，切实保障移民合法权益，确保满足项目建设和投产需要。

5. 提供应尽的项目风险提示。

（三）发挥企业投资主体地位。各类投资主体均享有依法依规参与水电开发市场公平竞争的权利。在做好生态环境保护、移民安置和确保工程安全的前提下，水电项目业主可自主开展项目实施的各项活动。项目业主应充分认识水电特点，谨慎预判和防范项目风险，项目的市场前景、经济效益、资金来源、工程技术方案等均由企业自主决策、自担风险。

（四）依法开展社会投资活动。政府和企业均应依法开展社会资本投资水电站的各项活动，牢固树立法律意识、契约意识和信用意识。业主招标完成、项目合同一经签署必须严格执行，并依法承担相应责任。为维护水电市场公平和开发秩序，禁止招标暗箱操作和违法违规倒卖资源。对于履约过程中出现的问题，应本着平等协商、依法合规的原则共同协商解决；对于重大分歧和影响履约的重大问题，由相关方通过法律途径解决。

四、加强政府宏观调控和市场监管

（一）强化规划指导。政府及政府能源主管部门要及时制修订河流水电开发规划、抽水蓄能电站选点规划和发展规划，以及相关规划，明确开发重点、建设布局以及综合利用、流域调度等有关要求。强化规划对水电站建设的指导作用，社会资本投资和开发建设水电站，应符合国家制定的相关规划。国家能源局定期对规划执行情况进行监督评估，并依法实施监管。

（二）发挥政策引导。明确水电开发政策和保障措施，继续实行在做好生态保护和移民安置的前提下积极发展水电的方针，统筹流域上下游、干支流、大中小型电站开发，坚持水电建设市场化和投资主体多元化。对于重要流域，在继续推行以流域公司开发为主的流域开发政策的同时，积极推进开发主体多元股份制结构和混合所有制形式。通过建立完备的水电开发管理、财税价格、投资回报等政策体系，支持和引导社会资本投资水电站。

（三）加强市场监管。加大对竞争环境、市场秩序的监督管理，强化对政府责任主体进行业主招标等水电开发活动的行政监督，建立健全法规制度，依法严格责任追究。国家能源局依法依规对地方政府招标规则、依法履职等进行监督评估，适时制定发布统一规范的水电领域业主招标指南和示范文本。加快水电领域信用体系建设，建立水电企业和投资方失信的黑名单制度，建立健全信用记录，并纳入国家统一的信用信息共享交换平台，增强各方的守信自律、诚信经营意识，提高违法违约成本。通过加强市场监管，维护市场公平，以及权利平等、机会平等、规则平等的投资环境。

五、完善社会资本投资的政策措施

（一）完善水电开发政策。建立健全以企业为市场主体的水电投融资体制和以项目业主为主体的水电建设管理体制；完善流域开发政策和水电开发的环保、移民等政策；推进水电价格市场化，研究流域梯级效益补偿机制，根据电力市场化进程，逐步完善水电价格机制和项目投资回报机制。

（二）加强政府投资引导。针对今后拟建水电项目经济性普遍差、市场竞争力下降、投资风险增大等情况，研究政府投资的支持政策。优化政府投资方向，对藏区水电以及综合利用任务重、公益性强、预期收益差的重要水电项目，研究通过投资补助、资本金注入、贷款贴息等方式予以支持，并优先支持引入社会资本的项目。

（三）创新投融资体制机制。鼓励银行业金融机构加大金融创新力度，探索以发电预期收益权或项目整体资产作为贷款的抵（质）押担保物，允许利用水电项目相关收益作为还款来源，加大对水电建设的信贷支持力度；鼓励和支持水电项目开展股权和债权融资，拓宽融资渠道。

（四）建立利益共享机制。水电站是具有一定开发经济性和比较优势的经营性基础设施项目。政府和企业要切实转变水电开发理念，在做好移民安置、环保安全工作，保障水资源开发综合利用效益充分发挥的同时，要充分考虑资源地利益，依法依规积极探索和研究建立项目业主、地方政府、移民群众多方受益的水电开发利益共享机制，并将实现利益共享作为项目业主选择和水电效益发挥的主要指标。

创新投融资机制、鼓励社会资本投资水电站是党中央、国务院的重大决策部署，是推进经济结构战略性调整，促进经济持续健康发展的重要举措。各地、各有关单位要高度重视，进一步提高认识，转变职能，按本指导意见要求认真做好各项工作，确保各项措施落到实处，保障水电领域投融资体制机制改革顺利推进。

第七部分　工程咨询管理

工程咨询行业管理办法

（国家发展改革委2017年第9号令，2017年11月6日）

《工程咨询行业管理办法》已经国家发展和改革委员会主任办公会讨论通过，现予以发布，自2017年12月6日起施行。

第一章　总　　则

第一条　为加强对工程咨询行业的管理，规范从业行为，保障工程咨询服务质量，促进投资科学决策、规范实施，发挥投资对优化供给结构的关键性作用，根据《中共中央国务院关于深化投融资体制改革的意见》（中发〔2016〕18号）、《企业投资项目核准和备案管理条例》（国务院令第673号）及有关法律法规，制定本办法。

第二条　工程咨询是遵循独立、公正、科学的原则，综合运用多学科知识、工程实践经验、现代科学和管理方法，在经济社会发展、境内外投资建设项目决策与实施活动中，为投资者和政府部门提供阶段性或全过程咨询和管理的智力服务。

第三条　工程咨询单位是指在中国境内设立的从事工程咨询业务并具有独立法人资格的企业、事业单位。

工程咨询单位及其从业人员应当遵守国家法律法规和政策要求，恪守行业规范和职业道德，积极参与和接受行业自律管理。

第四条　国家发展改革委负责指导和规范全国工程咨询行业发展，制定工程咨询单位从业规则和标准，组织开展对工程咨询单位及其人员执业行为的监督管理。地方各级发展改革部门负责指导和规范本行政区域内工程咨询行业发展，实施对工程咨询单位及其人员执业行为的监督管理。

第五条　各级发展改革部门对工程咨询行业协会等行业组织进行政策和业务指导，依法加强监管。

第二章　工程咨询单位管理

第六条　对工程咨询单位实行告知性备案管理。工程咨询单位应当通过全国投资项目在线审批监管平台（以下简称在线平台）备案以下信息：

（一）基本情况，包括企业营业执照（事业单位法人证书）、在岗人员及技术力量、从事工程咨询业务年限、联系方式等；

（二）从事的工程咨询专业和服务范围；

（三）备案专业领域的专业技术人员配备情况；

（四）非涉密的咨询成果简介。

工程咨询单位应当保证所备案信息真实、准确、完整。备案信息有变化的，工程咨询单位应及时通过在线平台告知。

工程咨询单位基本信息由国家发展改革委通过在线平台向社会公布。

第七条　工程咨询业务按照以下专业划分：

（一）农业、林业；

（二）水利水电；

（三）电力（含火电、水电、核电、新能源）；

（四）煤炭；

（五）石油天然气；

（六）公路；

（七）铁路、城市轨道交通；

（八）民航；

（九）水运（含港口河海工程）；

（十）电子、信息工程（含通信、广电、信息化）；

（十一）冶金（含钢铁、有色）；

（十二）石化、化工、医药；

（十三）核工业；

（十四）机械（含智能制造）；

（十五）轻工、纺织；

（十六）建材；

（十七）建筑；

（十八）市政公用工程；

（十九）生态建设和环境工程；

（二十）水文地质、工程测量、岩土工程；

（二十一）其他（以实际专业为准）。

第八条 工程咨询服务范围包括：

（一）规划咨询：含总体规划、专项规划、区域规划及行业规划的编制；

（二）项目咨询：含项目投资机会研究、投融资策划，项目建议书（预可行性研究）、项目可行性研究报告、项目申请报告、资金申请报告的编制，政府和社会资本合作（PPP）项目咨询等；

（三）评估咨询：各级政府及有关部门委托的对规划、项目建议书、可行性研究报告、项目申请报告、资金申请报告、PPP 项目实施方案、初步设计的评估，规划和项目中期评价、后评价，项目概预决算审查，及其他履行投资管理职能所需的专业技术服务；

（四）全过程工程咨询：采用多种服务方式组合，为项目决策、实施和运营持续提供局部或整体解决方案以及管理服务。有关工程设计、工程造价、工程监理等资格，由国务院有关主管部门认定。

第九条 工程咨询单位订立服务合同和开展相应的咨询业务，应当与备案的专业和服务范围一致。

第十条 工程咨询单位应当建立健全咨询质量管理制度，建立和实行咨询成果质量、成果文件审核等岗位人员责任制。

第十一条 工程咨询单位应当和委托方订立书面合同，约定各方权利义务并共同遵守。合同中应明确咨询活动形成的知识产权归属。

第十二条 工程咨询实行有偿服务。工程咨询服务价格由双方协商确定，促进优质优价，禁止价格垄断和恶意低价竞争。

第十三条 编写咨询成果文件应当依据法律法规、有关发展建设规划、技术标准、产业政策以及政府部门发布的标准规范等。

第十四条 咨询成果文件上应当加盖工程咨询单位公章和咨询工程师（投资）执业专用章。

工程咨询单位对咨询质量负总责。主持该咨询业务的人员对咨询成果文件质量负主要直接责任，参与人员对其编写的篇章内容负责。

实行咨询成果质量终身负责制。工程咨询单位在开展项目咨询业务时，应在咨询成果文件中就符合本办法第十三条要求，及独立、公正、科学的原则作出信用承诺。工程项目在设计使用年限内，因工程咨询质量导致项目单位重大损失的，应倒查咨询成果质量责任，并根据本办法第三十、三十一条进行处理，形成工程咨询成果质量追溯机制。

第十五条 工程咨询单位应当建立从业档案制度，将委托合同、咨询成果文件等存档备查。

第十六条 承担编制任务的工程咨询单位，不得承担同一事项的评估咨询任务。

承担评估咨询任务的工程咨询单位，与同一事项的编制单位、项目业主单位之间不得存在控股、管理关系或者负责人为同一人的重大关联关系。

第三章　从业人员管理

第十七条　国家设立工程咨询（投资）专业技术人员水平评价类职业资格制度。

通过咨询工程师（投资）职业资格考试并取得职业资格证书的人员，表明其已具备从事工程咨询（投资）专业技术岗位工作的职业能力和水平。

取得咨询工程师（投资）职业资格证书的人员从事工程咨询工作的，应当选择且仅能同时选择一个工程咨询单位作为其执业单位，进行执业登记并取得登记证书。

第十八条　咨询工程师（投资）是工程咨询行业的核心技术力量。工程咨询单位应当配备一定数量的咨询工程师（投资）。

第十九条　国家发展改革委和人力资源社会保障部按职责分工负责工程咨询（投资）专业技术人员职业资格制度实施的指导、监督、检查工作。

中国工程咨询协会具体承担咨询工程师（投资）的管理工作，开展考试、执业登记、继续教育、执业检查等管理事务。

第二十条　执业登记分为初始登记、变更登记、继续登记和注销登记四类。

申请登记的人员，应当选择已通过在线平台备案的工程咨询单位，按照本办法第七条划分的专业申请登记。申请人最多可以申请两个专业。

第二十一条　申请人登记合格取得《中华人民共和国咨询工程师（投资）登记证书》和执业专用章，登记证书和执业专用章是咨询工程师（投资）的执业证明。登记的有效期为3年。

第四章　行业自律和监督检查

第二十二条　工程咨询单位应具备良好信誉和相应能力。国家发展改革委应当推进工程咨询单位资信管理体系建设，指导监督行业组织开展资信评价，为委托单位择优选择工程咨询单位和政府部门实施重点监督提供参考依据。

第二十三条　工程咨询单位资信评价等级以一定时期内的合同业绩、守法信用记录和专业技术力量为主要指标，分为甲级和乙级两个级别，具体标准由国家发展改革委制定。

第二十四条　甲级资信工程咨询单位的评定工作，由国家发展改革委指导有关行业组织开展。

乙级资信工程咨询单位的评定工作，由省级发展改革委指导有关行业组织开展。

第二十五条　开展工程咨询单位资信评价工作的行业组织，应当根据本办法及资信评价标准开展资信评价工作，并向获得资信评价的工程咨询单位颁发资信评价等级证书。

第二十六条　工程咨询单位的资信评价结果，由国家和省级发展改革委通过在线平台和“信用中国”网站向社会公布。

行业自律性质的资信评价等级，仅作为委托咨询业务的参考。任何单位不得对资信评价设置机构数量限制，不得对各类工程咨询单位设置区域性、行业性从业限制，也不得对未参加或未获得资信评价的工程咨询单位设置执业限制。

第二十七条　国家和省级发展改革委应当依照有关法律法规、本办法及有关规定，制订工程咨询单位监督检查计划，按照一定比例开展抽查，并及时公布抽查结果。监督检查内容主要包括：

（一）遵守国家法律法规及有关规定的情况；

（二）信息备案情况；

（三）咨询质量管理制度建立情况；

（四）咨询成果质量情况；

（五）咨询成果文件档案建立情况；

（六）其他应当检查的内容。

第二十八条　中国工程咨询协会应当对咨询工程师（投资）执业情况进行检查。

检查内容包括：

（一）遵守国家法律法规及有关规定的情况；

（二）登记申请材料的真实性；

（三）遵守职业道德、廉洁从业情况；

（四）行使权利、履行义务情况；

（五）接受继续教育情况；

（六）其他应当检查的情况。

第二十九条 国家和省级发展改革委应当对实施行业自律管理的工程咨询行业组织开展年度评估，提出加强和改进自律管理的建议。对评估中发现问题的，按照本办法第三十二条处理。

第五章 法律责任

第三十条 工程咨询单位有下列行为之一的，由发展改革部门责令改正；情节严重的，给予警告处罚并从备案名录中移除；已获得资信评价等级的，由开展资信评价的组织取消其评价等级。触犯法律的，依法追究法律责任。

（一）备案信息存在弄虚作假或与实际情况不符的；

（二）违背独立公正原则，帮助委托单位骗取批准文件和国家资金的；

（三）弄虚作假、泄露委托方的商业秘密以及采取不正当竞争手段损害其他工程咨询单位利益的；

（四）咨询成果存在严重质量问题的；

（五）未建立咨询成果文件完整档案的；

（六）伪造、涂改、出租、出借、转让资信评价等级证书的；

（七）弄虚作假、提供虚假材料申请资信评价的；

（八）弄虚作假、帮助他人申请咨询工程师（投资）登记的；

（九）其他违反法律法规的行为。

对直接责任人员，由发展改革部门责令改正，或给予警告处罚；涉及咨询工程师（投资）的，按本办法第三十一条处理。

第三十一条 咨询工程师（投资）有下列行为之一的，由中国工程咨询协会视情节轻重给予警告、通报批评、注销登记证书并收回执业专用章。触犯法律的，依法追究法律责任。

（一）在执业登记中弄虚作假的；

（二）准许他人以本人名义执业的；

（三）涂改或转让登记证书和执业专用章的；

（四）接受任何影响公正执业的酬劳的。

第三十二条 行业组织有下列情形之一的，由国家或省级发展改革委责令改正或停止有关行业自律管理工作；情节严重的，对行业组织和责任人员给予警告处罚。触犯法律的，依法追究法律责任。

（一）无故拒绝工程咨询单位申请资信评价的；

（二）无故拒绝申请人申请咨询工程师（投资）登记的；

（三）未按规定标准开展资信评价的；

（四）未按规定开展咨询工程师（投资）登记的；

（五）伙同申请单位或申请人弄虚作假的；

（六）其他违反法律、法规的行为。

第三十三条 工程咨询行业有关单位、组织和人员的违法违规信息，列入不良记录，及时通过在线平台和“信用中国”网站向社会公布，并建立违法失信联合惩戒机制。

第六章 附 则

第三十四条 本办法所称省级发展改革委是指各省、自治区、直辖市及计划单列市、新疆生产建设兵团发展改革委。

第三十五条 本办法由国家发展改革委负责解释。

第三十六条 本办法自 2017 年 12 月 6

日起施行。《工程咨询单位资格认定办法》（国家发展改革委2005年第29号令）、《国家发展改革委关于适用〈工程咨询单位资格认定办法〉有关条款的通知》（发改投资〔2009〕620号）、《咨询工程师（投资）管理办法》（国家发展改革委2013年第2号令）同时废止。

国家发展改革委关于印发《工程咨询单位资信评价标准》的通知

（发改投资规〔2018〕623号，2018年4月23日）

各省、自治区、直辖市及计划单列市、新疆生产建设兵团发展改革委：

为落实《工程咨询行业管理办法》（国家发展改革委2017年第9号令）要求，引导和促进工程咨询行业发展，我委研究制定了《工程咨询单位资信评价标准》（以下简称《标准》），现印发给你们，并就有关事项通知如下：

一、建立工程咨询单位资信评价制度，是推进工程咨询行业自律管理、优化行业服务供给的改革举措，是贯彻“放管服”改革要求、取消执业限制、将工作重心向事中事后监管转变的制度安排，是以市场和用户体现价值、以事后评价引领行业健康发展的重要手段。各级发展改革部门要充分认识这项制度的重要意义，准确把握资信评价的性质定位，正确处理政府管理和行业自律的关系，在行业组织开展资信评价工作中发挥好指导监督作用。

二、根据9号令有关规定，国家和省级发展改革委要指导监督行业组织统一按照本《标准》开展工程咨询单位资信评价，以确保评价结果公平公正。各省级发展改革委在指导监督本行政区域内注册登记的工程咨询单位乙级资信评价工作中，要重点围绕行业组织的选择确定、《标准》的监督执行、评价结果的公开和应用、对行业组织和工程咨询单位的政策服务等认真履职、精心组织，确保改革举措平稳过渡。

三、在执行9号令和本《标准》统一规定的前提下，各地资信评价工作的具体时间和工作程序可自行安排、确定。每年9月30日之前，各省级发展改革委要向我委报送最近一次的乙级资信评价工作情况和结果。

四、各地要密切关注《标准》执行情况，对资信评价工作中出现的新问题、新情况要及时上报我委。我委将根据资信评定情况和实际需要适时修订完善《标准》。

附件：工程咨询单位资信评价标准

附件

工程咨询单位资信评价标准

本标准所称的工程咨询单位资信评价，是指根据《工程咨询行业管理办法》（国家发展改革委2017年第9号令），由国家和省级发展改革委分别指导监督行业组织对工程咨询单位开展的行业自律性质的资信评价。开展资信评价的目的，是为工程咨询行业提供健康发展导向，以及为委托单位选择工程咨询单位提供参考。开展资信评价，应统一执行以下标准。

一、总体要求

（一）工程咨询单位资信评价标准以近3年的专业技术力量、合同业绩、守法信用记录为主要指标，资信评价等级分为甲级和乙级两个级别。资信评价类别分为专业资信、专项资信、综合资信。专业资信、专项资信设甲级和乙级，综合资信只设甲级。

（二）专业资信按照《工程咨询行业管理办法》划分的 21 个专业进行评定；PPP 咨询专项资信、综合资信不分专业。

（三）工程咨询单位资信评价每年度集中申请和评定，已获得资信评价等级的单位满 3 年后重新申请和评定，其间对发现不再达到相应标准的单位进行动态调整。

（四）申请资信评价的工程咨询单位应当通过全国投资项目在线审批监管平台备案并列入公示名录。

二、甲级资信评价标准

（一）甲级专业资信。

1. 专业技术力量。

（1）单位咨询工程师（投资）不少于 12 人；

（2）申请评价的专业应配备至少 4 名咨询工程师（投资）和至少 2 名具有本专业高级技术职称的人员，两者不重复计算；

（3）单位主要技术负责人为咨询工程师（投资），具有工程或工程经济类高级技术职称，且从事工程咨询业务不少于 8 年。

2. 合同业绩。

申请评价的专业近 3 年合同业绩应满足以下条件之一：

（1）主持完成国家级规划咨询不少于 1 项或省级规划咨询不少于 2 项或市级规划咨询不少于 4 项，且全部服务范围内（规划咨询、项目咨询、评估咨询、全过程工程咨询，下同）业绩累计不少于 10 项；

（2）单一服务范围内完成的业绩累计不少于 40 项，或覆盖两个及以上服务范围的业绩累计不少于 30 项；

（3）项目咨询、评估咨询、全过程工程咨询等三项服务范围内完成的单个项目投资额 15 亿元及以上业绩不少于 10 项。

3. 守法信用记录。

工程咨询单位及其专业技术人员应具有良好的声誉和信用，没有下列情形：

（1）列入工程咨询“黑名单”的；

（2）违反《工程咨询行业管理办法》规定被发展改革部门给予警告处罚且列入工程咨询不良记录的；

（3）列入其他部门严重违法失信企业名单并适用“在工程咨询单位资信评价中不予支持”联合惩戒措施的。

4. 单位从事工程咨询业务不少于 5 年。

（二）PPP 咨询甲级专项资信。

1. 专业技术力量。

单位从事 PPP 咨询业务的咨询工程师（投资）不少于 6 人，法律、财务、金融等专业人员不少于 8 人，两者不重复计算。

2. 合同业绩。

近 3 年完成 PPP 咨询合同业绩不少于 40 项。PPP 咨询合同业绩的认定范围及要求见本标准附注。

3. 满足甲级专业资信守法信用记录要求。

4. 单位从事 PPP 咨询业务不少于 3 年。

（三）甲级综合资信。

申请甲级综合资信评价的单位，应具备以下条件之一：

1. 甲级专业资信 12 个或以上；

2. 甲级专业资信 6 个或以上，同时咨询工程师（投资）不少于 35 人、12 个及以上专业近 3 年均有业绩、12 个及以上专业均至少配备咨询工程师（投资）和本专业高级技术职称人员各 1 名。

甲级综合资信可以作为所有专业规划咨询和评估咨询业务能力的参考。

三、乙级资信评价标准

（一）乙级专业资信。

1. 专业技术力量。

（1）单位咨询工程师（投资）不少于

6人；

(2) 申请评价的专业应配备至少3名咨询工程师（投资）和至少1名具有本专业高级技术职称的人员，两者不重复计算；

(3) 单位主要技术负责人为咨询工程师（投资），具有工程或工程经济类高级技术职称，且从事工程咨询业务不少于6年。

2. 合同业绩。

申请评价的专业近3年全部服务范围内完成的业绩累计不少于15项。

3. 守法信用记录。

工程咨询单位及其专业技术人员应具有良好的声誉和信用，没有下列情形：

(1) 列入工程咨询“黑名单”的；

(2) 违反《工程咨询行业管理办法》规定被发展改革部门给予警告处罚且列入工程咨询不良记录的；

(3) 列入其他部门严重违法失信企业名单并适用“在工程咨询单位资信评价中不予支持”联合惩戒措施的。

4. 单位从事工程咨询业务不少于3年。

考虑到工程咨询市场实际情况，未达到上述标准的工程咨询单位可以申请乙级专业资信预评价。预评价的标准为：

(1) 单位咨询工程师（投资）不少于4人；

(2) 申请评价的专业应配备至少3名咨询工程师（投资）和至少1名具有本专业高级技术职称的人员，两者不重复计算；

(3) 满足乙级专业资信守法信用记录要求。同一单位只可申请一次预评价，预评价结果满1年后自动失效。

(二) PPP咨询乙级专项资信。

1. 专业技术力量。

单位从事PPP咨询业务的咨询工程师（投资）不少于4人，法律、财务、金融等专业人员不少于6人，两者不重复计算。

2. 合同业绩。

近3年完成PPP咨询合同业绩不少于20项。PPP咨询合同业绩的认定范围及要求见本标准附注。

3. 满足乙级专业资信守法信用记录要求。

4. 单位从事PPP咨询业务不少于2年。

考虑到PPP咨询市场实际情况，未达到上述标准的工程咨询单位可以申请PPP咨询乙级专项资信预评价。预评价的标准为：

(1) 单位从事PPP咨询业务的咨询工程师（投资）不少于2人，法律、财务、金融等专业人员不少于6人，两者不重复计算；

(2) 满足乙级专业资信守法信用记录要求。同一单位只可申请一次预评价，预评价结果满1年后自动失效。

注：1. 核定申请PPP咨询资信评价的工程咨询单位的合同业绩时，本单位从事PPP咨询业务的专业人员在入职本单位之前主持并签字的合同业绩可以计入。

2. 本标准所称PPP咨询合同业绩包括，县级以上PPP项目规划的编制、含有PPP项目实施专章的可行性研究报告的编制、PPP项目实施方案的编制、PPP项目合同（含特许经营协议）的编制、PPP项目绩效评价报告的编制、PPP项目物有所值论证或财政承受能力论证方案的编制（计为一项业绩）。

3. PPP咨询合同业绩用以申请专业资信、综合资信时，仅限于含有PPP项目实施专章的可行性研究报告的编制及审批部门委托的评估、PPP项目实施方案的编制。

4. 工程咨询单位发生分立、兼并、重组等重大变更的，需重新申请资信评价；工程咨询单位注销或破产的，资信评价结果自动失效。

国家发展改革委 住房城乡建设部关于推进全过程工程咨询服务发展的指导意见

（发改投资规〔2019〕515号，2019年3月15日）

各省、自治区、直辖市及计划单列市、新疆生产建设兵团发展改革委，各省、自治区住房和城乡建设厅、直辖市住房和城乡建设（管）委、北京市规划和自然资源委、新疆生产建设兵团住房和城乡建设局：

为深化投融资体制改革，提升固定资产投资决策科学化水平，进一步完善工程建设组织模式，提高投资效益、工程建设质量和运营效率，根据中央城市工作会议精神及《中共中央 国务院关于深化投融资体制改革的意见》（中发〔2016〕18号）、《国务院办公厅关于促进建筑业持续健康发展的意见》（国办发〔2017〕19号）等要求，现就在房屋建筑和市政基础设施领域推进全过程工程咨询服务发展提出如下意见。

一、充分认识推进全过程工程咨询服务发展的意义

改革开放以来，我国工程咨询服务市场化快速发展，形成了投资咨询、招标代理、勘察、设计、监理、造价、项目管理等专业化的咨询服务业态，部分专业咨询服务建立了执业准入制度，促进了我国工程咨询服务专业化水平提升。随着我国固定资产投资项目建设水平逐步提高，为更好地实现投资建设意图，投资者或建设单位在固定资产投资项目决策、工程建设、项目运营过程中，对综合性、跨阶段、一体化的咨询服务需求日益增强。这种需求与现行制度造成的单项服务供给模式之间的矛盾日益突出。

为深入贯彻习近平新时代中国特色社会主义思想和党的十九大精神，深化工程领域咨询服务供给侧结构性改革，破解工程咨询市场供需矛盾，必须完善政策措施，创新咨询服务组织实施方式，大力发展以市场需求为导向、满足委托方多样化需求的全过程工程咨询服务模式。特别是要遵循项目周期规律和建设程序的客观要求，在项目决策和建设实施两个阶段，着力破除制度性障碍，重点培育发展投资决策综合性咨询和工程建设全过程咨询，为固定资产投资及工程建设活动提供高质量智力技术服务，全面提升投资效益、工程建设质量和运营效率，推动高质量发展。

二、以投资决策综合性咨询促进投资决策科学化

（一）大力提升投资决策综合性咨询水平

投资决策环节在项目建设程序中具有统领作用，对项目顺利实施、有效控制和高效利用投资至关重要。鼓励投资者在投资决策环节委托工程咨询单位提供综合性咨询服务，统筹考虑影响项目可行性的各种因素，增强决策论证的协调性。综合性工程咨询单位接受投资者委托，就投资项目的市场、技术、经济、生态环境、能源、资源、安全等影响可行性的要素，结合国家、地区、行业发展规划及相关重大专项建设规划、产业政策、技术标准及相关审批要求进行分析研究和论证，为投资者提供决策依据和建议。

（二）规范投资决策综合性咨询服务方式

投资决策综合性咨询服务可由工程咨询单位采取市场合作、委托专业服务等方式牵头提供，或由其会同具备相应资格的服务机构联合提供。牵头提供投资决策综合性咨询服务的机构，根据与委托方合同约定对服务成果承担总体责任；联合提供投资决策综合性咨询服务的，各合作方承担相应责任。鼓励纳入有关行业自律管理体系的工程咨询单位发挥投资机会研究、项目可行性研究等特长，开展综合性咨询服务。投资决策综合性咨询应当充分发挥咨询工程师（投资）的作用，鼓励其作为综合性咨询项目负责人，提高统筹服务水平。

（三）充分发挥投资决策综合性咨询在促进投资高质量发展和投资审批制度改革中的支撑作用

落实项目单位投资决策自主权和主体责任，鼓励项目单位加强可行性研究，对国家法律法规和产业政策、行政审批中要求的专项评价评估等一并纳入可行性研究统筹论证，提高决策科学化，促进投资高质量发展。单独开展的各专项评价评估结论应当与可行性研究报告相关内容保持一致，各审批部门应当加强审查要求和标准的协调，避免对相同事项的管理要求相冲突。鼓励项目单位采用投资决策综合性咨询，减少分散专项评价评估，避免可行性研究论证碎片化。各地要建立并联审批、联合审批机制，提高审批效率，并通过通用综合性咨询成果、审查一套综合性申报材料，提高并联审批、联合审批的操作性。

（四）政府投资项目要优先开展综合性咨询

为增强政府投资决策科学性，提高政府投资效益，政府投资项目要优先采取综合性咨询服务方式。政府投资项目要围绕可行性研究报告，充分论证建设内容、建设规模，并按照相关法律法规、技术标准要求，深入分析影响投资决策的各项因素，将其影响分析形成专门篇章纳入可行性研究报告；可行性研究报告包括其他专项审批要求的论证评价内容的，有关审批部门可以将可行性研究报告作为申报材料进行审查。

三、以全过程咨询推动完善工程建设组织模式

（一）以工程建设环节为重点推进全过程咨询

在房屋建筑、市政基础设施等工程建设中，鼓励建设单位委托咨询单位提供招标代理、勘察、设计、监理、造价、项目管理等全过程咨询服务，满足建设单位一体化服务需求，增强工程建设过程的协同性。全过程咨询单位应当以工程质量和安全为前提，帮助建设单位提高建设效率、节约建设资金。

（二）探索工程建设全过程咨询服务实施方式

工程建设全过程咨询服务应当由一家具有综合能力的咨询单位实施，也可由多家具有招标代理、勘察、设计、监理、造价、项目管理等不同能力的咨询单位联合实施。由多家咨询单位联合实施的，应当明确牵头单位及各单位的权利、义务和责任。要充分发挥政府投资项目和国有企业投资项目的示范引领作用，引导一批有影响力、有示范作用的政府投资项目和国有企业投资项目带头推行工程建设全过程咨询。鼓励民间投资项目的建设单位根据项目规模和特点，本着信誉可靠、综合能力和效率优先的原则，依法选择优秀团队实施工程建设全过程咨询。

（三）促进工程建设全过程咨询服务发展

全过程咨询单位提供勘察、设计、监理或造价咨询服务时，应当具有与工程规

模及委托内容相适应的资质条件。全过程咨询服务单位应当自行完成自有资质证书许可范围内的业务，在保证整个工程项目完整性的前提下，按照合同约定或经建设单位同意，可将自有资质证书许可范围外的咨询业务依法依规择优委托给具有相应资质或能力的单位，全过程咨询服务单位应对被委托单位的委托业务负总责。建设单位选择具有相应工程勘察、设计、监理或造价咨询资质的单位开展全过程咨询服务的，除法律法规另有规定外，可不再另行委托勘察、设计、监理或造价咨询单位。

（四）明确工程建设全过程咨询服务人员要求

工程建设全过程咨询项目负责人应当取得工程建设类注册执业资格且具有工程类、工程经济类高级职称，并具有类似工程经验。对于工程建设全过程咨询服务中承担工程勘察、设计、监理或造价咨询业务的负责人，应具有法律法规规定的相应执业资格。全过程咨询服务单位应根据项目管理需要配备具有相应执业能力的专业技术人员和管理人员。设计单位在民用建筑中实施全过程咨询的，要充分发挥建筑师的主导作用。

四、鼓励多种形式的全过程工程咨询服务市场化发展

（一）鼓励多种形式全过程工程咨询服务模式

除投资决策综合性咨询和工程建设全过程咨询外，咨询单位可根据市场需求，从投资决策、工程建设、运营等项目全生命周期角度，开展跨阶段咨询服务组合或同一阶段内不同类型咨询服务组合。鼓励和支持咨询单位创新全过程工程咨询服务模式，为投资者或建设单位提供多样化的服务。同一项目的全过程工程咨询单位与工程总承包、施工、材料设备供应单位之间不得有利害关系。

（二）创新咨询单位和人员管理方式

要逐步减少投资决策环节和工程建设领域对从业单位和人员实施的资质资格许可事项，精简和取消强制性中介服务事项，打破行业壁垒和部门垄断，放开市场准入，加快咨询服务市场化进程。将政府管理重心从事前的资质资格证书核发转向事中事后监管，建立以政府监管、信用约束、行业自律为主要内容的管理体系，强化单位和人员从业行为监管。

（三）引导全过程工程咨询服务健康发展

全过程工程咨询单位应当在技术、经济、管理、法律等方面具有丰富经验，具有与全过程工程咨询业务相适应的服务能力，同时具有良好的信誉。全过程工程咨询单位应当建立与其咨询业务相适应的专业部门及组织机构，配备结构合理的专业咨询人员，提升核心竞争力，培育综合性多元化服务及系统性问题一站式整合服务能力。鼓励投资咨询、招标代理、勘察、设计、监理、造价、项目管理等企业，采取联合经营、并购重组等方式发展全过程工程咨询。

五、优化全过程工程咨询服务市场环境

（一）建立全过程工程咨询服务技术标准和合同体系

研究建立投资决策综合性咨询和工程建设全过程咨询服务技术标准体系，促进全过程工程咨询服务科学化、标准化和规范化；以服务合同管理为重点，加快构建适合我国投资决策和工程建设咨询服务的招标文件及合同示范文本，科学制定合同条款，促进合同双方履约。全过程工程咨询单位要切实履行合同约定的各项义务、承担相应责任，并对咨询成果的真实性、有效性和科学性负责。

（二）完善全过程工程咨询服务酬金计

取方式

全过程工程咨询服务酬金可在项目投资中列支，也可根据所包含的具体服务事项，通过项目投资中列支的投资咨询、招标代理、勘察、设计、监理、造价、项目管理等费用进行支付。全过程工程咨询服务酬金在项目投资中列支的，所对应的单项咨询服务费用不再列支。投资者或建设单位应当根据工程项目的规模和复杂程度，咨询服务的范围、内容和期限等与咨询单位确定服务酬金。全过程工程咨询服务酬金可按各专项服务酬金叠加后再增加相应统筹管理费用计取，也可按人工成本加酬金方式计取。全过程工程咨询单位应努力提升服务能力和水平，通过为所咨询的工程建设或运行增值来体现其自身市场价值，禁止恶意低价竞争行为。鼓励投资者或建设单位根据咨询服务节约的投资额对咨询单位予以奖励。

（三）建立全过程工程咨询服务管理体系

咨询单位要建立自身的服务技术标准、管理标准，不断完善质量管理体系、职业健康安全和环境管理体系，通过积累咨询服务实践经验，建立具有自身特色的全过程工程咨询服务管理体系及标准。大力开发和利用建筑信息模型（BIM）、大数据、物联网等现代信息技术和资源，努力提高信息化管理与应用水平，为开展全过程工程咨询业务提供保障。

（四）加强咨询人才队伍建设和国际交流

咨询单位要高度重视全过程工程咨询项目负责人及相关专业人才的培养，加强技术、经济、管理及法律等方面的理论知识培训，培养一批符合全过程工程咨询服务需求的综合型人才，为开展全过程工程咨询业务提供人才支撑。鼓励咨询单位与国际著名的工程顾问公司开展多种形式的合作，提高业务水平，提升咨询单位的国际竞争力。

六、强化保障措施

（一）加强组织领导

国务院投资主管部门负责指导投资决策综合性咨询，国务院住房和城乡建设主管部门负责指导工程建设全过程咨询。各级投资主管部门、住房和城乡建设主管部门要高度重视全过程工程咨询服务的推进和发展，创新投资决策机制和工程建设管理机制，完善相关配套政策，加强对全过程工程咨询服务活动的引导和支持，加强与财政、税务、审计等有关部门的沟通协调，切实解决制约全过程工程咨询实施中的实际问题。

（二）推动示范引领

各级政府主管部门要引导和鼓励工程决策和建设采用全过程工程咨询模式，通过示范项目的引领作用，逐步培育一批全过程工程咨询骨干企业，提高全过程工程咨询的供给质量和能力；鼓励各地区和企业积极探索和开展全过程工程咨询，及时总结和推广经验，扩大全过程工程咨询的影响力。

（三）加强政府监管和行业自律

有关部门要根据职责分工，建立全过程工程咨询监管制度，创新全过程监管方式，实施综合监管、联动监管，加大对违法违规咨询单位和从业人员的处罚力度，建立信用档案和公开不良行为信息，推动咨询单位切实提高服务质量和效率。有关行业协会应当充分发挥专业优势，协助政府开展相关政策和标准体系研究，引导咨询单位提升全过程工程咨询服务能力；加强行业诚信自律体系建设，规范咨询单位和从业人员的市场行为，引导市场合理竞争。

国家发展改革委关于印发投资咨询评估管理办法的通知

（发改投资规〔2018〕1604号，2018年11月5日）

国务院各部委、各直属机构，各省、自治区、直辖市及计划单列市、新疆生产建设兵团发展改革委，各中央管理企业：

为进一步完善投资决策程序，提高投资决策的科学性和民主性，规范投资决策过程中的咨询评估工作，保障咨询评估质量，我委对《国家发展改革委委托投资咨询评估管理办法（2015年修订）》进行了修订，制定了《国家发展改革委投资咨询评估管理办法》。现印发你们，请按照执行。

附件：国家发展改革委投资咨询评估管理办法

附件

国家发展改革委投资咨询评估管理办法

第一章　总　　则

第一条　为进一步完善国家发展改革委投资决策程序，提高投资决策的科学性和民主性，规范投资决策过程中的咨询评估工作，保障咨询评估质量，根据《中共中央 国务院关于深化投融资体制改革的意见》（中发〔2016〕18号）、《企业投资项目核准和备案管理条例》（国务院令第673号）、《工程咨询行业管理办法》（国家发展改革委2017年第9号令）等要求，制定本办法。

第二条　国家发展改革委在审批固定资产投资项目及其相关专项规划时，应当坚持"先评估、后决策"的原则，经相关工程咨询单位咨询评估，在充分考虑咨询评估意见的基础上作出决策决定。国家发展改革委在进行其他投资决策过程中，也要充分发挥相关工程咨询单位的作用。国家发展改革委委托相关工程咨询单位开展投资咨询评估工作，适用本办法。

第三条　国家发展改革委委托的投资咨询评估纳入投资决策程序、为投资决策服务，咨询评估范围、咨询评估机构由国家发展改革委确定，咨询评估费用由国家发展改革委支付，咨询评估质量由国家发展改革委管理。

第四条　国家发展改革委通过竞争方式择优选择投资咨询评估机构，建立"短名单"并实行动态管理。国家发展改革委根据本办法规定的咨询评估范围，委托"短名单"内机构承担投资咨询评估任务。国家发展改革委委托"短名单"内机构承担本办法规定的咨询评估范围以外任务的，工作程序、费用支出等根据业务需要执行相关规定。

第二章　咨询评估范围

第五条　国家发展改革委委托的投资咨询评估包括以下事项：

（一）投资审批咨询评估，具体包括：1. 专项规划，指国家发展改革委审批或核报国务院审批的涉及重大建设项目和需安排政府投资的专项规划（含规划调整）；2. 项目建议书，指国家发展改革委审批或核报国务院审批的政府投资项目建议书；3. 可行性研究报告，指国家发展改革委审批或核报国务院审批的政府投资项目可行性研究报告；4. 项目申请报告，指国家发展改革委核准或核报国务院核准的企业投资项目申请报告；5. 资金申请报告，限于按具体项目安排中央预算内投资资金、确有必要对拟安排项目、资金额度进行评估的资金申请报告；6. 党中央、国务院授权开展的项目其他前期工作审核评估。

（二）投资管理中期评估和后评价，具体包括：1. 对本条上一款中的专项规划的中期评估和后评价；2. 政府投资项目后评价；3. 中央预算内投资专项实施情况的评估、专项的投资效益评价。

第六条 国家发展改革委审批政府投资项目初步设计和概算核定，原则上由国家投资项目评审中心实行专业评审。需要特殊专业技术服务的，经投资司同意后，主办司局可以委托投资咨询评估。安排中央预算内投资额度较大的地方政府投资项目资金申请报告，也可由国家投资项目评审中心实行专业评审。

第三章 咨询评估机构管理

第七条 承担具体专业投资咨询评估任务的评估机构，应当具备以下条件：

（一）通过全国投资项目在线审批监管平台备案并列入公示名录的工程咨询单位；

（二）具有所申请专业的甲级资信等级，或具有甲级综合资信等级；

（三）近 3 年完成所申请专业总投资 3 亿元以上项目可行性研究报告、项目申请报告编制，项目建议书、可行性研究报告、项目申请报告、项目资金申请报告及规划的评估业绩共不少于 20 项（特殊行业除外）。国家发展改革委可以确定具有相关能力的机构作为投资咨询评估机构，以备承担特殊行业或特殊复杂事项的咨询评估任务。

第八条 国家发展改革委对承担投资咨询评估任务的咨询机构实行“短名单”管理。确定“短名单”的程序是：

（一）根据各有关司局的需求，确定投资咨询评估专业；

（二）投资司根据确定的投资咨询评估专业，经过公开遴选程序，提出咨询评估机构建议名单；

（三）各专业司局对咨询评估机构建议名单研提意见；

（四）投资司根据各专业司局意见拟订“短名单”报请委领导审核；

（五）确定“短名单”并予以公告。

第九条 国家发展改革委根据投资管理需要，结合投资咨询评估机构管理情况，对“短名单”机构进行动态调整，原则上每三年调整一次。

第十条 其他部门委托国家发展改革委“短名单”机构承担咨询评估任务、发现存在服务质量问题的，可以告知国家发展改革委作出相应处理。

第四章 委内工作程序

第十一条 承担委托任务的咨询评估机构的排序和选取，按以下规则进行：

（一）分专业对评估机构进行初始随机排队；

（二）按照初始随机排队的先后顺序，确定承担评估任务的机构；

（三）评估机构接受任务后，随即排到该专业排队顺序的队尾；评估机构如果拒绝接受任务，应提交书面说明，排到排队顺序的队尾；

（四）选取咨询评估机构应当符合回避原则，承担某一事项编制任务的机构，不得承担同一事项的咨询评估任务；承担咨询评估任务的机构，与同一事项的编制单位、项目业主单位之间不得存在控股、管理关系或者负责人为同一人的重大关联关系。

第十二条 具体选取咨询评估机构，除绝密事项外，均通过委内委托评估系统办理，具体程序是：

（一）按照投资决策委内职责分工，由主办司局通过委托评估系统提出咨询评估申请，填写事项基本情况、评估要求、评估时限等，申请事项填写完毕并确认后，由委托评估系统自动生成咨询评估机构名单；

（二）主办司局对自动生成的咨询评估机构名单，按照回避原则进行核实，对符合回避原则的予以确认，完成确定咨询评估机构；对不符合回避原则的，委托评估系统再次自动生成咨询评估机构，由主办司局核实并最终完成确定咨询评估机构；

（三）确定咨询评估机构后，委托评估申请发送投资司审核，投资司对委托评估的必要性、咨询评估范围、咨询评估机构选取等是否符合本办法规定进行审核，审核同意后，发回主办司局；

（四）主办司局根据审核后的委托评估申请，办理咨询评估委托书发文事宜。对特别重要项目或特殊事项的咨询评估任务，可以通过招标或指定方式确定评估机构。

第十三条 对国民经济和社会发展有重要影响的专项规划和重大项目的项目申请报告、项目建议书、项目可行性研究报告，可以委托多家评估机构承担咨询评估任务。

第五章 咨询评估工作规范

第十四条 在接受评估任务后，评估机构应当确定项目负责人，成立评估小组，制定评估工作计划，定期反馈评估工作进度，在规定时限内提交评估报告。项目负责人应当是经执业登记的咨询工程师（投资）。参加评估小组的人员应当熟悉国家和行业发展有关政策法规规划、技术标准规范，评估小组应当具有一定数量的本专业高级技术职称人员。

第十五条 涉密项目的咨询评估任务应按照《保守国家秘密法》及其实施条例规定，由国家发展改革委主办司局通过与评估机构签订保密协议并监督执行的方式进行保密管理。

第十六条 评估报告的内容包括：标题及文号、目录、摘要、正文、附件。评估机构在评估工作中要求补充相关资料时，应当书面通知评估事项的项目单位。该书面通知及补充资料应当作为评估报告的附件报送国家发展改革委。评估报告应当附具项目负责人及评估小组成员名单，并加盖评估机构公章和项目负责人的咨询工程师（投资）执业专用章。

第十七条 国家发展改革委委托咨询评估的完成时限一般不超过 30 个工作日。评估机构因特殊情况确实难以在规定时限内完成的，应在规定时限到期日的 5 个工作日之前向国家发展改革委主办司局书面报告有关情况，征得委托司局书面同意后，可以延长完成时限，但延长的期限不得超过 60 个工作日。

第十八条 评估机构应不断改进内部管理机制，优化评估工作流程，完善评估专家库，保证独立、公正、客观、科学地开展评估工作，提高评估工作水平和质量。

第六章 咨询评估质量管理

第十九条 咨询评估任务完成后，国家发展改革委主办司局应当通过委托评估系统填写对评估报告质量的评价，评价情况分为较好、一般、较差。质量评价结果与服务费用、“短名单”动态管理挂钩。对评估报告首次评价为较差的咨询机构，由投资司进行约谈、警告；对累计两次评价为较差的咨询机构，由投资司暂停其“短名单”机构资格一年；对累计三次评价为较差的咨询机构，由投资司将其从“短名单”中删除。

第二十条 评估机构应于每年 1 月底前向国家发展改革委投资司报送上一年度的评估工作总结报告。评估工作总结报告内容主要包括：上一年度承接、完成国家发展改革委委托咨询评估任务情况；评估工作中遇到的问题及有关意见建议等。

第二十一条 国家发展改革委受理对评估机构的举报、投诉，并组织或委托有关机构和专家进行检查核实，对查实的问题按照规定进行相应处理。

第二十二条 除根据第十九条对咨询评估质量进行管理外，评估机构有下列情形之一的，国家发展改革委应当将其从“短名单”中删除：

（一）评估报告有重大失误；

（二）累计两次拒绝接受委托任务；

（三）未在规定时限或者经批准的延期时限内完成委托任务；

（四）违反《工程咨询行业管理办法》有关规定的。出现上述（一）所列情形的，对涉及的咨询工程师（投资），取消其执业登记。

第二十三条 咨询评估机构存在违反第二十二条规定的，将相关信用信息纳入全国信用信息共享平台；情节严重的，通过“信用中国”网站向社会公示。

第二十四条 国家发展改革委有关工作人员，在投资咨询评估管理工作过程中玩忽职守、滥用职权、徇私舞弊、索贿受贿的，对负有责任的领导人员和直接责任人员依法给予处分；构成犯罪的，依法追究刑事责任。

第七章 附 则

第二十五条 国家发展改革委按年度根据咨询评估任务完成情况，安排中央预算内投资结算咨询评估费用。评估机构及其工作人员，不得收取所评估事项的项目单位任何费用，不得向项目单位摊支成本。

第二十六条 地方发展改革部门可以参照本办法的规定，制定有关管理办法。

第二十七条 本办法由国家发展改革委负责解释。

第二十八条 本办法自 2019 年 1 月 1 日起施行。《国家发展改革委关于印发委托投资咨询评估管理办法（2015 年修订）的通知》（发改投资〔2015〕1761 号）和《国家发展改革委办公厅关于印发委托投资咨询评估委内工作规则（2015 年修订）的通知》（发改办投资〔2015〕2032 号）同时废止。

人力资源社会保障部 国家发展改革委关于印发《工程咨询（投资）专业技术人员职业资格制度暂行规定》和《咨询工程师（投资）职业资格考试实施办法》的通知

（人社部发〔2015〕64号，2015年6月30日）

各省、自治区、直辖市及新疆生产建设兵团人力资源社会保障厅（局）、发展改革委，国务院各部委、各直属机构人事部门，中央管理的企业：

为加强工程咨询（投资）专业技术人员队伍建设，适应工程咨询业发展需要，根据《国务院机构改革和职能转变方案》和《国务院第六批取消和调整行政审批项目的决定》（国发〔2012〕52号）有关取消"注册咨询工程师（投资）执业资格认定"行政审批项目的要求，在总结原注册咨询工程师（投资）执业资格制度实施情况的基础上，人力资源社会保障部、国家发展改革委制定了《工程咨询（投资）专业技术人员职业资格制度暂行规定》和《咨询工程师（投资）职业资格考试实施办法》，现印发给你们，请遵照执行。

自本通知发布之日起，原人事部、原国家发展计划委员会发布的《关于印发〈注册咨询工程师（投资）执业资格制度暂行规定〉和〈注册咨询工程师（投资）执业资格考试实施办法〉的通知》（人发〔2001〕127号）同时废止。

附件1

工程咨询（投资）专业技术人员职业资格制度暂行规定

第一章　总　　则

第一条　为促进工程咨询业健康发展，加强工程咨询（投资）专业技术人员队伍建设，提高工程咨询（投资）专业技术人员素质，根据《国务院机构改革和职能转变方案》和国家职业资格证书制度有关规定，制定本规定。

第二条　本规定适用于在工程咨询机构从事工程咨询（投资）业务的专业技术人员。

第三条　国家设立工程咨询（投资）专业技术人员水平评价类职业资格制度，面向全社会提供工程咨询（投资）专业技术人员能力水平评价的服务，纳入全国专业技术人员职业资格证书制度统一规划。评价结果与经济系列或者工程系列相应级别职称衔接，是用人单位使用本专业人才的依据。

第四条　工程咨询（投资）专业技术人员职业资格分为咨询工程师（投资）和高级咨询工程师（投资）2个级别。咨询工程师（投资）职业资格实行考试的评价方式。高级咨询工程师（投资）职业资格评价的具体办法另行规定。

咨询工程师（投资）英文译为：Consulting Engineer

第五条 通过咨询工程师（投资）职业资格考试并取得职业资格证书的人员，表明其已具备从事工程咨询（投资）专业技术岗位工作的职业能力和水平。

第六条 人力资源社会保障部、国家发展改革委共同负责工程咨询（投资）专业技术人员职业资格制度的政策制定，并按职责分工对工程咨询（投资）专业技术人员职业资格制度的实施进行指导、监督和检查。中国工程咨询协会具体承担工程咨询（投资）专业技术人员职业资格评价工作。

第二章 考　　试

第七条 咨询工程师（投资）职业资格实行全国统一大纲、统一命题、统一组织的考试制度。原则上每年举行1次考试。

第八条 中国工程咨询协会负责咨询工程师（投资）职业资格考试的组织和实施工作，组织成立考试专家委员会，研究拟定考试科目、考试大纲、考试试题和考试合格标准。

第九条 人力资源社会保障部、国家发展改革委对中国工程咨询协会实施的考试工作进行监督和检查，指导中国工程咨询协会确定咨询工程师（投资）职业资格考试科目、考试大纲、考试试题和考试合格标准。

第十条 遵守国家法律、法规，恪守职业道德，并符合下列条件之一的，均可申请参加咨询工程师（投资）职业资格考试：

（一）取得工学学科门类专业，或者经济学类、管理科学与工程类专业大学专科学历，累计从事工程咨询业务满8年；

（二）取得工学学科门类专业，或者经济学类、管理科学与工程类专业大学本科学历或者学位，累计从事工程咨询业务满6年；

（三）取得含工学学科门类专业，或者经济学类、管理科学与工程类专业在内的双学士学位，或者工学学科门类专业研究生班毕业，累计从事工程咨询业务满4年；

（四）取得工学学科门类专业，或者经济学类、管理科学与工程类专业硕士学位，累计从事工程咨询业务满3年；

（五）取得工学学科门类专业，或者经济学类、管理科学与工程类专业博士学位，累计从事工程咨询业务满2年；

（六）取得经济学、管理学学科门类其他专业，或者其他学科门类各专业的上述学历或者学位人员，累计从事工程咨询业务年限相应增加2年。

第十一条 咨询工程师（投资）职业资格考试合格，由中国工程咨询协会颁发人力资源社会保障部、国家发展改革委监制，中国工程咨询协会用印的《中华人民共和国咨询工程师（投资）职业资格证书》[以下简称“咨询工程师（投资）资格证书”]。该证书在全国范围有效。

第十二条 对以不正当手段取得咨询工程师（投资）资格证书的，按照国家专业技术人员资格考试违纪违规行为处理规定处理。

第三章 职 业 能 力

第十三条 取得咨询工程师（投资）资格证书的人员，应当遵守国家法律和相关法规，维护国家和社会公共利益，恪守职业道德。

第十四条 取得咨询工程师（投资）资格证书的人员，应当具备的职业能力：

（一）经济社会发展规划、计划咨询；

（二）行业发展规划和产业政策咨询；

（三）经济建设专题咨询；

（四）投资机会研究；

（五）工程项目建议书的编制；

（六）工程项目可行性研究报告的编制；

（七）工程项目评估；

（八）工程项目融资咨询、绩效追踪评价、后评价及培训咨询服务；

（九）工程项目招投标技术咨询；

（十）国家发展改革委规定的其他工程咨询业务。

第十五条 取得咨询工程师（投资）资格证书的人员，应当按照国家专业技术人员继续教育有关规定，参加继续教育，不断更新专业知识，提高职业素质和业务能力。

第四章 登 记

第十六条 咨询工程师（投资）资格证书实行登记服务制度。登记服务的具体工作由中国工程咨询协会负责。

第十七条 中国工程咨询协会定期向社会公布咨询工程师（投资）资格证书的登记情况，建立持证人员的诚信档案，并为用人单位提供取得咨询工程师（投资）资格证书人员信息的查询服务。

第十八条 取得咨询工程师（投资）资格证书的人员，应自觉接受中国工程咨询协会的自律性管理，其在工作中违反相关法律、法规、规章或者职业道德，造成不良影响的，由中国工程咨询协会取消登记，并收回其职业资格证书。

第十九条 各级工程咨询管理机构在实施咨询工程师（投资）资格考试和登记服务工作中，应当严格遵守国家和本行业的各项管理规定以及协会章程。

第五章 附 则

第二十条 通过考试取得咨询工程师（投资）资格证书，且符合《经济专业人员职务试行条例》经济师职务任职条件，或者符合《工程技术人员职务试行条例》工程师职务任职条件的人员，用人单位可根据工作需要择优聘任相应系列专业技术职务。

第二十一条 本规定施行前，已按照原人事部、原国家发展计划委员会印发的《关于印发〈注册咨询工程师（投资）执业资格制度暂行规定〉和〈注册咨询工程师（投资）执业资格考试实施办法〉的通知》（人发〔2001〕127号）规定，取得的注册咨询工程师（投资）执业资格证书，与按照本规定要求取得的咨询工程师（投资）资格证书的效用等同。

第二十二条 本规定自2015年7月1日起施行。

附件2

咨询工程师（投资）职业资格考试实施办法

第一条 人力资源社会保障部、国家发展改革委按照职责分工负责指导、监督和检查咨询工程师（投资）职业资格考试的实施工作。

第二条 中国工程咨询协会具体负责咨询工程师（投资）职业资格考试的实施工作。

第三条 咨询工程师（投资）职业资格考试设《宏观经济政策与发展规划》、《工程项目组织与管理》、《项目决策分析与评价》和《现代咨询方法与实务》4个科目。

第四条 咨询工程师（投资）职业资格考试分4个半天举行。《宏观经济政策与发展规划》、《工程项目组织与管理》和《项目决策分析与评价》3个科目的考试时间均为2.5小时，《现代咨询方法与实务》科目的考试时间为3小时。

考试成绩实行4年为一个周期的滚动管理办法，在连续的4个考试年度内参加全部（4个）科目的考试并合格，可取得咨询工程师（投资）职业资格证书。

第五条 符合《工程咨询（投资）专业技术人员职业资格制度暂行规定》（以下简称《暂行规定》）规定的考试报名条件者均可申请参加考试。

第六条 凡符合《暂行规定》规定的考试报名条件，并具备下列一项条件者，可免试《宏观经济政策与发展规划》、《工程项目组织与管理》科目，只参加《项目决策分析与评价》和《现代咨询方法与实务》2个科目的考试。参加2个科目考试的人员，须在连续的2个考试年度内通过应试科目的考试。

（一）获得全国优秀工程咨询成果奖项目或者全国优秀工程勘察设计奖项目的主要完成人；

（二）通过全国统一考试取得工程技术类职业资格证书，并从事工程咨询业务工作满8年。

第七条 参加考试由本人提出申请，按有关规定办理报名手续。考试实施机构按规定的程序和报名条件审核合格后，核发准考证。参加考试人员凭准考证和有效证件在指定的日期、时间和地点参加考试。

中央和国务院各部门所属单位、中央管理企业的人员按属地原则报名参加考试。

第八条 考点原则上设在地级以上城市的大、中专院校或者高考定点学校。如确需在其他城市设置考点，须经中国工程咨询协会批准。考试日期原则上为每年的第二季度。

第九条 坚持考试与培训分开的原则。凡参与考试工作（包括命题、审题与组织管理等）的人员，不得参加考试，也不得参加或者举办与考试内容相关的培训工作。应考人员参加培训坚持自愿原则。

第十条 考试实施机构及其工作人员，应当严格执行国家人事考试工作人员纪律规定和考试工作的各项规章制度，遵守考试工作纪律，切实做好从考试试题的命制到使用等各环节的安全保密工作，严防泄密。

第十一条 对违反考试工作纪律和有关规定的人员，按照国家专业技术人员资格考试违纪违规行为处理规定处理。

中国工程咨询协会关于印发《咨询工程师（投资）执业登记规程》的通知

（中咨协职业〔2018〕89号，2018年9月19日）

各省、自治区、直辖市及大连、宁波、厦门、青岛、深圳市、新疆生产建设兵团工程咨询（行业）协会，工程咨询单位：

为加强对咨询工程师（投资）的管理，规范执业登记行为，明确法律责任，根据《工程咨询（投资）专业技术人员职业资格制度暂行规定》（人社部发〔2015〕64号）和《工程咨询行业管理办法》（国家发展改革委2017年第9号令）及国家有关规定，特制订《咨询工程师（投资）执业登记规程》，现予以发布，自2018年10月26日起实行。

附件：咨询工程师（投资）执业登记规程

附件

咨询工程师（投资）执业登记规程

第一章　总　　则

第一条　为加强对咨询工程师（投资）的管理，规范执业登记行为，明确法律责任，根据《工程咨询（投资）专业技术人员职业资格制度暂行规定》（人社部发〔2015〕64号）和《工程咨询行业管理办法》（国家发展改革委2017年第9号令）及国家有关规定，制定本规程。

第二条　本规程适用于合法取得《中华人民共和国咨询工程师（投资）职业资格证书》或《中华人民共和国注册咨询工程师（投资）执业资格证书》[以下均简称咨询工程师（投资）资格证书]，且在工程咨询单位从事工程咨询业务的咨询工程师（投资）。

第三条　咨询工程师（投资）实行执业登记制度。执业登记服务的具体工作由中国工程咨询协会（以下简称中咨协会）负责，并接受国家发展改革委的指导、监督、检查。

第四条　取得咨询工程师（投资）资格证书的人员从事工程咨询工作的，应当选择且仅能同时选择一个已通过全国投资项目在线审批监管平台（以下简称在线平台）备案的工程咨询单位作为其执业单位，申请执业登记并取得登记证书和执业专用章。

第五条　未在在线平台备案的大专院校、科研院所等事业单位，其咨询工程师（投资）经所在工作单位同意可以选择且仅能同时选择一个已通过在线平台备案的工程咨询单位申请执业登记。社会组织参照执行。

第六条　各省、自治区、直辖市及计划单列市、新疆生产建设兵团工程咨询（行业）协会接受中咨协会的委托，承担咨询工程师（投资）执业登记的预审，并接受中咨协会的业务指导和监督检查。

第七条　执业登记均通过咨询工程师

（投资）执业登记系统在线进行申请。预审单位受理申请、提出预审意见后提交中咨协会。中咨协会组织专家对申请材料进行评审，对评审合格的人员予以执业登记并颁发登记证书和执业专用章。

第八条 中咨协会建立咨询工程师（投资）执业档案，对咨询工程师（投资）执业登记期间的职业能力、诚信记录进行动态评价。

第九条 执业登记分为初始登记、变更登记、继续登记和注销登记四类。

第二章 初始登记

第十条 咨询工程师（投资）可自咨询工程师（投资）资格证书签发之日起1年内申请初始登记。初始登记随时申请，每季度末公布结果。

第十一条 申请人依据其所学专业、工作经历申请初始登记，最多可以申请两个专业。专业划分如下：

（一）农业、林业；（二）水利水电；（三）电力（含火电、水电、核电、新能源）；（四）煤炭；（五）石油天然气；（六）公路；（七）铁路、城市轨道交通；（八）民航；（九）水运（含港口河海工程）；（十）电子、信息工程（含通信、广电、信息化）；（十一）冶金（含钢铁、有色）；（十二）石化、化工、医药；（十三）核工业；（十四）机械（含智能制造）；（十五）轻工、纺织；（十六）建材；（十七）建筑； （十八）市政公用工程；（十九）生态建设和环境工程；（二十）水文地质、工程测量、岩土工程；（二十一）其他（以实际专业为准）。

第十二条 申请人应当提交以下材料：

（一）初始登记申请表；

（二）咨询工程师（投资）资格证书、身份证件、学历或学位证书、职称证书；

（三）劳动（聘用）合同、养老保险证明（退休人员提供退休证）；

（四）符合第五条的申请人，还需提供所在单位同意申请人执业的证明及所在单位的法人证书；

（五）继续教育学时证明［咨询工程师（投资）资格证书签发之日起1年后申请初始登记的，应达到继续教育要求］。

第十三条 初始登记有效期为3年。

第三章 变更登记

第十四条 咨询工程师（投资）需要变更执业单位或专业的，应当申请变更登记。变更登记随时申请，变更执业单位每月末公布结果，变更专业每季度末公布结果。

第十五条 申请变更执业单位应当提交以下材料：

（一）变更执业单位登记申请表；

（二）原执业单位解聘证明，以及新执业单位出具的劳动（聘用）合同、养老保险证明（退休人员提供退休证）；

（三）符合第五条的申请人，还需提供所在单位同意申请人执业的证明及所在单位的法人证书。

第十六条 申请变更专业应当提交以下材料：

（一）变更专业登记申请表；

（二）学制在1年及以上的与新申请专业密切相关的专业培训、学历或学位证书、职称证书。或连续执业登记满6年，并提供近三年内不少于5项相关专业的项目业绩。

第十七条 变更登记不改变原登记有效期。

第四章 继续登记

第十八条 咨询工程师（投资）执业登记有效期满需继续执业的，可以在有效期满之日的2个月前申请继续登记。

第十九条 申请人应当提交以下材料：

（一）继续登记申请表；

（二）劳动（聘用）合同、养老保险证明（退休人员提供退休证）；

（三）符合第五条的申请人，还需提供所在单位同意申请人执业的证明及所在单位的法人证书；

（四）继续教育学时证明。

第二十条 继续登记有效期为3年。

第五章 注销登记

第二十一条 咨询工程师（投资）有下列情形之一的，应予注销登记，其原具有的登记证书和执业专用章自行失效：

（一）脱离工程咨询单位；

（二）放弃登记资格；

（三）同时在两个及以上工程咨询单位执业；

（四）不具有完全民事行为能力；

（五）年龄在70周岁及以上；

（六）死亡；

（七）以不正当手段取得登记证书；

（八）不接受执业检查或执业检查不合格；

（九）因在工程咨询工作中有重大过失，受到行政处罚或撤职以上行政处分；

（十）被发展改革部门列入工程咨询不良记录或“黑名单”；

（十一）咨询工程师（投资）执业档案中有不良记录或被列入黑名单；

（十二）受到刑事处罚；

（十三）应当注销登记的其他情形。

第二十二条 因工作人员有下列情形之一的，应予注销登记：

（一）超越职权或违反规定程序做出准予登记决定；

（二）对不符合规定条件的申请人准予登记；

（三）应当注销登记的其他情形。

第二十三条 注销登记随时申请并公布。注销登记人员具备初始登记条件后，可以重新申请初始登记。

第六章 不予登记

第二十四条 有下列情形之一的，不予初始登记、变更登记或继续登记，其登记证书和执业专用章自行失效：

（一）不具有完全民事行为能力；

（二）年龄在70周岁及以上；

（三）同时在两个及以上工程咨询单位执业，被注销登记不满3年；

（四）列入发展改革部门工程咨询不良记录或“黑名单”，被注销登记不满3年；

（五）在咨询工程师（投资）执业档案中有不良记录或被列入黑名单，被注销登记不满3年；

（六）不接受执业检查或执业检查不合格，被注销登记不满1年；

（七）在工程咨询工作中有重大过失，受到行政处罚或撤职以上行政处分不满3年；

（八）通过不正当手段取得登记，被注销登记不满3年；

（九）受到刑事处罚，且自刑事处罚执行完毕之日至申请登记之日不满5年；

（十）根据国家有关法律法规及规定，不应给予登记的其他情形。

第七章 法律责任

第二十五条 咨询工程师（投资）在执业登记申请中弄虚作假或与实际情况不符的，当年不予执业登记且3年内不得再次申请执业登记。

第二十六条 咨询工程师（投资）应自觉接受中咨协会的自律性管理，其在工作中违反相关法律、法规、规章或者职业道德，造成不良影响的，由中咨协会取消执业登记，并收回咨询工程师（投资）资格证书。触犯法律的，依法追究法律责任。

第二十七条 咨询工程师（投资）有下列行为之一的，由中咨协会视情节轻重给予警告、通报批评、注销登记证书并收回执业专用章。触犯法律的，依法追究法律责任。

（一）准许他人以本人名义执业的；

（二）涂改或转让登记证书和执业专用章的；

（三）接受任何影响公正执业的酬劳的；

（四）违背独立公正原则，帮助委托单位骗取批准文件和国家资金的；

（五）弄虚作假、泄露委托方的商业秘密以及采取不正当竞争手段损害其他工程咨询单位利益的；

（六）咨询成果存在严重质量问题的；

（七）弄虚作假、帮助他人申请咨询工程师（投资）登记的；

（八）其他违反法律法规的行为。

第八章　附　　则

第二十八条　中咨协会通过执业登记系统定期向社会公布咨询工程师（投资）执业登记情况，执业登记事项结果均以执业登记系统实时信息为准。

第二十九条　本规程由中咨协会负责解释。

第三十条　本规程自 2018 年 10 月 26 日起实行。中咨协会 2017 年 12 月 15 日发布的《咨询工程师（投资）登记规程》（中咨协业〔2017〕84 号）同时废止。

中国工程咨询协会关于印发《咨询工程师（投资）继续教育规程》的通知

（中咨协职业〔2018〕99号，2018年11月20日）

各省、自治区、直辖市及大连、青岛、宁波、厦门、深圳市和新疆生产建设兵团工程咨询（行业）协会，工程咨询单位：

为贯彻落实《专业技术人员继续教育规定》（人力资源社会保障部2015年第25号令）精神，加强工程咨询（投资）专业技术人员队伍建设，健全咨询工程师（投资）继续教育体系，规范咨询工程师（投资）继续教育活动，促进工程咨询业健康可持续发展，在人力资源社会保障部和国家发展改革委的指导下，中国工程咨询协会适应新形势下工程咨询行业管理和咨询工程师（投资）职业发展需要，对《咨询工程师（投资）继续教育暂行办法（试行）》（中咨协培〔2015〕16号）进行了修订，并制定了《咨询工程师（投资）继续教育规程》，现予以发布，自2019年1月1日起实施。原《咨询工程师（投资）继续教育暂行办法（试行）》（中咨协培〔2015〕16号）同时废止。

请各地方工程咨询协会和各工程咨询单位做好宣传工作，并认真贯彻落实。

附件：咨询工程师（投资）继续教育规程

附件

咨询工程师（投资）继续教育规程

为了贯彻落实《专业技术人员继续教育规定》（人力资源社会保障部2015年第25号令）精神，加强工程咨询（投资）专业技术人员队伍建设，健全咨询工程师（投资）继续教育体系，规范咨询工程师（投资）继续教育活动，促进工程咨询业健康可持续发展，在人力资源社会保障部和国家发展改革委的指导下，中国工程咨询协会适应新形势下工程咨询行业管理和咨询工程师（投资）职业发展需要，对《咨询工程师（投资）继续教育暂行办法（试行）》（中咨协培〔2015〕16号）进行了修订，于2018年11月20日正式印发《咨询工程师（投资）继续教育规程》，全文如下。

第一章　总　　则

第一条　为规范咨询工程师（投资）继续教育活动，不断提高咨询工程师（投资）的业务水平和执业能力，增强其职业素养，促进工程咨询行业健康可持续发展，根据《专业技术人员继续教育规定》（人力资源社会保障部2015年第25号令）、《工程咨询（投资）专业技术人员职业资格制度暂行规定》（人社部发〔2015〕64号）和《工程咨询行业管理办法》（国家发展改革委2017年第9号令）的有关规定，制定本规程。

第二条　国家发展改革委负责全国咨询工程师（投资）继续教育的规划、管理和实施工作。

中国工程咨询协会（以下简称“中咨协会”）承担全国咨询工程师（投资）继续教育具体工作，接受人力资源社会保障部、国家发展改革委的指导监督。

第三条 本规程适用于合法取得《中华人民共和国咨询工程师（投资）职业资格证书》或《中华人民共和国注册咨询工程师（投资）执业资格证书》的咨询工程师（投资）。

第四条 咨询工程师（投资）继续教育应以服务经济社会发展为导向，以职业道德和能力建设为核心，突出针对性、实用性和前瞻性，坚持理论联系实际、按需施教、注重实效，为经济社会和工程咨询行业发展提供人才保障。

咨询工程师（投资）应当适应岗位需要和职业发展的要求，积极参加继续教育，完善知识结构、增强创新能力、提高专业水平。

第五条 咨询工程师（投资）参加继续教育是逾期初始登记、继续登记的必要条件。

第二章　内容和方式

第六条 咨询工程师（投资）继续教育内容由公需科目和专业科目组成。

公需科目是指咨询工程师（投资）应当普遍掌握的法律法规、理论政策、标准规范、职业道德、技术信息等基本知识。专业科目是指咨询工程师（投资）从事专业工作应当掌握的新理论、新知识、新技术、新方法等专业知识。

第七条 咨询工程师（投资）每年参加继续教育应不少于 90 学时，其中，专业科目不少于总学时的三分之二。

第八条 咨询工程师（投资）继续教育包括远程教育、面授教育、企业内部培训和其他形式四种方式。

（一）远程教育

远程教育由中咨协会提供教育平台，统一组织实施。远程教育内容包括公需科目和专业科目。

（二）面授教育

面授教育包括中咨协会、地方工程咨询（行业）协会以及其他培训机构根据各自制定的年度培训计划举办的培训班、研讨班、论坛及学术讲座等。

面授教育应当围绕完善知识结构、增强创新能力、提高专业水平，紧密结合工程咨询业务实际需要开展，内容以专业科目为主。

开展面授教育的机构应与工程咨询行业相关、满足《专业技术人员继续教育规定》（人力资源社会保障部 2015 年第 25 号令）的相关要求，经中咨协会确认方可开展工作。

（三）企业内部培训

工程咨询单位可以根据本规程，自行组织适合本单位发展需要和岗位要求的教育培训活动，并计入专业科目学时。

（四）其他形式

以下情形可以折算继续教育学时，折算标准见附表。

1. 获得国家发展改革委优秀研究成果奖。

2. 受国家发展改革委、国家行业管理部门或国务院继续教育管理部门委托，承担与工程咨询有关的战略规划政策类课题研究等。

3. 受中咨协会或地方工程咨询（行业）协会委托，承担行业相关工作。

4. 获得中咨协会或地方工程咨询（行业）协会评选的优秀工程咨询成果奖。

5. 获得菲迪克工程项目奖。

6. 参加国家承认学历的大专及以上工程或经济专业学历（学位）教育。

7. 完成工程咨询方面的专著或论文等。

8. 其他。

第三章　组织管理和实施

第九条　中咨协会承担全国咨询工程师（投资）继续教育组织管理与实施的具体工作，并负责咨询工程师（投资）继续教育平台的建设与维护。

咨询工程师（投资）继续教育平台登录入口设在中国工程咨询网（www. cnaec. com. cn）。

第十条　各地方工程咨询（行业）协会协助中咨协会做好本地区咨询工程师（投资）继续教育的相关工作，符合第八条要求的可根据需要组织与本地区工程咨询业务相关的面授教育。

第十一条　中咨协会负责做好远程教育课程的编写和录制，根据需要组织相关的面授教育。

第十二条　符合第八条要求的地方工程咨询（行业）协会和其他培训机构应制定年度继续教育培训计划。具体培训方案（包括培训内容、培训时间和授课老师等）经中咨协会审定后通过咨询工程师（投资）继续教育平台向社会公布。培训结束后，组织单位应及时将培训合格人员信息上传至咨询工程师（投资）继续教育平台

第十三条　工程咨询单位应把咨询工程师（投资）参加继续教育情况作为考核评价、岗位聘用的重要依据。

第十四条　组织开展咨询工程师（投资）继续教育活动可按成本收取必要的费用，并实行专款专用、统一管理，主要用于组织管理，课程建设，师资酬劳，培训场地租赁，远程教育平台的建设、运行和维护，以及与咨询工程师（投资）继续教育相关的其他工作。

第四章　法 律 责 任

第十五条　咨询工程师（投资）应本着诚信原则参加继续教育，不得弄虚作假，一经发现，即撤销其当年内取得的继续教育学时，且 3 年内不得申请登记。已取得执业资格的，注销其执业资格。

咨询工程师（投资）参加继续教育情况纳入执业资格检查事项，并记入个人执业档案。

第十六条　继续教育工作人员应遵守国家法律、法规和有关规定，严格按照本规程规定组织实施，不得违规操作或利用工作之便谋取私利。违反相关规定的，责成其改正；触犯法律的，依法追究法律责任。

第十七条　继续教育组织单位应本着诚信原则开展继续教育工作，如发现在继续教育工作中存在违规行为，继续教育组织单位将不再被认可开展继续教育工作。

第五章　附　　则

第十八条　本规程由中咨协会负责解释。

第十九条　本规程自 2019 年 1 月 1 日起施行。原《咨询工程师（投资）继续教育暂行办法（试行）》（中咨协培〔2015〕16 号）同时废止。

附表 1

咨询工程师（投资）继续教育方式学时分配表

名称	实施机构	科目	学时/年	使用时效
远程教育	中国工程咨询协会	公需科目、专业科目	不少于 30 学时	当年有效
面授教育	中国工程咨询协会、地方工程咨询（行业）协会、其他培训机构	公需科目、专业科目	不超过 30 学时	当年有效
内部培训	工程咨询单位	专业科目	不超过 30 学时	当年有效
其他形式	见附表 2			三年内有效

备注：1. 每学时时长为 45 分钟。
2. 远程教育学时，系统自动记录。
3. 面授教育学时，经中咨协会确认后，由组织机构通过继续教育平台进行申报。
4. 企业内部培训学时，经各工程咨询单位确认后，由咨询工程师（投资）通过继续教育平台进行申报。
5. 其他形式继续教育学时不足 90 学时的，通过远程教育、面授教育或内部培训补足，不受远程教育学时分配规定的限制。

附表 2

其他形式继续教育学时的折算标准

序号	申请事项	科目	折算学时
1	获得国家发展改革委员会优秀研究成果奖	公需科目、专业科目	主要完成人（前 3 名）折算 60 学时，其他完成人折算 40 学时。
2	受国家发展改革委员会、国家行业管理部门或国务院继续教育管理部门委托，承担与工程咨询有关的战略规划政策类课题研究	公需科目、专业科目	主要完成人（前 3 名）折算 40 学时，其他完成人（限 5 人）折算 30 学时。
3	承担咨询工程师（投资）继续教育远程教育授课	公需科目、专业科目	授课 4 学时（含）以上的，折算 60 学时；4 小时以下的，折算 40 学时。
4	承担继续教育面授教育授课	公需科目、专业科目	授课 4 学时（含）以上的，折算 60 学时；4 小时以下的，折算 40 学时。
5	承担咨询工程师（投资）考试试题命制工作	公需科目、专业科目	折算 60 学时。
6	承担全国优秀工程咨询成果奖评审工作	公需科目、专业科目	折算 30 学时。
7	承担咨询工程师（投资）登记评审、工程咨询单位资信评价评审工作	公需科目、专业科目	折算 20 学时。
8	获得全国优秀工程咨询成果奖的咨询工程师	公需科目、专业科目	一等奖主要完成人（前 3 名）折算 60 学时，其他完成人折算 40 学时；二等奖主要完成人（前 3 名）折算 40 学时，其他完成人折算 30 学时；三等奖主要完成人（前 3 名）折算 30 学时，其他完成人折算 20 学时。

续表

序号	申请事项	科目	折算学时
9	获得省级优秀工程咨询成果奖	公需科目、专业科目	一等奖主要完成人（前3名）折算40学时，其他完成人折算30学时；二等奖和三等奖主要完成人（前3名）折算30学时，其他完成人折算20学时。
10	菲迪克工程项目奖	公需科目、专业科目	折算60学时（限5人）。
11	参加国家承认学历的大专及以上工程或经济专业学历（学位）教育	公需科目、专业科目	通过年度学习课程考试或考核的，折算90学时。
12	承担中咨协会委托的工程咨询类研究课题	公需科目、专业科目	独立完成的，每项研究课题折算40学时；与他人合作完成的，课题负责人折算40学时，其他参与人（限5人）折算30学时。
13	公开出版工程咨询类专著	公需科目、专业科目	独立出版的，折算90学时；与他人合作出版的，第一作者折算90学时，第二到第五作者折算60学时，其他作者（限5人）折算40学时。
14	在发展改革系统有国内统一刊号（CN）的经济、管理类报刊上发表工程咨询类论文（3000字以上）	公需科目、专业科目	独立发表的，折算30学时；与他人合作发表的，第一作者折算30学时，其他作者（限2人）折算20学时。

备注：1. 有以上情形的咨询工程师（投资），通过继续教育平台进行学时申请，并提供相关证明。
2. 所列各项不能重复申请，可累计计算学时。
3. 同一项目获得不同类型奖项时，只能选择一个奖项进行申请。

第八部分　财政财务管理

基本建设财务规则

（财政部令第81号，2016年4月26日）

《基本建设财务规则》已经财政部部务会议审议通过，现予公布，自2016年9月1日起施行。

第一章　总　　则

第一条　为了规范基本建设财务行为，加强基本建设财务管理，提高财政资金使用效益，保障财政资金安全，制定本规则。

第二条　本规则适用于行政事业单位的基本建设财务行为，以及国有和国有控股企业使用财政资金的基本建设财务行为。

基本建设是指以新增工程效益或者扩大生产能力为主要目的的新建、续建、改扩建、迁建、大型维修改造工程及相关工作。

第三条　基本建设财务管理应当严格执行国家有关法律、行政法规和财务规章制度，坚持勤俭节约、量力而行、讲求实效，正确处理资金使用效益与资金供给的关系。

第四条　基本建设财务管理的主要任务是：

（一）依法筹集和使用基本建设项目（以下简称项目）建设资金，防范财务风险；

（二）合理编制项目资金预算，加强预算审核，严格预算执行；

（三）加强项目核算管理，规范和控制建设成本；

（四）及时准确编制项目竣工财务决算，全面反映基本建设财务状况；

（五）加强对基本建设活动的财务控制和监督，实施绩效评价。

第五条　财政部负责制定并指导实施基本建设财务管理制度。

各级财政部门负责对基本建设财务活动实施全过程管理和监督。

第六条　各级项目主管部门（含一级预算单位，下同）应当会同财政部门，加强本部门或者本行业基本建设财务管理和监督，指导和督促项目建设单位做好基本建设财务管理的基础工作。

第七条　项目建设单位应当做好以下基本建设财务管理的基础工作：

（一）建立、健全本单位基本建设财务管理制度和内部控制制度；

（二）按项目单独核算，按照规定将核算情况纳入单位账簿和财务报表；

（三）按照规定编制项目资金预算，根据批准的项目概（预）算做好核算管理，及时掌握建设进度，定期进行财产物资清查，做好核算资料档案管理；

（四）按照规定向财政部门、项目主管部门报送基本建设财务报表和资料；

（五）及时办理工程价款结算，编报项目竣工财务决算，办理资产交付使用手续；

（六）财政部门和项目主管部门要求的其他工作。

按照规定实行代理记账和项目代建制的，代理记账单位和代建单位应当配合项目建设单位做好项目财务管理的基础工作。

第二章　建设资金筹集与使用管理

第八条　建设资金是指为满足项目建设需要筹集和使用的资金，按照来源分为财政资金和自筹资金。其中，财政资金包括一般公共预算安排的基本建设投资资金和其他专项建设资金，政府性基金预算安排的建设资金，政府依法举债取得的建设资金，以及国有资本经营预算安排的基本建设项目资金。

第九条 财政资金管理应当遵循专款专用原则，严格按照批准的项目预算执行，不得挤占挪用。

财政部门应当会同项目主管部门加强项目财政资金的监督管理。

第十条 财政资金的支付，按照国库集中支付制度有关规定和合同约定，综合考虑项目财政资金预算、建设进度等因素执行。

第十一条 项目建设单位应当根据批准的项目概（预）算、年度投资计划和预算、建设进度等控制项目投资规模。

第十二条 项目建设单位在决策阶段应当明确建设资金来源，落实建设资金，合理控制筹资成本。非经营性项目建设资金按照国家有关规定筹集；经营性项目在防范风险的前提下，可以多渠道筹集。

具体项目的经营性和非经营性性质划分，由项目主管部门会同财政部门根据项目建设目的、运营模式和盈利能力等因素核定。

第十三条 核定为经营性项目的，项目建设单位应当按照国家有关固定资产投资项目资本管理的规定，筹集一定比例的非债务性资金作为项目资本。

在项目建设期间，项目资本的投资者除依法转让、依法终止外，不得以任何方式抽走出资。

经营性项目的投资者以实物、知识产权、土地使用权等非货币财产作价出资的，应当委托具有专业能力的资产评估机构依法评估作价。

第十四条 项目建设单位取得的财政资金，区分以下情况处理：

经营性项目具备企业法人资格的，按照国家有关企业财务规定处理。不具备企业法人资格的，属于国家直接投资的，作为项目国家资本管理；属于投资补助的，国家拨款时对权属有规定的，按照规定执行，没有规定的，由项目投资者享有；属于有偿性资助的，作为项目负债管理。

经营性项目取得的财政贴息，项目建设期间收到的，冲减项目建设成本；项目竣工后收到的，按照国家财务、会计制度的有关规定处理。

非经营性项目取得的财政资金，按照国家行政、事业单位财务、会计制度的有关规定处理。

第十五条 项目收到的社会捐赠，有捐赠协议或者捐赠者有指定要求的，按照协议或者要求处理；无协议和要求的，按照国家财务、会计制度的有关规定处理。

第三章 预 算 管 理

第十六条 项目建设单位编制项目预算应当以批准的概算为基础，按照项目实际建设资金需求编制，并控制在批准的概算总投资规模、范围和标准以内。

项目建设单位应当细化项目预算，分解项目各年度预算和财政资金预算需求。涉及政府采购的，应当按照规定编制政府采购预算。

项目资金预算应当纳入项目主管部门的部门预算或者国有资本经营预算统一管理。列入部门预算的项目，一般应当从项目库中产生。

第十七条 项目建设单位应当根据项目概算、建设工期、年度投资和自筹资金计划、以前年度项目各类资金结转情况等，提出项目财政资金预算建议数，按照规定程序经项目主管部门审核汇总报财政部门。

项目建设单位根据财政部门下达的预算控制数编制预算，由项目主管部门审核汇总报财政部门，经法定程序审核批复后执行。

第十八条　项目建设单位应当严格执行项目财政资金预算。对发生停建、缓建、迁移、合并、分立、重大设计变更等变动事项和其他特殊情况确需调整的项目，项目建设单位应当按照规定程序报项目主管部门审核后，向财政部门申请调整项目财政资金预算。

第十九条　财政部门应当加强财政资金预算审核和执行管理，严格预算约束。

财政资金预算安排应当以项目以前年度财政资金预算执行情况、项目预算评审意见和绩效评价结果作为重要依据。项目财政资金未按预算要求执行的，按照有关规定调减或者收回。

第二十条　项目主管部门应当按照预算管理规定，督促和指导项目建设单位做好项目财政资金预算编制、执行和调整，严格审核项目财政资金预算、细化预算和预算调整的申请，及时掌握项目预算执行动态，跟踪分析项目进度，按照要求向财政部门报送执行情况。

第四章　建设成本管理

第二十一条　建设成本是指按照批准的建设内容由项目建设资金安排的各项支出，包括建筑安装工程投资支出、设备投资支出、待摊投资支出和其他投资支出。

建筑安装工程投资支出是指项目建设单位按照批准的建设内容发生的建筑工程和安装工程的实际成本。

设备投资支出是指项目建设单位按照批准的建设内容发生的各种设备的实际成本。

待摊投资支出是指项目建设单位按照批准的建设内容发生的，应当分摊计入相关资产价值的各项费用和税金支出。

其他投资支出是指项目建设单位按照批准的建设内容发生的房屋购置支出，基本畜禽、林木等的购置、饲养、培育支出，办公生活用家具、器具购置支出，软件研发和不能计入设备投资的软件购置等支出。

第二十二条　项目建设单位应当严格控制建设成本的范围、标准和支出责任，以下支出不得列入项目建设成本：

（一）超过批准建设内容发生的支出；

（二）不符合合同协议的支出；

（三）非法收费和摊派；

（四）无发票或者发票项目不全、无审批手续、无责任人员签字的支出；

（五）因设计单位、施工单位、供货单位等原因造成的工程报废等损失，以及未按照规定报经批准的损失；

（六）项目符合规定的验收条件之日起3个月后发生的支出；

（七）其他不属于本项目应当负担的支出。

第二十三条　财政资金用于项目前期工作经费部分，在项目批准建设后，列入项目建设成本。

没有被批准或者批准后又被取消的项目，财政资金如有结余，全部缴回国库。

第五章　基建收入管理

第二十四条　基建收入是指在基本建设过程中形成的各项工程建设副产品变价收入、负荷试车和试运行收入以及其他收入。

工程建设副产品变价收入包括矿山建设中的矿产品收入，油气、油田钻井建设中的原油气收入，林业工程建设中的路影材收入，以及其他项目建设过程中产生或者伴生的副产品、试验产品的变价收入。

负荷试车和试运行收入包括水利、电力建设移交生产前的供水、供电、供热收入，原材料、机电轻纺、农林建设移交生产前的产品收入，交通临时运营收入等。

其他收入包括项目总体建设尚未完成或者移交生产，但其中部分工程简易投产而发生的经营性收入等。

符合验收条件而未按照规定及时办理竣工验收的经营性项目所实现的收入，不得作为项目基建收入管理。

第二十五条 项目所取得的基建收入扣除相关费用并依法纳税后，其净收入按照国家财务、会计制度的有关规定处理。

第二十六条 项目发生的各项索赔、违约金等收入，首先用于弥补工程损失，结余部分按照国家财务、会计制度的有关规定处理。

第六章 工程价款结算管理

第二十七条 工程价款结算是指依据基本建设工程发承包合同等进行工程预付款、进度款、竣工价款结算的活动。

第二十八条 项目建设单位应当严格按照合同约定和工程价款结算程序支付工程款。竣工价款结算一般应当在项目竣工验收后 2 个月内完成，大型项目一般不得超过 3 个月。

第二十九条 项目建设单位可以与施工单位在合同中约定按照不超过工程价款结算总额的 5%预留工程质量保证金，待工程交付使用缺陷责任期满后清算。资信好的施工单位可以用银行保函替代工程质量保证金。

第三十条 项目主管部门应当会同财政部门加强工程价款结算的监督，重点审查工程招投标文件、工程量及各项费用的计取、合同协议、施工变更签证、人工和材料价差、工程索赔等。

第七章 竣工财务决算管理

第三十一条 项目竣工财务决算是正确核定项目资产价值、反映竣工项目建设成果的文件，是办理资产移交和产权登记的依据，包括竣工财务决算报表、竣工财务决算说明书以及相关材料。

项目竣工财务决算应当数字准确、内容完整。竣工财务决算的编制要求另行规定。

第三十二条 项目年度资金使用情况应当按照要求编入部门决算或者国有资本经营决算。

第三十三条 项目建设单位在项目竣工后，应当及时编制项目竣工财务决算，并按照规定报送项目主管部门。

项目设计、施工、监理等单位应当配合项目建设单位做好相关工作。

建设周期长、建设内容多的大型项目，单项工程竣工具备交付使用条件的，可以编报单项工程竣工财务决算，项目全部竣工后应当编报竣工财务总决算。

第三十四条 在编制项目竣工财务决算前，项目建设单位应当认真做好各项清理工作，包括账目核对及账务调整、财产物资核实处理、债权实现和债务清偿、档案资料归集整理等。

第三十五条 在编制项目竣工财务决算时，项目建设单位应当按照规定将待摊投资支出按合理比例分摊计入交付使用资产价值、转出投资价值和待核销基建支出。

第三十六条 项目竣工财务决算审核、批复管理职责和程序要求由同级财政部门确定。

第三十七条 财政部门和项目主管部门对项目竣工财务决算实行先审核、后批复的办法，可以委托预算评审机构或者有专业能力的社会中介机构进行审核。对符合条件的，应当在 6 个月内批复。

第三十八条 项目一般不得预留尾工工程，确需预留尾工工程的，尾工工程投资不得超过批准的项目概（预）算总投资的 5%。

项目主管部门应当督促项目建设单位抓紧实施项目尾工工程，加强对尾工工程资金使用的监督管理。

第三十九条 已具备竣工验收条件的项目，应当及时组织验收，移交生产和使用。

第四十条 项目隶属关系发生变化时，应当按照规定及时办理财务关系划转，主要包括各项资金来源、已交付使用资产、在建工程、结余资金、各项债权及债务等的清理交接。

第八章 资产交付管理

第四十一条 资产交付是指项目竣工验收合格后，将形成的资产交付或者转交生产使用单位的行为。

交付使用的资产包括固定资产、流动资产、无形资产等。

第四十二条 项目竣工验收合格后应当及时办理资产交付使用手续，并依据批复的项目竣工财务决算进行账务调整。

第四十三条 非经营性项目发生的江河清障疏浚、航道整治、飞播造林、退耕还林（草）、封山（沙）育林（草）、水土保持、城市绿化、毁损道路修复、护坡及清理等不能形成资产的支出，以及项目未被批准、项目取消和项目报废前已发生的支出，作为待核销基建支出处理；形成资产产权归属本单位的，计入交付使用资产价值；形成资产产权不归属本单位的，作为转出投资处理。

非经营性项目发生的农村沼气工程、农村安全饮水工程、农村危房改造工程、游牧民定居工程、渔民上岸工程等涉及家庭或者个人的支出，形成资产产权归属家庭或者个人的，作为待核销基建支出处理；形成资产产权归属本单位的，计入交付使用资产价值；形成资产产权归属其他单位的，作为转出投资处理。

第四十四条 非经营性项目为项目配套建设的专用设施，包括专用道路、专用通讯设施、专用电力设施、地下管道等，产权归属本单位的，计入交付使用资产价值；产权不归属本单位的，作为转出投资处理。

非经营性项目移民安置补偿中由项目建设单位负责建设并形成的实物资产，产权归属集体或者单位的，作为转出投资处理；产权归属移民的，作为待核销基建支出处理。

第四十五条 经营性项目发生的项目取消和报废等不能形成资产的支出，以及设备采购和系统集成（软件）中包含的交付使用后运行维护等费用，按照国家财务、会计制度的有关规定处理。

第四十六条 经营性项目为项目配套建设的专用设施，包括专用铁路线、专用道路、专用通讯设施、专用电力设施、地下管道、专用码头等，项目建设单位应当与有关部门明确产权关系，并按照国家财务、会计制度的有关规定处理。

第九章 结余资金管理

第四十七条 结余资金是指项目竣工结余的建设资金，不包括工程抵扣的增值税进项税额资金。

第四十八条 经营性项目结余资金，转入单位的相关资产。

非经营性项目结余资金，首先用于归还项目贷款。如有结余，按照项目资金来源属于财政资金的部分，应当在项目竣工验收合格后 3 个月内，按照预算管理制度有关规定收回财政。

第四十九条 项目终止、报废或者未按照批准的建设内容建设形成的剩余建设资金中，按照项目实际资金来源比例确认的财政资金应当收回财政。

第十章 绩效评价

第五十条 项目绩效评价是指财政部门、项目主管部门根据设定的项目绩效目标，运用科学合理的评价方法和评价标准，对项目建设全过程中资金筹集、使用及核算的规范性、有效性，以及投入运营效果等进行评价的活动。

第五十一条 项目绩效评价应当坚持科学规范、公正公开、分级分类和绩效相关的原则，坚持经济效益、社会效益和生态效益相结合的原则。

第五十二条 项目绩效评价应当重点对项目建设成本、工程造价、投资控制、达产能力与设计能力差异、偿债能力、持续经营能力等实施绩效评价，根据管理需要和项目特点选用社会效益指标、财务效益指标、工程质量指标、建设工期指标、资金来源指标、资金使用指标、实际投资回收期指标、实际单位生产（营运）能力投资指标等评价指标。

第五十三条 财政部门负责制定项目绩效评价管理办法，对项目绩效评价工作进行指导和监督，选择部分项目开展重点绩效评价，依法公开绩效评价结果。绩效评价结果作为项目财政资金预算安排和资金拨付的重要依据。

第五十四条 项目主管部门会同财政部门按照有关规定，制定本部门或者本行业项目绩效评价具体实施办法，建立具体的绩效评价指标体系，确定项目绩效目标，具体组织实施本部门或者本行业绩效评价工作，并向财政部门报送绩效评价结果。

第十一章 监督管理

第五十五条 项目监督管理主要包括对项目资金筹集与使用、预算编制与执行、建设成本控制、工程价款结算、竣工财务决算编报审核、资产交付等的监督管理。

第五十六条 项目建设单位应当建立、健全内部控制和项目财务信息报告制度，依法接受财政部门和项目主管部门等的财务监督管理。

第五十七条 财政部门和项目主管部门应当加强项目的监督管理，采取事前、事中、事后相结合，日常监督与专项监督相结合的方式，对项目财务行为实施全过程监督管理。

第五十八条 财政部门应当加强对基本建设财政资金形成的资产的管理，按照规定对项目资产开展登记、核算、评估、处置、统计、报告等资产管理基础工作。

第五十九条 对于违反本规则的基本建设财务行为，依照《预算法》、《财政违法行为处罚处分条例》等有关规定追究责任。

第十二章 附 则

第六十条 接受国家经常性资助的社会力量举办的公益服务性组织和社会团体的基本建设财务行为，以及非国有企业使用财政资金的基本建设财务行为，参照本规则执行。

使用外国政府及国际金融组织贷款的基本建设财务行为执行本规则。国家另有规定的，从其规定。

第六十一条 项目建设内容仅为设备购置的，不执行本规则；项目建设内容以设备购置、房屋及其他建筑物购置为主并附有部分建筑安装工程的，可以简化执行本规则。

经营性项目的项目资本中，财政资金所占比例未超过50%的，项目建设单位可以简化执行本规则，但应当按照要求向财政部门、项目主管部门报送相关财务资料。国家另有规定的，从其规定。

第六十二条 中央项目主管部门和各省、自治区、直辖市、计划单列市财政厅（局）可以根据本规则，结合本行业、本地区的项目情况，制定具体实施办法并报财政部备案。

第六十三条 本规则自2016年9月1日起施行。2002年9月27日财政部发布的《基本建设财务管理规定》（财建〔2002〕394号）及其解释同时废止。

本规则施行前财政部制定的有关规定

与本规则不一致的，按照本规则执行。《企业财务通则》（财政部令第 41 号）、《金融企业财务规则》（财政部令第 42 号）、《事业单位财务规则》（财政部令第 68 号）和《行政单位财务规则》（财政部令第 71 号）另有规定的，从其规定。

财政部关于印发《基本建设项目建设成本管理规定》的通知

（财建〔2016〕504号，2016年7月6日）

党中央有关部门，国务院各部委、各直属机构，军委后勤保障部，武警总部，全国人大常委会办公厅，全国政协办公厅，高法院，高检院，各民主党派中央，有关人民团体，各中央管理企业，各省、自治区、计划单列市财政厅（局），新疆生产建设兵团财务局：

为推动各部门、各地区进一步加强基本建设成本核算管理，提高资金使用效益，针对基本建设成本管理中反映出的主要问题，依据《基本建设财务规则》，现印发《基本建设项目建设成本管理规定》，请认真贯彻执行。

附件：1. 基本建设项目建设成本管理规定

2. 项目建设管理费总额控制数费率表

附件1

基本建设项目建设成本管理规定

第一条 为了规范基本建设项目建设成本管理，提高建设资金使用效益，依据《基本建设财务规则》（财政部令第81号），制定本规定。

第二条 建筑安装工程投资支出是指基本建设项目（以下简称项目）建设单位按照批准的建设内容发生的建筑工程和安装工程的实际成本，其中不包括被安装设备本身的价值，以及按照合同规定支付给施工单位的预付备料款和预付工程款。

第三条 设备投资支出是指项目建设单位按照批准的建设内容发生的各种设备的实际成本（不包括工程抵扣的增值税进项税额），包括需要安装设备、不需要安装设备和为生产准备的不够固定资产标准的工具、器具的实际成本。

需要安装设备是指必须将其整体或几个部位装配起来，安装在基础上或建筑物支架上才能使用的设备。不需要安装设备是指不必固定在一定位置或支架上就可以使用的设备。

第四条 待摊投资支出是指项目建设单位按照批准的建设内容发生的，应当分摊计入相关资产价值的各项费用和税金支出。主要包括：

（一）勘察费、设计费、研究试验费、可行性研究费及项目其他前期费用；

（二）土地征用及迁移补偿费、土地复垦及补偿费、森林植被恢复费及其他为取得或租用土地使用权而发生的费用；

（三）土地使用税、耕地占用税、契税、车船税、印花税及按规定缴纳的其他税费；

（四）项目建设管理费、代建管理费、临时设施费、监理费、招标投标费、社会中介机构审查费及其他管理性质的费用；

（五）项目建设期间发生的各类借款利息、债券利息、贷款评估费、国外借款手续费及承诺费、汇兑损益、债券发行费用及其他债务利息支出或融资费用；

（六）工程检测费、设备检验费、负荷联合试车费及其他检验检测类费用；

（七）固定资产损失、器材处理亏损、设备盘亏及毁损、报废工程净损失及其他损失；

（八）系统集成等信息工程的费用支出；

（九）其他待摊投资性质支出。

项目在建设期间的建设资金存款利息收入冲减债务利息支出，利息收入超过利息支出的部分，冲减待摊投资总支出。

第五条 项目建设管理费是指项目建设单位从项目筹建之日起至办理竣工财务决算之日止发生的管理性质的支出。包括：不在原单位发工资的工作人员工资及相关费用、办公费、办公场地租用费、差旅交通费、劳动保护费、工具用具使用费、固定资产使用费、招募生产工人费、技术图书资料费（含软件）、业务招待费、施工现场津贴、竣工验收费和其他管理性质开支。

项目建设单位应当严格执行《党政机关厉行节约反对浪费条例》，严格控制项目建设管理费。

第六条 行政事业单位项目建设管理费实行总额控制，分年度据实列支。总额控制数以项目审批部门批准的项目总投资（经批准的动态投资，不含项目建设管理费）扣除土地征用、迁移补偿等为取得或租用土地使用权而发生的费用为基数分档计算。具体计算方法见附件。

建设地点分散、点多面广、建设工期长以及使用新技术、新工艺等的项目，项目建设管理费确需超过上述开支标准的，中央级项目，应当事前报项目主管部门审核批准，并报财政部备案，未经批准的，超标准发生的项目建设管理费由项目建设单位用自有资金弥补；地方级项目，由同级财政部门确定审核批准的要求和程序。

施工现场管理人员津贴标准比照当地财政部门制定的差旅费标准执行；一般不得发生业务招待费，确需列支的，项目业务招待费支出应当严格按照国家有关规定执行，并不得超过项目建设管理费的5%。

第七条 使用财政资金的国有和国有控股企业的项目建设管理费，比照第六条规定执行。国有和国有控股企业经营性项目的项目资本中，财政资金所占比例未超过50%的项目建设管理费可不执行第六条规定。

第八条 政府设立（或授权）、政府招标产生的代建制项目，代建管理费由同级财政部门根据代建内容和要求，按照不高于本规定项目建设管理费标准核定，计入项目建设成本。

实行代建制管理的项目，一般不得同时列支代建管理费和项目建设管理费，确需同时发生的，两项费用之和不得高于本规定的项目建设管理费限额。

建设地点分散、点多面广以及使用新技术、新工艺等的项目，代建管理费确需超过本规定确定的开支标准的，行政单位和使用财政资金建设的事业单位中央项目，应当事前报项目主管部门审核批准，并报财政部备案；地方项目，由同级财政部门确定审核批准的要求和程序。

代建管理费核定和支付应当与工程进度、建设质量结合，与代建内容、代建绩效挂钩，实行奖优罚劣。同时满足按时完成项目代建任务、工程质量优良、项目投资控制在批准概算总投资范围3个条件的，可以支付代建单位利润或奖励资金，代建单位利润或奖励资金一般不得超过代建管理费的10%，需使用财政资金支付的，应当事前报同级财政部门审核批准；未完成代建任务的，应当扣减代建管理费。

第九条 项目单项工程报废净损失计入待摊投资支出。

单项工程报废应当经有关部门或专业

机构鉴定。非经营性项目以及使用财政资金所占比例超过项目资本50%的经营性项目，发生的单项工程报废经鉴定后，报项目竣工财务决算批复部门审核批准。

因设计单位、施工单位、供货单位等原因造成的单项工程报废损失，由责任单位承担。

第十条 其他投资支出是指项目建设单位按照批准的项目建设内容发生的房屋购置支出，基本畜禽、林木等的购置、饲养、培育支出，办公生活用家具、器具购置支出，软件研发及不能计入设备投资的软件购置等支出。

第十一条 本规定自2016年9月1日起施行。《财政部关于切实加强政府投资项目代建制财政财务管理有关问题的指导意见》（财建〔2004〕300号）同时废止。

附件2

项目建设管理费总额控制数费率表

单位：万元

工程总概算	费率（%）	算例	
		工程总概算	项目建设管理费
1000以下	2	1000	1000×2%=20
1001～5000	1.5	5000	20+(5000－1000)×1.5%=80
5001～10000	1.2	10000	80+(10000－5000)×1.2%=140
10001～50000	1	50000	140+(50000－10000)×1%=540
50001～100000	0.8	100000	540+(100000－50000)×0.8%=940
100000以上	0.4	200000	940+(200000－100000)×0.4%=1340

财政部关于印发《中央预算内固定资产投资补助资金财政财务管理暂行办法》的通知

（财建〔2005〕第355号，2005年7月26日）

国务院有关部委、有关直属机构，各省、自治区、直辖市、计划单列市财政厅（局），新疆生产建设兵团财务局，有关中央管理企业：

为加强和改进中央预算内固定资产投资补助资金预算管理，提高财政资金使用效益，根据《中华人民共和国预算法》、《中华人民共和国预算法实施条例》、《国务院关于投资体制改革的决定》以及《基本建设财务管理规定》等有关法律、行政法规，我部制定了《中央预算内固定资产投资补助资金财政财务管理暂行办法》，现予印发。执行中有何问题，请及时反馈我部。

附件

中央预算内固定资产投资补助资金财政财务管理暂行办法

第一章　总　　则

第一条　为加强中央预算内固定资产投资补助资金（以下简称“投资补助”）预算管理，提高财政资金使用效益，根据《中华人民共和国预算法》、《中华人民共和国预算法实施条例》、《国务院关于投资体制改革的决定》以及《基本建设财务管理规定》等有关法律、行政法规，制定本办法。

第二条　本办法所称投资补助是指由中央预算内固定资产投资（含国债项目资金）安排的，专项对符合条件的固定资产投资项目给予的投资补助资金。

第二章　投资补助适用范围

第三条　投资补助主要适用于需要政府支持的经济和社会领域。主要包括：

（一）公益性和公共基础设施项目；

（二）保护和改善生态环境项目；

（三）促进欠发达地区的经济和社会发展项目；

（四）推进科技进步和高新技术产业化项目；

（五）符合国家有关规定的其他项目。

第四条　投资补助根据国家调控宏观经济的需要和国家确定的重点进行安排。对具体项目的投资补助，原则上不得超过项目总投资的50%。

第五条　投资补助可根据项目建设实施进度一次或分次安排。

第三章　投资补助项目预算管理

第六条　财政部门要加强对投资补助资金的预算管理，实行“先审核，后下达预算”的办法，严把预算下达审核关。并按照预算管理程序，下达投资补助项目预算。

第七条　有下列情形之一的，财政部门可以暂缓或停止下达预算：

（一）投资计划不符合国务院确定的投资补助安排原则和重点；

（二）项目已申请其他投资补助的；

（三）项目未履行基本建设程序的；

（四）需要地方财政部门财力配套，地方财政部门未出具意见的；

（五）需要地方财政部门承诺有关事项，地方财政部门没有承诺的；

（六）项目建成后，需同级财政部门安排运营经费而同级财政部门没有出具意见的；

（七）项目单位未按有关规定进行招投标或政府采购的；

（八）审计部门、财政监督机构和评审机构发现项目单位有违反国家法律法规行为的；

（九）项目单位违法违规受到举报的；

（十）其他违反国家法律法规和本办法规定的行为。

第八条　投资补助项目预算下达后，必须严格执行，除特殊情况外一律不得调整。对确需调整的项目，应严格按照调整预算的相关规定执行。

第九条　中央对地方项目投资补助要纳入地方同级财政预算管理。

第四章　投资补助资金拨付和财务管理

第十条　财政部门要坚持按照投资补助项目预算、国库集中支付管理规定、基本建设程序等要求拨付资金。

第十一条　投资补助资金实行与地方配套资金、银行贷款和其他资金同比例拨付的原则。财政部门拨付投资补助资金，要根据项目单位的申请，按照投资补助项目预算，综合考虑项目建设进度以及相关建设资金拨付进度等因素。

第十二条　对中央项目的投资补助，由财政部拨付到主管部门（含中央企业），各主管部门应及时将资金拨付到项目单位；对地方项目的投资补助，通过中央财政补助地方财政部门，由地方财政部门拨付到项目单位。实行国库集中支付管理的项目按有关规定执行。

第十三条　有下列情形之一的，财政部门要责令其限期整改，逾期不改正的，要核减、停止拨付或收回补助资金：

（一）提供虚假情况，骗取投资补助的；

（二）转移、侵占或者挪用投资补助的；

（三）配套资金没有落实或长期不能到位的；

（四）未按要求完成项目前期工作或未按规定建设实施的；

（五）擅自改变主要建设内容和建设标准，存在超概算、超规模、超标准等情况的；

（六）项目单位未按有关规定进行招投标和政府采购的；

（七）项目单位违法违规受到举报的；

（八）其他违反国家法律法规和本办法规定的行为。

第十四条　项目单位收到投资补助后，必须专款专用，单独建账核算，并分别按如下情况进行财务处理：

（一）对非经营性建设项目的投资补助按财政拨款有关规定执行。

（二）对经营性建设项目的投资补助作为资本公积管理，项目单位同意增资扩股的情况下，可以作为国家资本金管理。

中央对地方项目的投资补助，比照本办法执行；如地方政府有另行规定的，可从其规定。

第五章　监 督 检 查

第十五条　国务院有关主管部门和省级财政主管部门要加强对投资补助安排使用的监督和检查，每年要不定期组成检查组或委托财政部驻当地财政监察专员办事处等机构抽查使用投资补助的项目单位，确保投资补助按规定安排使用。使用投资补助的项目单位，应在每年年底前向同级财政部门报告投资补助的使用情况，并抄送财政部驻当地财政监察专员办事处。

第十六条 各单位要对以下内容进行重点审核，并按照有关规定做出检查结论，对不属于本部门职权范围的事项依法移送，并将相关情况上报财政部。对于应缴回资金，由财政部驻当地财政监察专员办事处负责以“其他收入”科目就地监缴入库。

（一）核定项目是否按规定实施，项目单位是否按规定使用投资补助。对项目单位擅自改变主要建设内容和建设标准或未按规定安排使用投资补助的，要将拨付的投资补助资金收缴国库。

（二）项目单位是否按有关规定进行招投标和政府采购。

（三）投资补助资金是否按规定进行财务处理，对未按规定处理的要及时予以纠正。

（四）项目竣工后，核定项目投资补助总额及项目概算中其他资金来源实际到位额。对投资补助总额占项目总投资的比例超过50%的，转作直接投资或资本金注入方式管理，并根据有关规定和各投资主体资金实际到位额重新确定项目各方出资比例，由同级财政部门指定有关机构依法代表国家行使所有者或出资人权利。

第十七条 各有关部门及项目单位要严格按照国家规定管理和使用投资补助，并自觉接受财政、审计部门的监督检查。

第十八条 凡违反规定，弄虚作假，骗取、截留、挪用投资补助或项目未按规定实施的，除将已拨付资金全额收缴国库外，各级财政部门要立即停止对项目单位所在主管部门或省、自治区、直辖市及计划单列市投资补助拨付，并进行全面核查，直至纠正。对有关人员根据《财政违法行为处罚处分条例》（国务院令第427号）及国家有关规定追究责任，触犯法律的要追究相应的法律责任。

第六章　附　　则

第十九条 本办法自发布之日起30日后施行。

第二十条 本办法由财政部负责解释。

财政部关于印发《中央预算内固定资产投资贴息资金财政财务管理暂行办法》的通知

（财建〔2005〕第354号，2005年7月26日）

国务院有关部委、有关直属机构，各省、自治区、直辖市、计划单列市财政厅（局），新疆生产建设兵团财务局，有关中央管理企业：

为加强和改进中央预算内固定资产投资贴息资金预算管理，提高财政资金使用效益，根据《中华人民共和国预算法》、《中华人民共和国预算法实施条例》、《国务院关于投资体制改革的决定》以及《基本建设财务管理规定》等有关法律、行政法规，我部制定了《中央预算内固定资产投资贴息资金财政财务管理暂行办法》，现予印发。执行中有何问题，请及时反馈我部。

附件：中央预算内固定资产投资贴息资金财政财务管理暂行办法

附件

中央预算内固定资产投资贴息资金财政财务管理暂行办法

第一章　总　　则

第一条　为加强中央预算内固定资产投资贴息资金（以下简称"贴息资金"）预算管理，提高财政资金使用效益，带动和引导社会投资，根据《中华人民共和国预算法》、《中华人民共和国预算法实施条例》、《国务院关于投资体制改革的决定》以及《基本建设财务管理规定》等有关法律、行政法规，制定本办法。

第二条　本办法所称贴息资金是指由中央预算内固定资产投资（含国债项目资金）安排的，用于符合条件、使用了中长期银行贷款的固定资产投资项目贴息的资金。

第二章　贴息资金安排的适用范围和标准

第三条　贴息资金主要适用于需要政府鼓励和引导社会投资的竞争性、经营性项目。主要包括：

（一）公共基础设施项目；

（二）保护和改善生态环境项目；

（三）促进欠发达地区的经济和社会发展项目；

（四）推进科技进步和高新技术产业化项目；

（五）符合国家有关规定的其他项目。

第四条　贴息资金贴补率不得超过当期银行中长期贷款利率。贴息资金总额根据符合贴息条件的项目银行贷款总额、当年贴补率和贴息年限计算确定，不得超过项目建设期实际支付的银行中长期贷款利息总额。

第五条　贴息资金可根据项目建设实施进度和贷款的实际发生额一次或分次安排。

第三章　贴息资金预算管理

第六条　财政部门要加强对贴息资金的预算管理，实行“先审核，后下达预算”的办法，严把预算下达审核关。并按照预算管理程序要求，下达项目贴息资金预算。

第七条　有下列情形之一的，财政部门可以暂缓或停止下达预算：

（一）投资计划不符合国务院确定的投资安排范围和重点，不符合贴息资金使用范围和国家有关规定；

（二）投资计划相应的项目贴息资金超过应付银行中长期贷款利息总额；

（三）已申请其他贴息资金；

（四）项目单位银行贷款未落实；

（五）需要地方财政部门承诺有关事项，没有承诺的；

（六）项目建成后，需同级财政部门安排运营经费而同级财政部门没有出具意见的；

（七）需要地方财政部门财力配套，地方财政部门未出具意见的；

（八）审计部门、财政监督机构和评审机构发现项目单位有违反国家法律法规行为；

（九）项目单位违法违规受到举报的；

（十）其他违反国家法律法规和本办法规定的行为。

第八条　贴息资金预算下达后，必须严格执行，除特殊情况外一律不得调整。对确需调整的项目，应严格按照调整预算的相关规定执行。

第九条　中央对地方项目贴息资金要纳入地方同级财政预算管理。

第四章　贴息资金的资金拨付和财务管理

第十条　财政部门要坚持按照贴息资金预算、国库集中支付管理规定、基本建设程序等要求拨付资金。

第十一条　财政部门拨付贴息资金，要根据项目单位的申请，按照贴息资金预算，综合考虑项目建设进度、贷款到位情况以及实际利息发生额等因素。

第十二条　对中央项目的贴息资金，由财政部拨付到主管部门（含中央企业），各主管部门应及时将资金拨付到项目单位；对地方项目的贴息资金，通过中央财政补助地方财政部门，由地方财政部门拨付到项目单位。实行国库集中支付管理的项目按有关规定执行。

第十三条　有下列情形之一的，财政部门要责令其限期整改，逾期不改正的，要核减、停止拨付或收回贴息资金：

（一）提供虚假情况，骗取贴息资金的；

（二）转移、侵占或者挪用贴息资金的；

（三）银行贷款为流动资金贷款的；

（四）擅自改变主要建设内容和建设标准，存在超概算、超规模、超标准等情况的；

（五）项目单位违法违规受到举报的；

（六）其他违反国家法律法规和本办法规定的行为。

第十四条　项目单位收到贴息资金后，必须专款专用，单独核算，并分别按以下情况进行财务处理：在建项目冲减工程成本；竣工项目冲减财务费用。

第五章　监督检查

第十五条　国务院有关主管部门和省级财政主管部门要加强对贴息资金使用的监督和检查，每年要不定期组成检查组或委托财政部驻当地财政监察专员办事处等机构抽查使用贴息资金的项目单位，确保贴息资金按规定安排使用。使用贴息资金的项目单位，应在每年年底前向同级财政部门报告贴息资金的使用情况，并抄送财政部驻当地财政监察专员办事处。

第十六条　各单位要对以下内容进行重点审核，并按照有关规定做出检查结论，对不属于本部门职权范围的事项依法移送，并将相关情况上报财政部。对于应缴回资金，由财政部驻当地财政监察专员办事处负责以“其他收入”科目就地监缴入库。

（一）核定项目是否按规定实施，项目单位是否按规定使用贴息资金。对项目单位擅自改变主要建设内容和建设标准或未按规定安排使用贴息资金的，要将拨付的贴息资金收缴国库。

（二）贴息资金是否按规定进行财务处理。对未按规定处理的，要及时予以纠正。

（三）项目竣工后，核定贴息项目中长期贷款计息单。对累计贴息额超过项目建设期实际支付银行利息额部分，作为净结余资金收缴国库。

第十七条　各有关部门及项目单位要严格按照国家规定管理和使用贴息资金，并自觉接受财政、审计部门的监督检查。

第十八条　凡违反规定，弄虚作假，骗取、截留、挪用贴息资金或项目未按规定实施的，除将已拨付资金全额收缴国库外，各级财政部门要立即停止对项目单位所在主管部门或省、自治区、直辖市及计划单列市贴息资金拨付，并进行全面核查，直至纠正。对有关人员根据《财政违法行为处罚处分条例》（国务院令第427号）及国家有关规定追究责任，触犯法律的要追究相应的法律责任。

第六章　附　　则

第十九条　本办法自发布之日起30日后施行。

第二十条　本办法由财政部负责解释。

财政部关于印发《中央预算内基建投资项目前期工作经费管理暂行办法》的通知

（财建〔2006〕689号，2006年10月26日）

党中央有关部门，国务院各部委、各直属机构，全国人大常委会办公厅，全国政协办公厅，高法院，高检院，有关人民团体，各中央管理企业，各省、自治区、直辖市、计划单列市财政厅（局），新疆生产建设兵团财务局：

为进一步加强和规范中央预算内基建投资项目前期工作经费管理，强化预算约束，提高资金使用效益，根据《中华人民共和国预算法》、《中华人民共和国预算法实施条例》、《基本建设财务管理规定》（财建〔2002〕394号），我部制定了《中央预算内基建投资项目前期工作经费管理暂行办法》，现印发你们，请遵照执行。

附件：中央预算内基建投资项目前期工作经费管理暂行办法

附件

中央预算内基建投资项目前期工作经费管理暂行办法

第一条 为加强和规范中央预算内基建投资项目前期工作经费管理，强化预算约束，提高资金使用效益，根据《中华人民共和国预算法》、《中华人民共和国预算法实施条例》、《基本建设财务管理规定》（财建〔2002〕394号），制订本办法。

第二条 本办法所称前期工作是指从建设项目的立项申请、可行性研究、初步设计到项目开工前所进行的一系列工作，主要包括项目建议书、可行性研究报告、初步设计等工作环节的材料编制、招标、评估、审查、报送及相关工作。

第三条 本办法所称中央预算内基建投资项目前期工作经费（以下简称前期费）是指从中央预算内基建投资（含国债项目资金）中安排的用于项目前期工作的专项经费。

第四条 前期费安排范围：

1. 中央本级项目的前期工作；

2. 跨地区、跨流域以及对经济和社会发展全局有重大影响的地方项目的前期工作；

3. 经国务院批准的其他项目的前期工作。

第五条 具体项目的前期费根据国民经济和社会发展规划、中央预算内基建投资规模、项目建设内容等合理确定。

第六条 前期费的使用范围：

1. 勘察费；

2. 设计费；

3. 研究试验费；

4. 可行性研究费；

5. 前期工作的标底编制及招标管理费；

6. 概算审查费；

7. 咨询评审费；

8. 技术图书资料费、差旅交通费、业务招待费等管理费用；

9．经同级财政部门批准的与前期工作相关的其他费用。

有关开支标准应按国家相关规定执行。

第七条 财政部在国家有关部门提出的前期费投资计划的基础上，审核下达前期费预算。

第八条 预算经核定下达后必须严格执行，除特殊情况外一律不得调整。对确需调整的项目，应严格按照预算调整的相关规定执行。

第九条 前期费拨付应遵循以下原则：

1．严格按照前期费预算、分月用款计划、前期工作进度、基本建设程序、合同等要求拨付资金；

2．实行政府采购和国库集中支付的项目，其前期费的拨付应根据政府采购和国库集中支付相关规定办理。

第十条 前期费实行总额控制，分年度据实列支。

第十一条 对批准建设的项目，其前期费应列入批准的项目概算内，按照相关规定计入建设成本。

第十二条 对没有被批准或批准后又被取消的建设项目，其发生的前期费由使用单位向主管部门提出申请，由项目主管部门报同级财政部门批准后作核销处理；已安排的前期费如有结余，其结余资金应按规定及时就地上缴国库，列政府收支分类“其他收入”科目，严禁挪作他用。

第十三条 当年未完成的前期工作，其前期费可结转下年继续使用。

第十四条 有关部门、单位要按照基本建设财务会计制度对前期费进行严格管理和核算。

前期工作完成后，有关部门、单位要及时组织审查，对项目前期费的使用情况以及后续工作等进行深入分析，并及时向主管部门报送分析评价报告。重大项目的分析评价报告要报送财政等有关部门。

第十五条 对经审查未通过的前期工作，要按审查的结论意见，由原前期工作承担单位继续完成，增加的费用由相关责任单位负担。

第十六条 前期费的使用和管理要接受财政、审计等部门的监督检查。

第十七条 对违反规定，弄虚作假，截留、挤占、挪用前期费或前期工作中存在严重问题的单位，财政部门将根据《财政违法行为处罚处分条例》（国务院令第427号）及国家有关规定，追缴截留、挤占、挪用的前期费，停止拨付尚未拨付的前期费，对有关人员追究责任，触犯法律的要移送司法机关处理。

第十八条 国民经济和社会发展中长期规划、总体规划、专项规划、区域规划等，如涉及具体项目前期工作，与前期工作相关的工作经费的管理比照本办法执行；如不涉及具体项目前期工作，其工作经费的管理按有关规定执行。

第十九条 本办法自发布之日起30日后施行。

第二十条 本办法由财政部负责解释。

财政部关于印发《基本建设项目竣工财务决算管理暂行办法》的通知

（财建〔2016〕503号，2016年6月30日）

有关部门，国务院各部委、各直属机构，军委后勤保障部、武警总部，全国人大常委会办公厅，全国政协办公厅，高法院，高检院，各民主党派中央，有关人民团体，各中央管理企业，各省、自治区、直辖市、计划单列市财政厅（局），新疆生产建设兵团财务局：

为推动各部门、各地区进一步加强基本建设项目竣工财务决算管理，提高资金使用效益，针对基本建设项目竣工财务决算管理中反映出的主要问题，依据《基本建设财务规则》，现印发《基本建设项目竣工财务决算管理暂行办法》，请认真贯彻执行。

附件：基本建设项目竣工财务决算管理暂行办法

附件

基本建设项目竣工财务决算管理暂行办法

第一条 为进一步加强基本建设项目竣工财务决算管理，依据《基本建设财务规则》（财政部令第81号），制定本办法。

第二条 基本建设项目（以下简称项目）完工可投入使用或者试运行合格后，应当在3个月内编报竣工财务决算，特殊情况确需延长的，中小型项目不得超过2个月，大型项目不得超过6个月。

第三条 项目竣工财务决算未经审核前，项目建设单位一般不得撤销，项目负责人及财务主管人员、重大项目的相关工程技术主管人员、概（预）算主管人员一般不得调离。

项目建设单位确需撤销的，项目有关财务资料应当转入其他机构承接、保管。项目负责人、财务人员及相关工程技术主管人员确需调离的，应当继续承担或协助做好竣工财务决算相关工作。

第四条 实行代理记账、会计集中核算和项目代建制的，代理记账单位、会计集中核算单位和代建单位应当配合项目建设单位做好项目竣工财务决算工作。

第五条 编制项目竣工财务决算前，项目建设单位应当完成各项账务处理及财产物资的盘点核实，做到账账、账证、账实、账表相符。项目建设单位应当逐项盘点核实、填列各种材料、设备、工具、器具等清单并妥善保管，应变价处理的库存设备、材料以及应处理的自用固定资产要公开变价处理，不得侵占、挪用。

第六条 项目竣工财务决算的编制依据主要包括：国家有关法律法规；经批准的可行性研究报告、初步设计、概算及概算调整文件；招标文件及招标投标书，施工、代建、勘察设计、监理及设备采购等合同，政府采购审批文件、采购合同；历年下达的项目年度财政资金投资计划、预算；工程结算资料；有关的会计及财务管理资料；其他有关资料。

第七条 项目竣工财务决算的内容主要包括：项目竣工财务决算报表（附表1）、竣工财务决算说明书、竣工财务决（结）算审核情况及相关资料。

第八条 竣工财务决算说明书主要包括以下内容：

（一）项目概况；

（二）会计账务处理、财产物资清理及债权债务的清偿情况；

（三）项目建设资金计划及到位情况，财政资金支出预算、投资计划及到位情况；

（四）项目建设资金使用、项目结余资金分配情况；

（五）项目概（预）算执行情况及分析，竣工实际完成投资与概算差异及原因分析；

（六）尾工工程情况；

（七）历次审计、检查、审核、稽察意见及整改落实情况；

（八）主要技术经济指标的分析、计算情况；

（九）项目管理经验、主要问题和建议；

（十）预备费动用情况；

（十一）项目建设管理制度执行情况、政府采购情况、合同履行情况；

（十二）征地拆迁补偿情况、移民安置情况；

（十三）需说明的其他事项。

第九条 项目竣工决（结）算经有关部门或单位进行项目竣工决（结）算审核的，需附完整的审核报告及审核表（附表2），审核报告内容应当详实，主要包括：审核说明、审核依据、审核结果、意见、建议。

第十条 相关资料主要包括：

（一）项目立项、可行性研究报告、初步设计报告及概算、概算调整批复文件的复印件；

（二）项目历年投资计划及财政资金预算下达文件的复印件；

（三）审计、检查意见或文件的复印件；

（四）其他与项目决算相关资料。

第十一条 建设周期长、建设内容多的大型项目，单项工程竣工财务决算可单独报批，单项工程结余资金在整个项目竣工财务决算中一并处理。

第十二条 中央项目竣工财务决算，由财政部制定统一的审核批复管理制度和操作规程。中央项目主管部门本级以及不向财政部报送年度部门决算的中央单位的项目竣工财务决算，由财政部批复；其他中央项目竣工财务决算，由中央项目主管部门负责批复，报财政部备案。国家另有规定的，从其规定。

地方项目竣工财务决算审核批复管理职责和程序要求由同级财政部门确定。

经营性项目的项目资本中，财政资金所占比例未超过50%的，项目竣工财务决算可以不报财政部门或者项目主管部门审核批复。项目建设单位应当按照国家有关规定加强工程价款结算和项目竣工财务决算管理。

第十三条 财政部门和项目主管部门对项目竣工财务决算实行先审核、后批复的办法，可以委托预算评审机构或者有专业能力的社会中介机构进行审核。

第十四条 项目竣工财务决算审核批复环节中审减的概算内投资，按投资来源比例归还投资者。

第十五条 项目主管部门应当加强对尾工工程建设资金监督管理，督促项目建设单位抓紧实施尾工工程，及时办理尾工工程建设资金清算和资产交付使用手续。

第十六条 项目建设内容以设备购置、房屋及其他建筑物购置为主且附有部分建筑安装工程的，可以简化项目竣工财务决算编报内容、报表格式和批复手续；设备购置、房屋及其他建筑物购置，不用单独编报项目竣工财务决算。

第十七条 财政部门和项目主管部门审核批复项目竣工财务决算时，应当重点审查以下内容：

（一）工程价款结算是否准确，是否按照合同约定和国家有关规定进行，有无多算和重复计算工程量、高估冒算建筑材料价格现象；

（二）待摊费用支出及其分摊是否合理、正确；

（三）项目是否按照批准的概算（预）算内容实施，有无超标准、超规模、超概（预）算建设现象；

（四）项目资金是否全部到位，核算是否规范，资金使用是否合理，有无挤占、挪用现象；

（五）项目形成资产是否全面反映，计价是否准确，资产接受单位是否落实；

（六）项目在建设过程中历次检查和审计所提的重大问题是否已经整改落实；

（七）待核销基建支出和转出投资有无依据，是否合理；

（八）竣工财务决算报表所填列的数据是否完整，表间勾稽关系是否清晰、正确；

（九）尾工工程及预留费用是否控制在概算确定的范围内，预留的金额和比例是否合理；

（十）项目建设是否履行基本建设程序，是否符合国家有关建设管理制度要求等；

（十一）决算的内容和格式是否符合国家有关规定；

（十二）决算资料报送是否完整、决算数据间是否存在错误；

（十三）相关主管部门或者第三方专业机构是否出具审核意见。

第十八条 财政部对授权主管部门批复的中央项目竣工财务决算实行抽查制度。

第十九条 项目竣工后应当及时办理资金清算和资产交付手续，并依据项目竣工财务决算批复意见办理产权登记和有关资产入账或调账。

第二十条 项目建设单位经批准使用项目资金购买的车辆、办公设备等自用固定资产，项目完工时按下列情况进行财务处理：

资产直接交付使用单位的，按设备投资支出转入交付使用。其中，计提折旧的自用固定资产，按固定资产购置成本扣除累计折旧后的金额转入交付使用，项目建设期间计提的折旧费用作为待摊投资支出分摊到相关资产价值；不计提折旧的自用固定资产，按固定资产购置成本转入交付使用。

资产在交付使用单位前公开变价处置的，项目建设期间计提的折旧费用和固定资产清理净损益（即公开变价金额与扣除所提折旧后设备净值之间的差额）计入待摊投资，不计提自用固定资产折旧的项目，按公开变价金额与购置成本之间的差额作为待摊投资支出分摊到相关资产价值。

第二十一条 本办法自 2016 年 9 月 1 日起施行。《财政部关于加强和改进政府性基金年度决算和中央大中型基建项目竣工财务决算审批的通知》（财建〔2002〕26 号）和《财政部关于进一步加强中央基本建设项目竣工财务决算工作的通知》（财办建〔2008〕91 号）同时废止。

附表 1：基本建设项目竣工财务决算报表

1. 项目概况表（1－1）
2. 项目竣工财务决算表（1－2）
3. 资金情况明细表（1－3）
4. 交付使用资产总表（1－4）
5. 交付使用资产明细表（1－5）
6. 待摊投资明细表（1－6）
7. 待核销基建支出明细表（1－7）
8. 转出投资明细表（1－8）

附表 2：基本建设项目竣工财务决算

审核表

1. 项目竣工财务决算审核汇总表（2－1）

2. 资金情况审核明细表（2－2）

3. 待摊投资审核明细表（2－3）

4. 交付使用资产审核明细表（2－4）

5. 转出投资审核明细表（2－5）

6. 待销核基建支出审核明细表（2－6）

财政部关于印发《中央基本建设项目竣工财务决算审核批复操作规程》的通知

（财办建〔2018〕2号，2018年1月4日）

党中央有关部门办公厅（室），国务院各部委、各直属机构办公厅（室），全国人大常委会办公厅秘书局，全国政协办公厅秘书局，高法院办公厅，高检院办公厅，各民主党派中央办公厅，有关人民团体办公厅（室），有关中央管理企业：

为进一步规范中央基本建设项目竣工财务决算审核批复管理工作，根据财政部《基本建设财务规则》（财政部令第81号）、《基本建设项目竣工财务决算管理暂行办法》（财建〔2016〕503号）等规定，制定了《中央基本建设项目竣工财务决算审核批复操作规程》，请贯彻执行。执行中发现问题，请及时反馈。

附件：中央基本建设项目竣工财务决算审核批复操作规程

附件

中央基本建设项目竣工财务决算审核批复操作规程

第一章　总　　则

第一条　为进一步规范中央基本建设项目竣工财务决算审核批复程序和行为，保证工作质量，根据财政部《基本建设财务规则》（财政部令第81号）、《基本建设项目竣工财务决算管理暂行办法》（财建〔2016〕503号）等规定，制定本规程。

第二条　本规程为财政部、中央项目主管部门（含一级预算单位和中央企业，以下简称主管部门）审核批复中央基本建设项目竣工财务决算的行为规范和参考依据。

第三条　本规程所称中央基本建设项目（以下简称项目），是指财务关系隶属于中央部门（或单位）的项目，以及国有企业、国有控股企业使用财政资金的非经营性项目和使用财政资金占项目资本比例超过50%的经营性项目。

第四条　国家有关文件规定的项目竣工财务决算（以下简称项目决算）批复范围划分如下：

（一）财政部直接批复的范围。

1. 主管部门本级的投资额在3000万元（不含3000万元，按完成投资口径）以上的项目决算。

2. 不向财政部报送年度部门决算的中央单位项目决算。主要是指不向财政部报送年度决算的社会团体、国有及国有控股企业使用财政资金的非经营性项目和使用财政资金占项目资本比例超过50%的经营性项目决算。

（二）主管部门批复的范围。

1. 主管部门二级及以下单位的项目决算。

2. 主管部门本级投资额在3000万元（含3000万元）以下的项目决算。

由主管部门批复的项目决算，报财政

部备案（批复文件抄送财政部），并按要求向财政部报送半年度和年度汇总报表。

国防类项目、使用外国政府及国际金融组织贷款项目等，国家另有规定的，从其规定。

第二章　决算审核批复原则和程序

第五条　项目决算批复部门应按照“先审核后批复”原则，建立健全项目决算评审和审核管理机制，以及内部控制制度。

由财政部批复的项目决算，一般先由财政部委托财政投资评审机构或有资质的中介机构（以下统称“评审机构”）进行评审，根据评审结论，财政部审核后批复项目决算。

由主管部门批复的项目决算参照上述程序办理。

第六条　评审机构进行了决（结）算评审的项目决算，或已经审计署进行全面审计的项目决算，财政部或主管部门审核未发现较大问题，项目建设程序合法、合规，报表数据正确无误，评审报告内容详实、事实反映清晰、符合决算批复要求以及发现的问题均已整改到位的，可依据评审报告及审核结果批复项目决算。

第七条　未经评审或审计署全面审计的项目决算，以及虽经评审或审计，但主管部门、财政部审核发现存在以下问题或情形的，应开展项目决算评审：

（一）评审报告内容简单、附件不完整、事实反映不清晰且未达到决算批复相关要求。

（二）决算报表填列的数据不完整、存在较多错误、表间勾稽关系不清晰、不正确，以及决算报告和报表数据不一致。

（三）项目存在严重超标准、超规模、超概算，挤占、挪用项目建设资金，待核销基建支出和转出投资无依据、不合理等问题。

（四）评审报告或有关部门历次核查、稽查和审计所提问题未整改完毕，存在重大问题未整改或整改落实不到位。

（五）建设单位未能提供审计署的全面审计报告。

（六）其他影响项目竣工财务决算完成投资等的重要事项。

第八条　主管部门、财政部可对评审机构的工作质量实行报告审核、报告质量评估和质量责任追究制度。主管部门、财政部可对评审机构实行“黑名单”制度，将完成质量差、效率低的评审机构列入“黑名单”，3 年内不得再委托其业务。

第九条　委托评审机构实施项目竣工财务决算评审时，应当要求其遵循依法、独立、客观、公正的原则。

项目建设单位可对评审机构在实施评审过程中的违法行为进行举报。

第十条　主管部门、财政部收到项目竣工财务决算，一般可按照以下工作程序开展工作：

（一）条件和权限审核。

1. 审核项目是否为本部门批复范围。不属于本部门批复权限的项目决算，予以退回。

2. 审核项目或单项工程是否已完工。尾工工程超过 5%的项目或单项工程，予以退回。

（二）资料完整性审核。

1. 审核项目是否经有资质的中介机构进行决（结）算评审，是否附有完整的评审报告。

对未经决（结）算评审（含审计署审计）的，委托评审机构进行决算审核。

2. 审核决算报告资料的完整性，决算报表和报告说明书是否按要求编制、项目有关资料复印件是否清晰、完整。

决算报告资料报送不完整的，通知其限期补报有关资料，逾期未补报的，予以退回。

需要补充说明材料或存在问题需要整

改的，要求主管部门在限期内报送并督促项目建设单位进行整改，逾期未报或整改不到位的，予以退回。

属于本规程第七条规定情形的，委托评审机构进行评审。

（三）符合本规程第六条规定情形的，进入审核批复程序。

审核中，评审发现项目建设管理存在严重问题并需要整改的，要及时督促项目建设单位限期整改；存在违法违纪的，依法移交有关机关处理。

（四）审核未通过的，属评审报告问题的，退回评审机构补充完善；属项目本身不具备决算条件的，请项目建设单位（或报送单位）整改、补充完善或予以退回。

第三章 决算审核方式、依据和主要内容

第十一条 审核工作主要是对项目建设单位提供的决算报告及评审机构提供的评审报告、社会中介机构审计报告进行分析、判断，与审计署审计意见进行比对，并形成批复意见。

（一）政策性审核。重点审核项目履行基本建设程序情况、资金来源、到位及使用管理情况、概算执行情况、招标履行及合同管理情况、待核销基建支出和转出投资的合规性、尾工工程及预留费用的比例和合理性等。

（二）技术性审核。重点审核决算报表数据和表间勾稽关系、待摊投资支出情况、建筑安装工程和设备投资支出情况、待摊投资支出分摊计入交付使用资产情况以及项目造价控制情况等。

（三）评审结论审核。重点审核评审结论中投资审减（增）金额和理由。

（四）意见分歧审核及处理。对于评审机构与项目建设单位就评审结论存在意见分歧的，应以国家有关规定及国家批准项目概算为依据进行核定，其中：

评审审减投资属工程价款结算违反承发包双方合同约定及多计工程量、高估冒算等情况的，一律按评审机构评审结论予以核定批复。

评审审减投资属超国家批准项目概算、但项目运行使用确实需要的，原则上应先经项目概算审批部门调整概算后，再按调整概算确认和批复。若自评审机构出具评审结论之日起 3 个月内未取得原项目概算审批部门的调整概算批复，仍按评审结论予以批复。

第十二条 审核工作依据以下文件：

（一）项目建设和管理的相关法律、法规、文件规定。

（二）国家、地方以及行业工程造价管理的有关规定。

（三）财政部颁布的基本建设财务管理及会计核算制度。

（四）本项目相关资料：

1. 项目初步设计及概算批复和调整批复文件、历年财政资金预算下达文件。

2. 项目决算报表及说明书。

3. 历年监督检查、审计意见及整改报告。

必要时，还可审核项目施工和采购合同、招投标文件、工程结算资料，以及其他影响项目决算结果的相关资料。

第十三条 审核的主要内容包括工程价款结算、项目核算管理、项目建设资金管理、项目基本建设程序执行及建设管理、概（预）算执行、交付使用资产及尾工工程等。

第十四条 工程价款结算审核。主要包括评审机构对工程价款是否按有关规定和合同协议进行全面评审；评审机构对于多算和重复计算工程量、高估冒算建筑材料价格等问题是否予以审减；单位、单项工程造价是否在合理或国家标准范围，是否存在严重偏离当地同期同类单位工程、单项工程造价水平问题。

第十五条 项目核算管理情况审核主要包括执行《基本建设财务规则》及相关会计制度情况。具体包括：

（一）建设成本核算是否准确。对于超过批准建设内容发生的支出、不符合合同协议的支出、非法收费和摊派，以及无发票或者发票项目不全、无审批手续、无责任人员签字的支出和因设计单位、施工单位、供货单位等原因，造成的工程报废损失等不属于本项目应当负担的支出，是否按规定予以审减。

（二）待摊费用支出及其分摊是否合理合规。

（三）待核销基建支出有无依据、是否合理合规。

（四）转出投资有无依据、是否已落实接收单位。

（五）决算报表所填列的数据是否完整，表内和表间勾稽关系是否清晰、正确。

（六）决算的内容和格式是否符合国家有关规定。

（七）决算资料报送是否完整、决算数据之间是否存在错误。

（八）与财务管理和会计核算有关的其他事项。

第十六条 项目资金管理情况审核主要包括：

（一）资金筹集情况。

1. 项目建设资金筹集，是否符合国家有关规定。

2. 项目建设资金筹资成本控制是否合理。

（二）资金到位情况。

1. 财政资金是否按批复的概算、预算及时足额拨付项目建设单位。

2. 自筹资金是否按批复的概算、计划及时筹集到位，是否有效控制筹资成本。

（三）项目资金使用情况。

1. 财政资金情况。是否按规定专款专用，是否符合政府采购和国库集中支付等管理规定。

2. 结余资金情况。结余资金在各投资者间的计算是否准确；应上缴财政的结余资金是否按规定在项目竣工后 3 个月内及时交回，是否存在擅自使用结余资金情况。

第十七条 项目基本建设程序执行及建设管理情况审核主要包括：

（一）项目基本建设程序执行情况。审核项目决策程序是否科学规范，项目立项、可研、初步设计及概算和调整是否符合国家规定的审批权限等。

（二）项目建设管理情况。审核决算报告及评审或审计报告是否反映了建设管理情况：建设管理是否符合国家有关建设管理制度要求，是否建立和执行法人责任制、工程监理制、招投标制、合同制；是否制定相应的内控制度，内控制度是否健全、完善、有效；招投标执行情况和项目建设工期是否按批复要求有效控制。

第十八条 概（预）算执行情况。主要包括是否按照批准的概（预）算内容实施，有无超标准、超规模、超概（预）算建设现象，有无概算外项目和擅自提高建设标准、扩大建设规模、未完成建设内容等问题；项目在建设过程中历次检查和审计所提的重大问题是否已经整改落实；尾工工程及预留费用是否控制在概算确定的范围内，预留的金额和比例是否合理。

第十九条 交付使用资产情况。主要包括项目形成资产是否真实、准确、全面反映，计价是否准确，资产接受单位是否落实；是否正确按资产类别划分固定资产、流动资产、无形资产；交付使用资产实际成本是否完整，是否符合交付条件，移交手续是否齐全。

第四章 决算批复的主要内容

第二十条 主管部门、财政部批复项目决算主要包括以下内容：

（一）批复确认项目决算完成投资、形

成的交付使用资产、资金来源及到位构成，核销基建支出和转出投资等。

（二）根据管理需要批复确认项目交付使用资产总表、交付使用资产明细表等。

（三）批复确认项目结余资金、决算评审审减资金，并明确处理要求。

1. 项目结余资金的交回时限。按照财政部有关基本建设结余资金管理办法规定处理，即应在项目竣工后 3 个月内交回国库。项目决算批复时，应确认是否已按规定交回，未交回的，应在批复文件中要求其限时缴回，并指出其未按规定及时交回问题。

2. 项目决算确认的项目概算内评审审减投资，按投资来源比例归还投资方，其中审减的财政资金按要求交回国库；决算审核确认的项目概算内审增投资，存在资金缺口的，要求主管部门督促项目建设单位尽快落实资金来源。

（四）批复项目结余资金和审减投资中应上缴中央总金库的资金，在决算批复后 30 日内，由主管部门负责上缴。上缴的方式如下：

对应缴回的国库集中支付结余资金，请主管部门及时将结余调整计划报财政部，并相应进行账务核销。

对应缴回的非国库集中支付结余资金，请主管部门由一级预算单位统一将资金汇总后上缴中央总金库。上缴时填写汇款单，“收款人全称”栏填写“财政部”，“账号”栏填“170001”，“汇入行名称”栏填“国家金库总库”，“用途”栏填应冲减的支出功能分类、政府支出经济分类科目名称及编码。上述工作完成以后，将汇款单印送财政部（部门预算管理对口司局、经济建设司）备查。

（五）要求主管部门督促项目建设单位按照批复及基本建设财务会计制度有关规定及时办理资产移交和产权登记手续，加强对固定资产的管理，更好地发挥项目投资效益。

（六）批复披露项目建设过程存在的主要问题，并提出整改时限要求。

（七）决算批复文件涉及需交回财政资金的，应当抄送财政部驻当地财政监察专员办事处。

第二十一条 主管部门和财政部驻当地财政监察专员办事处应对项目决算批复执行情况实施监督。

第五章 附 则

第二十二条 财政部将进一步加强对主管部门批复项目竣工财务决算工作的指导和监督，对由主管部门批复的项目竣工财务决算，随机进行抽查复查。

第二十三条 主管部门可依据本规程并视本部门或行业情况进一步细化操作规程。

第二十四条 本规程依据的国家有关政策文件如出台新规定的，以新规定为准。

第二十五条 本规程由财政部（经济建设司）负责解释。

第九部分 其 他

建设部 国家计委关于印发《建设项目选址规划管理办法》的通知

（建规〔1991〕583号，1991年8月23日）

各省、自治区、直辖市人民政府、计委、建委（规委、建设厅），计划单列市计委、建委：

现印发《建设项目选址规划管理办法》，从发布之日起执行。

附件：建设项目选址规划管理办法

附件

建设项目选址规划管理办法

第一条 为了保障建设项目的选址和布局与城市规划密切结合，科学合理，提高综合效益，根据《中华人民共和国城市规划法》和国家基本建设程序的有关规定，制定本办法。

第二条 在城市规划区内新建、扩建、改建工程项目，编制、审批项目建议书和设计任务书，必须遵守本办法。

第三条 县级以上人民政府城市规划行政主管部门负责本行政区域内建设项目选址和布局的规划管理工作。

第四条 城市规划行政主管部门应当了解建设项目建议书阶段的选址工作。各级人民政府计划行政主管部门在审批项目建议书时，对拟安排在城市规划区内的建设项目，要征求同级人民政府城市规划行政主管部门的意见。

第五条 城市规划行政主管部门应当参加建设项目设计任务书阶段的选址工作，对确定安排在城市规划区内的建设项目从城市规划方面提出选址意见书。设计任务书报请批准时，必须附有城市规划行政主管部门的选址意见书。

第六条 建设项目选址意见书应当包括下列内容：

（一）建设项目的基本情况。

主要是建设项目名称、性质，用地与建设规模，供水与能源的需求量，采取的运输方式与运输量，以及废水、废气、废渣的排放方式和排放量。

（二）建设项目规划选址的主要依据。

1. 经批准的项目建议书；

2. 建设项目与城市规划布局的协调；

3. 建设项目与城市交通、通讯、能源、市政、防灾规划的衔接与协调；

4. 建设项目配套的生活设施与城市生活居住及公共设施规划的衔接与协调；

5. 建设项目对于城市环境可能造成的污染影响，以及与城市环境保护规划和风景名胜、文物古迹保护规划的协调。

（三）建设项目选址、用地范围和具体规划要求。

第七条 建设项目选址意见书，按建设项目计划审批权限实行分级规划管理。

县人民政府计划行政主管部门审批的建设项目，由县人民政府城市规划行政主管部门核发选址意见书；

地级、县级市人民政府计划行政主管

部门审批的建设项目，由该市人民政府城市规划行政主管部门核发选址意见书；

直辖市、计划单列市人民政府计划行政主管部门审批的建设项目，由直辖市、计划单列市人民政府城市规划行政主管部门核发选址意见书；

省、自治区人民政府计划行政主管部门审批的建设项目，由项目所在地县、市人民政府城市规划行政主管部门提出审查意见，报省、自治区人民政府城市规划行政主管部门核发选址意见书；

中央各部门、公司审批的小型和限额以下的建设项目，由项目所在地县、市人民政府城市规划行政主管部门核发选址意见书；

国家审批的大中型和限额以上的建设项目，由项目所在地县、市人民政府城市规划行政主管部门提出审查意见，报省、自治区、直辖市、计划单列市人民政府城市规划行政主管部门核发选址意见书，并报国务院城市规划行政主管部门备案。

第八条 对符合手续的项目，各级人民政府城市规划行政主管部门应在规定的审批期限内核发选址意见书，不得无故拖延。

第九条 本办法自发布之日起施行。

建设项目用地预审管理办法

（2001 年 7 月 25 日国土资源部令第 7 号发布，2004 年 10 月 29 日修订，2008 年 11 月 12 日第一次修正，根据 2016 年 11 月 25 日《国土资源部关于修改〈建设项目用地预审管理办法〉的决定》第二次修正，2016 年 11 月 29 日国土资源部令第 68 号发布）

第一条 为保证土地利用总体规划的实施，充分发挥土地供应的宏观调控作用，控制建设用地总量，根据《中华人民共和国土地管理法》、《中华人民共和国土地管理法实施条例》和《国务院关于深化改革严格土地管理的决定》，制定本办法。

第二条 本办法所称建设项目用地预审，是指国土资源主管部门在建设项目审批、核准、备案阶段，依法对建设项目涉及的土地利用事项进行的审查。

第三条 预审应当遵循下列原则：

（一）符合土地利用总体规划；

（二）保护耕地，特别是基本农田；

（三）合理和集约节约利用土地；

（四）符合国家供地政策。

第四条 建设项目用地实行分级预审。

需人民政府或有批准权的人民政府发展和改革等部门审批的建设项目，由该人民政府的国土资源主管部门预审。

需核准和备案的建设项目，由与核准、备案机关同级的国土资源主管部门预审。

第五条 需审批的建设项目在可行性研究阶段，由建设用地单位提出预审申请。

需核准的建设项目在项目申请报告核准前，由建设单位提出用地预审申请。

需备案的建设项目在办理备案手续后，由建设单位提出用地预审申请。

第六条 依照本办法第四条规定应当由国土资源部预审的建设项目，国土资源部委托项目所在地的省级国土资源主管部门受理，但建设项目占用规划确定的城市建设用地范围内土地的，委托市级国土资源主管部门受理。受理后，提出初审意见，转报国土资源部。

涉密军事项目和国务院批准的特殊建设项目用地，建设用地单位可直接向国土资源部提出预审申请。

应当由国土资源部负责预审的输电线塔基、钻探井位、通讯基站等小面积零星分散建设项目用地，由省级国土资源主管部门预审，并报国土资源部备案。

第七条 申请用地预审的项目建设单位，应当提交下列材料：

（一）建设项目用地预审申请表；

（二）建设项目用地预审申请报告，内容包括拟建项目的基本情况、拟选址占地情况、拟用地是否符合土地利用总体规划、拟用地面积是否符合土地使用标准、拟用地是否符合供地政策等；

（三）审批项目建议书的建设项目提供项目建议书批复文件，直接审批可行性研究报告或者需核准的建设项目提供建设项目列入相关规划或者产业政策的文件。

前款规定的用地预审申请表样式由国土资源部制定。

第八条 建设单位应当对单独选址建设项目是否位于地质灾害易发区、是否压覆重要矿产资源进行查询核实；位于地质灾害易发区或者压覆重要矿产资源的，应当依据相关法律法规的规定，在办理用地预审手续后，完成地质灾害危险性评估、压覆矿产资源登记等。

第九条 负责初审的国土资源主管部门在转报用地预审申请时，应当提供下列材料：

（一）依据本办法第十一条有关规定，对申报材料作出的初步审查意见；

（二）标注项目用地范围的土地利用总体规划图、土地利用现状图及其他相关图件；

（三）属于《土地管理法》第二十六条规定情形，建设项目用地需修改土地利用总体规划的，应当出具规划修改方案。

第十条 符合本办法第七条规定的预审申请和第九条规定的初审转报件，国土资源主管部门应当受理和接收。不符合的，应当场或在五日内书面通知申请人和转报人，逾期不通知的，视为受理和接收。

受国土资源部委托负责初审的国土资源主管部门应当自受理之日起二十日内完成初审工作，并转报国土资源部。

第十一条 预审应当审查以下内容：

（一）建设项目用地是否符合国家供地政策和土地管理法律、法规规定的条件；

（二）建设项目选址是否符合土地利用总体规划，属《土地管理法》第二十六条规定情形，建设项目用地需修改土地利用总体规划的，规划修改方案是否符合法律、法规的规定；

（三）建设项目用地规模是否符合有关土地使用标准的规定；对国家和地方尚未颁布土地使用标准和建设标准的建设项目，以及确需突破土地使用标准确定的规模和功能分区的建设项目，是否已组织建设项目节地评价并出具评审论证意见。

占用基本农田或者其他耕地规模较大的建设项目，还应当审查是否已经组织踏勘论证。

第十二条 国土资源主管部门应当自受理预审申请或者收到转报材料之日起二十日内，完成审查工作，并出具预审意见。二十日内不能出具预审意见的，经负责预审的国土资源主管部门负责人批准，可以延长十日。

第十三条 预审意见应当包括对本办法第十一条规定内容的结论性意见和对建设用地单位的具体要求。

第十四条 预审意见是有关部门审批项目可行性研究报告、核准项目申请报告的必备文件。

第十五条 建设项目用地预审文件有效期为三年，自批准之日起计算。已经预审的项目，如需对土地用途、建设项目选址等进行重大调整的，应当重新申请预审。

未经预审或者预审未通过的，不得批复可行性研究报告、核准项目申请报告；不得批准农用地转用、土地征收，不得办理供地手续。预审审查的相关内容在建设用地报批时，未发生重大变化的，不再重复审查。

第十六条 本办法自2009年1月1日起施行。

建设用地审查报批管理办法

（1999年3月2日中华人民共和国国土资源部令第3号发布，2010年11月30日第一次修正，根据2016年11月25日《国土资源部关于修改〈建设用地审查报批管理办法〉的决定》第二次修正，2016年11月29日国土资源部令第69号发布）

《国土资源部关于修改〈建设用地审查报批管理办法〉的决定》，已经2016年11月25日国土资源部第4次部务会议审议通过，现予发布，自2017年1月1日起施行。

第一条 为加强土地管理，规范建设用地审查报批工作，根据《中华人民共和国土地管理法》（以下简称《土地管理法》）、《中华人民共和国土地管理法实施条例》（以下简称《土地管理法实施条例》），制定本办法。

第二条 依法应当报国务院和省、自治区、直辖市人民政府批准的建设用地的申请、审查、报批和实施，适用本办法。

第三条 县级以上国土资源主管部门负责建设用地的申请受理、审查、报批工作。

第四条 在建设项目审批、核准、备案阶段，建设单位应当向建设项目批准机关的同级国土资源主管部门提出建设项目用地预审申请。

受理预审申请的国土资源主管部门应当依据土地利用总体规划、土地使用标准和国家土地供应政策，对建设项目的有关事项进行预审，出具建设项目用地预审意见。

第五条 在土地利用总体规划确定的城市建设用地范围外单独选址的建设项目使用土地的，建设单位应当向土地所在地的市、县国土资源主管部门提出用地申请。

建设单位提出用地申请时，应当填写《建设用地申请表》，并附具下列材料：

（一）建设项目用地预审意见；

（二）建设项目批准、核准或者备案文件；

（三）建设项目初步设计批准或者审核文件。

建设项目拟占用耕地的，还应当提出补充耕地方案；建设项目位于地质灾害易发区的，还应当提供地质灾害危险性评估报告。

第六条 国家重点建设项目中的控制工期的单体工程和因工期紧或者受季节影响急需动工建设的其他工程，可以由省、自治区、直辖市国土资源主管部门向国土资源部申请先行用地。

申请先行用地，应当提交下列材料：

（一）省、自治区、直辖市国土资源主管部门先行用地申请；

（二）建设项目用地预审意见；

（三）建设项目批准、核准或者备案文件；

（四）建设项目初步设计批准文件、审核文件或者有关部门确认工程建设的文件；

（五）国土资源部规定的其他材料。

经批准先行用地的，应当在规定期限内完成用地报批手续。

第七条 市、县国土资源主管部门对材料齐全、符合条件的建设用地申请，应当受理，并在收到申请之日起30日内拟订农用地转用方案、补充耕地方案、征收土地方案和供地方案，编制建设项目用地呈报说明书，经同级人民政府审核同意后，报上一级国土资源主管部门审查。

第八条 在土地利用总体规划确定的城市建设用地范围内，为实施城市规划占用土地的，由市、县国土资源主管部门拟订农用地转用方案、补充耕地方案和征收土地方案，编制建设项目用地呈报说明书，经同级人民政府审核同意后，报上一级国土资源主管部门审查。

在土地利用总体规划确定的村庄和集镇建设用地范围内，为实施村庄和集镇规划占用土地的，由市、县国土资源主管部门拟订农用地转用方案、补充耕地方案，编制建设项目用地呈报说明书，经同级人民政府审核同意后，报上一级国土资源主管部门审查。

报国务院批准的城市建设用地，农用地转用方案、补充耕地方案和征收土地方案可以合并编制，一年申报一次；国务院批准城市建设用地后，由省、自治区、直辖市人民政府对设区的市人民政府分期分批申报的农用地转用和征收土地实施方案进行审核并回复。

第九条 建设只占用国有农用地的，市、县国土资源主管部门只需拟订农用地转用方案、补充耕地方案和供地方案。

建设只占用农民集体所有建设用地的，市、县国土资源主管部门只需拟订征收土地方案和供地方案。

建设只占用国有未利用地，按照《土地管理法实施条例》第二十四条规定应由国务院批准的，市、县国土资源主管部门只需拟订供地方案；其他建设项目使用国有未利用地的，按照省、自治区、直辖市的规定办理。

第十条 建设项目用地呈报说明书应当包括用地安排情况、拟使用土地情况等，并应附具下列材料：

（一）经批准的市、县土地利用总体规划图和分幅土地利用现状图，占用基本农田的，同时提供乡级土地利用总体规划图；

（二）有资格的单位出具的勘测定界图及勘测定界技术报告书；

（三）地籍资料或者其他土地权属证明材料；

（四）为实施城市规划和村庄、集镇规划占用土地的，提供城市规划图和村庄、集镇规划图。

第十一条 农用地转用方案，应当包括占用农用地的种类、面积、质量等，以及符合规划计划、基本农田占用补划等情况。

补充耕地方案，应当包括补充耕地的位置、面积、质量，补充的期限，资金落实情况等，以及补充耕地项目备案信息。

征收土地方案，应当包括征收土地的范围、种类、面积、权属，土地补偿费和安置补助费标准，需要安置人员的安置途径等。

供地方案，应当包括供地方式、面积、用途等。

第十二条 有关国土资源主管部门收到上报的建设项目用地呈报说明书和有关方案后，对材料齐全、符合条件的，应当在5日内报经同级人民政府审核。同级人民政府审核同意后，逐级上报有批准权的人民政府，并将审查所需的材料及时送该级国土资源主管部门审查。

对依法应由国务院批准的建设项目用地呈报说明书和有关方案，省、自治区、直辖市人民政府必须提出明确的审查意见，并对报送材料的真实性、合法性负责。

省、自治区、直辖市人民政府批准农用地转用、国务院批准征收土地的，省、自治区、直辖市人民政府批准农用地转用方案后，应当将批准文件和下级国土资源主管部门上报的材料一并上报。

第十三条 有批准权的国土资源主管部门应当自收到上报的农用地转用方案、补充耕地方案、征收土地方案和供地方案并按规定征求有关方面意见后30日内审查完毕。

建设用地审查应当实行国土资源主管部门内部会审制度。

第十四条 农用地转用方案和补充耕地方案符合下列条件的，国土资源主管部门方可报人民政府批准：

（一）符合土地利用总体规划；

（二）确属必需占用农用地且符合土地利用年度计划确定的控制指标；

（三）占用耕地的，补充耕地方案符合土地整理开发专项规划且面积、质量符合规定要求；

（四）单独办理农用地转用的，必须符合单独选址条件。

第十五条 征收土地方案符合下列条件的，国土资源主管部门方可报人民政府批准：

（一）被征收土地界址、地类、面积清楚，权属无争议的；

（二）被征收土地的补偿标准符合法律、法规规定的；

（三）被征收土地上需要安置人员的安置途径切实可行。

建设项目施工和地质勘查需要临时使用农民集体所有的土地的，依法签订临时使用土地合同并支付临时使用土地补偿费，不得办理土地征收。

第十六条 供地方案符合下列条件的，国土资源主管部门方可报人民政府批准：

（一）符合国家的土地供应政策；

（二）申请用地面积符合建设用地标准和集约用地的要求；

（三）只占用国有未利用地的，符合规划、界址清楚、面积准确。

第十七条 农用地转用方案、补充耕地方案、征收土地方案和供地方案经有批准权的人民政府批准后，同级国土资源主管部门应当在收到批件后 5 日内将批复发出。

未按规定缴纳新增建设用地土地有偿使用费的，不予批复建设用地。其中，报国务院批准的城市建设用地，省、自治区、直辖市人民政府在设区的市人民政府按照有关规定缴纳新增建设用地土地有偿使用费后办理回复文件。

第十八条 经批准的农用地转用方案、补充耕地方案、征收土地方案和供地方案，由土地所在地的市、县人民政府组织实施。

第十九条 建设项目补充耕地方案经批准下达后，在土地利用总体规划确定的城市建设用地范围外单独选址的建设项目，由市、县国土资源主管部门负责监督落实；在土地利用总体规划确定的城市和村庄、集镇建设用地范围内，为实施城市规划和村庄、集镇规划占用土地的，由省、自治区、直辖市国土资源主管部门负责监督落实。

第二十条 征收土地公告和征地补偿、安置方案公告，按照《征收土地公告办法》的有关规定执行。

征地补偿、安置方案确定后，市、县国土资源主管部门应当依照征地补偿、安置方案向被征收土地的农村集体经济组织和农民支付土地补偿费、地上附着物和青苗补偿费，并落实需要安置农业人口的安置途径。

第二十一条 在土地利用总体规划确定的城市建设用地范围内，为实施城市规划占用土地的，经依法批准后，市、县国土资源主管部门应当公布规划要求，设定使用条件，确定使用方式，并组织实施。

第二十二条 以有偿使用方式提供国有土地使用权的，由市、县国土资源主管部门与土地使用者签订土地有偿使用合同，并向建设单位颁发《建设用地批准书》。土地使用者缴纳土地有偿使用费后，依照规定办理土地登记。

以划拨方式提供国有土地使用权的，由市、县国土资源主管部门向建设单位颁发《国有土地划拨决定书》和《建设用地批准书》，依照规定办理土地登记。《国有土地划拨决定书》应当包括划拨土地面积、土地用途、土地使用条件等内容。

建设项目施工期间，建设单位应当将《建设用地批准书》公示于施工现场。

市、县国土资源主管部门应当将提供国有土地的情况定期予以公布。

第二十三条 各级国土资源主管部门应当对建设用地进行跟踪检查。

对违反本办法批准建设用地或者未经批准非法占用土地的，应当依法予以处罚。

第二十四条 本办法自发布之日起施行。

国土资源部关于改进和优化建设项目用地预审和用地审查的通知

（国土资规〔2016〕16号，2016年11月30日）

各省、自治区、直辖市及计划单列市国土资源主管部门，新疆生产建设兵团国土资源局，解放军土地管理局，各派驻地方的国家土地督察局，部机关各司局：

为贯彻落实“简政放权、放管结合、优化服务”改革要求，进一步改进和优化建设项目用地预审和用地审查报批工作，现就有关事项通知如下：

一、认真贯彻党中央、国务院决策部署，高度重视改进和优化建设用地审批工作

（一）切实增强改进和优化建设用地审批工作的责任感和紧迫感。以用途管制为核心，以用地预审和用地审查为主要内容的现行建设用地审批制度，在严守耕地红线、保障发展需求、维护群众权益等方面发挥了长期重要的作用，但也存在着审查内容重复、时序结构不尽合理、报件准备周期长、标准化程度不够等问题。改进和优化建设用地审批制度，是贯彻落实党中央、国务院决策部署，适应把握引领经济发展新常态，积极推进供给侧结构性改革的内在要求；是深入落实“简政放权、放管结合、优化服务”的具体体现；是优化发展环境，激发市场活力，降低制度性交易成本，增强发展动能的务实举措；是回应社会关切，进一步提升国土资源服务效能的迫切需要。各级国土资源主管部门要充分认识改进和优化建设用地审批制度的重要意义，以思想的统一促行动上的自觉，以敬民之心，行简政之道，扎实抓好改进优化工作。

（二）准确把握改进和优化建设用地审批制度的总体要求。按照“明确定位、突出重点，系统梳理、减少重复，统筹衔接、强化协同，放管结合、优化服务”的原则，以依法依规、方便行政相对人为导向，部修正了《建设项目用地预审管理办法》和《建设用地审查报批管理办法》，通过去枝强干、调整时序、简化内容、优化流程等，实现建设用地审批“材料简化、时间缩短、难度降低”的目标。各级国土资源主管部门要准确把握改进和优化建设用地审批制度的方向目标和总体要求，全面理解掌握修正后部门规章的各项规定，尽快调整适应和改进用地报批审查工作，切实提高用地保障的服务能力水平。

二、简化改进审查内容，切实提高建设用地审批效率

（三）简化对符合土地利用总体规划和土地使用标准的审查。严格土地利用总体规划管理，强化建设项目用地规划审查，建设项目必须依据规划布局确定选址，不得随意修改规划。属于《土地管理法》第二十六条规定情形（包括占用基本农田情形），确需修改土地利用总体规划的，必须对修改规划的必要性和可行性进行论证说明，在用地预审阶段编制规划修改方案（包括基本农田补划内容），并在建设项目用地报批前完成规划修改听证、规划实施影响评估和专家论证等工作。已通过用地预审的建设项目，在用地报批阶段原则上

不再重复审查是否符合土地利用总体规划、是否符合土地使用标准等情况，但项目用地位置、规模、功能分区发生变化的，应依据土地利用总体规划和土地使用标准进行复核。在用地预审通过后、可行性研究报告批准或核准前，建设项目选址发生局部调整，不符合土地利用总体规划或者用地总规模超过土地使用标准的，应重新申请用地预审。

（四）简化对补充耕地和征地补偿等的审查。用地预审阶段，不再对补充耕地和征地补偿费用、矿山项目土地复垦资金安排情况进行审查，相应审查在用地报批阶段进行。但地方人民政府应切实履行保护耕地的法定职责、维护权利人的合法权益，建设单位必须承诺将补充耕地、征地补偿、土地复垦等相关费用纳入工程概算，省级国土资源主管部门承诺督促落实。对于地方有关部门批准立项、地方人民政府审批农用地转用，但土地征收需报国务院批准的建设项目，部在用地审查时不再审核农用地转用方案与补充耕地方案，只审查土地征收方案与土地供应方案。

（五）改进地质灾害危险性评估的审查。用地预审阶段，不再对单独选址的审批类建设项目是否开展地质灾害危险性评估进行审查。在用地报批阶段，部对地质灾害危险性评估情况进行形式性审查，地方国土资源主管部门应核实建设项目是否位于地质灾害易发区，位于地质灾害易发区的，应进一步核实建设单位是否按规定进行了地质灾害危险性评估；省级国土资源主管部门在提交建设项目用地审查报告时，应对是否进行地质灾害危险性评估进行说明。未按规定开展地质灾害危险性评估的，不得批准建设用地。

（六）改进压覆重要矿产资源的审查。用地预审阶段，不再对单独选址的审批类建设项目是否压覆重要矿产资源进行审查。在用地报批阶段，建设项目涉及压覆重要矿产资源的，在建设单位说明已与矿业权人就压矿补偿问题进行协商、有关市县人民政府承诺做好压矿补偿协调工作的前提下，可办理用地审批手续；同时，省级国土资源主管部门应督促建设单位与矿业权人签订补偿协议，按规定办理压覆矿产资源审批和登记手续。对未签订补偿协议、未办理压覆矿产资源审批登记手续的，省级人民政府不得转发用地批复、市（县）人民政府不得供地。

（七）组织开展项目用地踏勘论证和节地评价。国家重点项目、线性工程等应避让基本农田，尽量不占或少占。确需占用基本农田或占用其他耕地规模较大（线性工程占用耕地100公顷以上、块状工程70公顷以上或占用耕地达到用地总面积50%以上，不包括水库类项目）的建设项目，省级国土资源主管部门应组织踏勘论证。对国家和地方尚未颁布土地使用标准和建设标准的建设项目，以及确需突破土地使用标准确定的规模和功能分区的建设项目，应按要求组织开展建设项目节地评价。同时需要开展踏勘论证和建设项目节地评价的建设项目，可将两项工作合并开展，出具踏勘论证和节地评价报告。

（八）改进城市建设用地的审查报批。报国务院批准用地的106个城市，按照“国家批规模、控结构，地方管项目、落用地”的原则，组织用地申报。报国务院审批农用地转用和土地征收时，不再报送标注用地位置的土地利用总体规划图，具体用地是否符合土地利用总体规划由省级审核农用地转用和土地征收实施方案时把关，不符合土地利用总体规划的实施方案，不得审核同意。

（九）适当缩小用地预审范围。不涉及新增建设用地，在土地利用总体规划确定的城镇建设用地范围内使用已批准建设用地进行建设的项目，可不进行建设项目用地预审。

三、加强事中事后监管，进一步提升服务保障水平

（十）强化实质性审查责任。地方国土资源主管部门对部只进行形式性审查的事项，要积极履行职责，加强实质性审查，做到权责一致，保证审查意见的真实、准确。

（十一）提高规范化水平。项目建设单位和省级国土资源主管部门应按照部统一规范的建设项目用地预审和用地报批申报材料格式（见附件），做好组卷工作，提高报件质量。部将更新后的用地预审和用地报批电子报盘软件下发后（国土资源部门户网站下载），省级以下国土资源主管部门要按照新要求组卷报批；不符合新要求的，部政务大厅不予接收报件。部适时开展用地预审和用地审查集中培训，省级国土资源主管部门要加强业务指导，及时开展培训，确保各地全面掌握政策要求，提高业务能力水平。

（十二）加强实施监管。实行报件质量统计制度，对报部用地预审和用地审查项目报件质量差、补正多、不据实上报等情况，建立统计台账，并采取提醒、通报、约谈等方式，督促省级国土资源主管部门严格把关，确保报件质量。按照“谁审批、谁监管”的原则，严格落实监管责任，创新监管方式，提升监管能力，采取批后抽查、实地督察、部门联动等多种方式，对各地审查把关是否到位、是否存在未批先用、承诺事项是否落实等情况进行监督，发现问题及时提出整改意见，切实加强监督管理。加快完善用地审批业务系统与规划、供地、利用、卫片执法检查等系统的互联互通，完善综合监管体系，运用“大数据”分析技术，加强建设用地审批事中事后监管。

（十三）提升服务能力。大力推进用地预审和用地报批网上申报、受理、查询、批复等信息化建设，加快实现建设用地远程报批。积极做好政策解读宣传，回应社会关切，帮助行政相对人及时了解掌握相关政策和办事流程，方便行政相对人。做好政策过渡期间的有效衔接，实现制度、流程、系统的顺利过渡。与相关部门加强沟通联动，提前介入了解情况，积极履职，主动服务，及时协调解决重点建设项目用地中存在的问题。

本通知自 2017 年 1 月 1 日起执行，有效期 5 年。各地可依据《建设项目用地预审管理办法》《建设项目用地审查报批管理办法》和本通知要求，结合当地实际，制订相应的实施细则。

附件：1. 报国土资源部建设项目用地预审材料目录. doc

2. 建设项目用地预审申请表格式. doc

3. 报国土资源部建设项目用地预审建设单位申请文本格式. doc

4. 报国土资源部建设项目用地预审省级国土资源主管部门初审报告文本格式. doc

5. 报国务院批准农用地转用和土地征收的单独选址建设项目用地报批材料目录. doc

6. 报国务院批准土地征收的单独选址建设项目用地报批材料目录. doc

7. 报国务院批准单独选址建设项目用地省级国土资源主管部门审查报告文本格式. doc

8. 建设用地项目呈报材料“一书四方案”. doc

9. 报国务院批准城市建设用地报批材料目录. doc

10. 报国务院批准城市建设用地省级国土资源主管部门审查报告文本格式. doc

11. 国务院批准建设用地城市农用地转用土地征收补充耕地方案申报汇总表. doc

自然资源部关于做好占用永久基本农田重大建设项目用地预审的通知

（自然资规〔2018〕3号，2018年7月30日）

各省、自治区、直辖市自然资源主管部门，新疆生产建设兵团自然资源主管部门，中央军委后勤保障部军事设施建设局，各派驻地方的国家土地督察局：

为了贯彻落实《中共中央 国务院关于加强耕地保护和改进占补平衡的意见》，在建设项目用地预审中将永久基本农田保护措施落到实处，现就有关事项通知如下：

一、严格限定重大建设项目范围

现阶段允许将以下占用永久基本农田的重大建设项目纳入用地预审受理范围。

（一）党中央、国务院明确支持的重大建设项目（包括党中央、国务院发布文件或批准规划中明确具体名称的项目和国务院批准的项目）。

（二）军事国防类。中央军委及其有关部门批准的军事国防项目。

（三）交通类。

1. 机场项目。国家级规划（指国务院及其有关部门颁布，下同）明确的民用运输机场项目。

2. 铁路项目。国家级规划明确的铁路项目，《推进运输结构调整行动计划（2018～2020年）》明确的铁路专用线项目，国务院投资主管部门批准的城际铁路建设规划明确的城际铁路项目，国务院投资主管部门批准的城市轨道交通建设规划明确的城市轨道交通项目。

3. 公路项目。国家级规划明确的公路项目，包括《国家公路网规划（2013～2030年）》明确的国家高速公路和国道项目，国家级规划明确的国防公路项目。

此外，为解决当前地方存在的突出问题，将省级公路网规划的部分公路项目纳入受理范围：

（1）省级高速公路。

（2）连接深度贫困地区直接为该地区服务的省级公路。

（四）能源类。国家级规划明确的能源项目。电网项目，包括500千伏及以上直流电网项目和500千伏、750千伏、1000千伏交流电网项目，以及国家级规划明确的其他电网项目。其他能源项目，包括国家级规划明确的且符合国家产业政策的能源开采、油气管线、水电、核电项目。

（五）水利类。国家级规划明确的水利项目。

（六）为贯彻落实党中央、国务院重大决策部署，国务院投资主管部门或国务院投资主管部门会同有关部门支持和认可的交通、能源、水利基础设施项目。

二、严格占用和补划永久基本农田论证

充分发挥用地预审源头把关作用，全面落实永久基本农田特殊保护的要求。重大建设项目必须首先依据规划优化选址，避让永久基本农田；确实难以避让的，建设单位在可行性研究阶段，必须对占用永久基本农田的必要性和占用规模的合理性进行充分论证。市县级自然资源主管部门要按照法定程序，依据规划修改和永久基本农田补划的要求，认真组织编制规划修

改方案暨永久基本农田补划方案，确保永久基本农田补足补优；省级自然资源主管部门负责组织对占用永久基本农田的必要性、合理性和补划方案的可行性进行踏勘论证，并在用地预审初审中进行实质性审查，对占用和补划永久基本农田的真实性、准确性和合理性负责。

对省级高速公路、连接深度贫困地区直接为该地区服务的省级公路，必须先行落实永久基本农田补划入库要求，方可受理其用地预审。

三、严格用地预审事后监管

重大建设项目用地批准后，市县级自然资源主管部门要按照规划管理和补划方案的要求，量质并重做好永久基本农田补划、上图入库工作，并纳入国土空间规划监管平台进行严格监管；省级自然资源主管部门要依据规划对补划永久基本农田的数量、质量进行动态监管。对占用永久基本农田的重大建设项目实行清单式管理，列为监管的重点内容，通过实地核查、遥感监测、卫片执法检查等方式，对永久基本农田占用、补划实行全链条管理，对永久基本农田数量和质量变化情况进行全程跟踪，发现问题依法依规严肃处理。

本文件自下发之日起执行，有效期5年。

附件：1. 涉及占用永久基本农田的重大建设项目用地预审材料目录

2. 涉及占用永久基本农田的重大建设项目省级自然资源主管部门用地预审初审报告格式

3. 涉及占用永久基本农田的重大建设项目土地利用总体规划修改方案暨永久基本农田补划方案格式

附件 1

涉及占用永久基本农田的重大建设项目用地预审材料目录

序号	材 料 名 称	电子化格式	需纸质材料
1	建设项目用地预审申请表	数据库表；PDF 文档	是
2	建设项目用地预审申请报告	PDF 文档	是
3	省级自然资源主管部门初审意见	PDF 文档	是
4	项目建设依据（项目列入相关规划文件、项目建议书批复文件等）	PDF 文档	是
5	标注项目用地范围的土地利用总体规划图、土地利用现状图、占用永久基本农田示意图（包含城市周边范围线）及其他相关图件	—	是
6	土地利用总体规划修改方案暨永久基本农田补划方案	PDF 文档	是
7	项目用地边界拐点坐标表、占用永久基本农田拐点坐标表、补划永久基本农田拐点坐标表（2000 国家大地坐标系）	数据库表	否

附件 2

涉及占用永久基本农田的重大建设项目省级自然资源主管部门用地预审初审报告格式

＊＊（省级自然资源主管部门）文件

＊＊＊＊（文号）　　　　　　　　　签发人：

关于＊＊项目建设用地预审初审意见的报告

自然资源部：

根据《建设项目用地预审管理办法》（国土资源部令第 68 号）和《自然资源部关于做好占用永久基本农田重大建设项目用地预审的通知》（自然资规〔2018〕3 号）的规定，我厅（局、委）受理了＊＊项目的建设用地预审申请，并对该项目用地进行了初审审查，现将初步审查意见报告如下：

一、项目基本情况

〔项目建设依据〕该项目已列入＊＊规划（文号）［如《国家公路网规划（2013～2030 年）》、《中长期铁路网规划》等］/……，项目应由＊＊部门审批（核准），符合受理占用永久基本农田的重大建设项目用地预审范围。〔项目建设意义〕项目建设对＊＊具有重要意义。项目建设符合国家产业政策和国家土地供应政策。〔项目建设地点〕项目用地涉及＊＊省（区、市）＊＊市（盟）＊＊县（市、区、旗）和＊＊市（盟）＊＊县（市、区、旗）。（跨省项目，增加表述：该项目为跨省项目，涉及＊＊、＊＊、＊＊共＊＊个省份。）

二、项目符合规划情况

〔项目用地现状分类〕该项目用地总面积＊＊公顷，土地利用现状情况为农用地＊＊公顷（耕地＊＊公顷，含永久基本农田＊＊公顷），建设用地＊＊公顷，未利用地＊＊公顷，围填海＊＊公顷（或项目不涉及围填海）。跨省项目需再按省分别表述用地现状。改扩建项目表述为：该项目申请用地总面积＊＊公顷，项目原有建设用地总面积＊＊公顷，改扩建后新增用地面积＊＊公顷，农用地＊＊公顷（耕地＊＊公顷，含永久基本农田＊＊公顷），建设用地＊＊公顷，未利用地＊＊公顷，围填海＊＊公顷（或项目不涉及围填海）。

〔符合规划的部分用地情况〕该项目在＊＊省（区、市）＊＊市（盟）＊＊县（市、区、旗）用地符合当地土地利用总体规划/已列入当地土地利用总体规划重点建设项目清单，不占用永久基本农田。

〔不符合规划的部分用地情况〕该项目在＊＊省（区、市）＊＊市（盟）＊＊县（市、区、旗）用地不符合土地利用总体规划/已列入＊＊省（区、市）＊＊市（盟）＊＊县（市、区、旗）土地利用总体规划，但涉及占用＊＊市（盟）＊＊县（市、区、旗）境内永久基本农田＊＊公顷，相关县（市、区、旗）已按规定编制土地利用总体规划修改方案暨永久基本农田补划方案，材料齐备；相关县（市、区、旗）将在用地报批前完成规划修改听证、对规划实施影响评估和专家论证等工作。

三、占用和补划永久基本农田论证情况

见《涉及占用永久基本农田的重大建设项目土地利用总体规划修改方案暨永久基本农田补划方案》。

四、项目符合土地使用标准情况

〔项目用地功能分区〕该项目总用地规模为＊＊公顷，其中各功能分区用地面积分别为＊＊（各功能分区面积情况以及与土地使用标准对比情况）。如该项目为工业项目，须按照《国土资源部关于发布和实施〈工业项目建设用地控制指标〉的通知》（国土资发〔2008〕24号）的要求，说明是否符合投资强度、容积率、行政办公及生活服务设施用地、建筑系数、绿地率等五项控制指标情况。

〔项目用地规模符合土地使用标准情况〕该项目申请用地总面积和各功能分区用地面积均符合《＊＊项目建设用地指标》的规定。该项目用地规模超过《＊＊项目建设用地指标》的规定（或该类型项目未颁布土地使用标准），已由＊＊省（区、市）自然资源主管部门开展项目节地评价并组织专家评审。评审论证认为，该项目各用地功能分区和总规模用地合理，采用的工程技术比较先进可行，符合节约集约用地的要求，并按要求出具评审论证意见，同意该项目申请用地预审。

五、落实用地相关费用情况

建设项目已按规定将补充耕地、征地补偿、土地复垦等相关费用足额纳入项目工程概算，占用永久基本农田的缴费标准按照当地耕地开垦费最高标准的两倍执行。我厅（局、委）将督促建设单位和地方政府，在正式用地报批前按规定做好征地补偿安置、耕地占补平衡以及土地复垦有关工作。

六、关于其他问题的说明

对该项目是否属于重新预审等问题进行说明。

七、小结

综上所述，我厅（局、委）拟同意该项目用地。根据相关规定，现将我厅（局、委）的初步审查意见报上，请予审查。

联系人及电话：

（姓名）　　　　（电话）

（公章）

年　月

附件3

涉及占用永久基本农田的重大建设项目土地利用总体规划修改方案暨永久基本农田补划方案格式

一、项目概况

〔项目建设依据〕该项目已列入＊＊规划（文号），项目应由＊＊部门审批（核准），符合受理占用永久基本农田的重大建设项目用地预审范围。

〔项目建设意义〕项目建设的重要意义，是否符合国家产业政策和国家土地供应政策。

〔项目建设地点〕项目用地涉及＊＊省（区、市）＊＊市（盟）＊＊县（市、区、旗）和＊＊市（盟）＊＊县（市、区、旗）。（跨省项目，增加表述：该项目为跨省项目，涉及＊＊、＊＊、＊＊共＊＊个省份。）

〔项目用地情况〕项目申请用地总面积**公顷，其中农用地 ** 公顷（耕地**公顷，永久基本农田 ** 公顷），建设用地 ** 公顷，未利用地 ** 公顷。

〔规划修改的原因〕根据《土地管理法》/《土地利用总体规划管理办法》等法律法规和部门规章，该项目符合 ** 情形，可以修改土地利用总体规划。

二、规划修改的原则和依据

〔规划修改原则〕规划修改应遵循严格保护耕地、节约集约用地等原则。

〔规划修改依据〕相关法律法规及部门规章、规范性文件、标准规范及技术规程、相关规划及其他文件材料。

三、规划修改方案

〔规划修改总体情况及指标调整情况〕规划修改情况综述，并重点说明规划修改前后，耕地保有量、永久基本农田、建设用地总规模、新增建设用地等规划控制指标调整情况。

〔土地用途区调整情况〕规划修改前后，基本农田保护区、一般农田区等用途区调整情况。

〔占用永久基本农田的必要性〕详细说明该项目不同选址选线方案占用永久基本农田比选情况、占用永久基本农田实地踏勘论证情况，充分说明占用永久基本农田的必要性。

〔占用永久基本农田的合理性〕说明重大建设项目选址选线拟占用永久基本农田具体数量（包括水田面积）、平均质量等别、空间位置等情况，详细说明通过综合考虑建设成本、工程施工难易度、占用永久基本农田不同情况，选择项目选址选线拟占用永久基本农田的具体方案，明确经实地踏勘，该项目建设方案是否符合供地政策和节约集约用地要求，是否采取工程、技术等措施，减少占用永久基本农田，充分说明用地选址和占用永久基本农田的合理性。

〔永久基本农田占用情况〕将实地踏勘论证后拟占用永久基本农田的用地范围与永久基本农田划定数据库套合进行分析，以县级行政区为单元，详细说明占用永久基本农田具体规模（含水田面积）、图斑数量、平均质量等别、空间位置等基本情况。涉及占用城市周边永久基本农田的，以县级行政区为单元，详细说明城市周边具体规模（含水田面积）、图斑数量、平均质量等别等情况（详见附件 1），并附占用永久基本农田分布示意图（包含城市周边范围线）。

〔踏勘论证后认为符合要求的情形〕通过踏勘论证，认为项目建设方案符合供地政策和保护耕地、节约集约用地的要求，用地选址和用地规模比较合理，占用永久基本农田必要、合理，规划修改方案暨永久基本农田补划方案切实可行。/〔踏勘论证后对用地方案进行调整的情形〕通过踏勘论证，认为 ** 比较合理，但存在 ** 等问题，建议对用地方案进行适当调整。按照踏勘论证意见，建设单位对 ** 问题进行了处理，调整后的方案为 **，符合 ** 的要求。

〔永久基本农田补划情况〕按照永久基本农田划定要求，以县级行政区为单元，详细说明补划永久基本农田规模（含水田面积）、平均质量等别、空间位置等情况。补划城市周边永久基本农田的，以县级行政区为单元，详细说明城市周边补划永久基本农田规模（含水田面积）、平均质量等别、空间位置等情况（详见附件 2），并附补划永久基本农田分布示意图（包含城市周边范围线），同时提交补划永久基本农田拐点坐标表（电子版本）。若城市周边确实没有补划空间，需充分说明理由。

四、结论

明确提出重大建设项目规划修改、占用永久基本农田是否必要、是否合理，补划的永久基本农田是否通过省级自然资源主管部门论证审核，永久基本农田补划方案是否可行；说明对规划实施的影响程度，说明补划永久基本农田后是否影响相关县级行政区永久基本农田保护任务完成。补划后的永久基本农田纳入土地利用总体规划并上图入库，纳入法定保护任务。

附件：1. ** 项目占用永久基本农田情况表

2. ** 项目占用永久基本农田补划情况表

3. ** 项目土地利用总体规划修改局部图（修改前）

4. ** 项目土地利用总体规划修改局部图（修改后）

附件 1

** 项目占用永久基本农田情况表

填表单位：　　　　　　　　　　　　　　　　　　　　　　　面积单位：公顷（0.0000）

占用图斑	所在县（市、区、旗）名称	标识码	占用永久基本农田											质量等别
			共计	城市周边					城市周边以外区域					
				小计	耕地面积		其他	质量等别	小计	耕地面积		其他	质量等别	
						水田					水田			
栏 1	栏 2	栏 3	栏 4	栏 5	栏 6	栏 7	栏 8	栏 9	栏 10	栏 11	栏 12	栏 13	栏 14	栏 15
1														
2														
…														
县域小计（平均质量等别）														
…														
合计（平均质量等别）	—	—												

注：1. 栏 4＝栏 5＋栏 10；栏 5＝栏 6＋栏 8；栏 6≥栏 7；栏 10＝栏 11＋栏 13；栏 11≥栏 12。

2. 栏 3“标识码”为县级永久基本农田划定数据库中基本农田图斑图层属性结构字段数值，不另行编号。

3. 栏 9、栏 14 和栏 15“质量等别”为最新年度耕地质量等别数据库中的国家土地利用等，等别在 1～15 等之间，非耕地的不填写质量等别；其中，县域小计（平均质量等别）、合计（平均质量等别）为质量等别加权平均数，保留一位小数。

4. “城市周边”为项目占用县级永久基本农田数据库中城市周边永久基本农田占用情况。

5. “其他”为继续保留的原有基本农田的可调整地类、确定为名优特新农产品生产基地的其他农用地等。

审核人：　　审核日期：　年　月　日　　　　　　　　填表人：　　填表日期：　年　月　日

附件 2

＊＊项目占用永久基本农田补划情况表

填表单位： 面积单位：公顷（0.0000）

补划图斑	所在县（市、区、旗）名称	标识码	补划永久基本农田							质量等别
			共计	城市周边			城市周边以外区域			
				耕地面积		质量等别	耕地面积		质量等别	
					水田			水田		
栏 1	栏 2	栏 3	栏 4	栏 5	栏 6	栏 7	栏 8	栏 9	栏 10	栏 11
1										
2										
…										
县域小计（平均质量等别）										
…										
合计（平均质量等别）	—	—								

注：1. 栏 4＝栏 5＋栏 8；栏 5≥栏 6；栏 8≥栏 9。
2. 栏 3“标识码”为土地利用数据库地类图斑层中属性结构字段数值，不另行编号。
3. 栏 7、栏 10 和栏 11“质量等别”为最新年度耕地质量等别数据库中的国家土地利用等，等别在 1～15 等之间；其中，县域小计（平均质量等别）、合计（平均质量等别）为质量等别加权平均数，保留一位小数。
4. 栏 5“城市周边”为城市周边范围线内补充为永久基本农田的耕地图斑情况。

审核人： 审核日期： 年 月 日 填表人： 填表日期： 年 月 日

自然资源部关于以“多规合一”为基础推进规划用地“多审合一、多证合一”改革的通知

（自然资规〔2019〕2号，2019年9月17日）

各省、自治区、直辖市及计划单列市自然资源主管部门、新疆生产建设兵团自然资源主管部门，中央军委后勤保障部军事设施建设局，国家林业和草原局，中国地质调查局及部其他直属单位，各派出机构，部机关各司局：

为落实党中央、国务院推进政府职能转变、深化“放管服”改革和优化营商环境的要求，现就以“多规合一”为基础推进规划用地“多审合一、多证合一”改革的有关事项通知如下：

一、合并规划选址和用地预审

将建设项目选址意见书、建设项目用地预审意见合并，自然资源主管部门统一核发建设项目用地预审与选址意见书（见附件1），不再单独核发建设项目选址意见书、建设项目用地预审意见。

涉及新增建设用地，用地预审权限在自然资源部的，建设单位向地方自然资源主管部门提出用地预审与选址申请，由地方自然资源主管部门受理；经省级自然资源主管部门报自然资源部通过用地预审后，地方自然资源主管部门向建设单位核发建设项目用地预审与选址意见书。用地预审权限在省级以下自然资源主管部门的，由省级自然资源主管部门确定建设项目用地预审与选址意见书办理的层级和权限。

使用已经依法批准的建设用地进行建设的项目，不再办理用地预审；需要办理规划选址的，由地方自然资源主管部门对规划选址情况进行审查，核发建设项目用地预审与选址意见书。

建设项目用地预审与选址意见书有效期为三年，自批准之日起计算。

二、合并建设用地规划许可和用地批准

将建设用地规划许可证、建设用地批准书合并，自然资源主管部门统一核发新的建设用地规划许可证（见附件2），不再单独核发建设用地批准书。

以划拨方式取得国有土地使用权的，建设单位向所在地的市、县自然资源主管部门提出建设用地规划许可申请，经有建设用地批准权的人民政府批准后，市、县自然资源主管部门向建设单位同步核发建设用地规划许可证、国有土地划拨决定书。

以出让方式取得国有土地使用权的，市、县自然资源主管部门依据规划条件编制土地出让方案，经依法批准后组织土地供应，将规划条件纳入国有建设用地使用权出让合同。建设单位在签订国有建设用地使用权出让合同后，市、县自然资源主管部门向建设单位核发建设用地规划许可证。

三、推进多测整合、多验合一

以统一规范标准、强化成果共享为重点，将建设用地审批、城乡规划许可、规划核实、竣工验收和不动产登记等多项测绘业务整合，归口成果管理，推进“多测合并、联合测绘、成果共享”。不得重复审核和要求建设单位或者个人多次提交对同

一标的物的测绘成果；确有需要的，可以进行核实更新和补充测绘。在建设项目竣工验收阶段，将自然资源主管部门负责的规划核实、土地核验、不动产测绘等合并为一个验收事项。

四、简化报件审批材料

各地要依据“多审合一、多证合一”改革要求，核发新版证书。对现有建设用地审批和城乡规划许可的办事指南、申请表单和申报材料清单进行清理，进一步简化和规范申报材料。除法定的批准文件和证书以外，地方自行设立的各类通知书、审查意见等一律取消。加快信息化建设，可以通过政府内部信息共享获得的有关文件、证书等材料，不得要求行政相对人提交；对行政相对人前期已提供且无变化的材料，不得要求重复提交。支持各地探索以互联网、手机 APP 等方式，为行政相对人提供在线办理、进度查询和文书下载打印等服务。

本通知自发布之日起执行，有效期 5 年。各地可结合实际，制订实施细则。

附件：1. 附件 1－1 建设项目用地预审与选址意见书封面. jpg（略）

2. 附件 1－2 建设项目用地预审与选址意见书内页. jpg（略）

3. 附件 2－1 建设用地规划许可证封面. jpg（略）

4. 附件 2－2 建设用地规划许可证内页. jpg（略）

5. 附件 3 编号规则. doc（略）

关于印发《国家发展改革委重大固定资产投资项目社会稳定风险评估暂行办法》的通知

（发改投资〔2012〕2492 号，2012 年 8 月 16 日）

各省、自治区、直辖市及计划单列市、新疆生产建设兵团发展改革委，国务院各部门、直属机构、办事机构、直属事业单位，各中央管理企业：

为建立和规范重大固定资产投资项目社会稳定风险评估机制，我委制定了《国家发展改革委重大固定资产投资项目社会稳定风险评估暂行办法》，现印发给你们，请按照执行。

附件：国家发展改革委重大固定资产投资项目社会稳定风险评估暂行办法

附件

国家发展改革委重大固定资产投资项目社会稳定风险评估暂行办法

第一条 为促进科学决策、民主决策、依法决策，预防和化解社会矛盾，建立和规范重大固定资产投资项目社会稳定风险评估机制，制定本办法。

第二条 国家发展改革委审批、核准或者核报国务院审批、核准的在中华人民共和国境内建设实施的固定资产投资项目（简称“项目”，下同），适用本办法。

第三条 项目单位在组织开展重大项目前期工作时，应当对社会稳定风险进行调查分析，征询相关群众意见，查找并列出风险点、风险发生的可能性及影响程度，提出防范和化解风险的方案措施，提出采取相关措施后的社会稳定风险等级建议。

社会稳定风险分析应当作为项目可行性研究报告、项目申请报告的重要内容并设独立篇章。

第四条 重大项目社会稳定风险等级分为三级：

高风险：大部分群众对项目有意见、反应特别强烈，可能引发大规模群体性事件。

中风险：部分群众对项目有意见、反应强烈，可能引发矛盾冲突。

低风险：多数群众理解支持但少部分人对项目有意见，通过有效工作可防范和化解矛盾。

第五条 由项目所在地人民政府或其有关部门指定的评估主体组织对项目单位做出的社会稳定风险分析开展评估论证，根据实际情况可以采取公示、问卷调查、实地走访和召开座谈会、听证会等多种方式听取各方面意见，分析判断并确定风险等级，提出社会稳定风险评估报告。评估报告的主要内容为项目建设实施的合法性、合理性、可行性、可控性，可能引发的社会稳定风险，各方面意见及其采纳情况，风险评估结论和对策建议，风险防范和化解措施以及应急处置预案等内容。

第六条 国务院有关部门、省级发展改革部门、中央管理企业在向国家发展改革委报送项目可行性研究报告、项目申请报告的申报文件中，应当包含对该项目社会稳定风险评估报告的意见，并附社会稳定风险评估报告。

第七条 国家发展改革委在委托工程咨询机构评估项目可行性研究报告、项目申请报告时，可以根据情况在咨询评估委托书中要求对社会稳定风险分析和评估报告提出咨询意见。

第八条 评估主体作出的社会稳定风险评估报告是国家发展改革委审批、核准或者核报国务院审批、核准项目的重要依据。评估报告认为项目存在高风险或者中风险的，国家发展改革委不予审批、核准和核报；存在低风险但有可靠防控措施的，国家发展改革委可以审批、核准或者核报国务院审批、核准，并应在批复文件中对有关方面提出切实落实防范、化解风险措施的要求。

第九条 国家发展改革委未按照本办法规定，对项目可行性研究报告、项目申请报告作出批复，给党、国家和人民利益以及公共财产造成较大或者重大损失等后果的，应当依法依纪追究国家发展改革委有关单位和责任人的责任。

评估主体不按规定的程序和要求进行评估导致决策失误，或者隐瞒真实情况、弄虚作假，给党、国家和人民利益以及公共财产造成较大或者重大损失等后果的，应当依法依纪追究有关责任人的责任。

第十条 国家发展改革委、有关部门和机构及其工作人员应当遵守工作纪律和保密规定。

第十一条 各级地方发展改革部门可参照本办法，建立健全本地区重大项目社会稳定风险评估机制。

第十二条 本办法由国家发展改革委负责解释。

第十三条 自本办法印发之日起，国家发展改革委受理的申报项目执行本办法。

国家发展改革委办公厅关于印发重大固定资产投资项目社会稳定风险分析篇章和评估报告编制大纲（试行）的通知

（发改办投资〔2013〕428号，2013年2月17日）

各省、自治区、直辖市及计划单列市、新疆生产建设兵团发展改革委，国务院各部门、直属机构办公厅（室），各中央管理企业，各有关咨询机构：

为规范和指导重大固定资产投资项目社会稳定风险分析和评估工作，特研究制定了《重大固定资产投资项目社会稳定风险分析篇章编制大纲及说明（试行）》和《重大固定资产投资项目社会稳定风险评估报告编制大纲及说明（试行）》。现印发给你们，供有关方面在编制工程项目可行性研究报告（项目申请报告）和开展评估工作中参考。

附件：1.《重大固定资产投资项目社会稳定风险分析篇章编制大纲及说明（试行）》

2.《重大固定资产投资项目社会稳定风险评估报告编制大纲及说明（试行）》

附件1

重大固定资产投资项目社会稳定风险分析篇章编制大纲及说明（试行）

第一部分　分析篇章编制大纲

一、编制依据

重大固定资产投资项目社会稳定风险分析及其篇章编制，应依据法律法规规章和规范性文件、拟建项目所在地区的社会稳定风险评估要求，以及拟建项目建设方案等相关资料开展工作。

编制依据主要包括：（一）相关法律、法规、规章、规范性文件以及其他政策性文件；（二）项目单位的委托合同；（三）项目单位提供的拟建项目基本情况和风险分析所需的必要资料；（四）国家出台的区域经济社会发展规划、国务院及有关部门批准的相关规划；（五）其他依据。

二、风险调查

社会稳定风险调查重点围绕拟建项目建设实施的合法性、合理性、可行性和可控性等方面开展。调查范围应覆盖所涉及地区的利益相关者，充分听取、全面收集群众和各利益相关者的意见，包括合理和不合理、现实和潜在的诉求等。

结合拟建项目的特点，重点阐述以下部分或全部方面：调查的内容和范围、方式和方法；拟建项目的合法性；拟建项目自然和社会环境状况；利益相关者的意见和诉求、公众参与情况；基层组织态度、媒体舆论导向，以及公开报道过的同类项目风险情况。

可行性和有效性，预测落实措施后每一个主要风险因素可能引发风险的变化趋势，包括发生概率、影响程度、风险程度等，综合判断拟建项目落实风险防范、化解措施后的风险等级。

三、风险识别

在风险调查的基础上，针对利益相关者不理解、不认同、不满意、不支持的方面，或在日后可能引发不稳定事件的情形，全面、全程查找并分析可能引发社会稳定风险的各种风险因素。

重点阐述：在政策规划和审批程序、土地房屋征收方案、技术和经济方案、生态环境影响、项目建设管理、当地经济社会影响、质量安全和社会治安、媒体舆论导向等方面重点分析查找各风险因素。

四、风险估计

根据各项风险因素的成因、影响表现、风险分布、影响程度、发生可能性，找出主要风险因素。采用定性与定量相结合的风险分析方法，估计主要风险因素的风险程度；分析主要因素之间是否相互影响。

重点阐述：按照风险可能发生的项目阶段（决策、准备、实施、运行），结合当地经济社会与拟建项目的相互适应性，从初步识别的各类风险因素中筛选、归纳出主要风险因素。对每一个主要风险因素进行分析、估计，两个或多个风险因素相互作用的影响，包括可能引发风险事件的原因、时间和形式，风险事件的发生概率、影响程度和风险程度。

五、风险防范和化解措施

根据风险识别和风险估计的结果，研究提出风险防范化解措施。

重点阐述：针对主要风险因素研究提出各项综合和各项的风险防范、化解措施，提出落实各项措施的责任主体和协助单位、防范责任、具体工作内容、风险控制节点、实施时间和要求的建议。

六、风险等级

分析各项风险防范、化解措施落实的可行性和有效性，预测落实措施后每一个主要风险因素可能引发风险的变化趋势，包括发生概率、影响程度、风险程度等，综合判断拟建项目落实风险防范、化解措施后的风险等级。

重点阐述：预测各主要风险因素变化趋势及结果，综合判断落实措施后风险等级。

七、风险分析结论

阐述拟建项目社会稳定风险分析的主要结论，包括：

（一）拟建项目主要的风险因素；

（二）主要的风险防范、化解措施；

（三）拟建项目风险等级；

（四）落实风险防范、化解措施的有关建议。

第二部分　分析篇章编制说明

一、总体说明

（一）为切实规范和全面推进重大固定资产投资项目社会稳定风险分析和评估工作。根据《国家发展改革委重大固定资产投资项目社会稳定风险评估暂行办法》和国家、地方相关规定，对于需要开展稳评的重大固定资产投资项目，项目单位在组织编制项目可行性研究报告、项目申请报告时，应当同时进行社会稳定风险分析，并作为项目可行性研究报告、项目申请报告中的独立篇章。

（二）社会稳定风险分析篇章的编制工作，应当立足国情，实事求是，从拟建项目直接关系人民群众切身利益且涉及面广、容易引发的社会稳定问题出发，在合法性、合理性、可行性和可控性等方面进行重点分析，做到客观公正、方法适用、分析全面、措施可行、结论可信，确保取得实效。

（三）社会稳定风险分析篇章的编制，

应当遵循社会稳定风险分析的程序，开展风险调查、风险因素识别和风险估计，研究提出风险防范和化解的措施，估计落实措施后的风险等级，明确提出能作为开展拟建项目社会稳定风险评估工作重要依据的分析结论。情况较简单、外部性影响非常小、社会稳定风险非常低的项目可以从简分析，特别重大和敏感的项目，可形成单独的社会稳定风险分析报告。

（四）各地方政府或其有关部门，可根据《国家发展改革委重大固定资产投资项目社会稳定风险评估暂行办法》及相关法律法规要求，结合地方经济社会发展的状况，编制适合本地区固定资产投资项目社会稳定风险分析的指标体系、评判标准等。各行业管理部门可结合行业特点，参照本大纲制定适合本行业的社会稳定风险分析篇章编制大纲。

二、关于风险调查

风险调查是风险分析的基础工作，风险调查的成果不仅是分析篇章的重要组成部分，同时也是风险识别、风险估计、风险等级判断和制定风险防范、化解措施的基础。

（一）调查内容

风险调查应根据拟建项目的实际，结合建设方案，运用适用的方法，深入开展风险调查。

1. 拟建项目的合法性。包括与国家和当地经济社会发展规划、行业规划、产业政策、标准规范的符合性，与土地利用总体规划、城乡规划的符合性，分析项目达到合法性要求还需依法取得的相关前置审批文件等。

2. 拟建项目所在地周边的自然环境现状和社会环境状况，以及项目实施可能对当地经济社会的影响。包括可能对行业发展和区域经济的影响，对上下游已建或拟建关联项目的影响，对当地总体发展规划、经济发展、关联行业发展、就业机会的影响等；包括拟建项目占用地方资源（土地、能源、水资源、岸线、交通、污染物排放指标、自然和生态环境等）带来的影响，拟建项目的建设和运行活动对项目所在地文化、生活方式、宗教信仰、社会习俗等非物质性因素的影响，能否被当地的社会环境、人文条件所接纳等。

3. 利益相关者（包括受拟建项目建设和运行影响的公民、法人和其他社会组织）对拟建项目建设实施的意见和诉求。深入细致地向利益相关者了解情况，对受项目影响较大者、有特殊困难的家庭重点走访，当面听取意见。听取意见要注意对象的广泛性和代表性，注意方式方法，以便群众了解真实情况、表达真实意见。对于听取的意见和诉求，要通过分析利益相关者的主要特征、背景和同质性等，鉴别出主要利益相关者。

4. 拟建项目所在地政府及其有关部门、基层政府和基层组织、社会团体的态度。在规划选址、土地房屋征收补偿、移民安置、环境保护等方面，征求项目所在地政府、有关部门及基层组织、社会团体等对拟建项目的支持态度，了解项目所在地存在的社会历史矛盾和社会背景等。

5. 媒体对拟建项目建设实施的态度。调查大众媒体包括网络媒体及移动媒体等新兴媒体对拟建项目的意见、诉求和舆论导向等。

6. 同类项目曾引发的社会稳定风险。调查公开报道的同类项目曾经引发的社会稳定风险，同类项目的后评价报告，风险的原因、后果和处置措施等。

（二）调查范围

凡项目涉及到利益相关者切身利益、容易引发社会稳定风险的因素，都应纳入调查范围，应当涵盖拟建项目建设和运行可能产生负面影响的范围。

（三）调查的方式和方法

风险调查的方式有全面调查、抽样调查、个案调查和典型调查。调查的方法有观察法、访谈法、文献法、问卷法、实验法等。可根据项目的特点及项目所在地的实际情况，选择适用的方式方法进行调查。实际工作中可采取公告公示、实地踏勘、走访群众、召开座谈会、网上调查以及舆情分析等多种方式和方法，以达到广泛调查、充分收集各方意见和诉求的目的。

三、关于风险识别

围绕拟建项目的建设和运行是否可能使群众的合法权益遭受侵害，从拟建项目各阶段可能对外产生的负面影响，项目与当地经济社会的相互适应性等方面，全面、动态、全程识别拟建项目建设和运行可能诱发的社会矛盾和社会稳定风险事件（包括对社会稳定可能造成重大负面影响的各种群体性或个体极端事件），识别影响拟建项目总体目标顺利实现的各种社会稳定风险因素。

风险识别一般可选用对照表法、专家调查法以及访谈法、实地观察法、案例参照法、项目类比法等方法。

四、关于风险估计

（一）估计内容

风险因素的风险估计，通过采用定性与定量相结合的方法，找出主要风险因素，并对每个主要风险因素的风险程度进行分析、预测和估计，层层剖析引发风险的直接和间接原因，预测和估计可能引发的风险事件，分析其引发风险事件的可能性，估计发生的概率，分析影响程度（后果），判断其风险程度。一般项目可根据实际涉及的主要风险因素，编制拟建项目的主要风险因素程度表（参考样表 1）。

样表 1　主要风险因素及其风险程度表

序号	风险类型	发生阶段	风险因素	风险概率	影响程度	风险程度	备注
1							
2							
3							
…							

注：1. 风险类型包括工程风险因素和项目与社会互适性风险因素。其中：工程风险因素可按政策、规划和审批程序，土地房屋征收及补偿，技术经济，环境影响，项目管理，安全和治安等方面分类。项目与社会互适性风险因素指项目能否为当地的社会环境、人文条件所接纳，以及当地政府、组织、社会团体、群众支持项目的程度，项目与当地社会环境的相互适应关系方面所面临的风险因素。

2. 风险发生阶段可包括项目决策、准备、实施、运行四个阶段。备注可标注风险的特征（例如长期影响还是短期影响、持久性影响还是间断影响等）和其他需要说明的情况。

3. 该表式样仅供参考。下同。

（二）估计方法

风险估计一般采用定性分析与定量分析相结合的方法，逐一对风险因素进行多维度分析，估计其发生的概率和影响程度。选取维度通常包括：可能产生的风险项目阶段、地域、群体，以及风险的成因、影响表现、风险分布、影响程度等特性。

主要风险因素的估计，可对风险概率、影响程度和风险程度进行定性和定量的分析评判，也可根据专家经验确定。根据风险程度进行排序，以解释主要因素的风险程度。

五、关于风险防范、化解措施

为了从源头上防范、化解拟建项目实施可能引发的风险，应根据拟建项目的特点，针对主要风险因素，阐述采用的风险防范、化解措施策略；阐述提出的综合性和专项性的风险防范、化解措施，明确风险防范、化解的目标，提出落实措施的责任主体、协助单位、防范责任和具体工作内容，明确风险控制的节点和时间，真正把项目社会稳定风险化解在萌芽状态，最大限度减少不和谐因素。编制并形成风险防范、化解措施汇总表（参考样表2）。

样表2　风险防范和化解措施汇总表

序号	风险发生阶段	风险因素	主要防范、化解措施	实施时间和要求	责任主体	协助单位
1						
2						
3						
…						

六、关于项目风险等级

对研究提出的风险防范、化解措施的合法性、可行性、有效性和可控性进行分析，根据分析结果预测各主要风险因素可能变化的趋势和结果，结合预期可能引发的风险事件和造成负面影响的程度等，综合判断项目落实风险防范、化解措施后的风险等级。

项目风险等级综合判断一般采用定性与定量相结合的方法进行判断。在定量分析方面，可选用专家打分法等方法，并说明确定措施后每个主要因素风险权重的方法。按照《国家发展改革委重大固定资产投资项目社会稳定风险评估暂行办法》的要求，对照本地区社会稳定风险等级评判标准，对拟建项目的社会稳定风险等级评判标准，对拟建项目的社会稳定风险作出客观、公正的判断，确定高、中、低等级。

附件2

重大固定资产投资项目
社会稳定风险评估报告编制大纲及说明（试行）

第一部分　评估报告编制大纲

一、基本情况

（一）项目概况。简述项目基本情况，主要包括：项目单位、拟建地点、建设必要性、建设方案、建设期、主要技术经济指标、环境影响、资源利用、征地搬迁及移民安置、社会环境概况（含当地经济发展及社会治安、群体性事件、信访等情况）、投资及资金筹措等内容。

（二）评估依据。社会稳定风险评估工作所依据的相关法律、法规和规范性文件等；国家出台的区域经济社会发展意见、国务院及有关部门批准的相关规划、采用的项目所在地人民政府确定的社会稳定风险评判标准或指标体系。

（三）评估主体。拟建项目的评估主体指定方、评估主体的组成及职责分工，并具体说明其相关部门、社会组织、专业机构、专家学者、群众代表等参与评估工作情况。

（四）评估过程和方法。简述评估工作的程序、步骤和主要过程；说明评估工作所采用的主要方法。

二、评估内容

（一）风险调查评估及各方意见采纳情况。阐述对社会稳定风险分析篇章中风险调查的广泛性、代表性、真实性等进行评估的过程和结果。说明评估主体根据实际需要直接开展或者要求项目单位开展补充风险调查的情况。对收集的拟建项目各方面意见进行梳理和比较分析，形成能够反映实际情况的信息资料，并阐述其采纳情况。

（二）风险识别和估计的评估。一是风险识别评估。对风险分析篇章中风险识别的完整性和确定性提出评估意见；根据风险调查评估结果，对拟建项目可能引发的主要社会稳定风险因素进行补充完善，并汇总。二是风险估计评估。对风险分析篇章中风险估计的客观性、分析内容的完备性、分析方法的适用性提出评估意见；预测估计主要风险因素发生概率、影响程度和风险程度。

（三）风险防范和化解措施的评估。对社会稳定风险分析篇章中提出的风险防范、化解措施进行评估，并补充完善。针对拟建项目可能引发的社会稳定风险，进一步补充完善和明确落实各项防范、化解措施的责任主体和协助单位、具体负责内容、风险控制节点、实施时间和要求。

（四）落实措施后的风险等级确定。对风险分析篇章中风险等级判断方法、评判标准的选择运用是否恰当、风险等级判断结果是否客观合理提出评估意见；结合补充的重要风险因素，综合以上评估结果，确定项目落实防范、化解风险措施后的项目风险等级。

三、评估结论

（一）拟建项目存在的主要风险因素；

（二）拟建项目合法性、合理性、可行性、可控性评估结论；

（三）拟建项目的风险等级；

（四）拟建项目主要风险防范、化解措施。

（五）根据需要提出应急预备和建议。

第二部分　评估报告编制说明

一、关于评估主体

评估主体由项目所在地人民政府或其有关部门指定。

评估主体组织对拟建项目的社会稳定风险开展评估论证，对项目单位组织编制的社会稳定风险分析篇章进行评估，根据实际情况，采取多种方式听取各方面意见，分析判断并确定风险等级，提出社会稳定风险评估报告。

评估主体要按规定程序和要求进行评估，遵守工作纪律和保密规定，对评估报告负责。

二、关于评估程序

（一）制定评估工作方案。评估主体应首先制定评估工作方案。评估工作方案应明确风险评估的组织机构、职责分工、工作进度、工作方法与要求、拟征询意见对象及方法、风险评估报告大纲等事项。

（二）收集和审阅相关资料。评估主体应全面收集并认真审阅社会稳定风险评估相关资料，主要包括但不限于以下文件：项目可行性研究报告、项目申请报告及其社会风险分析篇章；国家和地方相关法律、法规和政策；拟建项目前期审批相关文件，包括城乡规划、国土资源、环境保护等部门出具的规划选址、用地预审、环境影响评价文件等；相关规划与标准规范；同类或类似项目决策风险评估资料等。

（三）充分听取意见。根据对拟建项目社会稳定风险分析篇章的审阅结果，结合项目所在地的实际情况，根据需要补充开展民意调查，向受拟建项目影响的相关群众了解情况，对受拟建项目影响较大的群众、有特殊困难的家庭要重点走访，当面听取意见。听取意见要注意对象的广泛性和代表性，注意方式方法，确保收集意见的真实性和全面性；讲清项目相关的法律和政策依据、项目方案、项目建设和运行全过程可能产生的影响，以便群众了解真实情况、表达真实意见。

（四）全面评估论证。分门别类梳理各方意见，参考相同或类似项目引发社会稳定风险的情况，重点围绕拟建项目建设实施的合法性、合理性、可行性、可控性进行客观、全面地评估论证；对拟建项目所涉及的风险调查、风险识别、风险估计、风险防范和化解措施、风险等级评判等内容逐项进行评估论证，特别是对风险因素、风险发生概率、可能引发矛盾纠纷的激烈程度和持续时间、涉及人员数量、可能产生的各种负面影响以及相关风险的可控程度进行评估论证。

（五）确定风险等级。根据项目所在地人民政府确定的社会稳定风险评估指标或评判标准，在综合考虑各方意见和全面分析论证的基础上，按照《国家发展改革委重大固定资产投资项目社会稳定风险评估暂行办法》的风险等级划分标准，对拟建项目的社会稳定风险等级作出客观、公正的判断，确定项目社会稳定风险的高、中、低等级。

（六）编制评估报告

拟建项目社会稳定风险评估报告应包括以下内容：

1. 基本情况；
2. 评估内容；
3. 评估结论。

三、关于评估要点

评估主体应在对社会稳定风险分析篇章整体把握的基础上，根据拟建项目的实际情况，重点围绕拟建项目建设实施的合法性、合理性、可行性、可控性进行评估论证。

（一）合法性。主要评估拟建项目建设实施是否符合现行相关法律、法规、规范以及国家有关政策；是否符合国家与地区国民经济和社会发展规划、产业政策等；拟建项目相关审批部门是否有相应的项目审批权并在权限范围内进行审批；决策程序是否符合国家法律、法规、规章等有关规定。

（二）合理性。主要评估拟建项目的实施是否符合科学发展观要求，是否符合经济社会发展规律，是否符合社会公共利益、人民群众的现实利益和长远利益，是否兼顾了不同利益群体的诉求，是否可能引发地区、行业、群体之间的相互盲目攀比；依法应给予相关群众的补偿和其他救济是否充分、合理、公平、公正；拟采取的措施和手段是否必要、适当，是否维护了相关群众的合法权益等。

（三）可行性。主要评估拟建项目的建设时机和条件是否成熟，是否有具体、详实的方案和完善的配套措施；拟建项目实施是否与本地区经济社会发展水平相适应，是否超越本地区财力，是否超越大多数群众的承受能力，是否能得到大多说群众的支持和认可等。

（四）可控性。主要评估拟建项目的建设实施是否存在公共安全隐患，是否会引发群众性事件、集体上访，是否会引发社会负面舆论、恶意炒作以及其他影响社会稳定的问题；对拟建项目可能引发的社会稳定风险是否可控；对可能出现的社会稳定风险是否有相应的防范、化解措施，措施是否可行、有效；宣传解释和舆论引导措施是否充分等。

四、关于风险调查评估

（一）对风险调查的全面性进行评估，包括风险调查的内容和范围、调查的形式和方法是否恰当、合理、科学，是否达到广泛性和深入性的要求。

（二）对公众参与的完备性进行评估，包括拟建项目是否按照有关规定履行了公众参与、专家咨询、信息公开等程序性的要求。

（三）对风险调查结果的真实性和可信性进行评估，包括是否广泛听取了各方面意见，是否全面、真实反映了相关利益相关者合理和不合理、现实和潜在的诉求。

（四）在对社会稳定风险分析篇章评估的基础上，根据实际情况，可采取公式、问卷调查、实地走访和召开座谈会、听证会等方式进行补充调查，完善风险调查相关内容。

五、关于风险识别评估

（一）结合风险调查评估结果，对社会稳定风险分析篇章中各风险因素识别的全面性和准确性进行评估。

（二）通过对有关社会经济调查及统计资料的分析，结合对项目经济影响评价、社会影响评价、环境影响评价、资源利用、土地房屋征收补偿和移民安置影响评价等相关评估结论，以及公众参与的完备性程度等的评估，判断拟建项目是否存在被遗漏的重要风险因素，并补充识别被遗漏的重要风险因素。

六、关于风险估计评估

（一）对分析篇章中选用的风险估计方法、对每一个主要风险因素所进行的分析推理过程、对预测估计的主要风险因素的风险发生概率、影响程度和风险程度是否恰当进行评估。

（二）补充分析篇章风险识别中遗漏的重要风险因素，对拟建项目可能存在的重要风险因素的性质特征、未来变化趋势及可能造成的影响后果进行分析评估、形成评估后主要风险因素的风险程度汇总表（参考样表3）。

样表3　经评估的主要风险因素及其风险程度汇总表

序号	风险因素（w）	风险概率	影响程度	风险程度
1	示例风险1	较高	严重	高
2	示例风险2	较低	可忽略	较小
…	…			

七、关于风险防范、化解措施评估

（一）对分析篇章中提出的风险防范、化解措施是否与现行的相关政策和法规相符，进行合法性的评估。

（二）对分析篇章中提出的风险防范、化解措施是否有遗漏，进行系统性、完整性的评估。

（三）对分析篇章中提出的风险防范、化解措施是否具有明确的责任主体，职责分工以及时间进度安排，是否全面、合理、可行、有效进行评估。

（四）结合风险识别和风险估计评估结论，补充、优化和完善风险防范、化解措施，进一步明确责任主体等内容，编制经评估的风险防范、化解措施汇总表（参考样表4），并提出综合评估意见。

样表4　经评估的风险防范、化解措施汇总表

序号	风险发生阶段	风险因素	主要防范、化解措施	实施时间和要求	责任主体	协助单位
1						
2						
3						
…						

八、关于落实措施后的风险等级评估

（一）在风险防范、化解措施评估的基础上，对分析篇章中采取措施后各主要风险因素变化的分析是否得当进行评估，提出评估意见。

（二）对分析篇章中采用的风险等级评判方法、评判标准的选择运用是否恰当，评判的结果是否合理提出评估意见。

（三）结合补充的主要风险因素，和上述评估论证的结果，预测各主要因素风险可能变化的趋势和结果；过分析变化情况，对落实措施后的风险等级进行综合判断，提出项目风险等级的评判结论。

九、其他说明

（一）稳评报告应当在项目审批（核

准）所需的各前置文件具备之后完成。该项目规划、土地、环评等已完成社会稳定风险专项评估的，在社会稳定情况未发生较大变化的前提下，其结论可以直接引用。

（二）本大纲适用的项目范围是按照国家和地方有关规定需要开展稳评的重大固定资产投资项目。

（三）各地方、各部门可根据大纲，结合自身特点制定相应的评估大纲，以指导本地方、本行业项目的评估工作。

中华人民共和国招标投标法

（1999 年 8 月 30 日第九届全国人民代表大会常务委员会第十一次会议通过，根据 2017 年 12 月 27 日第十二届全国人民代表大会常务委员会第三十一次会议《关于修改〈中华人民共和国招标投标法〉、〈中华人民共和国计量法〉的决定》修正，2017 年 12 月 27 日主席令第 86 号发布）

第一章　总　　则

第一条　为了规范招标投标活动，保护国家利益、社会公共利益和招标投标活动当事人的合法权益，提高经济效益，保证项目质量，制定本法。

第二条　在中华人民共和国境内进行招标投标活动，适用本法。

第三条　在中华人民共和国境内进行下列工程建设项目包括项目的勘察、设计、施工、监理以及与工程建设有关的重要设备、材料等的采购，必须进行招标：

（一）大型基础设施、公用事业等关系社会公共利益、公众安全的项目；

（二）全部或者部分使用国有资金投资或者国家融资的项目；

（三）使用国际组织或者外国政府贷款、援助资金的项目。

前款所列项目的具体范围和规模标准，由国务院发展计划部门会同国务院有关部门制订，报国务院批准。

法律或者国务院对必须进行招标的其他项目的范围有规定的，依照其规定。

第四条　任何单位和个人不得将依法必须进行招标的项目化整为零或者以其他任何方式规避招标。

第五条　招标投标活动应当遵循公开、公平、公正和诚实信用的原则。

第六条　依法必须进行招标的项目，其招标投标活动不受地区或者部门的限制。任何单位和个人不得违法限制或者排斥本地区、本系统以外的法人或者其他组织参加投标，不得以任何方式非法干涉招标投标活动。

第七条　招标投标活动及其当事人应当接受依法实施的监督。

有关行政监督部门依法对招标投标活动实施监督，依法查处招标投标活动中的违法行为。

对招标投标活动的行政监督及有关部门的具体职权划分，由国务院规定。

第二章　招　　标

第八条　招标人是依照本法规定提出招标项目、进行招标的法人或者其他组织。

第九条　招标项目按照国家有关规定需要履行项目审批手续的，应当先履行审批手续，取得批准。

招标人应当有进行招标项目的相应资金或者资金来源已经落实，并应当在招标文件中如实载明。

第十条　招标分为公开招标和邀请招标。

公开招标，是指招标人以招标公告的方式邀请不特定的法人或者其他组织投标。

邀请招标，是指招标人以投标邀请书的方式邀请特定的法人或者其他组织投标。

第十一条　国务院发展计划部门确定的国家重点项目和省、自治区、直辖市人民政府确定的地方重点项目不适宜公开招标的，经国务院发展计划部门或者省、自治区、直辖市人民政府批准，可以进行邀请招标。

第十二条 招标人有权自行选择招标代理机构，委托其办理招标事宜。任何单位和个人不得以任何方式为招标人指定招标代理机构。

招标人具有编制招标文件和组织评标能力的，可以自行办理招标事宜。任何单位和个人不得强制其委托招标代理机构办理招标事宜。

依法必须进行招标的项目，招标人自行办理招标事宜的，应当向有关行政监督部门备案。

第十三条 招标代理机构是依法设立、从事招标代理业务并提供相关服务的社会中介组织。

招标代理机构应当具备下列条件：

（一）有从事招标代理业务的营业场所和相应资金；

（二）有能够编制招标文件和组织评标的相应专业力量。

第十四条 招标代理机构与行政机关和其他国家机关不得存在隶属关系或者其他利益关系。

第十五条 招标代理机构应当在招标人委托的范围内办理招标事宜，并遵守本法关于招标人的规定。

第十六条 招标人采用公开招标方式的，应当发布招标公告。依法必须进行招标的项目的招标公告，应当通过国家指定的报刊、信息网络或者其他媒介发布。

招标公告应当载明招标人的名称和地址、招标项目的性质、数量、实施地点和时间以及获取招标文件的办法等事项。

第十七条 招标人采用邀请招标方式的，应当向三个以上具备承担招标项目的能力、资信良好的特定的法人或者其他组织发出投标邀请书。

投标邀请书应当载明本法第十六条第二款规定的事项。

第十八条 招标人可以根据招标项目本身的要求，在招标公告或者投标邀请书中，要求潜在投标人提供有关资质证明文件和业绩情况，并对潜在投标人进行资格审查；国家对投标人的资格条件有规定的，依照其规定。

招标人不得以不合理的条件限制或者排斥潜在投标人，不得对潜在投标人实行歧视待遇。

第十九条 招标人应当根据招标项目的特点和需要编制招标文件。招标文件应当包括招标项目的技术要求、对投标人资格审查的标准、投标报价要求和评标标准等所有实质性要求和条件以及拟签订合同的主要条款。

国家对招标项目的技术、标准有规定的，招标人应当按照其规定在招标文件中提出相应要求。

招标项目需要划分标段、确定工期的，招标人应当合理划分标段、确定工期，并在招标文件中载明。

第二十条 招标文件不得要求或者标明特定的生产供应者以及含有倾向或者排斥潜在投标人的其他内容。

第二十一条 招标人根据招标项目的具体情况，可以组织潜在投标人踏勘项目现场。

第二十二条 招标人不得向他人透露已获取招标文件的潜在投标人的名称、数量以及可能影响公平竞争的有关招标投标的其他情况。

招标人设有标底的，标底必须保密。

第二十三条 招标人对已发出的招标文件进行必要的澄清或者修改的，应当在招标文件要求提交投标文件截止时间至少十五日前，以书面形式通知所有招标文件收受人。该澄清或者修改的内容为招标文件的组成部分。

第二十四条 招标人应当确定投标人编制投标文件所需要的合理时间；但是，依法必须进行招标的项目，自招标文件开始发出之日起至投标人提交投标文件截止之日止，最短不得少于二十日。

第三章 投　　标

第二十五条 投标人是响应招标、参加投标竞争的法人或者其他组织。

依法招标的科研项目允许个人参加投标的，投标的个人适用本法有关投标人的规定。

第二十六条 投标人应当具备承担招标项目的能力；国家有关规定对投标人资格条件或者招标文件对投标人资格条件有规定的，投标人应当具备规定的资格条件。

第二十七条 投标人应当按照招标文件的要求编制投标文件。投标文件应当对招标文件提出的实质性要求和条件作出响应。

招标项目属于建设施工的，投标文件的内容应当包括拟派出的项目负责人与主要技术人员的简历、业绩和拟用于完成招标项目的机械设备等。

第二十八条 投标人应当在招标文件要求提交投标文件的截止时间前，将投标文件送达投标地点。招标人收到投标文件后，应当签收保存，不得开启。投标人少于三个的，招标人应当依照本法重新招标。

在招标文件要求提交投标文件的截止时间后送达的投标文件，招标人应当拒收。

第二十九条 投标人在招标文件要求提交投标文件的截止时间前，可以补充、修改或者撤回已提交的投标文件，并书面通知招标人。补充、修改的内容为投标文件的组成部分。

第三十条 投标人根据招标文件载明的项目实际情况，拟在中标后将中标项目的部分非主体、非关键性工作进行分包的，应当在投标文件中载明。

第三十一条 两个以上法人或者其他组织可以组成一个联合体，以一个投标人的身份共同投标。

联合体各方均应当具备承担招标项目的相应能力；国家有关规定或者招标文件对投标人资格条件有规定的，联合体各方均应当具备规定的相应资格条件。由同一专业的单位组成的联合体，按照资质等级较低的单位确定资质等级。

联合体各方应当签订共同投标协议，明确约定各方拟承担的工作和责任，并将共同投标协议连同投标文件一并提交招标人。联合体中标的，联合体各方应当共同与招标人签订合同，就中标项目向招标人承担连带责任。

招标人不得强制投标人组成联合体共同投标，不得限制投标人之间的竞争。

第三十二条 投标人不得相互串通投标报价，不得排挤其他投标人的公平竞争，损害招标人或者其他投标人的合法权益。

投标人不得与招标人串通投标，损害国家利益、社会公共利益或者他人的合法权益。

禁止投标人以向招标人或者评标委员会成员行贿的手段谋取中标。

第三十三条 投标人不得以低于成本的报价竞标，也不得以他人名义投标或者以其他方式弄虚作假，骗取中标。

第四章 开标、评标和中标

第三十四条 开标应当在招标文件确定的提交投标文件截止时间的同一时间公开进行；开标地点应当为招标文件中预先确定的地点。

第三十五条 开标由招标人主持，邀请所有投标人参加。

第三十六条 开标时，由投标人或者其推选的代表检查投标文件的密封情况，也可以由招标人委托的公证机构检查并公证；经确认无误后，由工作人员当众拆封，宣读投标人名称、投标价格和投标文件的其他主要内容。

招标人在招标文件要求提交投标文件

的截止时间前收到的所有投标文件，开标时都应当当众予以拆封、宣读。

开标过程应当记录，并存档备查。

第三十七条 评标由招标人依法组建的评标委员会负责。

依法必须进行招标的项目，其评标委员会由招标人的代表和有关技术、经济等方面的专家组成，成员人数为五人以上单数，其中技术、经济等方面的专家不得少于成员总数的三分之二。

前款专家应当从事相关领域工作满八年并具有高级职称或者具有同等专业水平，由招标人从国务院有关部门或者省、自治区、直辖市人民政府有关部门提供的专家名册或者招标代理机构的专家库内的相关专业的专家名单中确定；一般招标项目可以采取随机抽取方式，特殊招标项目可以由招标人直接确定。

与投标人有利害关系的人不得进入相关项目的评标委员会；已经进入的应当更换。

评标委员会成员的名单在中标结果确定前应当保密。

第三十八条 招标人应当采取必要的措施，保证评标在严格保密的情况下进行。

任何单位和个人不得非法干预、影响评标的过程和结果。

第三十九条 评标委员会可以要求投标人对投标文件中含义不明确的内容作必要的澄清或者说明，但是澄清或者说明不得超出投标文件的范围或者改变投标文件的实质性内容。

第四十条 评标委员会应当按照招标文件确定的评标标准和方法，对投标文件进行评审和比较；设有标底的，应当参考标底。评标委员会完成评标后，应当向招标人提出书面评标报告，并推荐合格的中标候选人。

招标人根据评标委员会提出的书面评标报告和推荐的中标候选人确定中标人。招标人也可以授权评标委员会直接确定中标人。

国务院对特定招标项目的评标有特别规定的，从其规定。

第四十一条 中标人的投标应当符合下列条件之一：

（一）能够最大限度地满足招标文件中规定的各项综合评价标准；

（二）能够满足招标文件的实质性要求，并且经评审的投标价格最低；但是投标价格低于成本的除外。

第四十二条 评标委员会经评审，认为所有投标都不符合招标文件要求的，可以否决所有投标。

依法必须进行招标的项目的所有投标被否决的，招标人应当依照本法重新招标。

第四十三条 在确定中标人前，招标人不得与投标人就投标价格、投标方案等实质性内容进行谈判。

第四十四条 评标委员会成员应当客观、公正地履行职务，遵守职业道德，对所提出的评审意见承担个人责任。

评标委员会成员不得私下接触投标人，不得收受投标人的财物或者其他好处。

评标委员会成员和参与评标的有关工作人员不得透露对投标文件的评审和比较、中标候选人的推荐情况以及与评标有关的其他情况。

第四十五条 中标人确定后，招标人应当向中标人发出中标通知书，并同时将中标结果通知所有未中标的投标人。

中标通知书对招标人和中标人具有法律效力。中标通知书发出后，招标人改变中标结果的，或者中标人放弃中标项目的，应当依法承担法律责任。

第四十六条 招标人和中标人应当自中标通知书发出之日起三十日内，按照招标文件和中标人的投标文件订立书面合同。招标人和中标人不得再行订立背离合同实质性内容的其他协议。

招标文件要求中标人提交履约保证金的，中标人应当提交。

第四十七条 依法必须进行招标的项目，招标人应当自确定中标人之日起十五日内，向有关行政监督部门提交招标投标情况的书面报告。

第四十八条 中标人应当按照合同约定履行义务，完成中标项目。中标人不得向他人转让中标项目，也不得将中标项目肢解后分别向他人转让。

中标人按照合同约定或者经招标人同意，可以将中标项目的部分非主体、非关键性工作分包给他人完成。接受分包的人应当具备相应的资格条件，并不得再次分包。

中标人应当就分包项目向招标人负责，接受分包的人就分包项目承担连带责任。

第五章 法律责任

第四十九条 违反本法规定，必须进行招标的项目而不招标的，将必须进行招标的项目化整为零或者以其他任何方式规避招标的，责令限期改正，可以处项目合同金额千分之五以上千分之十以下的罚款；对全部或者部分使用国有资金的项目，可以暂停项目执行或者暂停资金拨付；对单位直接负责的主管人员和其他直接责任人员依法给予处分。

第五十条 招标代理机构违反本法规定，泄露应当保密的与招标投标活动有关的情况和资料的，或者与招标人、投标人串通损害国家利益、社会公共利益或者他人合法权益的，处五万元以上二十五万元以下的罚款，对单位直接负责的主管人员和其他直接责任人员处单位罚款数额百分之五以上百分之十以下的罚款；有违法所得的，并处没收违法所得；情节严重的，禁止其一年至二年内代理依法必须进行招标的项目并予以公告，直至由工商行政管理机关吊销营业执照；构成犯罪的，依法追究刑事责任。给他人造成损失的，依法承担赔偿责任。

前款所列行为影响中标结果的，中标无效。

第五十一条 招标人以不合理的条件限制或者排斥潜在投标人的，对潜在投标人实行歧视待遇的，强制要求投标人组成联合体共同投标的，或者限制投标人之间竞争的，责令改正，可以处一万元以上五万元以下的罚款。

第五十二条 依法必须进行招标的项目的招标人向他人透露已获取招标文件的潜在投标人的名称、数量或者可能影响公平竞争的有关招标投标的其他情况的，或者泄露标底的，给予警告，可以并处一万元以上十万元以下的罚款；对单位直接负责的主管人员和其他直接责任人员依法给予处分；构成犯罪的，依法追究刑事责任。

前款所列行为影响中标结果的，中标无效。

第五十三条 投标人相互串通投标或者与招标人串通投标的，投标人以向招标人或者评标委员会成员行贿的手段谋取中标的，中标无效，处中标项目金额千分之五以上千分之十以下的罚款，对单位直接负责的主管人员和其他直接责任人员处单位罚款数额百分之五以上百分之十以下的罚款；有违法所得的，并处没收违法所得；情节严重的，取消其一年至二年内参加依法必须进行招标的项目的投标资格并予以公告，直至由工商行政管理机关吊销营业执照；构成犯罪的，依法追究刑事责任。给他人造成损失的，依法承担赔偿责任。

第五十四条 投标人以他人名义投标或者以其他方式弄虚作假，骗取中标的，中标无效，给招标人造成损失的，依法承担赔偿责任；构成犯罪的，依法追究刑事责任。

依法必须进行招标的项目的投标人有前款所列行为尚未构成犯罪的，处中标项目金额千分之五以上千分之十以下的罚款，对单位直接负责的主管人员和其他直接责任人员处单位罚款数额百分之五以上百分之十以下的罚款；有违法所得的，并处没收违法所得；情节严重的，取消其一年至三年内参加依法必须进行招标的项目的投标资格并予以公告，直至由工商行政管理机关吊销营业执照。

第五十五条 依法必须进行招标的项目，招标人违反本法规定，与投标人就投标价格、投标方案等实质性内容进行谈判的，给予警告，对单位直接负责的主管人员和其他直接责任人员依法给予处分。

前款所列行为影响中标结果的，中标无效。

第五十六条 评标委员会成员收受投标人的财物或者其他好处的，评标委员会成员或者参加评标的有关工作人员向他人透露对投标文件的评审和比较、中标候选人的推荐以及与评标有关的其他情况的，给予警告，没收收受的财物，可以并处三千元以上五万元以下的罚款，对有所列违法行为的评标委员会成员取消担任评标委员会成员的资格，不得再参加任何依法必须进行招标的项目的评标；构成犯罪的，依法追究刑事责任。

第五十七条 招标人在评标委员会依法推荐的中标候选人以外确定中标人的，依法必须进行招标的项目在所有投标被评标委员会否决后自行确定中标人的，中标无效。责令改正，可以处中标项目金额千分之五以上千分之十以下的罚款；对单位直接负责的主管人员和其他直接责任人员依法给予处分。

第五十八条 中标人将中标项目转让给他人的，将中标项目肢解后分别转让给他人的，违反本法规定将中标项目的部分主体、关键性工作分包给他人的，或者分包人再次分包的，转让、分包无效，处转让、分包项目金额千分之五以上千分之十以下的罚款；有违法所得的，并处没收违法所得；可以责令停业整顿；情节严重的，由工商行政管理机关吊销营业执照。

第五十九条 招标人与中标人不按照招标文件和中标人的投标文件订立合同的，或者招标人、中标人订立背离合同实质性内容的协议的，责令改正；可以处中标项目金额千分之五以上千分之十以下的罚款。

第六十条 中标人不履行与招标人订立的合同的，履约保证金不予退还，给招标人造成的损失超过履约保证金数额的，还应当对超过部分予以赔偿；没有提交履约保证金的，应当对招标人的损失承担赔偿责任。

中标人不按照与招标人订立的合同履行义务，情节严重的，取消其二年至五年内参加依法必须进行招标的项目的投标资格并予以公告，直至由工商行政管理机关吊销营业执照。

因不可抗力不能履行合同的，不适用前两款规定。

第六十一条 本章规定的行政处罚，由国务院规定的有关行政监督部门决定。本法已对实施行政处罚的机关作出规定的除外。

第六十二条 任何单位违反本法规定，限制或者排斥本地区、本系统以外的法人或者其他组织参加投标的，为招标人指定招标代理机构的，强制招标人委托招标代理机构办理招标事宜的，或者以其他方式干涉招标投标活动的，责令改正；对单位直接负责的主管人员和其他直接责任人员依法给予警告、记过、记大过的处分，情节较重的，依法给予降级、撤职、开除的处分。

个人利用职权进行前款违法行为的，依照前款规定追究责任。

第六十三条 对招标投标活动依法负有行政监督职责的国家机关工作人员徇私舞弊、滥用职权或者玩忽职守，构成犯罪的，依法追究刑事责任；不构成犯罪的，依法给予行政处分。

第六十四条 依法必须进行招标的项目违反本法规定，中标无效的，应当依照本法规定的中标条件从其余投标人中重新确定中标人或者依照本法重新进行招标。

第六章 附 则

第六十五条 投标人和其他利害关系人认为招标投标活动不符合本法有关规定的，有权向招标人提出异议或者依法向有关行政监督部门投诉。

第六十六条 涉及国家安全、国家秘密、抢险救灾或者属于利用扶贫资金实行以工代赈、需要使用农民工等特殊情况，不适宜进行招标的项目，按照国家有关规定可以不进行招标。

第六十七条 使用国际组织或者外国政府贷款、援助资金的项目进行招标，贷款方、资金提供方对招标投标的具体条件和程序有不同规定的，可以适用其规定，但违背中华人民共和国的社会公共利益的除外。

第六十八条 本法自 2000 年 1 月 1 日起施行。

中华人民共和国招标投标法实施条例

（2011年11月30日国务院第183次常务会议通过，根据2017年3月1日《国务院关于修改和废止部分行政法规的决定》第一次修订，根据2018年3月19日《国务院关于修改和废止部分行政法规的决定》第二次修订，根据2019年3月2日国务院令第709号《国务院关于修改部分行政法规的决定》第三次修订）

第一章 总 则

第一条 为了规范招标投标活动，根据《中华人民共和国招标投标法》（以下简称招标投标法），制定本条例。

第二条 招标投标法第三条所称工程建设项目，是指工程以及与工程建设有关的货物、服务。

前款所称工程，是指建设工程，包括建筑物和构筑物的新建、改建、扩建及其相关的装修、拆除、修缮等；所称与工程建设有关的货物，是指构成工程不可分割的组成部分，且为实现工程基本功能所必需的设备、材料等；所称与工程建设有关的服务，是指为完成工程所需的勘察、设计、监理等服务。

第三条 依法必须进行招标的工程建设项目的具体范围和规模标准，由国务院发展改革部门会同国务院有关部门制订，报国务院批准后公布施行。

第四条 国务院发展改革部门指导和协调全国招标投标工作，对国家重大建设项目的工程招标投标活动实施监督检查。国务院工业和信息化、住房城乡建设、交通运输、铁道、水利、商务等部门，按照规定的职责分工对有关招标投标活动实施监督。

县级以上地方人民政府发展改革部门指导和协调本行政区域的招标投标工作。县级以上地方人民政府有关部门按照规定的职责分工，对招标投标活动实施监督，依法查处招标投标活动中的违法行为。县级以上地方人民政府对其所属部门有关招标投标活动的监督职责分工另有规定的，从其规定。

财政部门依法对实行招标投标的政府采购工程建设项目的政府采购政策执行情况实施监督。

监察机关依法对与招标投标活动有关的监察对象实施监察。

第五条 设区的市级以上地方人民政府可以根据实际需要，建立统一规范的招标投标交易场所，为招标投标活动提供服务。招标投标交易场所不得与行政监督部门存在隶属关系，不得以营利为目的。

国家鼓励利用信息网络进行电子招标投标。

第六条 禁止国家工作人员以任何方式非法干涉招标投标活动。

第二章 招 标

第七条 按照国家有关规定需要履行项目审批、核准手续的依法必须进行招标的项目，其招标范围、招标方式、招标组织形式应当报项目审批、核准部门审批、核准。项目审批、核准部门应当及时将审批、核准确定的招标范围、招标方式、招标组织形式通报有关行政监督部门。

第八条 国有资金占控股或者主导地位的依法必须进行招标的项目，应当公开招标；但有下列情形之一的，可以邀请招标：

（一）技术复杂、有特殊要求或者受自然环境限制，只有少量潜在投标人可供选择；

（二）采用公开招标方式的费用占项目合同金额的比例过大。

有前款第二项所列情形，属于本条例第七条规定的项目，由项目审批、核准部门在审批、核准项目时作出认定；其他项目由招标人申请有关行政监督部门作出认定。

第九条 除招标投标法第六十六条规定的可以不进行招标的特殊情况外，有下列情形之一的，可以不进行招标：

（一）需要采用不可替代的专利或者专有技术；

（二）采购人依法能够自行建设、生产或者提供；

（三）已通过招标方式选定的特许经营项目投资人依法能够自行建设、生产或者提供；

（四）需要向原中标人采购工程、货物或者服务，否则将影响施工或者功能配套要求；

（五）国家规定的其他特殊情形。

招标人为适用前款规定弄虚作假的，属于招标投标法第四条规定的规避招标。

第十条 招标投标法第十二条第二款规定的招标人具有编制招标文件和组织评标能力，是指招标人具有与招标项目规模和复杂程度相适应的技术、经济等方面的专业人员。

第十一条 国务院住房城乡建设、商务、发展改革、工业和信息化等部门，按照规定的职责分工对招标代理机构依法实施监督管理。

第十二条 招标代理机构应当拥有一定数量的具备编制招标文件、组织评标等相应能力的专业人员。

第十三条 招标代理机构在招标人委托的范围内开展招标代理业务，任何单位和个人不得非法干涉。

招标代理机构代理招标业务，应当遵守招标投标法和本条例关于招标人的规定。招标代理机构不得在所代理的招标项目中投标或者代理投标，也不得为所代理的招标项目的投标人提供咨询。

第十四条 招标人应当与被委托的招标代理机构签订书面委托合同，合同约定的收费标准应当符合国家有关规定。

第十五条 公开招标的项目，应当依照招标投标法和本条例的规定发布招标公告、编制招标文件。

招标人采用资格预审办法对潜在投标人进行资格审查的，应当发布资格预审公告、编制资格预审文件。

依法必须进行招标的项目的资格预审公告和招标公告，应当在国务院发展改革部门依法指定的媒介发布。在不同媒介发布的同一招标项目的资格预审公告或者招标公告的内容应当一致。指定媒介发布依法必须进行招标的项目的境内资格预审公告、招标公告，不得收取费用。

编制依法必须进行招标的项目的资格预审文件和招标文件，应当使用国务院发展改革部门会同有关行政监督部门制定的标准文本。

第十六条 招标人应当按照资格预审公告、招标公告或者投标邀请书规定的时间、地点发售资格预审文件或者招标文件。资格预审文件或者招标文件的发售期不得少于5日。

招标人发售资格预审文件、招标文件收取的费用应当限于补偿印刷、邮寄的成本支出，不得以营利为目的。

第十七条 招标人应当合理确定提交资格预审申请文件的时间。依法必须进行招标的项目提交资格预审申请文件的时间，自资格预审文件停止发售之日起不得少于5日。

第十八条 资格预审应当按照资格预

审文件载明的标准和方法进行。

国有资金占控股或者主导地位的依法必须进行招标的项目，招标人应当组建资格审查委员会审查资格预审申请文件。资格审查委员会及其成员应当遵守招标投标法和本条例有关评标委员会及其成员的规定。

第十九条 资格预审结束后，招标人应当及时向资格预审申请人发出资格预审结果通知书。未通过资格预审的申请人不具有投标资格。

通过资格预审的申请人少于 3 个的，应当重新招标。

第二十条 招标人采用资格后审办法对投标人进行资格审查的，应当在开标后由评标委员会按照招标文件规定的标准和方法对投标人的资格进行审查。

第二十一条 招标人可以对已发出的资格预审文件或者招标文件进行必要的澄清或者修改。澄清或者修改的内容可能影响资格预审申请文件或者投标文件编制的，招标人应当在提交资格预审申请文件截止时间至少 3 日前，或者投标截止时间至少 15 日前，以书面形式通知所有获取资格预审文件或者招标文件的潜在投标人；不足 3 日或者 15 日的，招标人应当顺延提交资格预审申请文件或者投标文件的截止时间。

第二十二条 潜在投标人或者其他利害关系人对资格预审文件有异议的，应当在提交资格预审申请文件截止时间 2 日前提出；对招标文件有异议的，应当在投标截止时间 10 日前提出。招标人应当自收到异议之日起 3 日内作出答复；作出答复前，应当暂停招标投标活动。

第二十三条 招标人编制的资格预审文件、招标文件的内容违反法律、行政法规的强制性规定，违反公开、公平、公正和诚实信用原则，影响资格预审结果或者潜在投标人投标的，依法必须进行招标的项目的招标人应当在修改资格预审文件或者招标文件后重新招标。

第二十四条 招标人对招标项目划分标段的，应当遵守招标投标法的有关规定，不得利用划分标段限制或者排斥潜在投标人。依法必须进行招标的项目的招标人不得利用划分标段规避招标。

第二十五条 招标人应当在招标文件中载明投标有效期。投标有效期从提交投标文件的截止之日起算。

第二十六条 招标人在招标文件中要求投标人提交投标保证金的，投标保证金不得超过招标项目估算价的 2%。投标保证金有效期应当与投标有效期一致。

依法必须进行招标的项目的境内投标单位，以现金或者支票形式提交的投标保证金应当从其基本账户转出。

招标人不得挪用投标保证金。

第二十七条 招标人可以自行决定是否编制标底。一个招标项目只能有一个标底。标底必须保密。

接受委托编制标底的中介机构不得参加受托编制标底项目的投标，也不得为该项目的投标人编制投标文件或者提供咨询。

招标人设有最高投标限价的，应当在招标文件中明确最高投标限价或者最高投标限价的计算方法。招标人不得规定最低投标限价。

第二十八条 招标人不得组织单个或者部分潜在投标人踏勘项目现场。

第二十九条 招标人可以依法对工程以及与工程建设有关的货物、服务全部或者部分实行总承包招标。以暂估价形式包括在总承包范围内的工程、货物、服务属于依法必须进行招标的项目范围且达到国家规定规模标准的，应当依法进行招标。

前款所称暂估价，是指总承包招标时不能确定价格而由招标人在招标文件中暂时估定的工程、货物、服务的金额。

第三十条 对技术复杂或者无法精确拟定技术规格的项目，招标人可以分两阶段进行招标。

第一阶段，投标人按照招标公告或者投标邀请书的要求提交不带报价的技术建议，招标人根据投标人提交的技术建议确定技术标准和要求，编制招标文件。

第二阶段，招标人向在第一阶段提交技术建议的投标人提供招标文件，投标人按照招标文件的要求提交包括最终技术方案和投标报价的投标文件。

招标人要求投标人提交投标保证金的，应当在第二阶段提出。

第三十一条 招标人终止招标的，应当及时发布公告，或者以书面形式通知被邀请的或者已经获取资格预审文件、招标文件的潜在投标人。已经发售资格预审文件、招标文件或者已经收取投标保证金的，招标人应当及时退还所收取的资格预审文件、招标文件的费用，以及所收取的投标保证金及银行同期存款利息。

第三十二条 招标人不得以不合理的条件限制、排斥潜在投标人或者投标人。

招标人有下列行为之一的，属于以不合理条件限制、排斥潜在投标人或者投标人：

（一）就同一招标项目向潜在投标人或者投标人提供有差别的项目信息；

（二）设定的资格、技术、商务条件与招标项目的具体特点和实际需要不相适应或者与合同履行无关；

（三）依法必须进行招标的项目以特定行政区域或者特定行业的业绩、奖项作为加分条件或者中标条件；

（四）对潜在投标人或者投标人采取不同的资格审查或者评标标准；

（五）限定或者指定特定的专利、商标、品牌、原产地或者供应商；

（六）依法必须进行招标的项目非法限定潜在投标人或者投标人的所有制形式或者组织形式；

（七）以其他不合理条件限制、排斥潜在投标人或者投标人。

第三章　投　　标

第三十三条 投标人参加依法必须进行招标的项目的投标，不受地区或者部门的限制，任何单位和个人不得非法干涉。

第三十四条 与招标人存在利害关系可能影响招标公正性的法人、其他组织或者个人，不得参加投标。

单位负责人为同一人或者存在控股、管理关系的不同单位，不得参加同一标段投标或者未划分标段的同一招标项目投标。

违反前两款规定的，相关投标均无效。

第三十五条 投标人撤回已提交的投标文件，应当在投标截止时间前书面通知招标人。招标人已收取投标保证金的，应当自收到投标人书面撤回通知之日起5日内退还。

投标截止后投标人撤销投标文件的，招标人可以不退还投标保证金。

第三十六条 未通过资格预审的申请人提交的投标文件，以及逾期送达或者不按照招标文件要求密封的投标文件，招标人应当拒收。

招标人应当如实记载投标文件的送达时间和密封情况，并存档备查。

第三十七条 招标人应当在资格预审公告、招标公告或者投标邀请书中载明是否接受联合体投标。

招标人接受联合体投标并进行资格预审的，联合体应当在提交资格预审申请文件前组成。资格预审后联合体增减、更换成员的，其投标无效。

联合体各方在同一招标项目中以自己名义单独投标或者参加其他联合体投标的，相关投标均无效。

第三十八条 投标人发生合并、分立、破产等重大变化的，应当及时书面告知招标人。投标人不再具备资格预审文件、招标文件规定的资格条件或者其投标影响招标公正性的，其投标无效。

第三十九条　禁止投标人相互串通投标。

有下列情形之一的，属于投标人相互串通投标：

（一）投标人之间协商投标报价等投标文件的实质性内容；

（二）投标人之间约定中标人；

（三）投标人之间约定部分投标人放弃投标或者中标；

（四）属于同一集团、协会、商会等组织成员的投标人按照该组织要求协同投标；

（五）投标人之间为谋取中标或者排斥特定投标人而采取的其他联合行动。

第四十条　有下列情形之一的，视为投标人相互串通投标：

（一）不同投标人的投标文件由同一单位或者个人编制；

（二）不同投标人委托同一单位或者个人办理投标事宜；

（三）不同投标人的投标文件载明的项目管理成员为同一人；

（四）不同投标人的投标文件异常一致或者投标报价呈规律性差异；

（五）不同投标人的投标文件相互混装；

（六）不同投标人的投标保证金从同一单位或者个人的账户转出。

第四十一条　禁止招标人与投标人串通投标。

有下列情形之一的，属于招标人与投标人串通投标：

（一）招标人在开标前开启投标文件并将有关信息泄露给其他投标人；

（二）招标人直接或者间接向投标人泄露标底、评标委员会成员等信息；

（三）招标人明示或者暗示投标人压低或者抬高投标报价；

（四）招标人授意投标人撤换、修改投标文件；

（五）招标人明示或者暗示投标人为特定投标人中标提供方便；

（六）招标人与投标人为谋求特定投标人中标而采取的其他串通行为。

第四十二条　使用通过受让或者租借等方式获取的资格、资质证书投标的，属于招标投标法第三十三条规定的以他人名义投标。

投标人有下列情形之一的，属于招标投标法第三十三条规定的以其他方式弄虚作假的行为：

（一）使用伪造、变造的许可证件；

（二）提供虚假的财务状况或者业绩；

（三）提供虚假的项目负责人或者主要技术人员简历、劳动关系证明；

（四）提供虚假的信用状况；

（五）其他弄虚作假的行为。

第四十三条　提交资格预审申请文件的申请人应当遵守招标投标法和本条例有关投标人的规定。

第四章　开标、评标和中标

第四十四条　招标人应当按照招标文件规定的时间、地点开标。

投标人少于3个的，不得开标；招标人应当重新招标。

投标人对开标有异议的，应当在开标现场提出，招标人应当当场作出答复，并制作记录。

第四十五条　国家实行统一的评标专家专业分类标准和管理办法。具体标准和办法由国务院发展改革部门会同国务院有关部门制定。

省级人民政府和国务院有关部门应当组建综合评标专家库。

第四十六条　除招标投标法第三十七条第三款规定的特殊招标项目外，依法必须进行招标的项目，其评标委员会的专家成员应当从评标专家库内相关专业的专家名单中以随机抽取方式确定。任何单位和个人不得以明示、暗示等任何方式指定或者变相指定参加评标委员会的专家成员。

依法必须进行招标的项目的招标人非因招标投标法和本条例规定的事由，不得更换依法确定的评标委员会成员。更换评标委员会的专家成员应当依照前款规定进行。

评标委员会成员与投标人有利害关系的，应当主动回避。

有关行政监督部门应当按照规定的职责分工，对评标委员会成员的确定方式、评标专家的抽取和评标活动进行监督。行政监督部门的工作人员不得担任本部门负责监督项目的评标委员会成员。

第四十七条 招标投标法第三十七条第三款所称特殊招标项目，是指技术复杂、专业性强或者国家有特殊要求，采取随机抽取方式确定的专家难以保证胜任评标工作的项目。

第四十八条 招标人应当向评标委员会提供评标所必需的信息，但不得明示或者暗示其倾向或者排斥特定投标人。

招标人应当根据项目规模和技术复杂程度等因素合理确定评标时间。超过三分之一的评标委员会成员认为评标时间不够的，招标人应当适当延长。

评标过程中，评标委员会成员有回避事由、擅离职守或者因健康等原因不能继续评标的，应当及时更换。被更换的评标委员会成员作出的评审结论无效，由更换后的评标委员会成员重新进行评审。

第四十九条 评标委员会成员应当依照招标投标法和本条例的规定，按照招标文件规定的评标标准和方法，客观、公正地对投标文件提出评审意见。招标文件没有规定的评标标准和方法不得作为评标的依据。

评标委员会成员不得私下接触投标人，不得收受投标人给予的财物或者其他好处，不得向招标人征询确定中标人的意向，不得接受任何单位或者个人明示或者暗示提出的倾向或者排斥特定投标人的要求，不得有其他不客观、不公正履行职务的行为。

第五十条 招标项目设有标底的，招标人应当在开标时公布。标底只能作为评标的参考，不得以投标报价是否接近标底作为中标条件，也不得以投标报价超过标底上下浮动范围作为否决投标的条件。

第五十一条 有下列情形之一的，评标委员会应当否决其投标：

（一）投标文件未经投标单位盖章和单位负责人签字；

（二）投标联合体没有提交共同投标协议；

（三）投标人不符合国家或者招标文件规定的资格条件；

（四）同一投标人提交两个以上不同的投标文件或者投标报价，但招标文件要求提交备选投标的除外；

（五）投标报价低于成本或者高于招标文件设定的最高投标限价；

（六）投标文件没有对招标文件的实质性要求和条件作出响应；

（七）投标人有串通投标、弄虚作假、行贿等违法行为。

第五十二条 投标文件中有含义不明确的内容、明显文字或者计算错误，评标委员会认为需要投标人作出必要澄清、说明的，应当书面通知该投标人。投标人的澄清、说明应当采用书面形式，并不得超出投标文件的范围或者改变投标文件的实质性内容。

评标委员会不得暗示或者诱导投标人作出澄清、说明，不得接受投标人主动提出的澄清、说明。

第五十三条 评标完成后，评标委员会应当向招标人提交书面评标报告和中标候选人名单。中标候选人应当不超过 3 个，并标明排序。

评标报告应当由评标委员会全体成员

签字。对评标结果有不同意见的评标委员会成员应当以书面形式说明其不同意见和理由，评标报告应当注明该不同意见。评标委员会成员拒绝在评标报告上签字又不书面说明其不同意见和理由的，视为同意评标结果。

第五十四条 依法必须进行招标的项目，招标人应当自收到评标报告之日起3日内公示中标候选人，公示期不得少于3日。

投标人或者其他利害关系人对依法必须进行招标的项目的评标结果有异议的，应当在中标候选人公示期间提出。招标人应当自收到异议之日起3日内作出答复；作出答复前，应当暂停招标投标活动。

第五十五条 国有资金占控股或者主导地位的依法必须进行招标的项目，招标人应当确定排名第一的中标候选人为中标人。排名第一的中标候选人放弃中标、因不可抗力不能履行合同、不按照招标文件要求提交履约保证金，或者被查实存在影响中标结果的违法行为等情形，不符合中标条件的，招标人可以按照评标委员会提出的中标候选人名单排序依次确定其他中标候选人为中标人，也可以重新招标。

第五十六条 中标候选人的经营、财务状况发生较大变化或者存在违法行为，招标人认为可能影响其履约能力的，应当在发出中标通知书前由原评标委员会按照招标文件规定的标准和方法审查确认。

第五十七条 招标人和中标人应当依照招标投标法和本条例的规定签订书面合同，合同的标的、价款、质量、履行期限等主要条款应当与招标文件和中标人的投标文件的内容一致。招标人和中标人不得再行订立背离合同实质性内容的其他协议。

招标人最迟应当在书面合同签订后5日内向中标人和未中标的投标人退还投标保证金及银行同期存款利息。

第五十八条 招标文件要求中标人提交履约保证金的，中标人应当按照招标文件的要求提交。履约保证金不得超过中标合同金额的10%。

第五十九条 中标人应当按照合同约定履行义务，完成中标项目。中标人不得向他人转让中标项目，也不得将中标项目肢解后分别向他人转让。

中标人按照合同约定或者经招标人同意，可以将中标项目的部分非主体、非关键性工作分包给他人完成。接受分包的人应当具备相应的资格条件，并不得再次分包。

中标人应当就分包项目向招标人负责，接受分包的人就分包项目承担连带责任。

第五章 投诉与处理

第六十条 投标人或者其他利害关系人认为招标投标活动不符合法律、行政法规规定的，可以自知道或者应当知道之日起10日内向有关行政监督部门投诉。投诉应当有明确的请求和必要的证明材料。

就本条例第二十二条、第四十四条、第五十四条规定事项投诉的，应当先向招标人提出异议，异议答复期间不计算在前款规定的期限内。

第六十一条 投诉人就同一事项向两个以上有权受理的行政监督部门投诉的，由最先收到投诉的行政监督部门负责处理。

行政监督部门应当自收到投诉之日起3个工作日内决定是否受理投诉，并自受理投诉之日起30个工作日内作出书面处理决定；需要检验、检测、鉴定、专家评审的，所需时间不计算在内。

投诉人捏造事实、伪造材料或者以非法手段取得证明材料进行投诉的，行政监督部门应当予以驳回。

第六十二条 行政监督部门处理投诉，有权查阅、复制有关文件、资料，调查有关情况，相关单位和人员应当予以配合。必要时，行政监督部门可以责令暂停招标投标活动。

行政监督部门的工作人员对监督检查过程中知悉的国家秘密、商业秘密，应当依法予以保密。

第六章 法律责任

第六十三条 招标人有下列限制或者排斥潜在投标人行为之一的，由有关行政监督部门依照招标投标法第五十一条的规定处罚：

（一）依法应当公开招标的项目不按照规定在指定媒介发布资格预审公告或者招标公告；

（二）在不同媒介发布的同一招标项目的资格预审公告或者招标公告的内容不一致，影响潜在投标人申请资格预审或者投标。

依法必须进行招标的项目的招标人不按照规定发布资格预审公告或者招标公告，构成规避招标的，依照招标投标法第四十九条的规定处罚。

第六十四条 招标人有下列情形之一的，由有关行政监督部门责令改正，可以处10万元以下的罚款：

（一）依法应当公开招标而采用邀请招标；

（二）招标文件、资格预审文件的发售、澄清、修改的时限，或者确定的提交资格预审申请文件、投标文件的时限不符合招标投标法和本条例规定；

（三）接受未通过资格预审的单位或者个人参加投标；

（四）接受应当拒收的投标文件。

招标人有前款第一项、第三项、第四项所列行为之一的，对单位直接负责的主管人员和其他直接责任人员依法给予处分。

第六十五条 招标代理机构在所代理的招标项目中投标、代理投标或者向该项目投标人提供咨询的，接受委托编制标底的中介机构参加受托编制标底项目的投标或者为该项目的投标人编制投标文件、提供咨询的，依照招标投标法第五十条的规定追究法律责任。

第六十六条 招标人超过本条例规定的比例收取投标保证金、履约保证金或者不按照规定退还投标保证金及银行同期存款利息的，由有关行政监督部门责令改正，可以处5万元以下的罚款；给他人造成损失的，依法承担赔偿责任。

第六十七条 投标人相互串通投标或者与招标人串通投标的，投标人向招标人或者评标委员会成员行贿谋取中标的，中标无效；构成犯罪的，依法追究刑事责任；尚不构成犯罪的，依照招标投标法第五十三条的规定处罚。投标人未中标的，对单位的罚款金额按照招标项目合同金额依照招标投标法规定的比例计算。

投标人有下列行为之一的，属于招标投标法第五十三条规定的情节严重行为，由有关行政监督部门取消其1年至2年内参加依法必须进行招标的项目的投标资格：

（一）以行贿谋取中标；

（二）3年内2次以上串通投标；

（三）串通投标行为损害招标人、其他投标人或者国家、集体、公民的合法利益，造成直接经济损失30万元以上；

（四）其他串通投标情节严重的行为。

投标人自本条第二款规定的处罚执行期限届满之日起3年内又有该款所列违法行为之一的，或者串通投标、以行贿谋取中标情节特别严重的，由工商行政管理机关吊销营业执照。

法律、行政法规对串通投标报价行为的处罚另有规定的，从其规定。

第六十八条 投标人以他人名义投标或者以其他方式弄虚作假骗取中标的，中标无效；构成犯罪的，依法追究刑事责任；尚不构成犯罪的，依照招标投标法第五十四条的规定处罚。依法必须进行招标的项目的投标人未中标的，对单位的罚款金额按照招标项目合同金额依照招标投标法规定的比例计算。

投标人有下列行为之一的，属于招标投标法第五十四条规定的情节严重行为，由有关行政监督部门取消其1年至3年内参加依法必须进行招标的项目的投标资格：

（一）伪造、变造资格、资质证书或者其他许可证件骗取中标；

（二）3年内2次以上使用他人名义投标；

（三）弄虚作假骗取中标给招标人造成直接经济损失30万元以上；

（四）其他弄虚作假骗取中标情节严重的行为。

投标人自本条第二款规定的处罚执行期限届满之日起3年内又有该款所列违法行为之一的，或者弄虚作假骗取中标情节特别严重的，由工商行政管理机关吊销营业执照。

第六十九条 出让或者出租资格、资质证书供他人投标的，依照法律、行政法规的规定给予行政处罚；构成犯罪的，依法追究刑事责任。

第七十条 依法必须进行招标的项目的招标人不按照规定组建评标委员会，或者确定、更换评标委员会成员违反招标投标法和本条例规定的，由有关行政监督部门责令改正，可以处10万元以下的罚款，对单位直接负责的主管人员和其他直接责任人员依法给予处分；违法确定或者更换的评标委员会成员作出的评审结论无效，依法重新进行评审。

国家工作人员以任何方式非法干涉选取评标委员会成员的，依照本条例第八十一条的规定追究法律责任。

第七十一条 评标委员会成员有下列行为之一的，由有关行政监督部门责令改正；情节严重的，禁止其在一定期限内参加依法必须进行招标的项目的评标；情节特别严重的，取消其担任评标委员会成员的资格：

（一）应当回避而不回避；

（二）擅离职守；

（三）不按照招标文件规定的评标标准和方法评标；

（四）私下接触投标人；

（五）向招标人征询确定中标人的意向或者接受任何单位或者个人明示或者暗示提出的倾向或者排斥特定投标人的要求；

（六）对依法应当否决的投标不提出否决意见；

（七）暗示或者诱导投标人作出澄清、说明或者接受投标人主动提出的澄清、说明；

（八）其他不客观、不公正履行职务的行为。

第七十二条 评标委员会成员收受投标人的财物或者其他好处的，没收收受的财物，处3000元以上5万元以下的罚款，取消担任评标委员会成员的资格，不得再参加依法必须进行招标的项目的评标；构成犯罪的，依法追究刑事责任。

第七十三条 依法必须进行招标的项目的招标人有下列情形之一的，由有关行政监督部门责令改正，可以处中标项目金额10‰以下的罚款；给他人造成损失的，依法承担赔偿责任；对单位直接负责的主管人员和其他直接责任人员依法给予处分：

（一）无正当理由不发出中标通知书；

（二）不按照规定确定中标人；

（三）中标通知书发出后无正当理由改变中标结果；

（四）无正当理由不与中标人订立合同；

（五）在订立合同时向中标人提出附加条件。

第七十四条 中标人无正当理由不与招标人订立合同，在签订合同时向招标人提出附加条件，或者不按照招标文件要求提交履约保证金的，取消其中标资格，投标保证金不予退还。对依法必须进行招标的项目的中标人，由有关行政监督部门责令改正，可以处中标项目金额10‰以下的罚款。

第七十五条 招标人和中标人不按照招标文件和中标人的投标文件订立合同，合同的主要条款与招标文件、中标人的投标文件的内容不一致，或者招标人、中标人订立背离合同实质性内容的协议的，由有关行政监督部门责令改正，可以处中标项目金额5‰以上10‰以下的罚款。

第七十六条 中标人将中标项目转让给他人的，将中标项目肢解后分别转让给他人的，违反招标投标法和本条例规定将中标项目的部分主体、关键性工作分包给他人的，或者分包人再次分包的，转让、分包无效，处转让、分包项目金额5‰以上10‰以下的罚款；有违法所得的，并处没收违法所得；可以责令停业整顿；情节严重的，由工商行政管理机关吊销营业执照。

第七十七条 投标人或者其他利害关系人捏造事实、伪造材料或者以非法手段取得证明材料进行投诉，给他人造成损失的，依法承担赔偿责任。

招标人不按照规定对异议作出答复，继续进行招标投标活动的，由有关行政监督部门责令改正，拒不改正或者不能改正并影响中标结果的，依照本条例第八十一条的规定处理。

第七十八条 国家建立招标投标信用制度。有关行政监督部门应当依法公告对招标人、招标代理机构、投标人、评标委员会成员等当事人违法行为的行政处理决定。

第七十九条 项目审批、核准部门不依法审批、核准项目招标范围、招标方式、招标组织形式的，对单位直接负责的主管人员和其他直接责任人员依法给予处分。

有关行政监督部门不依法履行职责，对违反招标投标法和本条例规定的行为不依法查处，或者不按照规定处理投诉、不依法公告对招标投标当事人违法行为的行政处理决定的，对直接负责的主管人员和其他直接责任人员依法给予处分。

项目审批、核准部门和有关行政监督部门的工作人员徇私舞弊、滥用职权、玩忽职守，构成犯罪的，依法追究刑事责任。

第八十条 国家工作人员利用职务便利，以直接或者间接、明示或者暗示等任何方式非法干涉招标投标活动，有下列情形之一的，依法给予记过或者记大过处分；情节严重的，依法给予降级或者撤职处分；情节特别严重的，依法给予开除处分；构成犯罪的，依法追究刑事责任：

（一）要求对依法必须进行招标的项目不招标，或者要求对依法应当公开招标的项目不公开招标；

（二）要求评标委员会成员或者招标人以其指定的投标人作为中标候选人或者中标人，或者以其他方式非法干涉评标活动，影响中标结果；

（三）以其他方式非法干涉招标投标活动。

第八十一条 依法必须进行招标的项目的招标投标活动违反招标投标法和本条例的规定，对中标结果造成实质性影响，且不能采取补救措施予以纠正的，招标、投标、中标无效，应当依法重新招标或者评标。

第七章　附　　则

第八十二条 招标投标协会按照依法制定的章程开展活动，加强行业自律和服务。

第八十三条 政府采购的法律、行政法规对政府采购货物、服务的招标投标另有规定的，从其规定。

第八十四条 本条例自2012年2月1日起施行。

工程建设项目申报材料增加招标内容和核准招标事项暂行规定

（国家计委2001年第9号令，根据2013年国家发展改革委第23号令修正，2001年6月18日）

根据2013年3月11日九部委《关于废止和修改部分招标投标规章和规范性文件的决定》（国家发展改革委令第23号）修正，自2013年5月1日起施行。

第一条 为了规范工程建设项目的招标活动，依据《中华人民共和国招标投标法》、《中华人民共和国招标投标法实施条例》，制定本规定。

第二条 本规定适用于《工程建设项目招标范围和规模标准规定》（国家发展计划委员会令第3号）中规定的依法必须进行招标且按照国家有关规定需要履行项目审批、核准手续的各类工程建设项目。

第三条 本规定第二条包括的工程建设项目，必须在报送的项目可行性研究报告或者资金申请报告、项目申请报告中增加有关招标的内容。

第四条 增加的招标内容包括：

（一）建设项目的勘察、设计、施工、监理以及重要设备、材料等采购活动的具体招标范围（全部或者部分招标）；

（二）建设项目的勘察、设计、施工、监理以及重要设备、材料等采购活动拟采用的招标组织形式（委托招标或者自行招标）；拟自行招标的，还应按照《工程建设项目自行招标试行办法》（国家发展计划委员会令第5号）规定报送书面材料；

（三）建设项目的勘察、设计、施工、监理以及重要设备、材料等采购活动拟采用的招标方式（公开招标或者邀请招标）；国家发展改革委确定的国家重点项目和省、自治区、直辖市人民政府确定的地方重点项目，拟采用邀请招标的，应对采用邀请招标的理由作出说明；

（四）其他有关内容。

报送招标内容时应附招标基本情况表（表式见附表一）。

第五条 属于下列情况之一的，建设项目可以不进行招标。但在报送可行性研究报告或者资金申请报告、项目申请报告中须提出不招标申请，并说明不招标原因：

（一）涉及国家安全、国家秘密、抢险救灾或者属于利用扶贫资金实行以工代赈、需要使用农民工等特殊情况，不适宜进行招标；

（二）建设项目的勘察、设计，采用不可替代的专利或者专有技术，或者其建筑艺术造型有特殊要求；

（三）承包商、供应商或者服务提供者少于三家，不能形成有效竞争；

（四）采购人依法能够自行建设、生产或者提供；

（五）已通过招标方式选定的特许经营项目投资人依法能够自行建设、生产或者提供；

（六）需要向原中标人采购工程、货物或者服务，否则将影响施工或者配套要求；

（七）国家规定的其他特殊情形。

第六条 经项目审批、核准部门审批、核准，工程建设项目因特殊情况可以在报送可行性研究报告或者资金申请报告、项目申请报告前先行开展招标活动，但应在报送的可行性研究报告或者资金申请报告、项目申请报告中予以说明。项目审批部门认定先行开展的招标活动中有违背法律、法规的情形的，应要求其纠正。

第七条 在项目可行性研究报告或者资金申请报告、项目申请报告中增加的招标内容，作为附件与可行性研究报告或者资金申请报告、项目申请报告一同报送。

第八条 项目审批、核准部门应依据法律、法规规定的权限，对项目建设单位拟定的招标范围、招标组织形式、招标方式等内容提出是否予以审批、核准的意见。项目审批、核准部门对招标事项审批、核准意见格式见附表二。

第九条 审批、核准招标事项，按以下分工办理：

（一）应报送国家发展改革委审批和国家发展改革委核报国务院审批的建设项目，由国家发展改革委审批；

（二）应报送国务院行业主管部门审批的建设项目，由国务院行业主管部门审批；

（三）应报送地方人民政府发展改革部门审批和地方人民政府发展改革部门核报地方人民政府审批的建设项目，由地方人民政府发展改革部门审批；

（四）按照规定应报送国家发展改革委核准的建设项目，由国家发展改革委核准；

（五）按照规定应报送地方人民政府发展改革部门核准的建设项目，由地方人民政府发展改革部门核准。

第十条 使用国际金融组织或者外国政府资金的建设项目，资金提供方对建设项目报送招标内容有规定的，从其规定。

第十一条 项目建设单位在招标活动中对审批、核准的招标范围、招标组织形式、招标方式等作出改变的，应向原审批、核准部门重新办理有关审批、核准手续。

第十二条 项目审批、核准部门应将审批、核准建设项目招标内容的意见抄送有关行政监督部门。

第十三条 项目建设单位在报送招标内容中弄虚作假，或者在招标活动中违背项目审批、核准部门审批、核准事项，由项目审批、核准部门和有关行政监督部门依法处罚。

第十四条 本规定由国家发展改革委解释。

第十五条 本规定自发布之日起施行。

附表一：招标基本情况表

附表二：审批部门核准意见

附表一

招标基本情况表

建设项目名称：

	招标范围		招标组织形式		招标方式		不采用招标方式	招标估算金额（万元）	备注
	全部招标	部分招标	自行招标	委托招标	公开招标	邀请招标			
勘察									
设计									
建筑工程									
安装工程									
监理									
设备									
重要材料									
其他									
情况说明： 建设单位盖章： 年　月　日									

注：情况说明在表内填写不下，可另附页。

附表二

审批部门核准意见

建设项目名称：

	招标范围		招标组织形式		招标方式		不采用招标方式
	全部招标	部分招标	自行招标	委托招标	公开招标	邀请招标	
勘察							
设计							
建筑工程							
安装工程							
监理							
设备							
重要材料							
其他							
审批部门核准意见说明： 审批部门盖章： 年　月　日							

注：审批部门在空格注明“核准”或者“不予核准”。

必须招标的工程项目规定

（国家发展改革委2018年第16号令，2018年3月27日）

《必须招标的工程项目规定》已经国务院批准，现予公布，自2018年6月1日起施行。

第一条 为了确定必须招标的工程项目，规范招标投标活动，提高工作效率、降低企业成本、预防腐败，根据《中华人民共和国招标投标法》第三条的规定，制定本规定。

第二条 全部或者部分使用国有资金投资或者国家融资的项目包括：

（一）使用预算资金200万元人民币以上，并且该资金占投资额10%以上的项目；

（二）使用国有企业事业单位资金，并且该资金占控股或者主导地位的项目。

第三条 使用国际组织或者外国政府贷款、援助资金的项目包括：

（一）使用世界银行、亚洲开发银行等国际组织贷款、援助资金的项目；

（二）使用外国政府及其机构贷款、援助资金的项目。

第四条 不属于本规定第二条、第三条规定情形的大型基础设施、公用事业等关系社会公共利益、公众安全的项目，必须招标的具体范围由国务院发展改革部门会同国务院有关部门按照确有必要、严格限定的原则制订，报国务院批准。

第五条 本规定第二条至第四条规定范围内的项目，其勘察、设计、施工、监理以及与工程建设有关的重要设备、材料等的采购达到下列标准之一的，必须招标：

（一）施工单项合同估算价在400万元人民币以上；

（二）重要设备、材料等货物的采购，单项合同估算价在200万元人民币以上；

（三）勘察、设计、监理等服务的采购，单项合同估算价在100万元人民币以上。

同一项目中可以合并进行的勘察、设计、施工、监理以及与工程建设有关的重要设备、材料等的采购，合同估算价合计达到前款规定标准的，必须招标。

第六条 本规定自2018年6月1日起施行。

国家发展改革委关于印发《必须招标的基础设施和公用事业项目范围规定》的通知

（发改法规规〔2018〕843号，2018年6月6日）

各省、自治区、直辖市人民政府，国务院各部委、各直属机构：

《必须招标的基础设施和公用事业项目范围规定》已经国务院批准，现印发你们，请按照执行。

附件：必须招标的基础设施和公用事业项目范围规定

附件

必须招标的基础设施和公用事业项目范围规定

第一条 为明确必须招标的大型基础设施和公用事业项目范围，根据《中华人民共和国招标投标法》和《必须招标的工程项目规定》，制定本规定。

第二条 不属于《必须招标的工程项目规定》第二条、第三条规定情形的大型基础设施、公用事业等关系社会公共利益、公众安全的项目，必须招标的具体范围包括：

（一）煤炭、石油、天然气、电力、新能源等能源基础设施项目；

（二）铁路、公路、管道、水运，以及公共航空和A1级通用机场等交通运输基础设施项目；

（三）电信枢纽、通信信息网络等通信基础设施项目；

（四）防洪、灌溉、排涝、引（供）水等水利基础设施项目；

（五）城市轨道交通等城建项目。

第三条 本规定自2018年6月6日起施行。

固定资产投资项目节能审查办法

（国家发展改革委2016年第44号令，2016年11月27日）

《固定资产投资项目节能审查办法》已经国家发展和改革委员会主任办公会审议通过，现予发布，自2017年1月1日起施行。2010年9月17日颁布的《固定资产投资项目节能评估和审查暂行办法》（国家发展和改革委员会令第6号）同时废止。

第一条 为促进固定资产投资项目科学合理利用能源，从源头上杜绝能源浪费，提高能源利用效率，加强能源消费总量管理，根据《中华人民共和国节约能源法》、《中华人民共和国行政许可法》、《公共机构节能条例》，制定本办法。

第二条 本办法适用于各级人民政府投资主管部门管理的在我国境内建设的固定资产投资项目。本办法所称节能审查，是指根据节能法律法规、政策标准等，对项目节能情况进行审查并形成审查意见的行为。

第三条 固定资产投资项目节能审查意见是项目开工建设、竣工验收和运营管理的重要依据。政府投资项目，建设单位在报送项目可行性研究报告前，需取得节能审查机关出具的节能审查意见。企业投资项目，建设单位需在开工建设前取得节能审查机关出具的节能审查意见。未按本办法规定进行节能审查，或节能审查未通过的项目，建设单位不得开工建设，已经建成的不得投入生产、使用。

第四条 国家发展改革委负责制定节能审查的相关管理办法，组织编制技术标准、规范和指南，开展业务培训，依据各地能源消耗总量和强度目标完成情况，对各地新上重大高耗能项目的节能审查工作进行督导。

第五条 固定资产投资项目节能审查由地方节能审查机关负责。

国家发展改革委核报国务院审批以及国家发展改革委审批的政府投资项目，建设单位在报送项目可行性研究报告前，需取得省级节能审查机关出具的节能审查意见。国家发展改革委核报国务院核准以及国家发展改革委核准的企业投资项目，建设单位需在开工建设前取得省级节能审查机关出具的节能审查意见。

年综合能源消费量5000吨标准煤以上（改扩建项目按照建成投产后年综合能源消费增量计算，电力折算系数按当量值，下同）的固定资产投资项目，其节能审查由省级节能审查机关负责。其他固定资产投资项目，其节能审查管理权限由省级节能审查机关依据实际情况自行决定。

第六条 年综合能源消费量不满1000吨标准煤，且年电力消费量不满500万千瓦时的固定资产投资项目，以及用能工艺简单、节能潜力小的行业（具体行业目录由国家发展改革委制定并公布）的固定资产投资项目应按照相关节能标准、规范建设，不再单独进行节能审查。

第七条 建设单位应编制固定资产投资项目节能报告。项目节能报告应包括下列内容：分析评价依据；项目建设方案的节能分析和比选，包括总平面布置、生产工艺、用能工艺、用能设备和能源计量器具等方面；选取节能效果好、技术经济可行的节能技术和管理措施；项目能源消费量、能源消费结构、能源效率等方面的分析；对所在地完成能源消耗总量和强度目标、煤炭消费减量替代目标的影响等方面的分析评价。

第八条 节能审查机关受理节能报告后，应委托有关机构进行评审，形成评审意见，作为节能审查的重要依据。节能审查应依据项目是否符合节能有关法律法规、标准规范、政策；项目用能分析是否客观准确，方法是否科学，结论是否准确；节能措施是否合理可行；项目的能源消费量和能效水平是否满足本地区能源消耗总量和强度“双控”管理要求等对项目节能报告进行审查。

第九条 节能审查机关应在法律规定的时限内出具节能审查意见。节能审查意见自印发之日起2年内有效。

通过节能审查的固定资产投资项目，建设内容、能效水平等发生重大变动的，建设单位应向节能审查机关提出变更申请。

第十条 固定资产投资项目投入生产、使用前，应对其节能审查意见落实情况进行验收。

第十一条 固定资产投资项目节能审查应纳入投资项目在线审批监管平台统一管理，实行网上受理、办理、监管和服务，实现审查过程和结果的可查询、可监督。

第十二条 节能审查机关应加强节能审查信息的统计分析，强化事中事后监管，对节能审查意见落实情况进行监督检查。省级节能审查机关应按季度向国家发展改革委报送本地区节能审查实施情况。

国家发展改革委实施全国节能审查信息动态监管，对各地节能审查实施情况进行定期巡查，对重大项目节能审查意见落实情况进行不定期抽查，对违法违规问题进行公开，并依法给予行政处罚。

第十三条 对未按本办法规定进行节能审查，或节能审查未获通过，擅自开工建设或擅自投入生产、使用的固定资产投资项目，由节能审查机关责令停止建设或停止生产、使用，限期改造；不能改造或逾期不改造的生产性项目，由节能审查机关报请本级人民政府按照国务院规定的权限责令关闭；并依法追究有关责任人的责任。

以拆分项目、提供虚假材料等不正当手段通过节能审查的固定资产投资项目，由节能审查机关撤销项目的节能审查意见。

未落实节能审查意见要求的固定资产投资项目，节能审查机关责令建设单位限期整改。不能改正或逾期不改正的，节能审查机关按照法律法规的有关规定进行处罚。

负责审批政府投资项目的工作人员，对未进行节能审查或节能审查未获通过的项目，违反本办法规定予以批准的，依法给予处分。

第十四条 节能审查机关对建设单位、中介机构等的违法违规信息进行记录，将违法违规信息纳入全国信用信息共享平台和投资项目审批监管平台，在“信用中国”网站向社会公开。

第十五条 固定资产投资项目节能评审、业务培训、监督检查，以及标准指南编制等工作经费，按照国家有关规定纳入部门预算，并按照规定程序向同级财政部门申请。

第十六条 省级节能审查机关可根据《中华人民共和国节约能源法》和本办法，制定具体实施办法。

第十七条 本办法由国家发展和改革委员会负责解释。

第十八条 本办法自2017年1月1日起施行。原《固定资产投资项目节能评估和审查暂行办法》（国家发展和改革委员会令第6号）同时废止。

国家发展改革委关于印发《不单独进行节能审查的行业目录》的通知

（发改环资规〔2017〕1975 号，2017 年 11 月 15 日）

中直管理局，教育部、工业和信息化部、财政部、住房城乡建设部、交通运输部、商务部、国资委、质检总局、统计局、银监会、国管局、能源局、粮食局，各省、自治区、直辖市及计划单列市、新疆生产建设兵团发展改革委，有关地区经信委（工信委、工信厅、经信局），浙江省能源局：

为进一步深化“放管服”改革，根据《中华人民共和国节约能源法》《固定资产投资项目节能审查办法》（国家发展改革委 2016 年第 44 号令），现将《不单独进行节能审查的行业目录》印发给你们，并就有关事项通知如下。

一、对于本目录中的项目，建设单位可不编制单独的节能报告，可在项目可行性研究报告或项目申请报告中对项目能源利用情况、节能措施情况和能效水平进行分析。

二、节能审查机关对本目录中的项目不再单独进行节能审查，不再出具节能审查意见。

三、建设单位投资建设本目录中的项目应按照相关节能标准、规范建设，采用节能技术、工艺和设备，加强节能管理，不断提高项目能效水平。

四、各地节能管理部门应依据《中华人民共和国节约能源法》《固定资产投资项目节能审查办法》和《节能监察办法》（国家发展改革委 2016 年第 33 号令），对本目录中项目进行监督管理，对违反节能法律法规、标准规范的项目进行处罚。

五、年综合能源消费量不满 1000 吨标准煤，且年电力消费量不满 500 万千瓦时的固定资产投资项目，以及涉及国家秘密的项目参照适用以上规定。

六、本通知自印发之日起执行。

附件：不单独进行节能审查的行业目录

附件

不单独进行节能审查的行业目录

风电站

光伏电站（光热）

生物质能

地热能

核电站

水电站

抽水蓄能电站

电网工程

输油管网、输气管网

水利

铁路（含独立铁路桥梁、隧道）

公路

城市道路

内河航运

信息（通信）网络（不含数据中心）、电子政务

卫星地面系统

国家发展改革委 中央军委战略规划办公室关于印发《经济建设与国防密切相关的建设项目贯彻国防要求管理办法（试行）》的通知

（发改国防规〔2017〕2250号，2017年12月27日）

各省、自治区、直辖市及计划单列市人民政府，新疆生产建设兵团，国务院各部委、各直属机构，各战区、各军兵种、军委机关各部门、军事科学院、国防大学、国防科技大学、武警部队：

《经济建设与国防密切相关的建设项目贯彻国防要求管理办法（试行）》已经中央军民融合发展委员会第二次全体会议审议通过，并报经国务院、中央军委同意，现印发你们，请认真贯彻执行。

附件：经济建设与国防密切相关的建设项目贯彻国防要求管理办法（试行）

附件

经济建设与国防密切相关的建设项目贯彻国防要求管理办法（试行）

第一章　总　　则

第一条　为贯彻落实军民融合发展战略，推动经济建设和国防建设深度融合发展，加强经济建设项目贯彻国防要求的规范管理，根据《中华人民共和国国防动员法》、《经济建设与国防密切相关的建设项目目录》（以下简称《目录》）及投资项目管理等相关规定，制定本办法。

第二条　本办法所称建设项目（以下简称“项目”），是指属于《目录》范围，根据军事需求在新建和改扩建中需采取必要的工程技术措施、兼顾特定国防功能的固定资产投资项目。

第三条　项目贯彻国防要求，要按照统一领导、分级管理，统筹衔接、同步建设，军民兼容、平战结合，需求明确、经济有效的原则，实现一份投入多重产出。

第四条　项目和需求的对接实行两级管理。国家层面，国务院有关部门与中央军委机关有关部门对接后，由国家发展改革委和中央军委战略规划办公室汇总平衡；地方层面，统一汇总到省级发展改革委，与同级军事机关组织对接并研究确定，难以确定的，报上一级军地主管部门组织协调。

第五条　项目贯彻国防要求的相关建设内容，优先采用民用标准和技术规范。民用标准和技术规范不能满足国防要求的，按国家军用标准和技术规范执行；没有国家军用标准和技术规范的，由军地有关部门研究明确相关要求，制定相应标准规范。

第六条　贯彻国防要求的项目，执行国家关于固定资产投资项目管理的有关规定和基本程序，严格事中事后监管。

项目决策和管理原则上应纳入投资项目在线审批监管平台，统一编码和规范审批。非涉密项目要实现一口受理、网上办理、流程监控、限时办结，并按规定进行信息公开。涉密项目按有关规定办理，健全管理流程和记录、流转、归档等制度，完善内部监管机制。

第七条 项目贯彻国防要求所增加的经费，按照国家有关规定需要给予补助的，由中央和地方财政部门按事权划分，落实资金保障。

第二章 职 责 分 工

第八条 国家发展改革委会同中央军委战略规划办公室，负责贯彻国防要求项目的统筹规划、综合平衡、协调衔接、信息汇总，以及职责范围内的项目审批和核准。中央军委战略规划办公室会同军事需求等职能部门，负责组织军事需求的论证提报、综合平衡和审核，按军队有关规定程序办理；负责会签国家发展改革委审批、核准的贯彻国防要求的项目。

第九条 国务院行业管理部门及有关单位与中央军委机关业务部门对口负责相应行业（领域）的项目和需求对接；负责职责范围内的项目审批、核准和备案以及信息报送。中央军委机关业务部门负责组织战区、军兵种论证提出相应行业（领域）的军事需求及信息报送；负责会签对口行业管理部门审批、核准的贯彻国防要求的项目。

第十条 县级及以上地方人民政府有关部门按职责对属于《目录》范围的项目，报省级发展改革委汇总，由省级发展改革委与同级军事机关对接；省级军事机关会同战区和军兵种有关部门研究确认区域内项目贯彻国防要求的具体内容。

县级及以上地方人民政府有关部门按权限负责贯彻国防要求项目的审批、核准、备案及信息报送，并书面征求同级军事机关意见。

第十一条 项目单位负责贯彻国防要求项目的相关文件编制、组织实施、信息报送，以及法律法规规定的其他事项。

第三章 项目清单和前期工作

第十二条 国务院、地方人民政府的有关部门在编制规划过程中，涉及《目录》相关项目的，应当书面征求军队有关单位意见，提出贯彻国防要求的项目建议清单。

规划编制过程中未形成项目建议清单的，应当在规划编制完成后提出项目建议清单。未列入规划内的项目，需贯彻国防要求的，按本办法第四条原则衔接后提出项目建议清单。

第十三条 国家发展改革委会同中央军委战略规划办公室汇总、平衡各级各部门项目建议清单后，按确需、可能、效益最大化原则要求，加强军地联审联查，编制印发总体项目清单。总体项目清单实行动态管理，根据需要适时补充完善。

第十四条 军地相关部门和单位根据总体项目清单，组织开展贯彻国防要求项目的前期工作，衔接确定贯彻国防要求的具体内容，并纳入项目相关文件。

国家层面的项目，由国务院有关部门与中央军委机关有关部门组织落实前期工作。地方层面的项目，由省级发展改革委会同省级军事机关向所在战区军事需求部门确认后，组织落实前期工作。

各战区军事需求部门根据总体项目清单，组织本战区军兵种和战区机关等单位研究论证，提出项目贯彻国防要求的具体战术、技术指标和要求，抄送战区内省级发展改革委和同级军事机关。

第四章 审批制、核准制项目贯彻国防要求

第十五条 贯彻国防要求总体项目清单的项目纳入国家重大建设项目库管理。

第十六条 项目单位在填报入库项目信息时，应当根据总体项目清单，明确填写本项目所属《目录》类别。

第十七条 项目单位在编制项目建议

书、可行性研究报告、初步设计、项目申请报告时，应当将贯彻国防要求的内容一并编入和上报。

项目建议书、可行性研究报告、初步设计、项目申请报告应当将贯彻国防要求的内容单列专篇，专篇内容主要包括贯彻国防要求的依据和要求、建设方案、投资需求等。

第十八条 贯彻国防要求的内容原则上随原项目一并审批、核准。国务院、地方人民政府的有关部门审批、核准的贯彻国防要求的项目，应当将审批、核准文件抄送同级发展改革部门和军队有关部门（单位）。

第十九条 审批制项目贯彻国防要求所增加的投资，原则上随项目一并安排。确需单独安排的，项目单位应当编报贯彻国防要求内容的资金申请报告。

核准制项目贯彻国防要求所增加的投资，既可以随项目核准一并安排，也可以单独安排。单独安排的，项目单位应当编报贯彻国防要求内容的资金申请报告。

第五章　备案制项目贯彻国防要求

第二十条 对于备案制项目，备案机关在收到项目备案申请后，应当对照《目录》和总体项目清单。属于总体项目清单范围内的项目，参照本办法第三章相关程序办理；不属于总体项目清单，但属于《目录》范围的项目，备案机关应当书面征求军事机关意见，有关军事机关在规定时限提出是否需要贯彻国防要求的意见。

第二十一条 凡是明确需要贯彻国防要求的备案制项目，项目单位应当在开工前，落实军事机关明确的内容和具体要求，并随项目一并实施。

第二十二条 备案制项目贯彻国防要求的内容建成并验收后，可以编报贯彻国防要求内容的资金申请报告，按渠道申请资金补助。

第六章　特殊管理事项

第二十三条 项目贯彻国防要求的内容和方案发生变化，影响军事需求的战术、技术指标实现的，项目单位应当书面征求项目原审批、核准、备案机关和军事需求提出部门（单位）意见，并按相关规定办理变更手续。

第二十四条 贯彻国防要求的内容涉密，属于以下情况的，可以单独办理：

（一）原项目不涉密，贯彻国防要求的内容涉密的；

（二）贯彻国防要求内容涉密等级高于原项目涉密等级的；

（三）贯彻国防要求涉密内容招标的，按有关规定执行。

第二十五条 项目贯彻国防要求的内容，原则上随原项目一并验收，并邀请军事需求提出单位等参加。确需单独组织验收，由军事需求提出单位组织实施。验收结果报省级发展改革委和同级军事机关，抄报国家发展改革委、中央军委战略规划办公室等相关部门。

第二十六条 贯彻国防要求的内容，由军队有关部门（单位）商地方有关部门（单位），确定运行维护主体、使用管理权责等事项。军队有关部门（单位）联合政府有关部门，对贯彻国防要求内容的安全、完整、有效性进行抽检，并视情组织后评价。

第二十七条 每年十月底前，国务院行业管理部门、省级发展改革委负责汇总本部门、本地区上一年度十月至本年度九月贯彻国防要求的项目信息，并提出下一年度需要贯彻国防要求的项目建议清单，报国家发展改革委，抄送中央军委战略规划办公室。军队系统的信息报送，由中央军委战略规划办公室明确。

第七章 法律责任

第二十八条 国务院有关部门、军队有关部门和地方政府有关部门违反有关规定的，按相关法律法规追究责任。构成犯罪的，依法追究刑事责任。

第二十九条 项目单位明知项目需要贯彻国防要求而不申报的、项目实施中未落实国防要求相关内容或者未达到要求的，由项目主管部门责令其限期改正；逾期不改正的，采取暂停项目审批，暂停下达年度投资计划、核减补助资金、通报批评等措施，予以惩戒。构成犯罪的，依法追究刑事责任。

第三十条 对承担贯彻国防要求项目的单位和个人，各级人民政府的发展改革部门建立信用记录，纳入全国信用信息共享平台，并按照有关规定予以公开。对严重失信的单位和个人，按信用管理有关规定实施联合惩戒。

第三十一条 对贯彻国防要求表现突出的单位和个人，按有关规定给予表彰和奖励。

第八章 附 则

第三十二条 项目贯彻国防要求已有相关规定办法的，原则上从其规定。项目办理过程中，应按本办法书面征求相关部门意见，并提供项目相关信息。

第三十三条 国务院有关部门、省级及以下人民政府、军队有关部门和单位可根据本办法制定实施细则。

第三十四条 本办法由国家发展改革委、中央军委战略规划办公室负责解释。

第三十五条 本办法自发布之日起施行，有效期五年。

国家档案局 国家发展和改革委员会关于印发《重大建设项目档案验收办法》的通知

（档发〔2006〕2号，2006年6月14日）

各省、自治区、直辖市、计划单列市及新疆生产建设兵团档案局、发展改革委、经委（经贸委），中央和国家机关各部门（直属机构）、各中央管理企业：

为贯彻《国务院关于投资体制改革的决定》，加强重大建设项目档案管理，规范建设项目档案专项验收工作，使档案工作更好地为建设项目的建设、运行和管理服务，根据《中华人民共和国档案法》及有关规定，特制定《重大建设项目档案验收办法》，现印发给你们，请认真贯彻执行。各地区、各部门可结合实际情况制定实施细则。各级档案部门和发展改革部门要加强协调，相互配合，共同做好重大建设项目档案验收工作。

重大建设项目档案验收办法

第一章 总 则

第一条 为加强重大建设项目档案管理工作，确保重大建设项目档案的完整、准确、系统和安全，根据《中华人民共和国档案法》和国家有关规定制定本办法。

第二条 本办法适用于各级政府投资主管部门组织或委托组织进行竣工验收的固定资产投资项目（以下简称项目）。

本办法所称各级政府投资主管部门是指各级政府发展改革部门和具有投资管理职能的经济（贸易）部门。

第三条 项目档案是项日建设、管理过程中形成的，具有保存价值的各种形式的历史记录。

第四条 项目档案验收是项目竣工验收的重要组成部分。未经档案验收或档案验收不合格的项目，不得进行或通过项目的竣工验收。

第五条 项目建设单位（法人）应将项目档案工作纳入项目建设管理程序，与项目建设实行同步管理，建立项目档案工作领导责任制和相关人员岗位责任制。

第二章 验收组织

第六条 项目档案验收的组织：

（一）国家发展和改革委员会组织验收的项目，由国家档案局组织项目档案的验收；

（二）国家发展和改革委员会委托中央主管部门（含中央管理企业，下同）、省级政府投资主管部门组织验收的项目，由中央主管部门档案机构、省级档案行政管理部门组织项目档案的验收，验收结果报国家档案局备案；

（三）省以下各级政府投资主管部门组织验收的项目，由同级档案行政管理部门组织项目档案的验收；

（四）国家档案局对中央主管部门档案机构、省级档案行政管理部门组织的项目档案验收进行监督、指导。项目主管部门、各级档案行政管理部门应加强项目档案验收前的指导和咨询，必要时可组织预检。

第七条 项目档案验收组的组成：

（一）国家档案局组织的项目档案验收，验收组由国家档案局、中央主管部门、项目所在地省级档案行政管理部门等单位组成。

（二）中央主管部门档案机构组织的项目档案验收，验收组由中央主管部门档案机构及项目所在地省级档案行政管理部门等单位组成。

（三）省级及省以下各级档案行政管理部门组织的项目档案验收，由档案行政管理部门、项目主管部门等单位组成。

（四）凡在城市规划区范围内建设的项目，项目档案验收组成员应包括项目所在地的城建档案接收单位。

（五）项目档案验收组人数为不少于 5 人的单数，组长由验收组织单位人员担任。必要时可邀请有关专业人员参加验收组。

第三章 验 收 申 请

第八条 项目建设单位（法人）应向项目档案验收组织单位报送档案验收申请报告，并填报《重大建设项目档案验收申请表》（附件 1）。项目档案验收组织单位应在收到档案验收申请报告的 10 个工作日内作出答复。

第九条 申请项目档案验收应具备下列条件：

（一）项目主体工程和辅助设施已按照设计建成，能满足生产或使用的需要；

（二）项目试运行指标考核合格或者达到设计能力；

（三）完成了项目建设全过程文件材料的收集、整理与归档工作；

（四）基本完成了项目档案的分类、组卷、编目等整理工作。

第十条 项目档案验收前，项目建设单位（法人）应组织项目设计、施工、监理等方面负责人以及有关人员，根据档案工作的相关要求，依照《重大建设项目档案验收内容及要求》（附件 2）进行全面自检。

第十一条 项目档案验收申请报告的主要内容包括：

（一）项目建设及项目档案管理概况；

（二）保证项目档案的完整、准确、系统所采取的控制措施；

（三）项目文件材料的形成、收集、整理与归档情况，竣工图的编制情况及质量状况；

（四）档案在项目建设、管理、试运行中的作用；

（五）存在的问题及解决措施。

第四章 验 收 要 求

第十二条 项目档案验收应在项目竣工验收 3 个月之前完成。

第十三条 项目档案验收以验收组织单位召集验收会议的形式进行。

第十四条 项目档案验收组全体成员参加项目档案验收会议，项目的建设单位（法人）、设计、施工、监理和生产运行管理或使用单位的有关人员列席会议。

第十五条 项目档案验收会议的主要议程包括：

（一）项目建设单位（法人）汇报项目建设概况、项目档案工作情况；

（二）监理单位汇报项目档案质量的审核情况；

（三）项目档案验收组检查项目档案及档案管理情况；

（四）项目档案验收组对项目档案质量进行综合评价；

（五）项目档案验收组形成并宣布项目档案验收意见。

第十六条 检查项目档案，采用质询、现场查验、抽查案卷的方式。抽查档案的数量应不少于 100 卷，抽查重点为项目前期管理性文件、隐蔽工程文件、竣工文件、质检文件、重要合同、协议等。

第十七条 项目档案验收应根据DA/T 28—2002《国家重大建设项目文件归档要求与档案整理规范》，对项目档案的完整性、准确性、系统性进行评价。

第十八条 项目档案验收意见的主要内容包括：

（一）项目建设概况；

（二）项目档案管理情况，包括：项目档案工作的基础管理工作，项目文件材料的形成、收集、整理与归档情况，竣工图的编制情况及质量，档案的种类、数量，档案的完整性、准确性、系统性及安全性评价，档案验收的结论性意见；

（三）存在问题、整改要求与建议。

第十九条 项目档案验收结果分为合格与不合格。项目档案验收组半数以上成员同意通过验收的为合格。

第二十条 项目档案验收合格的项目，由项目档案验收组出具项目档案验收意见。

第二十一条 项目档案验收不合格的项目，由项目档案验收组提出整改意见，要求项目建设单位（法人）于项目竣工验收前对存在的问题限期整改，并进行复查。复查后仍不合格的，不得进行竣工验收，并由项目档案验收组提请有关部门对项目建设单位（法人）通报批评。造成档案损失的，应依法追究有关单位及人员的责任。

第五章 附 则

第二十二条 本办法由国家档案局负责解释。

第二十三条 其他建设项目的档案验收工作，可参照本办法执行。

第二十四条 本办法自颁布之日起施行。

附件：1.《重大建设项目档案验收申请表》

2.《重大建设项目档案验收内容及要求》

附件1

重大建设项目档案验收申请表

项目名称			
审批（标准）机关		立项日期	
投资规模		建设时间	
建设单位（法人）		设计单位	
主要 施工单位		主要 监理单位	
计划档案 验收日期		计划竣工 验收日期	
联系人		联系电话	
地址/邮编		电子信箱	

续表

申请单位 自检意见	（单位盖章） 年　月　日
验收组织 单位意见	（单位盖章） 年　月　日

附件 2

重大建设项目档案验收内容及要求

一、项目档案的基础管理工作

1. 项目建设单位（法人）认真执行国家档案工作法律法规，建立健全项目档案工作各项规章制度，建立了切合实际的项目档案工作的管理体制和工作程序。

2. 项目建设单位（法人）对项目档案工作实行统一管理，对本单位各部门和设计、施工、监理等参建单位进行有效的监督、指导，确保项目档案工作与项目建设同步进行。

3. 项目档案工作实行领导负责制，确定了负责项目档案工作的领导和部门，实行了各部门和有关人员档案工作责任制，并采取了有效的考核措施。

4. 项目文件材料的收集、整理和归档纳入合同管理，要求明确，控制措施有力。

5. 配备适应工作需要的档案管理人员，档案管理人员经过档案管理专业培训。

6. 采用先进信息技术，实现项目档案管理的信息化。

7. 保证档案工作所需经费，配备了计算机、复印机及声像器材等必备的办公设备，且性能优良，满足工作需要。

二、项目档案的完整、准确、系统情况

1. 按照 DA/T 28—2002《国家重大建设项目文件归档要求与档案整理规范》，结合项目产生文件材料的实际情况，检查项目档案的完整性、准确性、系统性。

2. 项目文件材料的收集、整理、归档和项目档案的整理与移交符合 DA/T 28—2002《国家重大建设项目文件归档要求与档案整理规范》及 GB/T 11822—2000《科学技术档案案卷构成的一般要求》。

三、项目档案的安全

1. 档案库房采取防火、防盗、防有害生物和温湿度控制措施，档案库房与阅览、办公用房分开。

2. 档案柜架、卷盒、卷皮等档案装具符合标准要求。

3. 归档文件材料的制成材料符合耐久性要求。

4. 采取有效措施保证档案实体和信息安全。

中华人民共和国环境影响评价法

（2002年10月28日第九届全国人民代表大会常务委员会第三十次会议通过，根据2016年7月2日第十二届全国人民代表大会常务委员会第二十一次会议《关于修改〈中华人民共和国节约能源法〉等六部法律的决定》第一次修正，根据2018年12月29日第十三届全国人民代表大会常务委员会第七次会议《关于修改〈中华人民共和国劳动法〉等七部法律的决定》第二次修正，2018年12月29日主席令第24号发布）

第一章　总　　则

第一条　为了实施可持续发展战略，预防因规划和建设项目实施后对环境造成不良影响，促进经济、社会和环境的协调发展，制定本法。

第二条　本法所称环境影响评价，是指对规划和建设项目实施后可能造成的环境影响进行分析、预测和评估，提出预防或者减轻不良环境影响的对策和措施，进行跟踪监测的方法与制度。

第三条　编制本法第九条所规定的范围内的规划，在中华人民共和国领域和中华人民共和国管辖的其他海域内建设对环境有影响的项目，应当依照本法进行环境影响评价。

第四条　环境影响评价必须客观、公开、公正，综合考虑规划或者建设项目实施后对各种环境因素及其所构成的生态系统可能造成的影响，为决策提供科学依据。

第五条　国家鼓励有关单位、专家和公众以适当方式参与环境影响评价。

第六条　国家加强环境影响评价的基础数据库和评价指标体系建设，鼓励和支持对环境影响评价的方法、技术规范进行科学研究，建立必要的环境影响评价信息共享制度，提高环境影响评价的科学性。

国务院生态环境主管部门应当会同国务院有关部门，组织建立和完善环境影响评价的基础数据库和评价指标体系。

第二章　规划的环境影响评价

第七条　国务院有关部门、设区的市级以上地方人民政府及其有关部门，对其组织编制的土地利用的有关规划，区域、流域、海域的建设、开发利用规划，应当在规划编制过程中组织进行环境影响评价，编写该规划有关环境影响的篇章或者说明。

规划有关环境影响的篇章或者说明，应当对规划实施后可能造成的环境影响作出分析、预测和评估，提出预防或者减轻不良环境影响的对策和措施，作为规划草案的组成部分一并报送规划审批机关。

未编写有关环境影响的篇章或者说明的规划草案，审批机关不予审批。

第八条　国务院有关部门、设区的市级以上地方人民政府及其有关部门，对其组织编制的工业、农业、畜牧业、林业、能源、水利、交通、城市建设、旅游、自然资源开发的有关专项规划（以下简称专项规划），应当在该专项规划草案上报审批前，组织进行环境影响评价，并向审批该专项规划的机关提出环境影响报告书。

前款所列专项规划中的指导性规划，按照本法第七条的规定进行环境影响评价。

第九条　依照本法第七条、第八条的规定进行环境影响评价的规划的具体范围，由国务院生态环境主管部门会同国务院有关部门规定，报国务院批准。

第十条　专项规划的环境影响报告书

应当包括下列内容：

（一）实施该规划对环境可能造成影响的分析、预测和评估；

（二）预防或者减轻不良环境影响的对策和措施；

（三）环境影响评价的结论。

第十一条 专项规划的编制机关对可能造成不良环境影响并直接涉及公众环境权益的规划，应当在该规划草案报送审批前，举行论证会、听证会，或者采取其他形式，征求有关单位、专家和公众对环境影响报告书草案的意见。但是，国家规定需要保密的情形除外。

编制机关应当认真考虑有关单位、专家和公众对环境影响报告书草案的意见，并应当在报送审查的环境影响报告书中附具对意见采纳或者不采纳的说明。

第十二条 专项规划的编制机关在报批规划草案时，应当将环境影响报告书一并附送审批机关审查；未附送环境影响报告书的，审批机关不予审批。

第十三条 设区的市级以上人民政府在审批专项规划草案，作出决策前，应当先由人民政府指定的生态环境主管部门或者其他部门召集有关部门代表和专家组成审查小组，对环境影响报告书进行审查。审查小组应当提出书面审查意见。

参加前款规定的审查小组的专家，应当从按照国务院生态环境主管部门的规定设立的专家库内的相关专业的专家名单中，以随机抽取的方式确定。

由省级以上人民政府有关部门负责审批的专项规划，其环境影响报告书的审查办法，由国务院生态环境主管部门会同国务院有关部门制定。

第十四条 审查小组提出修改意见的，专项规划的编制机关应当根据环境影响报告书结论和审查意见对规划草案进行修改完善，并对环境影响报告书结论和审查意见的采纳情况作出说明；不采纳的，应当说明理由。

设区的市级以上人民政府或者省级以上人民政府有关部门在审批专项规划草案时，应当将环境影响报告书结论以及审查意见作为决策的重要依据。

在审批中未采纳环境影响报告书结论以及审查意见的，应当作出说明，并存档备查。

第十五条 对环境有重大影响的规划实施后，编制机关应当及时组织环境影响的跟踪评价，并将评价结果报告审批机关；发现有明显不良环境影响的，应当及时提出改进措施。

第三章　建设项目的环境影响评价

第十六条 国家根据建设项目对环境的影响程度，对建设项目的环境影响评价实行分类管理。

建设单位应当按照下列规定组织编制环境影响报告书、环境影响报告表或者填报环境影响登记表（以下统称环境影响评价文件）：

（一）可能造成重大环境影响的，应当编制环境影响报告书，对产生的环境影响进行全面评价；

（二）可能造成轻度环境影响的，应当编制环境影响报告表，对产生的环境影响进行分析或者专项评价；

（三）对环境影响很小、不需要进行环境影响评价的，应当填报环境影响登记表。

建设项目的环境影响评价分类管理名录，由国务院生态环境主管部门制定并公布。

第十七条 建设项目的环境影响报告书应当包括下列内容：

（一）建设项目概况；

（二）建设项目周围环境现状；

（三）建设项目对环境可能造成影响的分析、预测和评估；

（四）建设项目环境保护措施及其技

术、经济论证；

（五）建设项目对环境影响的经济损益分析；

（六）对建设项目实施环境监测的建议；

（七）环境影响评价的结论。

环境影响报告表和环境影响登记表的内容和格式，由国务院生态环境主管部门制定。

第十八条 建设项目的环境影响评价，应当避免与规划的环境影响评价相重复。

作为一项整体建设项目的规划，按照建设项目进行环境影响评价，不进行规划的环境影响评价。

已经进行了环境影响评价的规划包含具体建设项目的，规划的环境影响评价结论应当作为建设项目环境影响评价的重要依据，建设项目环境影响评价的内容应当根据规划的环境影响评价审查意见予以简化。

第十九条 建设单位可以委托技术单位对其建设项目开展环境影响评价，编制建设项目环境影响报告书、环境影响报告表；建设单位具备环境影响评价技术能力的，可以自行对其建设项目开展环境影响评价，编制建设项目环境影响报告书、环境影响报告表。

编制建设项目环境影响报告书、环境影响报告表应当遵守国家有关环境影响评价标准、技术规范等规定。

国务院生态环境主管部门应当制定建设项目环境影响报告书、环境影响报告表编制的能力建设指南和监管办法。

接受委托为建设单位编制建设项目环境影响报告书、环境影响报告表的技术单位，不得与负责审批建设项目环境影响报告书、环境影响报告表的生态环境主管部门或者其他有关审批部门存在任何利益关系。

第二十条 建设单位应当对建设项目环境影响报告书、环境影响报告表的内容和结论负责，接受委托编制建设项目环境影响报告书、环境影响报告表的技术单位对其编制的建设项目环境影响报告书、环境影响报告表承担相应责任。

设区的市级以上人民政府生态环境主管部门应当加强对建设项目环境影响报告书、环境影响报告表编制单位的监督管理和质量考核。

负责审批建设项目环境影响报告书、环境影响报告表的生态环境主管部门应当将编制单位、编制主持人和主要编制人员的相关违法信息记入社会诚信档案，并纳入全国信用信息共享平台和国家企业信用信息公示系统向社会公布。

任何单位和个人不得为建设单位指定编制建设项目环境影响报告书、环境影响报告表的技术单位。

第二十一条 除国家规定需要保密的情形外，对环境可能造成重大影响、应当编制环境影响报告书的建设项目，建设单位应当在报批建设项目环境影响报告书前，举行论证会、听证会，或者采取其他形式，征求有关单位、专家和公众的意见。

建设单位报批的环境影响报告书应当附具对有关单位、专家和公众的意见采纳或者不采纳的说明。

第二十二条 建设项目的环境影响报告书、报告表，由建设单位按照国务院的规定报有审批权的生态环境主管部门审批。

海洋工程建设项目的海洋环境影响报告书的审批，依照《中华人民共和国海洋环境保护法》的规定办理。

审批部门应当自收到环境影响报告书之日起六十日内，收到环境影响报告表之日起三十日内，分别作出审批决定并书面通知建设单位。

国家对环境影响登记表实行备案管理。

审核、审批建设项目环境影响报告书、报告表以及备案环境影响登记表，不得收取任何费用。

第二十三条 国务院生态环境主管部门负责审批下列建设项目的环境影响评价文件：

（一）核设施、绝密工程等特殊性质的建设项目；

（二）跨省、自治区、直辖市行政区域的建设项目；

（三）由国务院审批的或者由国务院授权有关部门审批的建设项目。

前款规定以外的建设项目的环境影响评价文件的审批权限，由省、自治区、直辖市人民政府规定。

建设项目可能造成跨行政区域的不良环境影响，有关生态环境主管部门对该项目的环境影响评价结论有争议的，其环境影响评价文件由共同的上一级生态环境主管部门审批。

第二十四条 建设项目的环境影响评价文件经批准后，建设项目的性质、规模、地点、采用的生产工艺或者防治污染、防止生态破坏的措施发生重大变动的，建设单位应当重新报批建设项目的环境影响评价文件。

建设项目的环境影响评价文件自批准之日起超过五年，方决定该项目开工建设的，其环境影响评价文件应当报原审批部门重新审核；原审批部门应当自收到建设项目环境影响评价文件之日起十日内，将审核意见书面通知建设单位。

第二十五条 建设项目的环境影响评价文件未依法经审批部门审查或者审查后未予批准的，建设单位不得开工建设。

第二十六条 建设项目建设过程中，建设单位应当同时实施环境影响报告书、环境影响报告表以及环境影响评价文件审批部门审批意见中提出的环境保护对策措施。

第二十七条 在项目建设、运行过程中产生不符合经审批的环境影响评价文件的情形的，建设单位应当组织环境影响的后评价，采取改进措施，并报原环境影响评价文件审批部门和建设项目审批部门备案；原环境影响评价文件审批部门也可以责成建设单位进行环境影响的后评价，采取改进措施。

第二十八条 生态环境主管部门应当对建设项目投入生产或者使用后所产生的环境影响进行跟踪检查，对造成严重环境污染或者生态破坏的，应当查清原因、查明责任。对属于建设项目环境影响报告书、环境影响报告表存在基础资料明显不实，内容存在重大缺陷、遗漏或者虚假，环境影响评价结论不正确或者不合理等严重质量问题的，依照本法第三十二条的规定追究建设单位及其相关责任人员和接受委托编制建设项目环境影响报告书、环境影响报告表的技术单位及其相关人员的法律责任；属于审批部门工作人员失职、渎职，对依法不应批准的建设项目环境影响报告书、环境影响报告表予以批准的，依照本法第三十四条的规定追究其法律责任。

第四章 法律责任

第二十九条 规划编制机关违反本法规定，未组织环境影响评价，或者组织环境影响评价时弄虚作假或者有失职行为，造成环境影响评价严重失实的，对直接负责的主管人员和其他直接责任人员，由上级机关或者监察机关依法给予行政处分。

第三十条 规划审批机关对依法应当编写有关环境影响的篇章或者说明而未编写的规划草案，依法应当附送环境影响报告书而未附送的专项规划草案，违法予以批准的，对直接负责的主管人员和其他直接责任人员，由上级机关或者监察机关依法给予行政处分。

第三十一条 建设单位未依法报批建设项目环境影响报告书、报告表，或者未依照本法第二十四条的规定重新报批或者报请重新审核环境影响报告书、报告表，擅自开工建设的，由县级以上生态环境主管部门责令停止建设，根据违法情节和危害后果，处建设项目总投资额百分之一以上百分之五以下的罚款，并可以责令恢复原状；对建设单位直接负责的主管人员和其他直接责任人员，依法给予行政处分。

建设项目环境影响报告书、报告表未经批准或者未经原审批部门重新审核同意，建设单位擅自开工建设的，依照前款的规定处罚、处分。

建设单位未依法备案建设项目环境影响登记表的，由县级以上生态环境主管部门责令备案，处五万元以下的罚款。

海洋工程建设项目的建设单位有本条所列违法行为的，依照《中华人民共和国海洋环境保护法》的规定处罚。

第三十二条 建设项目环境影响报告书、环境影响报告表存在基础资料明显不实，内容存在重大缺陷、遗漏或者虚假，环境影响评价结论不正确或者不合理等严重质量问题的，由设区的市级以上人民政府生态环境主管部门对建设单位处五十万元以上二百万元以下的罚款，并对建设单位的法定代表人、主要负责人、直接负责的主管人员和其他直接责任人员，处五万元以上二十万元以下的罚款。

接受委托编制建设项目环境影响报告书、环境影响报告表的技术单位违反国家有关环境影响评价标准和技术规范等规定，致使其编制的建设项目环境影响报告书、环境影响报告表存在基础资料明显不实，内容存在重大缺陷、遗漏或者虚假，环境影响评价结论不正确或者不合理等严重质量问题的，由设区的市级以上人民政府生态环境主管部门对技术单位处所收费用三倍以上五倍以下的罚款；情节严重的，禁止从事环境影响报告书、环境影响报告表编制工作；有违法所得的，没收违法所得。

编制单位有本条第一款、第二款规定的违法行为的，编制主持人和主要编制人员五年内禁止从事环境影响报告书、环境影响报告表编制工作；构成犯罪的，依法追究刑事责任，并终身禁止从事环境影响报告书、环境影响报告表编制工作。

第三十三条 负责审核、审批、备案建设项目环境影响评价文件的部门在审批、备案中收取费用的，由其上级机关或者监察机关责令退还；情节严重的，对直接负责的主管人员和其他直接责任人员依法给予行政处分。

第三十四条 生态环境主管部门或者其他部门的工作人员徇私舞弊，滥用职权，玩忽职守，违法批准建设项目环境影响评价文件的，依法给予行政处分；构成犯罪的，依法追究刑事责任。

第五章　附　　则

第三十五条 省、自治区、直辖市人民政府可以根据本地的实际情况，要求对本辖区的县级人民政府编制的规划进行环境影响评价。具体办法由省、自治区、直辖市参照本法第二章的规定制定。

第三十六条 军事设施建设项目的环境影响评价办法，由中央军事委员会依照本法的原则制定。

第三十七条 本法自 2003 年 9 月 1 日起施行。